Basler R
H97

RECUEIL DE VOYAGES ET DE DOCUMENTS
POUR SERVIR A L'HISTOIRE DE LA GÉOGRAPHIE
Depuis le xiiie jusqu'à la fin du xvie siècle.

LA
COSMOGRAPHIE
AVEC L'ESPÈRE ET RÉGIME DU SOLEIL ET DU NORD

PAR

JEAN FONTENEAU DIT ALFONSE DE SAINTONGE

*Capitaine-pilote de François I*er*

PUBLIÉE ET ANNOTÉE
PAR

GEORGES MUSSET

Archiviste-paléographe,
Correspondant du Ministère de l'Instruction publique et des Beaux-Arts.

PARIS
ERNEST LEROUX, ÉDITEUR
28, RUE BONAPARTE, 28
M.DCCCC.IV

RECUEIL DE VOYAGES
ET DE
DOCUMENTS
pour servir

A L'HISTOIRE DE LA GÉOGRAPHIE

Depuis le XIIIe jusqu'à la fin du XVIe siècle

PUBLIÉ

Sous la direction de MM. CH. SCHEFER, membre de l'Institut,
et HENRI CORDIER

XX

LA COSMOGRAPHIE

Par Jean FONTENEAU
Dit ALFONSE DE SAINTONGE

La Rochelle, Imprimerie Nouvelle Noël Texier.

LA

[...]

AVEC L'ESPÈRE ET RÉGIME DU SOLEIL ET DU NORD

PAR

[...]

*Capitaine-pilote de François I*ᵉʳ

PUBLIÉE ET ANNOTÉE
PAR

Archiviste-paléographe,
Correspondant du Ministère de l'Instruction publique et des Beaux-Arts.

PARIS

[...]

M.DCCCC.IV

INTRODUCTION

Au devant de l'ancienne église Saint-Jean-du-Pérot, à La Rochelle, se voit encore une petite maison aux allures vieillotes et munie de porches, dont le confort moderne n'a pas altéré la physionomie. Telles, aux derniers siècles, étaient sans doute ses voisines. Il y a quelques centaines d'années, le flot venait battre le pied du rempart récemment construit entre la tour de la Chaîne et la tour de la Lanterne, et berçait de son bruit monotone et rythmé les habitants de ces vieilles demeures.

Si alors nous pénétrons dans leur intérieur, nous apercevrons dans l'une d'elles, peut-être celle qui nous reste, un vieux pilote âgé de quelque soixante années, mais encore vert et à la physionomie énergique. Nous le verrons courbé sur une table et jetant sur le papier le récit des voyages qu'il a faits pendant près d'un demi-siècle jusque dans les mondes inconnus.

Ce vieux pilote, c'est Alfonse qui dit au souverain d'alors, en montrant son œuvre maîtresse, enluminée de brillantes couleurs et de figures originales : « Je l'ay faict pour le service de Dieu, de Vostre Magesté et accroissement de la saincte foy catholicque et vostre estat royal à qui Dieu doint longue vye et règne, avec augmentations de plus grandz royaulmes et seigneuries à son service. »

Puis, après avoir terminé son travail et daté le dernier feuillet du 24 mai 1544 [1], le vieux lutteur reprend la mer pour combat-

---

1. Moins vraisemblablement du 24 août. Voir plus loin.

tre les ennemis de son roi et de la France, et part pour ne plus donner signe de vie. Mais sa fin tragique ne donne la paix ni à ses cendres, ni à ses œuvres, si l'on en croit l'un des poètes qui l'ont chanté :

> Les flots sont les malins qui mesme après sa mort
> Le vouldroient assaillir jusque dans le port.

Les œuvres du célèbre voyageur menacent en effet de disparaître comme leur auteur, soit que des ennemis essayent d'éteindre son nom, soit, ce qui semble encore mieux prouvé et plus conforme à la nature humaine, que des envieux cherchent à en tirer un profit personnel. Heureusement pour lui que l'un de ses compatriotes Melin de Saint-Gelays s'intéresse à sa mémoire et sauve tout d'abord les *Voyages aventureux* dont il confie l'impression à Jean de Marnef. Puis la grande œuvre du pilote la *Cosmographie avec espère et régime du soleil et du nord* est remise à la bibliothèque de Fontainebleau [1] sous l'égide éclairée de François Ier, l'ami des lettres et des arts, et vient plus tard à la bibliothèque nationale pour notre plus grand profit et celui de tous ceux qui, avant nous, se sont intéressés aux grands découvreurs.

Alfonse de Saintonge a le double mérite d'avoir pris une part considérable à la navigation hauturière de son temps, d'avoir beaucoup contribué à la découverte des points encore inconnus, et, en outre, d'avoir produit des œuvres qui, dès le XVIe siècle, éclairèrent les navigateurs et servirent de guide et de modèle aux voyageurs et aux cosmographes qui lui succédèrent.

« Dans ce naufrage du passé, comme le dit si justement Margry [2], faut-il se féliciter lorsque, parmi les débris qui surnagent, quelque épave, examinée avec soin, nous laisse le moyen de deviner et de recomposer à peu près la vie de ceux à qui elle se rapporte, ou au moins de retrouver certaines idées qui l'animaient. »

Lui vivant, comme nous l'établirons, avait déjà inspiré et éclairé ses contemporains qui utilisaient ses voyages et ses travaux.

---

1. Léopold Delisle, *Le cabinet des manuscrits de la bibliothèque impériale*. Paris, 1868, tome Ier, p. 164.
2. Margry, *Les navigations françaises*. Paris, Tross, 1867, in-16, p. 224.

Après sa mort, il n'y a pas un voyageur ou un cosmographe qui ne se soit aidé de ses observations et de ses œuvres, et qui n'ait rappelé son nom et ses courses.

C'est Thévet, qui dans ses ouvrages, soit manuscrits soit imprimés, parle de lui comme d'un marin célèbre, et rappelle l'emprisonnement que lui avaient valu ses entreprises destinées à sauvegarder les droits de la France à l'encontre des Espagnols [1].

C'est Hakluyt qui constate la part prise par Alfonse dans la découverte du Saint-Laurent et de ses approches, de concert avec Cartier et Roberval, et qui sauve de l'oubli des routiers qui sont certainement son œuvre [2].

Ce sont des auteurs portugais, dont les uns en font un de leurs compatriotes, quand les autres le reconnaissent pour Français, et qui signalent notamment son accoutumance dans les voyages aux îles du Brésil [3].

C'est Champlain qui rappelle sa collaboration à la découverte du Canada [4]. Roberval envoya « Alphonse Sainctongeais,
» *l'homme le plus entendu en fait de la navigation qui fust en France*
» *de son temps*, qui voulut, par les découvertes, voir et rencon-
» trer plus au nort un passage vers le Labrador. Il fit équiper
» deux bons vaisseaux de ce qui lui estoit nécessaire pour cette
» descouverte, et partit audit an 1541. Et après avoir navigé le
» long des costes du nort et terres de Labrador, pour trouver
» un passage qui peust faciliter le commerce avec les Orientaux,
» par un chemin plus court que celuy que l'on fait par le cap de
» Bonne-Espérance et destroit de Magellan, les obstacles, fortunez
» et le risque qu'il courut à cause des glaces, le fit retourner
» sur ses brisées, et n'eut pas plus de quoy se glorifier que
» Cartier. »

---

1. Thévet, *Le grand insulaire et pilotage d'André Thévet, Angoumoisin, cosmographe du roy*; mss. Bibl. nat. fds fs, n° 15.542. *Cosmographie*. Paris, 1575, in-f°, t. II, fol. 1021.

2. Hakluyt, *Principall navigations*. London, 1599-1600, t. III, p. 237.

3. Voir d'Avezac, *Bulletin de la société de géographie*, août et septembre 1857, p. 322.

4. Voir notamment *Voyages de Champlain*, édition de 1632, p. 30.

Barcia, à son tour, parle, à l'occasion, des navigations d'Alfonse [1].

Rabelais lui-même, si nous en croyons Margry [2], aurait emprunté aux œuvres d'Alfonse un certain nombre de données géographiques et de légendes. Cet auteur perspicace aurait découvert sous les noms de Jamet Brayer et Xénomanès, de Rabelais, Jacques Cartier et notre pilote. Le nom de Jamet, selon lui, rappellerait le prénom de Cartier, à savoir Jacques, plus encore le souvenir de son père. Il cite à ce propos l'acte de naissance du grand navigateur : « Anno 1494, le 31e jour de décembre, fut » baptizé un fils de Jamet Cartier et de Jesseline Jansart, sa femme, » et fut nommé par Guillaume Maingart, principal compère, et » petit compère Raoullet Perdriel. » Quant à Xénomanès, il serait du pays de Salmigondinois « que tous les commentateurs » s'accordent à regarder comme le pays du sel dont l'impôt fit » révolter alors la Guyenne, l'Aunis et la Sainctonge. » Margry fait remarquer en outre que Panurge appelle Xénomanès son singulier ami, et que Panurge, c'est-à-dire Rabelais lui-même, qui a été moine à Fontenay-le-Comte, et a eu de fréquentes relations avec la Saintonge, a pu connaître Alfonse en personne. Il est en outre des similitudes entre les termes de marine et les souvenirs invoqués par Rabelais, et ceux que l'on retrouve dans Alfonse, ainsi que certains souvenirs légendaires. Rien d'étonnant alors que Xénomanès fût le célèbre pilote sorti du pays de Xainctonge.

Quelques auteurs, comme Lescarbot [3], critiqueront, il est vrai, les découvertes d'Alfonse, son savoir ou son autorité, sous le prétexte que ses œuvres contiennent des données absolument légendaires. « Je ne reconnais rien ou bien peu de vérité, dit en

---

1. *Ensayo cronologico para la historia general de la Florida*. Madrid, 1723, in-fol., fol. 58. Voir Harrisse, *Jean et Sébastien Cabot*. Paris, Leroux, 1882, in-8°, p. 207 et note 1.
2. Les pilotes de Pantagruel, dans les *Navigations françaises*, déjà citées, pp. 338-341.
3. Lescarbot, *Les voyages du sieur de Champlain, Xainctongeois, capitaine ordinaire pour le Roy, en la marine*. Paris, 1613, in-4°, cap. V. Et *Histoire de la Nouvelle France*. Paris, 1612, in-4°, p. 496.

» effet Lescarbot, en tous les discours de cet homme ici ; et
» peut-il bien appeler ses voyages aventureux, non pour lui, qui
» jamais ne fut en la centième partie des lieux qu'il a décrit (au
» moins il est aisé de le conjecturer), mais pour ceux qui vou-
» dront suivre les routes qu'il ordonne de suivre aux mari-
» niers. »

La légende a certainement sa part dans les récits de notre capitaine. Mais il faut le lui pardonner. A côté des données précises qu'il nous donne, sur la navigation, pour les lieux qu'il a réellement parcourus, et qui sont facilement reconnaissables dans ses œuvres, il y a certainement des récits légendaires inspirés soit par les conversations des indigènes, soit par quelques ouvrages où il a puisé. Mais on ne peut en somme le lui reprocher. Ce côté pittoresque et légendaire ne manque pas de saveur et dénote bien l'état d'esprit de ces navigateurs toujours à la recherche de l'inconnu. Et d'ailleurs que nous importe cela aujourd'hui, puisque, avec nos connaissances géographiques et une saine critique, il nous est bien facile de faire la part du vrai et du faux.

La légende elle-même n'est pas à dédaigner. Amplifiée par les croyances populaires, et la transmission exacte ou l'exagération, quand elle passe de l'une à l'autre, la légende contient toujours une parcelle de vérité qu'il s'agit de dégager de son enveloppe. Nous y gagnons alors de retrouver des phénomènes, ou des états physiques d'êtres primitifs et de faits anciens que nous ignorerions peut-être sans cela.

Nous ne pouvons donc que savoir gré au capitaine Alfonse de nous avoir transmis ces récits légendaires à côté des constatations précises et techniques que l'habileté du pilote nous a conservées [1].

---

1. Cf. aussi *Etude sur le capitaine Alfonse* dans le *Bulletin de la Société archéologique et historique de la Charente*, 4ᵉ série, tome VI, 2ᵉ partie. Angoulême, 1870, pp. 997 et suiv.

Biggar (H. P.), *The early trading companies of New France*. University of Toronto Library, 1901, in-8°, p. 222, etc.

LE VÉRITABLE NOM ET LA PATRIE D'ALFONSE

La première question que nous ayons à examiner, est celle de savoir quel était le véritable nom d'Alfonse et quelle était sa patrie.

Notre pilote n'est connu que sous le nom de Jean Alfonse de Saintonge, que d'aucuns ont transformé en Jean Alfonse, saintongeais.

Jean de Marnef [1] nous apprend que Jean Alfonse de Saintonge naquit « au pays de Saintonge, près de la ville de Cognac. » Cognac faisant partie de la Saintonge, rien de plus naturel qu'Alfonse fût qualifié de Saintongeais. Pierre Margry estime toutefois avec raison que ce nom de Saintonge, près de Cognac, ne désigne pas la province, mais une localité nommée Saintonge, placée dans la commune de Saint-Même, canton de Segonzac, arrondissement de Cognac (Charente).

Là est certainement la vérité. Jean de Marnef avait dû être très bien renseigné sur ce point par Melin de Saint-Gelays qui était fils naturel d'Octavien de Saint-Gelays, évêque d'Angoulême. Octavien lui-même était né près de Cognac [2].

Nous avons établi, dans une étude précédente [3], que le nom d'Alfonse n'était qu'un surnom emprunté probablement au nom de sa femme.

Jean Alfonse se nommait Jean Fonteneau.

Le 21 mars 1511 (n. s.), devant Lecourt, notaire à La Rochelle, comparaissent Jean Fonteneau, *dit* Alfonse, capitaine pilote, élisant domicile en sa maison de La Rochelle, et Valen-

---

1. Voir plus loin *Les Voyages aventureux*.
2. Octavien (ou Octovian) de Saint-Gelays était fils de messire Pierre de Saint-Gelays, sieur de Montlieu, marquis de Sainte-Aulaye, de la maison des Saint-Gelays, seigneurs de Lansac. Sa mère était Philiberte de Fontenay. Melin de Saint-Gelays était né le 3 novembre 1487. (V. *Œuvres complètes de Melin de Saint-Gelays*, par Prosper Blanchemain. Paris, Paul Daffis, 1873, tome Ier, p. 3 et suivantes ; La Chesnaye des Bois, t. XII ; Moréri, éd. de 1759, t. IX ; *Dictionnaire historique des familles de l'ancien Poitou*, par Henri Filleau. Poitiers, 1846-1854, t. II ; *Gallia Christiana*, t. II, col. 1017-1018.)
3. *Jean Fonteneau, dit Alfonse de Saintonge, capitaine-pilote de François Ier*. (*Bulletin de géographie historique et descriptive*, 1895).

tine Alfonse, sa femme, pour donner une procuration générale [1].

C'est également sous ce nom de Jean Fonteneau que nous voyons Alfonse désigné dans les contrats du même notaire Lecourt des 24, 26 et 31 janvier, 1er et 3 février et 26 juin 1544.

Les Charentais ont en vain cherché la famille d'Alfonse dans les environs de Cognac. Leurs efforts sont restés sans succès. Là où ils cherchaient Alfonse, ils ne pouvaient trouver que Fonteneau.

Ce nom de Fonteneau fut porté par de nombreuses familles de la contrée et se retrouve encore aujourd'hui dans la commune de Saint-Même, non loin du village de Saintonge, patrie du capitaine, soit même auprès de Segonzac ou de Cognac. A la fin du XVIe siècle, le nom de Fonteneau appartient également à un pair de la commune de La Rochelle, qui pourrait bien être un descendant d'Alfonse ; il se retrouve aussi dans une famille de l'échevinage de Saintes. Il existe encore des familles de ce nom en Saintonge et à La Rochelle [2].

Quant à la femme de Jean Fonteneau, Valentine Alfonse, elle était vraisemblablement portugaise plutôt qu'espagnole, les Espagnols n'étant guère les amis du célèbre navigateur. Cela s'expliquerait par ce fait qu'Alfonse aurait fréquemment voyagé dans sa jeunesse, peut-être au service du roi de Portugal ou de ses marchands, soit en Portugal, soit à Madère, soit dans les possessions portugaises des Indes orientales, qu'il décrit minutieusement *de visu* dans sa *Cosmographie*, ce qui a pu faire dire, d'ailleurs, à quelques-uns, qu'il était lui-même Portugais.

Le nom patronymique d'Alfonse est fréquent en Portugal ; il

---

1. Voir pièces annexes.
2. V. Jourdan, notes mss., Bibl. de La Rochelle, passim. Mes notes sur le commerce. *Arch. hist. de la Saintonge et de l'Aunis*, t. I, p. 97 ; t. V, p. 226 et suiv.; t. VI, p. 133-134 ; t. VII, p. 393 ; t. XI, p. 175-176. *Bulletin de la Commission des Arts et monuments historiques de la Charente-Inférieure*, t. III, p. 13 ; t. V, p. 103 ; t. IX, p. 140. Il y a encore des familles de ce nom dans les environs de Cognac (Communication de M. de Lacroix, bibliothécaire de Cognac, et de Me Alliat, notaire à Saint-Même-les-Carrières (Charente), commune dans laquelle se trouve le village de Saintonge).

était notamment porté, en 1542, par Manuel Alfonse, notaire général du roi de Portugal, à Lisbonne [1].

Nous devons indiquer toutefois que le nom d'Alfonse a été signalé comme existant au Fouilloux (arrondissement de Jonzac, Charente-Inférieure), à la fin du XVᵉ siècle. Messire Jehan Alfonce, prêtre, était notaire juré de la cour de Cozes, et garde du scel établi aux contrats dudit siège pour l'archidiacre. En cette qualité, il signe, le 7 juin 1467, l'acte de dénombrement rendu par Jehan de La Faye, écuyer, sieur du fief du Puymignon, au seigneur du Fouilloux, puis des baillettes des 4 juillet 1468 et 15 juin 1472. C'est devant lui qu'Arnault Peyron, écuyer, seigneur du Fouilloux, fait son testament le 8 juin 1480 [2]. Rien ne prouve, d'ailleurs, que ce prêtre fût originaire de la Saintonge.

Les voyages d'Alfonse

Quels furent les voyages effectués par Alfonse ? Si nous en croyions Lescarbot, notre pilote n'aurait pas parcouru la centième partie des lieux dont il parle dans ses ouvrages. Mais cet avocat littérateur, qui devint ensuite un célèbre colonisateur, parle d'Alfonse, d'après la lecture de ses *Voyages aventureux*, sans avoir lu certainement son œuvre maîtresse, la *Cosmographie*. Il y aperçoit des plagiats, quelques récits enfantins qui rappellent les compositions fantaisistes des géographes du temps, et il juge de l'une d'après les autres.

Si l'on fait une étude approfondie de la *Cosmographie*, on s'aperçoit facilement que cette opinion est passablement erronée. Il y est facile, en effet, de faire la distinction entre les relevés précis d'Alfonse, d'une part, et ce qui est du domaine de la tradition, de la légende, d'autre part, ou de ce qui est né des inspi-

---

[1]. Minute de Lecourt, notaire à La Rochelle (Voir pièces annexes).

[2]. La Morinerie, *Revue de Saintonge et d'Aunis*, t. XVI, 1896, p. 123. Nous signalons aussi, à titre documentaire, un marchand de Honfleur, Jacques Xaintonge, créancier, au XVIIᵉ siècle, de Mariette, entrepreneur du desséchement des marais de Vix. (Bibl. nat., collection Joly de Fleury, vol. 1749). Serait-ce un descendant d'Alfonse de Saintonge ?

rations qu'il a pu puiser dans la *Suma de geografia* du bachelier dom Martin Fernandez de Enciso [1], dans des auteurs classiques ou d'autres récits des contemporains.

Il est bien entendu qu'Alfonse n'a pas parcouru l'intérieur des terres, et, sur ce point, il n'a été qu'un copiste. Aussi n'attachons-nous aucune valeur technique à sa description de la plupart des continents ou des peuples qui les habitent, nous dispensant même, la plupart du temps, de les annoter ou de les commenter. En ce qui concerne la description des côtes, il en est autrement. Chaque fois qu'Alfonse a navigué sur une côte, il donne sur elle des renseignements topographiques ou hydrographiques, erronés parfois, mais qui sont basés sur les connaissances scientifiques de son temps. Au contraire, ces renseignements deviennent vagues et sans précision quand ils sont l'objet d'un emprunt à des ouvrages similaires au sien.

Aussi, grâce à cette distinction, nous est-il possible d'indiquer les lieux où Alfonse a réellement voyagé.

L'importance et l'étendue des voyages du capitaine ressortent d'ailleurs de deux données incontestables.

Alfonse, à deux reprises différentes, à l'époque de la rédaction de sa *Cosmographie*, c'est-à-dire en 1544, dit qu'il a voyagé quarante-huit ans. Les débuts de sa navigation remonteraient donc à 1496. Pendant cette période de temps, en dehors des armements auxquels il a dû être mêlé dans les ports français, et plus spécialement à La Rochelle qui joua un rôle considérable dans toutes les opérations lointaines, Alfonse prit une large part à la navigation portugaise; tellement que d'aucuns l'affilièrent à cette nation. Nous le retrouverons, dans un instant, sur tous les points de l'Afrique et des Indes orientales que les Portugais fréquentaient alors.

D'autre part, Alfonse est choisi pour accompagner Roberval et Cartier dans leur exploration de la Nouvelle-France. Il est admissible et vraisemblable que ce choix eut pour mobile les voyages qu'Alfonse avait déjà faits dans cette partie du monde, et que l'on voulait recourir à son expérience. Les descriptions de

---

1. Publiée à Séville en 1519 et en 1530.

la *Cosmographie* prouvent, d'ailleurs, d'une façon évidente, qu'Alfonse n'a pu recueillir dans son dernier voyage seulement, effectué de 1541 à 1543, les renseignements qu'il donne, et qu'il les avait obtenus au cours des voyages précédemment effectués.

Prenons donc la *Cosmographie* et faisons un relevé des points que le pilote indique d'une façon précise.

Ce qu'Alfonse connaît le mieux en Europe, ce sont les côtes de France, d'Espagne et de Portugal. Il ne s'étend pas beaucoup toutefois sur la description des côtes de la Normandie ni de la partie septentrionale de l'Europe. Il décrit d'une façon assez précise les côtes méridionales de l'Angleterre et quelques points de l'Irlande, mais n'a certainement pas remonté le canal de Saint-Georges. Il paraîtrait avoir voyagé, mais accidentellement, dans la mer Baltique ; de même, dans l'Archipel et sur les côtes de la Grèce. A partir de Tabarca, en se dirigeant vers l'Orient, il n'entre plus dans les détails de la côte.

Par contre, on sent qu'Alfonse a beaucoup pratiqué les côtes occidentales de l'Afrique, surtout au nord de l'équateur, puisqu'il a doublé le cap de Bonne-Espérance, voyagé autour de l'île de Saint-Laurent, dont il donne une des premières figures que nous possédions. Il a certainement remonté la mer Rouge sur laquelle il donne quelques renseignements typiques. Puis, suivant les côtes de l'Asie, il s'est rendu jusqu'à l'île de Java qu'il considère comme un continent, et au Cattay. Peut-être même a-t-il aperçu l'Australie, car, après l'île de Taprobane (Sumatra), il dit qu' « on voit une île qui a plus de 200 lieues de long et 100 de large, mais ne sçait quels gens y vivent. » Il croit que cette terre va jusqu'à Magellan.

A l'occasion des îles de la Sonde, Alfonse parle d'un lieu où il est allé, et où le jour durait trois mois, et « n'ay pas voullu attendre davantage, ajoute-t-il, de peur que la nuyt ne me surprint. » Nous ne croyons pas toutefois que l'indication de ce voyage se rapporte au pôle antarticque. Nous sommes persuadé, au contraire, qu'il s'agit du détroit de Davis dans lequel Alfonse avait cherché le passage du Cattay, comme on le verra dans les notes de la *Cosmographie*.

INTRODUCTION

En ce qui concerne les Indes occidentales, Alfonse a parcouru les côtes de l'Amérique du nord jusqu'à la Floride, les Antilles, la côte du golfe du Mexique à partir du Yucatan, et a certainement longé, à plusieurs reprises, l'Amérique septentrionale jusqu'au détroit de Magellan. Nous croyons même que notre capitaine a traversé l'isthme de Panama, puisque, en parlant du golfe de Saint-Michel, il dit que la mer y « hausse aultant qu'elle le faict à La Rochelle, » et que, sur cette partie de la côte du Pacifique, la mer est comme en Bretagne.

En résumé, en ce qui concerne les nouveaux mondes, les voyages d'Alfonse se sont certainement étendus jusqu'à 72° dans le golfe de Davis, au nord, jusqu'au détroit de Magellan et au cap de Bonne-Espérance, au sud, et, en Orient, tout au moins jusqu'à Java et à la Chine, peut-être jusqu'aux approches de l'Australie.

Ceci dit, il nous reste à rappeler les voyages absolument précis dont nous avons retrouvé les traces dans des documents.

Signalons tout d'abord la présence de notre capitaine à Porto-Rico où il voyage en course.

« Depuis cet aage, dit Thévet, les barbares et chrestiens ont souffert beaucoup des maux de l'incursion des coursaires qui ont souventes fois mouillé l'ancre, bruslé et saccagé les habitans de l'isle (Porto-Rico). Jean Alfonse, Sainctongeais de nation, s'il estoit en vie, il sçaurait bien qu'en dire, suivant le récit qu'il m'en a faict jadis, estant détenu prisonnier, par exprès commandement du roi, dans les prisons de la ville de Poitiers [1] ».

Le 18 avril 1537, Jean Alfonse, maître pilote, comparait comme témoin dans la vente du quart du *Christophe* de La Rochelle, navire de 70 tonneaux, armé pour la pêche de Terre-Neuve, vente faite par Durand Buschet et Jean Bernyer à Bonaventure Courtet, maître du navire.

Le 21 mars 1541 (n. s.), Alfonse, comme nous l'avons vu, donne procuration ainsi que sa femme Valentine Alfonse.

---

1. *Le grand insulaire et pilotage d'André Thévet, Angoumoisin, cosmographe du roy*; mss., bibl. nat., fds fs, n°s 15, 452, t. II. Voir également les vers de Marnef, *loc. cit.*; et Thévet, *Cosmographie.* Paris, 1575, in-f°, t. II, f° 1021.

Le 22 mars 1541 (n. s.), Alfonse, qualifié capitaine et pilote, est sur le point d'entreprendre un voyage à la Guinée, et c'est évidemment, en prévision de ce départ, qu'il donne une procuration. Le navire qu'il dirige se nomme *La Barbe de Jard* et est ancré à Chédeboys, rade de La Rochelle. Il est chargé, en tout ou en partie, par un échevin de La Rochelle, sire André Morisson, qui fut maire de La Rochelle en 1538 et 1547, et eut pour fils l'illustre maire du siège de cette ville en 1573, siège au cours duquel il mourut à la peine après avoir fait triompher ses compatriotes des attaques du duc d'Anjou. André Morisson avait payé son armement au moyen de 300 livres empruntées à la grosse aventure de Jehan de Salignac, marchand de Bordeaux.

Si ce voyage eut lieu, il fut effectué en peu de temps, car, si nous en croyons M. Harrisse, Alfonse serait parti de Honfleur, le 22 août 1541, conduisant au Canada les deux navires que Roberval amenait à Jacques Cartier pour le seconder dans l'entreprise que le roi avait confiée au grand navigateur.

Parvenu au but de son voyage, Alfonse aurait exploré le golfe de Saint-Laurent depuis le détroit de Belle-Isle jusqu'au cap Rouge; il y serait resté deux ans, revenant, dit-on, avant Roberval, c'est-à-dire avec d'Auxhillon de Senneterre, lieutenant de Roberval, après le 11 septembre 1543, date de la procuration donnée au fort Françoys-Roy[1]. C'est à ce fort de Françoys-Roy qu'Alfonse se serait déjà trouvé le 9 septembre 1542, quand Roberval, à la requête de Senneterre, avait fait grâce à certains mutins.

M. Harrisse fait revenir Alfonse à La Rochelle avec d'Auxhillon de Senneterre, lieutenant de Roberval, après le 11 septembre 1543, et non avec Cartier le 21 octobre 1542.

Cette date du 11 septembre 1543 doit être postérieure au retour d'Alfonse. Nous nous appuyons pour en décider ainsi sur un acte du notaire Lecourt, dans lequel Gilles Chauldon, marinier au service d'Alfonse, s'engage à payer à un hôtelier de La

---

1. Cf. *Chief Pilote to Monsieur Roberval*, titre de la traduction d'un fragment du *Routier* d'Alfonse; *Course from Belle-Isle*, publié par Hackluyt; *Principall navigations*, t. III, p. 337; Harrisse, *Jean et Sébastien Cabot*, p. 207; *Notes sur la Nouvelle-France*, par Harrisse. Paris, 1872, in-8º, nº 380, p. 273.

INTRODUCTION

Rochelle la dépense qu'il a faite dans son hôtellerie depuis un mois. L'acte est du 25 juin 1543 ; Alfonse serait donc revenu en France, au plus tard, dans le courant du mois de mai 1543. Il ne serait demeuré au Canada qu'un an et neuf mois, d'où nous pouvons donc conclure, comme nous l'avons déjà dit, avec quelques historiens, Jean de Marnef notamment, que les découvertes faites par le célèbre pilote dans l'Amérique du nord, l'auraient été en partie dans des voyages antérieurs.

Il est d'ailleurs un fait certain, c'est qu'entre ces deux dates, mai et décembre 1543, Alfonse fit un voyage à Madère.

Le 31 janvier 1544 (n. s.), Joseph Rougier, marchand, demeurant à Limoges, agissant tant en son nom que pour Jean Boullet, marchand de cette ville, atteste avoir acheté de Guillaume Méreau, marchand de La Rochelle, l'un des bourgeois du navire la *Collette*, de La Rochelle, et des carsonniers de la *Collette*, dont Alfonse était maître, 24 coffres de sucre pesant 1.250 livres au poids du roi, à La Rochelle. La *Collette* était entrée dans le port et havre de la chaîne de La Rochelle au mois de décembre 1543.

Le 1er février 1544, est rédigée une même reconnaissance, par Rougier, pour 10 coffres de sucre pesant 3.330 livres.

Le 3 février 1544, autre reconnaissance est faite par Lazare Martin et Guillaume Poylève, marchands de Limoges, d'un achat consenti à Jean de La Motte, marchand et bourgeois de La Rochelle, l'un des bourgeois de la *Collette*, et de sire Jehan Nycollas le jeune, seigneur de Coureilles, marchand et bourgeois de La Rochelle, de 40 coffres de sucre pesant 10.500 livres.

Des documents contemporains, il ressort que le capitaine Alfonse avait fait le voyage de Madère de conserve avec la *Madeleine* de Saint-Jean-de-Luz, dont Martin Dagorecte ou de Gorrecte était maître, et Marticot de Chauchan, capitaine.

Tout en faisant le commerce, Alfonse et Dagorecte avaient navigué en course, et s'étaient emparés notamment de trois lutz et d'une barque qu'ils armèrent ensuite en guerre et revendirent à Gilles Bouquier, marchand, agissant au nom de Robert Lousmyer, maître de la *Catherine* de Wateville, demeurant à Caudebec, au prix de 66 écus sols (24 janvier 1544) (n. s.).

Le 21 juin 1544, on retrouve, à La Rochelle, Jean Alfonse

armant en guerre son navire, sans doute la *Collette* [1] qui devait
naviguer de conserve avec la *Marie*, de Jean Allard, et un navire
de l'île de Ré appartenant au sieur Recepuelz. Les hommes de
ces navires empruntent à la grosse aventure, qui « des hacque-
bouses d'Allemagne, avec leurs flasques et moilles, » qui des
épées, voire même du drap, à charge, pour les armes, d'en payer
le prix au double, selon la coutume de Normandie, s'ils font des
prises ; ou de rendre les armes elles-mêmes, à la condition qu'elles
soient saines et entières, et huit jours après le retour, si la cam-
pagne est sans profit. La *Louise* de La Rochelle, armée au même
moment par Guillaume Perle, devait être de la partie.

L'ennemi, c'est toujours l'Espagnol, auquel Jean Alfonse, plus
royaliste que son roi, ne pardonnait pas d'avoir partagé le
monde à son profit, sans le consentement ni le concours du roi
de France [2].

A cette occasion, il est intéressant de noter que, dans la maison portant le n° 35 de la rue Saint-Jean, à La Rochelle, située
exactement en face de l'église primitive des Hospitaliers de
Saint-Jean-de-Jérusalem, existe une pièce de bois provenant très
probablement du bordage de la poupe d'un navire espagnol, et
qui, sur notre demande, vient d'être donnée par son proprié-
taire, M. Dubois, au musée de La Rochelle.

On y lit, entre un soleil placé à gauche, et l'image en relief
d'un Saint-Sacrement placé à droite, l'inscription suivante :

ALaBAdoS SEA EL SANTSSMO
Soit loué le Très-Saint-Sacrement.

Peut-être cette pièce a-t-elle été conservée jusqu'à nous dans la
maison même qu'occupait Alfonse, et constituait-elle, pour notre
capitaine, un trophée provenant de ses courses contre ses ennemis nés les Espagnols, et conservé religieusement par lui ?

Le soleil, comme on le verra par la reproduction que nous
en donnons, ressemble étonnamment à celui qui figure au
verso du folio 32 de la *Cosmographie*.

1. Plutôt que la *Marie*, comme nous l'avions imprimé précédemment ; cela
ressort d'une étude attentive des contrats.
2. V. La *Cosmographie*.

INTRODUCTION

Le 26 juin 1544, Jean Fonteneau, dit Alfonse, est encore à La Rochelle, comparaissant comme témoin dans un acte du notaire Lecourt.

Son départ dut avoir lieu le 21 juillet ou aussitôt cette date. Dans la *Cosmographie*, l'on voit en effet la mention, 1544, mise de la main d'Alfonse, en face de la date du 21 juillet.

A partir de cette époque, le silence se fait autour du pilote. La *Louise* est au port en 1546, mais la *Collette* pas plus que la *Marie* ne reparaissent à La Rochelle. Si l'on s'en fiait aux apparences, ce serait en novembre 1545 qu'Alfonse aurait achevé de rédiger sa *Cosmographie*, commencée en novembre 1543, en décembre peut-être, après son retour de Madère. Nous verrons plus loin que la véritable date de l'achèvement du manuscrit est du 24 mai 1544.

C'est incontestablement dans ces expéditions en course, commencées en juillet 1544, avec la *Marie*, de Jean Allard, la *Louise*, de Guillaume Perle, et le navire de Ré de Recepuelz, qu'Alfonse, qui n'a jamais perdu un seul navire, déclare-t-il lui-même, fut vaincu pour la première fois de sa vie, et que, poursuivi par Menendez, sur l'ordre de Maximilien, il fut mis à mort par les ennemis de son pays dont il tenait le drapeau si haut et si ferme.

Barcia rappelle dans son *Essai sur l'histoire de la Floride* [1] les hauts faits d'un corsaire français, galicien ou portugais (la tradition ne l'a pas fixé sur ce point) qui, ayant capturé, dans les parages du cap Saint-Vincent, des navires basques chargés de ferrailles, aurait été poursuivi comme nous venons de le dire. Le capitaine était certainement notre Jean Alfonse dont la mort violente est également rappelée par Jean de Marnef. Maximilien, neveu et gendre de Charles-Quint, gouverna l'Espagne en l'absence de ce dernier de 1546 à 1551 [2].

Une question se pose cependant. Sécalart a altéré la fin du manuscrit de la *Cosmographie* pour y substituer la date du 24 novembre 1545 à celle qui s'y trouvait antérieurement. On

---

1. *Ensayo cronologico para la historia general de la Florida*. Madrid, 1723, in-folio, p. 58. Harrisse, *Jean et Sébastien Cabot*, p. 207.

2. Harrisse, *loc. cit.*, p. 208.

pourrait supposer, par suite, que c'est à la nouvelle de la mort d'Alfonse, et postérieurement à celle-ci, que le pilote de Honfleur aurait cru pouvoir, sans revendication possible de la part d'Alfonse, s'attribuer ainsi une part à son œuvre. Et alors on serait en droit de penser qu'Alfonse serait mort avant le 24 novembre 1545.

Jean Alfonse, inventeur de la Jeannette

Au cours de ses récits, le capitaine-pilote qui a voyagé pendant quarante-huit ans sans perdre aucun navire, grâce à sa grande prudence et à sa haute science de l'art de naviguer, ce dont il rend « grâce à Dieu le Créateur et à la Trinité parfaite et à la Vierge Marie et à toute la court célestialle », s'explique sur quelques points intéressant la navigation. Il parle, à l'occasion, de l'usage de la boussole, des moussons et des vents périodiques [1], de la latitude et de la longitude, dont on ne se préoccupait guère jusqu'à lui, et aussi de l'avantage d'aller à la bouline, ce qui permet de voyager plus rapidement.

A l'occasion de la longueur du voyage des vaisseaux de Salomon, quand ils se rendirent chercher l'or à Ophyr, il s'exprime ainsi : « La cause de cecy fut parce que les navires ne pouvoyent naviger en ceste mer sans ventz propices, et failloit que ce fust vent en poupe, parce que, en ces parties, les ventz ne sont pas muables, comme icy, car le vent est six moys d'un cousté et six moys de l'aultre, et quand le vent est contraire, il failloit attendre en ung port. Et aussy ils n'avoyent pas encores trouvé la manière ne engin pour aller à la boulline, et aussy parce que la mer estoit basse et dangereuse de bans et de rochiers, et ne pouvoyent naviger sinon par certains chenaulx, et leur estoit nécessaire le temps tempéré en pouppe, et n'avoyent point d'engin ny de compas. Car en icelluy temps n'en avoyent point congnoissance ny ne les sçavoyent faire, ny aultres choses nécessaires à la navigation. Et portoyent des oyseaulx privez et les laissoyent voller, et au vol d'iceulx, alloyent quérir la terre, qui fut la cause qu'ilz tardèrent troys ans ».

1. V. Margry, *loc. cit.*, p. 252 et suivantes.

INTRODUCTION

Mais à ces réflexions judicieuses, Alfonse, croyons-nous, ajouta une découverte de la plus grande importance.

D'après certains auteurs, Melin de Saint-Gelays aurait célébré ainsi, dans ses vers, les hauts faits du pilote saintongeais :

SONNET D'ALFONSE

Alfonse ayant suivi plus de vingt et vingt ans
Par mille et mille mers l'un et l'autre Neptune,
Et souvent défié l'vne et l'autre fortune,
Mesmes dedans les fons des goufres aboyans,

Ore il tourne la voile à la faveur des vans,
En une heureuse route, à nul autre commune,
Et le jour désiré, il veoit, dessus sa hune,
Luire, avec tous ses rais, et les flots s'abaissans.

Les flots sont les malins, qui mesmes après sa mort
Le vouldroyent assaillir jusques dedans le port,
L'ancre, c'est son sçavoir qui double leur résiste.

Mais le mas eslevé en signe de son nom
Elevera tousjours dans le Ciel son renom
Tant qu'il aura l'honneur que plus grand il mérite.

Nous avons précédemment fait remarquer, tout d'abord, que c'est à tort que la plupart des auteurs ont attribué à Melin de Saint-Gelays les vers que nous venons de reproduire.

M. Harrisse avait déjà, avec sa sagacité habituelle, été mis en défiance par un examen attentif des *Voyages aventureux*, imprimés par Jean de Marnef [1]. C'est qu'en effet le sonnet d'Alfonse est signé *Rog. Mais.*, et non d'initiales rappelant Melin de Saint-Gelays, qui, paraît-il, n'aurait eu qu'un mérite, un bien grand toutefois, celui de sauver de l'oubli et de la destruction le récit des voyages du pilote rochelais. L'auteur du sonnet est incontestablement Roger Maisonnier, avocat et poète, demeurant à Poitiers, contemporain et ami de Scévole de Sainte-Marthe, dont nous lisons également des vers en tête des *Voyages aventureux*.

---

1. *Loc. cit.*, *Jean et Sébastien Cabot*, p. 208, note 1.

M. Prosper Blanchemain avait émis la même opinion dans la savante édition qu'il a donnée des œuvres de Melin de Saint-Gelays [1].

Il n'est pas étonnant que Roger Maisonnier, avocat à Poitiers, se soit intéressé à Alfonse. Il l'avait probablement connu lors des aventures qui avaient amené le pilote à répondre d'actes qualifiés pirateries devant la cour du roi à Poitiers.

Les commentateurs n'ont voulu voir dans le sonnet d'Alfonse qu'un dithyrambe destiné à exalter les hauts faits du marin. Nous prétendons y trouver quelque chose de plus particulier.

Le mât élevé en signe de son nom et qui élèvera son renom dans le ciel, doit faire allusion à une découverte, à une invention maritime d'Alfonse. Mais quelle est cette invention ? Voici où nous croyons l'apercevoir.

Nous lisons dans Jal [2] : « *Joanete*, port. s. f. (Nous n'avons trouvé, dit l'auteur, touchant ce nom donné à une voile haute, aucun renseignement qui puisse nous mettre sur la voie de son origine. Il semble que Jean (Juan) soit le nom propre dont on a fait *Juaneta* et *Joanete*. Le premier qui introduisit en Espagne ou en Portugal la voile de perroquet, était-il un officier, un maître nommé Jean ? C'est ce que nous ne saurions dire). Voile de perroquet. — *Joanete grande*. Voile de grand perroquet. — *Joanete do traquete*. Voile de petit perroquet ».

C'est en 1525, nous dit encore Jal, que l'on trouve, pour la première fois, la voile de perroquet désignée dans un document historique.

En espagnol, *Juanete* désigne à la fois le mât, la voile et la vergue de perroquet.

Nous ne croyons pas être téméraire en prétendant que le *Jean* que Jal a recherché en vain, c'est Jean Fonteneau, Jean Alfonse, pilote habituel des côtes et possessions portugaises, connu et

---

1. *Loc. cit.*, p. 296-297 du tome III. Voir sur Roger Maisonnier, *Sa vie et son œuvre*, Dreux du Radier, *Bibliothèque historique et critique du Poitou*. Paris, Ganeau, 1754, t. III. p. 76 ; et les *Bibliothèques françoises* de La Croix du Maine et de du Verdier, par M. Rigoley de Juvigny. Paris, 1772, in-4°, t. II, p. 394.

2. *Glossaire nautique*. Paris, Didot, 1848.

populaire, sans doute, sous le seul nom de *Jean*, puisque son nom de Fonteneau s'est perdu, pour être remplacé par celui d'Alfonse qui appartenait à sa femme ; Jean, qui passera à la postérité, d'après Roger Maisonnier, grâce à ce « Mas élevé en signe de son nom ».

La date de 1525 est celle à laquelle Jean Alfonse naviguait dans toute la vigueur de l'âge et de l'intelligence, et cela vient encore confirmer le bien-fondé de nos déductions.

Alfonse a dû être le créateur du mât, de la vergue et de la voile de perroquet.

Ce serait un nouveau titre à ajouter à sa célébrité.

Les œuvres d'Alfonse

Les historiens sont généralement disposés à croire qu'Alfonse n'a composé qu'un seul ouvrage, la *Cosmographie*, d'où on aurait tiré, après sa mort, les *Voyages aventureux*, et peut-être d'autres routiers et des récits de voyages.

Tel n'est pas notre avis. Nous pensons, au contraire, que notre capitaine n'avait pas attendu les dernières heures de sa vieillesse pour jeter sur le papier ses observations, et que la *Cosmographie* n'a été qu'une œuvre plus compendieuse et plus développée de ses précédents écrits. Les premiers feuillets de la *Cosmographie*, s'ils ne manquaient pas au manuscrit de la Bibliothèque nationale, nous éclaireraient sans doute sur ce point.

Voici, selon nous, la liste des ouvrages successifs qu'on peut attribuer à Alfonse :

1º Les *Voyages aventureux*, distincts de la *Cosmographie* et antérieurs à celle-ci, comme nous l'établirons, croyons-nous, dans la suite ;

2º Le Discours qui a été publié par Ramusio, sous le titre *Discorso d'un gran capitano di mare Francese del luoco di Dieppa*, et qui ne serait peut-être qu'une paraphrase ou une leçon différente des *Voyages aventureux* ;

3º Le *Routier*, publié par Hakluyt ;

4º *Course from Belle-Isle, Carpont, and the Grand 'Bay in New-*

foundland up the River of Canada for the space of 230 leagues observed by John Alphonse of Xainctoigne, chief Pilote to monsieur Roberval, 1542, traduit d'un texte français, aujourd'hui inconnu ;

5° Une relation, donnée par Hakluyt, du voyage de Roberval à François-Roy, et ensuite au Saguenay (5 juin 1543-...?) ;

6° La *Cosmographie*.

I

Les Voyages aventureux.

De l'avis des critiques et des historiens, le manuscrit publié par Jean de Marnef ne serait qu'un résumé de la *Cosmographie*, dont nous publions le manuscrit, et sa rédaction serait, par suite, postérieure à l'achèvement de cette dernière œuvre. Ce résumé aurait été fait pour répondre au désir de Melin de Saint-Gelays.

Nous ne partageons pas cette manière de voir. Selon nous, Alfonse serait l'auteur réel des deux ouvrages. Le premier en date serait les *Voyages aventureux*, écrits bien antérieurement à l'époque où le capitaine aurait été engagé par Roberval, pour assister Cartier dans ses découvertes. Le second serait un traité plus approfondi, écrit dans les dernières années de sa vie, et terminé en 1544.

Il est à remarquer, tout d'abord, que les *Voyages aventureux* se terminent par cette phrase : « Fait à la requête de Vincent Aymard, marchant du pays de Piedmont, escrivant, pour luy, Maugis Vumenot, marchant d'Honfleur. » Si les *Voyages aventureux* avaient été un simple résumé du livre de la *Cosmographie*, que Melin de Saint-Gelays avait « subtilement et avecq' grand' peine recouvert... que ne voullurent oncques faire quelques particuliers, par trop ingratz envers le gentil capitaine, qui tant libéralement leur en avoit fait part, pensans seuls en faire leur profit ou du tout esteindre son nom », Vumenot aurait mis en tête, « à la requête de Melin de Saint-Gelays », et non « à la requête de Vincent Aymard ».

Aymard et Vumenot sont donc, évidemment, au nombre de ceux qui voulaient tirer leur profit des *Voyages aventureux*, en s'appliquant à faire disparaître le nom d'Alfonse, qui ne figure en effet en nulle autre part, que dans le titre mis par Jean de Marnef. Cet ouvrage fut donc le premier sauvé par Saint-Gelays, qui réussit également à conserver la *Cosmographie*, sur laquelle, comme nous le verrons, Sécalart avait ajouté son nom à celui d'Alfonse.

Les autres motifs qui nous font considérer les *Voyages aventureux* comme une œuvre distincte de la *Cosmographie* et antérieure à celle-ci, sont les suivants.

L'ordre adopté dans les deux ouvrages n'est pas du tout le même. Dans les *Voyages aventureux*, Alfonse commence par la description des côtes de Trafalgar; de là, il passe à Cadix, remonte les côtes d'Espagne et de France pour aller ensuite en Angleterre, au lieu de suivre les côtes de Flandre, de Hollande et de Danemark, comme dans la *Cosmographie*. Ce n'est qu'après la description de l'Angleterre qu'il revient dans ces autres contrées. Puis il se transporte au Labrador, à Terre-Neuve, sans nommer le Canada dont il est question dans la *Cosmographie*, descend ensuite les côtes de l'Amérique jusqu'à Magellan. Il nous conduit, après cela, aux Molluques, à Java, Ceylan et le long des côtes de l'Asie, de la mer Rouge, de l'Egypte, et nous mène sur les côtes de l'Afrique qu'il contourne jusqu'à l'Éthiopie, pour reprendre la description des côtes de l'Asie jusqu'à Java et au Cathay. Une description du Benin termine l'ouvrage.

Il n'y a, dans cette pérégrination, rien, absolument rien de conforme à l'ordre suivi dans la *Cosmographie*.

Dans les *Voyages aventureux* figurent d'ailleurs une grande quantité de noms de lieux, des souvenirs et des légendes qui ne se retrouvent pas dans la *Cosmographie*.

Quant à la date de cette rédaction des *Voyages aventureux*, nous serions tenté de la reporter aux environs de l'année 1536, car, à propos de Magellan, Alfonse y parle d'un cap « que les Hespagnolz ont nouvellement descouvert qui est à 10° ». Il s'agirait vraisemblablement des voyages faits par les Espagnols dans cette partie du monde vers 1531-1533. Alfonse y dit également qu'après Magellan, un seul navire est allé à la découverte de la côte sur deux cents lieues environ. Or, le Chili a été découvert aux environs de l'année 1535, et c'est sans doute à ce voyage de découverte qu'Alfonse fait allusion.

Les *Voyages aventureux* se terminent d'ailleurs par cette phrase typique qui a dû être copiée intégralement par Vumenot, et qui ne se retrouve pas dans la *Cosmographie* : « L'on ne doit point
» s'émerveiller de tous ces discours, car il est escrit *comme ci l'ay
» veu et fait les voyages*. Ceux qui les ont faitz ou leu par les
» livres sçavent s'il est vray ».

Jean de Marnef ne dit d'ailleurs nulle part, dans l'édition qu'il nous en donne, que c'est le résumé d'un ouvrage plus considérable.

Nous croyons maintenant utile de passer en revue les différentes éditions des *Voyages aventureux* dont nous avons pu constater l'existence.

1°

Nous parlerons d'abord de l'édition sans date dont la description suit.

Les || Voyages aventureux || du capitaine || Ian Alfonce || saintongeois.

(Le Pélican de Marnef). || Avec privilège || du Roy. || A Poictiers, au Pélican, par Ian de Marnef. || (s. d.), in-4°, 2 feuillets non num. Les autres numérotés 1 à 68.

Au v° du 1er feuillet se trouve l'avis de : Ian de Marnef || au lecteur. « Après la mort de Ian Alfonse, capitaine || très expert
» à la mer (ou il a sçeu sagement || entreprendre et hardiment
» exécuter) au-|| cuns de ceux qui l'auoyent congneu, estimoyent
» || ses voyages et son livre avoir esté ensepuelis || avecq' ses
» cendres : mais le seigneur Melin de || Saint-Gelay (duquel la
» docte plume volle par || La France) a esté tant curieux qu'en-
» core l'a vou- || lu ravir et rendre immortel par ce Livre, qu'il
» || a subtilement et avecq' grand'peine recouvert, || puis de grace
» et liberale amytié le m'a baillé || pour mettre à l'impression,
» que ne voulurent || oncques faire quelques particuliers, par
» trop in- || gratz envers le gentil capitaine, qui tant libe- || rale-
» ment leur en avoit fait part, pensans seuls || en faire leur profit,

» ou du tout esteindre son nom. || Remerciez donc ce seigneur
» de Saint-Gelays || d'un tel bien par luy fait à la République.»

Au fol. 2 num.   *A l'ombre de Saingelais.*

    Belle ame, qui maugré le corps qui te cachoit
    Iadis te fis si bien en la France paroistre,
    Qu'ores estant receue en ton immortel estre,
    Des mortels la mémoire encor' tousiours
      Se voit :
    Entre les grans honneurs qu'en bon nombre
      On te doit,
    Celuy n'est des derniers, que ta divine dextre
    A desenveli, et de rechef fait naistre
    Alphonce, que l'oubli par deux fois enserroit.
    Te rendre grand mercy le Pilote, qui ores
    Ayant par toy Alphonce, a de quoy mieux encores
    Sçavoir douter les flots, et à fin désormais
    Qu'il ne soit veu ingrat, en ta faveur souhette
    Que Saingelais aussi rencontre un Saingelais
    Qui monstre au jour les vers d'un si divin Poete.

      Sc. DE S. M. (Scévole de Sainte-Marthe).

     Ian de Marnef.

Fol. 2 v°. Neptune avoit sur ses undes salées
    Son gouverneur Alfonce auantureux
    Lequel dontoit avec ses naufs voilées
    Ceux qui estoyent sur mer les plus heureux.

    Fortune lors qui ses faits valeureux
    Avoit conduit au temps de sa jeunesse,
    L'abandonna, et en lieu malheureux
    Le rend captif en sa foyble vieillesse.

    Non pour cela cesse la hardiesse
    De ce gentil capitaine de mer
    Car estant hors de ces enfers, il dresse
    La voile aux vents, ses vaisseaux fait armer.

En tous endroits fait la mer escumer
De son grand bruyt, de ses pots flamboyans,
De ses canons, dont prétant abysmer
Ses ennemys, du tout les foudroyans.

Fol. 3 r°. Lances à feu, Poudres, Grenats bruyans,
Braves souldartz, Palottes, feu Grégeoys,
Targes et darts et corcelletz luysans
Flottent sur mer dessoubs ce Sainctongeoys.

Trambler de peur faict les Princes et Roys
Par ses boullets, ses vollans messagers.
Le cytoien et craintif villageoys
Sont assaillis par ses vaisseaux légers.

Estant ainsi garni de bons voiliers,
En liberté par le congé du Roy
Et ne manquer d'armes ne bons guerriers
Ne craignoit plus Fortune et son arroy.

La mort aussi n'ha point craint son effroy
Ses gros canons, ses dards, son feu, sa fouldre,
Mais l'assaillant l'a mis en tel desroy,
Que rien de luy ne reste plus qu'en poudre.

Fol. 3 verso. *Sonnet d'Alfonse.*

Alfonse ayant suivy plus de vingt et vingt ans
Par mille et mille mers, l'un et l'autre Neptune,
Et souvent défié l'une et l'autre fortune,
Mesmes dedans les fons des goufres aboyans.

Ore il tourne la voile à la faveur des vans
En une heureuse route, à nul autre commune,
Et le jour désiré, il veoit dessus sa hune,
Luire, avec tous ses rais, et les flots s'abaissans.

Les flots sont les malins, qui mesmes après sa mort
Le voudroyent assaillir jusques dedans le port,
L'ancre, c'est son sçavoir, qui double leur résiste.

Mais le mas eslevé en signe de son nom
Elèvera tousjours dans le Ciel son renom
Tant qu'il aura l'honneur que plus grand il mérite.

                          Rog. Mais. (Roger Maisonnier).

Fol. 4 non num. Bref recueil du || présent livre.

Fol. 1 num. Des matières contennues ès voyages avantureux du ca || pitaine Alfonce.

Fol. 68 v°... Fin du présent livre, composé et ordoné par Ian Alfonce, pilote expérimenté ès choses narrées en ce livre, natif du pays de Xainctonge, près la ville de Cognac. Fait à la requeste de Vincent Aymart, marchant du pays de Piedmont, escripvant pour luy Maugis Uumenot, marchant d'Honfleur.

Brunet estime que cette édition serait antérieure à 1558. Cela paraîtrait vraisemblable, puisque le permis d'imprimer (voir les éditions suivantes) est de 1547. Mais il faut remarquer toutefois que, si l'avis de Jean de Marnef au lecteur pouvait s'adresser à Saint-Gelays encore vivant, il n'en est pas de même des vers de Scévole de Sainte-Marthe adressés à l'ombre du poète. Or, Saint-Gelays est mort, d'après Eusèbe Castaigne, en octobre 1558 [1]. Il est donc sage de penser que cette édition se place en 1559, comme les suivantes.

Mais il y a plus. D'un examen attentif des caractères du volume, de certains passages en particulier, il résulte incontestablement que les éditions de 1559 et l'édition sans date, ont été tirées sur les mêmes formes. Il n'y a que les feuillets liminaires qui ont varié. Si l'on se reporte notamment à l'achevé d'imprimer, on voit, dans l'édition sans date et dans les éditions de 1559, dans les mots « expérimenté ès choses narrées » que l'e de « ès » est plus gras que les lettres voisines et un peu plus relevé que ces lettres au-dessus de la ligne.

A. — Il existe des exemplaires de cette édition sans date à la Bibliothèque nationale, Rés. G n° 1149; — Id., G 2790, dans lesquels on trouve Les tables de la déclinaison, édition de 1559, à la suite des Voyages avantureux. Cet exemplaire, à grandes marges, est couvert en parchemin avec le titre : Voyages du capitaine Alfonce. Il avait appartenu à Anthoine Sebillet, puis aux Augustins de Paris.

B. — Un autre exemplaire existe dans la bibliothèque de M. Maurice Martineau, à Saintes. On voit, dans cet exem-

---

1. Œuvres complètes de Melin de Saint-Gelays, loc. cit., p. 28.

plaire, à la suite des voyages d'Alfonse : Les tables de la ||
declinaison ou esloi || gnement que fait le soleil de la ligne
|| Equinoctiale chacun iour des quatre ans. || Pour prendre la
hauteur du soleil à l'Astrolabe, || etc. (Marque du Pélican).
Avec privilège du Roy. A Poitiers, au Pélican, par Ian de
Marnef. — 25 ff. non num.

Fol. 1 verso. Privilège donné à Escoan le 7 jour de mars
1547... (mais seulement pour les tables de la déclinaison).

Fol. 20 verso. Une rose avec figure entourée de rayons au
milieu.

Fol. 28 recto. Fin. || Ce livre ha esté ainsi ordonné par
Olivier Bis || selin, homme très-expert à la mer, Et achevé ||
d'imprimer à la fin du mois d'avril, en l'an || mil cinq cens
cinquante neuf.

On lit sur le titre de chaque côté de la marque du Pélican:

Achepté à || Chevalier (?) [1] par moi Guill^e || Pélissier,

et sous le Pélican :

Mori pro suis.

C. — Un exemplaire semblable existe à la bibliothèque
d'Amiens, n° 255.

On lit, sur ce volume, les notes suivantes. Sur le titre : « à
Jehan Heluuyn ou Hanuyn », plutôt la première leçon ; puis
« Ex libris ff. Prædicat^m Ambianiensium. » — Sur le folio A
II : « Ex libris ff^m Prædicat^m Ambianiensium » ; de même aux
feuillets H, G ; — au folio 4 : « Le XVIe mars V^c IIII^{xx} II, ai eu
(ou *la*) maison Jucard (ou *Fucard*) ; — au folio 48 verso, une
note indiquant qu'il manque 4 folios (de l'écriture des frères
prêcheurs) ; — aux folios 60 verso et 61 verso, des colonnes de
chiffres provenant de notes rognées.

Dans cet exemplaire, comme dans les précédents, il y a une
interversion dans les feuillets : O, O II, O III et O IV, sont
placés avant N ; le folio 48 saute par suite au folio 53, et le
folio 56 descend au folio 49.

---

1. Ce mot est écrit en abréviation, 9'hlr.

INTRODUCTION 27

Dans les Tables de la déclinaison de l'exemplaire d'Amiens, E IV manque.

Voir aussi pour l'indication de cette édition, Brunet, *loc. cit.*, 1865, n° 19905.

2°

Les voyages auantureux || du capitaine Ian Alfonce || Sainctongeois || contenant les Reigles et enseignemens nécessaires || à la bonne et seure Navigation.

(Marque du Pélican). Avec Privilège du || Roy. || A Poitiers, au Pélican, par Ian de Marnef, 1559. 4 feuillets non num. 68 feuillets num.

Au fol. I verso. « Par privilège du Roy donné à Ian de Marnef, est permis d'imprimer et vendre le présent livre intitulé *Les voyages avantureux* du capitaine Ian Alfonce, Sainctongeois, contenant les Reigles et enseignemens nécessaires à la bonne et seure navigation. Et défence à tous autres de non imprimer ne vendre autres que ceux imprimez par ledit de Marnef, jusques à cinq ans, à compter du temps qu'ilz seront achevez d'imprimer sur les peines contenues par les lettres sur ce faictes et données à Escoan, le 7 jour de mars 1547. Et au-dessous est escript, par le Roy, maistre Françoys de Connan, maistre des Requestes de l'hostel présent, signées Coefier et scellées du grand scel sur simple queue. »

« Le présent livre ha esté achevé d'imprimer le 2 jour de may en l'an 1559. »

Fol. II recto. Ian de Marnef au lecteur. Après la mort de Ian Alfonce, etc.

Fol. II verso. *A l'ombre de Saingelais*, comme dans l'édition sans date, avec la différence que les vers tiennent tous dans leurs lignes. — Puis, le premier verset du *Sonnet d'Alfonce*.

Fol. III recto. Suite du *Sonnet d'Alfonce*, signé : *Rog. Mais.;* puis *Ian de Marnef*, etc., deux sonnets.

Fol. III verso. Suite des Sonnets de *Ian de Marnef*.

Fol. IV recto. Bref recueil du || Présent livre.

Fol. IV verso. Une rose des vents.

Les 4 premiers feuillets sont imprimés en italiques plus serrées que dans l'édition sans date.

Le reste est semblable aux 68 feuillets num. de l'édition sans date.

A la suite :

Les Tables de la || déclinaison ou esloi || gnement que fait le soleil de la ligne || équinoctiale chacun jour de quatre ans. || etc. (Marque du Pélican).

Avec privilège du Roy. A Poitiers, au Pélican, par Ian de Marnef, 1559.

In-4° n. num. de 56 pages. Le Privilège a la même date que celui des Voyages aventureux, mais ne nomme pas l'auteur de l'ouvrage.

A la fin, on lit : Ce livre ha esté ainsi ordonné par Olivier Bisselin, homme très expert à la mer. Et achevé d'imprimer à la fin du mois d'Avril en l'an mil cinq cens cinquante-neuf.

A. — Bibliothèque nationale. Rés. G. 1149. Rel. veau. Après le titre de départ du fol. I, on lit, d'une écriture du XVIe siècle : *Angoumoisin copagno de* (le reste a été rogné à la reliure). De la même écriture, des notes marginales ; dans l'une d'elles, on parle d'un événement concernant la découverte de l'or en Arabie, arrivé en *may 1596*. Sur le titre des *Tables de la déclinaison* on a écrit *André Thévet*.

B. — Bibliothèque de M. Richard, archiviste paléographe, archiviste départemental à Poitiers. On lit sur le titre : Dupuy, seigneur de La . . . . Meullière ; puis quelques phrases du XVIIe siècle sans importance pour l'intérêt du livre.

C. — Bibliothèque de Rothschild, avenue Friedland. Exemplaire portant la signature du célèbre médecin François Rasse des Nœux, avec la date de 1567. (Description de M. Picot, de l'Institut. Cat. Rothschild, II, n° 1957).

3°

Les || voyages aventureux || du capitaine Ian Alfonce || Sainctongeois || contenant les reigles et enseignemens nécessaires || à la bonne et seure navigation.

(Pas de marque). Avec Privilège || du Roy. || A Poitiers, par les de Marnefz et Bouchetz frères. || — || 1559.

8 feuillets non num. — 68 feuillets num.

Folio I verso. Privilège comme dans le précédent.

Fol. II recto. En blanc.

Fol. II verso. *A l'ombre de Saingelais*, etc. Puis le premier quatrain du sonnet d'Alfonse.

Fol. III recto. Commence au deuxième quatrain du sonnet d'Alfonse, puis *Ian de Marnef. Neptune avoit, etc.*

Fol. III verso. Suite de ces vers.

Fol. IV recto. Bref recueil du || Présent livre. Des neuf cieux, etc.

Fol. V recto et VI verso. A noble et vertueuse || dame, Madeleine du Vigean, Loyse Robertet. (Epître signée : Guillaume Bouchet).

Puis un sonnet : « A elle-mesme », signé du même Guillaume Bouchet.

Fol. VII. A madame du Vigean || Sc. de Sainte-Marthe (En vers).

Fol. VIII. Deux pièces de poésies signées : Adrian Memeteau.

Fol. 1 num. Des matières conte || nues ès voyages avantureux du cap || itaine Alfonse.

Fol. 1 verso. Sphère est un corps rond, etc.

Fol. 8 verso, au milieu du feuillet : Icy nous laisserons le traicté de la sphère, etc. — Le reste comme dans le précédent.

A la suite : Les tables de la déclinaison, comme dans le précédent [1].

Biblioth. de Poitiers.

4°

Les || voyages aven || tureux du capitaine || Jean Alfonse Sainctongeois || contenant les Reigles et enseignemens nécessaires

---

[1]. V. sur les Marnef, La Bouralière (A. de). *L'imprimerie et la librairie à Poitiers pendant le XVIe siècle*. Dans les *Bulletins et mémoires de la Société des Antiquaires de l'Ouest*, T. XXIII (de la deuxième série), année 1899. Poitiers, E. Marché et G. Bonamy, 1900, in-8°.

à || la bonne et seure navigation. || Plus le moyen de se gouverner tant envers les Barbares qu'au- || tres nations d'une chacune contrée, les sortes de marchan- || dises qui se trouvent abondamment en icelles : || ensemble se qu'on doit porter de petit prix pour troc- || quer avec iceux, afin d'en tirer grand profit.

(Marque : Dans un rectangle, un navire avec sa voilure y compris les mâts de perroquet, et, à l'un d'eux, une voile de perroquet.)

A Rouen || chez Thomas Mallard, libraire : près le Palais, || devant l'hôtel de ville. — || 1578, in-4° de 2 ff. non num. et 64 ff. num., plus un dernier feuillet contenant une rose des vents.

Tous les vers sont supprimés.

Au commencement se trouve l'avis : « L'Imprimeur au lecteur », comme dans l'édition de Marnef.

Fol. 18 : « Des matières contenues... »

Fol. 64. « Fin du présent livre, etc., comme dans l'édition de Marnef. »

Fol. 64 verso. « Bref recueil du présent livre. » (Table).

Fol. 65. Sphère.

A la suite se trouvent : « Les Tables de la déclinaison... », comme dans les éditions précédentes, en 40 feuillets avec les signatures S à Y.

A la fin, on lit la mention : « Ce livre a été ainsi ordonné par Olivier Bisselin, homme très expert à la mer. »

« A Rouen, de l'imp. de Georges L'Oyselet. »

Bibl. nat. G. 2791. Couvert. parch. — Bibl. de l'Arsenal, H. 599 (cat. de Nyon, 19.298). Cet exemplaire a appartenu à Guyon de Sardière et à la Bibl. Colbertin.) Au dos, le titre : Voyages du capitaine Alphonse. — Idem, H. 1029. Relié avec l'itinéraire d'Antonin. *Iuliomag. Andium*, 1540, Rel. veau ; armes sur le plat : de... au chevron de... accompagné de 3 étoiles de... Supports 2 pélicans.

5°

Les || voyages avan- || tureux du capitaine || Jean Alfonse sain- || ctongeois. || — || contenant les Règles et enseignemens nécessaires || à la bonne et seure Navigation. || Reveu et corrigé de nouveau || selon la réformation faite du calendrier qui fut faict l'An mil || cinq cens quatre-vingtz-deux.

(Marque : Un médaillon ovale représentant un enfant ayant une paire d'ailes au bras gauche levé, et une grosse pierre dans la main droite le retenant à terre, avec la devise : POVRETÉ EMPÊCHE LES BONS ESPRITS DE PARVENIR).

A La Rochelle || par Iean Portau.

4 ff. non num. et 62 ff. num.

Fol. 1, non num. Verso en blanc.

Fol. 2 recto. L'imprimeur || au lecteur. || Après la mort de Iean Alfonse, etc., (diffère légèrement, par l'orthographe, de l'édition de 1559).

Fol. 2 non num. verso. « A l'ombre de Saingelais. » De Sc. de Sainte-Marthe. Puis le premier verset du sonnet de Roger Maisonnier.

Fol. 3 non num. recto. Les trois versets suivant de Roger Maisonnier, puis : « L'imprimeur || au lecteur || Neptune avoit sur ses undes salées, etc. (comme dans l'édition de 1559) ».

Fol. 4 non num. recto. « Bref recueil du || présent livre. || De neuf cieux et sphère. Feuillet 1. » etc.

Fol. 4 non num. verso. Une rose des vents grossière avec un personnage nu, au milieu, qui étend les bras dans la direction de l'est et de l'ouest.

Fol. 1 num. « Les matières || contenues ès voya- || ges aventureux du || capitaine Alfonce. || Il sera premièrement un peu parlé de la || sphère, etc. »

Après le traité de la sphère, suit un titre en lettres italiques : « Déclaration des terres descouvertes || pour avoir congnoissance des costes de la mer : || commençant au cap de Trafalgar et venant || etc. »

Le texte est à peu près le même que dans l'édition de 1559 avec quelques modifications dans l'orthographe, par exemple, sud ouest pour surouest, et autres.

La fin est semblable à l'édition de 1559, sauf qu'au folio 62 verso, on a écrit Vumenots au lieu de Vumenot.

A la suite « Les Tables de la déclinaison »... A La Rochelle par

Jean Portau. Mais à la fin il n'est pas question de Bisselin, ni de la date de l'achèvement de l'impression.

A. — Bibl. de l'Arsenal. — Sur le titre, on lit : Jac. Boucher ? avec un monogramme.

B. — Bibl. de Marseille. Ae 7. — A la suite : « Le grand routier, pilotage et encrage de mer... par Pierre Garcie dit Ferrande... »

6°

Les voyages avantureux du capitaine Jean Alfonse saintongeais (rédigés par Melin de Saint-Gelays) contenant les règles et enseignements nécessaires à la bonne et seure navigation.

La Rochelle, par Jean Portau (sans date), pet. in-4°.

A la suite : Le Grand routier, pilotage et encrage de mer tant des parties de France, Bretagne, Angleterre que hautes Alemagnes... par Pierre Garcie dit Ferrande. — La Rochelle, par Jean Portau (sans date), pet. in-4°.

Bibl. de Marseille, Ae 22.

7°

Même ouvrage. « Reveu et corrigé de nouveau selon la réformation du Calendrier qui fut faict l'an 1582. » A La Rochelle, par Marin Villepoux (s. d.), in-12.

Londres, British Museum. Fonds Greuville.

(D'après les indications de M. Emile Picot, de l'Institut).

8°

Même ouvrage. Paris, 1598, in-8°.

Cité par Brunet, *loc. cit.*, Art. Alfonse.

9°

Même ouvrage. Rouen, Renisart.

Biblioth. H.-C. Murphy, vendu à New-York, le 3 mars 1884 (cat. n° 51). Communication de M. H. Harrisse.

INTRODUCTION

10°

Les Voiages avan- ‖ tureux du capitaine Iean ‖ Alfonce, Sainctongeois ‖ contenant les Reigles et ensci - gnemens nécessaires à la bon- ‖ ne et seure Navigation ‖ reveu et corrigé de nouveau ‖ selon la réformation du Calendrier, qui fut faite ‖ l'an mil cinq cens quatre vingts deux.

(Marque : Un médaillon contenant une femme debout sur un mort, et tenant un livre).

« A La Rochelle ‖ par les Héritiers de Hierosme Haultin, 1605.

Fol. 1 verso. De la Navigation du Capitaine Iean Alfon ‖ se Sainctongeois.

> Cessez, Grégeois, de vanter le voyage
> Fait en Colchos pour ravir la toison :
> Car ni la Nef, ni tout son équipage,
> Ni tous les Preux compagnons de Jason
>
> Ne valent pas d'en parler. La raison ?
> Pour qu'au pris de ce grand Capitaine
> Leur cours ressemble au voler d'un oison,
> Et son voyage à un' Aigle hautaine.

Fol. 2. Brief recueil du présent livre.

Fol. 2 verso. La rose des vents (comme dans l'édition de Portau).

Fol. 1 num. Les matières, etc.

Se termine au folio 93 recto, ou Vumenot est écrit Vumenots.

Suivent les tables de la déclinaison, non numérotées, et sans date ni nom d'imprimeur.

A la suite, dans le même volume, *L'Antiquité de Saintes*, d'Elie Vinet. A Bordeaux, en 1571, par Pierre de Ladime.

Bibl. de Bordeaux, n°s 23, 782. On lit au folio 19 : *Odisse inertiam, et amare quietem*. L. Metivier, 1684. Puis : *Ex libris Carmelitarum discalceatorum conventus S^æ-Mariæ de salute Burdegalensium des Chartrons*.

II

Nous serions tenté de voir les navigations d'Alfonse servir de base, en partie, au *Discorso d'un gran capitano di mare, Francese del luoco di Dieppa*, publié par Ramusio qui lui assigne la date de 1539, et dont Hakluyt a inséré des extraits dans ses *Principall navigations*.

Ce grand capitaine, visé par le discours, serait Dieppois d'après le titre même. Ramusio est plein d'enthousiasme pour cette œuvre, mais dit qu'il ne peut en nommer l'auteur. M. Harrisse ne voit qu'Alfonse auquel l'attribution puisse en être faite, bien que le capitaine soit dit de Dieppe. Aussi le savant auteur croit-il que le *Discorso* n'est qu'un résumé de divers voyages et non l'œuvre d'un seul marin. Ce serait Pierre Crignon, comme nous le verrons dans un instant, qui aurait mêlé le récit du grand capitaine dieppois, Parmentier, voyageant avec deux navires *Le Sacre* et *La Pensée*, au récit d'un ou de plusieurs navigateurs. Nous pensons que les voyages d'Alfonse ont fourni des données considérables à l'œuvre de Crignon. Il ne faut pas oublier, en effet, qu'Alfonse avait de fréquents rapports avec la Normandie ; que c'est de Honfleur qu'il partit avec Roberval, et que Vumenot, le soi-disant rédacteur des *Voyages aventureux*, est également de Honfleur.

Le résumé du voyage, tel que le donne fidèlement M. Harrisse [1] se rapporte bien d'ailleurs aux voyages d'Alfonse, tels qu'on les aperçoit dans la *Cosmographie*. « Parti de » Dieppe, et après avoir franchi l'Océan, (il) aurait exploré la » partie orientale de l'Amérique du Nord, depuis le cap Race » jusqu'à la Floride. De ce point, il serait allé au Brésil. Du » cap Saint-Augustin, le hardi navigateur aurait traversé l'At- » lantique et atterri à la Guinée, rangé la côte occidentale de » l'Afrique, doublé le cap de Bonne-Espérance, visité Mada- » gascar, traversé entièrement l'Océan Indien, et débarqué à » Sumatra, d'où, ayant chargé ses navires d'épiceries, il revint » à Dieppe », sans indiquer par quelle route. On ne peut tou-

---

1. *Terre-Neuve*, p. 151.

tefois induire de ce silence que le retour se serait effectué par le détroit de Magellan, car le capitaine ou son traducteur n'aurait pas manqué de le dire.

« L'heureux marin ajoute que cette longue et dangereuse navigation aurait été entreprise pour la gloire de Dieu et de la couronne de France », « *a honor di Dio et della corona di Francia* », idée qui se retrouve aussi bien chez Alfonse que dans la bouche de Parmentier.

Il est intéressant enfin de remarquer les rapports qu'il y a entre ce discours et les œuvres d'Alfonse, quand il y est question de cette terre de Norembergue ou Norumbeg, vue au delà du cap des Bretons, et aussi de la Francese ou Franciscane que l'on retrouve dans les deux récits.

La date du *Discorso* est facile à établir. Il y est dit en effet que la côte orientale de l'Amérique avait été découverte quinze ans auparavant par messire Jean de Verrazzano. Or, celui-ci, parti de Dieppe à la fin de décembre 1523, revint en France au commencement de juillet 1524, et ne retourna plus au Nouveau Monde. La rédaction de ce discours serait donc de 1539 [1].

Mais un autre nom que celui d'Alfonse paraît s'attacher à la rédaction même de ce manuscrit dans son ensemble. Ce ne serait pas un vulgaire spoliateur comme Vumenot ou Sécalart. Celui auquel on semble pouvoir attribuer vraisemblablement le *Discorso*, c'est Pierre Crignon, dieppois, ami et compagnon de Parmentier, qui aurait dédié à l'amiral de Chabot, en 1534, la *Perle de Cosmographie* [2]. Il paraît certain que Crignon aura fondu, dans un même récit, ses souvenirs du voyage de Parmentier, à Sumatra, avec l'une des premières rédactions des voyages d'Alfonse, dont il aura eu connaissance en Normandie.

---

1. Harrisse, *Terre-Neuve*, p. 149.
2. *Le discours de la navigation de Jean et Raoul Parmentier. Voyage à Sumatra en 1529*, etc., publié par M. Ch. Schefer. Paris, Leroux, 1883, in-4°. — Harrisse, *loc. cit.*

III

Un autre récit pourrait être attribué à Alfonse. Ce serait : *The voyage of John Francis de La Roche, Lord of Roberval, to the countries of Canada, Saguenai and Hochelaga... begun in april 1542* [1].

Le texte original serait inconnu. M. Harrisse exprime l'idée que l'auteur pourrait être un autre qu'Alphonse [2].

IV

Il n'en est pas de même de cet autre récit, traduit par Hakluyt d'un texte français aujourd'hui inconnu, mais qui serait bien l'œuvre d'Alfonse.

Course from Belle-Isle, Carpont and the Grand Bay in Newfoundland up the River of Canada for the space of 2 3 0 leagues observed by John Alphonse de Xainctoigne, chief Pilote to Monsieur Roberval, 1542 [3].

V

Il y a également, dans Hakluyt, une relation du voyage de Roberval à François-Roy et ensuite au Saguenay (5 juin 1543...?) qui pourrait être l'œuvre de notre capitaine [4]. Cependant M. Harrisse fait observer que l'auteur se qualifie d' « excellent pilote », ce qui n'est pas dans la note habituelle d'Alfonse, quoique cependant il déclare lui-même, qu'ayant navigué pendant quarante-huit ans, il n'a jamais perdu un seul navire. Rien ne dit toutefois que cette qualification n'ait pas été ajoutée par un copiste du manuscrit.

VI

Nous arrivons maintenant à l'œuvre maîtresse du capitaine saintongeais : *La Cosmographie, avec l'espère et régime du soleil et du nord.*

---

1. Hakluyt, *Principall navigations, etc.* Voir ci-dessus.
2. Harrisse, *loc. cit.*, p. 165.
3. Hakluyt, *op. cit.*, t. III ; — Harrisse, *Terre-Neuve*, p. 173, note 1.
4. Harrisse, *loc. cit.*, p. 173.

Pierre Margry remarque, avec juste raison, que les éloges que Melin de Saint-Gelays avait adressés au célèbre capitaine, son ami, n'auraient pas été suffisants pour le rendre immortel, s'il n'avait pas laissé le précieux manuscrit que conserve la Bibliothèque nationale, et qui méritait depuis si longtemps d'être publié.

Cette *Cosmographie* aurait été composée « pour faire service au Roy » François Ier. On se demande toutefois si, malgré cette dédicace et les initiales très ornées dont elle est remplie, le but visé était bien d'en faire hommage à un roi amateur d'art, comme l'était François Ier. Cette idée, qui se retrouve il est vrai, dans le manuscrit, de la main même d'Alfonse, n'a été, toutefois, ajoutée à la fin que de la main de Raulin Sécalart. Mais il n'en est pas moins vrai que le but d'Alfonse était bien de rendre service au roi, et il ne pouvait, lui pilote, avoir la prétention de faire à la fois œuvre d'art et de science. Et cependant la seule vue du manuscrit démontre qu'une préoccupation artistique entrait aussi dans l'esprit d'Alfonse, qui n'a pas laissé passer une page sans l'orner de lettres historiées, où l'on aperçoit des têtes originales, inspirées sans doute par la vue des personnages du temps et des sauvages rencontrés au cours de ses voyages.

Rotz était bien dans le même cas quand il dit, dans une œuvre qui n'est sans doute pas plus artistique, qu'il est animé, dans ses écrits, du désir « de faire quelque œuvre plaisante et agréable au Roy de France qui, adonc estoit son souverain et naturel seigneur [1] ».

D'après les indications qui terminent l'ouvrage — le titre manquant — la *Cosmographie* serait due à la collaboration d'Alfonse et d'un capitaine-pilote de Honfleur, nommé, par tous les auteurs, Paulin Sécalart, et qui demeurait, comme Alfonse, en la rue Saint-Jean, non des Prêtres, mais du Pérot, près de l'église Saint-Jean du Pérot, à La Rochelle.

Quelle a été la contribution de chacun d'eux dans cet ouvrage ? C'est ce qu'il est utile d'établir.

M. Margry avait déjà essayé de faire cette distinction et de

---

1. Harrisse, *Terre-Neuve*, p. 202 et 205.

retrouver la part des deux écrivains, en émettant l'avis que Sécalart « n'aurait fait que rassembler en un corps ce que les livres contenaient, puis les ajouter aux notes d'Alfonse ».

Nous serons beaucoup plus radical que lui, et nous entendons établir que Sécalart n'a été pour rien dans l'œuvre, composée tout entière et écrite par Alfonse, et qu'il n'y a eu de sa part, pour se créer un titre, qu'un vulgaire démarquage obtenu par l'altération de quelques phrases du manuscrit.

Observons tout d'abord que le nom du capitaine normand n'est pas Paulin Sécalart, résultat d'une mauvaise lecture, mais bien Raulin Sécalart, comme l'ont établi justement MM. Charles et Paul Bréard [1], dans leurs *Documents relatifs à la marine normande*. Sécalart n'était qu'un surnom ; le véritable nom du pilote était Raulin ou Raoullin Le Taillois, dit Sécalart.

Sécalart n'a rien fait, sinon que de mutiler le manuscrit, pour laisser croire qu'il y avait collaboré.

A la fin du manuscrit, les mots : *Nous Jehan Allefonse* et *Raulin Sécalart* ne sont pas de l'écriture du contexte. Ils ont été substitués à des mots effacés, par suite d'un grattage dont la trace est indiscutable. Le papier est aminci en cet endroit, et, en le regardant à la lumière, on s'aperçoit très bien de l'altération.

Il en est de même du mot *novembre*, qui, selon nous, aurait été substitué au mot *may* [2], puis de tout ce qui termine le manuscrit, à partir du mot *achevay*... Sous les mots *achevay de par moi Raulin Sécalart*, il y a encore trace de grattage et il semble bien que le manuscrit se terminait là.

La première date, *1545*, en chiffres, semble avoir été superposée à quelque chose. Sous le mot *achevay*, on lirait volontiers *Jehan*, et sous les mots *de par moy Raulin* le mot *Alefonsce* apparaît.

1. Bréard (Paul et Charles), *Documents relatifs à la marine normande et ses armements aux XVIe et XVIIe siècles*, etc. Rouen, A. Lestringant, 1889, in-8°, p. 26 et suiv.

2. On pourrait, à la rigueur, y voir la fin du mot aoust, écrit aoûst ; mais, cependant, la place semble manquer pour toutes les lettres de ce mot. D'ailleurs, nous rappellerons cette date de 1544, mise dans le calendrier en face de la date du 21 juillet, et qui semblerait bien indiquer, vers cette date, le départ d'Alfonse de La Rochelle.

Une autre preuve qu'Alfonse a rédigé seul le manuscrit, c'est qu'il parle toujours à la première personne, rappelant ses voyages, ses actes, ses observations dans tous les parages les plus éloignés du monde qu'il a parcouru pendant quarante-huit ans. Alfonse connait très bien l'orthographe de son temps et l'emploie constamment et correctement. Il n'en est pas de même de Raulin Sécalart qui, dans deux lignes et demie, trouve le moyen d'écrire : *achevay* pour *achevé*, *cosemographe* pour *cosmographe*, *servisce* pour *service*, *maigestay* pour *majesté*, *se* pour *ce*, *libre* pour *livre*.

De l'écriture de Sécalart on trouve encore, au folio 1 (ancien folio 3), les mots *Jean Allofonsce* et *Raulin Sécalart* sur une bande plus jaunie que le reste de la feuille, preuve évidente que cette partie a été lavée pour faire disparaître les traces de ce qui y était précédemment écrit.

L'orthographe d'Allofonsce est d'ailleurs bizarre et n'est jamais employée par le pilote rochelais, qui écrit toujours Alphonces ou Alfonce.

Au-dessous du nom de Raulin Sécalart et de l'écriture de celui-ci, on lit encore ces trois mots « pouvre et loïal », éloge qu'il se délivre à lui-même et qui contraste avec la modestie d'Alfonse.

Dans le calendrier, à la date du 16 ou du 17 du mois d'octobre [1], se lit le nom de J. Alphonces, qui a toutes les allures

d'une signature, comme le lecteur pourra en juger par la reproduction que nous en donnons. Le nom de Raulin n'y est nulle

---

[1]. Serait-ce la date de sa naissance ? — Ce n'est certainement pas celle de son patron, car aucune fête des saints portant le nom de Jean ou d'Alfonse, Ildefonse, ne tombe ce jour-là.

part. On voit encore les initiales de son nom dans une lettre ornementée placée au feuillet 14 recto.

On trouve dans ce calendrier des noms de saints se rattachant à la région poitevine et saintongeaise ; aucun ne rappelle la Normandie, patrie de Raulin.

Ce sont : saint Hilaire, évêque de Poitiers (12 janvier au lieu du 13, vraie date de sa fête) ; saint Eutrope, le 30 avril ; le 25 janvier, la translation de saint Eloy, dont les reliques étaient conservées, en tout ou partie, croyait-on, dans la chapelle de Saint-Eloi, dans la banlieue de La Rochelle ; au 16 novembre, saint Maclou, apôtre de la Saintonge.

Il est à remarquer toutefois, qu'à la date du 12 août, on y lit la mention suivante : « La réduction de Norm. », qu'on pourrait peut-être lire : « La réduction de Normandie ».

Au folio 34 verso (ancien 37), un cartouche, teinté en jaune, est surmonté de la date 1544, et contient à l'encre rouge, le nom de Jehan
Alfonce.

Raulin Sécalart y a ajouté son nom ; on voit que l'adjonction, sans symétrie, a été postérieure au tracé du cartouche.

A la fin, la modification de la date d'achèvement du manuscrit est évidente ; il y avait certainement *le vingt-quatrième jour du mois de may, l'an mil cinq cens quarante-quatre*. Sécalart a rayé *may*, pour y substituer *novembre*. Il a fait disparaître la fin du mot *quatre* pour en faire *cinq*.

De toutes ces observations, il résulte que Jean Alfonse était le seul, l'unique auteur et rédacteur de sa *Cosmographie*, qu'il l'a achevée le 24 mai 1544, quelques jours avant l'armement en course qu'il faisait de la *Collette*, avec Recepuelz, le capitaine de la *Marie*, et sans doute celui de la *Louise*, et qu'après sa mort, arrivée sans doute avant le 25 novembre 1545, Sécalart, devenu possesseur du manuscrit, en a altéré certains passages pour laisser croire à sa collaboration à l'ouvrage.

Raullin Le Taillois, dit Sécalart, paraît d'ailleurs avoir eu une existence hasardeuse et peu nette, car nous le voyons pendant quelques années au service de Henri VIII d'Angleterre. M. le Dr Hamy le montre, en effet, usant de hautes influences, celles du baron de La Garde notamment, pour obtenir sa rentrée en France, en janvier 1547, ce qui semblerait bien établir que sa conduite n'était pas exempte de tous reproches [1].

Il y a enfin, dans les *Voyages aventureux*, publiés par Jean de Marnef, une preuve indéniable des tentatives faites, pour spolier Alfonse ou les siens, des œuvres manuscrites laissées par le pilote. Marnef s'exprime ainsi : « Après la mort de Jean Alfonse, capitaine très expert à la mer (où il a sceu sagement entreprendre et hardiment exécuter) aucuns de ceux qui l'avoyent congneu, estimoyent ses voyages et son livre avoir esté ensepvelis avec ses cendres; mais le seigneur Melin de Saint-Gelays (duquel la docte plume volle par la France) a esté tant curieux qu'encore l'a voulu ravier et rendre immortel par ce livre, qu'il a subtilement et avecq' grand' peine recouvert, puis de grace et libérale amytié, le m'a baillé pour mettre à l'impression, *que ne voullurent oncques faire quelques particuliers, par trop ingratz envers le gentil capitaine, qui tant libéralement leur en avoit fait part, pensans seuls en faire leur profit ou du tout esteindre son nom*. Remerciez donc ce seigneur de Saint-Gelays d'un tel bien par luy fait à la République. »

Melin de Saint-Gelays ne se contenta pas de sauver de l'oubli et de ravir aux spoliateurs les *Voyages aventureux*, signés de Vumenot, et d'en confier l'impression à Marnef. Il trouva évidemment le moyen de conserver également la *Cosmographie*, qui par ses soins, croyons-nous, rentra dans la bibliothèque de François Ier.

Il est opportun, en effet, de rappeler qu'en 1544, Saint-Gelays était gardien de la bibliothèque de Fontainebleau par où est passée la *Cosmographie* avant d'arriver à la Bibliothèque nationale. En cette année, il faisait l'inventaire des livres du roi, et inscrivait au catalogue 1890 volumes parmi lesquels il comptait seulement 109 imprimés [2]. Il est tout naturel, par conséquent, que ce favori de la cour remît plus tard à la bibliothèque, quand

---

1. *Bulletin de géographie, historique et descriptive*, année *1889*, n° 2, p. 91.
2. V. Prosper Blanchemain, *loc. cit.*, p. 17. — A. Franklin, *Histoire de la Bibliothèque Mazarine*. Paris, Aubry, 1860, in-8°, p. 117. — Léopold Delisle, *loc. cit.*

il l'eut recouvré, le manuscrit de celui qui avait été son compatriote et son ami.

Le manuscrit que nous publions figure à la Bibliothèque nationale dans le fonds français, n° 676, ancien Reg. 7125ᵃ, Baluze, 503. — Il était chiffré au verso de chaque feuillet et se composait de 194 feuillets. Il est aujourd'hui numéroté 1 à 191. Relié en veau, aux armes impériales. Il est orné de nombreuses lettres en couleur accompagnées de têtes d'hommes et d'animaux, et de nombreuses cartes estompées.

VII

Parmi les écrivains qui se sont inspirés d'Alfonse de Saintonge, il faut compter Jehan Mallart, aussi appelé Maillart ou Mallard. La principale œuvre connue de cet auteur du XVIᵉ siècle est le « Premier livre de la description de tous les portz de mer de l'univers. Avecques sommaire mention des conditions différentes des peuples et adresse pour le rang des vents propres à naviguer » conservé à la Bibliothèque nationale [1].

Ce personnage, d'après Brunet, portait, en 1530, le titre de « maistre Jehan Maillard, poète royal et escrivain et souverain conducteur des eaues, sources et fontaines. » Vers 1538, il aurait reçu, en sa qualité « d'escripvain » (*id est* scribe ou calligraphe), 45 livres tournois pour avoir écrit des heures en parchemin présentées au roi dans le but de les faire enluminer [2].

Mallart serait l'auteur du « Premier recueil des œuvres de la *Muse Cosmopolite*, imprimé à Paris, par Jérôme Gourmont [3]. »

Cet écrivain semble appartenir à la famille de ce nom qui fournit un certain nombre de libraires, au XVIᵉ siècle, tant à Rouen qu'à Paris.

Mallart, dans sa description de tous les ports de mer de l'univers, a fait plus que de s'inspirer d'Alfonse et de ses *Voyages*

---

1. Fds fs. 1383. V. aussi fds La Vallière, aujourd'hui fds fs. 13.371.
2. De Laborde, *La renaissance des arts de la cour de France*, additions au tome Iᵉʳ. Paris, 1850, in-8°, p. 924.— Harrisse, *Jean et Sébastien Cabot*, p. 222 et suivantes.
3. Bibl. nat. Y, 4481 B.

INTRODUCTION 43

aventureux ; son œuvre, pour une grande part, n'est que la mise en vers de l'œuvre du pilote.

Il suffit pour s'en convaincre de rapprocher certains passages de l'une et de l'autre. Voici notamment une comparaison caractéristique.

MALLARD	ALFONSE (*Voyages aventureux*).
« De Labrador qui se dit Laborent	« Et se nomme la terre de Labrador dit Labo-[rant »
« De ce cap à l'est suest en mer Quatre isles a que ie n'ay ouy nommer Dont d'elles sourt ung lac (*sic*) qui va nord [ost Surroest, et pays s'en va au oest surroest Bien huict cens lieux et quatre-vingtz lieux [passe De Terre neufve et mesme la terrasse Qui des Bretons se dit bien trente lieux, Voire ou quarante et va suyvant ses lieux Le long la coste, ainsy comme l'on marque Jusques à la rivière Norembergue Laquelle fut descouverte naguères, Les Portugays avec plusieurs carrières Et d'Espagnolz. Or, entendez mes vers, C'est quant on vient à passer le travers De Terre neufve, a sur ce banc vingt bra-[ces. En approchant la terre et les places De la rivière, il n'en a plus que dix.	« Eu la mer de ce cap eu l'est sudest y a trois ou quatre isles et d'elle sort un banch qui va au nord est sud oest une partie à oest sud oest plus de huit cent lieues, et passe bien quatre [vingt lieues de la terre neufve et de la terre des Bretons trente ou quarante lieues, et d'icy va tout au long de la coste jusques à la rivière de Norembergue qui est nouvellement descouverte par les Portugalais et les Hespagnolz. Au travers de la terre neufve sur ledict banch y a bien quatre vingt brasses, et en approchant de la terre il baisse, de manière que quand il vient près de la rivière, il n'y a que neuf ou dix brasses.
Etc.	Etc.

Il n'y a donc aucun doute que Mallard ait pris les *Voyages aventureux* pour base de son œuvre. Mais à quelle époque en a-t-il eu connaissance ? Dans une première opinion, M. Harrisse [1] pense que l'œuvre de Mallard remonterait à l'année 1546, antérieure à l'année de la mort (1547) de François Ier auquel il dédie son ouvrage. Puis il revient sur cette opinion, en se basant sur ce que cet auteur parle de Brouage où les grandes nefs faisaient souvent voyage [2], et fait l'observation que Brouage n'aurait été fondé qu'en 1555, par Jacques de Pons.

Il y aurait peut-être lieu, selon nous, de maintenir la pre-

---

1. *Loc. cit.*, p. 155 et p. 224-226. V. aussi Biggar, *The early trading companies of New France*, etc.
2. Mallard, *loc. cit.*, mss. fr. 1382, f° 19 recto.

mière date de 1546, et de croire que Mallard aurait eu en mains le manuscrit des *Voyages aventureux*, même avant leur impression.

Brouage, il est vrai, n'a été fondé qu'en 1555, et a pris à ce moment, pour un certain temps, le nom de Jacopolis. Mais Brouage était auparavant un lieu d'atterrissement considérable, notamment pour le commerce du sel, et était connu des navigateurs. Mallard a donc pu parler de Brouage avant 1555.

DOCUMENTS

I

1537, 18 avril. — *Vente par Durand Buschet et Jean Bernyer, à Bonaventure Courtet, d'une part du navire* Le Christofle *de La Rochelle.*

Personnellement establiz honorables hommes Durand Buchet et Jehan Bernyer, propriétaires et bourgeois du navyre nommé *Le Xhristofle* de La Rochelle, du port de 70 tonneaux ou environ, estant de présent en l'havre de ladite Rochelle, avitaillé, muny et aparailhé pour aller à la pesche à la Terre neufve; lesqueulx ont vendu purement et absolument à Bonadventure Courtet, marynier, maistre dudit navire, demourant en La Rochelle, stipullant et acceptant, la quarte partie par indivis d'icelluy navire, bateaulx, aparaulx, artillerie et aultres apartenances d'icelluy, tout ainsi qu'il estoit derrièrement, à son retour de Terre-Neufve; — que ledit Courtet a congneu et confessé avoir bien visité, agréé et tenu pour receu en l'havre de La Rochelle, dont il s'est tenu et tient. De laquelle quarte partie par indivis et dudict navire, aparaulx et appartenances, lesdits Buchet et Bernyer en ont mys ledit Courtet en plenyère possession et saisine réalle et actuelle pour en faire et dispouser à son plaisir et voulunté à perpétuité, pour le prix et somme de 270 livres tournoys, que ledit Courtet a promis payer ausdits Buchet et Bernyer ou à leur certain commandement à deux termes; sçavoir est : la moictié dedans la Toussaincts prochain venant, ou plus tôt si ledit navire estoit de retour de Terre-Neufve ; et l'auctre moictié dedans la feste Sainct-Jehan Baptiste prochaine en suyvant, pour tout délay. Laquelle somme sera sur l'adventure sur ledit navire, apparaulx, marchandises et autres biens qui sont et seront en icelluy navire et jucques à la quille dudit navire, despuys l'havre de ladite Rochelle et jucques à la Terre-Neufve et de retour jucques en l'havre de ladite Rochelle en tout ledit voiage, allant, séjournant et retournant, aux adventures, périlz et fortunes desdits Buchet et Bernyer, de toutes adventures de la mer et des ennemys de France. Et touchant des réparations qui ont esté faites à icelluy navire, apparaulx et appartenances par lesdits Buchet et Bernyer, pour aller audit voiage de Terre Neufve, est dict que, après qu'ilz les auront calculées, ledit Courtet sera tenu et a promis leur en payer la quarte partie, dont ilz en seront creuz par leurs simples serments ou par ce qui en aparoistra par escript de leurs mains, et ce audit retour de Terre-Neufve, aux mesmes advantures que dessus, au pris de 20 pour cent de prouffict.

Et en ce faisant, lesdictz bourgeoys ont promis et seront tenuz garantir audit Courtet ladite quarte partie indivise dudit navire et apparaulx et choses dessus declairrées envers et contre tous, de tous troubles et empêchements queulxconques, en toutes mers, ports et havres, de leur faict et culpabilité. Et ad ce fayre et accomplir et admender tous dommaiges et interestz, etc., ils ont obligé l'ung à l'autre, sçavoir est, lesdits Buchet et Bernyer ledit navire avec tout le droict qu'ils ont en icelluy, et ledit Courtet tout ses biens, etc., et oultre son propre corps, etc.

Faict et passé en La Rochelle, es présences de honorable homme Yves Pyneau, marchand, per et bourgeois de la ville de La Rochelle, et Jehan Alfonse, maistre pillothe, demourant en La Rochelle, le XVIIIe jour d'apvril l'an mil V^c XXX sept. A. Doucet.

II

1541, 21 mars (n. s.). — *Procuration générale donnée par Jean Fonteneau dit Alfonse, capitaine-pilote, et Valentine Alfonse, sa femme.*

Personnellement establiz Jehan Fonteneau, dit Alfonse, cappitaine pillotte de mer, et Valentine Alfonse, sa femme, de lui auctorisée, ont faict, ordonné leurs procureurs (nom des procureurs en blanc)...

... o pouvoir de playdoyrie seullement, etc., et d'eslire domycille en leur maison de La Rochelle, etc., et promectre sous l'obligation de tous leurs biens, etc., avoir pour agréable, etc., obliger, renoncer, etc., avec dispense, etc. Faict et passé en La Rochelle, es présences de Jehan Montullé (ou Montrelle), fournyer, et Pierre Arrignon, marchans et bourgeoys de ladite Rochelle, tesmoings, etc., le XXIe jour de mars l'an mil V^{c}XL. M. Lecourt.

III

1541, 22 mars (n. s.). — *Obligation contractée par André Morisson à Jehan de Salignac, pour prêt de 300 livres destinées à l'avitaillement de* La Barbe de Jard, *commandée par Jean Alfonse et armée pour la Guinée.*

Personnellement establys sire André Morisson, échevin de La Rochelle, a cogneu, et confessé debvoir et estre bien et loyaument tenu à Jehan de Salignac, marchant, demourant à Bordeaulx, ad ce présent, etc., la somme de 300 livres tournois à cause d'argent à luy baillé et presté présentement, manuellement contant par ledit Salignac en doubles ducatz, escuz sols, bons et de poix, et monnaie, dont ledit Morisson s'en est tenu contant. Et ce pour payer partie de ses vitailles, munytions et apparaulx et marchandises que ledit Morisson a, par cy-devant, mises et chargées on navire nommé *La Barbe de Jart*, estant de présent à Chédeboys, pour aller au voyage de la Guynée qu'il a entrepris faire faire par Jehan Alfonse, cappitaine et pillote ondit navire. Laquelle somme de 300 livres tournois sera dès à présent en tout ledit voyage tant allant, séjournant et retournant, et jusques à ce que ledit navyre soit de retour de son dit voyage en ladite Rochelle, es adventures, périlz et fortunes dudit de Salignac et de la grosse adventure de la mer et de toutes aultres adventures et fortunes qu'ilz pourroient advenir ondit voyage. Et icellui incontinent arrivé de son dit voyage, chargé ou non chargé en ladite Rochelle où il doibt faire sa descharge par la charte partie, a promis ledit Morisson remettre et payer ladite somme de 300 livres tournois audit de Salignac ou au porteur de ces présentes, en ladite Rochelle, dedans un moys emprès l'arrivée dudit navire comme dit est. Et ad ce faire, etc.

Faict et passé en ladite Rochelle es présence de Regomme Réau, marchant et bourgeoys de ladite Rochelle, et Me Jehan Rabault, prestre, l'un des prestres compaignons de l'aumosnerie Sainct-Berthomé de La Rochelle, etc., le 22 mars 1540 (v. s.). M. Lecourt.

IV

1543, 25 juin. — *Obligation contractée par Gilles Chauldon, marinier d'Alfonse, pour le prix de sa pension en la maison du sieur Bontemps.*

Personnellement establi Gilles Chauldon, marynier on navire d'Alfonse, demourant en Olleron, confesse debvoir à Jehan Bontemps, marchant houstelier et bourgeois de La Rochelle, ad ce présent, etc., la somme de 68 solz tournois, à cause de despence qu'il a faicte en la maison dudit Bontemps, despuys ung moys ou environ, et de compte faict ce jour duy, dont il s'est tenu contant, renonçant, etc. A payer dedans la Saint-Michel prochain venant ou plus toust, s'il est venu de son retour de ce présent voiage qu'il a intencion de faire, au plaisir de Dieu, dehors le havre, etc. Et ad ce faire ledit Chauldon a obligé biens et corps, etc.

Faict et passé en lad. Rochelle, es présences de Pierre Gaudete le jeune et Estienne de Brou, clercs, demourant en La Rochelle, le XXVe jour de juing l'an mil VC.XLIII. M. Lecourt.

V

1543, 16 octobre. — *Pouvoir pour faire une sommation à fin de délivrance de sucre vendu par Simon de La Lande, marchand de Bordeaux, à Pierre Dubal et Durant Blandymère (ou Blandinyère), marchands de Toulouse, et déclaration de ces derniers d'intervenir à leurs risques.*

Personnellement establys, etc.; noble homme Jehan Clerbault, soubz-maire de la ville de La Rochelle, et seigneur de la Crapaudière, constitue son procureur, honorable homme sire Symon de La Lande, marchant, demeurant à Bordeaulx, avec pouvoir de demander la déclaration de certains succres prins et saisiz et arrestez aud. lieu de Bourdeaulx par Allain Guérin et Jehan de Sainct-Martin, marchans de Bourdeaulx, lesquelz succres led. constituant a dit avoir venduz et livrez tant à feu Pierre Dubal que à Durant Blandymère, marchans de Toulouse, ainsi qu'il appert par une cédulle escripte et signée de leurs mains. Et là où lesd. Guérin, de Sainct-Martin ou autres seroyent desleyans et reffusans de bailler et de livrer lesd. succres entre les mains dud. de La Lande, les faire ajourner par devant les juges à qui en appartiendra la congnoissance, etc. Et après lesd. succres baillés et livrés aud. de La Lande, led. constituant leur a donné pouvoir iceulx vendre.... etc.

A La Rochelle, le 16 octobre 1543. M. Lecourt.

VI

Personnellement, etc., sire Durant Blandynyère, marchant, demeurant à Toulouze, lequel de son bon gré... a promis... à noble homme Jehan Clerbault... d'estre à tous ses dommages et interests en cas qu'il seroyt inquiesté du procès qui se pouroyt ensuyr entre led. Clerbault et Allain Guérin et Jehan de Sainct-Martin, marchands de Bourdeaulx, à cause de certains succres prins... que led. Clerbault a dit avoir venduz... tant à feu Pierre Le Bal que aud. Blandynière... Et oultre led. Blandynière a promis, doibt et sera tenu de poursuyvre led. procès à ses propres coustz et despens sans ce que led. Clerbault soyt aulcunement tenu y contrybuer ne payer aucune chose, etc.

A La Rochelle, le 16 octobre 1543. M. Lecourt.

VII

1544, 26 janvier (n. s.). — *Quittance donnée par Jean Rougier, marchand de Limoges et Martial Moret, marchand de Lyon, à Martin Dagorecte et Martycot de Chauchau, maître et capitaine de* La Madeleine, *de Saint-Jean-de-Luz, de sucres rentrés à La Rochelle par ledit navire au mois de décembre 1543.*

Aujourd'uy sires Jehan Rougier, marchant demourant à Lymoges, et Martial Moret, marchant et habitant de la ville de Lyon, à présent estans en ceste ville de La Rochelle, nous ont dict et certiffié pour vérité, avoir achapté, en cested. ville de La Rochelle, de Martin Dagorrecte, maistre, emprès Dieu, du navire nommé *La Magdelayne* de Sainct-Jehan-du-Lutz, pour luy et ses compaignons, et de Martycot de Chauchau, cappitaine dud. navire, à présent estant en la ville de La Rochelle, le nombre de 60 coffres de succres, poyssans de succre nect 20 milliers et 800 au poix du Roy de La Rochelle, lesquelz succres sont entrez, entre aultres, dedans le port et havre de la Chesne de La Rochelle, au moys de décembre derrier passé 1543, dedans le navire dud. Dagorrecte et de Chauchau ; et lesd. succres dessus desclairez, les droicts et debvoirs pour ce deuz au Roy, nostre sire, et à tous aultres ont estez payez et acquittez par lesd. Daggorecte et de Chauchau, ainsi qu'ilz ont dict et affirmé. Et oultre lesd. m° et capp°... se sont tenuz comptans et bien payez et en ont quicté et quictent lesd. Rougier et Mouret ; et de tout ce que dessus lesd. Rougier et Mouret m'en ont demandé et requis à moy notaire... lectre testimonnialle, et ce que leur avons donné et octroyé pour leur valloir et servir tant à Lyon que ailleurs là où il en sera requis.

Donné et faict en lad. Rochelle, es présence de Mathurin Detenebault, eschevyn de La Rochelle et sieur du Verger, et Jehan Dynematin, garde de l'aumosnerie de La Rochelle, lesqueulx ont dit et certiffié avoir esté présent à la vente et livraison desd. succres dessus déclairés, le 26ᵉ jour de janvier, l'an 1543 (v. s.). M. Lecourt.

VIII

1544, 13 février (n. s.). — *Procès-verbal qui constate que Etienne Portyer, marchand et bourgeoys de La Rochelle, a vendu à Lazare Martin et Pierre Remanet, marchands de Limoges, Lazare Remanet, son fils, stipulant pour lui 18 coffres de sucre, pesant net 6 milliers 250, et en a été payé.*

Témoins : *Pernotion de Soumyan, marchand de Saint-Jean-de-Luz et sire Jehan Rougier, marchand de Limoges, le 12 février 1543, (v. s.). M. Lecourt.*

IX

1544, 13 février (n. s.). — *Procès-verbal qui constate que Pernotton de Soumyan de Saint-Jean-de-Luz, et bourgeois de La Magdelaine de cedit lieu, dont était maître Martin Dagorrecte, et cappitaine Martycot de Chauchau, a vendu aux susdits Martin et Remanet 20 coffres de sucre, pesant net 6 milliers 497 livres, arrivés en décembre dernier, et a été payé.*

Témoins : *Pierre Coursyer, marchand de Limoges, et Yvon Bernier, marchand et bourgeois de La Rochelle.*

Le 13 février 1543 (v. s.). M. Lecourt.

X

1544, 13 février (n. s.). — *Autre contrat qui constate la même chose pour Jean Nicolas, le jeune, marchand et bourgeois de La Rochelle, sieur de Coureilles, vendant à Jean Rougier, 6 coffres de sucre pesant net 2.131 livres, arrivés sur La Magdelaine.*

Témoins : *François Viecle, marchand et bourgeois de La Rochelle, et Pierre Gaudecte le jeune, clerc.*

Le 13 février 1543 (v. s.). M. Lecourt.

Il est spécifié dans ces contrats que ces titres pourront leur servir tant à Lyon qu'ailleurs.

XI

1544, 24 janvier (n. s.). — *Quittance donnée par Jean Fonteneau dit Alfonse, capitaine de La Collette, et Martin de Gorrecte, capitaine de La Madeleine, de Saint-Jean-de-Luz, du prix de trois lutz et d'une barque provenant de prises faites par Fonteneau et de Gorrecte.*

Aujourd'hui Jehan Fonteneau, dit Alfonse, cappitaine du navire nommé *La Collecte* de La Rochelle, Martin de Gorrecte, cappitaine du navire nommé *La Magdelaine*, de Saint-Jehan-de-Luz (*on a rayé* : Gilles Gaultyer, bourgeoys du navire nommé *La Catherine* de Vaste-Ville, tant pour lui que pour), confessent avoir eu et reçeu de Gilles Bouquyer, marchant, pour et en nom de Robert Lousmyer, maistre de *La Catherine* de Vaste-Ville, demeurant à Codebec, en Normandie, la somme de soixante six escuz sol en quatre portugaises, cinq escuz sol et huict escuz communs et le reste en monnoie, pour raison de troys lutz et d'une barcque, laquelle lesd. dessus nommez avoient équippée en guerre, et lesd. troys lutz provenant de troys prinses faictes par lesd. Alfonse et Dagorrecte et led. Lousmyer. Delaquelle somme desd. soixante six escuz sol (*rayé :* ensemble les troys lothz), lesd. Alfonse et Dagorrecte s'en sont tenuz contant et en ont quicté lesd. dessus nommez et tous aultres. Et généralement lesd. parties demeureront quictes l'une envers l'autre de toutes choses qu'ilz ont à faire ensemble, en tant que touchent lesd. troys lothz, quant pour leur regard par ces présentes signées à la requeste desd. Alfonse et Dagorrecte, du notaire, etc. Renoncent, etc.

Faict et passé en lad. Rochelle, es présence de Jehan de La Mothe et Guillaume Méreau, marchans et bourgeoys de La Rochelle, et Martin de Somya et Johannet de Reparasse, marchans de Bayonne, le XXIIIIe jour de janvier, l'an mil V^c XLIII (v. s.). M. Lecourt.

XII

1544, 26 janvier (n. s.) — *Autre quittance pour même cause donnée par Lazare Martin et Aymar Romanet, marchands de Limoges, sans date ; mais les contrats régularisés au second registre portent la date du 26 janvier 1543 (v. s.).*

Le contrat suivant, seul, est au second registre, et stipule qu'il est en faveur de Rougier et Moret, de Lyon. Ce fait établit qu'entre temps Rougier avait cédé la moitié de son marché.

Aujourd'hui sire Lazare Martin et Aymar Romanet, tant pour luy que pour Pierre Romanet, son père, demeurans à Lymoges, à présent estant en cested. ville de La Rochelle, nous a dict, certiffié et actesté par vérité avoir achapté en cested. ville de La Rochelle, de honorable homme Estienne Portyer, marchant et bourgeoys de La Rochelle, le nombre de dix huit coffres de succres poyssant, de sucre nect, six milliers deux cens cinquante, lesquelz succres sont entrez entre aultres au dedans le port et hasvre de La Chesne de lad. Rochelle, on moys de décembre dernier passé Ve XLIII dedans le navire nommé *La Collecte* de La Rochelle, dont en estoit maistre et cappitaine, emprès Dieu, Jehan Fonteneau, dit Alfonse.(*Puis on a rayé :* et desquelz succres dessus déclairez les droictz et debvoirs pour ce deuz au Roy, noctre sire, ont estez payés et acquictez, ainsi que led. Portyer ad ce présent nous a dict et affirmé. Dict oultre led. Portyer, s'est tenu contant et bien payé dud. Rougier, et l'en a quicté et quicte.) Et de tout ce que dessus led. Rougier m'en a demandé et requis à moy notaire royal soussigné, acte et lettre testimonialle, ce que luy avons donné et octroyé, pour luy valloir et servir tant à Lyon que ailleurs où il appartiendra et sera requis.

Donné et faict en lad. Rochelle, es présence de Guillon de Somyans et Jehan Rogier.

XIII

1544, 31 janvier (n. s.). — *Quittance donnée par Joseph Rougier, marchand de Limoges, à Guillaume Méreau, pour du sucre provenant de* La Collete *de La Rochelle, commandée par Jean Fonteneau, dit Alfonse.*

Aujourd'huy Joseph Rougier, marchant, demeurant à Lymoges, à présent estant en la ville de La Rochelle, tant pour luy que pour le sieur Jehan Boullet, aussi marchant de Lymoges, absent, pour lequel led. Rougier est stippulant et acceptant, nous a dict et certiffié et actesté par vérité, avoir achapté en ceste dicte ville de lad. Rochelle, tant de Guillaume Méreau, marchand et bourgeoys de lad. Rochelle et l'un des bourgeoys du navire nommé *La Collecte* de La Rochelle, de laquelle en estoit maistre, emprès Dieu, et cappitaine Jehan Fonteneau, dit Alfonse, et de Martin Heryat et Jehan de Myrande, à présent estans en lad. Rochelle, carsonniers dud. navire, le nombre de 24 coffres de succres, sçavoir est : pour led. Méreau, 20 coffres de succres poysans de succres nect, 6 milliers et 150, et lesd.

4 coffres de succres par lesd. de Myrande et Heryat, poysans de succre nect, 1.250, le tout au poix du Roy de lad. Rochelle, lesquelz succres sont entrez, entre aultres, au dedans, le port et l'havre de La Chesne de lad. Rochelle, au moys de décembre 1543, dedans led. navire dessus nommé ; et lesd. succres dessus déclairez, les droicts et debvoirs pour ce deubz au Roy, noctre sire, et à tous aultres, ont estez payez et acquitez par lesd. Méreau, de Myrande et Heryat ainsi qu'ils nous ont dict et affirmé. Et oultre, lesd. Méreau, de Myrande et Heryat, se sont tenu comptans et bien payez dud. Rougier aud. nom et les en ont quictez et quictent. Et de tout ce que dessus led. Rougier aud. nom a demandé et requis à moy notaire royal soubzcript, acte et lettre testimonialle, ce que lui avons donné et octroyé pour luy valloir et servir tant à Lyon que ailleurs, là où il sera requis. Donné et faict en lad. Rochelle, es présences de sire Jehan Boutet, marchand et bourgeoys de La Rochelle, et Jehan Dynematin, garde de l'aumosnerie de La Rochelle, le derrier jour de janvier 1543 (v. s.). Martin Lecourt.

XIV

1544, 1ᵉʳ février (n. s.). — *Aultre quittance analogue.*

Aujourd'huy sire Joseph Rougier, marchant, demourant à Lymoges, à présent estant en lad. ville de La Rochelle, tant pour luy que pour le sieur Jehan Boullet, aussi marchant de Lymoges, absent, pour lequel led. Rougier est stippulant et acceptant, nous a dict et certiffié et actesté par vérité avoir achapté et en cested. ville de La Rochelle, de Guillaume Naudon, marchant et bourgeoys de lad. Rochelle, ad ce présent, le nombre de 10 coffres de succres, poysans de succre nect, 3 milliers 330, au poix du Roy de lad. Rochelle ; lesquelz succres sont entrez entre aultres au dedans de l'havre de La Chesne de lad. Rochelle au moys de décembre derrier passé 1543, dedans le navire nommé *La Collecte* de La Rochelle, dont en estoit maistre et cappitaine Jehan Fonteneau, dit Alfonse, et lesquelz succres dessus déclairez, les droictz et debvoirs, etc.

La Rochelle, 1ᵉʳ février 1543 (v. s.). Martin Lecourt.

XV

1444, 3 février (n. s.). — *Procès-verbal analogue pour constater que Lazare Martin et Guillaume Poylève, marchands de Limoges, ont acheté de Jehan de La Mothe, marchand et bourgeois de La Rochelle, bourgeois du navire* La Collette *de La Rochelle, dont était maître et capitaine Jean Fontencau, dit Alfonse, et de sire Jehan Nycolas le jeune, aussi marchand et bourgeois de La Rochelle, et sieur de Courcilles, 40 coffres de sucre, savoir est : 30 coffres à La Mothe, pesant 10 milliers 500 net ; et 10 coffres à Nicolas, pesant de même de sucre net, 10 milliers et 500 ; arrivés au havre au mois de décembre 1543, — ceux de Nicolas dans* La Magdelaine *de Saint-Jean de Luz, maître Martin Dagorrecte et bourgeois Pernotton de Somyan.*

À La Rochelle, témoins : « Micheau Mercyer, marchand et bourgeois de La Rochelle, et à présent ouste du Vueil Sainct-Martin de lad. Rochelle, lequel nous a dit et certifié avoir esté présent à la vente et livraison desd. succres dessus déclorez, et Yvon Bernyer, marchand à La Rochelle, le tiers jour de febvrier l'an 1543 (v. s.). » M. Lecourt.

XVI

1544, 21 juin. — *Prêt à la grosse aventure fait par Jean Guybert à Guillaume Paryot, alias* Le Poillaille, *de 6 livres tournois pour vente d'une arquebuse, qu'il emporte au voyage fait par* La Marie *de Jean Allard, le navire d'Alfonse et le navire de Recepuelz de Ré.*

Personnellement establys, etc., Guillaume Paryot, *alias* Le Poillaille, demourant en La Rochelle, confesse debvoir à Jehan Guybert, marchant et bourgeoys de lad. Rochelle, ad ce présent, etc., la somme de 6 livres tournoys pour vendicion, bail et livraison d'une hacquebouse de fer, d'Almaigne, bonne et marchande qu'il a confessé avoir veue, visitée, agréée, prinse, cue et receue dud. Guybert, dont il s'en est tenu comptant ; renonçant, etc. A payer dedans 8 jours de son retour de ce présent voyage qu'il a intention de faire, au plaisir Dieu, dedans le navire de Jehan Allard, nommé *La Marie :* et là ou led. Paryot retournerait sans aulcunes prinses tant de sond. navire que des aultres navires, qui est le navire d'Alfonse et de Recepuelz de Ré, en icelluy cas en rendant lad. hacquebouse par led. Peryot (sic) aud. Guybert, sayne, entière et non endommagée, ensemble la somme de 20 sols ts. pour le temps qu'il s'en sera servi et aydé d'icelle, ond. voyage, en icelluy cas, led. Paryot demourra quicte et deschargé desd. 6 l. ts envers led. Guybert et tous aultres, etc. Et ad ce fayre, etc., led. Paryot a obligé aud. Guybert tous ses biens et choses, et oultre son propre corps à tenir prison, etc. — Faict et passé en lad. Rochelle es présence de Pierre de la Faverie, marchant serviteur à présent de Guillaume Pineau, marchant et bourgeoys de lad. Rochelle, et Guillaume Dupuy, sergent à verge de la mairie de la dite Rochelle. Le XXIe jour de juing l'an mil VC.XLIII. M. Lecourt.

XVII

1544, 26 juin. — *Prêt d'une somme de 30 livres tournois fait par Michel Lambert, marchand et bourgeois de La Rochelle, à Jean Geoffroy, alias de La Grange, Jehan de Garat et Pierre de Malutz, marchands de Bayonne ; témoin : Jehan Fonteneau, dit Alfonse.*

Personnellement estably Jehan Geoffroy de La Grange, marchant demourant en La Rochelle, Jehan de Garat et Pierre de Malutz, marchans demourans à Bourdeaulx, à présent estant en lad. Rochelle, confessent debvoir à Mychel Lambert, marchant et bourgeoys de La Rochelle, ad ce présent, etc., la somme de trente livres tournoys qui est à chacun dix livres tournoys, à cause et pour raison de leur despence qu'ilz ont faicte en la maison dud. Lambert et de compte faict ce jourd'huy entre eulx, dont ilz se sont tenuz comptant. Renoncent, etc. A payer dedans la Magdeleine prochaine venant, etc. Et touchant certains procès intenté en la court de la mairie de lad. Rochelle entre lesd. de Garat et Lambert, du consentement desd. Lambert et de Garat, demeure extainct et assoupie (sic) et de nul valleur, et comme non advenu, sans aulcuns despens, dommages et interestz, d'une part et d'autre, etc. Et ad ce faire, etc. Faict et passé en lad. Rochelle es présences de Jehan Fonteneau dit Alfonse et Méry

Girault, marchant et bourgeois, demourant en lad. Rochelle le XXVIe jour de juing l'an mil VC.XLIIII. — M. Lecourt.

Outre cela, Jean de Garat avait payé à Lambert cent sept sols six deniers pour la dépense de ses deux compagnons. Ceux-ci lui en consentent une obligation, à même date. — Les témoins ne sont pas les mêmes. Ce sont Mycheau Lambert et René Langloys, clerc.

LA
COSMOGRAPHIE

*AVEC L'ESPÈRE ET RÉGIME DU SOLEIL
ET DU NORD*

———

...[1] De chascunes provinces et de quelle loy et secte, et   F° 1.
quelz fruictz et mestaulx y a en chacune, affin que vostre Magesté print plus grand plaisir et délectation à la lecture dud. livre, de toutes les provinces de l'universel monde, lesquelles jusques à présent ont esté veues, descouvertes et congneues par ceulx de nostre Europe; c'est assavoir en chacune province qu'il y a et de quelle qualité sont les gens, et quelle loy ilz tiennent. Affin que cecy veu, vostre Magesté soit mieulx délibérée au service de Dieu, pour faire descouvrir et gaigner les terres et pays, lesquelz, par les gens qui ne sont crestiens, sont occupez, affin que nostre saincte foy catholicque soit multipliée et que ceulx de vostre Magesté le puissent mieulx comprandre, ay faict une figure en plat à

---

1. Ceci est le commencement de l'ancien folio 3 recto. Les deux premiers manquent au manuscrit. Le titre que nous mettons ici, est celui même qui est donné par Alfonse, à son ouvrage, dans le dernier paragraphe de son manuscrit.

laquelle ay mis toutes les terres et provinces de l'universel monde, desquelles jusques aujourd'huy avons congnoissance par les anciennes escriptures et par expériences veues en nostre temps, et à chacune province par ces limites où elles sont situées, et le lieu où descendent lesd. riviéres en la mer, et la haulteur en quoy elles sont; les fontaines et montaignes d'où elles procèddent et les provinces par lesquelles passent lesd. riviéres. Et parce qu'il me semble que c'estoit le plus hutille et nécessaire à vostredicte Magesté, à qui Dieu doint longue vye et croissement de plus grans terres et seigneuries, luy suppliant humblement comme humbles[1] et obéissant subgect, en prenant la volunté de quoy je l'ay faict, qui est pour le service de Dieu, de vostre Magesté et accroissement de la saincte foy catholicque et de vostre état royal, à qui Dieu doint longue vye et règne avec augmentations de plus grandz royaulmes et seigneuries à son service.

Jehan ALLOFONSCE. — Raulin SECALART,
pouvre et loial.

Plaise sçavoir à votre Magesté Royale que l'esphére est ung corps rond dessoubz une superffice, en laquelle moytié[2] y a ung poinct que lévent toutes les lignes à la superffice. Et sont esgales. Ce poinct est dict centre de l'esphère, et unne ligne qui traverse toute l'esphère à travers. Et passe par la moyctyé du poinct qui est dict centre de l'esphère. Et touches aulx 2 partyes

---

1. L'*s* a été ajouté après coup.
2. Ce mot a été ajouté en interligne.

à la superffice de l'esphère qui est dict exchyère de l'esphére. Les 2 boutz de l'épron de l'esphére sont appellez polles, l'ung articque et l'aultre entarticque. L'articque est appellé nord, et l'antarticque su. Et sur ces 2 polles va toute l'esphère, à l'entour, tousjours continuellement sans jamays cesser.

Cette esphère ronde se divise en neufz esphéres lesquelles nous appellons cieulx. En ceste manière, disons que la neufiesme esphère est la superfice de toutes, et ceste icy est le dernier ciel de tous, lequel nous appellons Impérial, et cestuy icy tient tous les aultres dessoubz soy et se meult communément d'Oriant en Occidant. Et ainsi comme il se meult, tous les aultres se meuvent avec luy. Et, en chacune vingt quatre heures, pour une révolution entière. La huytiesme esphère, qui est le huytiesme ciel auquel sont les estoilles, cestuy icy se meult à part soy, dessoubz le neufiesme ciel, et, en cent ans, faict ung degré et, en trente six mil ans, achève son mouvement. Et ce mouvement du huytiesme ciel auquel sont les estoilles, divise le zodiacque par le meilleu. Et soubz le zodiacque sont les sept aultres esphéres qui sont les sept cieulx esquelz sont les sept planettes, lesquelles sont la lune, Mercure, Vénus, le soleil, Mars, Juppiter, Saturne. Et ces sept cieulx se meuvent au contraire du premier, qui est directement Occydant en Oryant. Et chacun tient son cercle sur lequel il se meult et va, et chacun achève son mouvement et circuict en son temps. Par quoy ilz ne l'achèvent pas tous en ung mesme temps. Saturne qui est au septiesme ciel, le faict en trente ans. Juppiter qui est au sixiesme ciel, le faict en douze ans. Mars qui est au cinquiesme ciel, l'achève en deux ans. Le soleil qui est au quatriesme ciel, le faict en troys cens soixante et cinq jours et six heures, qui est ung an. Vénus qui est au tiers ciel, l'achève en ung an. Mercure qui est au second ciel, le faict en ung an. La lune qui est au premier ciel, le faict en vingt et sept jours et huyt heures. Et la raison par quoy le neufiesme ciel se meult d'Oriant en Occident, est l'expérience par quoy voyons que les estoilles qui se lièvent en Oriant, continuellement montent jusques là où le soleil faict son midy, et toutesfoys vont l'une de l'aultre en le mesme capax qu'elles naiscent, en sorte qu'elles ne se approuchent point l'une que de l'aultre, sinon ainsi qu'elles naiscent, et, en le mesme capax, descendent, jusques ad ce qu'elles soyent en Occident où le soleil se couche. Et l'aultre raison est parce que les estoilles qui sont les plus près du polle articque que nous appellons nord, continuellement se meuvent et vont à l'entour du polle d'Oriant en Occidant, et font un tourt en vingt et quatre heures, et vont continuellement sans soy approucher l'une de l'aultre. Et pour cela, il appert que le ciel du firmament se meult d'Orient en Occident. Par quoy ceste dicte estoille du nord est fixe au firmament et ne se meult point sans luy.

La sphère, quant au commun, est dicte monde, et se divise en deux régyons.

L'une Eterea et celestyal, et élemental, Sujeta, Altercia. Et l'élemental se divise en quatre élémens qui sont : terre, eaue, air et feu. La terre est un centre qui est au meilleu. Et depuys est l'eaue qui l'environne. Toutesfoys vous debvez entendre que la terre et l'eaue, tout ensemble, n'est que ung corps onquel la terre est en une part, et l'eaue en l'autre, et toute joincte est le centre. Et n'est pas l'un sans l'aultre. Par quoy la terre n'en vironne point l'eaue, ne l'eaue la terre. Et après la terre et l'eaue, est la région de l'aier qui environne à l'entour la terre et l'eaue. Et après est la région du feu, qui environne les aultres troys éllémens. Et après ces élémens sont les neuf cieulx, desquelz cy dessus avons faict mention. Ceste région des neuf cieulx est dicte quinte essence qui est le cinquiesme élément. Ces élémens sont corps simples. Lesquelz se peuvent diviser en parties et prandre aultre forme. De laquelle se causent et se font aultres corps élémentaires et alternnes qui pour sa vérité, donne à nous aultres occasion d'errer. Et tous ces élémens sont mobilles, excepté celluy de la terre. Par quoy la terre est centre et poinct du monde. Sçachez que la terre ensemblement avec l'eaue est centre, et tous les aultres élémens environnent le centre à l'entour. Et par quoy l'aier environne l'eaue et la terre, et le feu environne l'aier, et après la quinte essence des cieulx environne ceulx des élémens jusques au premier mobile, et d'icy vient que la terre et l'eaue ensemblement est centre, et est de nécessité qu'elle soit ronde. Car le monde qui la tient au meilleu, est rond. Par quoy ce capax rond est le plus parfaict de tous. Car il n'a ne commencement, meilleu ne fin. Et quant cecy est comparé au monde de l'aultre, pourquoy si la terre estoit platte ou carrée ou de troys carrés, l'eaue qui est avec elle, et les cieulx et les estoilles s'approucheroyent plus de l'un que de l'aultre. Et nous voyons que ceulx qui sont icy, que s'ilz vont vers Orient, que aussy loing sont les cieulx, et les estoilles d'eulx en Orient comme quant ilz estoyent icy. Dont s'ensuyt que la terre et l'eaue est ronde, et que les cieulx qui l'environnent sont rondz, et tous les élémens. Et l'aultre est par ce que nous voyons que le soleil

F° 4 v°.

qui nous apparoist et passe par dessus nous aultres et descent en Occident, et de nuict passe à l'entour de la terre et de l'eaue par dessoubz elle, et nous tourne, apparoistre en Orient au matin. Et ceste révolution du soleil nous démonstre l'eaue et la terre estre ung corps rond, et les cieulx aussi sont rondz. Par quoy en tous temps, quant le soleil se liève, et au midy et au soir, est tousjours esgallement esloigné de nous aultres. Et pourquoy est ce que le soleil nous apparoist plus grand, au matin, quant il se liève, et, au soir, quant il se couche, qu'il ne faict au midy, cela nous semble chose contraire, par ce que s'il est esgallement esloigné de nous aultres au matin et à midy esgallement, nous debvroit apparoistre en telle quantité et grandeur. Vous debvez sçavoir que le soleil est toujours esgal en sa grandeur. Toutesfoys quant il se liève au matin et va montant vers le midy, les rayons et force du soleil, lesquelles frappent en la terre, font monter les vappeurs, qui montent entre nous et le soleil, qui nous empeschent que nous ne pouvons veoir le soleil si grand comme au matin et au soir. Pour raison de quoy il ne nous semble pas sy grand au midy. Dont que l'eaue et la terre sont rondz, cela apparoist fort clair par expérience. Et que ainsy soit, se mecte ung homme sur la coste de la mer, et parte une nef du lieu d'où il est, d'aultant plus qu'elle s'esloignera, d'aultant moins elle se verra, et tant s'esloignera qu'on ne luy verra que la hune. Et quant il ne luy veoid que la hune, ceulx qui sont dedans le navire, ne le peuvent veoir de ladicte nef, et s'ilz montent à la hune, ilz le verront. Et n'y aura chose qui le cause, sinon la rondité de l'eaue, laquelle se mect entre les deux, qui est plus haulte que le dict navire. Et l'aultre raison est que, en quelque lieu tu ailles en la mer, tousjours tu veoyes les estoilles et les cieulx en une qualité esloignez de l'eaue. Lesquelz ne seroyent pas ainsi si tout n'estoit rond. Et debvez sçavoir que chacune des estoilles sont estimées estre aussi grandes que la terre et l'eaue. Toutesfoys et de ce que je puys entendre, elles ne sont non plus grandes sinon qu'elles semblent à ung chascun. Raison pour quoy si la nuict vous voyez ung feu, tant plus loing il sera de vous, tant plus grand il vous semblera, et ainsi sont les estoilles. Et aultre raison. Vous verrez que c'est une erreur, parce que depuys la ligne esquynocial jusques au polle articque, y a plusieurs estoilles qu'ilz n'ont que la quarte partie du monde ; et y en a qui ont dict que si une estoille tumboit à terre, qu'elle la couvriroit, ce qui est impossible. Car si elle tumboit, il fauldroit qu'elle retournast dont elle seroit tumbée, et pour tumber il fauldroit qu'elle allast au long le ciel. Et d'aultre part, elles sont fixées au firmament en sorte qu'elles ne sçauroyent tumber sans luy. La terre et l'eaue, tout ainsy qu'elle est chose poysante, elle est fixée au meilleu. Par quoy si elle n'estoit fixée au meilleu, aulcunes foys se approucheroit plus à une partie du ciel que à l'aultre. Et cecy ainsi l'ordonne le facteur d'elle, parce que ainsy l'a voullu et luy a pleu, et mist sentiment estre à chacune les choses qu'il créa.

Ceste sphère, segond la cosmographie et géographie, se départ par cinq zones. L'une est appellée équynocial, laquelle se départ de l'esphère par le meilleu en deux parties esgalles. Et s'appelle équynocial, par quoy les partyes auxquelles divise l'esphère sont esgalles. Par quoy aultant y a de l'équynocial au polle articque comme à l'antarticque. Et entre l'équynocial et le polle articque, y a aultres deux zones. L'une est départie de l'équynocial vers le polle articque, et ceste cy est vingt troys degrez et demy de l'équynocial. Et cestuy cy environne toute l'esphére à l'entour en estant à toutes les parties esgallement, sans s'approucher de l'esquynocial non plus d'ung cousté que d'aultre. Et cestuy cy n'est pas si grand en la longitude comme l'équynocial, par ce que la rotondité de l'esphére, quant elle va sur l'exire et devers les polles n'est pas si grande, ceste longue zone, comme l'équynocial. Par quoy l'équynocial a de longitude troys cens soixante degrez de dix sept lieues et demye chascun degré. Et cestuy cy tient 16 degrez moins en longitude que l'équynocial. Et ceste zone s'appelle troppicque estival. Par quoy, quant le soleil vient à ce troppicque, subitement commence retourner devers l'équynocial. Et cecy est quant vient au premier poinct de Cancer qui est le unziesme jour de juing. Il y a une aultre zone laquelle environne aussi bien toute l'esphére. Et ceste cy est a vingt troys degrez et demy de polle articque, sans soy approucher plus d'une part que d'aultre. Et ceste cy a de longitude en sa rotondité deux cens quatre vingtz et quatre degrez, et est appellée, ceste zone, troppicque articque. Et d'aultant que ceste zone est séparée du polle articque, d'aultant est la zone troppicque estival de l'équynocial, en sorte qu'elles sont toutes deux esgalles en une mesme esgalité. Et ainsy comme de l'équynocial au troppicque articque y a deux zones, lesquelles nous appellons troppicques, ainsy mesme de l'équynocial au polle antarticque y a aultres deux zones, lesquelles nous appellons troppicques. L'ung est dict troppicque yémal et cestuy cy est à vingt et troys degrez et demy de l'équynocial. Et à ce troppicque vient

LA COSMOGRAPHIE 67

le soleil quant il vient au premier point du Capricorne qui est le douziesme de décembre, et d'icy subitement retourne vers l'équynocial. Et l'aultre est dict troppicque antarticque et est à vingt troys degrez et demy du polle. Et la mesme distance et différance qui est en les troppicques qui sont entre l'équynocial et le polle articque, icelle mesme est entre l'équynocial et le polle antarticque. Raison pour quoy, je dictz que ces troppicques ont moins de degrez de longitude que l'équynocial. Vous debvez entendre qu'ilz ont moins de longitude en ce que montent les degrez moins, que j'ay dict que moins ilz tiennent. Toutesfoys, il y a aultant de degrez en chascun troppicque comme de l'équynocial. Mais les degrez de l'équynocial sont plus grandz en lieux que ceulx des troppicques.

Vous debvez sçavoir que ces cinq zones lesquelles divisent et partent la sphére, selon les astrologues, sont subgectes és cinq playes de la terre. Les deux qui sont subgectes aux deux zones qui sont dessoubz la zone thorride, entre les deux troppicques iémal et estival, selon le dire des astrologues du temps passé, ont dict qu'elles n'estoyent point habitées pour raison de la grand challeur de la thoride zone, et par expérience appert du contraire. Par quoy vous voyez que les Indes et terres fermes et isles occidentalles et orientalles sont fort peuplées, lesquelles sont dessoubz la thoride zone, entre les deux troppicques, et la plus grande partie de la coste de la Guynée et d'Etiope et Arabye Félix et Calicou et Melacque et la Tropebonne et le Cattay, toutes lesquelles terres sont fort peuplées, et sont dessoubz la thoride zone au dedans des troppiques. Et suys esmerveillé de ceulx du temps passé qui composèrent l'esphére, lesquelz disoyent qu'elle estoit inhabitable, puysque, en icelluy temps, ilz avoyent notice et congnoissance de l'Etiope et de l'Arabie Félix, Caillicou et Melacque. Veu aussy qu'ilz avoyent laissé par escript que, de la mer de Perse, estoit venu, par la mer Océane à l'entour de l'Etiope, ung navire jousques à la coulonne de Hercules qui est en Gallice, et s'en estoit retourné en la mer Rouge et en la mer de Perse. Et aussi bien appert par expérience que les aultres deux parties qui sont entre les polles, et les deux troppicques articque et antarticque, qu'elles sont habitées, combien qu'ilz ayent dict qu'elles estoyent inhabitables pour raison des grandes froydures. Par quoy voilà Islande et la partie de Gocye qui est au dedans du troppicque articque vers le polle, lesquelles sont habitées, et ceulx icy sont plus difficilles pour habitation à cause du grand froict et des grandz nuictz. Par quoy il y a partie en laquelle la nuict est de vingt quatre heures, une aultre partie en laquelle la nuict est d'ung moys, et partie de deux moys, et partie de troys moys et de quatre moys et de six moys, en sorte que, en l'an, ilz n'ont sinon une nuict et ung jour. Et les aultres deux parties qui sont entre les quatre troppicques, ceulx icy sont habitations bien tempérées ainsi que les astrologiens l'ont escript, et ceulx icy sont aultant de terres que les aultres quatre.

Et à celle fin que cecy soyt mieulx entendu, il nous fault faire en la sphère dix circuictz, lesquels la circuyront tout en rond. C'est assavoir : six circuictz grandz et quatre petitz ; et les six grandz circuictz diviseront toute la sphère en parties esgalles, et les petitz la diviseront en parties non esgalles. Les circuictz grandz sont l'équinocial et le zodiacque, et le coloure estival et le coloure yémal, et le méridien et l'orizon. Et est dict courtial, par ce que quant le soleil passe par l'équinocial qui est deux foys en chacun an, l'une au commencement d'Ariés qui est le unziesme jour de mars, et l'aultre au commencement de Libra qui est le quatorzième jour de septembre, dont les jours et les nuictz sont esgaulx, en sorte que équinoxe est à dire esgal de la nuict et de jour.

Nous nommons l'aultre cercle, zodiaque, par quoy ce cercle coupe l'équynocial et la divise en deux parties esgalles qui sont deux moictiez. Et l'une moictié se divise de l'équynocial par le polle articque, et l'aultre moictié se départ vers le polle antarticque, qui est le su ou midy. Et s'appelle zodiacque par ce que zode est à dire vye, parceque, pour le mouvement que font les planettes soubz le zodiaque, vivent et se créent toutes les choses, lesquelles sont inférieures au dessoubz d'elles. Ce zodiaque se divise en douze parties esgalles, lesquelles sont appellées signes, et chacune partie de ces douze signes a trente degrez de longitude en sa rotondité et douze de lactitude. Et par ce que, en chascune de ces douze parties du zodiacque y a estoilles fixées, sont dictes signiféres, par quoy cy elles sont les estoilles des signes. Et chascune desdictes estoilles des signes sont appropriées aux noms des bestes de leur nature et qualité, qui sont les estoilles, et, pour cela, chacun signe a le nom d'une beste qui est de sa qualité selon le scesse et recesse que le soleil faict en ce circuict tort de zodiaque. Et d'icy se causent les générations et corruptions de toutes les choses; et les noms desdictes bestes sont ceulx icy : *Aryes, Taurus, Gemyni, Cancer, Leo, Virgo, Libra, Scorpio, Sagitarius,*

Capricornus, Aquarius, Pisces [1] et chascun est attribué à son moys. Et par le meilleu de ces douze signes lesquelz sont au zodiaque, passe une ligne laquelle départ les six à une part, et les six à l'aultre. Et ceste ligne est dicte la ligne écletique, par ce que, quant le soleil et la lune arrivent à estre tous deux à ung my mesme temps, sur ceste ligne ecleticque, se causent les éclipses du soleil et de la lune. Vous debvez sçavoir que le soleil tousjours court sur la ligne ecleticque, et la lune et les aultres planettes vont aulcunes foys sur elle, et aulcunes foys déclinent vers le polle articque, et aulcunes foys déclinent vers le polle antarticque. Toutesfoys jamays ne sortent du zodiaque. Les signes qui sont vers la partie du polle articque sont ceulx icy : *Aries, Taurus, Gemini, Cancer, Leo, Virgo* [1], et s'appellent les signes articques septentrions, parce qu'ilz sont de la partie du polle articque et septentrion, que nous appellons nord. Et ceulx qui sont à la partie du polle antarticque sont ceulx icy : *Libra, Scorpio, Sagitarius, Capricornius, Aquarius, Pisces* [1]. Et sont appellez signes australles, parce qu'ilz sont de la partie du polle antarticque qui est dict austral. Et ainsi comme le zodiacque se divise en parties, aussi tous les aultres se divisent en parties semblables. Toutesfoys y a entre eulx différance que le zodiaque a de longitude trois cens soixante degrez, et douze de lactitude, et les aultres n'ont pas telle latitude, par quoy ilz sont comme lignes. Et vous debvez sçavoir que chacune desdictes lignes tient forme de piramide en ceste manière. Vous debvez considérer que chascun signe tient et prent trente degrez, en longitude du zodiaque, et douze degrez de

---

1. Ces noms sont alternativement rouges et noirs, en gros caractères.

lactitude, et en le prenant de quatre carrés, lesquels se font en chacun signe en la superfice du zodiaque et une ligne laquelle se va assembler tout esgallement au centre poinct qui est au meilleu de la sphère, laquelle faict une figure piramide ; et parce que ceste figure liève quatre carrés, on a dict que les signes estoyent carrez, ce qui n'est pas. Car ilz ont chacun trente degrez de longitude, et n'ont sinon douze de latitude. Et quant on dict que le soleil est ung tel signe, entens que le soleil est une des douze parties qui est attribuée à ce signe que tu nomme. En une aultre manière se divise aussi bien le zodiaque en douze parties ensemblement avec toute la sphère en mectant douze lignes, lesquelles vont à l'entour de la sphère d'un polle à l'aultre. Et ceulx icy divisent toute la sphère en douze parties esgalles. Et toutes les parties approchent de la superfice de la sphère jusques à l'exire en lequel tourne la sphère à l'entour, et de ceste manière chascune partie sera ague en celle qu'elle va, et est joincte avec l'exire. Les deux boutz qui sont auprès des polles seront aguz, et ceulx du meilleu seront larges en quantité de trente degrez. Et ceste largeur vise en zodiaque. Et en prenant de ceste manière les signes, il n'y a partie au monde qui ne soit en aulcun signe, et toutes les estoilles seront és signes, aussi bien celles qui seront auprès du polle, comme celles qui seront au meilleu.

Et nous nommons les aultres deux cercles Coulores, et l'office de ceulx icy est de distinguer les équynoces et solstices, et ces cercles ne sont pas entiers sinon demys. Pour raison de quoy on dict qu'ils sont imparfaitz parce qu'ilz ne font sinon que demy arc, et tant plus ilz se lièvent, il ne se veoid, sinon la moictié d'i-

F° 8 v°.

ceulx, et la coloure qui divise les solstices et passe par les polles du monde et les polles du zodiaque, et par la maxime déclinaison du soleil qui est au premier degré de Cancer et de Capricorne. Et quant ce couloure passe par le premier poinct de Cancer, il entre et couppe le zodiaque, et s'appelle le point coloure de solstice estival. Et quant le soleil vient à ce premier point de Cancer, il est solstice estival parce que le soleil ne peult passer de là en avant vers le septentrion. Vous debvez sçavoir que zéne est ung poinct imaginé au firmament, qui est droictement au dessus de nostre teste. Et l'arc du coloure qui est entre l'équynocial et poinct du solstice estival, est dict maxime déclinaison du soleil. Et selon la cosmographe, il est à vingt troys degrez et demy de l'équynocial. Et quant ce coloure approche au premier poinct de Capricorne, il est appellé poinct de solstice yémal, et l'arc du coloure, lequel est entre luy et l'esquynocial, s'appelle la maxime déclinaison du soleil, esgal au premier. Et le coloure, lequel divise les équynoces en l'esquynocial, lesquelz sont Vernal et Narien et Autunal et Libra, là où sont les jours et les nuictz esgaulx, et les deux équynoces sont appellez équynocial.

Et est appellé cercle méridien. Cestuy cy passe par les polles du monde et par le zéne de nous testes, et est dict méridien. Par quoy, en quelque partie que l'homme soit, quant le solleil se liève en Oriant et s'en va en Occident, il fault qu'il passe par ce cercle. Et quant le soleil vient à ce cercle, il est midy, et a faict la moictié de son chemin, et a monté tout ce que, en ce jour, il doibt monter ; et par icy pouvez veoir que si deux villes sont séparées l'une de l'aultre, l'une en Oriant et l'aultre en Occident, celle qui est plus en Oriant, aura premier son midy que l'aultre, parce que le soleil vient premier à ce cercle méridien de celle qui est la plus en Oriant que non pas à l'aultre qui est en Occidant. Et par conséquent elle aura premier le jour et le lèvement du soleil. Et pour ceste raison se déterminent les différens et fornéations que les compas font à ceulx qui navigent aux Indes occidentalles et aux Indes orientalles.

Et est appellé l'aultre cercle Orisson, et cestuy est ung cercle, lequel divise ce qui est plus hault au dessus de nostre myespérins de ce qui est dessoubz, qui est à dire qu'il départ le temps qui sera de jour, qui est le dessus, du temps qui sera de nuict, qui est le dessoubz. Par quoy il est dict orizon parce qu'il est déterminateur de nostre veue, et aussi que par son moyen nous voyons, et sans luy ne pourrions veoir. Et aussi bien se dict cercle myespérins. Les orizons sont deux. L'un est torride et l'aultre oblicque tort. Orizon torride ou sphère torride tiennent ceulx qui vivent dessoubz l'équynocial et ont leur zéne en l'équynocial. Par quoy son orizon passe par les polles du monde et divise l'équynocial en deux parties esgalles, et les jours et les nuictz esgaulx. Orizon oblicque tort ont ceulx qui habitent en ung des polles sur l'orison. Et la cause pourquoy cestuy orizon divise et part l'équynocial en parties non esgalles, et est dict tort, parce qu'il faict les parties l'une plus grande que l'aultre. Et le zéne des testes de ceulx qui habitent icy en la torride, ilz l'ont pour polle de leur orizon ; dont il s'ensuyt d'aultant combien est grande la haulteur du polle sur l'orizon, aultant est le partement du zéne de l'esquynocial, et tant plus se haulse le polle sur l'orizon, tant plus croissent les jours, et tant plus il baisse, tant plus descroissent et sont petitz.

Les quatre pettitz cercles sont les quatres cercles des tropicques qui sont le troppicque articque et antarticque, yémal et solstice. Lesquelz divisent la sphère en parties non esgalles, parce que, en divisant la sphère par chascun d'eulx, demoure une partie plus grande que l'aultre. Par quoy, en la division des cinq zones de la sphère, est faict mention d'elles, je n'en diray plus en cet endroict. Et debvez sçavoir que le soleil quant il commence à monter du premier poinct de Capricone qui est à douze de décembre, par Ariès qui est à unze de mars, et d'icy jusques au premier poinct du Cancer qu'est à douze de juing, il faut cent quatre vingtz et deux parallèles. Chacune de ses parallèles est une révolution que le soleil faict à l'entour de la terre et l'eaue ; et ainsi comme ses parallèles montent du premier poinct de Capricorne jusques au premier poinct de Cancer, aussi du premier poinct de Cancer tourne à descendre jusques au premier poinct de Libra, et d'icy commence de rechef à retourner jusques au premier poinct de Capricorne, dont ilz avoyent commencé. Et ainsi comme ilz ont commencé à monter du premier poinct de Capricorne par Ariès, ainsi les jours commencent à croistre. Et tant plus va le soleil et s'approuche d'Ariès, tant plus grandz se font les jours, et ainsi qu'il vient au premier poinct d'Ariès qui est à unze de mars, il est équynoce course, et lors les jours et les nuictz sont esgaux. Par quoy le soleil, en ce jour, faict son circuict par le meilleu de l'équynocial. Et ainsi qu'il passe le premier poinct d'Ariès, il va par Cancer, et commencent les jours accroistre et estre plus grandz que les nuictz. Et tant plus il s'approuche de Cancer, sont plus grandz les jours et plus petites les nuictz jusques ad ce qu'il vienne au premier poinct de Cancer qui est à unze de juing. Et icy faict le plus grand jour. Et d'icy retourne par Libra et par Capricorne. Et ainsi qu'il s'en retourne, descroissent les jours et croissent les nuictz jusques ad ce qu'il vienne au premier poinct de Libra qui est à quatorze de septembre. Et icy retourne à estre équynoce, et sont les jours et les nuictz esgaulx. Et d'icy va jusques au premier poinct de Capricorne. Et tant plus il s'approuche de Capricorne tant plus les nuictz sont grandes et les jours petitz. Et quant il est au premier poinct de Capricorne qui est à douze de décembre, icy nous faict le plus petit jour et la plus grande nuict. Et d'icy tourne à descendre par Ariès. Et debvez sçavoir que ainsi les cercles de l'orizon commencent à croistre au my espérins de hault, ainsi les mesmes circuictz commencent à descroistre au my espérins d'en bas. Et ainsi comme ceulx de my espérins d'en hault commencent à descroistre, ainsi ceulx du my espérins de bas commencent à croistre, et ainsi comme le my espérins de bas croist et descroit, ainsi les nuictz croissent et descroissent. Et ainsy comme le my espérins de hault croist et descroist, ainsi les jours et les nuictz croissent et descroissent les ungs comme les aultres.

Et ceste croissance et descroissance des jours et des nuictz n'est pas en toutes les terres et parties esgalles, par quoy, en aulcunes parties, sont plus grandz les jours et les nuictz, que non en d'aultres, selon le département du soleil.

Vous debvez sçavoir que ceulx qui sont habitans et vivans dessoubz l'esquynocial, en tous temps, ont les jours et les nuictz esgaulx de douze heures. Et ceulx qui vivent et habitent à vingt degrez de l'esquynocial

F° 10 v°.

ont leur grand jour et nuict de douze heures et demye. Et ceulx qui vivent et habitent à vingt huyt degrez de l'esquynocial, ont leur grand jour et nuict de treze heures. Et ceulx qui vivent et habitent à trente ung et trente deux degrez ont leur grand jour et nuict de quatorze heures. Et ceulx qui vivent et habitent à trente siz degrez, qui sont ceux d'Andelousye et de Grenade, ont leur grand jour et nuict de quatorze heures et demye, et ceulx qui vivent ou habitent à quarente deux ou quarente trois degrez, qui sont ceulx de Gallice et Biscaye, ont leur grand jour et nuict de quinze heures. Et ceulx qui vivent et habitent à quarante sept degrez, qui sont ceulx de La Rochelle et Poictou, ont leur grand jour et nuict de quinze heures et demye. Et ceulx qui vivent et habitent à cinquante degrez qui sont ceulx de la ville de Françoise de Grace, et toute la plus grande partie de Normandie, ont les grandz jours et nuictz de seize heures. Et ceulx qui vivent et habitent à cinquante et cinq degrez qui sont ceulx d'Olande, ont leurs grandz jours et nuictz de dix sept heures. Et ceulx qui vivent et habitent à cinquante sept degrez ont leurs grandz jours et nuictz de dix sept heures et demye. Et ceulx qui vivent et habitent à soixante degrez qui sont ceulx de Danemarc, ont leurs grandz jours et nuictz de dix huyt heures. Et ceulx qui vivent et habitent à soixante et deux, ont leurs grandz jours et nuictz de dix neuf heures. Et ceulx qui vivent et habitent à soixante et quatre degrez, ont leurs grandz jours et nuictz de vingt quatre heures. Et ceulx qui vivent et habitent à soixante et cinq degrez, ont leurs grandz jours et nuictz de vingt et une heures. Et ceulx qui vivent et habitent à soixante et six degrez, ont leurs grandz jours et nuictz de vingt et deux heures. Et ceulx qui vivent et habitent à soixante et sept degrez, qui sont ceulx de Norovègue, ont leurs grandz jours et nuictz de vingt et quatre heures, en manière qu'ilz ont vingt et quatre heures de jour, et aultres vingt et quatre heures de nuict, sans jour, qui est jour pour nuict, et nuict pour jour. Et ceulx qui vivent et habitent à soixante et neuf degrez, ont leurs grandz jours et nuictz d'un moys qui est jour continuellement, sans nuict, et ung aultre moys de nuict sans jour. Et les vivans et habitans à soixante et dix degrez ont leurs grandz jours et grandz nuictz de deux moys que est jour sans nuict et nuict sans jour. Et ceulx qui vivent et habitent à soixante et douze et soixante et treze, ont troys moys de jour sans nuict et troys moys de nuict sans jour. Et ceulx qui vivent et habitent à soixante et quinze degrez, ont quatre moys de jour sans nuict, et aultres quatre moys de nuict sans jour. Et ceulx qui vivent et habitent à soixante dix neuf et quatre vingt degrez, ont six moys de jour sans nuict et aultant de nuict sans jour, en manière que, en ung an, ilz n'ont que une nuict et ung jour. Et delà au dedans vers les polles articques et antarticques n'y a pas grand différend, soyt de jour ou de nuict, parce que la grandeur du soleil qui seigneurie la rotondité de la terre et de l'eaue, tient, à la partie des polles, continue clairté, parce que la terre ne se peult mettre au davant pour luy faire umbre ne empescher la clairté du soleil qu'elle n'esclaire à la terre. Le jour se doibt compter de soleil à soleil qui est de soleil levé à soleil couché. Car si aultrement le comptiez, les jours seroyent plus grandz, et ainsi ne se doibt compter que du lever du soleil jusques à son coucher, et de son coucher jusques à son lever. La terre et l'eaue ont deux cens cinquante et deux mil estades, donnant au degré du zodiaque sept cens estades, pour chacun degré, qui sont trois cens soixante foys sept cens estades, qui font trois cent soixante degrés, qui montent six mil trois cens lieues que tient la rotondité de la terre et de l'eaue, et fault que le soleil la trouve en vingt et quatre heures, qui sont vingt et quatre parties. Et mect le soleil une heure de l'une à l'aultre, et y a quinze degrez, et vingt et quatre foys quinze, ce sont trois cens soixante.

Et parce que au dessus j'ay dict que le zodiaque se départ en douze parties, et que chacune partie est dicte signe, vous debvez sçavoir que ces signes ont trois lévemens. Le premier est dict mondain, et le second temporel et le tiers soular. Aussi debvez sçavoir que le signe qui se dict lever par le lièvement mondain, il se liève sur l'orizon quant le jour commance, et après qu'il est jour, en allant sur l'orizon, ce signe est dict lever pour le lévement temporel, quant il se liève sur l'orizon, en ce temps que le soleil se veult coucher, qui est la fin du jour. Cestuy cy est dict lever solairement, qui est quant aulcun signe ne peult veoir pour l'empeschement de la force du soleil, et se commance à veoir pour soy estre esloigné le soleil du lieu où le signe estoit. Et affin que cecy soyt mieulx entendu, vous debvez sçavoir que certaines estoilles sont que nous appellons signes, et le lévement du signe est le lever desdictes estoilles qui ont le nom de ce signe, et lever et monter du signe sur l'orizon se dict et est apparoistre les estoilles des signes au dessus de la lévation du soleil. Et le monter sur l'orizon se dict estre le monter d'icelles estoilles des signes dont elles lièvent sur le zène, qui est là où le soleil faict le midy. Et ses lièvemens des signes sont en deux manières. L'un est lèvement torride et l'aultre oblicque. Ces signes qui se disent lever par le toride, c'est quant ilz se lièvent en la plus grande partie de l'esquynocial et non pas au zodiaque. Et ceulx qui sont dictz lever oblicques sont ceulx desquelz la plus grande partie d'eulx se liève en zodiaque que non pas en l'esquynocial.

Vous debvez sçavoir que les planètes ont chascune ung cercle lequel est comme une ligne en le zodiaque, dessus lequel elles vont et font leur mouvement et leur cours. Toutesfoys le soleil a ung cercle en espécial, en lequel y va, qui est l'éclétique, ainsi que dessus ay dict. Et quant on dict que une planette telle est ung tel signe, il est à entendre que icelle planette que l'on nomme par son mouvement et par sa ligne, passe par icelle douziesme chambre du zodiaque qui est attribuée à icelluy signe ainsi nommé, en lequel est icelle planette nommée. Et parce que cy dessus j'ay dict, le soleil en tous temps va sur l'écléticque, sans sortir d'elle, et les aultres planettes aulcunes foys vont sur elles et aulcunes foys hors d'elles, en déclinant contre les polles. Et quant la lune va sur elle, advient aller par sa révolution, et de cecy est la cause des éclipses de la lune et du soleil. Vous debvez sçavoir que la lune n'a poinct de clairté, provenant d'elle, sinon celle provenant du soleil. Et quant la lune va en éclétique en laquelle va le soleil, aulcunes foys advient que la terre est entre les deux, et les rayons du soleil frappent sur la terre et empeschent que la clairté du soleil ne voisse à la lune, et allors demeure obscure, que nous appellons éclipse. Et s'il ne prend que la moictié, il n'y a que ladicte moictié éclipsée.

Et s'il la prent toute, elle est toute éclipsée. Il est à entendre que la lune ne se deffaict poinct, mais elle se mect dedans ung petit cercle que nous appellons dragon, et entre par ung cousté et sort par l'aultre, et mect quinze jours, plus peu plus moins, à entendre et aultant à sortir, selon les moys. Et par la diminution de moins qu'elle y mect, gaignons tous les quatre ans une lune, en l'an bissexte. Et oudict an avons treize lunes. Et icy en cedict cercle dragon se faict nouvelle et plaine. Et quant elle est plaine, elle est hors du dragon, et nouvelle elle est dedans.

Et ainsy mesmes, vous debvez sçavoir que l'esclipce du soleil n'est aultre chose sinon qu'il advient que la lune, en allant par sa révolution, à se mectre entre le soleil et la terre sur l'éclétique et dedans le dragon. Et ainsi que le soleil envoye ses rayons en la terre, il advient que le dragon de la lune est entre les deux et empesche les rayons du soleil de venir à la terre, et le soleil demeure obscur et éclipsé; et ne le peult tout empescher pour aultant que le soleil est beaucoup plus grand que la lune. Et à ceste raison est beaucoup de foys esclipse de soleil en une province plus que en l'aultre.

Ce-qui est dict cy davant de la sphère suffit pour l'introduction de l'euvre présent. Et à celle fin que mieulx soit entendue la cosmographe de laquelle est l'euvre qui s'ensuyt, je veulx dire que, ainsy comme l'esquynocial divise, en deux parties esgalles, toute la sphère, laquelle est appellée monde, ainsi l'aultre ligne de diamètre divise toute la sphère en aultres deux parties esgalles et couppe l'esquynocial en deux parties, et passe par les deux polles de la sphère. Et ceste ligne de dyamètre et celle de l'esquynocial sont quatre parties de toute la sphére, et chacune de ces quatre parties est de nonante degrez qui font trois chambres de trois signes ; en manière que, de l'esquynocial à chascun des polles du monde, y a nonante degrez, et des polles jusques à l'esquynocial, par l'aultre part au contraire, y a nonante degrez. Et en ceste manière y a en la rotondité du dyamètre trois cens soixante degrez, ainsi qu'il y a en la rotondité de l'esquynocial. Et par icy pouvez veoir clairement que le monde est rond, et qu'il est esgal en la longitude et la latitude. Par quoy ainsi comme le monde a trois cent soixante degrez par la ligne du dyamètre, laquelle passe par les polles, et coupe l'esquynocial en deux parties, lesquelles nous appellons latitude, aussy il y a autres trois cent soixante degrez par la ligne équynocial laquelle nous appellons longitude.

Et parce que chascun degré est taxé à dix sept lieues et demye, ainsi le monde a de tour trois cens soixante degrez qui sont deux cens cinquante et deux mil estades, donnant à chascun degré du zodiaque sept cens estades, et à chascune lieue quarante estades. Le tout montant six mil et trois cens lieues que la terre et l'eaue ont de rondeur. Ainsi que en partant de l'isle de Sainct-Omer qui est dessoubz l'esquynocial en allant en Oriant pour le droict de la ligne esquynocial, quant l'on aura faict six mil et trois cent lieues, il seroit retourné à la mesme isle de Sainct-Omer dont il seroyt party. Et par icy pouvez veoir clairement tout ce qui est descouvert et à descouvrir de la longitude du monde qui est la rotondité de la terre et de l'eaue, en laquelle nous habitons. Et de ceste isle de Sainct-Omer jusques à Melacque en allant pour le droict de l'esquynocial, sans soy

F° 14 r°.

partir d'elle, y a cent et deux degrez de la longitude qui
montent mil sept cens quatre vingtz et cinq lieues. Et
de Melacque jusques au Cattay y a quarente et deux
degrez de longitude, qui montent sept cens trente et
cinq lieues, nonobstant que le Cattay est au nord de la
ligne par les vingt et sept degrez de la latitude. Et ainsy
que de l'isle Sainct-Omer jusques au Cattay y a deux mil
cinq cens et vingt lieues. Et de ladicte isle Sainct-Omer
jusques au port du Figuier qui est le derrier descouvert
des Indes occidentalles, y a cent dix sept degrez qui sont
deux mil quarente sept lieues et demye, en manière que
ce qui est descouvert de la longitude du monde est depuys le port du Figuyer jusques au Cattay qui est en
Oriant, en celluy du Figuyer en Occident, jusques auquel
y a deux cens soixante et ung degrez qui se montent
quatre mil cinq cens soixante sept lieues et demye, et
reste à descouvrir de la longitude de l'esquynocial nonante et neuf degrez qui se montent mil sept cens trente deux lieues et demye. Et cecy descouvert, sera descouverte toute la longitude du monde. Toutesfoys que
pour le présent y en a bien de descouvert trois cens
lieues en l'ance du Figuyer et en la mer du Pérou contre le Cattay. Et ainsy que de France jusques au Cattay
y a deux mil et huit cens lieues, et de France jusques
à l'ance du Figuyer y a deux mil quarente sept lieues et
demye. Le roy d'Espaigne et le roy de Portugal ont
faict partaige de l'universel et les limites dont commencent les partaiges, sont à quatre cens cinquante lieues
en Occident des isles du Capdever, la division dont ilz
ont party, s'appelle la rivière de Marcignan qui est en la
coste du Brésil, coste de l'est et ouest, du costé devers
le nord du Brésil. Ladicte rivière est à sept degrez au su

de la ligne vers le polle antarticque. Le roy de Portugal a prins la partie d'Orient jusques là où descent la rivière du Gange en la mer Pacificque. Et le roy d'Espaigne a prins la partie de Occident jusques à ladicte rivière du Gange. Et ont faict les dessudictz lesdictz partaiges sans y appeller vostre Magesté Royalle ne aultres voz prédécesseurs. Et m'est advis qu'ilz ont mal party, actendu qu'ilz ont tout prins; actendu que y aviez aultant et si grand droict que eulx. Et de ceste rivière de Mareignan, dont ilz ont faict leurs particions jusques à Melacque, y a trois mil trois cens lieues en Oriant; et passé Melacque, quatre cens lieues, descent ladicte rivière du Gange en la mer Pacificque. En la particion du Roy de Portugal, y a trois mil sept cens lieues, et en celle du Roy d'Espaigne, deux mil six cens au long la longitude. Et de ladicte rivière commence la particion du Roy d'Espaigne en tirant vers la rivière de Mareignan qui est plus en Oriant, et à nous aultres icy en Occident. Et n'est appellée pour aultre chose Occident, sinon que, par ceulx qui vont contre le soleil couchant, et Oriant, par ceulx qui vont contre le soleil levant. Et entre ces deux mil six cens lieues depuis le Gange jusques à Mareignan[1] sont les terres qui restent à descouvrir, qui sont les plus riches de la longitude du monde, selon la saincte escripture, et selon ce que j'en ay apperceu, que sont celles icy : La terre Zertane, Cyampaugue, Lanare (*ou* Louare), le Cattay et les isles de la Jave, la grande et la petite, et l'isle de Jocquatte et Orossye ; lesquelles terres et isles sont les plus riches d'or et de piarres précieuses d'entre celles desquelles est faict mention en la cosmographe, et com-

---

1. Voir plus loin une note dans la description de l'Asie.

me j'ay peu apercepvoir. Et quant à moy, il m'est advis que de Jocquatte est escript que c'est celle isle nommée Orfye ¹ en la sainte escripture, de laquelle Salomon envoya à quérir l'or pour faire le temple de Jhérusalem. Laquelle isle est à quatre cens lieues de la Jave en Oriant. La terre de Tercye et Cyampaugue est devers la terre d'Avakt et au suz de la ligne esquynocialle, et d'icy fist apporter Salomon l'argent selon la prophétie de Jhéremye. La terre de Tercye est terre ferme. Orsye est une isle, et d'icelle vint l'or, duquel fust édiffié ledict temple. Et prétend, le roy d'Espaigne, lesdictes isles estre à sa particion, et aussi les isles de Muluque, et les iles du Cloux de Giroufle, et l'isle de Célang (*ou* Célum) de la Muscade. Et ceulx icy sont à deux cens lieux de la rivière de Gange en Oriant, et sont droict dessoubz la ligne esquynocialle. Et Celan (*ou* Célum) de la Muscade est quarente lieues au suz de la ligne devers le polle antarticque. Et la rivière du Gange est au nord de la ligne, deux cens lieues. Et me semble que à vous en appartient portion, aussi bien comme à eulx, parce que avez des gens en vostre royaulme qui congnoissent que sont les plus riches isles du monde.

Ainsi debvez sçavoir que quant le soleil tourne sur l'esquynocial, ceulx qui habitent dessoubz elle, le soleil se couche à leur midy, dessus le zéne de leur teste, et faict l'umbre particullière à tous. Et cecy est au long l'esquynocial. Et quant il se liève à l'orison, l'umbre va en Occident. Et quant il se couche, son umbre va en Oriant. Et quant il est sur le zéne, à l'heure il est midy, et n'a nulle umbre. Et pour ce, je dictz qu'il se va cou-

1. Pour Ophir.

cher à leur midy. Et cecy ay voulu mectre icy, affin que ceulx qui passent la ligne esquynocialle congneussent quant ilz sont soubz elle ou dessoubz le soleil par leur astralabe. Touteffoys ceulx qui sont au meilleu d'entre elle et le troppicque estival, qu'est dict Cancer, luy faict l'umbre à leur midy qui est vers le nord, et ceulx qui habitent au meilleu de l'esquynocial entre le troppicque yémal, qui est dict troppicque de Capricorne, l'umbre leur va à leur midy, qu'est à la partie du suz. Et cecy est quant le soleil est sur l'esquynocial ainsi que le soleil faict sa révolution sur l'esquynocial jusques à aller, le soleil, sur le zène de ceulx qui icy habitent. Et quant il passe leur zène, l'umbre change au contraire. Convient assavoir l'umbre de ceulx qui sont entre Cancer et la ligne, l'umbre se luy change au nord au contraire de leur midy. Et quant le soleil est sur le zène de ceulx qui habitent entre la ligne et le troppicque yémal, et quant il passe leur zène vers la partie du suz, il faict l'umbre au nord au contraire de leur midy. Et cecy est nécessaire à ceulx qui prenent la haulteur pour sçavoir et congnoistre quant ilz passent dessoubz le soleil. Et quant l'umbre luy change en ceste manière, leur midy se change au cas pareil que si leur midy estoit au suz, il leur retourne au nord, et l'aultre au cas parce que s'il avoit au nord, il leur retourne au suz. Et ainsy en quelque part que tu sois, ton midy est au contraire de ton umbre. Et ceulx qui habitent hors des troppicques vers le polle articque, en tout temps l'umbre leur va au nord au contraire de son midy. Et ceulx qui habitent hors du troppicque vers le polle antarticque, l'umbre leur va au suz, au contraire de leur midy. Et cecy est pour ce que jamais le soleil ne vient au zène de leur teste de ceulx qui en ces lieux habitent. Et je l'ay mis icy parce que est mestier de le sçavoir pour prandre la haulteur du soleil avec l'astralade ou arbaleste qui est ung instrument pour prandre la haulteur du polle articque ou antarticque, comme cy après sera dict de la déclinaison du soleil et de son régime. Premiérement nous parlerons des signes que le soleil fait à son lever et à son coucher pour sçavoir le temps qui faira de jour et de nuict et la journée au dedans vingt et quatre heures, en quelque province et région que tu soys.

F° 16 v°.

Il est à noter que quant le soleil se liéve clair, sans nul cercle à l'entour de soy, est signe de beau et doulx temps, icelluy jour. Et s'il se liéve obscur, avec un ciercle de diverses coulleurs, comme de rouge, il démonstre qu'il fera grandz ventz de la partie des signes d'où sera le cercle plus rouge. Et si le soleil à son levier est obscur, vert, et faict ung circuitz, les nues qui seront à l'entour sont noires et vertes, c'est signe que les ventz seront devers le midy avec force pluye. Et ce qu'il te démonstrera à son levier, il le te démonstrera à son couchier. Et les mesmes signes te fera la lune quant elle se liévera. Regarde quant la lune se liévera claire et subtille, sans qu'elle montre aulcun cercle auprès d'elle, signiffie que le temps sera beau et clair. Toutesfoys si elle se liéve subtille rouge, et à l'entour d'elle le temps est clair et rouge subtil, signiffie que le temps sera de ceste partie dont elle faict l'ouverture. Plus rouge, il démonstre qu'il fera ventz de la partie des signes; là où est l'ouverture plus rouge. Et si la lune à son lever se démonstre noire, verte et espesse, signiffie que les ventz seront de la partie du midy avec abondances d'eaues et de ventz. Et si elle faict ung cercle avec force lunes, signiffie que fera grande tourmente du cousté où sera l'ouverture des cercles. Et si les cercles sont

F° 17 r°.

grandz, sera la tormente plus grande, et si sont petitz, sera le temps plus tempéré. Et te fault prandre esgard au temps que la lune sera plaine ou nouvelle, les signes qu'elle fera en cesdictz jours, et jusques au troisième jour après la nouvelle lune, s'il est conforme au premier, le temps viendra en la manière dessus déclairée de ce mesme cousté des signes, et durera longuement.

Et par quoy ces ventz, tempestes et tounayres sont plus fortz, terribles et dangereux dessoubz la torride zone et entre les deux troppicques que non en aultres parties. Et debvez sçavoir que ces tempestes ne causent aultre chose sinon les vappeurs de la terre et de l'eaue, entre les deux troppicques et sous la torride zone, à cause de l'umidité de la grande challeur du soleil d'où s'engendrent unes nues en ceste manière. Ainsi que le soleil frappe ses rayons en la terre et en la mer, la force d'iceulx rayons qui sont chaulx, font sortir les vapeurs de l'humidité de la terre et de la mer, de quoy se faict une congélation, laquelle nous appellons nues, et ses nues montent en hault par la région des ellémens jusques à la région du feu. Et ainsi que l'air est enflambé de feu, lequel vient jusques aux nues, et ainsi que ces vappeurs sont humides, froitz et espex, parce que touchent à la région du feu, s'engendrent un grand bruict et tounairre. Et tant plus ilz sont froitz, humides et espaix, tant plus grandz sont les tounaires et tempestes, comme si vous mectiez une grosse barre de fer dedans le feu, et puys quant elle seroit bien chaulde et rouge et la missiez en l'eaue, tant plus chaulde et rouge elle est, tant plus grand bruict elle faict. Et ainsi sont les vappeurs avec la région du feu, que tant plus elles sont froides tant plus grand bruict elle font. Et se font d'elles mêmes ung si terrible vent, que s'il trouvoit ung navire la

F° 17 v°

voile haulte, il rumproit le mas dudict navire ou le feroit péril (*ou* périr) en la mer. En raison de quoy, il fault admener et mettre bas les voilles dudict navire par ceulx qui congnoissent et voyent venir le vent. Et pour icelluy congnoistre, il est à noter qu'il tonne et esclaire deulx ou troys foys avant que le vent vienne à vous. A raison de quoy il faut que ceulx lesquelz vont entre les deux troppicques yémal et estival et dessoubz la zone thorride, qu'ilz soyent vigillans et diligens pour admener les voilles bas dudict navire. Vous debvez sçavoir que entre les troppicques et la zone torride, le soleil est toujours en sa force et vertu, et faict sortir les vappeurs de la terre et de la mer en si grosses nues, qu'elles font et engendrent des tonnairres, lesquelz font si grand bruict qu'il semble que le ciel veulle tumber sur la terre. Et y a maintes navires et gens lesquelz sont allez aux Indes orientalles et occidentalles et par dessoubz la zone thoride, lesquelz ont été perduz et périlz en la mer par faulte qu'ilz n'en avoyent pas la congnoissance de admener et mectre les voilles bas. Et pour cela tous ceulx qui entreprenent les voyaiges loingtains, debvent estre vigillans et expérimentez, ou aultrement ne l'accepter ne entreprendre. Car c'est grande charge de conscience d'entreprendre choses lesquelles l'on n'entent pas et faire morir et péril par ignorrance et imbécilité tant de gens. Quant [1] est de moy, j'ay navigué jusques à présent quarente et huyt ans en toutes les mers, sans jamais perdre navire. De quoy je rend graces à Dieu le créateur et à la Trinité Parfaicte, à la Virge Marie et à toute la court célestialle (*ou* célestielle).

---

1. Cette phrase est d'une écriture un peu différente du texte, mais semble avoir été ajoutée de la main même d'Alphonse.

LA COSMOGRAPHIE

F° 18 r°.

La première année de la declinaison du soleil après le bissexte.

Première année
Janvyer

Janvier
Desclinaison du soleil

Nombre d'or	Lettre dominicalle		Jours	Degrez	Mynuttes
3	A	La cyrconsision nostre seigneur.	1	21	52
	B	Les octaves Sainct Estienne.	2	21	42
11	C	Les octaves St Jehan apostre et esvangéliste.	3	21	32
	D	Les octaves des Innocens.	4	21	22
19	E	Le Piphanye nostre seigneur. Nichil hic.	5	21	10
8	F	La feste des Roys.	6	21	00
	G	Sainct Lucian presbtre.	7	20	47
16	A	Sainct Jullien évesque. St Seurin esvesque.	8	20	35
5	B	Saincte Martine vierge.	9	20	22
	C	Sainct Guillaume évesque de Bourges.	10	20	10
13	D	Aquarius ♒	11	19	57
2	E	Les octaves des Roys.	12	19	42
	F	♒ Acquarius. Sainct Hillaire évesque de p p p (sic).	13	19	18
10	G	Saincte Nommaye vierge.	14	19	13
	A	Sainct Marcel.	15	19	00
18	B	Sainct Suplise.	16	18	45
7	C	Sainct Fabien et Sifeba.	17	18	28
	D	Sainct Agnes.	18	18	12
15	E	Sainct Vincent. Vacat hic.	19	17	57
4	F		20	17	40
	G		21	17	22
12	A	Sainct Vincent.	22	17	5
1	B		23	16	48
	C		24	16	30
9	D	La conversion sainct Paul.	25	16	13
	E	Sainct Policarppe.	26	15	55
17	F	Sainct Jullyen.	27	15	37
16	G		28	15	19
	A	Sainct Vallery.	29	15	1
14	B	La translatyon Ste Anne.	30	14	42
3	C		31	14	21

LA COSMOGRAPHIE

F° 18 v°.

Première année

Febvrier

Nombre d'or	Lettre domynycalle		Jours	Degrez	Mynuytes
	D	Sainct Sylever.	1	14	000
11	E	La Purification.	2	13	40
19	F	Sainct Blaise.	3	13	20
8	G		4	13	0
	A	Saincte Agathe.	5	12	39
16	B		6	12	18
5	C		7	11	58
	D		8	11	37
8	E	Sainct Aubery.	9	11	19
2	F	Sainct Austreberte. Sol en *pisses*	10	10	54
	G		11	10	31
10	A		12	10	10
	B	Sainct Edouard roy.	13	9	47
18	C	Sainct Vallentin.	14	9	26
7	D		15	9	4
	E	Saincte Jullienne.	16	8	41
15	F		17	8	19
4	G		18	7	57
	A		19	7	34
12	B		20	7	22
1	C		21	6	49
	D	La châsse sainct Pierre.	22	6	26
9	E		23	6	2
	F	Sainct Mathieu.	24	5	39
17	G		25	5	15
6	A		26	4	51
	B		27	4	28
14	C		28	4	4

LA COSMOGRAPHIE

Première année — Mars

Mars — La déclinaison du soleil — 1° 19′

Nombre d'or	Lettre dominicalle		Jours	Gros degrez	Mynuctes Mynuytes
3	D	Sainct Aubin.	1	3	41
	E		2	3	18
11	F		3	2	54
	G	Sainct Adrien, martir.	4	2	31
19	A		5	2	7
8	B	Sainct Victor.	6	1	44
	C		7	1	20
15	D		8	0	56
5	E	Les quatres martirs.	9	0	32
	F	Saincte Agatthe. Sol en *aries*.	10	0	9
13	G		11	0	15
2	A	Sainct Grégoire.	12	0	39
	B		13	1	3
10	C	Sainct Léon, pappe.	14	1	27
	D		15	1	51
18	E		16	2	15
7	F	Sainct Patrice.	17	2	38
	G		18	3	1
15	A	Sainct Joseph.	19	3	25
4	B		20	3	47
	C	Sainct Benoist.	21	4	10
12	D		22	4	34
1	E	Sainct Théodore.	23	4	56
	F		24	5	20
9	G	L'annunctyacyon de Nostre-Dame.	25	5	43
	A	La résurection de (sic).	26	6	5
16	B		27	6	28
6	C		28	6	50
	D	Sainct Victorin.	29	7	12
14	E	Sainct Quirin.	30	7	36
13	F	Saincte Fabienne.	31	7	57

LA COSMOGRAPHIE

Première année
Apvril

Apvril
Déclinaison du soleil

Nombre d'or	Lettre dominicalle			Jours	Degrez	Mynuctes
	G			1	8	20
11	A	Saincte Marie Egiptienne.		2	8	41
19	B			3	9	2
8	C	Sainct Ambroise.		4	9	24
	D			5	9	47
16	E			6	10	7
5	F			7	10	29
	G			8	10	51
13	A	Sainct Hugues.		9	11	12
2	B			10	11	32
	C		Sol en *taurus*.	11	11	52
10	D			12	12	12
	E			13	12	31
18	F	Sainct Tyburce.		14	12	49
12	G			15	13	8
	A			16	13	28
15	B			17	13	48
4	C			18	14	8
	D			19	14	28
12	E			20	14	47
1	F			21	15	7
	G			22	15	24
9	A	Sainct Georges.		23	15	43
	B			24	16	0
17	C	Sainct Marc esvangéliste.		25	16	16
6	D	La translation St Lo.		26	16	31
	E			27	16	48
14	F	Sainct Vital.		28	17	4
3	G	Sainct Pierre Le martir.		29	17	20
	A	Sainct Euxtrope.		30	17	36

LA COSMOGRAPHIE

Première année
May

May
La déclinaison du soleil

Nombre d'or	Lettre dominicalle		Jours	Degrez	Minuytes
11	B	Sainct Jacques et St. Phelippes.	1	17	52
	C		2	18	8
19	D	L'invention de Saincte Croix.	3	18	23
8	E		4	18	39
	F		5	18	53
16	G	Sainct Jehan porte Latin.	6	19	7
5	A		7	19	21
	B		8	19	33
13	C	La translatyon de sainct Nicollas.	9	19	47
2	D		10	19	56
	E		11	20	11
10	F	Sol en *Gemy*	12	20	24 *ny*.
	G	Sainct Scervays confesseur.	13	20	35
18	A		14	20	46
7	B		15	20	58
	C	Sainct Honoré confesseur.	16	21	10
15	D		17	21	20
4	E		18	21	30
	F		19	21	40
12	G	Sainct Bernard.	20	21	48
1	A		21	21	57
	B		22	22	5
9	C	Sainct Désir martir.	23	22	13
	D		24	22	21
17	E	Sainct Urbain pappe.	25	22	28
6	F	Sainct Augustin.	26	22	36
	G	Sainct Regnault.	27	22	41
14	A	Sainct Germain.	28	22	48
3	B	Sainct Maximin.	29	22	54
	C		30	23	0
11	D	Sainct Cantyen et ses conssortz.	31	23	4

LA COSMOGRAPHIE

Première année
Juing

Juing
Déclinaison du soleil

Nombre d'or	Lettre domynicalle		Jours	Degrez	Mynuyttes
19	E	Sainct Nicomede martir.	1	23	8
8	F	Sainct Marcellin.	2	23	12
	G	Sainct Liffard presbtre.	3	23	16
16	A		4	23	20
5	B	Sainct Bonadventure.	5	23	23
	C		6	23	26
13	D	Sainct Claude.	7	23	28
2	E	Sainct Godard.	8	23	30
	F		9	23	32
16	G	Sainct Yves.	10	23	33
	A	Sainct Bernabé.	11	23	33
18	B	La translation St Ursin. Sol en *cancer*	12	23	33
7	C	Saincte Feliculle.	13	23	32
	D	Sainct Truffin et St Vale.	14	23	31
15	E	Sainct Modeste.	15	23	30
4	F	Sainct Sir et St Julite.	16	23	28
	G	La translation sainct Romain.	17	23	26
12	A	Sainct Marc et St Mar.	18	23	24
1	B	Sainct Gervays et Sainct Prothest.	19	23	22
	C		20	23	19
9	D		21	23	15
	E		22	23	11
17	F	Vigille.	23	23	7
6	G	Sainct Jehan Batiste.	24	23	2
	A	La translation sainct Eloy.	25	22	57
14	B	Sainct Jehan et sainct Paul.	26	22	52
3	C		27	22	47
	D	Vigille.	28	22	41
11	E	Sainct Pierre et sainct Paul.	29	22	34
	F	La commémoration de sainct Paul.	30	22	26

LA COSMOGRAPHIE 95

Première année
Juillet

Juillet
Déclinaison du soleil

Nombre d'or	Lettre domynicalle		Jours	Degrez	Mynuytes
19	G	Les octaves sainct Jehan.	1	22	18
8	A		2	22	11
	B	Sainct Marcial.	3	22	2
16	C	Translation sainct Martin.	4	21	53
5	D		5	21	44
	E	Les octaves sainct Pierre.	6	21	36
13	F	La translation sainct Thomas.	7	21	26
2	G		8	21	16
	A		9	21	4
10	B	Les sep frères.	10	20	50
	C	Translation sainct Benoist.	11	20	43
18	D		12	20	30
7	E		13	20	19
	F	Sol in leone. Sol in leone.	14	20	7
15	G		15	19	56
4	A	Sainct Hillarin martir.	16	19	40
	B		17	19	28
12	C	Sainct Arnoult.	18	19	14
1	D		19	19	1
	E	Saincte Marguaritte.	20	18	46
9	F	Marie. Sainct Victor. 1544	21	18	31
	G	Marye Magdalène.	22	18	16
17	A	Saincte Vandrille.	23	18	2
6	B		24	17	45
	C	Sainct Jacques et sainct Xripstofle.	25	17	28
14	D	Saincte Anne.	26	17	12
3	E	Les sept dormans.	27	16	58
	F	Sainct Sanson.	28	16	41
11	G	Sainct Félix.	29	16	25
	A		30	16	9
9	B	Sainct Germain.	31	15	51

LA COSMOGRAPHIE

Aoust

Première année
Aoust

Déclinaison du solleil

Nombre d'or	Lettre domynicalle		Jours	Degrez	My nuyttes
8	C	Sainct Pierre ès liens.	1	15	34
10	D	Sainct Estienne pappe.	2	15	16
5	E	L'invention sainct Estienne.	3	14	57
	F	Sainct Dominicque.	4	14	39
13	G	Nostre Dame des Neiges.	5	14	20
2	A	La transfiguratyon.	6	14	3
	B	Sainct Victrice.	7	13	42
10	C	Sainct Tryacle.	8	13	25
	D	Vigille.	9	13	5
18	E	Sainct Laurens.	10	12	45
7	F	Sainct Taurin.	11	12	24
	G	La réduction de Norm. *(Normandie?)*	12	12	3
15	A	Sainct Ypolitte.	13	11	45
4	B	Vigille.	14	11	25
	C	L'asumption Nostre Dame. Sol en *virgo*	15	11	3
12	D		16	10	43
1	E		17	10	20
	F	Sainct Agapit.	18	10	0
9	G		19	9	38
	A	Sainct Philebert.	20	9	17
17	B		21	8	56
6	C	Sainct Thimothée.	22	8	34
	D		23	8	12
14	E	Sainct Berthelemy.	24	7	51
3	F	Sainct Louys roy.	25	7	28
	G		26	7	6
11	A		27	6	48
19	B		28	6	19
	C	La décollation sainct Jehan.	29	5	57
8	D	Sainct Fiacre.	30	5	34
	E		31	5	12

Première année
Septembre

Septembre
Déclinaison du sollail

Nombre d'or.	Lettre dom ynicalle		Jours	Degrez	Mynuyttes
16	F	Sainct Gille et sainct Leu.	1	4	49
5	G	Sainct Just confesseur.	2	4	27
	A	L'ordination sainct Grégoire.	3	4	40
13	B	Sainct Cathbert.	4	3	17
2	C	Sainct Bertin confesseur.	5	3	53
	D		6	2	29
10	E	Sainct Euverse confesseur.	7	2	6
	F	La nativité Nostre Dame.	8	2	43
18	G	Sainct Gorgon.	9	1	20
7	A	Sainct J. Hillaire pappe.	10	1	57
	B	Sainct Prothe et Jacin.	11	0	33
15	C	Sainct Sire confesseur.	12	0	9
4	D	Sainct Maurille.	13	0	15
	E	L'érection (ou L'extion) saincte Croix Sol en *libra*.	14	0	39
12	F	Sainct Nicodmède.	15	0	3
1	G	Saincte Eufrémie.	16	1	26
	A	Sainct Lambert, confesseur.	17	1	50
9	B	Sainct Civer confesseur.	18	1	14
	C	Sainct Syrié C.	19	2	37
17	D	Vigille.	20	2	1
6	E	Sainct Mathieu apostre.	21	3	25
	F	Sainct Maurice.	22	3	48
14	G	Saincte Tècle vierge.	23	3	12
3	A	Sainct Germer.	24	4	35
	B	Sainct Frémin.	25	4	58
11	C		26	4	21
19	D	Sainct Cosme et sainct Damien.	27	5	45
	E		28	5	8
8	F	Sainct Michel.	29	6	31
	G	Sainct Giramne.	30	6	0

Première année
Octobre

Octobre
Déclinaison du soleil

Nombre d'or	Lettre domynicalle		Jours	Degrez	Mynuyttes
16	A	Sainct Rémy.	1	6	55
5	B	Sainct Légier.	2	7	17
	C	Sainct Françoys.	3	7	41
13	D		4	8	2
2	E		5	8	24
	F	Saincte Foy.	6	8	47
10	G	Sainct Marc.	7	9	8
18	A	Sainct Evod.	8	9	30
7	B	Sainct Denis.	9	9	52
	C		10	10	14
15	D	Sainct Nigayse.	11	10	36
	E		12	10	58
4	F	Sainct Edouard roy. Sol en *secorpius*	13	11	20
12	G	Sainct Caliste.	14	11	41
1	A		15	12	2
	B	Sainct Michel.	16	12	24
9	C	J. Alphonces.	17	12	45
	D	Sainct Luc.	18	13	5
17	E		19	13	26
6	F		20	13	46
	G	Les onze miles vierges.	21	14	6
14	A	Sainct Meslon.	22	14	26
3	B	Sainct Roumain.	23	14	45
	C		24	15	5
11	D	Sainct Crespin et sainct Crespignyen.	25	15	24
	E		26	15	44
19	F	Vigille.	27	16	2
18	G	Sainct Symon et sainct Jude.	28	16	20
	A	Saincte Genevière.	29	16	37
16	B	Sainct Ruffin.	30	16	54
5	C	Sainct Cantin. Vigille.	31	17	10

LA COSMOGRAPHIE

Première année
Novembre

Novembre

Déclinaison du solleil

Nombre d'or	Lettre dominicale			Jours	Degrez	Mynuytes
	D	La Toussainctz.		1	17	28
13	E	Les mors.		2	17	45
2	F	Sainct Eustace.		3	18	0
	G	Sainct Cler, martir.		4	18	16
10	A	Sainct Liénard.		5	18	30
	B	Sainct Edouard.		6	18	47
18	C	Sainct Herculin.		7	19	1
7	D	Les 4 couronnez.		8	19	19
	E	Sainct Eodore.		9	19	34
15	F	Sainct Martin. (1)		10	19	48
4	G	Sainct Martin. (2)		11	20	0
	A	Sainct Pars.		12	20	14
12	B	Sainct Brice.	Sol en *sagita*	13	20	26 *rius*.
1	C	Sainct Laurens.		14	20	39
	D	Sainct Maclou.		15	20	50
9	E			16	21	2
	F	Sainct Grégoire.		17	21	13
17	G	Sainct Rommain.		18	21	25
6	A	Saincte Elizabeth.		19	21	36
	B	Sainct Emond.		20	21	45
14	C	Sainct Coullunbin.		21	21	55
3	D	Saincte Cécille.		22	22	3
	E	Sainct Clément.		23	22	12
11	F	Sainct Grisogon.		24	22	22
	G	Saincte Katherine.		25	22	29
19	A	Sainct Lin pappe.		26	22	36
8	B			27	22	44
	C			28	22	50
16	D	Sainct Sateur. Vigille.		29	22	56
5	E	Sainct Andrieu.		30	23	1

---

(1) En caractères rouges.
(2) En caractères noirs.

Première année
Décembre

Décembre
La déclinaison du solleil

Nombre d'or	Lettre dominicalle		Jours	Degrez	Mynuittes
13	F	Sainct Eloy.	1	23	6
2	G		2	23	11
	A	La feste des relicques.	3	23	15
10	B	Saincte Barbe.	4	23	19
	C		5	23	23
18	D	Sainct Nicollas.	6	23	26
7	E	Octa sainct Andrieu.	7	23	28
	F	La conceptyon Nostre Dame.	8	23	30
15	G		9	23	31
4	A		10	23	32
	B		11	23	33
12	C	Sol en *capricor*	12	23	33 *nus.*
1	D	Saincte Luce vierge.	13	23	33
	E		14	23	32
9	F		15	23	31
	G	Sapiancia (*ou* O Sapiancia).	16	23	30
17	A		17	23	28
16	B		18	23	25
	C		19	23	22
14	D		20	23	17
3	E	Sainct Thomas.	21	23	12
	F		22	23	7
11	G		23	23	2
	A	Vigille.	24	22	56
19	B	La nativité nostre Seigneur.	25	22	50
8	C	Sainct Estienne.	26	22	44
	D	Sainct Jehan l'Esvangéliste.	27	22	37
16	E	Les Innocens.	28	22	30
5	F	Sainct Thomas.	29	22	22
	G	Sainct Urcin.	30	22	14
13	A	Sainct Silvester.	31	22	5

LA COSMOGRAPHIE 101

	Janvier.			Feubrier.			Mars.		
La 2ᵉ année de la desclynaison du soleil.	I.	G.	M.	I.	G.	M.	I.	G.	M.
	1	21	54	1	14	6	1	3	47
	2	21	45	2	13	46	2	3	23
	3	21	35	3	13	26	3	2	59
	4	21	25	4	13	6	4	2	35
	5	21	14	5	12	46	5	2	12
	6	21	3	6	12	26	6	1	48
	7	20	51	7	12	5	7	1	24
	8	20	38	8	11	44	8	1	0
	9	20	26	9	11	22	9	0	36
	10	20	13	10	11	0	10	0	12
				11	10	39	11	0	12
	Sol en *acarius*.			Sol en *pisses*.			Sol en *aries*.		
2ᵉ	11	20	0						
	12	19	46	12	10	12	12	0	36
	13	19	33	13	9	55	13	1	0
	14	19	18	14	9	33	14	1	23
	15	19	4	15	9	11	15	1	46
	16	18	49	16	8	49	16	2	9
	17	18	34	17	8	27	17	2	32
	18	18	18	18	8	4	18	2	56
	19	18	1	19	7	41	19	3	19
	20	17	44	20	7	18	20	3	43
	21	17	28	21	6	55	21	4	6
	22	17	12	22	6	32	22	4	29
	23	16	55	23	6	8	23	4	53
	24	16	36	24	5	44	24	5	16
	25	16	19	25	5	5	25	5	40
	26	16	0	26	4	21	26	6	2
	27	15	40	27	4	57	27	6	25
	28	15	22	28	4	33	28	6	48
	29	14	3			10	29	7	10
	30	14	44				30	7	32
	31	14	24				31	7	52

2ᵉ année

F° 24 v°.

Apvril			2⁰ May			Année Juing		
I.	G.	M.	I.	G.	M.	I.	G.	M.
1	8	12	1	17	48	1	23	8
2	8	34	2	18	4	2	23	13
3	8	54	3	18	21	3	23	16
4	9	14	4	18	33	4	23	19
5	9	35	5	18	46	5	23	22
6	9	58	6	19	1	6	23	25
7	10	20	7	19	16	7	23	27
8	10	42	8	19	30	8	23	29
9	11	3	9	19	43	9	23	30
10	11	25	10	19	55	10	23	31
11	11	45	11	20	7	11	23	32
Sol en *taurus*			Sol en *geminy*.			Sol en *cancerre*.		
12	12	5	12	20	21	12	23	33
13	12	24	13	20	33	13	23	33
14	12	33	14	20	44	14	23	32
15	13	3	15	20	54	15	23	31
16	13	23	16	11	5	16	23	30
17	13	43	17	21	16	17	23	28
18	14	3	18	21	26	18	23	25
19	14	23	19	21	35	19	23	21
20	14	42	20	21	44	20	23	18
21	15	2	21	21	53	21	23	14
22	15	20	22	22	2	22	23	10
23	15	37	23	22	10	23	23	6
24	15	54	24	22	19	24	23	3
25	16	17	25	22	26	25	22	58
26	16	28	26	22	33	26	22	54
27	16	46	27	22	40	27	22	49
28	17	2	28	22	46	28	22	42
29	17	18	29	22	53	29	22	36
30	17	34	30	22	58	30	22	20
			31	23	3			

LA COSMOGRAPHIE

Juillet.			Aoust.			Septembre.		
I.	G.	M.	I.	G.	M.	I.	G.	M.
1	22	20	1	15	37	1	4	56
2	22	12	2	15	20	2	4	32
3	22	3	3	15	1	3	4	9
4	21	54	4	14	43	4	3	46
5	21	45	5	14	24	5	3	23
6	21	37	6	14	6	6	3	0
7	21	27	7	13	47	7	2	36
8	21	17	8	13	27	8	2	14
9	21	6	9	13	8	9	1	48
10	20	54	10	12	49	10	1	24
11	20	43	11	12	29	11	1	0
12	20	32	12	12	9	12	0	36
13	20	21	13	11	49	13	0	13
14	20	10	14	11	29	14	0	11
Sol *in Leonne*			Sol *en Virgo*			Sol *en Libra*		
15	19	57	15	11	8	15	0	35
16	19	43	16	10	48	16	0	58
17	19	31	17	10	27	17	1	22
18	19	19	18	10	6	18	1	45
19	19	5	19	9	44	19	2	9
20	18	50	20	9	23	20	2	53
21	18	35	21	9	1	21	2	56
22	18	20	22	8	40	22	3	20
23	18	5	23	8	19	23	3	43
24	17	50	24	7	58	24	4	7
25	17	34	25	7	36	25	4	30
26	17	19	26	7	14	26	4	58
27	17	3	27	6	51	27	5	16
28	16	47	28	6	29	28	5	39
29	16	30	29	6	7	29	6	2
30	16	12	30	5	45	30	6	25
31	15	55	31	5	20			

F° 25 v°.

Octobre.			Novembre.			Décembre.		
I.	G.	M.	I.	G.	M.	I.	G.	M.
1	6	48	1	17	25	1	23	5
2	7	11	2	17	41	2	23	10
3	7	34	3	17	57	3	23	14
4	7	56	4	18	14	4	23	18
5	8	19	5	18	29	5	23	22
6	8	43	6	18	46	6	23	25
7	9	4	7	19	0	7	23	27
8	9	26	8	19	15	8	23	29
9	9	48	9	19	29	9	23	31
10	10	10	10	19	42	10	23	32
11	10	31	11	19	56	11	23	33
12	10	53	12	20	11	12	23	33
13	11	15	13	20	23	Sol en *Capricornus*		
14	11	37	Sol en *Sagitarius*			13	23	33
Sol en *Secorpius*			14	20	35	14	23	32
15	11	58	15	20	47	15	23	31
16	12	19	16	21	0	16	23	30
17	12	38	17	21	12	17	23	28
18	12	59	18	21	24	18	23	25
19	13	20	19	21	35	19	23	22
20	13	40	20	21	44	20	23	18
21	14	0	21	21	54	21	23	14
22	14	20	22	22	4	22	23	10
23	14	39	23	22	13	23	23	5
24	14	58	24	22	21	24	22	58
25	15	17	25	22	29	25	22	52
26	15	36	26	22	37	26	22	45
27	15	54	27	22	44	27	22	38
28	16	12	28	22	50	28	22	30
29	16	32	29	22	56	29	22	22
30	16	49	30	23	1	30	22	14
31	17	7				31	22	6

LA COSMOGRAPHIE

3ᵉ année F° 26 r.

	Janvier			Feubvrier			Mars		
	I.	G.	M.	I.	G.	M.	I.	G.	M.
La 3ᵉ année de la délinaison du solail	1	21	57	1	14	10	1	3	54
	2	21	48	2	13	50	2	3	30
	3	21	39	3	13	30	3	3	6
	4	21	28	4	13	10	4	2	44
	5	21	18	5	12	50	5	2	19
	6	21	6	6	12	29	6	1	56
	7	20	55	7	12	9	7	1	30
	8	20	43	8	11	48	8	1	6
	9	20	31	9	11	27	9	0	42
	10	20	19	10	11	5	10	0	19
	11	20	5	11	10	44	11	0	5
	Sol en *Aquarius*			12	10	22	12	0	28
	12	19	51	Sol en *geminis*			Sol en *Cancer*		
	13	19	37	13	10	0	13	0	52
2ᵉ	14	19	24	14	9	38	14	1	16
	15	19	10	3ᵉ 15	9	16	3ᵉ 15	1	40
	16	18	56	16	8	54	16	2	4
	17	18	38	17	8	32	17	2	27
	18	18	20	18	8	9	18	2	51
	19	18	4	19	7	45	19	3	14
	20	17	50	20	7	22	20	3	37
	21	17	32	21	6	58	21	4	0
	22	17	15	22	6	36	22	4	24
	23	16	58	23	6	13	23	4	47
	24	16	40	24	5	50	24	5	10
	25	16	22	25	5	27	25	5	33
	26	16	4	26	5	2	26	5	54
	27	15	46	27	4	40	27	6	17
	28	15	28	28	4	15	28	6	39
	29	15	9				29	7	2
	30	14	48				30	7	25
	31	14	29				31	7	48

LA COSMOGRAPHIE

Apvril			May			Juing		
I.	G.	M.	I.	G.	M.	I.	G.	M.
1	8	8	1	17	43	1	23	6
2	8	32	2	17	58	2	23	11
3	8	53	3	18	16	3	23	15
4	9	13	4	18	31	4	23	18
5	9	35	5	18	46	5	23	21
6	9	57	6	18	58	6	23	24
7	10	19	7	18	16	7	23	27
8	10	39	8	19	29	8	23	29
9	11	0	9	19	42	9	23	30
10	11	21	10	19	53	10	23	31
11	11	42	11	20	6	11	23	32
Sol en *taurus*.			12	20	17	12	23	33
12	12	3	Sol en *geminy*.			Sol en *cancer*.		
13	12	23	13	20	29	13	23	33
14	12	42	14	20	41	14	23	33
15	13	1	15	20	53	15	23	32
16	13	22	16	21	3	16	23	31
17	13	40	17	21	14	17	23	29
18	13	58	18	21	25	18	23	27
19	14	17	19	21	36	19	23	24
20	14	36	20	21	44	20	23	27
21	14	55	21	21	53	21	23	17
22	15	14	22	22	1	22	23	13
23	15	32	23	22	10	23	23	9
24	15	50	24	22	18	24	23	4
25	16	6	25	22	25	25	23	1
26	16	24	26	22	33	26	22	55
27	16	41	27	22	39	27	22	51
28	16	56	28	22	45	28	22	44
29	17	12	29	22	52	29	22	38
30	17	29	30	22	58	30	22	30
			31	23	2			

LA COSMOGRAPHIE

Juillet			Aoust			Septembre		
I.	G.	M.	I.	G.	M.	I.	G.	M.
1	22	22	1	15	42	1	5	0
2	22	14	2	15	25	2	4	37
3	22	7	3	15	7	3	4	13
4	21	57	4	14	48	4	3	51
5	21	48	5	14	29	5	3	28
6	21	40	6	14	11	6	3	5
7	21	30	7	13	53	7	2	43
8	21	20	8	13	32	8	2	18
9	21	8	9	13	14	9	1	55
10	21	0	10	12	54	10	1	31
11	20	49	11	12	32	11	1	7
12	20	37	12	12	13	12	0	44
13	20	24	13	11	53	13	0	20
14	20	13	14	11	32	14	0	4
Sol en *Leo*			Sol en *Virgo*			Sol en *libra*		
15	20	1	15	11	11	15	0	28
16	19	50	16	10	52	16	0	52
17	19	36	17	10	32	17	1	16
18	19	22	18	10	10	18	1	40
19	19	8	19	9	49	19	2	3
20	18	55	20	9	28	20	2	36
21	18	41	21	9	7	21	2	49
22	18	25	22	8	45	22	3	13
23	18	10	23	8	22	23	3	37
24	17	56	24	8	0	24	4	0
25	17	40	25	7	38	25	4	24
26	17	23	26	7	17	26	4	48
27	17	7	27	6	55	27	5	12
28	16	50	28	6	32	28	5	34
29	16	32	29	6	8	29	5	56
30	16	16	30	5	45	30	6	19
31	15	59	31	5	22			

LA COSMOGRAPHIE

F° 27 v°.

	Octobre			Novembre			Décembre	
I.	G.	M.	I.	G.	M.	I.	G.	M.
1	6	43	1	17	18	1	23	4
2	7	6	2	17	34	2	23	9
3	7	29	3	17	50	3	23	15
4	7	51	4	18	7	4	23	18
5	8	14	5	18	23	5	23	22
6	8	37	6	18	39	6	23	26
7	9	0	7	18	55	7	23	28
8	19	22	8	19	11	8	23	29
9	19	43	9	19	25	9	23	31
10	19	5	10	19	39	10	23	32
11	10	27	11	19	52	11	23	33
12	10	49	12	20	6	12	23	33
13	10	10	13	20	19	Sol en *Capricornus*		
14	11	32	Sol en *Sagitarius*			13	23	33
3^e Sol en *Secorpius*			3^e 14	20	31	3^e 14	23	33
15	11	53	15	20	44	15	23	32
16	12	14	16	20	56	16	23	31
17	12	34	17	21	8	17	23	28
18	12	55	18	21	19	18	23	25
19	13	15	19	21	30	19	23	21
20	13	35	20	21	40	20	23	18
21	13	55	21	21	50	21	23	14
22	14	15	22	21	59	22	23	10
23	14	34	23	22	8	23	23	5
24	14	53	24	22	17	24	23	0
25	15	12	25	22	25	25	22	54
26	15	31	26	22	34	26	22	49
27	15	49	27	22	40	27	22	42
28	16	8	28	22	47	28	22	35
29	16	26	29	22	54	29	22	27
30	16	44	30	23	0	30	22	18
31	17	3				31	22	9

LA COSMOGRAPHIE

Janvier			Feubvrier			Mars		
I.	G.	M.	I.	G.	M.	I.	G.	M.
1	21	58	1	14	16	1	3	35
2	21	49	2	13	56	2	3	11
3	21	39	3	13	38	3	2	48
4	21	30	4	13	15	4	2	24
5	21	19	5	12	55	5	2	0
6	21	9	6	12	44	6	1	36
7	21	0	7	12	13	7	1	12
8	20	46	8	11	52	8	0	48
9	20	31	9	11	32	9	0	24
10	20	19	10	11	9	10	0	1
11	20	7	11	10	47	11	0	23
Sol en *Aequarius*.			Sol en *Pisses*.			Sol en *Aries*.		
12	19	52	12	10	25	12	0	47
13	19	39	13	10	3	13	1	10
14	19	26	14	9	41	14	1	34
15	19	12	15	9	19	15	1	58
16	18	58	16	8	57	16	2	21
17	18	43	17	8	35	17	2	45
18	18	25	18	8	23	18	3	8
19	18	9	19	7	49	19	3	42
20	17	52	20	7	26	20	3	55
21	17	36	21	7	4	21	4	18
22	17	20	22	6	41	22	4	40
23	17	2	23	6	18	23	5	4
24	16	46	24	5	54	24	5	27
25	16	28	25	5	31	25	5	50
26	16	11	26	5	8	26	6	12
27	15	50	27	4	44	27	6	35
28	15	32	28	4	20	28	6	57
29	15	13	29	3	58	29	7	20
30	14	53				30	7	42
31	14	34				31	0	4

LA COSMOGRAPHIE

Apvril			May			Juing		
I.	G.	M.	I.	G.	M.	I.	G.	M.
1	8	26	1	17	56	1	23	10
2	8	49	2	18	13	2	23	15
3	9	11	3	18	27	3	23	17
4	9	32	4	18	42	4	23	20
5	9	52	5	18	56	5	23	23
6	10	13	6	19	10	6	23	26
7	10	34	7	19	23	7	23	28
8	10	55	8	19	37	8	23	29
9	11	16	9	19	47	9	23	30
10	11	37	10	20	2	10	23	31
11	11	57	11	20	15	11	23	32
Sol en *Taurus*.			12	20	27	12	23	33
12	12	17	Sol en *Geminy*.			Sol en *Cancer*.		
13	12	38	13	20	37	13	23	33
14	12	57	14	20	50	14	23	33
15	13	18	15	21	1	15	23	31
16	13	36	16	21	12	16	23	29
17	13	56	17	21	23	17	23	27
18	14	15	18	21	32	18	23	25
19	14	36	19	21	41	19	23	23
20	14	53	20	21	51	20	23	20
21	15	9	21	22	0	21	23	15
22	15	27	22	22	7	22	23	11
23	15	46	23	22	16	23	23	7
24	16	4	24	22	23	24	23	9
25	16	20	25	22	31	25	22	57
26	16	37	26	22	37	26	22	51
27	16	54	27	22	34	27	22	45
28	17	10	28	22	50	28	22	38
29	17	25	29	22	56	29	22	31
30	17	42	30	23	1	30	22	24
			31	23	0			

LA COSMOGRAPHIE

Juillet			Aoust			Septembre		
I.	G.	M.	I.	G.	M.	I.	G.	M.
1	22	16	1	15	18	1	4	42
2	22	8	2	15	12	2	4	18
3	22	0	3	14	52	3	3	55
4	21	51	4	14	33	4	3	32
5	21	42	5	14	15	5	3	10
6	21	32	6	13	56	6	2	46
7	21	33	7	13	38	7	2	24
8	21	23	8	13	17	8	2	0
9	21	1	9	12	58	9	1	36
10	20	52	10	12	29	10	1	12
11	20	45	11	12	20	11	0	49
12	20	27	12	12	0	12	0	26
13	20	15	13	11	40	13	0	2
14	20	4	14	11	18	14	0	22
Sol en *leonus*			Sol en *Virgo*			Sol en *libra*		
15	19	51	15	10	57	15	0	46
16	19	37	16	10	36	16	1	10
17	19	25	17	10	15	17	1	34
18	19	11	18	9	54	18	1	57
19	19	0	19	9	33	19	2	21
20	18	42	20	9	11	20	2	45
21	18	27	21	8	50	21	3	8
22	18	13	22	8	27	22	3	30
23	17	57	23	8	5	23	3	54
24	17	40	24	7	43	24	4	18
25	17	25	25	7	42	25	4	42
26	17	10	26	7	0	26	5	5
27	16	54	27	6	37	27	5	28
28	16	36	28	6	14	28	5	52
29	16	19	29	5	51	29	6	15
30	16	2	30	5	28	30	6	37
31	15	45	31	5	4	31	0	1

LA COSMOGRAPHIE

F° 29 v°.

	Octobre			Novembre			Décembre		
	I.	G.	M.	I.	G.	M.	I.	G.	M.	
	1	7	0	1	17	32	1	23	8	
	2	7	23	2	17	48	2	23	13	
	3	7	46	3	18	5	3	23	16	
	4	8	7	4	18	22	4	23	20	
	5	8	30	5	18	33	5	23	24	
	6	8	53	6	18	53	6	23	27	
	7	9	14	7	19	7	7	23	29	
	8	9	36	8	19	22	8	23	30	
	9	9	58	9	19	36	9	23	31	
	10	10	20	10	19	50	10	23	32	
	11	10	42	11	20	3	11	23	33	
	12	11	4	12	20	16	12	23	33	
	13	11	25	13	20	29	13	23	33	
	14	11	47	Sol en *Sagitarius*			Sol en *Capricornus*			
	Sol en *Esocorpius*			14	20	41	14	23	32	
	15	12	8	15	20	53	15	23	31	
	16	12	29	16	21	5	16	23	29	
4ᵉ	17	12	49	4ᵉ 17	21	16	4ᵉ 17	23	27	année.
	18	13	10	18	21	27	18	23	24	
	19	13	31	19	21	38	19	23	21	
	20	13	51	20	21	47	20	23	16	
	21	14	11	21	21	56	21	23	10	
	22	14	31	22	22	6	22	23	5	
	23	14	50	23	22	15	23	23	0	
	24	15	9	24	22	24	24	22	55	
	25	15	20	25	22	32	25	22	49	
	26	15	47	26	22	39	26	22	42	
	27	16	5	27	22	46	27	22	35	
	28	16	22	28	22	53	28	22	27	
	29	16	40	29	22	59	29	22	19	
	30	16	57	30	23	4	30	22	11	
	31	17	15				31	22	2	

LA COSMOGRAPHIE

Ne [1] haulsent ny baissent, le soleil se hausse et baisset, et le luzier de lobe nommé Vénus se haulse et baisse, et par icy pouvez sçavoir le chemin que vous faictes en prenant la haulteur du soleil et celle du luzier au matin, quant le soleil se liéve. Et regardez en combien de degrez vous le prandrez, parce que onze degrez et ung quart de haulteur du soleil faict un quart. Et si en ces degrez vous le prenez, le degré vault quatre vingtz et sept lieues et un sixain de lieue. Et ainsi par les aultres degrez va montant et baissant le nombre comme celluy du nord. Par quoy l'esquynocial est tenu comme nord quant est au soleil au troppicque estival ou le troppicque yémal qui sont dictz Cancer et Capricorne. Et ce mesme nombre vous pouvés tenir par la haulteur du luzier de Vénus. Toutesfoys il vous fault sçavoir son mouvement. Il suffict que prenez la haulteur du soleil, et de ceste sorte se gouvernent ceulx qui ont l'expérience du nombre susdict, et par la figure susdicte du nord des lignes et quartz de compax. Et chascun est mis à la ligne le quart (*ou* et quart) de compas de degré et haulteur des lieux que navigez, en prenant la haulteur du polle avec vostre astralabe, en regardant la reille et haulteur du soleil, laquelle au dessus est escripte.

Il est à entendre que sur la ligne Omantalle que nous appellons dyamètre, quant vous estes dessoubz elle, la fleur de lys de vostre compas frappe droict au polle articque, et vostre midy est droict au suz de vostre

---

1. Ici manque un feuillet ; le feuillet 32 originaire. Il a été certainement coupé au canif, car le feuillet 31 avait aussi a été entamé. Le feuillet 30 débute par la fin d'une phrase. — La feuille enlevée contenait vraisemblablement la représentation de l'astralabe avec arbalète et la position qu'on lui donne dans les relevés.

compas, quant vous l'antarticque quant vous estes à nord de la ligne équynoctialle. Et si d'icy vous allez en Occident, vous pouvez tant aller que l'estoille du nord vous viendra au nord est de vostre compas, et le soleil à son midy et à sa haulteur viendra au surouest de vostre compas. Et si vous allez plus avant en Occident, vous pourrez tant aller que vous radmenerez vostre estoille à la fleur de lys de vostre compas, et le soleil fera le midy au su de vostre compas. Et quant vous serez icy, vous aurez faict la moictié de la longitude du monde. Et si vous voullez aller plus avant en Occident, vous pourrez tant aller que vous radmenerez l'estoille du nord au norouest de vostre compas, et le soleil fera son midy, et en sa haulteur au suest de vostre compas. Et si voullez aller plus avant, vous pouvez tant aller que vous radmenerez l'estoille du nord à la fleur de lys de votre compas, et le soleil fera son midy et sa haulteur au suz de vostre compas. Et quant vous aurez faict cecy, aurez faict toute la longitude du monde, et serez retourné au lieu d'où vous estes party. Et en la mesme instance et compte ferez, quant vous serez au delà de l'esquynocial, vers le polle antarticque, en la mesme esgalité. Toutesfoys y aura différend de vostre méridien, car il changera et fera son midy vers le nord. Et quant vous aurez tournoyé cecy, vous serez au lieu de là où vous estes party et aurez faict six mil trois cens lieues que contient en soy la longitude de la terre et de l'eaue. Et quant est du tornoyement du soleil et fournoyement dudict compas, n'est aultre chose sinon que le dict compas n'est pas touché en toutes les parties du monde. Toutesfoys en quelque lieu qu'il soyt touché, quant vous estes soubz la ligne dyamétralle, la fleurs de lys

LA COSMOGRAPHIE 115

va quérir l'estoille du nord droictement, et cecy quant la garde est sur la teste ou dessoubz le pied qui est au dessus de l'estoille du nord ou au dessoubz. Car quant elle est au costé, elle est différante. Car à l'heure, le polle est au meilleu du circuict de l'estoille du nord. Car elle s'éloigne aultant de costé comme hault et bas, et encore plus la quantité de demy degré. Et cecy est quant elle est à la ligne d'entre la teste et le bras droict. Et quant elle est à la ligne qui est entre le pied et le bras gauche, nonobstant que le circuict soit rond icy, en ses deux lignes, s'esloigne plus du polle que en nulle aultre partie, en haulsant et baissant. Et icy est le plus juste pour prandre la haulteur du nord avec l'arbaleste ou cadrent. Et par ceste fornéation que faict le compas à l'estoille et au soleil, se peult congnoistre la longitude du monde. Toutesfoys elle n'est pas si aisée comme la haulteur de la latitude, et n'est pas si juste parce que les compas ne sont pareilz. Car ilz sont différendz les ungs des autres, et ceulx qui ont compas faictz dessoubz le diamètre, peuvent prandre la longitude certaine de ceste icy par ce mesme nombre. Et fauldroyt, pour mieulx estre asseuré, que les compas fussent faictz à l'isle de Fer ou à l'isle de Madère qui n'est que dix ou douze lieues en l'est de ladicte ligne de dyamètre. Ladicte isle de Fer est la plus occidentalle isle des Canaries, et, par dessus elle, passe la ligne dyamétralle. Vous debvez sçavoir que en la sphère y a douze lignes qui vont de polle à polle. Et ladicte dyamétralle est celle qui regarde les polles le plus droict, laquelle, avec la ligne esquynocialle, partent le monde en quatre parties en figure de quadrens. De quoy les mariniers prenent la haulteur, et est chascun de quatre vingt et dix degrez. Et pour ceste rayson est appellée dyamétralle. Et ainsy est vérité, et congneu par nostre expérience. Et quant est des compas, il n'y a guére différance à ceulx qui sont faictz en France. Et le différend se peult bien remédier par ceulx qui sont expérimentez, et entendez en cecy. Et pour ce fayre, on doibt mettre la petite barre d'acier ung peu à cousté de la fleur de lys, environ demy quarz tirant vers le nord est. Et parce que La Rochelle est à deux cens quarante lieues au dedans du costé de l'est du dyamètre, il fault mectre ladicte barre des compas, lesquelz en icelle seront faictz, à demy quart de différend. Et ceulx qui sont faictz en Normandie et en Flandre, sont bien à troys cens lieues du dyamètre du costé de l'est, nonobstant que ceux de Normandie sont plus prés du dyamètre que ceulx de Flandres. Ceulx quy sont faictz à Lisbonne sont meilleurs par toutes les parties que ceulx de La Rochelle ny de Flandres. Car Lysbonne n'est que à cent trente lieues en l'est du dyamètre. Et pour estre justement faictz, il fauldroit qu'ilz fussent faictz à ladicte isle de Fer ou à l'Isle de Madère qui est à dix ou douze lieues à l'est du dyamètre. Et fault avoir, pour prandre la haulteur de la longitude, ung astralabe tout rond qui est trois cens soixante degrez, avecques une lidade qui traverse les trois cens soixante degrez. Et sur ceste lidade ung quart d'astralabe de quatre vingt et dix degrez et sera mis sur ladicte lidade des troys cens soixante degrez, et ladicte lidade le portera, et le quartier aura sa lidade, oultre celle pour prendre la haulteur de la latitude. Et ledict astralabe rond aura ung compas avec tous les rungs de ventz et avec tous les quartz et demy rung qui seront pour tout trente et deux. Et sur le derrière, auprés de la fleur de lys du compas,

LA COSMOGRAPHIE 117

y doibt avoir ung quadrent, lequel jugera droictement nord et su. Et au quart de dessus y aura ung petit plomb avec une ligne et ung poinct qui sera fiché par la quehue du cartier par le bas. Et ce quartier sera en fasson d'un quadrent sinon que aura ladicte queheue qu'il portera le poinct. Et quand cecy sera bien faict et bien estimé par géométrye, pourrez prandre la haulteur de la longitude et de la latitude tout ensemble. Je ne dictz icy chose que je n'aye expérimenté, Dieu soit remercié et toute la court celestielle. Nul n'en doibt doubter. Car j'ay navigué jusques à présent par toutes les mers quarente et huyt ans, et ay eu espérience (*ou* espace; *on lit* espuce), d'avoir veu beaucoup d'expériences de quoy je remercye nostre créateur [1].

Vous debvez sçavoir que l'estoille du nord que nous appellons le polle, n'est pas le polle. Car le polle ne se peult veoir. Et ceste estoille est une estoille des Gardes la plus procechaine du polle. Et comme celle-cy va à l'entour du polle ensemblement avec les aultres de la Garde que nous appellons Bozme, aulcunesfoiz va dessoubz le polle, et aulcunes foys par dessus le polle, et aulcunes foys à costé, pour ce que en chacune vingt quatre heures a tournoyé le polle. Et aulcunes foys advient qu'elle est droict du polle. Et cela est quant elle est à la teste et au pied. Et de cecy vous ne vous debvez esmerveiller, car elles ne sont pas tousjours en ung lieu. Par quoy ce n'est pas le polle, mais elle est la plus près de luy, et ne s'esloigne que de trois degrez et demy au plus. Et parce qu'elle est cy près du polle, il nous semble que

F° 32 v°.

---

1. Au-dessous est figurée en couleur une boussole tenue en suspension par une main, entre la représentation du soleil et de la lune, puis, au verso du même feuillet, cette autre que nous reproduisons.

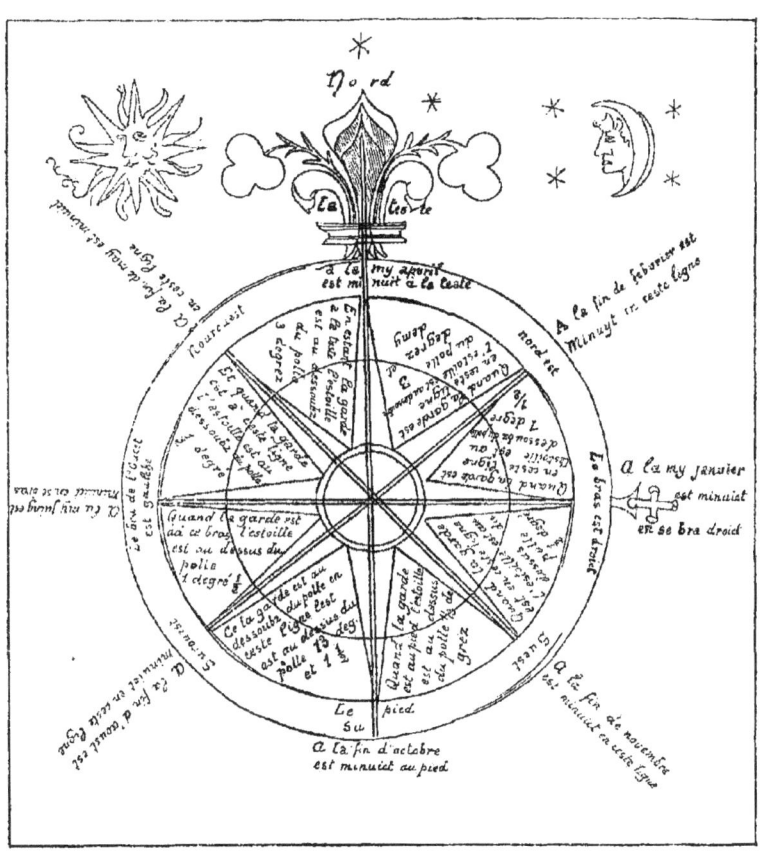

LA COSMOGRAPHIE

c'est le polle et qu'elle est toujours en ung lieu et qu'elle ne se bouge poinct.

* * *
 *
* *

Ces cinq estoilles sont faictes à la semblance du polle antarticque, celle de meilleu est l'estoille du su et les aultres sont ses gardes.

Aussy bien vous debvez sçavoir que ceste figure, cy dessus mise, se divise en huyt parties, les deux sont teste et pied. Les aultres deux sont les bratz ; et les aultres quatre sont les lignes, comme, au dessus, j'ay dict de l'esloignement de l'estoille du polle. Et cecy est le polle articque, et de la mesme sorte est le polle antarticque à ceulx qui en ont la congnoissance. Toutesfoys ses Gardes ne sont que quatre, et l'estoille du polle antarticque est au meilleu que faict la cinquiesme. Et vont ensemble à l'entour du polle comme les mesmes Gardes du nord, et l'estoille haulse et baisse ny plus ny moins que l'estoille du nord, et tournoye à l'entour l'estoille du suz, et se monstre trop plus grosse que l'estoille du nord ny que ses Gardes. Et les dictes lignes que j'ay au dessus dictes, qui sont entre la teste, les bratz et le pied, et de l'une à l'aultre à tournoyer, pose la garde trois heures. Et toutes ses huyt parties passe la garde en vingt-quatre heures et tardés de l'ung à l'aultre troys heures. Et sy vous voulés sçavoir les heures de la nuict, il vous fault regarder en quelle ligne est la Garde en la mynuit. Et en voyant cecy vous debvez penser, en la imaginative, ce qu'il y a depuys la Garde jusques à la teste, aux bratz ou aux lignes. Et par là congnoistrez

F° 33 v°.

quelle heure il est. Les temps esquelz la Garde faict minuyt sont ceulx icy. A la my apvril la Garde estant au dessus de l'estoille, est mynuict. A la my octobre la Garde estant au pied de l'estoille qui est au dessoubz, est mynuict. A la my juillet la Garde estant au bras gaulche, est mynuict, en regardant le nord qui est la partie occidentalle. A la my janvier la Garde estant au bras droict est mynuict, vous regardant le nord qui est la partie orientalle. A la fin du moys de may est mynuict, la Garde estant à la ligne qui est entre la teste et le bras gaulche. A la fin de febvrier est mynuict en la ligne qui est entre la teste et le bras droict. A la fin de Novembre est mynuict en la ligne qui est entre le bras droict et le pied. Et, à la fin d'aoust, est mynuict entre le bras gaulche et le pied, vous en regardant le nord. Mais si vous détournez la face contre le suz, le gauche demeure droict, et le droict, gauche. Et n'avons que faire de cela, que quant nous voullons prandre la haulteur du polle, nous regardons droict le polle. Et pour ce appellons l'Occident gaulche et l'Orient droict. Et quant nous regardons le polle antarticque, en le voyant pour prendre ladicte haulteur, l'Oriant est gauche et l'Occident droict en la mesme sorte que le polle articque.

Vous debvez sçavoir que quant les Gardes sont à la teste, le tirant est à la ligne qui est entre le bras et la teste, et quant la Garde est à la ligne, le tirant est à la teste et quant la garde est au bras gaulche, le tirant est à la ligne d'entre le bras gaulche et la teste. Et quant la Garde est à la ligne d'entre le pied et le bras gaulche, le tirant est au bras gaulche. Et quant la Garde est au pied, le tirant est à la ligne d'entre le pied et le bras gaulche. Et quant la Garde est à la ligne d'entre le pied et le bras droict, le tirant est au pied. Et quant la Garde est au bras droict, le tirant est à la ligne d'entre le pied et le bras droict. Et quant la Garde est à la ligne d'entre la teste et le bras droict, le tirant est au bras droict. Et cecy pouvez veoir par la figure au dessus des huyt ventz, là où il est escript en la mesme manière. Le Tirant sont deux estoilles, les dernières de la Barque qui tournoye à l'entour du nord, qui sont figurées comme ung gouvernal; aussi s'appelle la Barque, et sont sept estoilles figurées en fasson d'une barque comme cy appert.

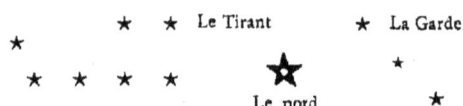

Régime de l'Astralabe et quadrant pour sçavoir la déclinaison du soleil et pour sçavoir le lieu et la chambre en quoy il est chascun jour.

Et premièrement, il est à noter que entre le dixiesme et le unziesme jour de mars, le soleil est sur la ligne esquynociale et tournoye sur elle. Et entre le 13ᵉ et 14ᵉ de septembre, il est encore une aultre foys au dessus ladicte ligne esquynociale et tournoye sur ladicte ligne, au cas pareil, que dessus est dict. Et à l'unziesme de mars, il est au nord de la ligne esquynocial, et au 14ᵉ de septembre, il est au suz de la ligne. Et quand le soleil est au dessus la ligne, il n'a ulle desclinaison parce qu'il tournoye sur elle. Et en l'an de bissexte, en febvrier, croist l'an d'un jour plus que aultres années. Et pour ceste raison, faisons quatre régimes, en chascun an, différendz l'un de l'aultre, pour cause dudict jour qui croist ausditz quatre ans, comme j'ay dict; au dessus nous croist aussi une lune tous les quatre ans, qui sont treze lunes en l'an de bissexte.

Item vous debvez sçavoir que le soleil, en six moys de l'an, court devers le polle articque, c'est assavoir trois moys en haulsant vers le polle, et trois moys, en descendant vers la ligne. Et aux aultres six moys, il court devers le polle antarticque, c'est assavoir trois moys en montant devers le polle antarticque, et trois moys en descendant vers la ligne. Et ceulx qui courent en la partie du nord sont ceulx icy :

1544.[1]

Les trois signes que le soleil va montant de la partie du nord, sont : *Aries*, *Thaurus* et *Gemini*.	JEHAN ALPHONCE Raulin Secalart	Les trois signes de la partie du su, en quoy le soleil va montant, sont : *Libra*, *Scorpius* et *Sagitarius*.	
Mars Apvril May Juincq Juillet Aoust	*Aries Thaurus Gemini Cancer Leo Virgo*	Nord / Esquynocial / Su	Septembre Octobre Novembre Décembre Janvier Febvrier	*Libra Scorpius Sagitarius Capricornius Aquarius Pisses*
Les trois signes que le soleil va descendant, de la partie du nord, sont : *Cancer*, *Leo* et *Virgo*.		Les signes que le soleil va descendant, de la partie du su, sont trois, c'est assavoir : *Capricornius*, *Aquarius* et *Pisses*.	

1. Cette date est en caractères rouges, ainsi que les mots Jehan Alfonce. Le mot Raulin Secalart a été visiblement ajouté après coup, et à l'encre noire.

Vous debvez sçavoir que estans de la partie devers le su et que le soleil est ès signes qui sont de la partye du su, vous debvez regarder de quelle partie le soleil vous faict umbre. Et si vous faict l'umbre devers le midy, qui est à la partie de su devers vous, hosterez la déclinaison de la haulteur que vous prendrez, et aultant qu'il s'en fauldra pour quatre vingtz et dix degrez de la haulteur, aultant vous serez à la partie du su de l'esquynocial. Et si d'aventure l'umbre va vers le nord, vous assemblerez la déclinaison avec la haulteur, et si elle passe de quatre vingtz et dix degrez, ce qui passera de quatre vingtz vous serez de la partie du su de l'esquynocial. Toutesfoiz si la déclinaison et haulteur vient à quatre vingtz et dix, vous serez dessoubz la ligne esquynocialle. Et tout ainsi que j'ay dict de la parti du su, vous debvez faire de la partie du nord de la ligne, quant vous y serez, c'est à dire vous estans en la partie du nord. Et quant le soleil va ès signes de la partie du nord, et si vous estes du cousté du nord, et le soleil est un signe de la partie du su de la ligne équynocialle, et vous prenez la haulteur, icy assemblerez la déclinaison avec la haulteur.

Et par la reigle et table dessus dicte, vous pouvez sçavoir en quel signe est le soleil, en chacun des jours de l'an et en quel degré et quelle déclinaison il a en la partie gaulche des degrez. Aussi bien mesmement, vous pourrez sçavoir, par la haulteur du polle, de combien vous estes esloigné de la ligne esquynocial du costé du nord ou du costé du su ou du lieu d'où vous estes party. Et vous fault gouverner par ladicte table en ceste manière. Premièrement vous sçaurez que au dessus de chascune table, sont contenuz les noms des moys commençant en mars. Et chacune table a les jours et les moys escriptz à la main gaulche qui est la première ligne qui est au bas, en laquelle sont les jours au dessoubz du moys. Et après est l'autre ligne de bas où sont les degrez de la déclinaison du soleil. Et puys y en a une en laquelle sont les mynutes que le soleil faict de déclinaison : en ce jour et en ce moys, en la partie du jour et des degrez, les jours sont escriptz en traict rouge, les degrez en noir et les mynutes qui sont au dessoubz des degrez aussi en rouge. Et en ceste manière, verrez, en la table, chascun moys avec les degrez et mynutes que a de déclinaison chascun jour en chascun des moys qui les vouldra veoir. Et à celle fin que cecy se puisse mieulx entendre, je vous mectray icy une exemple. Si vous voullez sçavoir au vingt et quatriesme de may en quel signe et en quel degré est le soleil et quelle déclinaison il, a commencez par le hault de la table du moys de may, et par la partie gaulche qui est en la première reigle, cherchez vingt et quatre, et en ceste reigle, regardez où est *Gemini* qui démonstre que le soleil entre en *Gemini*. Et à la partie de ces vingt et quatre jours, en hosterez douze, qui monstre que le soleil est en *Gemini*, et descendant par la déclinaison jusques à venir à l'endroict de douze desditz vingt et quatre jours dudict moys, osterez vingt et deux degrez et vingt mynutes, et ainsy sçaurez que le soleil est à douze degrez de *Gemini* et qu'il a de déclinaison vingt degrez et vingt sept mynutes.

Plus je dis que despuis le unziesme jour de mars jusques au treziesme jour de septembre, le soleil est au nord de la ligne, et du quatorzième jour de septembre jusques au dixiesme jour de mars, le soleil est au su de la ligne. Et quant il est au nord de la ligne et il vous faict l'umbre au nord, vous prenez la haulteur, il fault que vous ostez la déclinaison dudict jour. Et icelle ostée, regardez combien il en fault pour quatre vingtz et dix, et aultant qu'il en fauldra, vous estes au nord de la ligne. Et si en ce temps que le soleil est au nord de la ligne, vous prenez la haulteur, et l'umbre va au su, icy assemblerez la déclinaison avec la haulteur et tout ensemble s'il passe de quatre vingtz et dix, ce qu'il passera, vous estes au nord de la ligne, et s'il s'en fault des dictz quatre vingtz et dix, sen qu'il s'en fauldra d'aultant, vousserez au su de la ligne. Et si la haulteur et la déclinaison ensemble viennent à quatre vingtz et dix, vous estes droict dessoubz la ligne. Et si vous prenez la haulteur et ne trouvez aulcune umbre en l'astralabe et que vostre astralabe vient à quatre-vingtz et dix degrez, entendez que vous estes droict dessoubz le soleil, et estes aultant de la ligne esquynocialle comme la déclinaison dudict jour, en quelque part que le soleil soit. Et ce mesme nombre vous tiendrez quant le soleil sera de la partie au delà de la ligne.

Et quant le soleil est au su de la ligne, et faict l'umbre au su de la haulteur que vous prendrez, ostez en la déclinaison, et, icelle ostée, ce qu'il vous fauldra de quavingtz et dix, vous estes au su de la ligne. Et si en cedict temps que le soleil est au su de la ligne, vous prenez la haulteur, et l'umbre va au nord, icy assemblerez la déclinaison avec la haulteur, et s'il passe de quatre vingtz et dix, ce qu'il passera, vous estes au su de la ligne. Et s'il s'en fault, ce qu'il s'en fauldra, vous estes au nord de la ligne. Et si la haulteur et déclinaison tout ensemble vienent à quatre vingtz et dix, vous estes droict dessoubz la ligne. Et si vous prenez la haulteur et ne trouvez ulle umbre en vostre astralabe, et la lidade vient à quatre vingtz et dix degrez et n'y a ulle umbre, entendez que vous estes dessoubz le soleil, et estes aultant de la ligne comme la déclinaison dudict jour, et advisez vous de faire tousjours vostre compte selon l'umbre du soleil. Quant le soleil est en chascune des parties de la ligne, soit au su ou au nord, et faict l'umbre au nord ou au su, vous debvez oster la déclinaison de la haulteur. Et quant il faict l'umbre au contraire, vous debvez assembler ladicte déclinaison.

F° 36 v°. Aussy, je dictz, syre, que, ainsi comme la ligne esquynocialle divise en deux parties esgalles tout le monde, l'une que nous appellons méridionnalle, et l'aultre septentrionnalle, ainsi divise tout le monde une aultre ligne qui est dict dyamétralle, laquelle va de polle à polle, en aultres deulx parties que nous appellons l'une orientalle et l'aultre occidentalle. Ces deux lignes font quatre parties de l'universel monde, et chascune de ces quatre parties est faicte en figure d'un quadrent duquel usent les mariniers en la navigation à prandre la haulteur du nord et su. Et chascune figure est de quatre vingtz et dix degrez de longitude et aultant de latitude. Et ainsi se pourroyent et debvroyent faire les cartes en figure de quadrent pour estre conformes avec le corps esphère, lequel est rond ; partant comme toutes les costes de l'esphère vont ensemble, se font en plat pour raison de la longitude, parce que les mariniers ne sont astrologiens, et si quelqu'un l'est, c'est par accident, et non par lectre. Pour raison de quoy l'on leur mect en plat, à celle fin que ung chascun puisse mieulx entendre et comprandre la practicque selon l'entendement et intelligence qu'ilz peuvent avoir de la théoricque et selon l'habileté d'ung chascun. Et a celle fin que mieulx ilz veoyent et congnoissent la vérité, ay ordonné de mectre l'euvre au prouffict et utilité d'un chascun en la mectant en plat. Et fault que ung chascun entende que c'est en figure d'un quadrent, considérant que en allant de l'esquynocial contre les polles en cinq degrez vous en diminuez ung en la rotondité de la pomme du monde ou du my esphérins jusques à quarente degrez de l'esquynocial, et de quarente jusques à soixante, allez diminuant et jusques ad ce que vous soyez à soixante, vous dyminuez cinq degrez de latitude et deux degrez de longitude; et de là en avant commence à croistre la diminution jusques à la fin. Et pour ceste raison font les compas fornéation; et pour ladicte fornéation des compas, se peult prandre facillement, avec le soleil et le nord, la haulteur de la longitude et non aultrement. Car la longitude n'a point de marqque aultre que ceste cy à ceulx qui le bien entendent. Jusques à présent n'y en a guères qui bien l'entendent. Car cecy ne est que à l'expérience à ceulx qui longuement ont navigé au long la longitude et latitude, s'ilz y ont voullu prandre esgard. Et quant est de moy, je y ay maintes foys prins esgard, et l'ay trouvé certain.

F° 37 r°.

Plus en tournant, sire, à la ligne du dyamètre, je dictz que la ligne du dyamètre passe par dessus l'isle de Fer qui est la plus occidentalle isle des Canaries comme au dessus ay dict, laquelle ligne divise tout le monde en deux parties, l'une orientalle et l'aultre occidentalle, et de ces deux parties parlerons.

Premièrement je dictz que la partie orientalle se divise en quatre parties qui sont Azie, l'Inde orientalle, Affricque et Europe. Azie est divisée de l'Europe par la rivière Tanaïs, laquelle descent et entre en la mer Meotidis, qui

F° 37 v°.   est en la mer Olipont. Azie et Affricque sont divisées l'un de l'aultre par la rivière de Nil laquelle descent par Alexandrie en la mer Méditerrannée. Azie est divisée de l'Indie par une rivière qui est ès fins et limites de la terre de Perse, laquelle entre en la mer Persicque, et en Azie au meillieu de toutes. Et parce que Europe est la plus occidentalle, parlerons premièrement d'elle, en commenceant du destroict de Gibaltar, du lieu nommé Tariffe [1].

Ceste Europe se divise en six parties qui sont : France, Espaigne, Germanie, Italie, Grèce et Scitanie [2]. Et parce que Espaigne est la plus occidentalle de toutes, parlerons premièrement d'elle, du destroict de Gibaltar, dudict lieu de Tariffe, en ensuyvant toutes les costes jusques à l'ultime du septentryon jusques à la terre Gocie [3]. Et à l'endroict de chascune coste, mectray les provinces qui en elles sont. Et cecy achevé, tournerons audict destroict de Gibaltar, du lieu de Tarife, et suyvrons les aultres costes par le mesme ordre jusques à l'ultime de Catay, qui est lieu descouvert de nostre temps [4], et duquel avons mémoire, et qui est le plus, pour le présent, descouvert.

F° 38 r°.   Cette [5] Espaigne se divise, selon ceulx du temps passé, en trois provinces. Et pour le présent est divisée en six pour raison de cinq rivières principalles qui sont celles icy : La rivière d'Ombre [6] laquelle passe par Arragon et

---

1. Tariffe, près de Gibaltar. — Tarifa (Andalousie).
2. Scitanie. — La Scythie, vaste région comprenant le N.-E. de l'Europe et le N. de l'Asie.
3. Gocie. — Suède.
4. Le Catay ; c'est la Chine qui avait été touchée par les navigateurs au commencement du XVIe siècle, découverte à laquelle Alphonse fait allusion en disant : lieu découvert de notre temps.
5. En tête du folio 38 recto figure une carte avec la légende : Espaigne, Portugal.
6. Rivière d'Ombre. — Ebre.

LA COSMOGRAPHIE

par une partie de Navarre et par toute Catabrye [1] et Ibérye [2]. L'aultre est la rivière de Dore, [3] laquelle passe par le pays de Castille et par le Portugal et descent en la mer Océane au Port [4] en Portugal. L'aultre est la rivière Marin [5] laquelle passe par Galice et départ Portugal et Galice. L'aultre est la rivière de Taige laquelle court par la province de Tollède et par le royaulme de Portugal et descent en la mer Océane en Lisbonne. L'aultre est la rivière de Galdaquevir laquelle passe par Grenades, Corde [6] et Civile [7] et par toute l'Andélosie et descent en la mer Océane par Sainct Lucas [8]. Et l'aultre est la rivière de Godiane [9], laquelle faict la séparation d'Espaigne et de Portugal et descent en la mer Océane par la ville de Haymond [10]; et au septentrion d'elle, de son commencement et en Oriant, sont les montaignes Pérynées, lesquelles divisent et séparent France d'Espaigne. Ceste Espaigne de tous coustez est environnée de la mer Océane et Méditerranée, et est depuys trente et six degrez en quoy est Tariffe, jusques à quarante trois et demy, et le plus grand jour d'Andelosye est de quatorze heures et

---

1. Catabrye et Cantabrye. — Province de l'Hispanie (Tarraconaise) habitée par les Cantabres, vers les sources de l'Ebre.
2. Ibérye. — Ibérie, nom donné d'abord à la partie de l'Hispanie qu'arrose l'Ebre, puis à toute l'Hispanie.
3. Dore, rivière ; c'est le Douro.
4. Le Port, en Portugal. — Oporto.
5. Marin, rivière qui départ le Portugal de la Galice. C'est le Minho ou Miño (Minius). Le nom donné par Alphonse lui vient peut-être de la Sierra de Meïra où elle prend sa source. (V. Ortelius. *Thesaurus Geographicus*. — Anvers, off. Plantiniana, 1596, in-f°).
6. Corde, sur le Guadalquivir. — Cordoue.
7. Civile. — Séville.
8. Sainct Lucas. — San Lucar de Barrameda.
9. Godiane. — Guadiana.
10. Haymond, sur la rivière Godiane. Ayamonte sur le Guadiana.

ALFONSE

demye, et en Galice et Biscaye, de quinze, et est assise au quint sixte clune.

F° 38 v°. Plus en retournant à nostre matiére, je dictz que Gibaltar et Tariffe sont à trente et six de la haulteur du polle articque, et y a cinq lieues de l'un à l'aultre. Et de Tariffe à Calis, y a treze lieues et la coste gist nord et su. Le travers de ceste coste sont les champs nommez Tariffes, lesquelz sont fort fertiles de beuf, vaiches et aultre bestial. Le cap de Trafalgar et Calis sont nord et su. Et ledict cap est à trente six degrez de la haulteur du polle articque, et a demye lieue de luy, en la mer, y a ung maulvais rochier lequel est fort dangereux de basse mer pour grandz navires. Calis[1] est une isle petite là où furent les coulonnes d'Hercules; est auprés de la grand terre. Et y a alentour d'elle forces rochiers couvers et descouvers, et y a bonne baye et rade, et abundent en ceste isle forces navires allant et venant par la mer. Et au dedans de ceste baye est la riviére du port de Saincte Marie, laquelle se nomme la riviére Guadelet[2]. Et icy fust la bataille du roy Rodrigue lequel perdit Espaigne. Et, de ce port jusques au port de Sainct Luc, y a cinq lieues; et, entre la baye de Calis et Sainct-Luc, une lieue en la mer, y a ung maulvais rochier qui s'appelle Sellamydine[3] ; à Sainct-Luc descent la riviére de Gadalquivir qui est grande riviére et montent par elle les navires et vont jusques à

---

1. Calis. Calix dans les *Voyages aventureux*. — Cadix, au nord de Gibraltar, appelé anciennement *Fretum Gaditanum* ou *Herculeum*.

2. Riviére du port de Sainte-Marie laquelle se nomme la riviére Guadelet. Le port de Santa-Maria est en effet à l'embouchure du Guadelete.

3. Sellamydine, mauvais rocher entre Cadix et San-Lucar ; appellée la roche Celemedyen, dans les *Voyages aventureux*. — Il s'agit sans doute des Basses de Sabinal et del Perro (V. Beautemps-Beaupré, *Le Pilote français*, 1822 et années suivantes, in-plano, carte 129).

Civille qui sont seize lieues. Ceste rivière vient et descent d'une montaigne nommée Sigure [1], et passe par Grenades et Cordoue, et s'assemblent d'aultres rivières avec elle, et passe par Cordoue et Civille qui sont les meilleures villes et les plus grandes d'Espaigne. Et ce trouve, en ceste rivière, de l'or, en temps d'esté, et est ladicte rivière par les trente sept degrez et cinq mynutes. Et aussi se trouve de l'or au pied de la montaigne Negée qui est la plus haulte montaigne d'Espaigne, et se cuillent, en ladicte terre, forces soyes, lesquelles on trafficque en d'aultres régions. Ceste province est la meilleure de toute l'Espaigne, et se nomme Andelouzie. Sainct-Luc est par les trente sept degrez et Calis par trente six et trois quartz. De Sainct-Luc jusques à la baye de Lepe [2] y a treize lieues; et entre les deux est la baye et rivière de Pales [3] et Manguel [4] et Sainct-Jehan de la Corne [5], et Triaguères [6], et est le tout au dedans de ladicte baye. Et, d'icy jusques à Aymont, s'appelle la conté d'Andelouzie. Et la coste va au norouest; de Lepe à Haymond y a cinq lieues, et icy descent la rivière de Godiane [7] et commence le royaulme de Portugal. La rivière de Godiane descent de la montaigne de Consougre [8] et faict la séparation de Portugal et d'Espaigne, et passe par la ville de

F° 39 r°.

---

1. Sigure, montagne. — Sierra Sagra, d'où descend le Guadalquivir.
2. Lepe, baye, à 13 lieues de San-Lucar. Les *Voyages aventureux* la qualifient « rivière ». — Lepe est une ville placée sur une petite rivière entre le R. Odiel et le R. Guadiana.
3. Pales, ville. Palez (*Voy. avent.*, f° 9). — Palos.
4. Manguel, ville; Moguel (*Voy. avent.*). — Moguer.
5. Sainct Jehan de la Corne. Saint Jan del Corno (*Voy. avent.*)
6. Triaguères, ville. Sans doute T^r de la Higuera, à peu de distance du Guadalquivir (V. Beautemps-Beaupré, *loc. cit.*).
7. Godiane, rivière. Guadiana.
8. Consougre, montagne; Consogre (*Voy. avent.*). Sierra de Cuença.

Badajos [1] et Elmes [2]. Ladicte rivière est par les trente sept degrez et ung quart, là où elle descent en la mer Occéane qui est à la ville de Aymont et à Crastemarin [3]. Aymont est en Espaigne et Crastemarin en Portugal. Badajo est en Espaigne et Elmes en Portugal. Ceste province d'Andelouzie est, par la plus grand part, terre basse, fertille principallement d'huilles et de toutes choses.

F° 39 v°.   Et de la rivière de Hamond où commence le royaulme de Portugal jusques au cap de Sainct Vincent, y a trente lieues. Et la coste gist l'est et ouest et prent un quart de nord est et surouest. Ledict cap de Sainct Vincent est par les trente et sept degrez de la haulteur du polle articque, et en ceste coste sont les portz et rivières de Taville [4], Faro, Villeneufve [5] et Largues [6]. Et cecy s'appelle le royaulme d'Algarves, et est terre haulte en bonne manière et stérile. Et de ce cap de Sainct Vincent jusques au cap d'Espichel [7] y a trente lieues. Et la coste gist nord et su et prent ung quart de norouest et suest. Du costé devers le su du cap d'Espichel est la rivière de Sétube [8]. Et, entre les deux caps, y a une isle qui se nomme l'isle du Pescher [9]. Du costé devers le

---

1. Badajos, ville ; Bayador (*Voy. avant.*). Badajoz.
2. Elmes, ville ; Eluos (*Voy. avant.*). Elvas (Portugal), proche de Guadiana.
3. Crastemarin ; Castremarin. Taville (*Voy. avant.*). — Castromarin, ville forte de Portugal (Algarve) en face d'Aymonte, sur la rive droite du Chanza.
4. Taville. Tavira.
5. Villeneufve. Villano de Portinao, Villa Nueva (Beautemps-Beaupré, n° 129).
6. Largues ; Lagos, (*Voy. avant.*). Lagos.
7. Cap d'Espichel ; Despechie (*Voy. avant.*). Appelé aussi Cap Spichel (Beautemps-Beaupré, *loc. cit.*)
8. Setube, rivière. C'est le Sado, sur lequel se trouve la ville de Setubal, Sainct-Tunal (*Voy. avant.*)
9. Ile de Pescher, entre le cap Saint-Vincent et le cap d'Espichel. I. de Pes-

nord, à cinq lieues du cap, est le port de Lisbonne, et icy descent la rivière du Taige [1]. Le cap d'Espichel est à trente huyt degrez et trois quartz de la haulteur du polle articque. En Lisbonne descent la rivière du Taige. Ceste rivière provient de la montaigne nommée Consengre d'où mesme vient la rivière de Godiane [2] et de Moulines [3] et vient ladicte rivière par la province de Tholedde jusques en Portugal et descent en la mer en Lisbonne, et est grand rivière, et a deux entrées. Et à ces entrées y a de maulvais rochiers qui sont par le meilleu des entrées qui s'appellent les Cachoppes, qu'est à dire, en nostre langue française, les Garsons [4]. Et y a au long ceste rivière forces bonnes villes ainsi en Espaigne comme en Portugal. Et en ces provinces y a forces bestial. Et en la montaigne d'où descend ladicte rivière y a forces mynes de fer. Lisbonne est une bonne ville, la plus grande de Portugal. La rivière est large, et à ceste ville de Lisbonne viennent tous les navires, lesquelz trafficquent és Indes Orientalles et toute l'espisserye et piarrerye et aultres choses qui viennent de Calicou, Mélacque et de Malucque. La terre est bonne. Toutesfoys elle n'est pas fort fertille, ains stérille. Ceste province s'appelle la province de Liscitanie [5], et est Lisbonne peuplée et

F° 40 r°.

sequeiro, vis à vis de San Joao de Sines (Beautemps-Beaupré ; carte de Ciera et Franzini, 1816, n° 127).

1. Le Tage est appelé le Teyo dans les *Voy. avent*.
2. Le Guadiana.
3. Rivière de Moulines. Serait-ce une indication du Parameras de Molinas ou Molina où un affluent du Tage prend sa source. Molina est une ville située à l'est de Madrid sur un affluent du Tage, le R. Gallo.
4. Les Cachoppes, rochers à l'embouchure du Tage ; en français les Garsons. Il y a le Cachopo du nord et le Cachopo du sud ou Alpeïdao (Carte de Franzini citée, n° 128).
5. Liscitanie. Lusitanie.

habitée de toutes nations estranges. Les gens de la ville sont joyeulx, combien qu'ilz sont fort glorieux et cruelz. Aussi habitent en icelle ville forces juifz. En occident de Lisbonne, deux cens trente lieues et deux cens soixante lieues et trois cens lieues, y a huyt isles [1]. Les unes sont à quarante degrez et les aultres à trente sept degrez et à trente huyt degrez de la haulteur du polle articque, et sont bonnes isles fertilles de bled et de bestial. Les gens d'icelles sont fort subgectz à luxure. Et la plus près se nomme Saincte-Marie, l'aultre Sainct-Mychel, et entre les deux, quasi au meilleu, y a ung maulvais rochier, lequel ressemble à ung basteau et dure bien demy quart de lieu en rond et est appellé les Formys. L'aultre est appellé La Treciére. L'aultre le Foyal qui est peuplée de gens qui proceddent de Flamans. L'aultre Le Pic qui est une haulte montaigne, l'une des plus haultes du monde. L'aultre est Sainct Georges. L'aultre est dicte la Gracieuse qui est une isle platte. Et l'aultre s'appelle l'isle des Fleurs. Et y a une aultre isle joignante icelle qui s'appelle l'isle des Corbeaux. Et sont en la moictié du chemin de Portugal et de la Terre Neufve. Et de ceste cy jusques au cap de Ratz [2], n'y a que trois cens cinquante lieues et sont norouest et suest avec le cap de Ratz.

De ce cap d'Espichel au cap de Sanchet [3], y a douze lieues. Sanchet est à trente neuf degrez de la haulteur

---

1. Les îles qu'indique Alfonse sont les Açores : Sainte-Marie, Santa Maria ; Saint-Michel, San Miguel ; La Tréciére, Terciera ; Le Foyal, Fayal ; Le Pic, Pico ; Saint-Georges, San Jorge ; La Gracieuse, Graciosa ; l'île des Fleurs, Florès et l'île des Corbeaux, Corvo.
2. Ratz (Cap de). Cap de Raz (Finistère).
3. Sanchet (Cap de). Le cap Carboyera ou Carvoieros (Atlas Vidal-Lablache. Paris, Collin, 1894) ; Carvoiero (Carte Ciera et Franzini, n° 127, (1816, *loc. cit.*).

du polle articque. Et la coste gist nord norouest et su
suest. Et auprés de ce cap sont les Brelingues [1] qui sont
de petitz isletz avec une bonne isle par le meilleu. Et
de la Brelingue au port de Portugal y a trente et six
lieues. La Brelingue est à quarente degrez moins dix
mynutes. Ceste Brelingue a trois ou quatre farillons [2]
ou islets et aulcuns rochiers à l'entour d'elle. La Brelingue et le Port en Portugal sont nord nord-est et su
surouest. Le Port est à quarente ung degrez et ung tiers
de la haulteur du polle articque. Et icy s'appelle le Sac
de Portugal. Et, entre la Brelingue et le Port [3] en Portugal, est la rivière de Bouargues [4] laquelle passe par la

Il y a un F.t Sanxete à une pointe placée à la hauteur de Lisbonne, au sud du cap da Rota (Voir carte citée).

1. Les Brelingues ; La Berlinque (*Voy. avent.*). Iles Berlinga ou Berlingues.

2. Les Farillons. Iles Farilhoës, au nord des Berlinga. Le terme de farillons est employé à plusieurs reprises par Alfonse dans le même sens. C'est sans doute sur des rochers de cette sorte que les pêcheurs allument des réchauds pendant la nuit pour attirer les poissons ; usage qui, peut-être, fait donner à ces bancs le nom de Farillons (Voir Littré, v° Farillon). — V. Garcie Ferrande, *Le grand routier*, édition Portau, 1590, pp. 55 et suiv.

3. Le Port. — O Porto.

4. Bouargues (Rivière de) ; Bouarques (*Voy. avent.*). C'est le Rio Mondego à l'embouchure duquel est la ville de Buarcos, et sur lequel se trouve en effet Coïmbre (Coymbres, dans les *Voy. avent.*).

Les *Voyages aventureux* ajoutent après avoir parlé de Coïmbre : « Ce pays
» est un des meilleurs du Portugal, où se fait quantité de toiles. La ville de
» Montemor y est, laquelle tint toujours quand les infidèles prindrent les Hespa-
» gnes, estant gardée de deux mil hommes, qui s'accordèrent tous de couper les
» gorges aux femmes et aux enfans. Et après feirent une saillie sur leurs enne-
» mis, et se portèrent si vaillamment, qu'avec l'ayde de Dieu, ils les déconfi-
» rent. Et retournant dans la ville trouvèrent leurs femmes et enfans, qu'ils
» avoyent esgorgetez, pleins de vie sur les murailles de la ville, ayant chacun
» un collier d'or au col, qui fut chose merveillable. Et ce fut du règne du Roy
» dom Romillo, il y ha environ quatre cens ans. » — La ville de Montemor est Monte-Mor-o-Velho, dans la province de Beira, au couchant de Coïmbre (Portugal). Le roi dom Romillo est certainement Ramire II, et la bataille visée est celle livrée à Simancas, à Abdéram ou Abdelrahman II, roi de Cordoue,

136   LA COSMOGRAPHIE

F° 41 r°.

ville de Couymbres, et la rivière d'Anere [1]. Ladicte rivière est par les quarente degrés et dix minutes, et la rivière d'Anere est par les quarente degrés et demy. La rivière du Dore [2] descend icy et est fort estroite à son entrée et dangereuse de rochiers. Cette rivière du Dore vient de la terre appelée Castille et passe par Samore [3] et par beaucoup d'aultres villes et mesmement par la ville du Port qui est une bonne ville. Et vient d'une montaigne appelée Orbye [4], d'un grand lac qui est sur le hault de la montaigne. Et est tant haulte ceste montaigne que toute l'année en elle il neige. Et ceste eaue descend de ladicte montaigne et faict trois rivières; l'une qui descend du costé d'oriant et l'aultre du cousté de septentrion et l'autre descend du cousté austral devers le midy. Dont l'une passe par Gallice, l'aultre passe par les Estures et l'aultre par la terre qui est communément appelée Castille, et va descendre dedans la rivière du Taige. Ceste montaigne commence en Galice et va par les Estures. Et icy se divise en deux,

---

le 6 août 938. « Cette bataille de Simancas, dit Rosseeuw Saint-Hilaire, non moins célèbre que celle de Clavijo, a été embellie par tous les historiens contemporains, d'innombrables miracles, qui rappellent plus ou moins le vœu de Santiago. Mais comme tous ces miracles se résument en vœux faits par le roi de Léon et le comte de Castille devant les deux sanctuaires nationaux de Saint-Jacques et de Saint Millan, pour obtenir la victoire, il n'est pas difficile de deviner la source de ces pieuses inventions. » (Rosseeuw Saint-Hilaire, *Histoire d'Espagne*, 1844, t. 2, p. 423.)

1. Anere (Rivière d') ; Dauere (*Voy. avent.*), rivière de Port appelée Dauera Portugal. Serait-ce ce Rio Vouga qui se jette au sud d'Ovar, ou simplement Le Douro qui est bien à la hauteur indiquée, avec la forme, rivière d'Auere? C'est certainement Le Douro que les *Voyages aventureux* donnent sous le nom de Dauere.

2. Le Douro.

3. Samore ; Camor (*Voy. avent.*). — Zamora.

4. Orbye, Orbyon, montagne. Pic d'Urbiad, dans la Sierra de La Demanda.

dont l'une va par le pays de Biscaye et l'aultre va aux montaignes Pyrénées. Et une aultre se départ par Orbyon et s'en va en Arragon, et de là s'en va virer vers le royaulme de Grenades. Et ainsi que ses montaignes environnent la plus grande partie de toute l'Espaigne, et font la séparation de France et d'Espaigne. Et ceste rivière du Dore, ainsi qu'elle sort de la montaigne, s'en va droit à Arande [1] et à Salamanque [2]. Et en ce lieu s'assemble la rivière d'Arlance. Arlance passe par la ville de Burgues, et au long ceste rivière est Baille d'Olif et Tores, la ville appelée Cigouone [3] et Midine, et la ville de Lyon. Et de là s'en va à Samarre [4], et d'icy descend au Port en Portugal. Sa descente est à quarante et ung degré et ung tiers de degré de la haulteur du polle articque.

De ce port à Bayonne en Gallice il y a quinze lieulx, et la costé gist nord, norouest et su suest, et est coste de forces rochiers; entre le Port et Bayonne il y a quatre rivières et lesdicts rochiers n'entrent point plus hault d'ung quart de lieue en la mer, aulcuns desdicts rochiers. La première rivière est la rivière Daue [5] qui

F° 41 v°.

1. Arande. — Aranda de Douro.
2. Salamanque, sur le Douro. C'est une erreur ; Salamanque est sur le Tormès, affluent du Douro. C'est à Palencia qu'est le confluent de l'Arlauzon et de l'Arlauze qui se jettent dans le Douro à Simancas et non à Salamanque. L'Arlauzon passe à Burgos, et c'est sur cette rivière que se trouve Valladolid, appelé Baille d'Olif par Alfonse.
3. Cigovone, c'est-à-dire Ségovie, et Médine, Medina del Campo sont également sur des affluents du Douro.
4. Samarre. — Zamora.
5. Dave, rivière. Le Rio Ave qui se jette dans l'Océan à Azurara et à Barzum, ou la rivière qui passe à Lavra ? La ville de Conde est à l'embouchure de la rivière Ave dans la carte d'Ambroise Tardieu (Rosseeuw Saint-Hilaire, *Histoire d'Espagne*, t. 3.)

passe en la ville de Conde, et y descend en la mer. L'aultre est la rivière de Barselles [1] qui est une petite rivière. L'aultre est la rivière de Lyme [2], qui descend en la mer en la ville de Vienne [3] et est par les quarente deux degrés. Et l'aultre est la rivière du Migne [4]. Et ceste cy faict la séparation de Galice et de Portugal et descent en la mer à Camyne [5] et, à sa descente, faict une petite isle. Ladicte rivière est par les quarente deux degrez et dix minutes. Bayonne [6] est par les quarente deux degrez et demy de la haulteur du polle articque. Icy descend la rivière Marin, laquelle passe par le port Marin [7] et par la ville de Pontevesdre [8]. Et icy descend en la mer Océane, et reçoit la plus grande partie des eaulx de Galice. Et au long ceste rivière est la ville de Lougues [9] en laquelle croist raves pesantes cinquante livres. Davant Bayonne, derrière le septentrion, environ deux lieues y a troys ou quatre isles, et la plus septentrionnalle de toutes qui est quatre lieues de Bayonne, icy descend ladicte rivière de Marin. Et d'icy de ladicte rivière de Marin jusques au cap de Fineterre [10] ne sont que des isles et rochiers et

1. Barzelles (Rivière de). Serait-ce le Rio Ave qui passe à Barzum, ou le Rio Cavado qui passe à Barcellos (Amb. Tardieu, *loc. cit.*).
2. Lyme (Rivière de); Pimes (*Voy. avent.*). — Rio Lima.
3. Vianna, à l'embouchure du Rio Lima.
4. Rio Minho.
5. Caminha. Il y a, comme le dit Alfonse, une petite île appelée Insua, à l'embouchure.
6. Bayona.
7. Port Marin. Marin est un village qui se trouve près de la pointe de Pesquera sur une petite rivière qui se jette dans le golfe où arrive le Rio de Pontevedra.
8. Pontevesdre; Pontnedro (*Voy. avent.*). — Pontevedra.
9. Longues, ville. — Lugo, près du Minho et non sur le Rio de Pontevedra.
10. Cap Finisterre.

LA COSMOGRAPHIE

entrent bien aulcuns desdicts rochiers et isles en la mer une lieue et demye, et y a de grandes bayes, là où il y a de bon port pour tenir navires. Et icy en ceste coste descent la rivière de Padran [1] où l'on dit que monta la barque qui portait le corps saint Jacques. Les isles de Bayonne et le cap de Fineterre sont nord norouest et su suest et prent ung petit plus de norouest et suest. Et y a de l'un à l'aultre dix huyt lieues. Le cap de Fineterre est par les quarente trois degrez et demy de la haulteur du polle articque. Toutes ses terres sont terres haultes et montaigneuses, et y a force bestial tant privez que saulvaiges. De Fineterre à la Coulougne [2] y a seize lieues et la route gist nordest et surouest et prent ung quart de l'est et ouest, jusques à l'isle de Césargue [3]. Et de Césargue a la Coulougne la coste gist l'est et ouest jusques au abre de Ferroil [4]. Et entre Césargue et la Coulougne y a de maulvais rochiers qui se nomment

F° 42 r°.

---

1. Padran (Rivière de). C'est le Rio de Arosa, sur lequel se trouve la ville de Padron (Neptune, carte 120 de Cofino, 1793). Les *Voyages aventureux*, folio 12, donnent à ce port le nom de Daurosse, du nom du Rio de Arosa. Il y a une île de Arosa à l'embouchure (*loc. cit.*).

2. La Coulougne ; La Coulongue, port des pèlerins de Saint-Jacques (*Voy. avent.*). La Corogne, le souvenir d'Hercule y existe encore (V. *Description des côtes d'Espagne*, par D. V. Tofino de San Miguel, traduction de Jules Aimé. Paris, impr. roy., 1846, in-8°, p. 83).

« Les traces du passage d'Hercule sont semées sur toute cette côte, où son
» nom, inscrit sur ces deux colonnes fameuses dont parlent tous les historiens
» anciens, et qu'aucun d'eux n'a vues, vit encore dans les traditions populaires.
» Sous ce nom collectif d'Hercule, la reconnaissance des peuples a sans doute
» réuni dans un même culte les plus illustres de ces hardis navigateurs qui,
» dans ces temps reculés vinrent leur apporter les bienfaits du commerce et de
» la civilisation (Rosseeuw Saint-Hilaire, *Hist. d'Espagne*, 1844, in-8°, t. I,
» p. 52, et note 2). »

3. Cesargue ; Cezargue (*Voy. avent.*), I. Cisarguas devant le cap San Adrian (V. carte citée).

4. Ferroil (Abre de); Forol (*Voy. avent.*), Havre de Ferrol.

140 LA COSMOGRAPHIE

Mallepicque [1] et entrent bien une lieue en la mer. Entre le cap de Fineterre et Césargue est le port de Mougye [2] qui est bon port, et a deux entrées et un maulvais rochier au meilleu des deux entrées qui est dict Chamissal [3]. Entre Mougie et le cap y a une petite isle qui s'appelle Thorignen [4], et à demye lieue d'elle, en la mer, y a une basse couverte qui ne paroist point dangereuse pour grandz navires. Pour ce fault tenir au large. Et de Césargue à la Coulougne y a six lieues, et entre les deux est ledict rochier de Malepicque que au dessus j'ay dict. Le port de la Coulougne est bon port. Et icy est la descente de tous les pèlerins qui vont à Saint-Jacques, et est par les quarente trois degrez et deux tiers de la haulteur du polle articque. Et en ceste baye y a trois portz. Et en chascun descend une rivière. L'une descend au port de la Coulougne, l'aultre au port de Bétauce [5] et l'aultre au port de Férol, et sont petites rivières. Toutesfoys en elles entrent petitz navires. Auprés de la tour de la Coulougne, quasi au tiers du havre, y a ung maulvais rochier qui brise de grand mer, et le plus seur est de venir au long la tour, entre luy et elle. Ladicte tour a esté édiffiée par Hercules ainsi que l'on dict, et ainsi que les lectres qui sont escriptes en une pierre auprés d'elle, dyent. Et au nord d'elle cent soixante lieues à la terre de Irlande, auprés de la rivière Cate-

---

 1. Ce sont les roches de Malpica (Carte citée).
 2. Mougye ; Mougio (*Voy. avent.*), Mujia, à l'entrée de la baie où est le port de Merejo.
 3. Chamissal, mauvais rocher. Le rocher situé en ce lieu est appelé Las Quebrantas (Carte citée).
 4. Thorignen, ile ; Laturyngham (*Voy. avent.*). C'est l'île située devant le cap Torinana (Carte citée).
 5. Betauce ; Betance (*Voy. avent.*). — Betauzos.

fourde ¹, y a une aultre tour laquelle la rivière descend au long d'elle, et est par les cinquante deux degrez et demy de la haulteur du polle articque, Aussi l'on dict que Hercules l'a faict faire. Et au tant de Hercules y avoit deux miroueurs lesquelz estoyent faictz par enchantement, et de chascun d'eulx, jusques à la moitié d'entre les deulx, ne passoit navires que ne feussent veuz de l'un ou de l'aultre. Et cecy tenoit Hercules pour congnoistre ceulx qui luy voulloyent mesfaire. Ceste province de Galice, c'est celle que, au temps passé, on appelait Tégétanye, et est une terre montaigneuse peuplée de gens rusticques, lesquelz ne se grayent poinct de porter chaulces ne bonnetz, principallement les montagnez de la montaigne, et sont gens bilasquez, maulvais garsons et inclins à malice. De la Coulougne au cap de Prieure, y a trois lieues. La route gist nord et su. Le cap de Prieure ² est à quarente trois degrez et trois quarts de la haulteur du polle articque. Le travers du cap de Prieure, en la mer demye lieue, y a ung rouchier couvert qu'est dangereux pour grandz navires. Le cap de Prieure et le cap d'Ortiguères ³ sont l'est nord est et ouest surouest, et y a en la

1. Nous n'avons pas rencontré, en Irlande, dans la position indiquée, de rivière dont le nom rappelle celui de Catefourde. Alfonse doit viser la rivière de Barrow qui longe le comté de Caterlagh ou Catherlagh, contrée d'Irlande, de la province Leinster. Ce comté était appelé par les Irlandais Cuntac *Cheatersoug*. La position de la tour d'Hercule, pouvant faire face à celle de La Corogne, serait bien placée aux environs de Waterford, à l'embouchure du Barrow; il serait peut-être intéressant de rapprocher de cette légende le nom donné originairement à Waterford, à savoir Cecun-na-Grioth, c'est-à-dire, Havre du Soleil? (V. Bouillé, *Dict. d'Hist. et de Géogr.*; La Martinière, *Le Grand dictionnaire géographique*, etc., 1768, in-f°.)

2. Prieur (Cap de); Prior (*Voy. avent.*) — Cap Prior ayant en face un rocher appelé Los Castelos (Carte citée).

3. Cap d'Ortiguères ou Dortiguères. Cap Ortegal.

142   LA COSMOGRAPHIE

roulte huyt lieues. Le cap Dortiguéres est à quarente quatre degrez de la haulteur du polle articque, et y a entre les deux ung bon havre qui est dict Cédére ¹, lequel a ung rouchier au meilleu. Cotiguéres est une haulte montaigne et a trois ou quatre petitz isletz au bout d'elle qui s'appellent les Esguillons ². Le cap Dortiguéres et le cap de Vares sont l'est et l'ouest, et y a de l'un à l'aultre quatre lieues, et entre les deux est la rivière de Saincte Marthe ³. Ledict cap de Vares est en la mesme haulteur que le cap Dortiguéres, et a deux ou trois roches au bout en la mer. Ledict cap de Vares et le cap de Pénes sont l'est et ouest, et y a en la routte trente lieues, et derrière ledict cap de Vares est le port de Bisséde ⁴ et l'isle de Saint-Cybron ⁵ et la rivière de Viuere ⁶. De Viucre à Ribadeou ⁷ y a dix lieues et

F° 43 r°.

la route est l'est suest et ouest norouest. Et icy descent une rivière laquelle faict la séparation de Galice et de Sesture ⁸. La dicte rivière est par les quarente trois degrez et trois quartz. De la rivière de Ribadeou au cap y a vingt lieues. Et la route est nord nordest et su surouest. Et entre les deux est la rivière de Navye ⁹ et la rivière

1. Cedeira.
2. Cap de Las Aiguillones (Carte citée).
3. Rivière de Sainte-Marthe. Dans cette position existent Santa Maria et la barre de Santa Maria (Carte citée).
4. Bisséde, port derrière le cap de Vares ; — Biscedo, ville où se pêchent les baleines. Dans cette position, on ne voit que la ville de Barquero et la pointe de Cueva Baxa (Carte citée).
5. Ile de Saint-Cybron ou Cyvron. V. Farallones de San-Ciprien (Tofino, *loc. cit.*).
6. Viuere ; Viueres (*Voy. avent.*), Vivero (Carte citée).
7. Ribadeou ; Ribadeo. (*Voy. avent.*). — Rivadeo (Tofino, *loc. cit.*), Rybdoé (Garcie Ferrande).
8. Sesture; Esturie (*Voy. avent.*), Asturies.
9. Rivière de Navye; Elouarque Naia (*Voy. avent.*).—R. de Navia (Carte citée).

LA COSMOGRAPHIE. 143

de Louargue [1] et la rivière Davilliers [2] qui est auprès du cap de Pênes [3] du cousté de l'ouest dudict cap. Et au delà dudict cap de Pênes est la rivière de Villeviceuse [4]. Le cap de Pênes est par les quarente quatre degrez de la haulteur du polle articque et est terre basse. Et au dedans de la terre, quatre ou cinq lieues, est la ville de Sainct Saulveur d'Auvéde [5], là où il y a grand voyaige pour ceulx qui vont en voyaige à Sainct Jacques. De là en avant, la terre est fort haulte et haultes montaignes, une des plus haultes de toute l'Europe. Et y a dudict cap de Pênes au cap de Machichac [6] soixante lieues, et la routte gist l'est et ouest et prent un quart de norouest et suest. Ledict cap de Machichac est par les quarente trois degrez et ung tiers de la haulteur du polle articque. Le cap de Pênes et la rivière de Billebau [7] sont l'est suest et ouest norouest, et y a en la route cinquante lieues. Ladicte rivière de Billebau est par les quarente trois degrez et cinq minutes de la haulteur du polle articque. Entre les deux y a la rivière de Villeviceuse et la rivière de Ribbe de Seille [8] et la rivière de Sainct Vincent de la Barguère [9]. Jus-

1. Rio Luarca; Luerque (Garcie Ferrande, *loc. cit.*).
2. Rivière Davilliers; Habilles (*Voy. avent.*) Rio de Avilés et villa de Avilés, près du cap Penas (Carte citée et Tofino, *loc. cit.*).
3. C° de Penas.
4. Rio de Villa Viciosa.
5. Oviedo, qu'Alfonse appelle Saint-Sauveur, à cause de la célébrité de son église de San Salvador.
6. Machichac (Cap de); Magichac, commencement de la Pusque (*Voy. avent.*); Machessac (Garcie Ferrande, *loc. cit.*). — Cap Marchichaco (Carte citée).
7. Bilbao.
8. Rivière de Ribbe de Seille; Roy de Seilles (*Voy. avent.*) — Riva de Cella (Carte citée).
9. Rivière de Saint-Vincent de la Barguère; rivières: Saint-Vincent et la Barquiera (*Voy. avent.*), San Vincente de La Barquera (Carte citée).

ques icy la terre est fort haulte, une des plus haulte d'Europe [1]. Les gens sont quasi saulvaiges, adonnez à larrecin. Entre Sainct Vincent et Billebau est le port et rivière de Sainct André [2], et le port de Larède [3] et la montaigne qui est appelée le Moine [4], et sont bons portz. De Larède à Billebau y a dix lieues. La rivière de Billebau est maulvaise à son entrée. Billebau est la meilleure ville de toute la Biscaie et y a bonne rivière. Et cecy s'appelle la province de Biscaye. Les gens sont allègrez et bien dispotz de leurs corps, billasqueux, les

F° 43 v°.

---

1. On ajoute dans les *Voyages aventureux* : « Et ce sont les montaignes dans lesquelles se retirèrent beaucoup de peuples à la destruction d'Hespagne, du temps du roy Rodrigo, qui avoit commis adultère avec sa fille, dont toute l'Hespagne fut perdue, et une bonne partie d'Afrique ; dont ledit Rodrigo fit pénitence, ayant une couleuvre avec luy, laquelle, à la fin, l'envenima par le lieu où il avoit péché. Après plusieurs batailles que ce peuple eut contre les Sarrazins, et esleut le fils du duc Fabellion pour leur capitaine, qui se nommoit Pallaye, lequel finablement obtint victoire sur les Sarrazins et se feit courronner roy de toutes les Hespagnes. » Cette légende du roi Rodrigue, dernier roi des Visigoths de toute l'Europe, apparaît pour la première fois dans la rédaction refondue de la *Chronique* de saint Isidore, insérée depuis dans l'*Hispania illustrata*, d'André Schott (Francfort, Marnius, 1603-1608). Mais elle ne semble pas fondée, Rodrigue paraissant avoir été un bon prince. Sa tombe était dans l'église de Viseu en Portugal. Tel est aussi l'avis de M. Rosseeuw Saint-Hilaire qui dit que la haine impie d'un comte Julien explique la vengeance exercée contre le roi Roderic « sans qu'il faille recourir à la fabuleuse histoire de la fille de Julien, Florinde ou *la Cava*, » outragée par ce roi (*Histoire d'Espagne*, 1844, in-8°, t. I, p. 378, et note, p. 379). Le véritable nom de Fabellion est Favila, dont le fils, Pélage Ier, roi des Asturies, est appelé Pallaye, par le rédacteur des *Voyages aventureux* (V. *Art de vérifier les dates*, édition de 1783, t. I, p. 733 et 734).

2. Rivière de Saint-André ; Sainct Auder (Garcie Ferrande). Santander.

3. Larède ; Laredda, Lareddo (*Voy. avent.*), conche de Larède (Garcie Ferrande), Laredo.

4. Le Moine, montagne après Laredo. Les montagnes qui s'élèvent sur ce point se nomment Le Monte Serredo, puis avant Portugalète, la montagne de Siervana et le mont Serrantes. S'agirait-il de la ville et de la pointe de Megono ? Garcie Ferrande indique « Le Moynne, pierre semblable à un moine au milieu de la montagne S. Hoigne. »

plus vaillants de toute l'Espaigne. En ceste province y a abundance de mines de fer et de boys à faire picques et javelines. Du cap de Machichac y a dix huyt lieues jusques à Fontarabye. Et entre les deux y a une quantité de rivières et portz qui s'ensuyvent ; la première est Virmeru [1], Luguet [2], Doudare [3], Sommaye [4], Guitarre [5], Sainct Sébastien, Le Passaige et Fontarabye. Et cecy est la province de Lipusque. Le Passaige est un bon port, et est par quarente et trois degrez et dix minutes de la haulteur du polle arcticque. Et sont terres stériles, esquelles ne croist guères de bled, montaigneuses. A Fontarabye achève Espaigne. Et comme j'ay dict, au-dessus de Biscaye, sont gens allègres, glorieux et fort superbes, et leur est advis que toutes les nations du monde ne sont pareilles à eulx. Et la cause pourquoy ilz sont délicatz, est que leurs mères les nourrissent deux ou trois ans de la mammelle sans aultres nutrimens. Le dict de l'Espaigne suffict sinon qu'elle est comme en fasson d'une isle. Et en la laissant parlerons du royaulme de France.

Puisque [6] nous avons parlé d'Espaigne, est raison

---

1. Virmeru, rivière. C'est celle qui se jette à Mondaca, un peu à l'est de la ville de Bermeo (Carte citée).

2. Luguet, rivière ; Lucquet (*Voy. avent.*). — Lequeitio, rivière (Tofino, *loc.cit.*). Le Quetio, ville sur la rivière (Carte citée).

3. Doudare, rivière ; Dondare (*Voy. avent.*). — Rio Ondarrua (Tofino, *loc.cit.*), où se trouve une ville de ce nom (Carte citée).

4. Sommaye (V. aussi Garcie Ferrande), c'est la rivière qui a son embouchure à Sumaya (Carte citée).

5. Guitarre, rivière ; Ditario (*Voy. avent.*), Catharie (Garcie Ferrande), rivière de Guetarie ou Guitarie, ou Guetaria (Carte citée) ; San Antonio de Guetaria, ville sur la rivière (Tofino, *loc. cit.*).

6. Avant ce paragraphe, figure un écu chargé de trois fleurs de lys, surmonté d'une couronne royale non fermée, et entouré du collier de l'ordre. Au-dessous, une carte de France d'où émerge au sommet une couronne royale

que nous parlions du royaulme de France. Ceste France se divise d'Espaigne par les montaignes Pyrinées comme au dessus j'ay dict, et est divisée en quatre provinces principalles à cause de quatre rivières principalles qui sont en elle. Et est assise au six septiesme clune de la sphère.

A Fontarabye se achève Espaigne et commence le royaulme de France par les montaignes Pirinées, lesquelles vont jusques à la mer Méditerranée. Ces montaignes divisent France d'Espaigne, et y a, de mer à mer, de Fontarabye jusques à Collibbre [1] soixante et dix lieues. Et comme j'ay dict que en Fontarabie commance France. Et se royaulme se divise en quatre provinces au dedans de quatre rivières principalles, qui sont en icelluy, dont l'une est le Rosne qui passe par le Daulphiné et par la ville de Lyon qui est l'une des principalles villes de France, fort marchande, et d'Avignon, et vad descendre en la mer Méditerranée auprès d'Aigues Morte. L'aultre est Garonne [2] qui passe par la province de Tholose et de Gascongne et par la ville de Bourdeaulx qui est la principalle ville de Gascongne et va descendre en la mer Océane. L'aultre est dicte Loire qui passe par Orléans et par la province de Touraine, et par la ville de Nantes, et va descendre

de couleur rouge. On y lit les légendes : France, Chef de Caulx, La Sène, Bretaigne, Gascogne, Fonterrabie.

1. Collioure.

2. Alfonse fait bien la distinction de la Garonne et de la Gironde, et ne donne pas simplement, aux deux, le nom de rivière de Bordeaux ; et il dit plus bas : « De Blays en bas s'appelle Gironde. » Il donne également, contrairement à Garcie et aux marins, comme le dit M. Pawlowski, le nom de Dordogne à la rivière qui descend de Périgueux (*La Gironde et le golfe de Gascogne au XVI*e *siècle*, par A. Pawlowski. *Bulletin de la Société géographique et commerciale de Bordeaux*, 1902, p. 77).

en la mer Occéane. Et la quarte est dicte Séne qui passe par la Belle France, et par la tres noble cité de Paris et par Rouen et par plusieurs aultres villes, et va descendre en la mer de Normandie. Et posé que France soit départie en quatre provinces, à cause des quatre riviéres principalles, je dictz que en France y a plusieurs provinces plus que en Espaigne, et meilleures. Mais à cause desdictes riviéres est partie en quatre. Ceste France est entre deux mers qui sont la mer Méditerranée et la mer Occéane, et du cousté de l'austre midy et en l'occident à Espaigne, et les montaignes Pirinées, devers l'austre, lesquelles la divisent d'Espaigne; et du cousté du septentrion, à la Germanie, est située au sixiesme septiesme clune despuys quarente et deux degrez jusques à cinquante et trois de la haulteur du polle articque, et a son grand jour et nuict à son commencement qui est de la riviére de Fontarabie, Bayonne, et Bourdeaulx, et en Provence de quinze heures et demye; et au meilleu où est la Belle France, de seize heures; et, à la fin, auprés de la riviére du Ry [1] est toute la Picardie, de dix sept heures. Ceste France est bonne terre, abundante et fertille de vivres aultant et plus que toutes les terres du monde. Les gens d'icelle sont fort adonnez aux estudes et sciences, à services mécanicques. A Bayonne qui est au commencement de ladicte France descend la riviére nommée Le Nyve [2] qui vient des montaignes Pirinées, et passe par Saulveterre et

F° 45 r°.

---

1. Peut-être la riviére d'Yérés, qui passe à Criel, canton d'Eu, à la limite approximative de la Normandie et de la Picardie. Je ne crois pas qu'il s'agisse du Rhin qui ne limite pas la France, et qu'Alfonse écrit habituellement Rin.

2. La Nyve, affluent de l'Adour.

par le Mont de Marsant, et par la terre d'Orte [1], et par plusieurs aultres villes. Et est une rivière de grande pescherie principallement de saulmons, alouzes et lamproyes, carpes et tous aultres bons poissons plus que rivière du royaulme de France pour ce qu'elle contient. Et est à quarente et quatre degrez moins ung quart de la haulteur du polle articque. Gascongne est bonne terre tant dé bledz que de vins. Toutesfoys le long de la coste est toute sableuse et au dedans de la terre est stérille, plaine de landes et n'est guéres peuplée. Mais le hault de la Gascongne est bonne terre, fertille, et tout le long de la Garonne et aux Landes y a force bestial. La couste de la mer est saine et sans aulcuns rochiers, et descend en elle deux rivières; l'une est la rivière de Nyve qui passe par le meilleu de Bayonne, l'aultre est la rivière de Gironde que au dessus avons nommée Garonne. Les habitans de ladicte terre sont fort belles gens, bien agilles de leurs corps et bien dispostz de leurs personnes et adonnez au faict de la guerre. De la rivière de Fontarabye à Bayonne y a cinq lieues. Et cecy est le pays des Basques lesquelz sont quasi de la nation des Bisquayns, et sont agilles de leurs corps, gaillardes gens, et parlent quasi une mesme langue et sont bons françoys. Et au dedans ladicte coste est le royaulme de Navarre et le pays de Byard [2] qui sont aussi aultres gens bien agilles de leurs corps, et sont la plus grande partie bons françoys tous ceulx qui tiennent de France. Et de Bayonne à la rivière de Gironde qui est l'entrée de Bourdeaulx y a quarente lieues, et la coste gist nord

---

1. Orthez.
2. Pays de Béarn.

LA COSMOGRAPHIE

et su. Cette rivière de Bourdeaulx est bonne rivière, grande, et a bien trois lieues de large à son entrée, et y a une petite isle à son entrée toute environnée de rochiers. En ladicte isle y a une haulte tour [1] laquelle est par les quarente et six degrez de la haulteur du polle articque, et au norouest et à l'ouest norouest, y a une somme de bans de sable dangereux, qui boutent près de deux lieues en la mer. Entre la tour et lesdictz bans est l'antrée de la rivière, tout au long des baptures, et l'entrée est nordest et surouest. Lesdictes baptures s'appellent les Asnes [2]. Ceste rivière a trois entrées. La meilleure desquelles est entre les Asnes et la dicte tour. L'aultre entrée est entre les Asnes et la terre ferme, et est dicte La Coubre, et n'est que pour petitz navires. Et l'aultre est devers le su de la tour, qui est dicte le Pas de Grave, et s'entre au long la coste de la terre de Médoc. Ceste rivière de Garonne descend des montaignes Pirinées, et de la montaigne se mène et passe par le conté de Fosse [3] et par la ville et province de Tholose, en laquelle tousjours y a, encore de présent, estudes de toutes sciences, qui est une des belle et grande ville du royaulme de France. En ceste rivière et province de Tholose, se trouve de l'or fin. Ladicte terre est fort fertille de tous vivres, et y a en elle forces huilles d'olif, et en tout le pays de Languedoc, et pastel qui est bonne marchandise. Ladicte ville de Tholose est par les quarente quatre degrez et ung sixain de la haulteur du polle

---

1. La tour de Cordouan.
2. Les Asnes. — Garcie Ferrande parle également de ces bancs de sable qui lui servent de point de repère pour fixer la hauteur de divers lieux. Le Pas de Grave se trouvait entre la partie du banc appelée la Teste des Asnes et la pointe de Grave.
3. Sans doute le comté de Foix.

articque. Ladicte rivière passe davant la ville de Bourdeaulx qu'est la capitale ville de Gascongne, et jusques icy est navigable de grandz navires. Tout le long de la rivière de Garonne est terre fertille de bledz, vins et de tous aultres vivres, tant beufz que aultre bestial. Bourdeaulx est une belle ville bien peuplée en laquelle y a parlement. Les gens sont belles gens tant hommes que femmes. Et au dessoubs, quatre ou cinq lieues, descent une aultre rivière qui s'assemble en ceste cy, et d'icy en bas s'appelle la rivière Gironde. Ceste rivière passe par le pays de Périgueux, par Castillon et par la ville de Lyborne, et s'appelle, ladicte rivière, Dourdogne. Au département de ceste rivière, le flot y court fort et et est dangerès. Les navires vont jusques à la ville de Lyborne, grandz et petitz. La terre d'entre ces deux rivières s'appelle Entre deux Mars[1] et est le meilleur pays de toute Gascongne. Et de Blays en bas s'appelle Gironde; laquelle descend en la mer Occéanne par les trente six degrez. De l'entrée de la rivière à La Rochelle y a douze lieues, et la route gist nord et su et prent ung quart de norouest et suest. Entre ladicte rivière de Gironde et La Rochelle, y a une grande isle qui est dicte Olleron, et à terre d'elle y a plusieurs isles là où se faict force sel, et y a une rivière laquelle s'appelle la rivière de Charante, et, au temps passé, s'appeloit Flagot, laquelle passe auprès d'Angolesme et par la ville de Coignac et par la ville de Sainctes et par les meilleures terres et plus fertilles du royaulme de France, pour ce qu'elle contient et vient d'une fontaine son commancement. Et à sa descente à la mer y a trois ou qua-

---

1. Entre Deux Mers.

tre petites isles. La rivière et lesdictes isles sont par les quarente six degrez et demy de la haulteur du polle articque. En ladicte isle d'Olleron aultresfoys a eu grande navigation de navires. Icy a été faict le coustumier et régime de la mer qui s'appelle La Feulle d'Olleron[1], par lequel les mariniers se gouvernoyent. Cette isle est bonne de vins, bledz et sel, et à la terre d'elle ne sont que isles, ausquelles se faict force sel, comme Maraine[2] et Brouaige. A la terre d'elle y a aussi une isle qui s'appelle l'isle d'Ays. A l'entour de ladicte isle y a aulcuns rochiers et de petites isles, et à la terre d'elle est la tour de Chastelaillon qui aultrefoys a été ville principalle. Et La Rochelle a esté fondée d'elle. Et toutes ses terres s'appellent la province de Xainctonges qui sont fertilles tant de vins, bledz que de sel. Et de ladicte isle à la Rochelle y a quatre lieues. Le bout de l'isle d'Olleron du cousté du nord est par les quarente et six degrez et deux tiers de degré, et La Rochelle à quarente et six degrez et trois quartz de la haulteur du polle articque. La Rochelle est une bonne ville en laquelle abundent forces marchans et navires de estranges pays. Et à la terre d'elle croist force vin, bled et sel. Et est appelé le pays d'Aunys et est en la province de Xainctonges. Et est faicte comme une isle. Les habitans sont adonnez au faict de marchandise et à penne et travail. Et toutes nations estranges sont en icelle bien venuz en temps de patience et s'ilz ne sont point cruelz. Devers l'ouest de ladicte Rochelle, y a une isle platte. Ladicte isle est establye l'est et ouest, et a de longitude cinq ou six lieues,

F° 46 v°.

1. Les Rôles d'Oleron.
2. Marennes.

et de latitude une lieue et demye, et s'appelle l'isle de Rey ; et y a en elle grand peuple, et se cuillent en elle force bons vins, bledz et sel. Entre elle et l'isle d'Olleron, y a ung maulvais rochier du cousté d'Olleron, qui s'appelle l'Antioche [1]. Aussi tout au long de l'isle y a forces rochiers et ne se fault approucher d'elle. Et entre elle et la terre de La Rochelle, au meilleu de la mer, y a ung aultre mauvais rochier qui s'appelle Laverdin [2], et au bout de l'ouest d'elle y a une poincte de rochiers qui durent bien deux lieues en la mer, qui s'appellent les Ballaines. Lesdicts rochiers sont par les quarente et sept degrez de la haulteur du polle articque, et du cousté de l'est d'elle y a une maulvaise poincte qui s'appelle Chauveau. Et à la terre de l'isle de Ré, y a une petite isle qui est nommée la Dyve [3], laquelle est environnée de rochiers. Et, entre elle et la Rochelle, y a une petite rivière nommée la rivière de Marans, en laquelle entrent navires. Jusques à elle, contient le pays d'Aunys. A l'ouest surouest des Ballaines et de ladicte isle de Rey, en la mer treze lieues, y a ung maulvais rochier qui s'appelle Rochebonne, et est dangereux pour navires, car il ne paroist point. Et en toute ceste coste depuys la rivière de Bourdeaux jusques à Belle Isle, la mer est toute

---

1. L'Antioche. Rocher qui a donné son nom au pertuis d'Antioche, entre les îles de Ré et d'Oleron. Ce rocher, d'après la tradition, occuperait l'emplacement d'une ville d'Antioche, c'est-à-dire vraisemblablement d'une *villa* d'Antioche, remontant à l'époque gallo-romaine et détruite par les courants (V. *Intermédiaire des chercheurs et des curieux*, année 1901, notamment, t. I, pp. 103, 195, 221.)

2. Aujourd'hui Lavardin, à l'entrée de la rade de La Pallice, et surmonté d'une tour pouvue d'un feu.

3. La Dyve est aujourd'hui au milieu des marais, derrière la pointe de l'Aiguillon, sur la rive droite de la Sèvre Niortaise.

somme [1], en manière que à trente ou quarante lieues en la mer, se trouve la sonde. De ladicte isle de Rey jusques à l'Ile Dieu, y a seze lieues, et la route gist norouest et suest, et prent ung quart de l'est et ouest. Et entre les deux est la riviere de Jare [2], et la rivière d'Aulonne [3]. Et cecy est le pays de Poictou. Et davant Aulonne, environ demye lieue en la mer, y a deux maulvais rochiers qui s'appellent La Barge [4]. Toutes ces terres de Xainctonges et Poictou sont terres basses, sans nulle montaigne. Et d'Aulonne à l'Isle Dieu y a huyt lieues, et la route est l'est et ouest. A la terre de l'Isle Dieu, y a ung maulvais rochier qui s'appelle le Pont [5], lequel entre bien une lieue et demye en la mer. L'isle est bonne isle, fertille de bons bledz ; mais en temps de guerres elle ne faict aulcun prouffict en France, à cause des navires de guerre qui sont bien venuz en elle, mesmement des ennemys. Ladicte Isle Dieu est par les quarante sept degrez et ung quart de la haulteur du polle articque. Et du cousté du norouest, elle a une maulvaise poincte de rochiers ; et de ladicte isle à la rivière de Loire, qui est l'antrée de Nantes, y a dix lieues, et la route gist nord et su, et est la route dangereuse de bans et rochiers. Entre la rivière et l'Isle Dieu y a aultres deux

1. Mer somme, c'est-à-dire garnie de bancs de gravier, de sable ou de vase facilement atteints par la sonde (V. Littré, *Dict. de la langue française*, v° Somme). Les indications d'Alfonse sont exactes (V. Thoulet, *Carte lithologique sous-marine des côtes de France*. Paris, Challamel, feuille 15.)

2. Jard.

3. Olonne.

4. Les Barges d'Olonne, la Petite et la Grande, pourvues aujourd'hui du Phare des Barges.

5. A l'emplacement indiqué existent en effet des rochers appelés actuellement les Chiens Perrins (V. Thoulet, *loc. cit.*). Garcie Ferrande les nomme Les Chiens Poyrinnes. Il indique aussi les Couillons et le Recoux.

isles au long de la terre, l'une est appelée Le Pillier [1] qui est le plus en la mer, et l'aultre Ermoutier [2] qui est plus prés de la terre. Icy est la Baye là où il se faict force sel. La rivière de Nantes est dangereuse, à son entrée, de bans et de rochiers. Ladicte rivière, à son entrée, est par les quarente et huyt degrez de la haulteur du polle articque. Auprés de ladicte entrée est la ville de Sellezère [3] qui est du cousté de Bretaigne, et de ladicte entrée à Nantes y a douze lieues. Nantes est la première ville principalle de Bretaigne et riche de bons marchans, et descend par elle la rivière de Loire; laquelle descend des montaignes Alpes d'Alemaigne, et passe par la Bourgoigne et par le Daulphiné, et se assemble avec la rivière qui vient des montaignes Senneres [4] de la province d'Auvergne, et passe par la ville d'Orléans et par la ville de Tours et par plusieurs aultres villes, et par la ville de Nantes, et descend en la mer Océane à Sellessère [4]. Et est la plus fertile rivière et meilleure de toute la Gaulle, comme de bledz, vins, poissons et aultres vivres.

De la rivière de Loire au Ras Fonteneau [5], y a quarente lieues et la couste va l'est et ouest, et prent ung quart de norouest et suest, et est coste dangereuse de rochiers et d'isles qui boutent assez loing en la mer. Et en ceste coste est Belle Isle et plusieurs aultres isles. Belle Isle est bonne terre. Toutesfoys est dangereuse, en temps de guerre, de navires de guerres des ennemys,

---

1. Ile du Pilier, à l'ouest de Noirmoutier.
2. Noirmoutier, où est l'abbaye.
3. Saint-Nazaire.
4. Les Cévennes.
5. Le Ras Fonteneau. Au sud de la pointe du Ratz est la pointe de Feunteunot, dans la commune de Plogoff (Finistère).

LA COSMOGRAPHIE

comme j'ay dict de l'Isle Dieu. Et entre Belle Isle et la rivière de Loire est le port de Guerrande et du Croisic. Le Croisic est comme une isle. Et en ce lieu se faict force sel. Et à la terre de Belle Isle y a beaucoup d'aultres isles, et y a bon port, et s'appelle ledict port Morbian et Vennes [1]. De Belle Isle à Groye y a seze lieues, et entre Belle Isle et Groye y a ung maulvais rochier, et aussi toute la coste est fort dangereuse de rochiers. Toute ceste coste depuys le Croisil (sic) jusques au port de Sainct Brieu s'appelle la Basse Bretaigne, et est une nation de gens sur soy et n'ont amitié à aultres nulles nations. Sont gens de grand penne et travail. La terre est quelque peu montaigneuse et est fertille de bled et bestial. Belle Isle est à quarente et huyt degrez de la haulteur du polle articque. L'entrée de Morbyan y a force rochiers d'ung cousté et d'aultre. Et fault aller au long d'ung islet et le laisser à la main gaulche à la longueur d'un cable. Et de l'entrée de Morbian à l'entrée de Blavet y a sept lieues, et est la coste dangereuse de rochiers, et la coste gist l'est et ouest. Et par le meilleu de l'entrée de Blavet y a ung rochier, et pouvez aller de quelque cousté que vous voullez. Au sus de Blavet, environ trois lieues, est l'isle de Groye qu'est une belle isle platte, haulte, en bonne manière, et est bonne isle fertille. De Groye aux isles de Glanan [2] y a huyt lieues et les isles de Glanan sont plusieurs petites roches avec une petite isle au meilleu ; et du costé devers le nord est de cette isle y a bon ancoraige pour navires, et en la terre ferme de cette isle est le chasteau

---
1. Morbihan et Vannes.
2. Iles Glénans ou Glanan.

de Conquerneau [1] qu'est une force place ; et au nord desdictes isles est le port de Benaudet qu'est l'entrée de la ville de Camper Corantin [2]. Ladicte entrée de Benaudet et les isles sont par les quarente huyt degrez et demy de la haulteur du polle articque. Des isles de Glanan à Pesmarc [3] y a cinq lieues, et la route gist l'est et ouest et prent un quart de norouest et suest. Davant Pesmarc ne sont que rochiers qui entrent demye lieue en la mer, et entre ces rochiers y gardent leurs navires. Pesmarc est ung grand peuple et ont forces navires, les meilleurs de toute la Basse Bretaigne. De Pesmarc aux Ratz [4] y a deux lieues, et la route gist l'est suest et ouest norouest, et est bonne coste et saine sans aulcun dangier. Ceste coste s'appelle la coste d'Odierne [5]. En toute Bretaigne, n'y a point de grandes rivières, sinon petites. Tous les portz sont d'eaue sallée sinon la rivière de Loire qui descend en la mer en la coste de Bretaigne. Le Ratz est ung beau cap d'une terre assés haulte et du cousté de l'ouest de luy y a une isle nommée le Sayn [6], et est environ trois lieues du cap en la mer, et est peuplée de gens bretons et est toute environnée de rochiers dangereux. Et en la mer d'elle, cinq lieues, à l'ouest, y a un maulvais rochier qui s'appelle Bassefroide [7]. Et à l'entour de cette isle et aux Ratz, l'eaue y court en grande manière. L'isle et le Bec du Ratz, sont

1. Concarneau.
2. Quimper-Corentin.
3. Penmarck.
4. La Pointe du Raz au sud de la baie des Trépassez, et la pointe de Feuntennot, dans la commune de Plogoff (Finistère).
5. Audierne.
6. Ile de Sein.
7. La roche de Bassefroide porte encore ce nom.

par les quarente huyt degrez et deux tiers de la haulteur du polle articque. Et si voullez passer par le Ratz, passerez auprès d'une roche platte qui est couverte, et ne paroist guère sinon de grand mer. Toutesfoys vous verrez son brisant, et la laisserez du costé devers le cap ; quant vous entrerez pour aller vers Sainct Mahel, la laisserez à la main droite qui est estribort. Et quant vous viendrez dudict Sainct Mahel, vous la lairrez du côté de la main gaulche qui est babort. Et pouvez passer à demy cable d'elle, car tout est sain. Les Ratz Fonteneaux et les Ratz Sainct Mahé sont nord et su. Sayn et Ouissant sont nord et su. Et y a douze lieues de l'un à l'aultre. Et du Ratz Sainct Mahé [1] aux Ratz Fonteneau y a dix lieues, et, entre les deux, est la baye de Pont Davys [2] et la baye de Brest qui est le meilleur port de toute Bretaigne. Et cecy s'appelle la coste de Cornouaille [3] là où sont les bons chappons. Brest est ung fort chasteau et est par les quarente et neuf degrez de la haulteur du polle articque. En ceste coste et à l'antrée de Brest y a forces rochiers dangereux à ceulx qui ne les congnoissent, et le meilleur est entrer, pour navires, de basse mer, à ceulx qui ne le congnoissent point. Au norouest et à l'ouest norouest de la baye de Brest, sont les isles de Moulines [4] et d'Ouixant qui sont toutes environnées de rochiers. Le bout d'Ouixant du costé du nord est par les quarente et neuf degrez et ung quart de la haulteur du polle articque, et devers le

F° 49 r°.

1. Le Raz Saint-Mahé correspond au Raz Saint-Mathieu.
2. Pont Davys. Pouldavid, petit village, dans l'anse et au sud du port actuel de Douarnenez, dans la commune de Pouldergat, canton de Douarnenez.
3. Cornouaille. Petit pays qui fait partie de la Basse-Bretagne, chef-lieu Quimper-Corentin, et qui a, ainsi que son évêché, porté le nom de Cornouaille.
4. Ile de Molène et île d'Ouessant.

norouest de ladicte isle y a une maulvaise poincte de rochiers qui entre bien demye lieue en la mer et devers le nordest et l'est nordest desdictes isles, est tout plain de rochiers qui vont trois ou quatre lieues en la mer des isles, et entre elles et la terre est le chenal par où passent les navires. Ledict chenal se court nord norouest et su suest. De Blanc Sablon [1] jusques au Four [2] davant le Conquet et Sainct Mahé [3] y a de mauvaises roches en le chenal à qui ne les congnoist point, principallement la Vinatière [4]. Et en tout ce chenal, est bon y passer de basse mer, affin de veoir les dangers, pour ceulx qui ne les congnoissent point. Le Four est une roche ronde environnée d'eau. Et jusques icy les marées sont toutes vues comme celle de La Rochelle et d'Espaigne. Toutesfoys l'eaue court fort, et de là en avant, en la Manche, les marées sont au contraire de celles cy, et sont plusieurs fassons de marées, et haulsent et baissent fort, comme en après nous dirons le travers de chascune coste. Et d'icy tourne la coste dudict Four jusques à Sainct Mallo en l'est nord est, et à l'est, et est coste fort dangereuse de basses et rochiers qui boutent loing en la mer comme deux, trois, quatre et cinq lieues en la mer, lesdicts rochiers, et y a grand courant de marées; et entre les deux, Sainct Mallo et le Four, y a de bons portz à qui bien les congnoist, pour tous navires et pour petitz navires, principallement le port

---

1. Anse des Blancs-Sablons, au nord du Conquet, devant Trébabu.
2. Le Four. Nom conservé par des rochers situés proche et au sud de la pointe Saint-Mathieu, et sur lesquels il y a deux phares.
3. Le Conquet et Saint-Mathieu.
4. La Vinatière. La grande et la Petite Vinotière, au nord de la pointe de Kermorvan.

de Porsal [1] qui est pour petitz navires, Brauerac [2], l'isle de Bas [3], Morlés [4], et ne sont que rochiers. Toutesfoys à qui bien congnoist le chenal, y peuvent entrer tous navires. Le port de Porsac est bon pour petitz navires. Toute ceste coste s'appelle la coste de Lyon [5] et y a en elle huyt isles. La première est l'isle de Bas, et les sept isles; l'isle de Breac [6]; et n'y a que ceste cy et l'isle de Bas qui soyent peuplées de gens, et fault que les navires aillent entre les rochiers pour eulx saulver, et fault qu'il y ayt de gens sçavans qui bien entendent le faict, ou aultrement qui ne si fourrent poinct. La marée d'une grand mer haulse et baisse bien sept ou huit brasses. Cette isle et cette coste sont par les cinquante degrez. L'eaue y court terriblement fort. Entre cette isle et Sainct Mallo, y a le port de Sainct Brieu et Port neuf [7] qui est bon port. Sainct Mallo est une isle et est une petite ville forte, et icy descend une petite rivière, et à l'entour d'elle y a d'aultres isles et forces rochiers. Comme j'ay dict, l'eaue y court fort. Et cecy est desjà la haulte Bretaigne, là où on parle françoys. De Sainct Mallo aux Ratz Blanchart [8], y a trente lieues; et la coste gist nordest et surouest, et prent un quart de l'est et ouest. Et entre les deux est le gouffre Sainct Michel, là où la marée amplie en deux heures, et mect quatre à vuyder.

1. Porsat, port de la commune de Ploudal-Mézeau.
2. Abervrach. L'Abervrach ou l'Aber Vrach, port de la commune de Landéda.
3. L'île de Batz.
4. Morlaix.
5. Côte de Léon.
6. L'île de Bréhat.
7. Port-neuf, entre l'île de Bréhat ou l'île de Batz et Saint-Malo. Serait-ce Port-neuf, commune de Sibiril, Pont-neuf, près de Morieux, ou Port-rieux?
8. Ratz Blanchard, le cap de La Hague.

Et au droict de ce havre de Sainct Michel, en la mer, y a une petite isle, là où ceulx de Granville gardent leurs navires, en ladicte isle. A Pont Orsson [1] commence la duché de Normandie, et achève celle de Bretaigne. Bretaigne est une bonne terre fertille de bledz, et de tous vivres, excepté que il n'y a guéres de vin en la Basse Bretaigne. Ceste nation de gens, par la plus grand part, sont petites gens trappuz et fortz et adonnez à travail et penne, mesmement à l'art marin. Du goulphe de Sainct Michel jusques aux Ratz Blanchart y a vingt lieues, et la route est nord est et surouest et prent un quart de l'est et ouest. Et est coste dangereuse de basses roches. L'eau y court en grand manière et haulse et baisse fort et n'est pas bonne pour passer grandz navires. Toute ceste coste, s'appelle la Basse Normandie. Le travers de ceste coste cinq ou six lieues en la mer, y a cinq ou six isles qui sont de la nation de Normans et sont de l'evesché de Cottances [2] et tiennent pour les Angloys. Passé le Ratz Blanchart, tourne la coste norouest et suest et prent un quart de l'est et ouest jusques à la rivière de Cans [3]. Cans est une bonne ville, la principalle de la Basse Normandye. Et icy est inhumé le duc Guillaume qui conquesta l'isle d'Angleterre. Ce pays de la Basse Normandye est terre fertile et y a en elles de gaillardes gens tant hommes que femmes. Le Ratz Blanchart est par les cinquante degrez et trois quartz de la haulteur du polle articque. Et lesdictes isles sont par les cinquante et ung degrez. Et la rivière de

---

1. En tête du folio 50 figure une carte avec ces légendes : Le pays de Caux, la Basse Normandie, le mont Sainct Michel, la coste Sainct Mallo.
2. Coutances.
3. Caen.

Cans à quarente neuf degrez et demy. De la rivière de Cans, tourne la coste au nord est jusques à la rivière de Senne, et y a en la traverse dix lieues. Ceste rivière de Senne [1] descend des montaignes appelées Bogoses [2] qui sont és Allemaignes et passe par la Campanye [3] et par la Haulte Bourgoigne et par la Belle France qui est la meilleure terre de France. Ceste France est la plus noble région du monde et est le royaulme le plus envié que soit au monde, et le plus souvent assailly d'ennemys. A raison de quoy est besoing qu'il y ayt en luy de bons gouverneurs et de bons chevaliers, comme toujours il y a eu, Dieu remercie et monseigneur sainct Denys, son patron. Ladicte rivière de Senne passe par la très noble ville et cité de Paris qu'est la maistresse et capitale ville de France, comme faict auprès la ville de Rouen et plusieurs aultres villes, et vient descendre en la mer auprès de la ville Françoyse de Grâce, laquelle a esté fondée par le tres crestien roy Françoys 1er de ce nom, cinquente et huyctiesme roy de France. Ladicte ville Françoyse de Grâce [4] est par les cinquante degrez de la haulteur du polle articque, et Rouen par les quarente neuf degrez et demy. La noble cité de Paris par les quarente huyt degrez et demy de la haulteur du polle articque. La mer où descend ladicte rivière s'appelle la Manche qui vient de la mer Occéane. Ladicte rivière de Senne, à son entrée, est fort dangereuse de bans et baptures et de grandz courantz d'eaue, et y a

1. La Seine.
2. Les Vosges.
3. La Champagne.
4. Le Havre de Grâce.

du cousté devers le su, la ville de Honnefleu[1] qui est fort renommée par toutes les parties du monde. La ville de Honnefleu est par les cinquante degrez moins dix minutes de la haulteur du polle articque. Est nommée, ladicte ville, Honnefleu, parce que, en elle, y a tousjours eu des meilleurs mariniers de France et habitent en elle grande quantité de navires. Toutesfoys, à ceste heure, l'on va plus à la ville Françoyse à cause du havre qui est bon. Et du cousté de ladicte ville est aussi la ville de Herfleu qui est port de mer. Et ainsi que la rivière de Senne est fort peuplée de bonnes villes et de forces navires, aultant et plus que rivières du monde, Paris est la plus grande ville de France et la plus noble du monde, et, comme j'ay dict, est à quarente huyt degrez et demy, et est en la meilleure partie de climat, en quoy elle est, qui est le septiesme clime ; et fut premièrement édifiée par ung nommé Paris, et est une ville, pour raison de son climat, là où femmes et aultres choses multiplient plus que en nulle autre partie. Et autour d'elle pour raison de son climat, et, en elle, est tout le gouvernement du royaulme. Car ainsi Dieu le veult, le Roy et la bonne loyaulté des habitans d'elle.

Rouan est la plus belle ville et la principalle de toute la Normandie. Ceste duché de Normandie est la plus riche et la plus peuplée du royaulme de France et sont gens qui mieulx secourent leur prince, tant par mer que par terre, et sont bons françoys, et sont belles gens tant hommes que femmes et bien dispostz et gens de guerre. En ladicte duché ne se cuillent guères vins. Ains usent et font forces bons citres. La terre est plus froide que

1. Honfleur.

France à cause qu'elle est plus vers le septentrion. Et de Ché de Caux, où est la ville Françoise, à Calis [1] qui est le commencement de la terre de Flandres, y a trente et cinq lieues, et la coste gist nordest et surouest et prent un quart de l'est et ouest. Et, au norouest et au nord nordest de ceste coste de Normandie et Picardie, sont les isles d'Angleterre et Hirlande et Ecosse, de quoy nous parlerons après. Et entre le Ché de Caux et Calis est la rivière de Diépe qui est une petite rivière, là où il habite forces navires, et la rivière de Somme qui passe à Péronne et par la Picardie, et vient descendre en la mer à Sainct Vallery et au Courtoys [2], qu'est une bonne rivière fertile. Car elle passe par les meilleures villes de Picardie. Et aussy y a le port de Boulongne. Boulongne est une forte ville et une des clefz de France. La ville de Diépe est par les cinquante degrez et un quart de la haulteur du polle articque. Sainct Vallery où descend la Somme est par les cinquante degrez et demy. Ladicte ville de Boulongne est par les cinquante et ung degrez de la haulteur du polle articque. Davant Boulongne, en la mer, deux ou troys lieues, y a de maulvais rochiers et baptures qui sont dangereux pour navires. Sur Boulongne et, en ceste coste, la terre est haulte en bonne manière. Ceste Picardie est une terre fort fertille de tous vivres et les gens d'icelle sont belles gens tant hommes que femmes, et sont vaillans et fort belliqueux, et soubstiennent fort leur prince. Et de Calis à l'isle d'Angleterre n'y a que sept lieues. Les Picars par la plus grand part ont leurs grandz jours et nuictz

---

1. Calais. Ché de Caux est appelé Chef de Caux, sur la carte qui figure au folio 44 ci-dessus.
2. Le Crotoy.

164   LA COSMOGRAPHIE

de dix sept heures, et sont gens qui n'aiment guéres les Flamans ny les Bourguignons.

F° 52 r°. De Callés[1] à Burges[2] qui est en Flandres, il y a dix huict lieues et la coste gist l'est nord est et ouest surouest, et est coste dangereuse de bans et batures.

La terre est basse comme la mer. Calès est par les cinquante et deux degrez de la haulteur du polle articque, et l'entrée de Burges par les cinquante deux et demy. De Burges à Anvers y a dix huyt lieues. Anvers est la principalle ville de tout le pays de Braban. Davant elle, passe une rivière qui porte grandz navires jusques à ladicte ville, et va descendre en la mer Océane entre les isles du pays de Jalande[3], davant la ville de Frangelingues[4], laquelle est la plus en la mer de toutes les isles de Jalande, laquelle est cinquante deux degrez et deux tiers de la haulteur du polle articque. Toutes ces isles de Jalande sont terres marescaiges et sont plus basses que la mer, et les enferment de grandz foussés, affin que l'eaue ne les gaigne, et sont bonnes terres de bled et de bestial. Toutesfoys elles sont infermes de fiebvres et de jambes, et sont fort peuplées de gens grandz hommes, tant hommes que femmes. En ceste coste y a beaucoup d'isles, et la principalle est ceste cy, là où est la ville de Middilbourg[5] et d'Arnemne[6] et y a en elle quatre bonnes villes, et n'a point

---

1. En tête du folio 52 est une carte avec les légendes : La coste d'Ollande, Jallande, la coste de Flandres, Double de Angleterre, Cher.
2. Bruges.
3. Zélande.
4. Sans doute Flessingue ou Vlissingen, dans l'ile Walcheren, à l'embouchure de l'Escaut occidental.
5. Middelbourg.
6. Arnheim.

passé quatre lieues de rondeur. Et icy habitent grandes quantitez de navires et de marchandises plus que en lieu de toute l'Europe, et son entrée est fort dangereuse bien deux ou trois lieues en la mer, et sont bans de sables dangereux, et fault aller par chenaulx et par marques, et durent bien les chenaulx cinq ou six lieues, et fault avoir pilottes du pays, aultrement se perdroyent les navires. Et toutes ces terres sont de la conté de Flandres et de Tournay. Et, en ceste province de Flandres, y a de meilleures villes de la Gaulle. Et ceste cy est une des provinces de la Gaulle et soulloit tousjours tenir de France comme encores fera Dieu cy devant. La première ville plus prouchaine de la mer est Burges, et l'aultre est Gan qui est plus grande, Bourselles[1] et Malines. Envers[2] est la maistresse et cappitalle ville du pays de Gant. Et toutes ces villes sont riches principallement Anvers. Car il y a bourses de toute l'Europe. Passé la conté de Flandres et les isles de Jalande tourne la coste au nordest jusques à la terre de Holande, là où descent la rivière du Rin. La rivière du Rin est une grande rivière là où descendent plusieurs marchandises et forces vins de Rins, qui sont bons vins. Et ladicte descente de la rivière de Rin, en la mer, est par les cinquante trois degrez et demy de la haulteur du polle articque. Entre Flandres et la rivière de Rin est la terre de Barban[3] qui est terre riche et bonne terre bien tempérée. Ceste terre de Braban et la terre de Flandres sont terres froides et humides, et sont terres fertilles de bled, bestial et vollature, et n'y a point

1. Bruxelles.
2. Anvers.
3. Brabant.

en elles de vins, et beuvent de la cervoise mistronnée avec du regalice, et sont les eaues d'icelles par la plus grand part fort mauvaises, par fasson qu'elles ne vallent guères à boire, qui est la raison pour laquelle les Flamans sont tant amateurs du vin. Arrive en ces terres grande quantité de vin de tous pays. Toutes gens et bestes et choses qui sont natives en ces pays sont plus grandes à cause du climat, en quoi ilz sont, que en aulcuns aultres pays. En ces provinces se font forces draps de toutes sortes et forces thoilles fines. Les gens sont soubtiz à offices mécaniques et mesmement à faire harnoys de guerre, gens adonnez aux viandes, et s'enyvrent volontiers, et sont fort dangereux quant ilz sont yvres. En ces terres, n'y a guères de boys et sont terres infirmes, fort malladives, et bruslent la plus part d'une manière de terres qu'ilz appellent turbe [1], laquelle ilz tirent en mote. La rivière du Rin sort par trois parties, et les deux parties viennent auprès de l'isle d'Olande, laquelle est au dedans de la terre et ne sort point plus en la mer que la terre. L'aultre va sortir à la fin de Hollande. Entre les rivières et Holande, à son commencement, est l'isle de Holande. Et en ceste terre se font des meilleures thoilles de toute l'Europe, lesquelles nous appellons thoilles de Holande du mesme nom de la terre. Est fort humide et est fort fertile d'herbaige et de bestial et se font en elles forces beurres et fromaiges. La rivière du Rin vient des montaignes nommées Alpes et Adule [2], lesquelles sont en Allemaignes, et de la

1. La tourbe.
2. Adule, le Saint-Gothard (*Adula* des anciens).

LA COSMOGRAPHIE 167

Montaigne noire et des montaignes de Boymée [1], et vient par Franconye et par Mamberge [2], et se assemblent avec luy les eaues qui viennent de la montaigne appellée Adule, et descend par quatre parties; et chacune d'elles, ainsi qu'elle descend vient tomber en ung grand lac, et de là s'en va à Balle ou aultrefoys a esté tint concille sur certains articles de la foy. Et de là s'en va à Argentine [3] et à Magonce [4] et à Coulone [5] où ont esté martirisées les unze mille vierges. Et de ceste Coulonne fut le duc Godefroy de Billon, lequel conquesta Jhérusalem. Ce duc fut roy de Jhérusalem par ellection en ceste manière : que mirent aultant de chandelles comme il y avait de cappitaines dedans le temple de Jhérusalem, et que celle que Dieu allumeroit par leurs prières, fut son bon plaisir que icellui fut roy; dont advint que celle du duc Godeffroy fut allumée, et fut couronné Roy de Jhérusalem. Lequel fut bon xprestien et vesquit virge. A ceste rivière du Rin se assemble une aultre rivière qui vient de la montaigne nommée Virge [6], et s'assemble avec la rivière du Rin auprès de la mer. Entre les deux rivières est la duché de Bourgougne. Toute ceste rivière du Rhin est fort fertile de bled et de vin et de toutes aultres choses, et y a au long d'elle de belles villes. Aux montaignes d'où elle descend y a forces mi-

F° 53 v°.

---

1. Montagnes de Boymées. Montagne de Bohême (*Boiocemum*, Strabon). On prononce encore en Saintonge Bohémiens, Boimiens.
2. Mamberge. Serait-ce les montagnes de Mayence « Main-Berg », ou le territoire de Babemberg (Voir notamment Boëm, *Recueil de diverses histoires...* Paris, Dupré, 1539, in-8°).
3. *Argentoratum*, Strasbourg.
4. Magonce, Mogonce (Boëm, *loc. cit.*), *Mogontiacum*, Mayence.
5. Cologne.
6. Très probablement la Meuse dont l'embouchure est très proche de celle du Rhin ; la montagne Virge correspondrait aux Vosges.

nes d'argent fin, mesmement du costé devers Allemaigne et y a force fer et acier. Ceste rivière du Rin court par les limites du royaulme de France, lequel au temps passé se soulloit appeler la Gaulle, sinon depuys le Roy Pepin en ça, qu'elle est appelée France. Et de ceste rivière du Rin à la rivière Albin [1] y a cinquante lieues au long la coste de la mer, et la coste gist nordest et surouest. La rivière Albin descent en la mer par les cinquante et cinq degrez et demy de la haulteur du polle articque. Et entre ces deux rivières est la province de Germanie la Grande, laquelle est au costé d'austre midy de la rivière d'Albin. La province de Salsoigne [2] est du cousté d'occident, et la province de la Frizie est du cousté d'oriant d'elle, et la province de la Marque antique [3] y est aussi. Et tout cecy est Germanie, et est toute entre ces deux rivières du Rin et de la rivière d'Albin, et plusieurs aultres comme Frigie [4], Salsoigne, Vetessalye [5] et Turogye [6] ; et la province de Frigie est celle que l'on trouve la première en passant la rivière du Rin auprès de la mer ; et est une terre basse, comme la mer, fertile d'herbaiges et de force bestial, et n'ont guères de boys, et font le feu d'une manière de terre qu'ilz appellent turbe. Les gens sont grandz hommes comme aussi est tout le bestial, et sont delibérez et gracieux aux estrangiers et ne sont subgetz à nulz seigneurs, et eslisent ung chef entre eulz, chacun an, lequel gouverne la Républicque. Et ayment tant la

1. L'Elbe.
2. Salsoigne.
3. La Vieille-Marche, sans doute.
4. La Frize.
5. Vetessalye ; Westualie, dans Boëm, *loc. cit.* Westphalie.
6. Autrefois Thuringie. V. Boëm, *loc. cit.* La Thuringe.

chasteté qu'ilz ne consentent point que nul d'entre eulx congnoissent femme jusques ad ce qu'ilz soyent mariez, et en aage de vingt cinq et vingt six ans. Et à ceste cause, sont grandz hommes, vaillans, et sont, pour la plus grand part tous rousseaulx. Saxonne est entre Boyme et Frigie, et est terre fertille, et y a en elle de belles fontaines et de belles rivières, esquelles y a forces poisson et de toutes sortes, et y a grand peuple, et de belles villes et chasteaux fortz; et aux montaignes d'icelle, y a forces mynes de cuyvre et marbres de diverses couleurs, et y a ausdictes montaignes forces bestes saulvaiges comme hours, lyons [1] et plusieurs aultres bestes. Les gens sont bien dispostz tant de corps comme de visaige et sont gens fort gracieulx et sont des plus vaillans de toute la Germanie. Et ceste Germanie est terre froide, et est de cinquante trois degrez et demy jusques à cinquante six degrez et demy de la haulteur du polle articque, et ont leur grand jour et nuict de dix sept heures et demy. Ladicte rivière d'Albin est par les cinquante cinq degrez et demy de la haulteur du polle articque. Et de ladicte rivière va la coste nord est et surouest et prent un quart de nord et su, soixante lieues. Et toute ceste coste est dangereuse, somme. Ceste terre n'a pas plus de largeur que environ quinze lieues, et à l'antrée vingt lieues. Et de l'antrée s'appelle la province de Dansic [2], et le cap de ceste entrée de Dansic est à soixante degrez et demy de la haulteur du polle articque. Et est terre haulte et s'appelle ladicte entrée de Dansic, le dectroict de Dannemarc. Et de ceste dicte entrée de Dansic à la terre de Gosie, qui est de l'aultre

1. Sans doute des lynx.
2. Dantzig.

cousté du nord, n'y a que dix lieues. Ceste terre de Gosie est celle que nous appelons Norovègue [1] et est quasi toute environnée d'eaue comme une isle, et d'elle à Dansic, qui est du cousté de Norovègue, y a aultres dix lieues. Et y a deux terres de Gosye ainsi qu'il y a deux terres de Dansic. L'une est en la Germanie qui faict l'antrée du destroict, et l'aultre est du costé du nord de Gosie qui faict l'entrée du detsroict. Et ceste cy va bien avant vers le polle articque. De la rivière Albin à la rivière Odore [2], y a soixante lieues. Et entre ces deux rivières est la Germanie petite. Et de la terre de Dansic, entre ces deux rivières, est la province de Mambourg [3] et Misambourg [4] et de Bédin [5], et jusques icy est toute Germanie. Et ces deux rivières, Albin et Odore, descendent des montaignes de Boysme. Lesdictes montaignes d'où les rivières descendent, sont faictes en fasson d'une lune de six jours. Et au meilleu d'entre elles est Boysme et la ville de Prague, et par la moictié d'elle passe la rivière d'Albin et descend entre les deux Germanies jusques ad ce qu'elle entre en la mer, et est grande rivière. Les gens de ces provinces de la Germanie et au long ces rivières sont grandz hommes tant hommes que femmes, belles gens et sont gens adonnez à la guerre. Et aultres foys ont tenu grosse guerre contre les empereurs de Romme, et ne les sceurent jamais subjuguer, posé qu'ilz subjugassent la Gaulle, jusques au temps de César Auguste, lequel leur mena si fort la guerre que

1. La Gothie, autrefois portion méridionale de la Suède. Habituellement Alfonse en fait la Norvège, et l'appelle Norovègue.
2. L'Oder.
3. Hambourg.
4. Mecklembourg.
5. Berlin.

il les mist en telle nécessité qu'ilz furent contraintz finablement s'accorder avec luy, L'accord fut tel qu'ilz seroyent subgectz à l'empire romain sans toutesfoys, pour ce, luy payer aulcun tribut. Toutesfoys que nous voyons encores de présent que beaucoup d'iceulx ne sont subgectz audict empire et ne payent aulcun tribut [1].

F° 55 r°.

Ceste terre est stérille à cause qu'elle est de haulte montaigne, et ausdictes montaignes y a forces bestes saulvaiges de toutes sortes, et y a en elles mynes de fer et d'acier et mynes d'argent. La province de Boasme est toute environnée de haultes montaignes et en icelles y a forces bestes saulvagines. Et au dedans desdictes montaignes la terre est belle et platte, fort fertile de tous vivres, excepté de vins, et font leurs vins de servoise, de quoi ilz beuvent. Et y a force bestial de toutes sortes, lequel est fort grand, plus que d'aultres régions, et y a forces herbaiges pour ledict bestial. Et en ladicte terre y a de beaulx estangs et de belles rivières, là où il y a abundance de poissons de toutes sortes, et y a, en ladicte terre, une ville qui s'appelle Prade [2], et par elle passe la rivière d'Albin, qu'est belle ville grande. Et ne fut jamais qu'il n'y eust en elle maulvaises oppinions contre l'église de Romme. Et en ceste rivière qui passe par ladicte ville de Prade, se trouve de l'or fin en quantité. Les gens sont grandz hommes et vaillans les plus bilesqueurs de toute les Almaignes, et est ung royaulme sur soy, et n'obéit à l'empereur ny à nul prince que au sien. Et en oriant d'elle est la province de Morbye [3] qui

F° 55 v°.

---

1. Ici est une carte avec les légendes : Norovesgue, Danzic, Germanye (deux fois).
2. Prague, sur l'Elbe.
3. Moravie.

est une bonne terre, bien tempérée et fertille. En laquelle province y a forces belles villes et bien peuplées. Et du cousté de l'austre midy est la rivière Adore [1] qui descend entre la Germanie et Dazie, et de la rivière Odore jusques à la rivière Misolle [2] y a trente lieues. Et ladicte rivière Misolle descend en la mer de Dannemarc. Et de ladicte descente de la rivière, en la mer, tourne la coste l'est et ouest, et prent ung quart de nordest et surouest. Et entre ces deux rivières sont les provinces de Pomère [3] et Polone la grande. Ladicte rivière descend des montaignes appelées Artanyes [4], d'où est la province de Pélonye [5] la petite, et la Marsonnye [6] et Roussye sont auprès de ceulx icy. Et entre les montaignes appelées Sarmaticques [7] et les montaignes appelées Rouffées, Péloigne est ung royaulme et n'est pas grand. Toutesfoys il est bien peuplé et de bonnes villes et sont bonnes gens et sont de bonne complétion et amyables aux estrangiers. La terre est bien fertile et y a en elle mynes de léton et de plomb et de cuyvre. Et n'ont point de vin s'il ne vient d'aultre pays et beuvent cervoise. Et ont de belles rivières et de beaulx estangs esquelz y a abundance de poissons de toute sorte. Et en ceste province y a des plus beaulx chevaulx de toutes les Allemaignes du septentrion. Et de ladicte rivière Missale [8] jusqu'à la rivière Mamon y a trente et cinq

1. L'Oder.
2. Vraisemblablement la Vistule.
3. La Poméranie.
4. Artanyes, montagnes où la Vistule prend sa source. Ce sont les Carpathes, appelées Tatry, par les habitants du pays.
5. La Pologne.
6. Moscovie.
7. Monts de la Sarmatie, entre la mer Baltique et la mer Caspienne.
8. La Vistule qui a, à trente-cinq lieues, le Niémen, appelé aussi Meman

LA COSMOGRAPHIE 173

lieues, et la coste de la mer gist l'est et ouest et prent ung quart de nordest et surouest. Et cecy est en la mer au dedans du destroict Demnemare, et entre ces deux rivières Missale et la rivière de Mamon, y a deux grandz

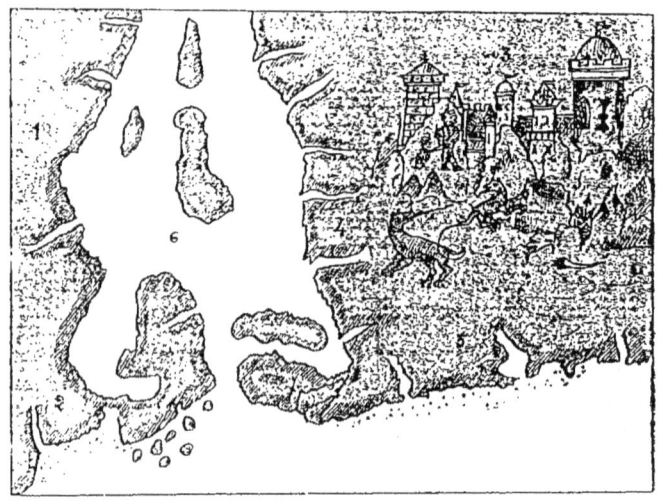

Légendes : 1. Norovesgue La terre du nord qui contient à la Tartarye. 2. Gozie. — 3. La ville de Prade en Bouesme. — 4. Praegue. — 5. Germanye. — 6. La mer Demnemarc.

lacz d'eaue, de sorte que de chascun lac sort une bonne rivière, et vont toutes deux descendre en la mer à une entrée que la mer faict en la terre auprès de la ville de d'Albijehan¹. Et icy est la province de Purse² qui est

ou Memel. Entre les deux rivières se trouvent deux lacs, sans doute le Frischerr-Haff et le Kurischen-Haff Prusse orientale .

1. Albijehan, Elbing. sur la rivière d'Elbing? Gedan, dans Boëm, *loc. cit.*
2. Prusse.

au dedans de ceste mer. Et ladicte province, à l'austre midy, est joincte à la provinee de Roussye, et elle est devers le nord de Roussye. Et à l'occident d'elle est la province de Polonye. Ceste rivière Mamon descend de la montaigne appelée Rouffée du cousté de septentrion d'elle. Et ceste montaigne contient de cinquante quatre jusques à cinquante et six degrez de la haulteur du polle articque et ladicte montaigne a son grand jour et nuict de dix sept heures et trois quartz en sa fin devers le septentrion. Et de la rivière Mamon à la province Levonye [1] qui est province septentrionnale, hors de l'Europe, y a six vingtz lieues, et va la coste oblicque nordest et surouest. Ceste Levonye est à soixante et deux degrez de la haulteur du polle articque. Et ces terres sont les provinces de Letvonye et Lituonanye [2] et Samosatre [3] et sont de la terre de Tartarie. Et y a aussi la province de Lymonie et cesle de Monstronye [4], et sont grandes provinces, et aulcunes vont au dedans du circuict articque et sont toutes entre les montaignes Ruffées et la mer Orcane et la mer Cachepye [5]. Levonye est à soixante et deux degrez de la haulteur du polle articque, et a son grand jour et nuict de dix neuf et de vingt heures. Monstronye a son grand jour et nuict de dix huyt heures. Et ladicte terre est appellée la terre de Sarmasye septentrional, et la plus grande part est de Tartre [6]. Et de Lymonye jusques à Véronne y a cinquante lieues.

1. Livonie.
2. Lithuanie.
3. Samosatie.
4. Moscovie.
5. Mer Caspienne, aussi appelée mer Abacuc (Boëm, *loc. cit.*).
6. Tartarie.

Véronne¹ est devers le polle au delà de la mer de Dannemarc. Et de Lymonie tourne la coste oblicque vers Véronne qui est dicte torte comme une faussille. Véronne est à soixante quatre degrez et demy de la haulteur du polle articque et a son grand jour et nuict de vingt et quatre heures. Toute ceste mer qui entre entre la mer de Danzic et de Gosye, qui aultrement s'appelle le destroict de Dannemarc et qui va jusques à la province de Véronne, s'appelle la mer Guoticque, et ceste cy sépare Europe d'Asie avec la rivière Tanays² qui va descendre en la mer Méotudis³. Et quant elle descend de la montaigne, elle faict ung grand lac, et de ce lac sortent deux rivières. L'une va descendre en la mer Méotudis et l'aultre⁴ en la mer Gothicque aultrement dicte la mer de Demnemarc. Et toute s'appelle la rivière de Taunays, et font d'Europe une isle, car aussi est telle, et ne sçauroit l'on sortir d'elle sans basteaux pour aller à aultres parties⁵. Et a de largeur ladicte mer Guoticque, depuys l'antrée de Dazie et de Gosye⁶ jusques à la terre de Véronne, quarente et cinquante lieues de largeur. Et y a en elle

F° 57 r°.

1. Vérone ou Verrune, où la côte est « torte comme une faucille ». Il s'agit probablement de Revel, car il est dit plus loin que de l'entrée de la mer aux provinces de Dazie et Gozie, il y a quarante-cinq lieues pour aller à Véronne.
2. Le Don.
3. La mer d'Azov.
4. En tête du folio 57 est une carte avec les légendes : Mer Caschepie, le Bandarat (*banc de récifs*).
5. Dans les environs de Moscou, non loin duquel le Don (Le Tanays) prend sa source, il y a une grande quantité de cours d'eau rapprochés les uns des autres par des bas-fonds, à tel point que, pour les anciens géographes, ils semblaient se confondre ; les marais de l'intérieur de la Russie pouvaient bien être considérés comme des lacs ; à moins qu'il ne s'agisse des lacs Ladoga et Onéga.
6. La Gothie ou Gotaland, partie méridionale de la Suède. Mais Alfonse applique ce nom à toute la Suède (V. ci-dessus).

beaucoup de petites isles et trois grandes [1]. La plus petite des trois est auprès de la terre de Danzie à l'entrée du destroict, et l'aultre est à dix lieues d'elle en oriant, et a bien soixante lieues de longueur et quinze et vingt de largeur, et s'appelle Cellandye (ou Cellaudye). La plus grande est entre Lévonye et Véronne. Et ceste cy est plus grande que les deux aultres. Et sont bonnes isles, bien peuplées. De Véronne tourne la coste au nordest et surouest et prant ung quart de l'est et ouest bien cent quinze lieues; et est une manche estroicte, laquelle n'a point plus de largeur, en auculne partie, que de quinze lieues, et en d'aultre dix lieues, et davant Véronne trente lieues. Et davant Véroune [2] faict ung tour en fasson d'une serpe de laquelle l'on taille la vigne. Et le bout de la manche est à soixante et dix degrez de la haulteur du polle articque, et est au dedans du troppicque articque. Et au dedans de ceste manche, au tour que faict ladicte manche, se faict une entrée en la terre, du cousté devers le suest, qui a environ quatre ou cinq lieues de largeur; au bout d'elle, au dedans, environ vingt cinq lieues, est plus large, et s'appelle ladicte terre Gosye orientalle, et est par les soixante et sept degrez de la haulteur du polle articque, et a son grand jour et sa grand nuict d'un moys, et ceulx du bout de la manche de deux moys. Et du bout de la manche tourne la coste au norouest et suest jusques à la terre de Gosye. Ceste Gosye est comme une

---

1. La plus petite des îles près de Dantzig est l'île Bornholm (Danemark); l'autre, 60 lieues de longueur sur 15 à 20 de largeur, serait Aland ou Gotland (Suède); la troisième, entre Livonie et Vérone, serait Asel ou Dagoe (Russie).

2. La manche étroite située après Véronne (Revel), c'est le golfe de Finlande dont la côte tourne comme une serpe dont on taille la vigne. Seulement Alfonse se trompe sur la latitude qu'il met à 70°.

LA COSMOGRAPHIE 177

isle quasi toute environnée de terre, et ne s'en fault que trois ou quatre lieues de mer à mer, et est terre froide. Toutesfoys elle a abundance de vivres, et a cinquante lieues de longitude et quasi aultant de latitude et est quasi ronde, et, au meilleu d'elle, y a ung grand lac [1], comme une mer auquel entre l'eaue de mer. Et devers la partie du mydy y a ung aultre lac duquel sortent troys rivières lesquelles descendent en la mer Océanne. Et devers le midy est la province appelée Estanye et devers le septentrion est la province de Dazie de Noroégue [2] et la province de Bandillanter [3]. Et du cousté d'occident est la province de Angiomellanter [4] et celle de Novergie, laquelle est appellée la vraye Norovègue [5]. Et tous ceulx qui navigent de la Germanie et de la Gaulle et de toutes les parties, viennent icy en ceste Norovègue qui est en la terre de la Gosye, et viennent tous en ceste province de Novergye qui leur est la plus près et la plus seure. Car il y a les meilleurs havres du monde, et pour ce ilz l'appellent la Norovègue. Et d'icy est descendue la première génération des Normans. Et à ce cap de Norosye y a trois isles auprès de la terre, lesquelles sont instituées l'une de l'aultre nord et su, et s'appellent l'une Forenses (*ou* Forensis), et l'aultre Forensu (*ou* Forenser) [6] et l'aultre Orcades. Le travers du cap, du cousté austral midy, y a une bande de petites isles, lesquelles sont près des

F° 58 r°.

---

1. C'est le lac Mâla, près de Stockholm ; l'autre lac est le Veuer d'où sortent en effet plusieurs rivières qui se jettent dans le Skagerak et le Kattégat.
2. Norvège.
3. Bandillanter. — La Finlande.
4. Serait-ce le pays de Langefielde ? Voir aussi la note de la page 181.
5. Norvège.
6. Serait-ce les îles Frœj et Varcæ du groupe des îles Lofoden ?

troys grandes et sont l'une suyvant l'aultre, et sont l'est
et ouest avec l'isle de Islan [1], et y a six vingtz lieues de
l'un à l'aultre. Ceste Gosye contient depuys soixante
degrez jusques à soixante et six, et a son grand jour et
nuict à son commencement de vingt et quatre heures,
et, à la fin, d'un moys. Et en ceste terre fument la
terre de neige et glace pour faire venir le seigle et l'a-
venne, et se servent de la glace et neige comme nous
faisons icy de fumier pour semer leurs bledz, et viennent les seigles fort grandz comme font les avennes,
et ne sont au plus que trois moys sur la terre sans venir à maturité, et les sèment au commencement de jung
et les cuillent à la fin d'aoust. Et en ce pays y a de fort
haultes montaignes ausquelles y a plusieurs oyseaux de
proyes, comme aultours et faulcons, les meilleurs qu'ilz
soyent au monde. La raison pourquoy ilz sont si bons
est les petitz jours qu'ilz ont en l'yver, qui est la cause
pour laquelle ilz chassent si bien. Et la terre est fort
froide. Toutesfoys elle est bien peuplée et y a force bestial.
Ces provinces de Gozie et Danzie qu'est au nord du
destroict, et Norovègue et Susye, sont grandes provinces, et souloyent avoir chascune son roy au temps passé.
Et à ceste heure sont toutes à ung seigneur et les possède toutes le roy Dannemarc et y a en elles de belles villes. La terre est assés fertile de seigle, d'avenne
et de bestial. Les gens sont belles gens, puissans, amyables entre eulx, cruelz aux estrangiers. Ceulx icy au
temps passé ont esté seigneurs d'Angleterre et de beaucoup d'aultres provinces de Susye. Ceste terre est nommée Gosie à cause des Gotz qui la gaignèrent, et est terre

1. Islande.

fort montaigneuse, esquelles y a plusieurs bestes saulvaiges. Norovégue est terre froide et est fertile de chair et poisson. En ces trois provinces y a beaucoup de pelleteries de martres et martres soubelines et hermines et aultres fourrures. Ceste terre tient à la terre du Labrador[1] qui est entre la Terre Neufve et elle, la plus près de la Terre neufve, et y a de l'une à l'aultre quatre cens lieues, et tout sont terres entre l'un et l'aultre ; et y en a aulcunes desdictes terres qui ont gens qui ont queuhes et visaiges de porceaulx, et le reste d'homme, et sont les plus prouchaines à la Terre Neufve et à la terre du Laborador ; et font leurs maisons dessoubz la terre et les doublent de tables de sappins et d'aultres choses. Et en toutes ces terres croist forces seigles et avennes. Entre la terre du Laboureur[1] et la Terre Neufve y a une grand mer d'eau doulce et ne sçait l'on où elle va. Toutesfoys je pense qu'elle va jusques soubz le polle. Et d'icy sortent les grandz glaces qui vont à la Terre Neufve. Norovergue et la terre du Laborador, qui est dict Laboureur, sont l'est et ouest et prenent ung quart de norouest et suest. Et sont haultes terres fort montaigneuses où il y a plusieurs sortes de bestes saulvaiges ; et est tant froide, la terre, qu'il est impossible que nul de nostre nation ny d'aultre d'Europe y sceust habiter. Et en ceste coste est l'isle d'Islan[2] qui est peuplée de gens et tient du roy Dannemarc, environ cinquante lieues de la terre ferme, et beaucoup d'aultres isles, et est, ladicte isle, instituée nord et su, avec l'isle d'Ybernye, appellée Irlande. Ladicte isle d'Islan est bien peuplée de belles gens et y a forces pescheurs alentour

1. Le Labrador.
2. L'Islande.

d'elle et y a aussi de bons havres et force bestial. Les eaues y courent fort, et au long la coste y a plusieurs

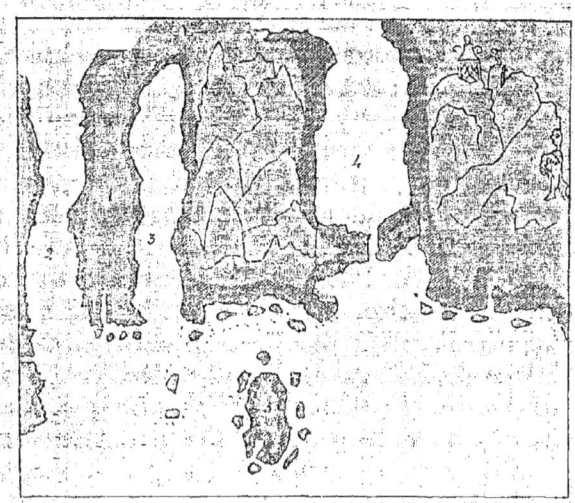

Légendes : 1. Terre de Laborador. — 2. Mer d'où sorte les glaces à la Terre Neufve. — 3. Mer incongneue. — 4. Mer glacée. — 5. Frislande. — Entre les numéros 3 et 4 : Terre de dessoubz le polle.

F° 59 v° aultres petites isles. La coste de la terre ferme n'est pas à présent fort hentée ny descouverte, et à cause qu'elle est fort froide et pour les grandz nuictz. Car il y a telle terre qui a deux et trois movs de nuict et aultant de jour quant le soleil passe la ligne esquynocialle, pour ce qu'elles sont en la haulteur de soixante unze et soixante et douze degrez de la haulteur du polle articque. Et l'isle d'Islan est de soixante et quatre jusques à soixante et six degrez de la haulteur du polle articque, en la mesme haulteur qu'est la coste du Loborador. Et de la fin de Norovergue tourne la terre au nord et faict comme ung destroict bien vingt cinq lieues, et après retourne la coste l'est et ouest. Et en ceste coste, au dedans d'elle vingt lieues, est le commencement de la mer Caillée [1], laquelle n'est pas navigable parce qu'elle est tousjours glacée, et est grande mer selon sa semblance, car il y en a d'elle, comme l'on dict, dessoubz le polle articque ; et croys qu'elle se va rendre à l'aultre mer glacée qui est entre la terre du Laborador et la Terre Neufve, et est toute doulce. Toutesfoys il y a destroict pour entrer dedans et est impossible y pouvoir naviger à cause des glaces et des grandz nuictz. Car il y a nuict de deux, trois, quatre et six moys, de sorte qu'il n'y a que ung jour et une nuict en l'an. Entre ces deux mers est la terre appelée Pilapelanter [2], et de ceste terre à la Gozie oriental y a six vingtz lieues. Ceste dicte terre de Pilapelanter, d'icy à cinquante lieues à l'ouest, se achéve, et d'icy l'on ne treuve que mer glacée. Et après, passé la mer, l'on trouve la terre de Engromelanter (*ou* Engiomelanter *ou* Eugiomelanter) [3] et se court ladicte coste nordest et surouest environ cinquante et cinq lieues, et est terre fort haulte jusques à la province d'Enliproye, et là tourne la coste au nord jusques à la province de Meurdon. Et icy faict la coste ung cercle oblicque. Meurdon

F° 60 r°.

---

1. Sans doute la mer prise par les glaces.
2. Pilapelanter entre la mer de la Norvège et celle de Terre-Neuve. Cette terre Pilapelanter serait à 120 lieues de la Gozie, au lieu de 270, si l'on met Pilapelanter au Groenland ?
3. Le Groënland vraisemblablement. — Appelé *Engrobelendia* dans le *Padron* que Alonso de Chaves dressa en 1536 (V. Henry Harrisse, *Découverte et évolution cartographique de Terre-Neuve*, etc. Paris, H. Welter ; London, Henry Stevens Son et stiles, in-4°, p. 118.

est du cousté de l'ouest de la mer glacée. Et y a de Meurdon à la mer glacée soixante lieues. Et est Meurdon et la mer glacée, à son commencement, à soixante dix, soixante unze et soixante et douze degrez de la haulteur du polle articque, et leur plus grand jour et nuict est de deux moys et demy qui sont deux moys et demy de jour et deux moys et demy de nuict. Et Pilapelenter est à soixante neuf degrez et demy de la haulteur du polle articque, et a son plus grand jour et sa plus grande nuict de deux moys. Et la terre de Engiomelanter a deux moys et demy à son grand jour, et a sa grande nuict, qui est deux moys et demy de jour sans nuict et aultres deux moys et demy de nuict sans jour. Ceste terre est fort froide, et habitent les gens d'icelle en cavernes pour raison du grand froid, et les doublent de sappins, et vivent de chair et de poisson et de bestes saulvaiges, et font leurs habillemens des peaulx desdictes bestes saulvaiges, lesquelles ils prenent. Et en ce pays y a grande quantité de hours blans lesquelz rompent les glaces avec la patte et entrent dessoubz icelles pour tirer les poissons de l'eaue pour leur manger. En ces terres y a force cristal. Les gens sont fort robustes, bien dispostz et ont les cheveux et barbes tous blans. Et ne croist en icelle terre aultre bled que de l'avenne, et de cela vivent une partie avec les chairs et poissons. La province de Meurdon est au nord de l'isle d'Islan environ six vingtz lieues. Ladicte isle et Irlande et Escosse sont quasi nord et su, l'un avec l'aultre. Et d'Escosse à Friselam y a cent dix lieues, et est bonne isle, et est terre fort froide. Et habitent les gens d'icelle, en yver, en cavernes, et mangent forces chairs et beuvent lait, et n'ont point de vin et ont force bestial et ouailles de grosses laines, desquelles ilz font leurs habitz, et sont gens bien dispostz. La mer est, la plus grande part de l'an, glacée au long de la terre, et est environnée d'aultres petites isles, et a de longitude trente et cinq lieues de nord et su, et de latitude dix et douze lieues de l'est et ouest, et est depuys soixante et quatre jusques soixante et six degrez de la haulteur du polle articque, et a son grand jour et nuict d'un moys et demy.

Et parceque d'icy nous n'avons poinct de notice ne congnoissance de plus de provinces qui soyent congneues, sinon qu'il y a terre, mais les provinces ne sont poinct départies. Et, pour ce, nous tournerons à parler d'Escosse, d'Angleterre et d'Islande (sic), et commancerons au destroict de Calis. Je dictz que de Calis jusques à Double[1] qui est en Angleterre y a sept lieues de mer. Ledict cap de Double est par les cinquante deux degrez et demy de la haulteur du polle articque. De Double à la rivière de Londres y a six lieues, et la route est nord nordest et su surouest, et fault aller par chenaulx, parceque le chenal est dangereux de bans et baptures. Et, du cap du commencement de l'antrée de la rivière jusques à la rivière Doulce,[2] y a douze lieues. Et la route est l'est suest et l'ouest norouest, et la mer est toute somme. Car l'on ne va par elle que par chenaulx. Ceste rivière s'appelle Tamise laquelle passe par la ville de Londres. Et à sa descente est fort dangereuse et est par les cinquante et trois degrez de la haulteur du polle articque. Et le bon chenal est au long la terre du nord, et au long la terre du su ne sont que baptures. Et entre ladicte

---

1. Calais et Douvres.
2. La Tamise.

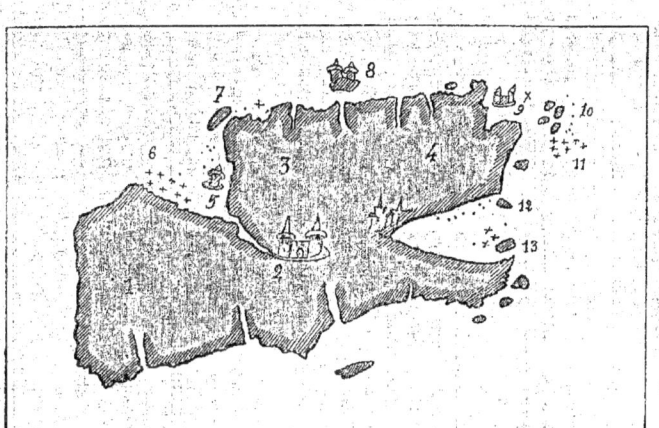

Légendes: 1. Lexes du nort. 2. Londres. 3. Engleterre. 4. Cornouelle. 5. Chepte? 6. Le Tanixe. 7. Tauet. 8. Ile d'Ulet. 9. Sinchel. 10. Surhaigne. 11. Les sept piers. 12. Londe. 13. Calde. Au dessous : Le costay de la trame rivière.

rivière et Double est l'isle de Sandouich, et dict l'on que les gens qui y naiscent ont des queuhes ; et pour ce éviter, on les mène enfanter à la grand terre, et n'y a que une petite isle à passer. Davant la ville de Sandouich, bien une lieue et demye, en la mer, y a ung ban de sable dangereux qui s'apelle Godonynée,[1] et entre la terre et ledict banc y en a ung aultre qui s'appelle Boaegues[2], (*ou* Bracques), et fault que les navires passent entre les deux par ung chenal, et le chenal est nord nordest et su surouest. La terre de Double est haulte en bonne manière et platte par dessus, et toute ladicte isle d'Angleterre est haulte assés en bonne manière. De Double à la Chambre[3] y a dix lieues, qui est bon port. Et avant que veniez à la Chambre, y a une basse terre comme la mer et boute bien trois ou quatre lieues en la mer. Et du cousté de l'ouest d'elle est le port de la Chambre, et fault aller par marque[4], car il y a ung grand ban et baptures de sable qui s'appellent les bans de Rommaneau[5]. Lesdictz bans sont l'est nordest et ouest surouest avec le cap de l'isle d'Huich[6], et y a en la route trente et cinq lieues et entre les deux est le cap de Blanchet[7] et le cap de

---

1. Les sables de Goodwin (*V. Neptune des Iles Britanniques.* Carte réduite de la Manche dressée pour le service des vaisseaux français par ordre du ministre de la marine... en 1798. Nouvelle édition de l'an 1802 corrigée et augmentée, n° 42).

2. Le banc qui est entre Goodwin et Sandwich n'a pas de nom dans le *Neptune*.

3. Ce lieu correspond à Rye.

4. « Par marque » : est-ce à dire au moyen de la sonde ? — ou bien Alfonse fait-il allusion au mot marque, employé dans le sens d'amers, ou de balises ?

5. Ces bancs dans le *Neptune* de 1798 portent les noms de Varne et du Colbart.

6. L'Ile de Wight.

7. Cap Blanchet. Cap Beachy-Head.

Faldrac [1]. A terre desdicts bans descend une rivière en la mer; et du costé de l'ouest de Blanchet descend une aultre rivière. De Blanchet à l'isle d'Uich y a vingt et cinq lieues. Entre les deux y a ung maulvais rochier qui s'appelle la Vieille Cité, et, à la terre d'elle, y a une rivière qui s'appelle Calsesore. Blanchet et la Vieille Cité et l'isle d'Uich sont par les cinquante deux degrez et demy de la haulteur du polle articque. Entre l'isle et la terre est la rivière de Anthonne [2] et Porthemue [3], là où le Roy d'Angleterre tient ses grandz navires enfermez avec une chaîne de fer. Et entre l'isle et la terre ferme y a ung ban d'uyttres dangereux pour navires. L'isle d'Uich est bonne petite isle, et y a en elle forces moutons et ouailles portans fine laine. Devers l'ouest de l'isle d'Uich la terre est haulte en beaucoup de lieux et y a de bons portz pour tous navires. Le premier est Dartemue [4]. Et de l'isle à Dartemue y a trente lieues et la route est l'est et ouest. Et entre les deux est la rivière de Pole et Porlan [5], et la rivière de Touppesan [6]. Dartemue est bon port et s'enferme d'une chaîne et est par les quarente deux degrez et demy de la haulteur du polle articque. Et d'icy en avant la terre est plus montaigneuse. De Dartemue à Plemue [7] qui est ung bon port, y a huyt lieues, et la route est l'est suest et ouest

---

1. Cap Faldrac. La pointe de Selsey. A l'ouest du cap Blanchet, il y a un mauvais rocher, appelé par Alfonse, la Vieille Cité, et qui, dans le *Neptune* de 1798, porte le nom de East Burow Head et Oweirs.
2. Anton, rivière qui arrive à l'Ile de Wight.
3. Porsmoutth.
4. Darthmouth.
5. Rivière Portland et Poole Harbourg.
6. Rivière d'Ex qui passe à Topsham.
7. Plymouth.

norouest. Passé le cap de Godetel [1] et de la Volte [2], Plemue est par les cinquante deux degrez et deux tiers de la haulteur du polle articque. Et icy descend une bonne rivière qui s'appelle la rivière d'Ache, et à sa descente y a une petite isle en laquelle l'on dict que fut la bataille de Marot d'Irelande et de Tristan de Lunis qu'estoit de la Table Ronde d'Angleterre, et icy fut deffaict Marot par Tristan [3]. Et à cinq lieues de ladicte isle, dedans la mer, droictement au su, y a un maulvais rochier qui semble à ung bastel. Et entre la terre et ledict rochier y en a deux ou trois aultres qui sont couvers. Et, pour ce, les navires qui viennent par la Manche, ne se doibvent point baisser de la sonde de quarante brasses. Ledict rochier et le cap de Lizard sont l'est nordest et ouest surouest, et y a de l'un à l'aultre quinze lieues. Le travers de Plemue est la plus haulte terre d'Angleterre. Et entre Plemue et le cap de Lizard [4] est la rivière de Faulxvie [5], et a davant soy une isle ; en plus avant est le port de Falle-

F° 62 r°.

1. Ce doit être Start Pointe ou Pointe Praule.
2. Avant Plymouth ; c'est sans doute Bolt Tail près de Bolt Head.
3. La rivière d'Ache qui descend de Plymouth. C'est la rivière Tamer, car Alfonse met à 5 lieues en mer un mauvais rocher, et entre celui-ci et la mer, plusieurs autres. Le premier est Eddystone où il y a un fanal, et entre les deux existent plusieurs roches (V. *Neptune* de 1798.) En appliquant à cette rivière le nom d'Ache, Alfonse faisait sans doute allusion à la rivière d'Ex qui passe à Exeter et se jette dans la Manche au nord de Darmouth. Il y a bien une rivière d'Ache au nord de l'île de Wight, mais elle ne correspond pas à la situation des lieux indiquée par Alfonse. La bataille de Tristan de Léonais, le chevalier de la Table Ronde, et de Le Morhoult, fils du roi d'Irlande, eut lieu, d'après La Table Ronde, dans une île appelée Saint-Sanson, sans doute l'île Saint-Nicolas, au sud de Plymouth. (V. *Tristan, chevalier de La Table Ronde*. Edition d'Anthoine Vérard (s. d.), traduction de Luce, chevalier, seigneur du chasteau du Gast, première partie, feuillet 31, col. 2.)
4. Cap Lézard.
5. Fowey. En face est une roche, Gull Rock.

188   LA COSMOGRAPHIE

mue ¹ qui est bon port. Et par le meilleu y a une roche haulte en fasson d'un basteau et peuvent passer navires de tous les coustez d'elle. Et de ce port au cap de Cornouaille ² qui est le bout de l'isle d'Angleterre, y a huyt lieues, et la coste gist, passé le cap de Lizard, l'est suest et ouest norouest. Ledict cap de Cornouaille est par les cinquante deux degrez et trois quartz de la haulteur du polle articque, et à l'ouest surouest dudict cap sont les isles de Surlingue qui sont quatre ou cinq petites isles, et sont dix lieues de la grande terre, et sont toutes environnées de rochiers, et sont par les cinquante et deux degrez de la haulteur du polle articque et sont norouest et suest avec l'isle d'Ouessant, et y a entre luy et l'aultre trente et cinq lieues. Et à demie lieue dudict cap de Cornouaille y a ung maulvais rochier couvert ³, et en l'est suest desdictz Surlingue ⁴, environ deux ou trois lieues, y a ung aultre rochier qui s'appelle Osest ⁵, et a quarente brasses d'eaue au pied de luy.

Tournant à la rivière de Londres, je ditz que elle est bonne rivière et navigable de tous navires jusques à une lieue de la ville de Londres. Londres est la principale cappitalle ville d'Angleterre, et est fort peuplée de gens, et y habitent forces marchans estrangiers à cause des fins draps qui se font en elle, et d'aultres marchandises que lesdicts marchans estrangiers y apportent, dont ceulx de ladicte ville ont faulte. La terre d'Angleterre est fer-

---

1. Falmouth.
2. Cap de Cornouaille, Cap Cornwall (*Neptune* de 1798).
3. Rocher en face du cap de Cornouaille, Seven Stones.
4. Iles Sorlingues, aujourd'hui Iles Scelly
5. Le rocher nommé par Alfonse, Osest, est le Wolf Rock ou le Loup. Le *Neptune* de 1798 indique bien une profondeur de 40 brasses à son pied sud.

tille de bledz, chairs et poissons, et y a en elle forces ouailles de laines fines que l'on trafficque par toutes les parties d'Europe. Et en ceste isle se trouve de l'or fin et y a mynes d'argent, d'estain et de plomb, et si trouvent pierres d'agathes fines, et ne croist en elle vins ny huille, et font forces bières de quoy boyt le commun peuple, et vont quérir vins aux aultres pays, et aussi on leur en admène. Les gens sont bien dispotz, grandz hommes, fort superbes, et ne croyent point qu'il y ayt aultre meilleur que eulx, et sont fiers comme lyons, et sont cruelz aux estrangiers, et ne sont pas fort obéissans à leur prince. Et d'icy fut Merlin qu'estoit grand devineur. Au temps passé ladicte isle fut peuplée de géans, et, après la destruction de Troye, y vint ung cappitaine nommé Brutus, avec certaines gens de Troye, et descendit en elle et la mist à sa sugétion, et mist lesdictz géans hors d'elle, et en mémoire de son nom fut ladicte isle appellée la Grande Bretaigne. Et après la conquestérent les gens de Gozie et Dazie, et ceulx cy la nommèrent *Anglia* qui est à dire en notre langue françoise, Angleterre. Et, certain temps après, la conqueste ung duc de Normandie nommé le duc Guillaume et ne luy mua point son nom. En ceste dicte terre y a une manière d'arbres que quant la feulle d'iceulx tumbe en l'eaue, se convertist en poisson, et si elle tumbe sur la terre se convertist en oyseau. Du cap Double jusques à l'isle d'Escosse y a cinquante lieues, et la route est nord et su. Et la coste au long la terre est dangereuse de bans et baptures. Ledict commancement d'Escosse, là où il faict la séparation, est par les cinquante cinq degrez et demy de la haulteur du polle articque. Escosse se départ d'Angleterre par une petite rivière qui faict la séparation de

F° 63 r°

l'ung et l'aultre. Escosse a de largeur soixante lieues et aultant de longueur. Ceste isle d'Escosse est carrée et chacune des carrés a soixante lieues de longitude, et est, selon Angleterre, fertile. Toutesfoys elle n'est pas si grande et est de cinquante cinq jusques à soixante degrez de la haulteur du polle articque. Angleterre est de cinquante ung jusques à cinquante cinq degrez et demy de la haulteur du polle articque. Et au nord d'Escosse y a vingt ou trente isles tant grandes que petites et sont depuys soixante et ung degrez jusques à soixante et ung et demy de la haulteur du polle articque, et sont toutes peuplées de gens saulvaiges qui sont subgectz au roy d'Escosse, et sont vaillans gens. Ceste terre d'Escosse, les gens sont vaillans gens et bien dispostz et amys des Françoys. La terre est bien fertille de bledz et de bestial et de poissons. Ilz n'ont guères de boys. Et au meilleu de l'isle y a ung lac d'eaue doulce. L'on veult dire que en ceste isle est la fosse sainct Patris que l'on dict estre ung purgatoire.

Ceste Escosse [1] est celle en laquelle on dict et afferme, par vérité que est le trou de sainct Patris, par lequel on descend par une fosse en bas, et ne sçait on comment. Car ainsi que dient aulcuns, c'est secret de Dieu, dont il ne se fault trop enquerre. Auprès de ceste isle, y a une aultre petite isle peuplée de gens là où les hommes ne peuvent jamais mourir, comme l'on dict. Et quant ilz sont fort vieulx et qui ne se peuvent plus aider, et que ceulx de la terre s'en annuient, ilz les portent à la grande isle pour illec finir leur vie. Ceste isle d'Escosse, devers la partie du nord, a forces aultres isles qui sont toutes peuplées de gens qui sont vaillans gens, et sont

---

1. En tête du folio 63 verso, une carte de « l'isle d'Escosse. »

comme saulvaiges, et sont bien obéissans à la grande terre d'Escosse. Et de la partie d'occident de ladicte isle d'Escosse tient l'isle appelée l'isle d'Ybernie qui à présent s'appelle Yrlande, qui a de longitude quatre vingtz lieues et cinquante lieues de latitude. L'isle d'Escosse et ceste icy sont instituées nord et su. Et l'isle d'Angleterre, la plus grande partie, est l'est nordest et ouest surouest, et l'aultre partie qui reste, est aussi instituée nord et su. Et entre Angleterre et Irlande la mer est une manche qui vient de la mer Océane, et est fort dangereuse de bans et rochiers. Et y a aulcunes isles [1] princippallement l'isle de Main [2] qu' est une isle bien peuplée de gens d'Angleterre et y a alentour d'elle forces pescheries de harens. Et en ceste dicte manche y a fort grand courant de marées qui sont différantes de celles de l'aultre manche entre Angleterre et Bretaigne. Ceste manche s'appelle la Soumerne (*ou plutôt* Soumerue), et l'aultre qui va à Brest s'appelle la manche de Sainct George. Et ceste cy est dangereuse pour raison qu'elle n'a poinct d'ouverture que par ung cousté. Et du cousté devers occident de l'isle d'Irlande y a forces petites isles, et du cousté de la Manche n'y en a pas tant. Ceste isle d'Irlande a les meilleurs portz pour navires de toute la mer Océane, et y a en elle bonne pescherye de saulmons, merluz et aultres poissons. En la terre y a forces herbaiges et force bestial à corne. Les gens sont grandz hommes plus que aux aultres isles et sont tousjours en guerre les ungs avec les aultres. Ceulx d'Escosse et eulx ont quasi une mesme manière de vivres. Leurs femmes par la plus grand part

F° 64 r°.

1. En tête du folio 64 recto, une carte de « l'isle d'Irelande. »
2. Ile de Man.

sont communes. Ceste dicte isle est depuys cinquante deux degrez et demy jusques à cinquante sept et demy de la haulteur du polle articque, et a son grand jour et nuict de dix sept heures et demye jusques à vingt. Et Escosse de dix neuf jusques à vingt et deux. Et ceste terre d'Irelande est une terre fort montaigneuse. Et sur le hault de la montaigne la terre est molle. Et d'icy tirent de la turbe pour brusler parcequ'ilz n'ont guères boys. En ceste dicte terre y a bonnes hacquenées, faulcons et autours qui sont bons, et forces aultres bons oiseaulx de proye, et y a les plus beaux lévriers de grosses bestes, les meilleurs de toute l'Europe. Les gens d'elle sont fort grandz mangeurs de chair et de poisson et grandz beuveurs de lait. Tient, à l'occident d'elle, l'isle que l'on appelle de Brésil, et est environ soixante lieues d'elle. Et aussi l'isle de Maide, qui est plus vers le midy. Ladicte isle de (*ou* du) Brésil est par les cinquante et ung degrez de la haulteur du polle articque, et ladicte isle Maide de par les quarente et six[1]. Ces deux isles aultrefoys ont esté veues et sont escriptes au pape monde, et ne sçait l'on si elles sont enchantées ou si elles sont fondues.

F° 6.] v°.

Puisque nous avons parlé des parties septentrionnalles, avec une partie des occidentalles, est raison que nous parlions de la partie orientalle devers le septentrion, en commanceant au mesme destroict de Gibaltar, en ensuyvant toutes les costes septentrionnalles et orientalles jusques à l'ultime de la mer Olipont et de la mer Orcane et Méditerrannée et Adriane. Et après tournerons

---

1. Ces deux isles, de Brésil et de Maide ou Maida, ainsi que quelques autres, ont continué de figurer sur de nombreuses cartes jusqu'aux temps modernes. (V. notamment Joze Fernandès, carte autographe sur parchemin de 1792).

LA COSMOGRAPHIE 193

à commancer dudict destroict en suyvant toute la mer
Occéane jusques à l'ultime du Cattay. Je dictz que du
destroict de Gibaltar à Gibaltar, y a douze lieues. Et en
ces douze lieues la mer n'a point plus de largeur que
quatre ou cinq lieues d'Affricque [1] à Europpe, et de l'un   F° 65 r°.
à l'aultre l'on se peult voir d'heure en heure. Gibaltar
est à trente et six degrez de la haulteur du polle articque, et est une bonne petite ville et forte, et est assise
au pied d'une montaigne, et y a une belle baye ; et d'elle
à la ville de Céte [2] qui tient du Roy de Portugal en
Affricque, n'y a que cinq lieues. De Gibaltar à Malgues [3] n'y a que quinze lieues, et la coste gist nordest
et surouest. Entre les deux est la ville de Maruelles [4] qui
est bon port. Et en ceste coste est la montaigne de
Ronde qui est fort haulte. Et commence au dessus de
Gibaltar et va jusques auprès de Grenade. Ronde (*ou
Roude*) [5] est une bonne ville forte en laquelle se ceulle
force soye. Malgues n'y a (sic) sinon rades pour navires.
La ville est bonne et grande, l'une des meilleures de Grenade. La terre est fertille et bonne. Et icy le roy d'Espaigne a
beaucoup d'artillerie et y en faict faire. Au dedans de ceste
terre, quinze ou seize lieues, est la grande ville de Grenade qui est la plus grande ville de toute Espaigne. Toute
ceste terre est haulte, et sur le hault des montaignes,
est le meilleur de la terre, et s'y ceullent forces rasins

1. En tête du folio 65 recto figure une carte avec les légendes : Argès, terre d'Arffricque, le destroict de Juballestard, Malte, Sardine, Corse, Ledefront, La Formentière, Malorane, Minorane, Huice, terre de Gennes, terre d'Arragon, Juballestard, terre de Grenade.
2. Ceuta, ville d'Afrique.
3. Malaga.
4. Marbella (Espagne).
5. Serait-ce Rube à l'ouest de Grenade ?

meslez, et forces bons vins. Et tout cecy ceullent les Mores Grenadis qui sont à la subjection du Roy d'Espaigne, et sont baptizez. De Malgues au cap de Gatte [1] y a trente et cinq lieues. Et est la coste l'est et ouest. Malgues est par trente et sept degrez de la haulteur du polle articque, et le cap de Gatte par trente et sept et demy, et entre le cap et Malgues sont les Montaignes Neigées [2] qui sont si haultes que toute l'année elles sont couvertes de neiges. Et à la fin d'elle, à cinq lieues du cap, est la ville d'Almérye [3] qu'est bonne ville, et se faict en elle force soye. En ceste coste n'y a guéres d'Espaignolz sinon dedans les villes. Car sur les champs sont tous Granadis de la nation d'Affricque, et sont bonnes gens meilleurs que les Espaignolz. Et en ce royaulme de Grenade y a forces mynes d'aluns de glace et abundance de soye. Et est ung pays fertile. Ladicte Montaigne Neigée commance auprès de Grenade et achéve sur Almérye, et d'elle descend la riviére Galdaquevir [4] qui passe par Civille. Et aux riviéres de ceste montaigne se trouve de l'or fin. Du cap de Gatte au cap de Sainct Paul [5] y a trente lieues et la coste gist nordest et surouest et prent ung quart de l'est et ouest. Le cap de Paul est à trente huyt degrez et demy de la haulteur du polle articque, et davant luy y a deux petites isles. Du cousté de l'ouest du cap, à dix lieues de luy, est le port de Cartagéne qui est le meilleur port de toute la coste d'Espaigne, et cecy s'appelle la province de

1. Cap de Gata.
2. Sierra Nevada.
3. Almeira.
4. Guadalquivir.
5. Cap Palos.

Mourse ¹ jusques à la ville de Desnye ². Et cecy est Cartaige la mineur ³ dont est faicte mention és livres des Istoires et en la Cosmographe. Et en ceste terre on arrouse les bledz avec de l'eaue parcequ'il n'y pleut guéres. Les gens de ce pays sont bien dispostz et belliqueux. Du cap de Paul au cap de Martin ⁴ y a trente et cinq lieues, et la coste gist nord et su, et prent ung quart de nordest et surouest. Et ledict cap de Gathe est par les quarente degrez et demy de la haulteur du polle articque. Du cousté d'occident dudict cap, environ cinq lieues, est la ville d'Allicant, et entre Allicant et le cap, y a deux petites isles au long la terre, et du cousté d'occident d'Allicant, environ sept ou huyt lieues, est le port de la Mathe, là où il se faict force sel, et se faict du soleil et de l'eau sallée, et se faict de soy mesme. Du cap de Gatte à Denye y a six lieues. Denye est une bonne ville et est bon port. Et icy viennent poser l'ancre les navires qui vont à la rade de Vallence. Et d'elle à Vallence, y a douze lieues. Et en Denye achéve la province de Mourse et commence celle d'Arragon, et la coste gist norouest et suest jusques à la ville de Vallence. Vallence est à quarente et ung degrez de la haulteur du polle articque, et est une bonne ville, la meilleure de la province d'Arragon et est fort délectable de toutes choses, subgecte à luxure, tant hommes que femmes. Et en ceste coste, au dedans de la mer, sont les isles de Montcallabret ⁵ qui sont petites isles, là où vo-

F° 66 r°.

1. Murcie.
2. Denia.
3. Cartagène.
4. Cap de La Nao ?
5. Iles Columbretas.

luntiers se tiennent fustes de Turcs et de Maures. Et, plus avant en la mer, est l'isle d'Yvesse et la Fourmentère. Yvesse[1] est une bonne isle et bien peuplée et est en la haulteur de quarente degrez moins quinze minutes du polle articque. Et à l'est d'elle, douze lieues, est la grande isle de Maillorque[2] qu'est une bonne isle et ung grand peuple, et se cuillent en elle forces huilles d'olif, et est depuys trente neuf degrez, jusques à trente neuf et trois quartz de la haulteur du polle articque. Et en l'est nordest d'elle est l'isle de Menorque qu'est une aultre bonne isle, et est en la haulteur de quarente degrez de la haulteur du polle articque, et sont toutes isles bien peuplées.

F° 66 v°. Le cap de Martin et le cap des Alphagues sont nord et su. Et y a de l'un à l'aultre trente lieues. Davant le cap des Alfagues, y a deux petites isles et aulcuns rochiers. Le cap des Alfagues est par quarente ung degré et ung quart de la haulteur du polle articque. Du cap des Alfagues au cap de Barselonne y a vingt et cinq lieues, et la route gist l'est nordest et ouest surouest. Et entre les deux est le port de Tortouse. Et dudict port de Tortouse à Barselone n'y a que douze lieues. Et en cedict port de Tortouse descend la rivière d'Ombre[3], laquelle vient des montaignes appelées Sanctillanne et passe par la province de Catabrye. A ceste rivière descend la plus grand part des eaues venans du royaulme de Navarre, semblablement d'Arragon, Cathalogne et des montaignes Pirinées. Et est une des deux plus grandz rivières d'Espaigne. Dudict port de Tortouse jusques à Barselone y a douze lieues, comme

1. Ibissa.
2. Majorque.
3. L'Ebre.

j'ay dict. Barselone est une bonne ville et est par les quarente et ung degrez et trois quartz de la haulteur du polle articque, en laquelle y a de beaulx édiffices de maisons. Et est la principalle ville de Cattaloigne et est terre bien tempérée et fertille. Les gens sont maulvais, de mauvaises conditions, adonnez à luxure tant hommes que femmes. Du cap de Barselonne au cap de Troye, y a douze lieues, et du cap de Troye au port de Nerbonne, y a seize lieues, et la coste gist nor nordest, et su surouest, et y a entre les deux le port de Palamos et le port de Roses. En l'antrée du port de Palamos y a ung maulvais rochier. Palamos et Roses[1] sont bons portz. Nerbonne est par les quarente trois degrez de la haulteur du polle articque. Et entre Nerbonne et Roses est le port de Collierre[2] la où s'achève Espaigne et commence France. Et ycy[3] est la montaigne appelée Jonis[4] qui est les fins des montaignes Périneuses. Et cecy est la conté de Rossillon. Et y est aussi la ville de Perpignan. Nerbonne est une bonne ville et est une des clefs du royaulme de France. Et est entre la montaigne Seivène[5] et la mer Méditerranée, et est de la province de Languedoch. Ceste province de Languedoch est une des meilleures province du monde et la plus fertile de toutes choses. France est entre la mer Méditerrannée et

---

1. Rosas.
2. On lit mieux Collibre. — C'est Collioure.
3. En tête du folio 67, une carte avec les légendes : Terre de Provence, Savoye.
4. Il s'agirait peut-être du Pic Jouan près de Cerbère, dans les Pyrénées-Orientales, à moins qu'il se trouve un mont portant ce nom au-dessus de la Cala Monjoy. Cette localité est située en Espagne, aux confins des Pyrénées-Orientales, entre le cap Falco et le cap Norfeo.
5. Cévennes.

la mer Occéane. De Nerbonne et des montaignes Périneuses jusques à la rivière du Rin, où se commence la Germanie, et jusques aux montaignes Alpes où est le Daulphiné, est tout en la seigneurie de France. De Nerbonne jusques au port Sainct Pierre de Maguelonne [1] y a douze lieues. Et du port de Maguelonne jusques à Aygue Morte y a douze lieues. Et davant le port y a une isle qui a de longitude sept ou huyt lieues. Et est terre basse, et icy descend la rivière du Rone. Ladicte isle et Maguelonne sont l'est et ouest, et sont à quarente trois degrez de la haulteur du polle articque. Et icy est la montaigne nommée Soulaine, laquelle aultrefoys a esté fort renommée. Et auprés d'Aigue Morte descend en la mer la rivière du Rone par deux gueulles. Ceste rivière du Rone descend des montaignes Adulles. A ceste icy viennent toutes les eaues des montaignes Alpes du cousté d'occident. Et ainsi, comme elle descend, passe par la ville de Moreuse, et entre en ung grand lac [2] et de là descent et s'en va à Vienne et de là à Lion [3] qui est ville fort renommée, et est du royaulme de France. Et s'assemble avec elle une aultre rivière nommée la Sone qui passe par la dicte ville de Lion. Ladicte rivière de Sone descend de la duché de Bourgougne et passe par Chalon et Mascon qui sont bonnes villes, et perd son nom au dessoubz de Lyon, et de là s'en va, ladicte rivière du Rone, en Avignon, et descend en la mer à Aigue Morte par les quarente trois degrez et ung quart de la haulteur du polle articque. Entre ceste rivière et les montaignes Alpes est la province du Daul-

1. Maguelonne.
2. Le lac Léman. Moreuse, serait-ce Morges sur le lac Léman ?
3. Alfonse met Vienne en amont de Lyon.

phiné en France. Toutes ces terres sont fertilles aultant que terres du monde. Et veult l'on dire que le royaulme de France est une terre de promission (*ou plutôt* permission), et si bonne terre que tout le monde en a envye, et nous convient la bien garder moyennant que Dieu nous ayde. D'Aigue Morte à Marseille y a vingt et deux lieues et la coste gist l'est et ouest et prent ung quart de norouest et suest. Marseille est bon port et bonne ville, forte, bien renommée et une des clefz de France, et davant elle y a troys petites isles et aulcuns rochiers à l'entour d'elle et à la terre d'elle. Ladicte ville de Marseille est par les quarente et trois degrez de la haulteur du polle articque, et en la mer, à deux ou trois lieues desdictes isles, y a une aultre isle qui est dangereuse pour navires, et est toute environnée de rochiers, et y a dessus elle, pour la congnoistre, une tour. Et en ceste coste de Provence se faict du sel. Marseille soulloit estre gouvernée par sénateurs, ainsi comme estoit Rome par justice égale et à ceste (sic)[1] est gouvernée selon les ordonnances du Roy. De Marseille à Thoulon y a douze lieues, et la coste gist norouest et suest, et prent ung quart de l'est et ouest. Tholon est bon port et est par les quarente deux degrez et demy de la haulteur du polle articque, Et de Toullon à cap de Pars (*ou* Parez) y a six lieues. Et icy commence la province de Savoye. Et en coste y a une bande d'isles qui s'appellent les iles d'Hères[2], et sont par les quarente deux degrez et demy de la haulteur du polle articque et sont toutes environnées de rochiers. Toutesfoys y a en elles de bons portz. Et de ces isles à Gennes y a cinquante

F° 68 r°.

1. C'est sans doute le mot heure qui manque.
2. Hyères.

cinq lieues, et la route est nordest et surouest. Et entre les deux est la duché de Savoye qui tousjours a tenu de France. Et la première ville de ladicte province est Villefranche qui est bon port, et la ville de Nice qu'est une bonne ville et le chasteau de Moingne [1] qui est le plus fort chasteau de toute la coste. Et icy commencent les montaignes d'Alpes et vont jusques auprès de Savonne, et de là s'en vont en Allemaigne. Toute cette coste est fort haulte. Savonne et Gennes sont par les quarente six degrez de la haulteur du polle articque, et sont bonnes villes riches. Les montaignes Alpes commencent entre Moingne et Savonne et vont jusques en Allemaigne et à la Germanie, et jusques au septentrion. Et selon les provinces changent leurs noms, et vont contre le septentrion jusques à la montagne Adule. Et descend d'elle, du cousté d'occident, la rivière du Rin et la rivière du Rosne, et du cousté d'orient en descend la rivière de Dénubre et va descendre en la mer Olipont [2], et en descend la rivière Padoue [3] (*ou* Padone) qui va par Lombardie et Italie, et descend en la mer Adriane [4]. Et de la montaigne Adule retournent les montaignes Alpes en oriant jusques en Grèce et finissent en la province d'Esclavonye auprès de Macédoine. Et en parlant de Gennes, Gennes est ung bon port et une bonne ville riche, là où il y a les plus beaulx édiffices de toute l'Italie, et est seigneurie sur soy, et est gouvernée par sénateurs. La seigneurie de Gennes est une terre stérile, montaigneuse, et sont les gens variables, et sont

1. Monaco.
2. Mer Noire.
3. Le Pô.
4. Mer Adriatique.

gens riches à cause du traffic qui font avec les navires d'Affricque et avec ceulx de Turquye et d'Alexandrie. Ilz ont fort belles femmes. De Gennes à Ligorne [1] y a vingt lieues et la coste gist l'est et ouest et prent ung quart norouest et suest. Ligorne est à quarente cinq degrez et trois quartz de la haulteur du polle articque La ville de Pise et Ravanie [2] sont norouest et suest et y a de l'un à l'aultre quarente lieues. Et au dedans ceste coste est la province de la Campanie et de la Lombardie qui sont parties d'Italie. Et ceste province divise la rivière Pade qui descend des montaignes Alpes et de la montaigne Adule, d'un grand lac, et va entre la Campanye et la Lombardye et jusques à Ravaine, là où elle descend en la mer Adriane. Et au cousté de l'austre, auprès de la mer est la Campanie, et au septentrion vers les Alpes est la Lombardie. Ceste Lombardye est la première province, passé les Alpes, et la seconde est la duché de Millan. La ville de Millan est la plus grande ville d'Italie et est fort peuplée et fort riche, et en ladicte terre, à l'entour, y a forces mynes d'argent, acier et fer. Et se font en icelle forces harnoix de guerre, les meilleurs du monde. Et se cueulle en elle et alentour d'elle abundance de soyes. Ladicte duché de Millan est une bonne terre et bien fertille de toutes choses, posé que leur advient de grandes fortunes par leurs péchez et pour estre variables. Ladicte ville de Millan a esté fondée des Françoys en ceste manière, pour ung différend qui fut entre eulx, pour ce qu'ilz furent en deux bandes; et la plus faible tira vers Millan, et trouva certaines mai-

1. Livourne.
2. Ravenne.

F° 69 r°. sons là où est à présent Millan ¹, et luy sembla estre la terre bonne, et fondèrent ladicte ville de Millan. Et aussi en édiffièrent, en la mesme terre, aultres deux, le long la rivière. Et après la province de Millan est la terre du marquis de Mantue et de Véronne. Et après Pade ², qui est auprés de Venise, est la rivière de Pade ³, et auprés d'elle est la duché de Ferrare. Ceste duché et le marquis sont en la Lombardie et sont terres moult fertiles. Toute ceste Lombardie est une bonne terre fertile, et s'ilz voulloyent tenir de leur maistre qu'est le noble Roy de France, nulle terre ne seroit pareille à elle. Car ilz sont en bonne clune, quasi en la haulteur de Paris et de la Belle France. Car aussi ilz viennent des Françoys. Ladicte ville de Millan est assise par les quarente et huyt degrez de la haulteur du polle articque. Et de l'aultre cousté de l'austre mydi, entre la rivière de Pade et la mer Méditerranée, est la province de Savonne, Gennes, Boulongne, Ravaine qui est plus prouche de Venise, Florence et Pise, lesquelles sont fort fertilles, et sont

F° 69 v°. seigneuries sur soy, et sont des meilleurs villes de toute l'Itallye. De Pise à Revaine y a trente et cinq lieues, et cecy est la largeur de la terre d'Italie; en ceste traverse, de Pise jusques à Rome va en une mesme largeur. Et de Rome jusques en la terre de Callabre y a vingt six et vingt huyt lieues de largeur. Et y a de Pise jusques à Tarante qui est ès fins du royaulme de Naples cent cinquante lieues. Et est sa longitude. De Lyorne (sic) ⁴,

---

1. En tête du folio 69 recto, une carte avec les légendes : Terre de Gennes, Terre de Rome, Sardaigne.
2. Padoue.
3. Le Pô.
4. Livourne.

tourne la coste norouest et suest jusques au chenal de Palombrin, et y a, en la traverse, vingt cinq lieues. Palombrin¹ est par les quarente quatre degrez et demy de la haulteur du polle articque. Et en la route y a deux petites isles larges de la terre, et, le travers de ceste coste, sont les isles de Corse et de Sardaine qui sont grandes isles et bonnes. Corse a vingt cinq lieues de latitude et douze de longitude, et y a à l'entour d'elle plusieurs petitz isles et rochiers, et est bonne terre fertile de bestial et de toutes choses, et y a de bons vins qui s'appellent vins de Corse, et est instituée nord et su, et depuys quarente degrez jusques à trente et neuf, et tient de la seigneurie de Gennes. Sardaine est une grande isle et y a plusieurs aultres petites isles à l'entour d'elle, et a quarente lieues de longitude et vingt cinq de latitude, et est depuys trente six degrez jusques à trente et neuf de la haulteur du polle articque, et est bonne isle fertile de toutes choses. Et y a en elle de bonnes villes principallement une appelée Sarragosse², et est instituée nord et su. Et d'elle à la terre d'Affricque y a vingt et cinq lieues. Les gens d'icelle et de Corse sont maulvaises gens et n'ayment point les estrangiers, et continuellement à l'entour desdictes isles y a gallères et fustes de Maures et Turcs, et ladicte isle de Scerdaigne³ tient pour Espaigne. Et du cap de Palombrin jusques à Tarante qui est à la fin du royaulme de Naples, y a six vingtz lieues qui est sa longitude. Et du cap Dalorne jusques au cap de Montenégre y a quinze lieues et sont

F° 70 r°.

1. Piombino.
2. Syracuse.
3. En tête du folio 70 recto, une carte avec les légendes : Terre de Napples, Terre d'Itallye, Cécille.

l'un et l'aultre nord et su. Et cecy est sa latitude. Et en ceste coste du cousté de l'ouest y a deux petites isles, l'une s'appelle Gorgone et l'aultre Cabraye¹. Monténègre est devers le su à quarente et deux degrez et demy. Du cap Nègre au cap de la Troye y a dix huyt lieues, et premier que vous venez au cap du cousté de l'ouest, est Polin qui est bon port. Du cap de Troye au cap de Sainct Sevère y a dix sept lieues. Sainct Sevère est à quarente trois degrez et demy, et le cap de Troye à quarente et trois degrez de la haulteur du polle articque. Et entre les deux caps est le port de Civite Vielle² qui est le port de la descharge des navires qui apportent les marchandises à Rome, et auprés du cap de Sainct Sevère est le port d'Ostie, là où descend la rivière Tybere. Ladicte rivière du Tybre passe par la ville de Rome. Rome est une grande ville là où est le siège impérial du sainct Père, et où furent martirisez sainct Pierre et sainct Paul. Ceste ville au temps jadis a seigneurié la plus grande partie d'Azie, Affricque et Europe, et estoyt gouvernée par sénateurs, et estoyent lesdicts sénateurs tous philosophes, fort vieulx en expérience ; et iceulx sénateurs estoyent gubernateurs de la Républicque. Car ilz prenoyent les causes et différendz du populaire en main, et ce pour estre gloriffiez du peuple et acquérir renommée perpétuelle. Car tout ce qu'ils faisoyent, estoyt pour leur fame et renommée. Et durant que ces anciens philosophes la gouvernoyent et gardoyent, fut gardée leur seigneurie très bien, et furent seigneurs de grandes provinces. Car ilz furent seigneurs d'Espaigne, Italie,

1. Capraja.
2. Civita-Vecchia.

France, Grèce, d'Arménye, Sirye, Arabye, Egipte, Affricque, Libye et de Etiope jusques à la grand ville de Méroé et d'Affricque, qui se compte depuys la rivière du Nil jusques à Médie qui est de l'aultre cousté du destroict de Gibaltar. Et ainsi furent seigneurs jusques aux montaignes Attalates. Et toutes ces choses possédèrent les Romains pacifficquement pour raison du bon gouvernement des vieulx sénateurs. Et après furent changez les offices desdicts sénateurs à jeunes gens et jeunes chevaliers, et de vollaige esperit et léger conseil desdicts jeunes gouverneurs, qui ne voullurent ensuyvir le gouvernement desdicts anciens. Et pour la mauvaise administration de justice qu'estoit entre eulx, en advint grandz discordz et guerres. Pour raison desquelles, Rome vint en subgection d'empereurs, le premier desquelz fut Julle César. Et ainsy fut Romme soubz la subgection des empereurs jusques à l'empereur Constantin, lequel, estant empereur, bailla l'empire à l'église au Pape. Et après l'empire de Rome avoir esté subgecte au Pape, a esté perdue toute la seigneurie de Rome en manière que pour le présent, elle n'a point la quinte partie de Italie. Les premiers fundateurs de Rome furent Remus et Romulus frères, lesquelz furent nourriz d'une loupve, et chacun des empereurs après multiplièrent Rome. — Et tournant à la coste de la mer, je dictz que du cap Sainct Serves [1] jusques au cap Dause [2], y a dix huyt lieues. Du cousté de l'ouest de Civite y a trois ou quatre isles entre lesquelles y en a une qui s'apelle l'isle d'Herbe [3], et à environ dix ou douze lieues

F° 71 r°.

---

1. Siberena, dans Ortellius. S. Severina (Calabre).
2. Porto d'Auzio.
3. L'île d'Elbe.

de terre, et est seigneurie sur soy, et est bonne terre, et y a ung bon port et de bonnes villes. Et en ceste isle se ceullent les piarres de dyamant. Et en la mer d'elle, y en a deux ou trois aultres, desquelles y en a une qui a une montaigne, qui toutes les nuictz brusle en feu. Et comme j'ay dict, du cap de Sainct Serves au cap Dause y a dix huyt lieues, et la coste gist est suest et ouest norouest, et est à quarente et trois degrez de la haulteur du polle articque. Le travers du cap Dause, trois ou quatre lieues en la mer, y a deux isles, de quoy l'une desquelles s'appelle Ponce [1], en laquelle fut né Pilate. Et encores aujourd'huy y est la maison où il fut né. Ladicte isle est par les quarente deux degrez et cinquante minutes de la haulteur du polle articque, et a cinquante rochiers à l'entour d'elle, dangereux. Du cap Dause à Garoilan [2] y a treze lieues, et de la poincte de Garrilan à Napples, y a aultres treze lieues, et la route est l'est et ouest et prent ung quart de nord est et surouest. Napples est à quarente et trois degrez de la haulteur du polle articque. Napples est une belle grande ville bien peuplée, la princippalle et cappitalle ville du royaulme. Les gens sont bien dispos. De la poincte de Castelmare [3] au cap de Sallerne, y a vingt et cinq lieues. Et la route est l'est suest et ouest norouest. Ledict cap de Sallerne est par les quarente deux degrez et demy de la haulteur du polle articque. Et en ceste coste y a Solerne, Police [4] et Soales qui sont bons portz. Soales a ung islet au meilleu. Et de Solerne à Belleheure

1. I. Ponza.
2. Ou Garrillan, Garigliano.
3. Castellamare.
4. Policastro.

LA COSMOGRAPHIE

y a dix lieues, et la route gist nordouest, suest et prent ung quart de nord et su. Belleheure est par les quarente et deux degrez de la haulteur du polle articque. Et y a du cap de Belleheure à Resolles[1] trente et cinq lieues, et est la route nord et su, et prent ung quart de nord ouest et suest, et est à quarente degrez de la haulteur du polle articque. Et est, entre les deux, le port de Durasse. Et en ceste coste, en la mer, y a trois ou quatre isles, de quoy l'une d'elle brusle toute la nuict en feu, et ladicte isle s'appelle Boulquan[2]. Du cap d'Arroles jusques à l'isle de Cécille a douze lieues. Ladicte isle de Cécille a trente lieues de longitude et quinze de latitude, et est depuys trente sept degrez et demy jusques à trente neuf et demy de la haulteur du polle articque, et est une bonne isle fertille, la meilleure de toute la mer Méditerranée, et y a de très bonnes villes et grandes, et y a forces bons bledz, vins et bestial. Et en elle se faict du seucre fin, et y a des plus beaulx chevaulx de toute l'Europe pour la guerre. Et y a en ladicte isle troys fort haultes montaignes, l'une appelée Etna, l'aultre Mongible[3]. Et au plus hault de ces montaignes y a ung trou duquel sort une grande flambe de feu. Et quant il flambe, il faict grand bruict. Et cecy cause le souffre qui se faict ; car en ceste dicte montaigne, y a grand abondence de souffre. Et n'est aultre chose, ces montaignes qui brusle la nuict, que souffre qui se faict en ces haultes montaignes en des pertuys qu'elles ont. Et sont comme éventz de la mer. Et tant

F° 72 r°.

---

1. *Rhegium Julium*, dans Ortellius, Reggio.
2. Sans doute l'île Vulcano.
3. Voir plus loin Mont Madonia.

plus haulte est la montaigne, tant plus grand force, il y a, de souffre. Et la raison de cecy est que la terre et la mer n'est que ung corps. Car la mer est aussi bien par toute la terre dessoubz le descouvert comme la mer. Raison pourquoy en toute part que vous persiez la terre, en voullant faire ung puys, n'y a lieu, en la terre, que vous ne trouviez de l'eaue, aulcuns plus proffundz, et aulcuns plus près de la terre, selon la haulteur de la terre. Et debvez sçavoir que en beaucoup de lieux de la terre, à deux ou trois cens lieues de la mer, se trouvent des lacz d'eau sallée, et ne se trouve point d'entrée par où elle soit venue. Et vient de la mer par dessoubz la terre. Et si elle est en terre basse champaigne [1], elle se convertist en sel pour ce que le soleil frappe dessus. Et celle des haultes montaignes ne peult estre ainsi, et de la grande force qu'elle mène dessoubz la haulte montaigne, la fumée escume, monte hault, et se convertist en souffre, et à ceste cause mène ung grand bruict, et aussi bien que le soleil ne peult entrer par le trou de la montaigne. Et cecy faict brusler lesdictes montaignes, et ainsi que en ceste dicte montaigne Mongible y a grande abundance de souffre. Ceste isle fut peuplée de gens d'Italie. Premièrement fut nommé Cicules, et du nom de ce Cicules fut appelée Cécille. L'on dict que Cécille et la terre d'Italye a esté tout ung, mais la mer l'a séparée. Car entre elle et la terre qu'est appellée le Farre de Missine, l'eaue y court terriblement.. Et icy y a une belle ville qui s'appelle Missine. En ceste isle de Cécille y a de bons portz et de bonnes villes. Les meilleures sont du cousté devers l'est, lesquelles on dict

---

[1]. Cette expression de Champagne est pour Alfonse un souvenir de la partie de la Saintonge d'où il était originaire.

que fonda Hercules, et l'une s'appelle Sarragoce [1] de
Cécille, l'aultre Palermes, et l'aultre Missine. En l'est
suest de l'isle de Cécille, vingt cinq ou trente lieues, est
l'isle de Malte, là où se tiennent les Rodiens. Du cap
de Rigiole [2] à Tarente, y a quarente et cinq lieues, et
la route gist nordest et surouest et prent un quart de
nord et su. Tarente est bon port et la ville est forte, et
plusieurs foys assaillye de Turcs de Grèce. Il y a de
Tarente à Villan [3], qui est en Grèce, vingt et cinq lieues.
Tarente est à quarente deux degrez et demy de la haulteur
du polle articque. Et entre les deux est la mer
Adriane qui va jusques à Venise, qui est entre Italie
et Grèce. Et du cap de Tarente tourne la coste d'Italye
au norouest et suest et prent ung quart de l'est et ouest
jusques à Ravaine. Ravaine est à l'opposite de Pise. Et
en ceste coste est la Marque d'Ancconne [4] et la Callabre
au dedans de la terre. Et y a au meilleu d'elle une
haulte montaigne, et sur le hault d'elle y a ung trou
qui brusle aussi, là où l'on dict que au temps passé
estoit la Sibille. Ces gens Néapolitains sont agilles de
leur corps tant hommes que femmes et ne sont point
loyaulx. De Tarente à Ravaine y a six vingz cinq lieues,
et est la coste terre platte en bonne manière, et y a en
elle de bons portz. Italie dure de Tarente jusques aux
montaignes Alpes et est de quarente et quatre jusques
à quarente et sept degrez de la haulteur du polle articque,
en d'aulcuns lieux plus, en d'aultres moins. Tarente
qu'est à la fin de Napples a son grand jour et nuict

---

1. Syracuse.
2. Reggio.
3. V. Velone dans les pages suivantes. Voir aussi Ortellius.
4. La marche d'Ancône.

de quatorze heures et demye; Lombardye et Rome de quinze heures et demye. A Ravaine descend la rivière du Pau, en la mer Adriane. Ladicte rivière, comme j'ay dict, descend des montaignes Lappes (sic) et Adulles et passe par la Campainie et Lombardie, jusques à Ravaine. De Ravaine à Venise y a trente cinq lieues, et la coste gist nordest et surouest. Venise est à quarente et huyt degrez et demy de la haulteur du polle articque, en la haulteur de Paris. Venise est une seigneurie sur soy. Et est assise sur le bort de la mer Adriane, et est une belle ville, plaisante, riche, la plus riche de toute la mer Adriane ny d'Italie. Et quasi par toutes les rues vont basteaulx. Les gens sont belles gens tant hommes que femmes, et se gouvernent par sénateurs, et y a en elle forces marchans qui traictent en toutes les parties par la mer. Ces sénateurs est une manière de gens philosophes, bien expérimentez et gens sçavans ès sciences, lesquelz ne vouldroyent pour riens faire aulcune trahison et maulvais acte. Et ladicte ville de Venise est auprès de Turquie. Du cousté d'oriant tiennent la Grèce, et au septentrion les montaignes Alpes, et est terre fertile, abundante de toutes choses et, comme j'ay dict, sont belles gens, tant hommes que femmes. Ladicte ville a esté fondée de gens de Troye qui vindrent en la compaignie de Anténor par la mer Adriane, quant Troye fut destruicte. De Venise à Bellefort et à Civille la Neufve, y a vingt et cinq lieues et la coste gist nordest et surouest. Bellefort est à quarente neuf degrez et demy de la haulteur du polle articque. Et icy se achève l'Italie et commence la Grèce. Et de Bellefort au cap de Parense y a quinze lieues, et audelà du cap, devers le nordest, est Parense. Et icy descend une rivière grande qui vient des mesmes montaignes Alpes. De Parense [1] jusques à l'isle Mélade qui est auprès du cap Almecain y a soixante et quinze lieues, et la route gist norouest et suest. Entre Parense et Mélade y a dix isles au long la coste et suyvant l'une l'aultre, et sont toutes l'une de l'aultre norouest et suest. Mélade et le cap de Almesse sont à quarente et cinq degrez de la haulteur du polle articque, et la route gist norouest et suest. Et y a entre les deux de bons portz. Parense au septentrion d'elle, entre les montaignes, est la province de Péronnye qui, en nostre langue françoise, est dicte Ongrie. Et en ceste coste, auprès de la mer Adriane de Parense, commence la province d'Esclavonye, et auprès de ceste province est celle de Lybernie, et auprès de la province de Lybernie est celle de Dalmasse, et toutes ces trois provinces sont entre Parense et la ville de Duranse, et entre la mer Adriane et les montaignes Alpes. Et en la province de Dalmasse se achèvent les montaignes Alpes. Et entre Venise et Parense, sont les provinces de Istrye et Cornasye (*ou* Arrnasie), et auprès d'elle, au dedans de la terre, est la province de Dalmasse. En Dalmasse est le port de Duranse, et en ceste coste est la province qui proprement s'appelle la Grèce. La province de Grèce est la plus prouchaine de Macédoine et est devers l'Orient. Et du cousté de l'austre midy est la province de Jonye, en laquelle y a beaucoup de provinces. La première desquelles est nommée Albanye, la seconde Thessalie, la tierce Boesse. Thessalie est auprès de Macédoine et en elle est la montaigne Olype qu'est la plus haulte du monde. Car elle est si haulte qu'elle semble estre au

F° 73 v°.

---

1. Parenzo dans l'Istrie.

dessus de la région d'elle. Les nuées ne peuvent monter au dessus, ny les tonnerres. Et en elle, sur le hault, ne pleut jamais. Et au temps passé, les philosophes y avoyent ung haulté, là où ilz montoyent tous les ans pour faire sacrifice à leurs dieus. Et en estant là, ilz veoyent les nuées et les tonnerres et esclaires, et comment elles se faisoyent en la région de l'air. Et sembloit que, au dessus d'eulx, n'y eust point d'air, et si veoyent comment les eaues se mesloyent avec les nuées. Et pour sçavoir s'il pleuvoit sur le hault de la montaigne, ilz escripvoyent certaines lettres [1] en les cendres du sacriphice, et ainsi comment ilz les escripvoyent, l'aultre année ilz les trouvoyent comment ilz les avoyent escriptes. Et pour ce congnoissoyent que ceste montaigne estoit au dessus de la région de l'air et au dessus de la congélation de la pluye parcequ'ilz congnoissoyent et trouvoyent ladicte cendre telle qu'ilz l'avoyent laissée. Et ainsi estoyt facile à congnoistre qu'ilz estoyent hors de la congélation de la pluye. Et audelà de ladicte montaigne, joinct à la province de Thessellanye et de Macédoine, entre ces provinces et la montaigne, la province d'Archadye là où sont les plus furieux et les plus grandz asnes et meilleurs de tout le monde. En ceste Archadye est le lac appelé Lerne où Hercules tua le serpent Hidre, et le boys où il tua le grand lyon. Thessélanye et ceulx icy sont bonnes terres fertiles. En Thesséllanye est la montaigne Parnase et la ville d'Athènes, laquelle en cedict temps estoit mère des philosophes de Grèce, lesquelz pour lors estoyent estimez les plus sçavans du monde. Leurs successeurs philosophes furent Ypocras et Plato.

1. En tête du folio 74 recto, une carte avec la légende : Terre de Macédoine tenant à la Mourée, au nord de la mer Adryanne à la mer.

Et à ceulx icy tout estoit commun. Et feirent des loix fort utilles pour régir et gouverner la pollice et vie humaine, lesquelles estoyent justes, honnestes et moult proffitables. Et par ceulx cy se gouvernèrent les Romains. De ceste terre, furent Jason, Agamenon et Archades. Et icy aussy est Lacédémonye, laquelle aussi on dict avoir esté mère de philosophes (ou philosophie), dont descendirent ceulx d'Athènes, lesquelz aprindrent à honnorer les vieulx anciens. Et se esmerveilloit on de Athènes, parcequ'il sçavoit la philosophie et qu'il n'en usoit pas d'aultant qu'il ne portoit point d'honneur à vieilles gens. Et ceulx icy de Athènes, en cedit temps, estans assiégez des Persiens et voyans qu'il y avoit longtemps qu'ilz souffroyent ceste peine d'estre assiégez, délibérérent de mourir ou estre en liberté, sortirent de la ville et firent fustes en la mer, et combattirent si furieusement qu'ilz deffirent la flotte desdicts Persiens et les gectèrent hors de leur terre. Et auprés de ceste province cy joinct la province de Achaye et celle de Boesse. En ceste Boesse, est la ville de Thèbes, celle que édifia Pable (ou Paple) Cadine, filz du roy Agénor, lequel luy et aultres enffans furent envoyez par leur père, le roy Agénor de Colques, en Europe, à sercher leur seur, laquelle avoit esté desrobée et mise en une fuste ; laquelle fuste estoit, sur le davant, faicte en fasson d'un thoreau, et l'emmenèrent en Grèce. Et de son nom fut dicte et nommée la terre Europe, parcequ'elle fut royne en icelle. Et quant Cadyne ne la peult trouver, délibéra de faire le commandement de son père et de ne retourner jamais sans elle. Il feit son oraison à l'oracle, lequel luy commanda qu'il suyvit ung beuf en quelque lieu qu'il fust, jusques ad ce que s'arrestast. Et icy fondast une ville, et se arresta là

F° 74 v°.

où est la ville de Thébes. Et icy édiffia une belle ville, laquelle fut appelée Thébes. Et de ce nom Beuf fut nommée la province de Boesse. Cette province de Boesse et celle de Acaye et de Thesselanye tiennent en oriant la mer Jovique qui est dicte Arcipel, et de l'occident à la mer Adrianique. Davant Duracque est Vélone [1] qui est joincte à Anthénes (sic) qui est bon port et est l'est et ouest avecques Tharante qui est au royaulme de Napples. Et de Vélone à L'Ostie y a cinquante lieues et la route gist norouest et suest et prent un quart de l'est et ouest. Et y a en ceste coste de bons portz. Le meilleur de tous est Lupante [2], lequel a davant luy une isle appelée Chaffalonnye. Et de l'entrée d'austre jusques au cap où est le commencement de la terre de la Morée, y a vingt lieues. En toute ceste coste d'Esclavonnye et Morée, en la mer Adriane, y a un grand nombre d'isles. Et en ces vingt lieues de coste de la Morée n'y a poinct plus de largeur de terre, de mer à mer, de quatre ou cinq lieues. Et au bout de l'entrée y a beaucoup de petitz isletz. Et les deux costes gisent l'est et ouest, et ceste cy est la terre de la Morée, laquelle est faicte comme ung pied de poulle ou comme la teste d'une seiche tant elle est forchue. Et y en a quatre principalles. Et, entre l'une et l'aultre, y a mer, et entre l'une et l'aultre y a entrée de mer, et au commencement de ces entrées est large la terre, et à la fin estroicte et la mer large. Du cousté d'ouest et devers l'est, y a beaucoup de petites isles auprès de ladicte terre, et aulcunes isles grandes.

1. Durazzo urbg et Cabo Durazzo, d'après Ortellius, qui l'identifie avec *Epidammus*, colonie de Macédoine ; cet auteur dit, en outre, qu'il ne faut pas la confondre avec Velona.
2. Lépante.

Du cousté de l'ouest d'elle est l'isle de Goulfanet [1], là où il habite forces juifz. Et auprès de la terre de la Morée, là où est le cap Achaye, est la province de Corinthe, là où sainct Paul escripvoit ses épistres. Le cap de Corinthe est à l'austre de ladicte province et est auprès de la Morée. La province de Polliponose est à l'austre de la province de la Morée, et d'icy a prins le nom la Morée. Ceste terre de la Morée est bonne terre fertile de toutes choses et y a en elle de bons portz, et est à quarente et ung degrez et demy de la haulteur du polle articque. Et au suest d'elle est l'isle de Candye, et y a, de l'une à l'aultre, vingt et cinq lieues. Candye est une belle grand isle et a cinquante lieues de longitude, et est instituée l'est et ouest, et a de latitude huyt lieues, et est par les quarente degrez et demy de la haulteur du polle articque, et est terre fertille de toutes choses, et y a des meilleurs vins de toute la mer Méditerrannée. Et d'elle à la terre d'Affricque y a cinquante lieues, et à la terre d'Arménye la Mynor qui est en Azye y a trente et cinq lieues. Entre la terre de Ponte et Arménye la mynor, y a beaucoup de petites isles qui s'appellent l'Arcipel. Et de la fin de la Morée tourne la coste en l'est jusques à ung cap, le premier que vous trouverez en ladicte coste de l'est et ouest ; et dudict cap tourne la coste norouest et suest, et prent ung quart de l'est et ouest. Et y a en la route trente lieues. Ceste coste a, au long d'elle, devers le nordest, l'isle de Négrepont. Négrepont a de longitude quinze lieues, et de latitude trois et quatre lieues. En l'est de Négrepont, vingt cinq lieues, est l'isle de Exiou [2], qui est bonne isle peuplée de Genefvoys, et payent tri-

F° 75 v°.

1. Iles Coulouri ?
2. C'est l'île de Chio.

but au Turc. Du cap de l'isle de Négrepont au cap de Palme y a quinze lieues et ledict cap est à quarente trois degrez et demy de la haulteur du polle articque. Et entre les deux caps y a ung bon port, lequel entre bien avant en la terre. Et du cap de Palme retourne la coste au norouest et suest, trente et cinq lieues, entre deux terres que la mer n'a que huyt lieues de largeur. Et, entre ce gouffre et Macédonne et Thessélanye, est la province d'Epyre. Et en ceste province y a une fontaine, en laquelle si une personne mect ung fallot ou ung cierge, il s'allume et ard ; et s'il est allumé, il s'extainct, et a puissance d'étaindre le feu et de l'allumer, qu'est chose miraculeuse. De ce cap au port d'Hamboille[1] et au cap de Samistye y a douze lieues. Ledict port est dedans le cap. Passé ce port, du cousté devers le septentrion, est le port de Fame[2], lequel a une petite isle davant luy. Et d'icy retourne la coste l'est et ouest jusques à une poincte qui a trois petites isles davant elle. Et icy se faict une mer oblicque en manière d'un gouffre, et a, ladicte mer, dix lieues de largeur, et d'icy retourne encores la coste en l'est jusques au cap de Gallipolle, et y a, en la route, cinquante lieues. Gallipolle est ung bon port, et y a davant luy quatre petittes isles[3]. Avant de venir à Gallipolain y a ung aultre port. Toutesfoiz le meilleur est Gallipolin. Gallipolin est à quarente et cinq degrez de la haulteur du polle articque, et est près de l'antrée de la mer Olipont. Et en ceste coste sont les pro-

F° 76 r°.

---

1. Ambelakia.
2. Orfani, dans Ortellius.
3. En tête du folio 76 recto, figure une carte avec les légendes : Le bout de la terre de Napples qui fait l'entrée de la mer Adryanne, le bout de La Morée, Turcquie tenant à Constantinoble, une partye de l'Archippel, Candye.

vinces Pelliponéses et Chérenèses. La Chérénèse [2] est du costé de l'austre midy de Gallipolin. Et celle de Pelliponèse est en occident auprès de la province de Espire. Et au septentrion de ceste cy est la province de Trazie qui est auprès des montaignes Orballes et Thraces. Ceste terre est fertile; les gens sont furieux et maulvais. Et sont les principalles provinces de la terre de Grèce et de Macédoine. Trazie est à la descente des montaignes et de Macédoine. D'icy a esté Alexandre le grand, filz du roy Philippes. Cestuy Alexandre fut celluy qui conquesta Azie et Libye, Judée, Arabye, Egipte, et estoit ung homme noble, vaillant et de grand prouesse; et si ces subgectz l'ussent voullu croyre, il eust conquesté tout l'universel monde, tant estoit preux et vaillant. Grèce est bonne terre et fertile, bien peuplée de gens agilles et belliqueux, et y a en elle abundance de mestaulx. De ceste terre ont esté les plus vaillans chevaliers de toute l'Europe et les plus sçavans philosophes. D'icy furent Jason, Hercules et Alexande le grand, et d'icy furent les philosophes nommez Aristote et aultres, lequel Aristote estoit maistre de Alexandre le grand. Et estoit, ledict Alexandre, de Macédoine, combien que les Espagnolz veullent dire qu'il estoit de Corde en Espaigne.

Passé le port de Gallipolin, se faict ung cap de terre, et, passé ledict cap, tourne la coste nordest et surouest, et en ceste coste est la grand ville de Constantinoble, laquelle est une des plus belles et grandes villes d'Europe. Et de ce cap de Gallipolin à la terre d'Arménye la minor, n'y a que une petite lieue de mer, et cecy est le

1. Chersonèse.

destroict de l'entrée de la mer Olipont. Et icy fut où Césser, roy des Persiens, feit le pont des navires pour passer son nau contre les Grecz et Macédoniens, auquel les Grecz rompirent le pont et le déchassèrent de Grèce par force d'armes. Alexandre le Grand, filz du roy Philippes de Macédoine, en se voullant venger du roy Cersés, passa en Azie et print toute ladicte Azie et la Perse et Médye et l'Indye jusques à la rivière Ympanis [1] ; et delà s'en retourna en Babillone avec ces gens, et delà expédia tous ceulx qui s'en voullurent retourner en leur pays de Grèce, et leur donna de grandz dons ; et aulcuns demourérent avec lui qui ne le voullurent abandonner. Et après, parce qui ne s'en voullut retourner en Grèce, luy baillèrent de l'herbe de poison de laquelle il mourut [2]. Et après furent marriz de sa mort, eulx voyans desnuez de conseil. Et icy furent divisées ses terres et seigneuries à tous ses chevaliers. Et tumba pour la part Ptholomée, son grand amy, la partie d'Egypte. Lequel print le corps dudict Alexandre le grand et le feit porter en la ville d'Alexandrie, laquelle il avoit fait édiffier pour illec estre ensepvely. Il est certain que ledict Alexandre conquesta jusques à la rivière du Gange. Et icy lui sembla estre seigneur de l'universel monde, et Aristote luy dist que jusques adce qu'il eust faict descouvrir ladicte rivière tout de long, qu'il ne se dict poinct roy du monde universel. Pour ce envoya deux cappitaines en deux fustes par la rivière, lesquelz furent par ladicte rivière l'espace de trois moys, et vindrent jusques à ung chasteau nouvellement basty

1. L'Hyphase ; aujourd'huy Le Bia, rivière de l'Inde.
2. Alfonse se fait, comme bien d'autres, l'écho de l'empoisonnement d'Alexandre par Antipater.

et fort riche d'or et de pierres précieuses. Et, audict chasteau, y avait une chaine qui traversoit ladicte riviére de l'aultre cousté, et travaillèrent bien de passer oultre. Mais oncques ilz ne peurent passer [1]. Et en regardant à une fenestre, virent ung homme fort vieulx, lequel avoit la barbe toute blanche, et se rioit d'eulx ; auquel demandèrent pourquoy il se rioit ; ausquelz feit response qu'il se rioit, parcequ'ilz voulloyent passer de l'aultre cousté, parce que jamais n'y passa qui en peult retourner. Et, à l'heure, le viel homme leur demanda qu'ilz estoyent. Et ilz luy dirent qu'ilz estoyent à Alexandre, seigneur de l'universel du monde ; et il leur dict : « Retournez vous en et vous en allez devers luy, et luy dictes qu'il n'a pas conquesté la quarte partie du monde. » Et tira, ledict viel homme, ung haneau hors de son doigt, auquel y avoit ung oeul au lieu d'une piarre, et estoit ledict ocul d'une personne humaine, et leur gecta dedans leur navire, usant de telz ou semblables motz : « Allez, retournez audict Alexandre et luy baillez cest haneau, affin qu'il croist que vous estes venuz icy, » ce qu'ilz feirent. Et eulx, de retour, trouvèrent Alexandre auprès de la riviére et luy baillèrent ledict haneau, et lui dirent ce que le viel homme leur avoit dict. Alexandre feit appeler ses philosophes pour sçavoir que signiffioit cest haneau, ce qu'ilz ne peurent dire. Et lors ilz feirent venir Aristotéles auquel il demanda que signiffioit ledict haneau, et il luy dist : « Seigneur, garde le bien, car il vault plus que tout le trésor que tu possède. » Et luy demanda comment

F° 77 r°.

F° 77 v°.

---

1. En tête du folio 77 recto, une carte avec les légendes : Turquie auprès de Constantinoble, l'entrée de la mer Allipond.

le sçavoit ; or, dict Aristote : « Je le monstreray. » Et feit faire ung poys et une ballance. Et Alexandre mist toutes ses bagues, joyaulx et richesses dedans une desdictes ballances, et Aristote print l'anneau et le mist en l'autre ballance. Et pesa ledict haneau plus que toutes lesdictes bagues, joyaulx et richesses dudict Alexandre. Puis, après feit oster tout le trésor dudict Alexandre, et, au lieu d'icelle, mist une paille, et pesa ladicte paille plus que ledict haneau, combien qu'il feist adjouster et mectre une poignée de terre dessus ledict oeul. Cela voyant, Alexandre se troubla fort, auquel dict Aritoste : « Seigneur, cest haneau vault et pèse plus que tout ton trésor, et couvert de terre ne pèse pas une paille. Ainsi sçauras tu quant tu seras couvert de terre, et le garde bien, car cestuy icy est l'universel monde de quoy tu dictz estre seigneur. » Et Alexandre dist audict Aristote : « Parceque tu veoys que je ne l'estime point, regarde. » Et print ledict haneau et le gecta en la rivière en disant qu'il ne l'estimoit point. Et après estre gecté en l'eaue, il demoura dessus comme une plume, et commença à regarder Alexandre, et veid comment il s'en alla toust la rivière en hault dont il estoit venu, et, en regardant, le perdit de veue, et demourèrent tous esbahis et esmerveillez. Et de ceste occasion, Alexandre s'en retourna, et dict l'on qu'il est vérité qu'il envoya certains cappitaines par la mer, lesquelz entrèrent par le Gange, et s'en retourna Alexandre à Hipanise [1], qui est auprès du Gange. Et veullent dire aulcuns que Paradis terrestre est aux montaignes qui sont auprès du Gange, du cousté du septentrion. Retournant à

---

1. Serait-ce Hyphasis, affluent de l'Indus et qui est au nord des sources du Gange ? V. plus haut.

nostre propox, les Grecz et Macédoniens, au temps de Jason et Hercules, estoyent gens qui ne sçavoyent combattre en guerre et n'usoyent point d'armes. Ceulx d'Italye les vainquirent légèrement et quant ilz ce veirent subgectz, se accoustumèrent aulx faictz d'armes, et furent si fortz et vaillans que les histoires ne font mention de si vaillans gens que eulx, au temps passé, dont doibvent prandre exemple tous princes et seigneurs qui ont charges de deffendre et gouverner le peuple, de faire user et tenir armes à leurs subgectz et user d'icelles, et à icelles s'exercer. Car elles font les hommes estre hardiz. Beaucoup de choses se pourroyent dire de Grèce, mais pour le présent il suffit. Car ce ne faict riens à nostre matière. Et de Polistre [1] va la coste jusques au cap de Constantinoble qui est l'entrée de la mer Echoine dicte Olypont. Constantinoble est ung bon port et belle ville grande, et est la principalle ville de l'Empire de Constantinoble et de toute la terre de Grèce, et est selle en laquelle a eu plus de faictz de guerres que en toutes les villes du monde, après Rome, et a eu son nom de l'empereur Constantin, lequel feit faire le palais royal; et a esté longtemps possédée par les Romains, et de présent la possède le grand Turc. Et du cap de Constantinoble tourne la coste par la mer Echoine [2] au nord et quart de norouest, quarente lieues, jusques au port de Moncibre qui est bon port. Et icy y a une belle ville. Constantinoble est à quarente et six degrez de la haulteur du polle articque. Et Moncibre [3] est à quarente et huyt. Et de Moncibre gist la coste l'est et ouest jusques

F° 78 r°.

1. Gallipoli.
2. C'est la traduction d'*Axinus*, nom donné à la mer Noire.
3. Misivri (Bulgarie) ou Mesembria (Roumélie orientale)?

au cap de Nanne ¹. Et du cap de Nanne tourne la coste au nord norouest quinze lieues, jusques au port de Barice. Et d'icy en avant commencent les goutières des eaues qui viennent à la rivière du Dénube. Et icy s'achève la Grèce qui est à présent dicte Turquye. Barice est bon port, et descend en luy une bonne rivière et icy vint Jason quant il admena Médée de Colque ². Et icy est le Velosme doré lequel gaigna Agénor quant leur père les admena (*ou* envoya) en Europe sercher leur seur Médée. Du nom d'elle s'appelle la terre Europe. Icy est la province de Mize. Depuys le port de Barice jusques au cap de Pagalin y a vingt et cinq lieues. Et est Pagalin ³ du cousté du nord à quarente et neuf degrez de la haulteur du polle articque, et, entre les deux, le port de Caratre. Et, entre le cap et le port, descend la rivière du Danubre en la mer Olipont, et à sa descente faict cinq entrées. Et auprès ladicte rivière du Danubre est la génération des Troglodites qui sont maulvaises gens et grandz larrons. Et est la coste montaigneuse et piarreuse et stérile. Et du Danubre à la rivière Boristène ⁴ y a quarente lieues. Et la coste gist nordest et surouest. La rivière du Danubre descend de la montaigne Adulle qui est à la fin des Lapes ⁵, là où se commencent les haultes Allemaignes, lesquelles l'on appelle proprement Germanie. Les gens de ceste région et le long du Rin dient qui sont de la génération de France, et sont amys les ungs et les aultres, et se ressemblent

1. Cap Eminé.
2. Colchide.
3. Cap Kali-Akra (Bulgarie). *Pelagiscus*, dans Ortellius, *Thesaurus geographicus*. Anvers, off. Plantiniana, 1596.
4. Boristène, fleuve de Samartie, aujourd'hui le Dnieper.
5. Les Alpes.

comme frères et s'appellent Germains. Ceste rivière du
Danubre est une des plus grand rivière d'Europe. Et icy
viennent toutes les eaues d'Allemaigne et de la montaigne Nègre et des montaignes de Boesse et une grande
partie des Alpes, du cousté du septentrion, et des montaignes Rufées. Ceste rivière, le commencement de sa
naissance, vient des Alpes du cousté de l'austre midy,
et s'assemblent avec elle les eaues de la montaigne
Adulle du cousté d'oriant; et la plus grand force des
eaues d'elle viennent de la montaigne Adulle et passent par la province Suévye qui est prouchaine de la
province Constancie. Et plus en oriant, est la province
de Bavière, laquelle tient du cousté d'occident. La Suévye est du cousté de septentrion. La province de Oister [1] et la province de Rabonne [2] et celle de Patanye [3].
Et cecy est aux descentes des montaignes de Boesmes,
du cousté d'oriant d'elles. Entre les montaignes et le
Danubre, du cousté de l'austre midy, sont les montaignes Alpes. Et en oriant, à la descente des Alpes, du
cousté devers le nordest d'elles, sont les provinces
Cicye [4] et Sirye. Et ont à l'oriant d'elles, la province appellée Austre. Et du cousté devers le midy, devers le su de
la province d'Austre, est la province de Marcquacirie [5] qui
est au long la rivière appellée Pétranye [6], qui est une bonne
rivière et descend en la rivière du Dénubre. Austre, en
oriant, auprès d'elle, joinct, avec elle, la province Alba-

---

1. Autriche.
2. Ratisbonne.
3. Pannonie?
4. Il y avait la ville de Siscia dans le royaume des Ostrogoths.
5. Marche de Styrie ou de Steyer?
6. Sans aucun doute la petite rivière de Petrinia, affluent de la Save, et sur laquelle se trouvait la ville qui porte aujourd'hui ce nom.

régale et la Grambide qui sont provinces. Et après celles icy est la province de Panonye la grande et Panonye la petite, et ceulx icy ont, au septentrion d'elle, Ongrye. De l'austre cousté du Dénubre, entre la montaigne Carpate et le Dénubre, est la province de Panonye. Et, à l'austre midy de toutes ces provinces, sont les provinces d'Esclavonye qui sont au long la mer Adriane. Ongrie est royaulme sur soy et est bonne terre, et d'Ongrye en oriant sont tous Turcs. Les gens d'Ongrie sont petitz de corps, bien formez et vaillans gens, fort robustes, de dures conversations, et ont de fort bons chevaulx légiers. La terre est bonne terre fertille, et se ceulle, au long les rivières, de l'or fin, et aulcune partie est déserte. Et aux désertz y a forces bestes saulvaiges, et de belles rivières, estangs et fontaines d'eaue doulce, et y a de belles villes. Et les plus grandes d'Ongrie sont celles cy, la ville de Bude. Austrie est une grande province et est la plus prouchaine d'Ongrie, et y a de bonnes villes et de bons chasteaulx, et la plus grande d'icelle est la ville de Vienne. La terre est bien fertille de tous vivres, excepté de vins. Mais est terre froide, et y a forces chasses et délectations de toutes choses. Les gens sont belles gens, bien dispostz (*ou* despotz), adonnez à la chasse, et sont de bonne complexion, et les plus gracieux de toute l'Allemaigne, lesquelz sont fort adonnez à plaisance. Ceulx d'Austrie et d'Ongrie sont voisins et prouchains voisins des Turcs. Et de ces provinces, au long ses rivières du Dénubre jusques à la mer Olipont, sont tous Turcs. Et tout au long la costé de la mer, et vers le fondement de la rivière d'où elle vient, sont tous Xprestiens, et s'appellent les Allemaignes. En oriant d'Ongrie sont les provinces icy nommées, la province d'Aucastre (*ou* d'Ancastre) et la province de Transilvanye et Vallachie la grande, lesquelles sont toutes entre la rivière du Dénubre et les montaignes Carpates et Silvye, Incinye (*ou* Jucinye) et Dacye, qui sont toutes montaignes ainsi appelées. Panonye est en oriant, à l'austre midy de la rivière du Déneuble. La province de Panonnye est entre le Dénubre et les montaignes de l'austre midy. Et la province de Bocinye et Servye qui sont au septentrion de Dalmacie, depuis Missye et Dardanie, qui sont auprès du Dénubre et les gens Troclodites, toutes ces terres sont à la subgection du Turc. Et auprès de la province Troclodite est la province que l'on appelle la Grand Turquye qu'est en la terre de Missye. Tous les gens d'au long la rivière du Dénubre et Troclodite, sont maulvaises gens et grandz guerriers. La terre est bien fertille de pain et de bestial et d'herbaiges. Et la terre est fort froide au long la rivière du Dénubre, et ont leur grand jour et nuict de dix sept heures, et ceulx de Grèce, de quinze et quinze et demye. Vers le septentrion du Dénubre, auprès de son entrée en la mer, est la province de Missye la Basse, et se dict ainsi Basse pour ce que toutes les choses qui sont auprès de la mer s'appellent la Basse, pour raison que toutes les eaues et rivières descendent en la mer ; et n'y descendroyent pas si la mer n'estoit plus basse que la terre. Et pour ce se dict la province de Missie la Basse, comme nous disons la Basse Bretaigne, la Basse Normandie et la Basse Bourgongne. Et aussi s'appellent les gens Dacces et Misses, comme nous appellons les Bretons et les Françoys. Et de ceulx icy y en a deux nations. Les ungs habitent aux montaignes et les aultres le long des rivières du

Dénubre. Et ceulx cy ont esté ung temps qu'ilz ne sçavoyent que c'estoit que de la guerre, ne armes, et vivoyent communément les ungs avec les aultres, de sorte que tout estoit commung entre eulx. Et leur mangé estoit chose de bestial comme chair, lait, beurre et fromaige, jusques ad ce qu'ilz eurent pour seigneur et cappitaine ung nommé Barronis, ung homme vaillant chevalier et noble, lequel leur montra à jouer de toutes armes, et en peu de temps furent dextres aux armes. Et ainsi dextres aux armes, passa avec eulx la rivière du Dénubre et print et conquesta la province de Thracie et la Grèce, et l'Italie et Lombardie, et toutes les provinces au delà du Dénubre. Et passa les montaignes Alpes et conquesta la Gaulle et Espaigne et une grand partie de la Germanye. Et feit beaucoup d'aultres choses en armes. Et, après sa mort, se divisèrent et départirent ses terres et seigneuries en beaucoup de provinces. Et les Romains en eurent une grande partie. Et depuys, en la terre de ceulx icy, en y eust ung nommé Gipte, lequel vint en Grèce et apprint la philosophie, et delà se passa en Egipte. Et puys après revint en sadicte province de Egypte, et remonstra à son Roy à honnorer les Dieux que en cedict temps ilz adoroyent. Et se feit adevin, et disoit les choses venues et à venir, de manière qu'ilz croyent en luy comme en Dieu, et estoit conseil et conseiller du Roy de ladicte province. Et s'enferma dedans une cisterne, et icy faisoit vie sollitaire et de pénitence. Et nul ne descendoit avec luy, sinon la personne du Roy, et celluy qui le servoit, et jamais ne voullut prandre famme ny aulcunement les veoir. Et d'icy demeura exemple, que ceulx qui seroyent au service du temple, n'auroyent point de femmes ny ne les verroyent point et ne mangeroyent point de chair, parcequ'il n'en mangeoit point. Et cesdictes gens Gétes ne mangeoyent point de chair et vivoyent de lait et de fruictz et d'aultres choses. Pour raison de quoy les moines et religieux ont ensuivy sa doctrine, que beaucoup de foys ne mangent point de chair, et d'aulcuns n'en mangent jamais. Et encores, à ceste heure, ces gens Gites vivent de ceste loy, et sont vaillans gens, et leur sont toutes choses communes, et ne congnoissent choses leur estre propres et à eulx appartenir, si non la lance et l'espée, et en manière que les femmes et les enffans sont communs. Et en yver ilz habitent au long la rivière du Dénubre, et en l'esté sur le hault des montaignes, et ne font point de mal qui ne leur en faict. Et qui leur en faict, ilz se déffendent vaillamment ; et ne font point de maisons, et habitent parmy les champs en cybanes (sic) et tantes et en cavernes. De la nation de ces Gites, sont venuz les Roys de France et de la Germanie, lesquelz nous appelons Gotz, car Gite est à dire Gotz. Il y en a aulcuns qui veullent dirent qu'ilz viennent de Gozie et de Paponnie, lesquelz proprement sont appelez Paponnez et Gotz. Toutesfoys ilz sont venuz de ces Gites qui sont les plus vaillans gens de toute l'Europe. Vous debvez sçavoir qu'ilz dessendent des Gectes qui sont au long le Dénubre, et Gétes est à dire Goce. A ceulx icy Gites, passa le roy Alexandre de Macédoine pour les subjuguer. Mais il les trouva si fortz qu'il ne les peult jamais gaigner, sinon qu'ilz luy laissèrent les champs au long la rivière, et se retirèrent aux montaignes, et la tindrent fort. Et luy voyant qu'il ne pouvoit riens faire, les laissa en pacience, et feit paix avec

F° 80 v°.

culx. Auprés de ceulx icy, devers le septentrion, est la Rousie, auprès des montaignes appellées Silves [1] et Jacinies, ceulx icy, du cousté d'oriant, en la province de Nomandes (*ou* Nomaudes), qui est entre le Dénubre et la rivière Boris, qui est au long la coste de la mer, et le peuple s'appelle Latifaige. Et ceulx icy vivent comme pasteurs, et, pour ce, on les appelle Nomades qu'est à dire pasteurs, et vivent justement et communément. Ceulx icy et les Gètes sont les plus justes que l'on puisse treuver en toute l'Europe. Entre eulx et la rivière du Dénubre, est la province de Messie la petite qui joinct au Dénubre, là où est la ville de Ballachie. La rivière de Boris est bonne rivière et descend de deux lacs. Et de ces deux lacs va en deux rivières jusques à descendre en la mer. L'aultre se nomme Amade, et c'est icy Boris, et en d'aulcuns lieux s'appelle Risée (*ou* Rusée). De l'entrée de ceste rivière Boris jusques à l'entrée de la terre des Bauffores que nous appellons à ceste heure Rossye, et y a vingt cinq lieues, et la route est norouest et suest. De la poincte de Bauffore et de Rosye jusques à l'entrée du lac Méotudis, la coste gist l'est et ouest, et au dedans du lac, tourne la coste à l'ouest. Le destroict n'a que demye lieue de mer, et d'icy gist la coste du lac, l'est et ouest, et prent ung quart de nordest et surouest jusques à la rivière Tanaïs qui faict la séparation d'Europe et d'Asye. Ceste rivière vient de deux grandz lacz, et à l'heure qu'elle sort desdictz lacs, se sépare en deux, et [2] l'une vient tumber en le lac

---

1. « Plusieurs isles et moutaignes qui sont dictes Petronnisse. » Parmi elle se trouve l'île de Silve. (Denis Possot, *Voyage de Hierusalem*, publié par M. Charles Schefer, dans le *Recueil des Voyages*, pp. 113 et suivantes).

2. La carte placée en tête du folio 81 porte les légendes suivantes : Fin d'Eu-

Méotidis qui descend en la mer Olipont, et l'aultre descend en la mer Goticque, et ainsi font d'Europe une isle. Et à la descente de la rivière Tanaïs, y a une grande isle faicte en fasson d'une forme de soulier, laquelle faict le lac Méotidis. Ladicte isle a bien soixante lieues de longitude et a bien trente et cinq lieues de latitude. Et en ceste coste habitent les Cites, lesquelz reçoipvent amyablement les hostes, et après qui les ont reçeu en leurs maisons, les tuent et les mangent, et beuvent leur sang meslé avec du lait, et sont mauvaises gens et vivent comme pasteurs. La plus grand part de la terre est bonne et abundante d'herbaiges. Et au long la coste de la mer, en beaucoup de parties, est fort piarreuse et montaigneuse. De ces Cites sont deux nations. Les ungs vivent au hault des montaignes et les aultres au bas. Et les montaignes en quoy ilz vivent, sont auprès des montaignes Ruffées. En l'yver ilz descendent bas auprès de la mer à cause du froig, aux lieux là où sont les gros hairs, car ilz n'y sentent pas tant le froig. Entre ces Cites et la rivière de Tanaïs, est la province de gens appellez Salmates. Et en ceste Salmacie est l'autel Ara de Auguste César, auprès des montaignes Ruffées, et celluy de Alexandre le Grand, laquelle ilz laissèrent en mémoire qu'ilz conquestèrent jusques icy, chascun d'eux, en son temps. Ceste rivière du Tanaïs est une fort grande rivière et descend en la mer par deux goulles, et, à sa descendue, faict une isle grande, en laquelle y a une belle ville qui s'appelle Tanaïs, de quoy la rivière porte le nom, où se faict beaucoup de trafficques de toutes les parties. Ladicte rivière, comme j'ay dict, des-

roppe. — Commencement de l'Asie. — Lac Méotudis. — Isle Méotudis. — Font de la mer Allipont. — Terre de Colleque.

cend de la montaigne Ruffées, d'un grand lac qui est en dessus de ladicte montaigne, et au pied de ladicte montaigne se faict aultres deux lacs. Et une partie d'elle s'en va en la mer Goticque et l'aultre vient tumber en la mer Méotidis. Et ainsi comme vous sortez du lac, est le ara de Alexandre le Grand de Macédonne (*ou* Macédoine). Entre les deux rivières, y a une génération des gens appellez Sacque qui sont comme Cacous [1]. Ces montaignes Ruffées sont fort haultes et sont toute l'année couvertes de neiges, et sont en fasson d'un pinier, et est la terre tant froide que les eaues, la plus grand part de l'an, y sont toutes glacées. Et les glaces sont aussi dures commes pierres. Et de l'aultre cousté des montaignes Ruffées, devers le septentrion, y a une génération de gens que l'on appelle Salmaces, et sont saulvaiges. Les montaignes commencent en Allemaigne et en Boesme et vont jusques à la Indie oriental, et en plusieurs lieux changent de nom. En d'aulcuns lieux les appellent montaignes Perborrées [2], et en d'aultres Casioses, et en d'aultres Mazones [3], et en d'aultres Hamahées [4], et aultres, montaignes Péminées selon les langues diverses qui sont par le monde. Toutesfoys, à son commancement, sont appellées Ruffées et sont unes et tenantes aux montaignes d'Allemaignes. Et toutes sont froides, haultes et pleines de neiges. Et cecy sont toutes les provinces et rivières et montaignes d'Europe. Et plus avons dict d'elle, est bien raison venir aux aultres, pour donner fin à notre œuvre, de quoy s'ensuit.

1. Cosaques.
2. Monts Hyperborées.
3. *Mazusia, in Chersoneso Thrac. promontorium* (Strabon, Ed. Didot, p. 283); *Mastusia* (Ptolémée).
4. *Hemus mons* (Ptolémée).

Puisque nous avons parlé de Europe et de la terre de septentrion, du cousté de Norovègue, c'est raison que nous parlions de l'Azie et des terres du septentrion devers la Tartarie. Ceste Azie se divise en deux parties par la montaigne Thaure, laquelle commence auprès de la mer de Rodes et va jusques à l'Inde Oriental. Et une des deux parties est à l'austre midy, là où est la Cirie, Arabie, et Egipte et Mésopotamye et Susye et Perse, et Carménye[1] et l'Indye. Et l'aultre partie est au septentrion de ladicte montaigne, là où est Arménye et Colques et Ibérie, Albanye, Médye et Thracie, jusques aux gens Batrianes et Cites. Et tout au long la mer Caspie, et en la mer Orcane, est ceste seconde partie qui est au septentrion, se commence de la rivière Tanays qui départ Europe d'Azie. Et de ceste icy parlerons premièrement. Je dictz que, passé la rivière de Tanays, est une partie d'Azie, laquelle, sellon mon opinion, est aussi grande que Europe et Affricque. La première province d'Azie, auprès de la rivière Tanays, est la province de Salmacie[2], laquelle, en elle, a beaucoup d'aultres provinces. Et auprès de la rivière Tanays, à sa descente en la mer Méotides, la coste gist norouest et suest, jusques à l'entrée de la mer Olipont. Et y a, en la route, de l'un à l'aultre quarente lieues ; et cecy est la latitude de ladicte mer, et a quatre vingtz lieues de longitude. Et comme j'ay dict, a une isle grande qui la sépare de la mer Olipont en fasson d'une forme d'un soulier. Ladicte entrée de la rivière Tanays est à cinquante et trois degrez de la haulteur du polle articque. Et l'entrée de

---

1. Carménye. Garamanie (Ptolémée). Garamanie (La Martinière, *Dictionnaire de géographie*).

2. On trouve Salmacis dans la Carie, chez les Parthes, en Asie.

la mer Méotidis (*ou* Méotides) est à cinquante et ung degrez de la haulteur du polle articque. Ledict lac Méote, l'on veult dire, que c'est l'oeul de la mer Olipont et de la mer Méditerranée et Adriane. Et cecy pour raison qu'il n'y a point de fond ny lieu où l'on en puisse trouver. Et de l'entrée de la mer Méotidis jusques au port de Trapolin [1] y a soixante et quinze lieues, et la route gist l'est et ouest. En ce port de Trapolin descend la rivière Corasse. Et en ceste coste y a de bons portz, et depuys le Tanays jusques icy, habitent les gens Baufforanes [2] qui sont bonnes gens et secourables. Et par leur province passe la rivière Nadamis qui est une bonne et grande rivière et vient de la montaigne Cascose auprès de la rivière de Thanaée [3]. Et auprès de la mer est le lac appellé Corrocondane [4], et auprès de la ville nommée Fanagorye, dont sont les gens qui s'appellent Scindices [5]. Au temps passé, le pays estoit habité de géans, et sont encores, à ceste heure, grandz hommes, lesquelz en cedict temps, prindrent la terre des Baufforanes; et lesdictz Baufforanes furent en Grèce demander secour à Hercules, lequel les secourut et ayda, et les gecta

---

1. Voir plus loin. Il s'agit vraisemblablement de Trajanopolis, placé sur le Maritza (l'Hèbre des anciens) qu'Alfonse met à tort sur la mer Noire (V. note de M. Schefer, dans le *Voyage d'outre-mer de Bertrandon de la Broquière*, p. 179 ; La Martinière, etc.). — Il y a dans Ptolémée, Tiraspolis, Misie inférieure à côté du Boristène ; — Voir aussi *Tyras civitas*, avec la note dans l'édition de Ptolémée de 1541 ; « *Tyram et Ophiusam unicam civitatem facit Plinius*. » — A moins que ce ne soit Trébizonde, Trapezus (Ptolémée), nommé Tarabossan par les Turcs (Ortellius, *loc. cit.*).

2. On lit aussi bien, Bausforanes *ou* Baufforanes, chaque fois que le nom se rencontre dans le texte.

3. Rivière Thanaée. — Le Don, nommé Tana par les Italiens (Ortellius).

4. Lac Corrocondane. — *Corocondama peninsula* (Pomponius Mela, Strabon, Ortellius).

5. Scindices. Les Scythes ?

hors de la terre. Passé l'entrée du lac, la terre est stérille, montaigneuse et piarreuse, et les gens sont maulvais, et sont larrons et grandz escumeurs de mer, et vont en fustes [1], vingt et trente ensemble; et vont en d'aultres parties desrober. Et quant ilz sont en estranges pays, ilz caichent leus fustes parmi les boys et buissons, car elles sont petites, et s'en vont guetter les chemins et prenent gens et bien et tout, et les rançonnent, et après qu'ilz les ont rançonné, leur dient : « Allez vous en gaigner d'aultre, car nous serons bientost avec vous. » Et ainsi est leur vie de desrober, et ne font aultre mestier. Et ne font point de maisons pour eulx loger, tant seullement leurs fustes. Au septentrion des Baufforanes y a une aultre génération qui s'appelle Saurromanes [2]. La terre de ceulx cy commence depuys le Tanays jusques aux montaignes Iperborés qui sont montaignes septentrionnalles en la Tartarie, de là où mesme descend une partie de la rivière Tanays. L'on dict que ces Saurromanes descendent des femmes Almazones, lesquelles, après avoir perdu leurs maritz, vindrent habiter auprès de la rivière Termodante [3], et prindent guerre avec les Saurromanes. Et après s'accordèrent que les Saurromanes viendroyent trois moys de l'an habiter avec elles, qui est apvril, may et juing, et que si elles engroussoyent et eussent filles, les tiendroyent avec elles, et si elles avoyent enffans, les nourriroyent deux ou trois ans, et puys s'en iroyent habiter avec leurs pères.

---

[1]. Petits bateaux à rames. V. Jal. *Gloss. nautique*, v° *Fusta*.
[2]. Sauromates (Hérodote). Les Sarmates.
[3]. Thermodon (Sabbathier. *Dict. pour l'intelligence des auteurs classiques*, etc.), ville bâtie par Thomiris, reine des Amazones. — Aujourd'hui Thermeh, rivière du Pont.

Des enffans Almazones vindrent les Saurromanes, lesquelz sont entre l'entrée du Tanays et le port de Strapolin, au long la mer, et en la montaigne Corrasse [1]. Du port de Trapolin jusques au port de Carsallye [2] y a trente lieues [3], et la route gist norouest et suest. Carsallie est à quarente et huyt degrez de la haulteur du polle articque, et Trapolin à quarente et neuf degrez. En ce port de Carsallye descend la rivière Fassis [4] qu'est une grande rivière et bonne, et faict ung bon port. Icy est la ville appellée Fassis [4], entre la rivière et ung grand lac qui est auprès d'icelle rivière. La ville est une grande ville et belle. Et icy est la province de Colques [5], là où Jason print Médée. Ceste province dure jusques auprès des Nomades et auprès de la rivière Corasse. Ceste province de Colques est grande province, et est bonne terre, et est montaigneuse, et y a en elle forces pins et sappins, et se faict en elle force brest et rosine et gouldrons, et aussi y a forces mihes (ou mihos) et cires, et chambres et lins, lesquelles marchandises se trafficquent en beaucoup de parties, aussi en Dazie comme en la Germanie, comme en toute l'Europe. Et ceste cy est la terre appelée Créthe, qu'est bien meilleure que la Grèce, car elle est fertille, et y a en elle abundance de toutes choses. Et ceste

---

1. Ce mot rappellerait la forme *Coraxicum* appliquée au Caucase (Ortellius, v° *Caucasus*).
2. Voir *Carsææ Asiæ minoris gens* (Polybe), ou Carse, Cars (Ortellius).
3. Une carte placée à la marge du folio 83 recto porte les légendes suivantes : Terre de Constantinoble auprès du cousté d'Azie ; terre tenant à la terre de Colque.
4. Phasis, Phase, rivière de la Colchide, qui tombe dans le Pont-Euxin, près de la ville de Phasis (aujourd'hui Poti). Phasis (Ortellius). C'est le Fasi actuel qui se compose du Phase et du Rioni.
5. La Colchide (Ortellius).

mer, jusques à Constantinoble, s'appelle la mer Olipont, et a de longitude deux cens trente lieues, et, de lactitude, pour le droict du lac Méote, a soixante et dix lieues. Et du cousté de la riviére Boris [1] a six vingtz lieues de latitude. Et en oriant de ceste mer Echoine, appellée Olipont, est la mer Caspie, et y a, d'une mer à l'aultre, six vingtz cinq lieues. Et peuvent aller par la riviére Fassis jusques à une riviére qui vient des montaignes d'Arménye et des montaignes Cascoses. Et icy se faict ung destroict lequel fault passer entre deux roches. Et icy y a ung fort chasteau qu'est pour garder l'entrée, et s'appelle le Port Cascose. Et par icy l'on peult aller à Ybérye. Et quant Alexandre le grand de Macédoine passa le port Caspie qui est aux montaignes Caspies, il vint aux riviéres Oxe [2] et Laxate [3]. Icy rencontra les gens appellez Cites et pensa avoir passé les portz Cascose. Et cecy estoit le Tanays, et jamais ne vint Alexandre jusques à ceste terre. Toustefoys il pensoit estre venu jusques icy. Et de ce chasteau les eaues courent, en occident, à la riviére Fassis, et descendent en la mer Olypont. Et passé ledict chasteau et le port, les eaues courent en oriant à la riviére appelé Cirot [4] et de là s'en va tumber en la mer Cachepia (*ou* Cachepin). Passé ce port est la province d'Ybérye, et, du cousté de l'austre midy, sont les montaignes d'Arménye et les montaignes Mestes, et devers le septentrion de ladicte province, sont les montaignes Cascoses. Et du cousté d'oriant, devers ladicte province, est Albanye, et devers

F° 83 v°.

---

1. Le Boristhène.
2. L'Oxus, qui se jette dans la mer d'Aral.
3. Laxate. Yaxarte qui se jetait dans la mer d'Aral.
4. Le Cyrus qui se jette dans la mer Caspienne. C'est le Kour actuel.

occident sont les montaignes d'entre Colques et Ybérye. Les montaignes d'Arménye sont devers l'austre midy. Et de l'aultre cousté desdictes montaignes, est la province de Masques, et de l'aultre cousté d'Ybérye est la province d'Estoriade. Et en ces provinces et montaignes, se cueulle de l'or fin en abundance. La terre d'Ybérye est bien fertille à cause que la rivière Cyrot passe par elle et la tient, en toutes saisons, verte. Elle est si fertile et abundante que les gens ne travaillent comme riens. Ilz sément une mesure, elle en rend cent, et s'ilz labourent une année la terre, ilz n'ont que faire de la labourer de quatre ou cinq ans, car la racine renouvelle tous les ans, comme si on y semoit. Et ont forces vins et les plus gros raisins que (*ou* comme) est possible de croire, et rend ung set de vigne, à notre usance, une baricque de vin, et ne se laboure que de trois, quatre ou cinq ans, et la taillent comme par de ça. La terre est si fertile qu'ilz ne vendent ne achètent. Ains est tout commun entre eulx, ainsi comme entre les Cites et Gètes, et dient qu'ilz sont de la mesme génération de eulx. Et ne sçavent point compter que jusques à cent. Le bestial, en ceste terre, multiplie fort. Les gens sont grandz hommes et vaillans gens. Ceulx icy et les Albanoys se assemblèrent contre Pompée quant il voullut conquester la terre d'Ybérie, et se défendirent vaillamment. Les Ybériens qui sont auprés des montaignes d'Arménye sont de plus grande penne que ceulx icy, et s'adonnent plus à labourer la terre que les aultres, et ont de beaulx édiffices de maisons. Entre ces Ybéres et la mer Caspie, est la province d'Albanye.

Et entre Albanye et Ybérie ¹, y a une montaigne qui sépare les montaignes Cascoses. Et par la province d'Albanye passe la rivière appellée Arragon ² qui est une bonne rivière grande et s'assemble avec la rivière Cirot qui passe par la terre d'Ybérye, et toutes deux entrent dans la mer Orcane. Ces gens d'Albanye, quant ilz naiscent, naiscent blans, et tous tant que ilz ont, et sont vaillans gens, et s'appellent Albanoys et sont gens de guerre, et gardent tousjours les champs, et ont de beaulx chevaulx légiers, et ont des singuliers chiens et puissans. Ces Albanoys font grand honneur à vielles gens ; et quand ilz meurent, ilz enterrent leurs trésors avec leurs corps, et nul ne le va désenterrer ny chercher. Et à ceste cause, ilz vivent pauvrement pour ce que nul n'hérite le bien de l'aultre. Et de l'aultre cousté du septentrion, habitent les gens appellez Caspians, et vivent en les montaignes appellées Cascoses. Lesquelles montaignes ont forces neiges, et y en a tant que nulle personne ne peult aller vers eulx d'yver. En l'esté, aulcuns y vont en ceste manière. Ilz atachent des tables à leurs piedz, en fasson de soulliers, affin de n'effondrer en la neige, et ainsi y vont. Et tout ainsi en font les Ybères pour monter aux montaignes d'Arménie. Ces montaignes Cascoses vont depuys Albanyes droictement en montant au nord est, jusques à la rivière appellée Racon, et icy sont les portz appellez Cascoses. Et icy dient qu'est l'arc (*ou* l'ara) et coulonne de Alexandre le Grand de Macédone, et voullent dire qu'il vint jusques icy avec son

F° 84 r°.

---

1. En tête du folio 84 recto, une carte avec la légende : « La mer Orcane. »
2. L'Arragon, appelé plus bas le Racon. Sans doute pour l'Arazon, c'est-à-dire l'Aras, Araxe, en Arménie.

hault (*c'est-à-dire* ost) et qu'il laissa cecy en mémoire qu'il estoit venu.

En orient d'Albanie sont les provvinces des gens appellez Guerreux et Massagètes qui sont entre la mer Orcane et les montaignes Cascoses, et la rivière Racon. Ces gens icy Guerreux et Massagètes ne cueullent point de bled ne vin, et vivent de lait de jumens meslé avec sang de cheval et d'aultres bestes. Car ilz ont forces chevaulx et jumens et aultres bestes saulvaiges, et sont gens qui ne communicquent avec nulles gens, et ont continuellement guerre avec leurs voisins. De l'aultre cousté des montaignes Cascoses, devers le septentrion, sont les provinces des gens appellez Nomades qui sont gens qui vivent parmy les champs avec le bestial et sont pasteurs. Et plus au septentrion de ceulx icy, sont les gens appelez Amazones, qui sont gens de guerre, et sont tous dessoubz la subgection du grand Tartre. Et de ceulx icy, il y en a plusieurs histoires. Ces Amazones tiennent, du cousté d'occident, les Sauromates. Et les Sauromates et Amazones viennent tous d'une génération, et dient qu'ilz viennent des Amazones, femmes du temps d'Hercules et de la mesme nation de Hercules qui eust habitation avec la royne d'elles. Et plus au septentrion de ces Nomades, à la descente des montaignes appellées Perborées, sont les provinces des gens appellez Yppofagues et Cites. De ceulx icy, Yppofagues et Cites, en y a beaucoup de génération entre eulx et la Indie oriental, comme en avant se dira. Et, comme j'ay dict, tout cecy est Tartarie. La plus grande partie de ceste nation vivent en commun, et sont, pour la grande part, tous pasteurs, et n'ont point de maisons et habitent en cavernes comme fourmiz, et sont grandz archiers d'arcs, et ne labourent point leurs terres, et ont forces bestial de toutes sortes. Les ungs habitent aux montaignes en cavernes, et les aultres en bas, aussi en la mesme sorte, et vivent cent et six vingtz ans sans jamais estre subgectz à maladie et ne meurent que de viellesse, et quant ilz sont mortz, ilz ne se consomment de vingt ans. Plus en oriant de ceulx icy, auprés des montaignes Perborées sont les provinces des gens appellez Trogodites et des gens appellez Gelles [1], lesquelz aussy habitent en cavernes à cause du grand froig. Et ces montaignes sont si haultes que la clairté n'y fault jamays, tant de jour que de nuict. Ilz ont tousjours lumière, et est bon à croire, car ilz sont près du polle articque là où, en tout temps, il y a lumière, posé que le soleil voise de l'aultre cousté. Et icy est la fontaine Cascose, laquelle l'on dict qu'elle a vertu de toutes sciences et de faire le viel jeune, et aulcuns l'appellent la fontaine de Jouvence [2]. Toutesfoys son vray nom est Cascose, et dient qu'elle est si bonne, que ceulx qui en boivent, ne sçauroyent jamais boire aultre chose, et est faicte par art magicque, et semble de toutes couleurs. Et y a une piarre sur le hault de la montaigne qui a quatre cens estades de longitude qui est bien de longueur dix lieues, et de latitude deux cens estades, qui sont cinq lieues et de haulteur quarente estades qu'est une lieue. Et par dessus est aussi platte que une table, et y a certains lieux pour monter hault, et sur elle y a tousjours lumière. Ladicte piarre est par les quatre vingtz

F° 85 r°.

1. V. Gèles et Lèges (La Martinière).
2. La fontaine de Jouvence était généralement placée près de Nauplie, dans la Morée (Péloponèse). Alfonse la met dans le Caucase, mais à 83°, ce qui correspondrait plutôt aux Monts Ourals.

et trois degrez de la haulteur du polle articque, et est instituée l'est et l'ouest. Et à cause qu'elle est si prés du polle ne luy fault jamais la lumière. Toutesfoys son grand jour et nuict est de six moys. Et quant ilz ne veoyent point le soleil, qu'ilz ont la nuict, ilz ont tousjours quelque lumière pour eulx gouverner. Toutesfoys noz aultres n'y sçaurions habiter selon ceulx de la nature de la terre. La rivière Ra vient de la montaigne Ruffées, de deux grandz lacs qui sont au dessus de la montaigne, et s'assemblent les agoustemens ensemble, et sont lesdicts lacs bien à cinquante lieues l'un de l'aultre, et assemblez ensemble viennent descendre en la mer Orcane. Et au meilleu de ces deux lacs, est la montaigne là où est ladicte pierre et la fontaine de Jouvence, appellée fontaine Cascose. Et devers l'orient d'icy sont les gens appellez Yppoffogues qui sont gens qui vivent aussi pastourellement de bestial. Et à la fin de la naissance de la rivière Ra s'achèvent les montaignes Perborées et commencent les montaignes que l'on appelle les montaignes Lanes qui vont jusques aux montaignes appellées Imodones, et les montaignes qui s'appellent Mayes. A l'aultre cousté de la rivière Ra et de ces dictes montaignes, sont les provinces des gens appellez Somites et gens appellez Corroses (*ou* Carroses) et Orguefins, et aultres qui s'appelle Orssons, qui sont tous entre la rivière Ra et la rivière Lazarte, et jusques à la rivière Tanays. Et sont toutes ces provinces et générations appellez Sarmasses, et sont tous en la Tartarie, par quoy toutes ces terres ensemble sont appellées Sarmasses. Toutesfoys elles se départent en plusieurs manières, comme nous faisons en France : Poictevins, Angevins, Manceaux et Tourangeaux. Et ainsi sont ces provinces. Toutesfoys tout est Salmassye et est tout de la grand

Tartarye. Et sont toutes depuis cinquante degrez jusques à soixante et six et jusques à quatre vingtz et trois degrez de la haulteur du polle articque. Et aulcuns ont leur grand jour et nuict de dix sept et de dix huyt heures et de vingt et quatre heures, et d'un moys jusques à six moys ; et sont les derniers les plus près du polle. Et toutes ces terres sont de la Tartarie, car les Tartres sont les plus près du polle articque. Car dessoubz le polle n'y a pas grand circuit que le circuit articque qu'est à vingt trois degrez et demy du polle, n'a que cent quatre vingtz et quatre degrez de rondeur, et ceulx qui sont plus près du polle en ont beaucoup moins, chascun en son esgalité, et ne se trouve point que nulle autre nation soit plus près du polle articque que les Tartres.

Puisque nous avons parlé des parties devers le septentrion et de la Tartarye, est raison de retourner aux Albanes. Et suyvrons toute la coste de la mer Orcane du cousté de l'austre midy. Et par ce cousté de l'austre, auprès des Albanes, et, au long la couste de la mer Orcane, est la province de Tassemye, (*ou* Tassenye), et ceste cy tient, à l'austre midy, la province Sadocyne, et, à l'occident de ceste cy, la province de Taussarrienne, et celle de Cirasène. Et celle de Tossanie est entre la mer et la rivière appellée Arraes, qui descend de deux grandz lacz et l'ung des lacz est en la montaigne Parathe [1], en laquelle montaigne demoura l'arche de Noel, quant se vint après le déluge, et d'une de ceulx icy descend la rivière Eufrates par le cousté d'occident. Et la rivière d'Arras [2]

F° 86 r°.

[1]. Mont Ararat.
[2]. L'Araxe qui se jette dans la mer Caspienne.

descend du cousté d'oriant et passe par les champs Arracinoses. Ceste terre et champs sont bien fertilles de toutes choses. Les champs Arracinoses sont, en toute saison, vertz, à cause de la rivière qui leur donne humidité et les arrose quant elle croist en ceste terre. Et en Albanie et Ibérie [1] sont aussi terres fertilles de la mesme qualité que cestes icy. Aussi bien donne icy une mesure de bled que l'on sème, cent, comme en Ibérye. En ces pays les gens usent d'arcs, fleiches et harnoys et lances, et sont vaillans gens de guerre. Aux champs de ceste terre, se nourrissent scorpions et aspis et aultres bestes venimeuses, desquelles si une personne est mord, il meurt en riant. Ceste rivière Arraxes est une des princippalles rivières d'Arménye. Après la province de Tassolane, est la province de Sutussenne (*ou* Sutassenne) et la province de Médie, qui sont entre les montaignes Caspies et la montaigne Tauro, et la mer Orcane. L'on veult dire que Médée nomma ces provinces ainsi. Après que Jason la laissa aller (*ou* la laissé aller), s'en vint en ces provinces, et régna en elles. D'aultres dient que son filz d'elle qui s'appeloit Mède, les nomma ainsi. L'on dict que en ces provinces, est la sépulture de Jason et de Médée, qui régnèrent en ce pays et y furent inhumez, et qu'ilz s'en vindrent icy, et sont inhumez auprès d'une haulte montaigne que l'on appelle la montaigne Jason. Ces provinces, au temps passé, ont seigneurié plusieurs aultres provinces et quasi toute l'Azie. L'Azie est une terre fertile, combien qu'elle est froide en beaucoup de lieux, l'yver. Ils mènent leur bestial aux champs Eperbotes qui sont auprès des portz Caspie vers la Sussie,

---

1. *Ibéria* et *Caucasum* sont, dans Ptolémée, un seul et même pays.

et dient que, en l'yver, en ces champs, ilz paiscent plus de cinquante mil chevaulx et jumens, sans l'aultre bestial. Et du cousté devers le septentrion de la province de Sutassenne la terre est fertille, et de l'aultre cousté est terre seiche et stérille ; et iceulx icy font du pain d'allemandes et de certaines rassines. Et ont d'aultres racines de quoy ilz font du vin pour boire. Et eslisent pour Roy celluy qui est le plus vaillant et le mieulx complexionné, et prennent les gens de ceste terre aultant de femmes qu'il leur plaist, et n'y a celluy qu'il n'en ayt pour le moins sept. Car ainsy est leur loy. Et toutes ces provinces de Médye basses sont fertilles. Toutesfoys les montaignes sont haultes, pauvres et stériles, et vivent les gens, en icelles, de chairs saulvaiges et de fruictz saulvaiges. Ces gens Mèdes sont vaillans gens et usent pour leur deffense d'arcs et flèches, et dient que ceulx d'icy et de Mède et d'Arménye, que c'est toute une nation. Mède a été peuplée d'Arméniens, et ont une mesme coustume tant de faictz que d'habillemens. Et après la Médye, du cousté d'oriant, sont les provinces d'Ircanye et Persie. Hircarnie est auprès de la mer Orcane, et Persie à l'austre midy d'elle. La terre d'Orcanye est bonne terre fertille ; en beaucoup de partie d'elle, est terre basse plate, et y a en elle arbres que la feulle rend du mir, et s'en servent. Aux montaignes d'icelle y a forces bestes saulvaiges dangereuses, comme tigres, et de ceulx icy y en a grande quantité et d'aultres bestes. Toutes les rivières qui d'elles descendent, s'en vont entrer en la mer Orcane. Dessus y a piarres qui sont faictes comme chenaulx, par où tumbent les eaues en la mer. Et par dessoubz icelles piarres se treuvent des prairies vertes et fort délectables, là où les

F° 86 v°.

gens d'Orcanye viennent prendre leurs esbatz. Les gens d'Orcanye sont bonnes gens, et, à l'austre midy d'eulx, tiennent la province de Persie. En ceste Persie, du cousté devers l'oriant, habitent les gens appellez Arianes, et en occident les Mèdes. Du cousté de l'austre midy, sont les Arményes. Ceste province de Parsie est grande, et y a en elle de bonnes villes. La province est environnée de grandes montaignes, et prant une grande partie des montaignes nommées Taures [1], qui sont auprès d'elle, et des montaignes appelées Partatres et Raiges (ou Rarges) [2], et y a au dedans de ces montaignes maintes provinces, lesquelles sont celles icy. La première se nomme la province de Commissanie [3], et l'aultre Contiporte, et la province de Persienne et plusieurs aultres, et Ragienne. Ragienne est terre fertile. Les gens sont bien dispostz et gens de guerre, et sont fort cruelz, et sont larrons de leur condition. Aultres foys ont soubstenu de grosses guerres et conquesté de grandes seigneuries. Ragienne tient en oriant d'elle à la province appellée Paropanise [4], et devers le septentrion la province de Magienne et Brassienne. Et à l'austre midy est la province de Drangie [5] qu'est une grande province, et est toute environnée de montaignes. Et y a, au meilleu de ceste province, y a ung grand lac auquel se rendent toutes les eaues de leurs montaignes.

---

1. Les anciens croyaient que le Taurus se prolongeait dans l'Asie sous les noms de Niphates, Gordien, Paropamise, Emodes, Imaüs, etc.
2. Rapprocher de ces noms ceux de la Parthie, Parthiène, l'empire des Parthes; le cap *Ragæ* entre le désert d'Iran et la mer Caspienne.
3. Comissanie, aussi appelée Comisène.
4. A l'est de l'Aria.
5. La Drangiane, province de Perse, au sud de l'Aria.

Et la province Magienne est entre les Arianes [1] et la mer Caspie. Et par ceste province passe la rivière appellée Ausse [2], et entre en la mer Caspie. Ceste rivière descend des montaignes Emodes [3] et Poinse d'où descend la rivière Ido [4] qui va descendre en la mer Occéane, en la Indie. Et ceste rivière aussi passe par les terres de Batrianes et Sodianes et par plus de dix aultres provinces, et va descendre en la mer Caspie par la province Margiane [5], et passe auprès de Ircanye. Ceste rivière Oxe est la plus grand rivière qui entre en la mer Caspie. La mer Caspie a deux noms. Le cousté du septentrion s'appelle Caspius et au long la province de Ircanie s'appelle la mer Orcane [6]. Et par ceste rivière Oxe viennent les marchandises qui viennent de la Indie, et les mènent en la mer Orcanie, et de la mer Orcanie, les mènent à la rivière Cirot [7] qui descend au cousté de la mer Caspie. Et par la rivière Cirot les mènent jusques aux Arribes [8], et d'icy se passent par une aultre rivière jusques à la fin d'Ybérie [9]. Et de la fin d'Ybérie, les portent jusques à la rivière Fassis, par les portz Caspies. Et après les mènent par la rivière Fassis jusques à

1. Arie, Aria, en perse Haraïva, province de l'ancien empire Perse ; chef-lieu Aria, aujourd'hui Hérat ; elle correspond au Seistan actuel et à la partie orientale du Khoraçan.
2. Oxe, Oxus.
3. Emodi montes, Himalaya.
4. Indus.
5. *Margiana*, province entre la Bactriane et l'Hyrcanie, arrosée par le Margus. Antiocha Margiana avait été fondée par le roi Antioche. Alfonse y place les Massagètes qui devraient être reportés plus au nord, entre le Jaxarte et l'Imaüs.
6. Mer Caspienne.
7. Le Kour. Voir plus haut.
8. Serait-ce l'Arrhabor, *alias* Arragon, aujourd'hui l'Arga ?
9. L'Ibérie, nom ancien de la Géorgie Caucasienne. — L'itinéraire indiqué pour les marchandises était connu des anciens.

la mer Olipont. Et de la mer les passent en Grèce et à Venise. La mer Orcane est doulce à cause de beaucoup de rivières qui descendent en elle. Et a deux cens cinquante lieues de longitude et cent soixante de latitude, et est faicte en fasson d'une lune de huyt jours. Et parfoys elle glace en temps de grand froidure. Et quant il faict grand esté, elle est quasi sallée. Tournant à la province Margienne, Margienne est une province des plus fertilles du monde, et, comme j'ay dict, les bledz après qu'ilz sont couppez, tournent à renouveller trois et et quatre ans, et de rechef donnent fruictz nouveaulx. Les setz des vignes, il y en a qui sont aussi gros comme une baricque, et une grappe de raisin a de longueur deux coudées. Ung set de vigne peult rendre en ceste province une baricque de vin et davantaige. Il y a forces de mousches à miel, de quoy l'on faict grande quantité de cire et de miel. Le bestial multiplie deux foys l'année et emporte la moictié plus que en une aultre part. Et en ceste province y a de toutes sortes de fruictz et en grande abundance. Les vins y sont si bons qu'ilz se peuvent garder quarente et cinquante ans, sans eulx gaster, en leur refraichissant de vaisseaulx. La terre des Arriens, qui est auprès ceste cy, est bonne terre, mais elle n'a pas tant de vins. En la terre de Margienne fonda le Roy Antioche une bonne ville, pour veoir la terre tant fertille et abundante, laquelle il nomma, à l'honneur de son nom, Antioche, et après fut destruicte et rédiffiée une aultre foys. En ceste province, les gens s'appellent Massagètes [1]. Et par ceste province passe la rivière appellée Merge [2] qui se va assembler avec la

---

1. Les Massagètes devraient être placés plus au nord.
2. C'est le Margus. V. ci-dessus.

rivière Oxe. En oriant de la province de Margienne sont les provinces des gens Batrianes et Sodianes, et entre les deux passe la rivière Oxe, qui les sépare l'une de l'aultre. La rivière de Oxe est la plus grand rivière d'Azie, du cousté devers occident. En ces provinces de Margienne et Arrienne les gens sont d'une mesme condition, et est la terre quasi aussi fertile l'une que l'aultre. Et sont les gens bien en ordre. Les gens Arrians et Batrians ont seigneurié par long temps les Indes et beaucoup d'aultres provinces principallement au temps du Roy Ménander, roy des Arrians et Sodians. Cestuy Menander et son filz, roy des Batranes, coururent et subjuguèrent toutes les Indes et toute la terre de Pantaline, et allèrent jusques à la rivière du Gange, et mirent en leur subjection toute la terre jusques aux Séres [1] et Pannes [2] qui sont à la fin de l'Indie. Ceulx icy sont gens vaillans en grande manière, et se confioit le roy Dare en eulx, tellement que, où il perdroit toute la Indie, ceulx icy ne seroyent jamais vaincuz. Toutesfoys après la mort dudict Roy Dare, Alexandre le Grand la conquesta, et mist en sa subjection, et se maria en icelle terre avec Rosane, fille du Roy Exercés. En ceste terre y avait une piarre faicte de terre cuicte, comme platre, très forte, grande, en laquelle ledict Roy Exercés mectoit son trésor. Et avoit de haulteur quinze estades et quatre vingtz de rotondité qui sont deux lieux. Et estoit plate au dessus, et en icelle pouvoit habiter dix

F° 88 r°.

---

1. Ce nom avait été donné par les Grecs et les Romains aux peuples les plus éloignés, à l'est de l'Asie. C'est de ce nom que vient le mot *sericum*, la soie (V. Bouilliet, *Dict. d'hist.* etc. Ortellius).

2. Pannah (ville de l'Inde Anglaise), Bandelkand ; peut-être le *Panassa* des anciens.

ou douze mil hommes. Et sur le hault de ladicte piarre fut faict le mariaige dudict Alexandre et de ladicte Rosane, et après feit abbatre une grande partie de ladicte piarre, affin que l'on ne se levast point contre luy en elle. La rivière Oxe passe par icy et est fort impétueuse et rude, parcequ'elle passe par terre sableuse en la terre des Sodianes. Elle court par dessoubz la terre en beaucoup de lieux, et en passant, les gens Macédonies, en icelle terre, qu'est terre de sablons, feirent ung puys pour trouver de l'eaue à boire et tirèrent de l'eaue comme huille d'olif, de laquelle ilz usent au lieu d'huille d'olif, tant pour brusler que pour mectre aux draps, et pour leurs aultres nécessités. En oriant des Batrianes sont les gens appellez Poffogues, les Nomades et Massagètes, lesquelz habitent aux cavernes et sont entre les montaignes apellées Modes et Mayes, et la montaigne Cascose, qui est terre fort haulte et fort froide. Et icy finist la montaigne Thauro qui vient d'Arménye, d'auprès de Rodes. Et la montaigne Cascose vient des Allemaignes, et, comme j'ay dict, se nomment en plusieurs noms, à cause des langues et régions diverses, et toutes vont ainsi jusques à la fin de la Indie, là où elles sont nommées d'aultre sorte. Et de ces montaignes descend la rivière Araxes et le Gange, et plusieurs aultres grandz rivières. Et en ces montaignes l'on veult dire qu'est Paradis terrestre, auprés de la rivière du Gange. Et d'elles descend la rivière Ido, et la montaigne d'où elle descend, s'appelle Parathe où demoura l'arche de Noel, et descend du cousté d'occident d'elle, et va à la Indie descendre en la mer Occéane en la terre des gens appellez Gougeraz [1].

1. Goudjerat, pays de l'Indoustan sur la mer d'Oman.

Et aussi en descendent toutes les principalles rivières du monde, comme au dessus avons dict, et après se dira. Entre ceste rivière Oxe et la rivière Laxate et auprès de la mer Orcane est la province des gens appellez Saragates, qu'est une province fertille. Et toutes ces provinces, d'au long la mer Caspie et Orcane, sont terres fertilles et abundantes. En toutes ces montaignes, au dessus parlées, n'est guères que une qui atraverse toute la terre depuys Europe jusques à la Indie oriental. Mais elles sont nommées en chascune province de sa sorte, selon les langues des gens qui en elles habitent. Et aussi bien les montaignes sont larges en latitude comme en la longitude. Toutesfoys elles s'entretiennent toutes, et d'elles sortent toutes les principalles rivières du monde, chascune en sa haulteur.

Puisque[1] nous avons parlé de la partie septentrionalle d'Azie et de la mer Orcane et de la mer Caspius, (*ou* Caspins), c'est raison que nous parlions de la partie occidentalle d'auprès de la mer, et retournerons à la rivière Fassis et à la province de Colques, là où Jason print Médée, là où nous avons laissé la coste. Du port appellé Carsallie jusques au port d'Orcanie y a vingt et cinq lieues, et la route gist nordest et surouest. Arcanie est à quarente et sept degrez de la haulteur du polle articque. Et y a, en ceste coste, entre l'un et l'autre, la terre de Capadoce. Et auprès de Carsallye commencent les montaignes d'Armène, lesquelles s'appellent les montaignes Maustes, qui s'en vont en l'est nordest jusques à la mer Caspius et Orcane. Ceste terre de Capadoce, en oriant d'elle, a la grand Armenie, et les terres et provinces cy

F° 89 r°.

---

1. En tête du folio 89 recto, une carte de « La terre d'Armanye » avec une légende qui commence ainsi : La coste.... (la suite est effacée).

après nommées, comme Maustes et Corcasenne et la province de Basselenne (*ou* Bassilenne). Ces provinces sont entre la mer Olipont et les montaignes Maustes, et par elles passe la rivière de Capadoce qui descend des montaignes d'Armène. Capadoce est une bonne terre fertille, là où il y a de beaucoup de sortes d'arbres comme olyviers et aultres arbres, et se cueullent en elle forces vins, et y a en elle force bestial et herbaiges, et n'y a guéres de boys, et celluy qu'ilz ont, vient de loing des montaignes. Les montaignes d'Arménie sont haultes et longues et froides, et y a en icelles forces neiges. Entre elles et la montaigne Tauro sont les provinces de Mauste et Corcasenne et Touserenne, et la province de Bardenne, Basillenne et Sosenne, là où se achèvent les montaignes Antitores [1]. Et icy est la montaigne Parade là où demoura l'arche de Nouel, après le déluge, qu'est une montaigne fort haute, et est du cousté du septentrion des aultres montaignes. Et sur elle y a ung grand lac d'où descend la rivière Eufrates, qu'est une des quatre rivières du monde. Et d'icy s'en va en occident jusques en la terre de Capaidoce (?) (*ou* Egaudoce) et d'icy retourne à l'austre midy, et va jusques à la terre Sosenne. Et icy passe entre les montaignes Antitores par une ou deux entrées (?) entre les deux, et passe par la région de Ariane et par la province de Entessenne, et passe auprès de la montaigne Taure, auprès de la montaigne d'où descend la rivière Eufrates. Du cousté de l'austre midy est la montaigne Antitore, et la montaigne Gordye. Et icy y a ung grand lac d'où descend la rivière du Tigre qu'est une aultre des quatre rivières, et

---

1. *Antitaurus* (Ortellius).

passe auprés de la montaigne Tauro, et va par la terre de Mésopotamye. Et entre ceste montaigne Taure et la montaigne Antitore, est la ville d'Arménye la Grand. Toutes ces terres d'Arménye sont terres de beaucoup de bestial et herbaiges, et, en yver, ménent leur bestial à la terre de Capadosie, au long de la rivière du Tigre, qu'est terre plus chaulde et bien tempérée, et qui a forces herbaiges. En toutes ces terres d'Arménye, y a forces belles fontaines et beaucoup d'estang là où prenent les gens leur plaisir. En ceste terre, y a ung lac d'huille, de quoy ilz se servent, et ne sçait l'on d'où il procedde. Toutesfoys ilz s'en servent à toutes choses, comme d'huille, et en font un grand prouffict, et en viennent beaucoup de gens. Les gens de ceste terre sont gens bien dispostz et vaillans gens, non pas tant que ceulx du septentrion. Les montaignes Taures qui sont auprés des montaignes Caspie qu'est entre Arménye et Capadoce, icy sont les Portes de fer, là où Alexandre ne peust passer, à cause des gens qui se deffendoient vaillamment, et icy se trouva vaincu. Et jusques là jamais ne l'avoit esté, car ilz lui tuérent et blessérent beaucoup F° 90 r°. de gens et furent contrainct de retourner. Et ne se trouve point en toutes les histoires d'Alexandre, que jamais avant ne après, il fust vaincu, sinon en ledict lieu des Portes de fer. Et par ceste terre d'Arménye passa Médée, de laquelle elle fut dame et royne par ses subtelesses et anchentemens. Ceste terre et la terre de Colques d'où fut Médée, est tout ung langaige et une coustume, et tout est ung. En la ville d'Arménye se font forces draps de soyes, et draps d'or, lesquelz ilz appellent bourcades. Retournant à la mer, je dictz que du port d'Orcanye jusques au port de Tropesonde qu'est en Capadoce, y a trente lieues et la coste gist l'est nordest et ouest surouest et est à quarente huyt degrez et demy de la haulteur du polle articque. Et en ceste coste, à l'austre midy, est la province de Gallacie, et est joignante de la province de Capadoce. Et ceulx de Gallacye viennent de la génération de Grèce et de Françoys. Ceste terre fut au Roy Anténor, au temps passé. Et après luy, la posséda longtemps Rome. Et de Troppisonde jusques au port de Semise, y a quatre vingtz cinq lieues. La couste gist l'est et ouest. Semise[1] est par les quarente huyt degrez et demy de la haulteur du polle articque, ainsi que le port de Troppesonde, et est, entre les deux, Chérisonde et le port de La Lerne. Et en ceste coste, auprès de Troppesonde et de Gallasie, est la province de Ponthe, et auprès de Chérisonde est la province des Turquemans, et celle de Crèthe, et celle de Semise. Ces Turquemans vivent parmy les champs avec leur bestial et sont bons chevaliers, et ont de beaulx chevaulx légiers, et ne sont guères en ung lieu, et courent manger les champs, car ilz n'ont point d'habitations certaines, et vivent en la mesme manières comme Allarves en Affricque. Et toutes ces terres sont de Turquemans. Plus avant, en occident de Semise, est le port de Samastre. Et icy est la ville où sainct Blaise fut martirisé. Entre Semise et Samastre, y a deux capz, et entre capt et capt descend une grande rivière qui vient des montaignes Antitores, et au long ceste rivière est la cité de Nicée en laquelle fut le conseil contre Arrians, laquelle cité édiffia le Roy Antigone auprès du lac appellé Estanys

---

1. *Semizus* (Ptolémée).

(*ou* Estany)[1]; et d'icy furent beaucoup de philosophes du temps passé, lesquelz escripvèrent maintes bons livres tant en mètres que en proses. Et d'icy a esté Sénocrates et Dyonise. Et du cap de Samastre jusques au destroict de la mer Ponticque, y a cinquante lieues, et la couste gist l'est et ouest, et prent un quar de norouest et suest. Et ladicte entrée du destroict de la mer Olipont est par les quarente six degrez et demy de la haulteur du polle articque. Et en ceste coste y a de bons portz et de bonnes riviéres. Auprés de Samastre est la province de Gallasie et, plus avant, celle de Bitinye. Et auprés de l'entrée de la mer Olipont est la province de Nicomédie, et toutes ces terres sont bonnes terres fertilles, là où il se cueullent forces soyes, et ont de bons fruictz et de belles piarres pour faire édiffices. Ceste terre est celle que l'on appelle la Pagonye, et est joincte avec la terre de Ponthe, et avec Calcédonie. Du cap de l'entrée de la mer Olipont jusques à la terre de Ponthe y a quarente lieues, et la couste gist nordest et surouest. Et en ceste coste, du cousté d'Azie, fait la mer une grande entrée et un grand goulfe contre la terre d'Azie, et y a bien vingt et cinq lieues de mer, et s'appelle mer Ponticque, parce qu'elle est entre les deux caps. Et ceste icy est la vraye mer appellée Ponticque Et au cap de ceste entrée, y a de bons portz, et le meilleur est le cap appelé Lupente qui est à quarente quatre degrez et demy de la haulteur du polle articque. Et de la fin de la mer Ponticque jusques au cap d'Arménye y a douze lieues. Et icy se faict une baye comme ung port, et icy descendent deux bonnes

1. Lac Sabanjia.

rivières en la mer. Et auprès du cap, davant luy, y a une isle laquelle, au temps passé [1], y avoit ung temple qui estoit fort renommé. Et en ce temple faisoyent les pillotes et marinyers maintes promesses et veulx, et y avoit grande dévotion. Et du cap d'Ardénie au cap d'Estalamar qui est dessus Troye la Grande, y a vingt lieues, et est le cap de Troye à l'austre midy, et est le cap à quarente deux degrez et demy de la haulteur du polle articque. Et entre ces deux caps, faict la terre ung goulfe. Et icy descend la rivière Essape qui vient de la montaigne Olipe, et de la montaigne Tauro, et ladicte rivière court par la province de Dardanie et par aultres provinces ; et est la rivière la plus renommée de toute l'Arménie la petite. Par quoy toutes ces terres sont de l'Arménie la petite. Et au bout du goulfe, qui est auprès du cap d'Estalamare, est la grande ville de Troye qui tant a esté renommée. Et la plus grand part d'elle est ruinée. Et icy furent les grandz faictz d'armes des Grecs et Trojains où tant de gens sont mortz. Et du cousté devers le cap, y avoit ung chasteau lequel s'appellait Illion, lequel jamais ne fut en ce dict temps destruict, posé que la ville le fust. Car, en ce temps là, le gardoit le roy Agamenon, frère du mary de Hélène, de quoy tant de maulx vinrent, laquelle Hélène desroba Paris dedans ung temple, et par elle vindrent tant de maulx. Paris estoit enffant du roy Priam, roy de Troye, et de toutes ces terres jusques à Cappadoce, et s'appellent, toutes ces terres, les terres de Troye, et à cause qu'elles estoyent toutes au Roy Priam, roy de Troye. Ceste terre estoit fondée en la province de Missie et de Frigie. Et en la

1. En tête du folio 91 recto, une carte avec les légendes : Terre de Troye en Asye, la figure du destroict, l'aultre partie de La Cypper, Candye, Roddes.

Frigie estoit assis l'ost des Grecz. Et parce que ledict ost estoit icy posé, toutes les batailles furent aux champs de Frigie, et sont les champs les plus regretez qui furent jamais au monde, parcequ'il y mourust maintes roys, princes et chevaliers de Grèce et de Troyans. Entre aultres y mourut Hector, fils du roy Priam, et Achilles, grec. Lequel Achilles tua Hector, et furent fort regrétez. Cestuy Hector estoit si vaillant que, quant il entroit en bataille, il n'en sortoit jamais qu'il n'eut tué grande quantité de gens, ce que afferment les cronicques. Et, au bout de ces deux provinces Missie et Frisie, est la montaigne Olympe qui est fort haulte, et est aussi haulte que la montaigne de Thessellanye. Et aux deulx tiers d'elle, y tumbent grandes nèges en l'yver, et y en a quasi toute l'année. Et sur le hault d'elle, est plat et n'y a point de nèges. Et en ce temps l'on dict que les philosophes montoyent sur le hault d'elle pour veoir le cours des planettes. Ce mont a alentour soy forces buissons et dangereux, là où se recueullent les larrons. Quant Pompée vint conquester l'Azie, il passa par icy et en destruict une grande partie. Et en ceste montaigne se retira Antoine quant se vint à la bataille de Mitridate. Retournant au goulfe de Troye, davant le goulfe, y a deux belles isles, l'une desquelles s'appelle Méthelyn et l'aultre Exio [1], et sont de la seigneurie de Gennes, et payent certain tribut au Turc. Et aussi, en ceste mer, y a plusieurs isles, et cecy s'appelle la mer de l'Arsiplec. Et du cap de la Troye jusques au cap de Rodes, y a trente lieues, et la coste gist l'est suest, et ouest norouest. Le cap de Rodes est par les quarente degrez et demy de la

---

1. Mytilène et Chio.

F° 92 r°. haulteur du polle articque, et, entre les deulx, est Bélure et Altolage et Palantègre qui sont bons portz. Rodes est une belle isle assés grande, là ou soulloit estre le grand maistre. Et du cap de Rodes jusques à Acre y a quarente lieues, et la route gist l'est et ouest et prent ung quart de nordest et surouest, et est à quarente et ung degrez et demy de la haulteur du polle articque. L'isle de Rodes est huyct lieues en la mer et est par les quarente degrez de la haulteur du polle articque, et a de longitude nord et su quatorze lieues, et de latitude l'est et ouest huyct lieues. Et en la coste de ceste isle est la province de Ponthe qui est joincte à celle de Frisie. Du cap d'Acre jusques à Chastel Lombart y a soixante lieues, et la coste gist l'est et ouest. Chasteau Lombart est à quarente ung degré et demy de la haulteur du polle articque. Et entre les deulx est le port de Satalie et plusieurs aultres. Et en ceste couste est Lissie et Efèse et Galathés, là où sainct Paul escripvoit ces épistres. Et après est le port de Satalie qui est bon port. Et davant Satallie est l'isle de Pamphilie qui est bonne terre. Et la terre d'Effèse est bonne terre, là où se cueullent de très bons vins. Et en ceste province les gens sont adonnez à larcin et sont fort maulvaises gens. De Chasteau Lombart jusques à Jasse et à Alexandrette qui sont joignantz l'un l'aultre, y a soixante et dix lieues et la route gist l'est et ouest, et sont à quarente et ung degrez et demy de la haulteur du polle articque. Entre les deulx est Antiochèse et Tarse et Largue qui sont bons portz. Et en ceste coste descendent de bonnes rivières qui viennent des montaignes appellées Taures et des montaignes Euramyes. Et en ceste coste est la province de

Salicye et les champs appellez Navalles où il y a eu, au temps passé, de cruelles batailles et sang répandu, sellon les histoires. Et icy descend la rivière nommée Agalle en laquelle se trouvent les piarres Agathes, lesquelles piarres l'aigle porte en son nyd pour tempérer la challeur à ses petitz, affin qu'ilz n'estouffent de challeur. Ceste piarre a telle vertu qu'elle oste la challeur et la soif. Et cestes icy sont les plus fines du monde. Et sont plus fines que celles d'Angleterre. Dedans le port de Thrace desdend la rivière Thracis et passe par la terre de Ninive, et par la ville Thracis qui est celle où le prophète Jonas alloit, quant il fust gecté en la mer, et que la ballenne l'angloutit. Et icy sont les grandz désertz de Ninive qui sont tant renommez. La ville de Thracis est une bonne ville qui soulloit estre mère de philosophie, et en icelle, au temps passé, soulloit estre escolle de philosophie naturelle. Et de ceste Thracie furent Antipater et Archillan, Anthenodorus, Marselle, Diogénes, et Anthinidorus, Dyonisius Grates, maistre gramérien, qui estoit de Paneste. Tournant à la mer, je dictz que le travers de ceste coste est l'isle de Chippre qui est fort renommée et bonne isle et soulloit estre ung royaulme, et tient des Véniciens, et est vingt lieues en la mer de la grand terre, et a de longitude de l'est et ouest cinquante lieues et douze de latitude de nord et su, et est bonne isle fertile et se a de bons portz. Et si faict grand traffic de toutes marchandises, et est fertile, comme j'ay dict, de vins, bledz et d'huille d'olif, et y a mynes de cuyvre, et y a aussi en elle une myne de terre rouge qui est bonne pour médecine. Auprés de la Jasse sont les porthes que l'on appelle les Portes Cilicie entre la montaigne Ymar et la mer. Du cousté de Cillicie sont

F° 92 v°.

les champs appellez Navalles, là où fut la première bataile du roy Dare et d'Alexandre le Grand, et là où ledict Dare fut vaincu par ledict Alexandre. Et fut sa femme, enffans et frères prisonniers. Et de ces portes devers le septentrion et la province de Capadoce. Et du cousté d'occident d'elle, jusques à la mer, est toute terre de la petite Arménie, et, passé lesdictes portes, commence la terre et province de Cirie et de Comagène et de Orrbie (*ou* Orobie) et de Judée lesquelles sont entre la rivière Eufrates [1] et la mer Rouge et la mer Méditerranée. Et la première province est celle de Cirie et auprès d'elle est Larise et Alexandrine où descend la rivière Orates, laquelle rivière attraverse toute la terre et vingt lieues audedans d'elle est la ville d'Antioche. De ceste Antioche fut le roy Antioche qui destruict le temple de Jhérusalem et print et desrobba mil et huyt cens talans d'or fin, et chacun talant vault trois cens livres, et grand nombre d'argent, lequel Salomon avoit faict apporter d'Orfye et de Tersie qui sont en la mer Pacifficque, pour édiffier ledict temple. Le roy Antioche deffist beaucoup de Juifz et en admena plusieurs prisonniers, et cecy luy permist Dieu, parceque lesdicts Juifz ne gardoyent les commandemens de Dieu, tout ainsi que testiffie Hyérémye en ses déplorations. En ladicte ville d'Antioche commença Sainct Paul à prescher la résurrection de Jhésucrist. Et d'icy s'en alla par l'Arymènye la Petite et par la province de Célérie et par celle de Pamphillye, et convertist les gens Gallathes et ceulx de Effése; et de là s'en alla en Grèce et convertist ceulx des Corinthes, et

---

1. En tête du folio 93 recto, une carte avec les légendes : Terre de Jérusallem, terre tenante à Troye, Chipper, Le Nil, Allessandrye.

eust de grandes disputacions contre les philosophes de Athènes. Et d'icy encores retourna à Antioche où il avoit commencé à prescher, et d'icy s'en alla en Jhérusalem, là où il fut prisonnier. Et d'icy le menèrent prisonnier à Rome. Et par ceste Antioche passa le duc Godeffroy de Billon quant il fut conquester Jhérusalem à la compagnie des croisez. Et icy eust une grande bataille avec les Infidelles, mais à la fin il print la ville d'Antioche, et de là s'en alla en Jhérusalem, et la print par force, et fut le premier qui entra en Jhérusalem, luy et le roy des Gallattes. Ces Gallattes estoyent une nation séparée des aultres à cause d'une maladie qu'ils avoyent comme ladres, et ce pour raison d'une puantise qu'ils avoyent. Et mangeoyent la chair des Maures qui tueoyent à cause de laquelle malladie. Et à ceste cause qu'ils mangeoyent ladicte chair, mist grand crainte aux ennemys qui fut grande ayde audict Godeffroy de Billon. Et après que Jhérusalem fut prins, ilz eurent ledict Godeffroy pour roy de Jhérusalem, et en ceste manière ; car ilz mirent aultant de chandelles au temple de Jhérusalem comme il avoit de cappitaines en la bataille, et feirent requeste à Dieu que celluy que luy pleust qu'il fust roy de Jhérusalem, fust son plaisir luy allumer sa chandelle, et subitement fut allumée la chandelle dudict Godeffroy de Billon, et ainsi fut couronné roy de Jhérusalem, par la grace de Dieu. Et fut homme de bonne vie et tenu pour virge.

F° 93 v°.

Tournant à Antioche, je dictz que, au septentrion d'elle, est la province de Comagène auprès des montaignes appellées Enodes. Entre ceste Comagène et Capadoce est le pont qui attraverse la rivière Euffrates, et icy y a ung chasteau auprès de la rivière Célaucie. Et par ce pont passa, Alexandre, son ost pour passer en la terre de Cirye. Cirye est une bonne terre fertille, meilleure que la terre de Comagéne ny que celle d'Antioche. En ceste terre d'Antioche tenoit, Alexandre le Grand, ses gens que l'on luy envoyoit de Grèce et de Macédoine ; et aussi y tenoit son ost, et icy estoit le repox et port d'eulx, à cause que c'estoit une terre fertille d'herbaiges et de toutes choses. Et icy estoit la dessente des cappitaines rommains, et icy descendit Pompée romain quant il conquesta l'Azie et la Cirye, à cause que le port est bon pour les navires, et la terre bonne et fertile de très bons vins, bledz et herbaiges. Et icy se chargent forces vins pour mener par toutes les parties de la Grèce, à cause qu'ilz sont fort bons. Passé Antioche du cousté d'oriant est la province de Fénésye. Et la coste de la mer gist nord et su, jusques à la ville appellée Sidon, et jusques à la ville de Thiro. Et de ceste province de Fénésye, en ce temps, fust roy et seigneur Thiro, lequel bailla l'ayde du boys de la chappuse à Salomon pour faire le temple de Jhérusalem ; et les navires et mariniers lesquelz furent envoyez en Thoacie (*ou* Thracie) et Orfye quérir l'or et l'argent qui fut mis au temple, lesquelz embarchèrent en la mer Rouge. Et, auprès de ceste province, est la province de Damaces, et la montaigne Labane, là où habite l'oyseau phénix ; et quant il veult morir, s'en va en Arabye sur certains arbres secz, aromaticques, estans en ladicte Arabye. Et icy débat tant ses hailles qui faict brusler ledict arbre et icelluy allume ; il se gecte dedans et se brusle luy mesme. Et de la cendre restant de son corps, s'engendre ung ver, et, en certains jours, se convertist en ce mesme oyseau phénix. Et quant il est formé, il retourne à ladicte montaigne Labane qui est en ladicte province de Phénésye. Et icy vist continuellement cent ans, et se renouvelle de cent ans en cent ans, et n'y en a que ung au monde. Et, en ceste coste de Phénésie, y a une isle nommée Thiro qui a deux bons portz. Et icy y a grand traffic de marchandises, et icy se faict traffic de toute la province de Phénésie, et icy fut inventée l'arismétique et astronomye, pourcequ'il y avait grand traffic de toutes marchandises. Et icy aultresfoys y a eu de grandz philosophes et astrologiens et aristméticiens. Ladicte isle est bonne terre fertille, et y a de bonnes villes. Et au bout de ladicte isle est Tripolin en la terre ferme. Et icy descend une bonne rivière. Et de Tripolin [1] au port de Jaffe qui est la descente de Jhérusalem a trente et cinq lieues. Et du port de Jaffe au port Larise [2], y a trente et cinq lieues, et la route depuys le port de Tripolin jusques à Larise gist nord est. Tripolin est par trente huyt degrez de la haulteur du polle articque, et le port de Jaffe par trente et six et Larise par trente et quatre degrez de la haulteur du polle articque. Et icy se achève la province de Fénessye et au dedans de ceste icy est la terre de Cirye et icy se achève et se commence la terre de Judée. Toute la coste gist nord et su jusques à la haulteur du Nil. Et en ceste coste est la terre de permission [3] qui est entre la mer Méditerranée et Arabye la déserte et Cérye et Fénessye et la terre de Egipte. La première province d'elle est auprès de Tripolin et ladite province de Phénénécye et celle

F° 94 v°.

1. Palétyr (*Palæ Tyrus*), Tyr la Vieille sur le continent.
2. El-Arich.
3. L'abréviation donne sans aucun doute : permission. — Il faudrait lire : promission.

que l'on appelle Gallilée qui est entre la montaigne Lybane et Antélybane. Et en ceste icy est le tribe de Daniel et de Neptalin et celluy de Azer. Et icy est le pays là où Jhésucrist dist à la Samaritaine : « Je suys fontaine d'eaue vive. » Et plus vers Judée est le tribut de Zabulon, et celluy de Yzacar auprès de la mer, et y est celluy de Manacés. Et icy commence la province de Samarye. Et en ceste province de Samarye est le tribe de Neptalin et celluy de Benjamin, et la montaigne appellée Bétel, là où se fcit l'adoration du veau selon la loy judaïque. Et icy en Bétheléen où naquit Jhésucrist est la ville de Jhérusalem où Jhésucrist souffrist mort et passion pour nous réacheter. En ceste terre auprès de la mer est Sésarée et Palaistine qui sont provinces. Et joinct à ceulx icy est la province de Judée. Et en ceste province, auprès de la mer, est le tribe de Dan, et la terre des Filistées. Le tribe de Siméon est entre Escalonne et Gasan, auprès de la montaigne Ségor[1]. Et est aussi en cestedicte province le tribe de Juda. Entre la terre de Judée et le tribe de Juda est le champ Damassenne ouquel Adam et Eve furent créez. Et icy est la vallée d'Ebron, là où ilz vesquirent auprès de la montaigne Carmelle. Et icy est la sépulture là où furent enterrez les patriarches Abraham, Izaac et Jacob. Et icy est le premier arbre qui nasquist au monde, lequel a esté continuellement vert et beau jusques au jour de la passion de Jhésucrist, auquel jour il seicha ; et ainsi sera jusques au jour du jugement que nostre Seigneur viendra, lequel arbre reverdira et retournera en son premier estat. Et après est le mont Ségor en Oriant, et à l'austre

---

1. V. plus bas.

midy est le mont Sego (*ou* Seyo *ou* Seyr [1]), et du cousté du septentrion sont les montaignes d'Arabye déserte qui vont jusques à la province de Fénessie, et séparent Arabye déserte de la terre de permission. Et au meilleu de ceulx icy y a une petite montaigne en laquelle y a ung fort chasteau qui s'appelle Chastel Réal, lequel est sur les désertz de Gaude où Moyse arriva avec le peuple d'Israel. Entre la montaigne Ségor *ou* Seyr (*voir plus haut*) est la vallée de Sodome et Gomorre, lesquelles furent fondues en abisme à cause du péché de sodomye. Et icy est la mer de Sodome, laquelle on appelle la mer Morte, là où estoyent lesdictes deux villes de Sodome et Gomorre, laquelle a ceste malédiction que si l'on y gectoit du boys, il iroit au font comme feroit une piarre. Et si l'on y gecte une barre de fer, elle se tient sur l'eaue. Et cecy est pour raison du péché qui se commectoit contre nature. Et icy y a pommiers portans pommes et fruitz de fort belle coulleur à la veue, et semblent bonnes à manger ; mais quand l'on en couppe, elles se font toutes en cendre. Et pour ce que ceste terre de permission est la plus précieuse de toute la pomme du monde, pour ce que le premier homme Adam fut créé en elle, et la première femme Eve, là où premièrement ilz transgressèrent le commandement de Dieu, et pour raison que Jhésucrist y print chair humaine de la sacrée Virge Marie, et souffrist mort et passion pour nous saulver du péché du premier homme, il me semble que c'est raison de parler quelque chose [2] de la création du monde, et comment Dieu le créa et l'homme à sa semblance, et là où Dieu nous

1. Les monts Seïr séparaient le pays des Iduméens de la tribu de Juda.
2. Les paysans disent encore en Saintonge et Aunis : « Parler un mot. »

doibt apparoistre à tous, au grand jour du jugement, et donner à chascun ce qu'il a mérité.

F° 95 v°. — Vous[1] debvez sçavoir que quant Dieu créa le monde, le premier jour, il feit le ciel, la terre et la lumière. Le second jour divisa les eaues qui estoyent dessoubz le firmament et de celles qui estoyent dessus, et demourèrent les eaues divisées en une dessoubz le firmament et aultres dessus le firmament. Et nomma le firmament ciel, et feit le firmament. Et le troisième jour départist les eaues qui sont dessoubz le firmament de L'Erida, et appela l'Erida, terre, et les eaues, mer. Et commanda à la terre qu'elle produist et nourrist arbres fructifères, et que chacun arbre produist son fruict, chacun de sa nature, et que les herbes produissent semences, chacune de sa qualité. Le quatriesme jour feist le jour et la nuict et créa le soleil et la lune, et les assist au firmament qui est le ciel, et commanda au soleil qu'il donnast clairté au jour et à la lune, et aux estoilles qu'elles départissent le jour de la nuict, et donnassent lumière à la nuict. Le cinquiesme jour créa les poissons en la mer, et les oyseaulx sur la terre. Et commanda aux poissons de croistre et multiplier et amplir la mer. Et commanda aux oyseaulx qu'ilz multipliassent sur la terre. Et le sixiesme jour créa toutes les bestes et serpens dessus la terre, et créa Adam qui fut le premier homme à sa semblance, aux champs Damacines, et commanda à l'homme qu'il

F° 96 r°. fust[2] maistre et suppérieur sur toutes bestes et créatu-

---

1. En tête du fol. 95 verso, une petite carte avec la légende : La mer Morte de Soudommore.
2. En tête du folio 96 recto, une carte avec les légendes : Terre saincte. — Mer de Gallillées aveccque la coste de la mer. — Rivière de Jourdain.

res créées et que toutes luy obéissent, et le mist en la terre délectable. Et voyant qu'il estoit seul, l'andormit, et luy tira une coste de laquelle il forma Eve, et luy bailla pour son confort et compagnie, et leur commanda : « Croissez, multipliez et ramplissez la terre. Commandez et joyssez de toutes ces arbres et créatures créez, mangez de tous les fruictz que les arbres produisent », pour ce qu'il les avoit créez pour luy et toutes les bestes. Et luy commanda à dominer sur les poissons de la mer, et mist Adam et Eve en paradis délectable qu'estoit la belle terre de permission avec ses arbres et fruictz de toutes manières qu'estoyent toutes choses belles et délectables de veoir. Et au meilleu de ceste terre de Paradis terrestre feit une belle fontaine, de laquelle sortent quatre belles rivières lesquelles sont celles icy nommées : Le Gange, Tigre, Euffrates et le Nil, lesquelles arrosent toute la terre, pour ce qu'il n'y avoit point de pluye. Et au meilleu de elle mist l'arbre de vie, qui est l'arbre de la congnoissance du bien et du mal, et commanda à Adam et à Eve que de tous les fruitz ilz mangeassent, excepté de celluy du fruict de vie. Car s'il en mangeoit, en icelluy jour mourroit. Et estans Adam et Eve en ce lieu dellectable, le diable en figure de seppent apparut en l'arbre, et luy dist pourquoy elle ne mangeoit pas du fruict de vie ; et elle luy repondist que c'estoit parce que Dieu luy avoit deffendu d'en manger, et que s'ilz en mangeoyent, que le même jour qu'ilz en mangeroyent, ilz mourroyent. Et le serpent leur respondit qu'ilz ne feroyent, ains plustost si ilz en mangeoyent, ilz seroyent semblables à Dieu, sçauroyent le bien et le mal. Et comme la femme est de légière créance, en print et en mangea, et en feit manger à Adam. Et aussitost qu'ilz

F° 96 v°.

en eurent mangé, congneurent le bien et le mal et eurent grande vergougne, et congneurent qu'ilz avoyent mesfaict. Et avec des feilles couvrirent leurs parties pudibundes. Et à celle heure vint l'ange et la mort à eulx, et les gicta hors du lieu délectable et les mist en ce val délectable (*sic*). Et Dieu le père voyant qu'ils avoyent erré et offencé, appella Adam qui estoit caiché, par trois foys, et, à la dernière, il respondit. Dieu le père luy demanda pourquoy il s'estoit caiché, et il respondist : « Que c'estoit parcequ'il avoit erré et failly contre sa Magesté. » Et Dieu luy dict : « Pourquoy il avoit faict », et il répondist : « Que Eve luy avoit conseillé. » Et à l'heure, Dieu mist inimitié entre la femme et le serpent. Et leur commanda qu'ilz s'en allassent en la vallée de Hébron et qu'ilz vesqueissent de la sueur de leur corps, et que elle multiplieroit en doleur pour le péché commis. Et de là en avant, Adam et Eve travailloyent pour avoir fruict, pour manger et pour eulx vestir, et engendrèrent Cain et Abel, et multiplièrent et amplièrent la terre. Et icelle remplie, commancèrent à pécher tant, que au bout de mil sept cens soixante et quatre ans que Adam avoit esté créé, feirent les hommes tant de maulx horribles que Dieu se couroussa et fut marry de les avoir créé, et délibéra de les destruire. Et parce que Noé estoit homme juste et ne debvoit pas recepvoir mal pour les péchez que les aultres avoyent faictz, Dieu luy commanda de faire une arche, et qu'il se mit en icelle luy et sa famille, et qu'il mist avec luy de toutes les générations de bestes et oiseaulx, de chascun le masle et la femelle, ce qu'il feit. Et ce faict, envoya Dieu le déluge sur la terre, et l'eaue couvrist la terre au plus hault d'elle de quarante coudées, et périrent tous, excepté Noé et sa famille. Le déluge passé, demoura l'arche sur la montaigne Parate avec Noé et ses trois enffans, qui estoyent ceulx icy : Sen, Cam et Jaffet. Et estant ung jour Noé, leur père, yvre sur la terre, descouvert, et lui paroissoit sa vergougne, Cam, le voyant, se commença à rire et s'en mouquer, et appella ses frères qu'ilz le vinssent veoir. Sen et Jaffet furent où estoit leur père et meirent une cappe au davant pour ne veoir sa vergougne, et le couvrirent. Et quant Noé fut esveillé et sceut la vérité, mauldist Cam de malédiction, et bailla sa bénédiction à ses aultres deux enffans. Les enffans de Noé multiplièrent fort, et en multipliant, descendirent aux montaignes d'Arménie, le long la rivière du Tigre, tant qu'ilz vindrent aux champs où de présent est Babillonne, et eulx icy arrivez, délibérèrent de faire une ville et une grand tour, et icelle debvoit estre si haulte que elle debvoit toucher au ciel, affin que si Dieu voulloit envoyer ung aultre déluge, qu'ils se deffendissent de luy et qu'ils se saulveroyent en icelle tour. De laquelle tour Dieu se courassa et leur envoya vent qu'il feit ruyner la dicte tour, et leur changea la parolle tellement qu'ilz ne se eussent seu entendre. Et parce que Noé pria Dieu, quant cessa le déluge, que son bon plaisir fust que si aulcun de ses enffans et d'eulx descendans péchoyent, qu'il les voullust pugnir en ung aultre déluge et non point par eaue. Mais Dieu ne le voullut poinct ainsy. Mais Dieu commanda à ses enffans qu'ilz cressascent et multipliassent et remplissent la terre, et que jamais ne envoyroit de déluge, et luy bailla pour signe et confiance l'arc qui apparoist au ciel. Et ceulx icy, en ne se confiant à la promesse de Dieu, et au signe, voullurent icelle tour édiffier pour résister contre Dieu, qu'il fut

F° 97 v°.

un grand orgueul, et pour lequel péché Dieu confondist les langues, et les divisa en tant de parties qu'ilz ne se entendoyent point les ungs les aultres, et leur envoya un si grand et impétueux vent qu'il feit tomber ladicte tour. Et eulx voyant ainsi confus, s'en allèrent chascun à sa partie. Et les successeurs de Cam qu'il fust le mauldict, s'en allèrent au cousté d'oriant là où est de présent Perse, et fut leur cappitaine et conducteur Membrohe lequel estoit grand homme de stature et puissant et fort superbe, et se feit principal de la génération de Cam, et fut le premier qui jamais fut roy au monde après le déluge. De ceste génération de Cam, demeura Canaan, son filz, et ses successeurs vindrent à la province de Célicye, et peuplèrent la terre, et toute la terre de permission, et édiffièrent les villes de Sodome et Gomorre. Et ceulx de la génération Jaffet vindrent en Europe, et Tubal qui fut ung des enffans de Jaffet, vint en Espaigne et la peupla. Et ceulx de la génération de Sen demeurèrent en la terre de Caldée qui est près de Babillonne, et de eulx demoura Tares lequel fut père de Abraham. Et du déluge jusques à Abraham, y avoit deux cens nonante et trois ans. Et estoit Abraham homme juste, et ceulx de Caldée estoyent idolastres et ne gardoyent point les commandemens de Dieu. Dieu commanda à Abraham que luy, sa famille et les siens s'en allassent en la terre laquelle ilz lui monstrèrent, ce qu'il feit. Il print sa famille et son nepveu Loth avec luy, et sortirent de Caldée et s'en vindrent en la terre de Seyo (*ou* Seyr), là où estoyent édiffiées Sodomes et Gomorres qui estoyent de la génération de Canaam, et habita en icelle. Et depuys, pour raison de la famine qu'il vint en icelle terre, s'en alla en Egipte, et puys après Dieu luy commanda qu'il retournast en la terre de Séyo (*ou* Seyr), et que icelle terre avec la génération de Canaam, il luy bailloit et à sa génération. Et Abraham retourna en icelle et habita aux champs de Mrab, et emmenèrent avec eulx beaucoup de bestial. Et ainsi que les pasteurs de Loth et ceulx de Abraham alloyent tirer l'eaue du puys pour bailler à leur bestial, ilz se courossoyent ensemble. Et cecy voyant, Abraham, pour éviter malveillance, dist à son nepveu Loth qu'il luy prioit, à cause du courroux, qu'il print icelle terre, et qu'il s'en iroit à une aultre que Dieu luy monstreroit. Et voyant Loth que icelle terre estoit bonne d'herbaiges, la print pour luy, qui est la terre où estoit Sodome et Gomorre où de présent est ceste mer Morte de laquelle cy dessus avons faict mention et figure. Et Abraham s'en alla habiter aux champs Damassines, auprès de la vallée de Hébron. Et après que ceulx de Sodome et Gomorre péchèrent contre le péché de contre nature, Dieu commanda à Loth qu'il sortist de Sodome là où il vivoit, et qu'il se retirast ailleurs, car il les voulloit destruire pour le péché abhominable de contre nature. Et Loth sortist d'elle et s'en alla habiter en une montaigne avec ses deux filles, et, luy sorty, vint une tempeste qu'il funda les villes en abisme, et demourèrent lesdictes villes en ceste mer que aujourd'huy est dicte mer Sodomorre Morte. Et estant Loth en la montaigne avec ses filles, pensant que tout estoyt péry, et que le monde ne demourast point sans génération, enivrèrent leur père Loth et dormirent avec luy, et eurent sa compagnée, et engroissèrent de leur père de deux enffans. L'ung fut nommé Moab et l'aultre Hamon, lesquelz habitèrent entre l'Arabye déserte et Pétrée, et furent tenuz pour géans. Et de ces

F° 98 v°.

deulx vindrent Les Moabites et Amonites, lesquelz comme j'ay dict, furent géans, et ceulx qui demourèrent de la génération de Mambroh, combien qu'il y eust beaucoup de différend entre les ungs et les aultres quant au service de Dieu. Abraham avoit une femme appellée Sarra laquelle estoit stérile et ne portoit point d'enffans, par quoy il habita avec sa servante appellée Agar, et l'angroissa d'un fils, lequel fut nommé Ismael, et le feit, par le conseil et permission de sa femme, parcequ'elle veoyoit qu'elle ne pouvoit avoir d'enffans. Et incontinant que Agar veid qu'elle avoit enffanté, elle se courrossa avec Sarra, et l'appella femme stérile. De quoy Sarra fut fort marrye et le dist à Abbraham, son mary, et Abraham luy dist qu'elle la chastiast, et qu'elle estoyt sa serve et captive, et de craincte s'en fouist ladicte Agar avec son filz en la montaigne. Et, en allant, l'ange s'apparut à elle et luy commanda qu'elle s'en retournast à sa maîtresse, et qu'elle la servist et obéist, et que son fils seroit appellé Ismael et qu'il seroit grand et fort homme, et que de luy viendroit grande génération, et qu'ilz auroient guerre envers et contre plusieurs et plusieurs envers eulx. De cestuy Ismael vint Mahomet, celluy qu'il feit l'Alcoran qui est la loy des Maures et Turcs qui premièrement estoit dicte Agarènes (*ou* Agarènos) pourcequ'elle descend d'Agar, mère d'Ismael, d'où descend Mahomet, leur prophéte, lequel feit l'Alcoran, d'où ilz descendent. Après que Agar fut retournée en la maison de Abraham et en la subjection de Sarra, sa maistresse, Sarra engroissa et enfanta ung filz nommé Isac. Isac fut marié avec Rébecqua, et eut d'elle deux enffans. L'ung fut appellé Esau, lequel fut grand veneur, et homme fort robuste, et l'autre fut appellé

Jacob. Et estoyent tous d'eux d'une ventrée. Et Esau naquist le premier et puys Jacob. Et par Esau est signiffiée la vielle loy, et par Jacob est signiffiée la loy nouvelle de grâce, laquelle est provenue de la vielle et est joincte avec icelle. Et icelluy Jacob eust douze enffans, le dernier desquelz fut appellé Joseph. Et parceque icelluy Joseph estoit homme juste et disoit les choses futures, fut par ses frères gecté en une cisterne de montaigne, et fut par eulx vendu à des marchans d'Egipte, lesquelz l'emmenèrent et fut par eulx transporté, et en feirent ung présent à Pharoo. Et Pharoo le feit gouverneur de ses terres. Et en ce temps fut grand famine en la terre de permission, et Jacob pensant que son filz Joseph fust mort, parceque ses frères luy avoyent dict que une lyonne l'avoit mangé aux champs, lors Jacob envoya ses enffans en Egipte pour sercher du bled. Et ainsi que tout estoit en la puissance de Joseph, ilz achetèrent le bled de luy sans aulcunement le recongnoistre. Et après Joseph se feit congnoistre à eulx, et leur commanda que eulx et toute leur famille et Jacob, son père, s'en vinssent en Egipte, et qui leur feroit du bien, ce qu'ilz feirent. Le roy Pharoo leur feit tout plain d'honneur et grand recueil, et leur bailla terre pour habiter, et estoyent en tout, tant hommes que femmes, soixante et dix. Et icy mourut Jacob. Joseph, son filz, le feit porter enterrer en la sépulture où avoyent esté enterrez Abraham et Isac, son père. Et après mourut Joseph, et commanda que quant les Juifz sortiroyent d'Egipte, qu'ilz emportassent son corps là où estoit le corps de son père Jacob. Ces Juifz multiplièrent tant en Egipte que le roy Pharao se accorda et délibéra de tuer tous les enffans qui descendroyent d'eulx, parce qu'ilz multipplioient trop. Et en ce temps nasquist Moyse, et de craincte qu'il ne fust tué, sa mére le mist en une arche et le laissa aller par la rivière Abbas. Or advint que la fille du Roy Pharao le veid et le feit prandre, et, le voyant belle créature, le feit nourir, et fut vaillant, et estoit bégue, et tua ung Egiptien. Pour raison de quoy ledict Moyse s'enfouyst. Et en estant fouy, Dieu luy commanda qu'il print tout le peuple d'Israel et le menast en la terre de permission, parce que le roy Pharao se servoit d'eulx comme d'esclaves. Et pour ce que Pharao ne les voullut point laisser aller, Dieu luy envoya les sept playes, l'une après l'aultre, et la dernière le tua. Et ceste nuict, tous les primogenitz de Israel, en la nuict que ledict Pharao mourut, s'en allèrent et saillirent, avec ledict Moyse, d'icelle terre, lequel s'en alla avec tout le peuple de Israel. Et Pharao envoya après eulx avec grande puissance, et Dieu leur ouvrit la mer Rouge, par laquelle ilz passèrent, et entrèrent ceulx de Pharao après eulx, pensant leur faire annuict. Mais quant Moyse et ses gens furent passez, la mer retourna à son sol, et furent tous les gens de Pharao submergez. Et s'en alla Moyse avec le peuple au mont de Sinay, et estoyent en nombre ceulx qui alloyent avec luy six cens mil hommes, combattans, sans les femmes, enffans et filles, et les petitz enffans qui estoyent à la tétine. Et en estant au mont Sinay demanda le peuple audict Moyse la loy en quoy ilz vesquissent, et Moyse la demanda à Dieu, qu'il luy bailla les dix commandemens en deux tables sérimoniales qui signiffioit la nouvelle loy de grâce. Laquelle le peuple rompit et feirent la loy du thaureau, auquel ilz adoroyent. Lequel péché pardonna Dieu par les prières de Moyse.

Toutesfoys Dieu luy dist qu'il n'entreroit point en la terre de permition jusques ad ce que ceulx qui avoyent faict l'adoration du thaureau fussent mortz. Toutesfoys luy promist qu'il y entreroit après leur mort, avec leurs successeurs, et ainsy fut Moyse avec le peuple d'Israel, au désert, quarente ans jusques ad ce que tous ceulx de l'adoration du veau fussent mortz, mangeans de la manne que Dieu leur envoyoit, lesquelz en avoyent aultant qu'ilz voulloyent. Toutesfoys il ne leur estoyt permis de en prendre et en recueillir sinon pour leur vivre quotidien, et si aultrement le faisoyent, ilz se perdroyent et mourroyent. Et leur estoit permis de prandre le samedy pour le dimanche jusques au lundy, parceque c'estoit le septiesme jour, lequel estoit dict jour de repox, et que ledict seigneur reposa après la création du monde et de toutes les créatures, et estoit jour sanctiffié. Par quoy, à ce dict jour, le Seigneur ne leur bailloit point de manne et leur commandoit d'en amasser le samedy pour le dimanche. Et ceste manne avoit telle vertu qu'elle estoit savorée et savoroit au gout de toutes les viandes que l'on pouvoit désirer. Et au bout de quarente ans sortit Moyse du désert de Cande et vint à la terre de permission et de la terre de Ezébon qui est auprès de la rivière Jourdain. Et illec vint avec le peuple d'Israel, et estoyent en nombre, ceulx qui vindrent avec luy, douze compaignées, et en chascune de ces douze compaignées, chascun estoit une génération des douze enffans de Jacob, et une des douze tribes d'Israel, et en chascune venoit primogenitus pour seigneur et cappitaine des aultres, et à chascune des douze générations de Jacob, lesquelz se nommoient les douze tribes d'Israel. Et icy arrivée, le tribe de Moisie, et le tribe de Manassés, et le tribe de

Ruben demandèrent à Moyse qu'il leur baillast, pour leur part, la terre de Ezébon qui est depuys la rivière Jourdain jusques à Arabie. Et icy mourut Moyse, et bailla charge à Josué du peuple, et luy bailla l'arche fédère, là où estoit la loy. Josué bailla la terre Ezébon, laquelle est appellée la terre de Bétanie, qui est entre la rivière Jourdain et Arabye, au tribe de Manassés, et à cellui de Ruben, aux conditions que ceulx qui estoyent pour combattre fussent et demourassent avec luy pour conquester la terre qui estoit de l'aultre cousté de la rivière de Jourdain, pour la départir aux aultres tribes, lesquelz furent avec luy. Et Josué print l'arche fédère, là où estoit la loy, et entra avec elle en la rivière Jourdain, et l'eaue se ouvrit et feit deux murailles, sans plus courir, jusques ad ce que tout le peuple fust passé au delà de la rivière de Jourdain. Et quand ilz furent tous passez, envoya Josué ses espez. Et depuys envoya requérir à ceulx de la terre de Jhérico, lesquelz estoyent de la succession de Canaan, que ilz s'en allassent et laissassent la terre que Dieu avoit donnée à Abraham et à ces successeurs ; et parcequ'ilz estoyent successeurs de Abraham et de sa génération, la demanda à ceulx de Jhérico, lesquelz n'en feirent compte et se mouquoyent d'eulx. Et quoy voyant, Josué ordonna ses batailles et print la ville et tua beaucoup de gens, et ceulx qu'il print en vie, les bailla pour esclaves et captifz aux enffans d'Israel, et partit avec eulx les pillaiges et despouilles, et print toute la terre de permission. Et ceulx qui à luy se rendoyent et lùy requéroyent pardon, il les laissoit vivre avec leurs biens, en luy faisant certain tribut. Et ceux qu'il prenoit par force, il les faisoit esclaves. Et icy s'accomplit la malédiction que donna Noë à Cam parcequ'il se moucqua de luy, et qu'il luy dict que sa génération seroit esclave à celle de Sen.

Et après que Josué eust prins toute la terre de permition, la départit aux unze tribes. Et au douziesme tribe de Lévi ne luy bailla point de part de ladicte terre, mais luy donna la dixiesme partie de tous les fruictz croissans en icelle, parcequ'ilz estoyent dédiez au service du temple. Et ainsi vesquirent jusques à la nativité de la virge Marie, en laquelle print Dieu humanité, de laquelle naquist Jhésu Crist, Dieu et homme, lequel souffrit mort et passion et ressuscita, et nous délivra des peines esquelles nous estions par le péché de Adam nostre premier père. Et aussi vint pour accomplir la loy du viel testament, et pour nous donner la loy du nouveau testament en laquelle nous vivons, et pour elle fumes saulvez. Et cecy est le fondement de la nouvelle et vielle loy, et de la secte de Mahomet, et la succession d'où nous venons depuys la création du monde. Et ay bien voullu mectre cecy icy, affin que ceulx qui liront ceste cosmographe, sçachent les partitions et provinces de l'universel monde, lequel est départy aux parties au dessus dictes, et la succession d'où nous venons.

Tournant à notre principal œuvre, je dictz que ceste mer Morte, appellée Sodomorre, est en la forme et manière que au dessus j'ay dict. Elle se consumme et entre en la rivière de Jordain. Laquelle rivière procedde des montaignes Libanes et Antélibanes, qui est en la province de Phénésye et va descendre en la mer de Gallilée, et de Gallilée en la mer Tybère, en laquelle entrent plusieurs aultres rivières, et de là passe par la terre d'Ezébon où sainct Jehan baptisoit. Et icy baptisa Jhésu Christ, et le congneust. Et de là faict le tour et vient finir en ladicte mer Morte. En ceste rivière Jourdain et mer Morte, furent nommez les noms de toutes les bestes, oyseaulx et poissons du monde. Et ainsi les nomma Adam, par le commandement de Dieu, et les escripst en lectre hébraïque. En ceste vallée d'Hébron et aux champs Damassènes, là où Adam fut formé, il vesquit neuf cens et trente ans. Avant que la tour fust, tout le monde parloit hébreux. En ceste de permition et de Jérico, y a vignes de basme fort fin. Combien que en aultre part comme en Babillonie y en a, mais il n'est pas si fin. Ceste terre de permission tient au cousté d'oriant la terre d'Arabye. Ceste terre d'Arabye se divise en trois provinces. La première est Arabye la déserte, la seconde est Arabye Prestée, et la tierce Arabye Félix. Arabye Prestée va jusques à la rivière Eufrates et Egipte. Et Arabye Félix est à l'austre midy et va jusques à la mer Océane, et tient en oriant la mer Persique, et en occident la mer Rouge, et s'appelle Félix, des auromates qui sont en elle, et est l'une des meilleures, et la plus riche terre qui soit au monde. L'Arabye Prestée commance à la fin de la mer Rouge du port à Islan [1] qui est en la terre des Idumées, où est la ville appellée Crestée (ou Orestée,) et ceste icy est la terre de Judée, la départ les montaignes qui vont de la mer Rouge jusques à la mer Persique. Et de ceste cy parlerons la première. Je dictz que du port à Islan qui est à la fin de la mer Rouge en la terre des Idumées, en cedict port de à Islan feit Salomon les navires lesquelles il envoya à Thracie et Orfye qui sont en Oriant en la mer Pacifficque pour édiffier le temple.

---

1. Elath, port du pays des Iduméens, aujourd'hui Akabah. (V. Bouilliet, *loc. cit.*, v° Aelana). — V. page 285,.

LA COSMOGRAPHIE

Et ces navires furent à Thracie, et là prindrent l'argent, et à Orfye prindent l'or. Et le roy Thiro de Phénessye luy bailla l'ayde des mariniers et navires et demourèrent trois ans à aller et venir. Et la cause de cecy fut parce que les navires ne pouvoyent naviger en ceste mer, sans ventz propices, et failloit que ce fust vent en poupe, parce que, en ces parties, les ventz ne sont pas muables, comme icy. Car le vent est six moys d'un cousté, six moys de l'aultre. Et quant le vent est contraire, il failloit attendre en ung port. Et aussi ilz n'avoyent pas encores trouvé la manière ne engin pour[1] aller à la boulline, et aussy parce que la mer estoit basse et dangereuse de bans et rochiers et ne pouvoyent naviger sinon par certains chenaulx, et leur estoit nécessaire ce temps tempéré en pouppe, et n'avoyent point d'engin ny de compas. Car en icelluy temps n'en avoyent point de congnoissance, ny ne les sçavoyent faire, ny aultres choses nécessaires à la navigation. Et portoyent des oyseaulx privez et les laissoyent voller, et au vol d'iceulx alloyent quérir la terre, qui fut la cause qu'ilz tardèrent trois ans. Et quelque retardement qu'ilz feissent, ilz apportèrent ce que leur estoit commandé par ledict Salomon. A la première foys, ilz apportèrent quatre cens cinquante thales d'or qui sont, chascun thales, trois cens livres ; aultres dient qu'ilz vallent sept cens livres d'or. Et, au second voyaige, en apportèrent six cens thales, et apportèrent forces draps de soye et de couton, et beaucoup de dentz d'elléfans et aultres beaucoup de choses, piarreries et perleries, et forces boys de ci-

F° 102 r°.

---

1. En tête du folio 102 recto, une carte avec la légende : Unne partie de la mer Rouge.

pretz, duquel il feit faire les instrumens pour chanter au temple avec le cèdre que luy envoya le roy Thiro de la montaigne Lybane et de l'or que luy envoya la royne de Sabba, qu'elle luy envoya de l'Arabye Félix et de Etioppe, et de celuy qu'elle apporta avec elle quant elle vint veoir l'édiffice que feit Salomon en huyt ans au temple, lequel fut le plus riche qui fut jamais au monde. Lequel temple feit destruire le Roy Antioche et emporta d'icelluy mil et huyt cens thales d'or, ainsi que dict est dessus. Et depuys n'envoya jamays Salomon ny aultre à Orfye ny a Tersye et n'est point encores au présent congneu quelle terre c'est, sinon que Orfye est une isle et est en la mer Pacifficque. Et Tersye est terre ferme, et est aussi en la coste de la mer Pacifficque. Toutesfoys le roy Josapha feit accouster navires, pour y envoyer, en ledict port de à Islan, et parce qu'il estoit ydolastre, luy envoya Dieu une tempeste qu'il luy rompist tous les navires. Et ainsi n'y envoya point selon que le testiffie Jhérémye en ses prophécies, et ainsi fut perdue la mémoire de Tersye et Orfye, et jusques à présent n'en a esté aultre chose sceue, sinon que l'on la serche tous les ans et qu'elle est en Oriant en la mer Pacifficque. Ladicte mer Pacifficque est toute plaine d'isles et d'aultres grandes terres que l'on ne sçait si sont isles. Et à ceste cause, l'on ne peult congnoistre lesquelles sont. Toutesfoys, il n'y en a pas une en quoy l'on ne trouve de l'or ou de la piarrerye. Aulcuns dyent que c'est la terre de Cyampagne et l'isle de Jacquatte. Ladicte isle est en oriant de la Jalle, et Cyampagne est auprés de Malluque, et l'on n'a pas regardé si elle est terre ferme ou isle, et est devers le Cattay. En aulcunes de ces isles, a esté trouvé de la monnoye de laquelle l'on usoit au temps de Salomon, en laquelle y avoit engravé plusieurs imaiges. Ceulx icy demandèrent de quel seigneur estoit ceste monnoye, et ils respondirent et dirent qu'elle estoit demourée du temps de Salomon et du roy David, son père, lesquelz estoyent mortz, et les aultres du roy Saul, et que chacune d'icelle valloit aultent l'une que l'aultre et ung mesmes pris. La terre est bonne et y a en elle bonne justice. Et en ce temps là, ilz envoyèrent ambassade au roy Salomon pour leur establir loy par laquelle ilz vesqussent et se régissent, et qu'ilz voulloyent tenir de luy. Et allors Salomon les reçeut et leur donna beaucoup de dons, par quoy ilz estoyent venus en humilité devers luy, et si l'idolastrerye ne fust advenue, luy eussent esté tousjours loyaulx. Et pour raison d'icelle fut tout perdu. Et du port de Ayllan, ledict port est en la terre des Idumées; et, auprés de la terre des Idumées, est la province des Nabates qui est entre la montaigne de Sinay et la terre de Judée. Ceste terre des Nabates [1] est bonne terre, et est fertille de toutes choses, excepté d'huilles d'olif, et, au lieu d'icelle, usent d'une huille d'un arbre qui s'appelle sésanne (*ou* sisanne), et ont de beaulx jardins et de bons fruictz, et ont de l'or en la terre, fer et acier en abundance, et ont de beaulx édiffices de maisons, et y a force bestial de laine, comme de ouailles, beufz et vaiches, chameaux, dromagdaires, et n'ont point de chevaulx, et sont des meilleures gens de toute l'Arabye, eulx et les Nabates et les Caloces qui sont aussi bonnes gens. Tous les aultres Arabyens sont maulvaises gens, luxurieux et de maulvais gouvernement. Et par la plus grant part sont idolastres et aulcuns mahomiques.

F° 103 r°.

---

1. Nabathéens. Arabes nomades.

Ces Nabates ont roy, et ont de coustume de faire forces banquets et convives à leur roy et seigneur, et le roy à eulx. Et quand ilz convient leur roy, ilz luy font grand honneur et le servent très bien: Et après qu'il a prins sa reffection, luy mesme leur faict ung cas pareil ; et de leurs serviteurs et esclaves ilz ne se servent point à la table, si ne sont d'eulx mesmes ou de leurs parentz. Et quant ilz meurent, ilz sont enterrez aux fumiers, aussi bien le roy comme les aultres. Et au temps d'Auguste César, estoit ceste terre et la terre de Judée et Egipte dessoubz les Romains. Les Romains envoyèrent Léogalle avec gens pour les subjuguer, et aussi envoyèrent à Arabye et Félix, et en Etiope pour les mectre aussi en la subgétion des Romains, à celle fin que s'ilz la subjugoyent, ilz fussent seigneurs des auromaticques, or et piarres précieuses qu'ilz ont en grand abondance. Et leur envoya ung ambassadeur, ledict Léogalle, que s'ilz ne voulloyent obéyr, il les prandroit par force, estimant que s'il les prenoit par force, que les Romains en seroyent tous riches. A cecy faire, et pour avoir secour, envoya ledict cappitaine des Romains à ung légat et président des Nabatées, qu'il eust à luy envoyer secour pour subjuguer lesdicts Arabiens et Etiopiens, auquel envoya cinq cens hommes de Judée et mil Nabatiens. Et s'en alla avec eulx, et emberchèrent en ung port de la mer Rouge, lequel s'appelle le port Albée qui est en la mesme terre des Nabatées, et se assemblèrent oudict port dix mil hommes et furent longtemps par la mer, et à la fin ne feirent riens, et se perdirent beaucoup de navires. Et ceulx qui eschappèrent, retournèrent oudict port Albée, d'où ilz estoyent partiz, avec grand perte de gens qui moururent. Et

Léogalle tumba malade de la grand penne qu'il avoit receu, et disoit que les pillottes en estoyent cause, car ilz les menérent par la mer, où ilz ne pouvoyent naviger à cause que elle estoit somme de bans et baptures, affin qu'ilz se perdissent, à la requeste de Siler (*ou* Seler) qui leur faisoit faire, affin que ladicte terre d'Etiope et Arabye ne fust prinse. Et après que Léogalle fut guéry, feit une aultre armée pour aller en Etiope par terre, et furent six moys sans retourner, et gaigna une bataille et print deux villes contre les Etioppiens, en laquelle bataille demoura dix mille hommes Etioppiens, et de ceulx dudict Léogalle n'en demoura que deux mil. Et d'icy, il s'en retourna, à cause que la terre estoit stérile et seiche et n'y avoit point d'eaue. Et entre ceste terre des Nabatées et Arabye Prétée, est le mont Sinay devers Arabye Félix, là où Dieu donna la loy à Moyse. Et icy est le précieux corps de saincte Katherine sur une roche sur le hault de la montagne. Et auprés de ladicte montaigne Sinay, à l'austre midy, sont les montaignes de Arabye Félix qui vont d'auprés de la mer Rouge jusques à la mer de Perse, qui séparent Arabye Félix et Arabye déserte et Arabye Prestée. Et entre la Prestée et la rivière Eufrates et Babillonne et la mer Persicque, est Arabye déserte. Ceste cy est appellée déserte pour raison que la plus grand part d'elle est déserte. Et icy sont les grandz desertz tant de boys (*plutôt* brys) que de sable. Et ces sables sont mouvans comme mer. Et icy se trouve la Soldomomye qui est des gens qui meurent sur lesdicts sablons. En l'Arabye Prétée vivent les gens appellez Egées [1], et de l'aultre cousté d'eulx, vers la Si-

---

1. Un peuple de la Médie se nommait *Ægeli* (V. La Martinière).

rye, sont les gens appellez Nomades, qui sont tous pasteurs. Et en ces désertz d'Arabye, y a forces bestes saulvaiges comme lyons et onces, et d'aultres de plusieurs sortes. Et en ces désertz, on y veoid, la nuict, des gens anciens lesquelz font semblant d'eulx combattre, et ne sçait l'on que c'est. Et du cousté devers Babillonne, les gens sont bonnes gens et marchans, et s'appellent les Mazones [1], lesquelz vivent tous de traffic et de marchandise, et trafficquent en Arabye Félix et en Etiope et en toutes les parties, par la mer Rouge, et par la mer de Méque, et par la rivière Euffrates. Et vers la mer de Perse, auprès de l'Arabye Prestée, sont les gens Caldées, lesquelz sont tous magiciens et nigromans et adevineurs. Et icy fut inventé l'art de nigromance, et sont fort estimez en ces pays là. Et en retournant à parler des Nabates et des montaignes d'Arabye Félix, qui vont depuys la mer Rouge jusques à la mer de Perse, là où habitent les gens Saducées, passé cecy, au long la coste, sont les gens appellez Carnates [2], et icy y a ung bon port qui s'appelle Carnat. Et auprès de ceulx cy sont les gens appellez Sabeux, d'où estoit la royne de Saba. Et entre eulx et la mer, y a deux montaignes, et icy descendent deux bonnes rivières en la mer. Et à l'austre midy d'elle, est le royaume de Saba là où proprement se tenoit la royne de Saba. Ceulx icy du royaulme de Saba sont tous marchans, lesquelz traficquent en la Indie et en Etiope. Et est la terre fort riche d'or et aromatiques et piarreries de toutes sortes. Les gens de toutes ces terres sont mahomites. Et aulcuns sont idolastres. Et en ladicte terre a fort cassefistre et y a mynes d'or.

1. Mazoranie, peuple habitant vers la Parthie (V. La Martinière).
2. *Carna*, dans l'Arabie heureuse (Ptolémée). *Carna* ou *Carana* (Strabon).

Les gens sont riches. Car il y a beaucoup de marchans de ceulx qui traictent en l'Etiope et en la Indie, qui ont leurs maisons couvertes d'or et d'argent comme nous faisons icy de plomb, et les fenestres et portes de marbres, et aulcunes d'or. Et ceste terre de Saba est tenue pour la plus riche terre de toute la pomme du monde. Et plus avant que culx, auprès du destroict de la mer Rouge, est celluy qui s'appelle le royaulme de Saba. Et toutes ces terres tiennent de luy, et sont tous Sabeux. Et d'icy auprès du destroict, estoit la royne de Saba qui vint veoir la sapience de Salomon en Jhérusalem. Et en ce temps, ladicte royne de Saba estoyt royne de Arabye, d'Egipte, et de la plus grand partie d'Etiope. Et de ces parties estoyent les troys roys qui vindrent adorer Nostre Seigneur en Jhérusalem, comme cy après dirons. Et en ce temps là, la royne de Saba estoit fort riche, à cause qu'elle avoit et seigneuroit toutes ces terres, au dessus dictes, qui sont les plus riches d'or de tout le monde. En la terre de Arabye Félix y a forces palmes de coque, et n'y a guères d'aultres arbres. Ces palmes sont de grand prouffict. Ces colques est ung très bon fruict, fort nourrissable, car dedans luy y a que manger et que boire d'une eaue fort singulière tirant à seucrée. Ces palmes, d'elles se faict du vin qui est bon, qui s'appelle haragne (*ou* harague), et l'on luy baille la coulleur que l'on veult. Lesdictes palmes baillent de l'huille et thoilles pour vestir, matières pour faire des cables pour navires, et des fueilles de ladite palme couvrent les maisons, et durent longtemps. Et en toute ceste terre, n'y a point de vins, sinon vins de palmes. Et en toute ceste terre d'Arabye Félix, les gens de labeur habitent hault sur les palmes, et là font leur manière de cabanes, et cecy à cause des bestes saulvaiges comme lyons et aultres, et ne mangent, les gens, que du fruict desdictes palmes et ne boyvent aussi aultre chose. Et quant ung homme a vingt ou trente piedz de ces palmes, il se tient pour fort riche. Les gens qui habitent en ces palmes, sont fort peluz et quasi tous couvers de poil. Ces gens de ceste terre sont si luxurieux que le filz couche avec sa mère et sa sœur, et le père avec la fille. Et les hommes prennent tant de femmes qui veullent, et sont, par la plus grande partie, idolastres, et adorent le soleil. Et en la coste de la mer Rouge, passé le destroict en la mer de Méque, auprés du destroict est le port appellé Barbare [1] qui est ung bon port. Et auprés du dit port de Barbare, joinct au destroict, est la province de Dyran [2]. Ceste province de Dyran est la plus abundante de mynes d'or que toutes les terres du monde, et ilz le tiennent pour pauvre mestal [3], et dyent qu'il n'est de nul prouffict, et le baillent aux marchans d'Arabye et de Saba et aux Catabanenses [4] qui sont prés de Saba et d'Arabye, pour petite chose. Et baillent pour ung pesant de cuyvre, deux d'or, et pour ung d'argent trois ou quatre d'or, et ne sçavent vendre ny acheter, sinon changer.

La mer Rouge [5] a de longitude, depuys le destroict

---

1. Barbare et Barne, qu'on rencontre plus loin, sont le même port, évidemment Berberah, dans le pays de Harar ; selon d'Herbelot, *Bibl. orient.*, la capitale d'une province qui porte le même nom et qu'on peut appeler la Barbarie Ethiopique. Ptolémée indique un *Sinus Barbaricus*.

2. *Direa*, ville de l'Ethiopie, sur les bords du Nil, Pline, L. 6, C. 29; Diré ou Deir, selon le géographe Etienne, ville et promontoire qui resserre le détroit de Bab-el-Mandel, du côté de l'Ethiopie.

3. Les Grandes Indes notamment ont conservé ce goût pour le métal argent.

4. *Catabanes* (Pline), peuplade de l'Arabie entre Peluse et la mer Rouge.

5. Pour l'interprétation et l'assimilation de beaucoup des noms qui vont sui-

et le port d'Islan deux cens soixante lieues, et le travers de port de Saba, cent lieues de latitude, et de là en avant va estroississant jusques auprès des Idumées, et le travers du port de à Islan [1] qu'est le plus estroict. Et du port de à Islan jusques au port de Larrise [2] qu'est en la mer Méditerranée, y a soixante et dix lieues, et est casy toute la terre déserte. Et auprès du meilleu, y a ung grand lac, lequel a faict faire Ptholomée pour assembler les eaues de la mer Méditerranée avec la mer Rouge, affin que les navires puissent aller par icelle mer aux Indes. Et aussi on dict que, au temps passé, avant que les eaues rompissent par le destroist de Gibaltar, lequel estoit fermé, et fut faict pour entrer en la mer Méditerranée et en la mer Occéane, et les voulloit faire aussi passer en la mer Rouge et en la mer de Méque pour sortir par là en la mer Occéane. Et est chose certaine que, en ce temps, Gibaltar estoit fermé, et fut ouvert par mains d'hommes. Mais la mer l'a bien eslargy et perfondé. Et la cause pourquoy il laissa de l'ouvrir pour faire aller l'eaue en la mer Rouge, ce fut parce que on luy conseilla que s'il l'ouvroit, et que s'il assembloit la mer Rouge et la mer Méditerranée, il perdroit et feroit abismer la terre de Egipte, parce qu'elle est terre basse. Par quoy il délaissa de parachever l'œuvre. Et de ce port à Islan tourne la coste de la mer Rouge du cousté d'Egipte. Et au commencement d'icelle est le port nommé Clave. Davant le port y a une isle en laquelle se trouvent

F° 105 v°.

vre, nous renverrons le lecteur à la *Description de l'Afrique tierce partie du monde escrite par Jean Léon Africain...* nouvelle édition annotée par Ch. Schefer, membre de l'Institut; — 3 vol. in-8°, dans les *Voyages anciens*, 1896-1898.

1. Aelana, Elath, Aila, aujourd'hui Kalaât-el, Akabah, ville de l'Arabie Pétrée, sur un golfe appelé par les Latins *Elaniticus Sinus*.

2. Larisse, aujourd'hui Larissa-Kresmali, ville de Thessalie.

les piarres appellées toupasses, lesquelles la nuict donnent clairté. Les roys d'Egipte tiennent grand garde en ladicte isle pour raison desdictes piarres. Et d'icy se court la coste de la mer Rouge jusques au destroict à l'austre midy qui est nord et su. Et entre les deux, en la coste de la terre d'Egipte, est le port de Clave et le port de Acothe [1] qui sont bons portz. Et audict port de Acothe est la ville appellée Pollone [2]. Et ledict port de Acothe est le meilleur de toute la coste, et où plus de navires arrivent de la Indie et d'Estiope. Et icy est la descharge des navires qui viennent d'Estiope et d'Arabye Félix et des Indes.

F° 106 r°. Et d'icy [3] les passent en chameaux et dromadaires au lac Muris, et icy les chargent en gabarres qui vont par chenaulx jusques en Babillonne au Nil, et par le Nil les passent jusques en Alexandrie. Ceste ville de Babillonne est celle que l'on appelle le Grand Caire. Et au temps d'Auguste César, toutes ces terres estoyent aux Romains et estoit gouvernée par les sénateurs de Rome. Et y abundent tant de marchandises qui viennent de la Indie, d'Estiope et d'Arabye Félix, et toutes les épisseries qui viennent de la Indie et de Callicou et de Diu et de Cambaye. En ce port arrivent parfois et partent cent navires tous d'une flotte chargés et rechargez de riches marchandises, et aultant en va chargez pour aller au Gange

---

1. Acothe serait peut-être une corruption de A Kosseir. Kosseir est un port à la hauteur de Louqsor, qui ne serait pas très éloigné de l'Ouady Raijan où M. Cope Whitehouse place le lac Mœris (V. *Lake Mæris*, *Proceedings* de la Soc. de Géogr. de Londres, nov. 1890, p. 684).

2. Peut-être Panôpolis, aujourd'hui Akhmîn à 26 k. N.-O. de Girgeh, sur la rive droite du Nil.

3. En tête du folio 106 recto, une carte avec les légendes : Terre d'Arabbye et Félix, la mer Rouge, la terre d'Estioppe, le destroict de Mesque.

LA COSMOGRAPHIE 287

et à la Indie. En ce temps creurent tant les rentes et coustumes qu'elles valloyent au double de ce qu'elles soulloyent valoir. Et d'icy court la coste nord et su jusques aux désertz qui sont à la fin d'Egipte. Et passé les désertz jusques au port Arcuire [1] qui est passé les désertz, la terre d'Arcuire est terre fort chaulde, et y a en elle mynes d'or en abundance. Les gens en ceste terre vont nudz et ne portent riens couvertz pour ce que la terre est fort chaulde. Et en occident d'eulx sont les gens appellez nomades qui sont Estiopiens. Et auprès d'Arcuire est le port appellé Ptholomède et le port de Vénation [2] qui sont près l'un de l'aultre et sont bons portz. Et icy descend une bonne rivière, laquelle descend de l'Estiope, et en ceste rivière se trouve de l'or fin, et icy le faisoit amasser la royne de Saba. En ceste terre d'Estiope y a forces elléfans et robincérons qui est une manière de licornes, et est quasi formée comme une musle. Et y a forces chameaux et beaucoup d'aultres bestes de diverses manières. Et auprès de ceulx icy est le port d'Hélène [3] et plus

F° 106 v°.

---

1. Arcuire rappellerait la baie d'Akik.
2. Sous le nom de Ptolémaïs dans Pomponius Mela, surnommé Epittheras, par Pline, — Ptolémée épi Théréon rappellerait le voisinage des éléphants ; — nommé *Theron*, par Strabon. On l'appelait aussi *Troglodytica*. On croit que c'est aujourd'hui la ville de Mersa-Moubarak, le Mirsa Mbarek des cartes modernes, situé en Abyssinie près du cap Ras Aziz ou Asis. Le nom de Venation donné à un port très voisin rappellerait, dans le langage du XVIe siècle, l'existence de chasses importantes. Alfonse met ensemble à 15° de hauteur du pôle artique « Elephantus et Phtolomade. »
3. Le port Hélène serait vraisemblablement le port servant à Hélèni, ville de l'Ethiopie (aujourd'hui Abyssinie) signalé par Poncet (*Relation abrégée du voyage que Charles-Jacques Poncet fit en 1698, 1699 et 1700*, dans les *Lettres édifiantes*) entre Gordar et Duvarna. Poncet, La Martinière et d'autres auteurs rappellent une légende qui placerait en effet près de là le royaume de Saba. Dans cette province on trouve plusieurs villages du nom de Sebaïm. Hèleni

avant, auprès du destroict, est le port de Saba [1]. Ce port de Saba est bon port auquel arrivent beaucoup de marchandises d'Arabye Félix. Et du port de Saba va la coste jusques au destroict norouest et suest du cousté d'Estiope et jusques au port de Barne là où est la terre de Dyran. Et de ce destroict, jusques au bout de la mer Rouge du cousté d'Estiope et d'Egipte, est la coste saine sans nul danger. Et par l'aultre cousté d'Arabye ne se peult naviger sans danger, à cause que sont tous bans et rochiers. Aulcuns veullent dire que ceste mer n'est pas rouge et veullent dire que l'occasion de cela est la terre qui est rouge ; laquelle chose est impossible, car la terre n'est pas toute rouge. Et il y en a plus qui ne l'est pas que de l'aultre. Et de l'aultre part quand elle seroit toute rouge, il seroit impossible faire rouge une si grande mer. Et quant la terre le feroit, ce seroit au long d'elle, et non pas cinquante lieues en la mer, là où elle est encores plus rouge que au long la terre. Et certiffie que j'en ay veu, et est naturellement rouge. Et dient que l'occasion de cecy est d'une grande fontaine qui est en l'Estiope qui maine eaue rouge comme du sang, et descend en ceste mer, et court d'elle ung si gros ruisseau que en d'aulcuns lieux pourroit porter basteaulx ; et peult bien estre que à ceste cause, elle est rouge. Et de la mer Rouge, l'on peult aller au destroict de Mèque et à la mer Océane. Et aultrefoys l'ay trouvé vingt et trente lieues du destroict de la mer

---

aurait tiré son nom d'une belle église, sous le vocable de sainte Hélène, entre Gondar et Duvarna. Cette dernière ville, capitale de la province de Tigré, serait-elle la même que Axoum, aujourd'hui détruit? Peut-être le port occupait-il l'emplacement de Massouah.

1. Saba, aujourd'hui Mareb, ville de l'intérieur de l'Arabie. — D'après Strabon, L. 16, p. 770, c'était un port de l'Ethiopie, voisin de l'endroit nommé la chasse des Eléphants (V. Ptolémaïs et Venation).

LA COSMOGRAPHIE 289

Rouge avec les courans qui venoyent de la mer Rouge et estoit meslée en grandz boullons rouges comme sang par dessus la mer Blanche. Et pour ce, je dis qu'elle procedde de ladicte fontaine qui descend de l'Estiope. Le destroict de la mer Rouge est par les dix degrez de la haulteur du polle articque, et le port de Saba par les unze, Heléne à douze degrez de la haulteur du polle articque, Ellephantus et Venatio par les quatorze degrez de la haulteur du polle articque, Phtolomade à quinze degrez, Arcuire par les dix sept degrez, et Achato à vingt et sept degrez, et Anoum[1] à trente ung degrez, Héléne et Aillan à trente et deux degrez de la haulteur du polle articque. Et d'Aillan à Larrise, qui est en la mer Méditerranée, y a soixante dix lieues. Et est Larrise à trente degrez de la haulteur du polle articque. Et de Larrise à Damyette y a trente lieues, et de Damyette à Alexandrie y a vingt et cinq lieues. Et la coste de la mer Méditerranée de Damyette à Alexandrie gist l'est et ouest. Et entre Damyette et Alexandrie descend la rivière du Nil par sept goulles en la mer, et faict sept entrées. Ceste rivière du Nil sépare Affricque d'Azie et de Libye, et entre le Nil et la mer Rouge est la terre d'Egipte. Et ceste rivière du Nil, comme j'ay dict, entre en la mer par sept entrées. Toutesfoys les deux principalles sont navigables, et les aultres cinq sont sommes et ne se peuvent naviger. Et ung des navigables descend auprés de Damyette et se nomme l'entrée de Canopite[2], et l'aultre descend auprés d'Alexandrie et s'appelle l'entrée de Pelusiasse[3]. Et en ceste Alexandrie est la sépulture d'Alexandre

---
1. Peut-être fallait-il Assoum, Assouan?
2. Canopique.
3. Pélusiaque.

le Grand. Et icy l'apporta Phtolomée, son cappitaine, de la grand Babillonne. Ledict Phtolomée fut après roy d'Egipte. Ceste ville d'Alexandrye est une belle ville et riche et de grand trafficque et marchandise. Et icy se chargent les marchandises qui viennent, par le Nil, de l'Indie, d'Arabye et d'Estiope. Et d'icy passent en Europe. Et ceste riviére du Nil descend de l'aultre cousté de la ligne esquinoxiale, vers le polle antarticque, des montaignes de Lune et des montaignes Athelates qui sont à la fin d'Affricque du cousté d'occident. Et les montaignes de Lune sont en l'Estiope au meilleu de la terre. La riviére du Nil descend des montaignes de Lune et vient tumber en ung grand lac appellé Nillet [1] qui a bien trente lieues de longitude et de latitude. Et pour raison dudict lac s'appelle la riviére Nil. Et de la fontaine de la montaigne de Lune d'où elle descend, vient par dessoubz terre jusques au lac Nillet. Et en ce Nillet y a forces cocodrilles qui sont en forme d'homme et plusieurs aultres sortes de poissons qui sont à nous incougneuz, lesquelz apparoissent en ce Nil et aux eaues de ce lac Nillet et en aultres qui viennent des montaignes Athelates qui passent par grandz désertz de sable qui sont de l'austre cousté des montaignes Athelates ; et toutes s'assemblent avec les eaues des montaignes de Lune et de la plus grand partie d'Estiope prés des désertz de Sienne [2]. Celle qui vient des montaignes de Lune, descend de trois fontaines ; les deux sont du cousté d'oriant esloignez l'une de l'autre environ d'une demye lieue, de quoy se font deux petites riviéres qui s'assemblent de là à demye lieue. Et celle qui est en occident est esloignée

---

1. Victoria Nyanza ?
2. Sienne, Syene, aujourd'hui Assouan.

de ces deux icy de trois lieues, et d'elle sort une rivière qui est plus grand que les aultres deux. Et de là, à quatre lieues, s'assemble avec les aultres deux. Et toutes ensemble font une bonne rivière, et s'en va jusques à la ville de Méré[1] qui est au nord de la ligne esquynocialle. Et jusques icy prent, ceste rivière du Nil, grand vertu, en manière que tous ceulx qui se baignent et se lavent en elle de quelque lespre et malladie que ce soit, ilz guérissent. Et de la ville de Méré, va jusques à l'isle de Méré, et icy s'assemble avec d'aultres rivières lesquelles proviennent de l'Estioppe, qui s'appelle la rivière Aspace[2]; et passé l'isle, se assemble une aultre rivière qui avec elle fait l'isle laquelle est grande et s'appelle Astabore[3], qui vient de l'Estioppe ostral. Et vient par la terre de ces gens appellez Estraffogues, et vient d'une haulte montaigne qui est en l'Estiope, et descend d'un lac qui est au dessus de la montaigne. Et en ceste montaigne d'où elle descend, y a mynes d'or fin. Et d'elle descend une aultre bonne rivière, laquelle va descendre en la mer de Méque en laquelle se cueulle de l'or fin. Et jusques icy vient le Nil et jusques à l'isle de Méré[4]. Et jusques icy ne se peult naviger à cause qu'il y a forces rochiers et piarres. Et après qu'elle a passé l'isle de Méré, en bas, est navigable, et s'en va droict au septentrion plus de cent lieues jusques à la terre des Picguemées qui sont petites gens comme enffans de sept ans. Et d'icy retourne à l'austre midy par le cousté d'occident, et va oultre cent

F° 108 r°.

---

1. Aujourd'hui Beroua ou Djebel Barkal.
2. Aujourd'hui Astape.
3. Astaboras, aussi appelé L'Atbara.
4. Ile de Méroë (V. *Thénaud*, publié par M. Schefer, qui renvoie au *Voyage de Méroë*, de Fréd. Caillaud, Paris, 1826).

lieues jusques à l'endroict de Méré. Et de luy tourne une aultre foys à l'austre midy jusques à la terre des Picguemées, et entre est la terre des Fillées [1]. Et de là s'en va au surouest jusques à la terre des Catarates. Et au bout de ce tour se assemble avec les eaues qui viennent du lac Nillet d'Affricque, lequel descend des montaignes Athelates, dont elle prent son nom. Et jusques icy, en beaucoup de lieux, elle vient par dessoubz terre depuys la ville de Méré jusques aux montaignes de Lune. Et d'icy s'en va de ce lac de Nillet au nordest jusques aux désertz qui sont entre Estiope, Egipte et Libye. Et d'icy s'en va droict au septentrion jusques passé les désertz, et passe au long la ville de Sienne qui est auprés ces désertz. Et d'icy elle va entrer en Egipte, et, à son entrée, faict une isle entre Egipte et Libye, là où est la ville Elléphantine [2]. Et de là s'en va jusques à la ville de Thèbes. Et d'icy s'en va à la ville de Toras qui est Babillonne, et de présent est appellée Le Caire, et de Babillonne à l'isle d'Elthe. Et icy se divise en deux rivières, et au dessoubz de ceste icy, se faict en sept rivières, et faict sept isles, et, de là, part du cousté d'oriant, va descendre à Damiette. Et celluy d'occident va à Alexandrie. Et ces deux sont grandz et navigables, et ceulx du meilleu ne sont point navigables. Toutesfoys le meilleur et le plus grand est celluy de Alexandrie. Et de Alexandrie où entre le Nil, et de la mer jusques à Delthe, là où les rivières se divisent, y a soixante et cinq lieues. Et de Delthe jusques à Sienne qui est la fin de Egipte, y a cent trente cinq lieues. Et est Delthe à

---

1. *Filæ*, lieu d'Egypte dans la Thébaïde (*Itinéraire* d'Antonin); *Philæ*, proche de la cataracte du Nil (Ptolémée), etc.

2. Eléphantine, Elephantis. Ile vers les confins de la Nubie, vis-à-vis Asna.

trente et ung degrez et demy de la haulteur du polle articque, et Sienne à vingt trois degrez et demy de la haulteur du polle articque. Et passé Delthe, est Babillon qui est à présent dict Caire. Et ceste icy fut fondée des gens de la grand Babillonne, lesquelz s'en allèrent quand Babillonne fut destruicte. Et icy y a vignes de basme et pommes de Paradis, lesquelles, quant on les sépare, en chascune partie apparoist la figure du crucifix. Et icy soulloyent estre couronnez les souldans de Babillonne. Et icy se tenoit le roy Pharao. Et icy sont les greniers que feit Joseph pour garder les bledz par le commandement de Pharao quant la famine advint en la terre de permission. Et icy donna Dieu les playes à Pharao. Et d'icy partist Moyse avec le peuple d'Israel quant Dieu luy ouvrit la mer Rouge. Et furent de Babillon à Troye. Ceste icy fut fondée de gens qui sortirent de Troye avec Méleo (*ou* Méler), quant Troye fut destruicte. Et d'icy furent de Troye à la ville de Thabes qui fut fondée de gens de Grèce. Ladicte ville est en la province de Boessie. Et de Thabes furent à Sienne qui est en la terre d'Egipte. Et en ceste terre est la province de Lybye là où est le Cathabon[1] d'où estoit Hercules. En ceste Libye tua, Hercules, le grand géan Can, qui destruisoit toute la terre. Et en ceste ville de Cathamon estoit le temple de Jovis en une vallée moult fertile et délectable. Et icy vint Alexandre le Grand de Macédoine, et passa par la province Sirénay[2] et par une partie de Libye. Et perdist son chemin en ung désert. Et en estant en ce désert, il ne trouvoit point d'eaue et

1. Le grand Catabathme, temple de Jupiter. Catabathmos (Pompeius Mela, L. 1, C. 9, n° 12), à la fin de la Cyrénaïque.
2. Cyrénaïque.

mouroit de soif, et icy il se recommanda et feit oraison
à son Dieu. Et en ce faisant luy apparust ung corbeau
devant luy vollant, et le suyvit ledict Alexandre que
bien pensoit estre quelque guyde par le commendement
de Dieu; et en le suivant, le mena à ung temple là où
il y trouva une belle fontaine. Les presbtres de la loy
qui estoyent dedans, ne voullurent permectre que nul
entrast dedans, fors ledict Alexandre, auquel temple feit
son oraison. Et les dieux luy respondirent que pendant
qu'il les honoreroit, ne seroit jamais vaincu parcequ'il
estoit enffant de Jovis. Et pour laquelle response, il commanda que l'on l'appelast fils de Jovis. De quoy les Macédonies se mocquoyent, en disant que Jovis estoit Dieu
immortel et que luy il estoit mortel. Et d'icy s'en retourna à Alexandrie et passa le Nil par la terre de Arabye. Et luy feirent ceulx d'Egipte grand obéyssance, et
de là passa à la terre de Sirye pour aller combattre
contre Dare. Egipte est faicte en fasson carrée, dont
Alexandrye est ung des quantons, et l'aultre est Sienne,
et l'aultre est la mer Rouge jusques au port Acothe. Et
icy est le lac de Muris et la ville d'Estatir. Ledict lac est
grand et est eaue sallée. Et les Egiptiens ont faict certains chenaulx pour aller dudict lac au Nil, et pour venir
dedans l'eaue, quant il croist, et pour passer les marchandises qui viennent de la Indie, d'Arabye Félix et
d'Estiope. Et en ces chenaulx ont faict chaussées assés
haultes, affin qu'ilz fussent plus proffundz, et ont faict
portes comme en ung estang pour retenir l'eaue, de laquelle eaue ilz arrosent une grande partie de la terre,
parcequ'il n'y pleut point. Au dedans de ce lac, auprés
de la ville de Thabes est labirinthe qui est ung édiffice
qui est grand et beau, faict par dessoubz terre, là où il y

a grand quantité de sépultures de Roys, du temps passé, et statures (*sic*) de Idolles. Au dessus de Thabes, y a une ville, là où se poyent les droictz et coustumes des marchandises qui viennent de l'Indie, d'Arabye Félix et de l'Estiope, par terre et par le Nil. Et en ceste ville y a ung puys sur une roche ouquel tous les ans se veoid la merche et l'enseigne de la grandeur que le Nil doibt croistre. Et icy prenent advisement pour remédier au croissement du Nil, car ceste terre d'Egipte est de celle quallité que jamais en elle ne pleut ; et par ce, Dieu les pourveoye de la rivière du Nil. De la croissance s'arrousent tant de parties, en manière que celle qui est arrousée, se peult laborer et semer au temps qu'il est nécessité pour la terre. Et tant plus il croist, et plus de bled, ilz ont. Et quant il ne croist guères, ilz gardent les bledz d'une année à l'aultre. Et dict on que maintes foys, il croist jusques à dix huyt coudées. Toutesfoys cela arrive bien peu. Et sçaichez que cecy est vérité. Et avant que Adam péchast, de quatre rivières s'arrosoit toute la terre. Et d'une d'icelles estoit le Nil. Et après que Adam eust péché, cessèrent d'arroser, excepté le Nil, et vint la pluye au monde. Et en mémoire de quoy, Dieu a délaissé et a voullu que le Nil arrosast ses parties d'Egipte en laquelle il ne pleut point. Et commance à croistre le Nil au commencement du moys de may et jusques à la mye juillet, et descroist à la fin d'aoust. Et au commencement de septembre, ilz commancent à labourer les terres. Et dyent diverses choses de ce croissement. Les aulcuns dyent que le cause la neige qui est aux montaignes d'où il descend ; et cecy n'est pas la cause, parceque elle descend au dedans du troppicque yémal et estival le long la ligne esquynocialle, là où il n'y a point de froid ny de neiges. Mais vient en ceste manière que, ainsi comme en les parties de Europe, sont les pluyes en novembre, décembre, janvier et febvrier ; aussi au dedans du troppicque et dessoubz l'esquynocial, il pleut au moys de may, de juing, de juillet et d'aoust. Et cecy est la cause pour quoy le Nil croist en Egipte. Et cecy est veu clairement par expérience en la terre des Indes occidentalles et orientalles, et en l'Estioppe, là où je l'ay veu par expérience, ainsi que les eaues qui croissent és puys, se conforment ad ce que je dictz. Car le croistre et décroistre [1] est ainsi que Dieu l'a ordonné, lequel a voullu que ceste rivière demourast en mémoire de cela, et qu'elle arrousast ladicte terre, et affin que, auparavant le péché d'Adam, le monde creust qu'il n'y avoit point de pluye et que les quatre riviéres arrosoyent toute la terre.

Ceste terre d'Egipte est fertille de pain et de vin et y a de toutes sortes d'arbres et de fruictz en abundance. Toutesfoys il n'y a point d'oliviers ny d'olives. Et combien qu'il y en ait en Libye auprés de Thabes et en Alexandrye, et en toute Egipte n'y en a point. Et y a une germe de febves que l'on appelle égiptiaces, lesquelles sont semblables à celles de Europe, et sont de grand proufict en icelle terre. En ceste terre d'Egipte engroyssent les femmes continuellement de deux et trois enffans d'une ventrée.

Et de Sienne jusques à Silées [2] est toute la terre déserte jusques à Estiope, et est terre où se retirent les

---

1. En tête du folio 110 recto, une carte avec les légendes : Terre d'Egippte, le lac Muris ; au long de ceste coste descendent les marchandises de l'Indye et Estioppe en Alissandrye ; — le Grand Caire.
2. Ville de la Basse-Egypte. *L'Itinéraire* d'Antonin la place sur la route de

larrons. Passé les désertz, est la terre des gens Silées et les Nomades qui sont gens de petite complession et force ; et ne sçavent se combattre et deffendre. Et vont nudz et sont gens sans prouffict, et sont beaucoup de gens. Et après ceulx icy sont les Estiopiens et Troglodites, lesquelz sont prouchains de ceulx de Saba et de Hélène et de Ellephantin (*ou* Elephantium) Venatio qui sont portz de mer. En ceste terre des Troglodites, y a beaucoup d'auromaticques qui sont choses d'appoticaire, et d'or, qui se cueullent et croyent en elle. Toutes ces terres au long du Nil jusques au Méré sont terres bonnes et fertilles. L'isle de Méré est une grand isle fertile et riche, laquelle isle le Nil environne, et est bien peuplée, et en elle se mect en œuvre beaulcoup d'or, cuivre, fer et assier et pierres précieuses. Car il y en a beaucoup depuys ceste isle Méré jusques à la mer Rouge, lequel croist en elle. Et y a en ladicte terre abundance de bestial de toutes sortes. Toutesfoys les gens sont faibles et sans prouffict. Et la laine est grosse. Et sont les gens nudz. Et y a entre eulx maintes bestes saulvaiges comme tigres, lyons, onces [1], elléphans et robincérons. Les gens sont idolastres et mangent saulterelles et plusieurs aultres villenies, posé qu'ilz ayent force bestial, et beuvent le sang meslé avec du lait. En ceste terre sont les Picguemées, desquelz il faut sept pour combattre contre une grue, et sont petitz comme enffans de sept ans. Et y a une manière d'oyseaulx qui

F° 110 v°.

Serapium à Péluse, entre *Thaubasium* et *Magdolum*). Il y a apparence que Silées est le même que *Selæ* de l'Augustamnique. On croit aussi que c'est la même ville qui est nommée *Sella* dans les Notices.

1. L'once est un animal de l'espèce du grand genre chat (V. d'Orbigny, *Dict. d'hist. nat.*).

sont grandz comme ung cheval et courent plus que ung cheval et ne vollent point. Et les tuent les Estiopiens avec des fléches empoisonnées. Ces gens sont gentilz et idolastres. Et au delà de l'esquynocial, devers le polle antarticque, y a beaucoup de manières de monstres : hommes que la teste et le corps est tout ung, qu'ilz n'ont point de col ny de fasson de teste ; et aultres qui ont le visaige d'un chien et le reste d'homme ; et aultres qui ont pied de chièvre et toute le reste comme ung homme ; et aultres qui n'ont que ung oeul au front ; et d'aultres qui ne parlent point et courent aultant que ung leuvrier. Et ceulx icy ne mangent que colleuvres et luizars. Et y a gens qui l'ont veu. Et j'en ay veu une partie. Et vivent de lait et de chair. Et celluy qui veit quarente ans, le tiennent pour viel homme. Et entre eulx, pour le présent, y traictent des Xprestiens Portugaloys d'aute ltres nations. Et ces icy, l'on se sçait en quoy ilz croyent. Car s'ilz croyent aujourd'hui une chose, demain iz en croyenlt une aultre, et croyent en leurs songes. L'isle de Méré est par les huyt degrez de la haulteur du polle articque. De l'aultre part du Nil, au nord de la ligne équinocial, et devers l'occident est l'Estioppe occidentalle, et la province nommée Espérye [1] et les Carmates qui sont prouchains de Libye qui sont gens appellez Marasins (*ou* Marusins) [2] et Gétulles. Et ces Gétulles sont

---

[1]. Espérye. Esper, dans Ortellius, province où la légende plaçait les Hespérides, filles d'Atlas et d'Hespérides.

[2]. Serait-ce les Caramantes, peuplade qui, d'après les anciens, habitait la Libye, proche des Troglodytes, non loin de l'Ethiopie ? D'après Alfonsc, ils seraient aussi appelés Marasins et Gétulles. La Gétulie était le nom donné à une partie de l'Afrique du nord-ouest (Le Maroc, d'après le *Dictionnaire* de Bouillet). Salluste, l'un des premiers, signale des différences entre les Gétules et les Lybiens. Les Gétules correspondraient aux Numides des anciens et aux Berbers des Arabes. Le nom de Marasins rappellerait-il les Maures ?

prouchains de Marmarates. Et plus en occident sont les Neigrettes et Marasins (*ou* Marusins) qui sont tous gens meigres, crespuz et idolastres. Et toutes ces terres de Estiope et Libye, qui sont en occident, sont terres fertilles fort pleines de bestial. Et en toutes elles se trouve de l'or en abundance. Toutesfoys ilz ne l'estiment point. Et y a entre eulx de diverses bestes saulvaiges et bestes venimeuses. Les gens de Libye les tuent avec des fleiches de dessus les arbres. Car ilz sont gens furieux et sont grandz archiers. Et combattent les femmes aussi bien que les hommes. Et aulcuns adorent le soleil, et les Estiopiens d'orient adorent leur roy et sont fort obéissans. Et ceste province prent son nom d'une femme qui fut royne de ladicte province, laquelle avoit nom Libye, et dict on qu'elle estoit fille d'un des filz de Juppiter. Et y a en elle beaucoup d'arbres aromaticques, et beaucoup de piarres précieuses et de grandz désertz là où il y a forces serpens et bestes fort dangereuses.

Puisque nous avons parlé de l'Azie jusques à la rivière Euffrates, d'Egipte et d'Estiope, il est raison que nous parlions d'Affricque et Libye lesquelles sont prouchaines d'elles. Ceste Affricque divise le Nil de Azie, et par toutes les aultres parties est environnée de la mer Méditerranée et Oxéane, et a de longitude huyt cens lieues et de latitude six cens lieues, et en d'aulcuns lieux cinq cens. Et, jusques auprès du Nil et le travers d'Estiope, en a plus de mil, et cecy s'entent nord et su. Et veullent dire aulcuns que c'est la tierce partie de la division. Et y en a d'aultres qui veullent dire que Affricque et Europe contient aultant que l'Azie. Il (est) bien vray qu'elle contient aultant en comprenant toute l'Estiope.

Ceste Affricque et Libye sont terres moult fertilles quant elles ont de la pluye à leur désir, et ont force bestial et bon, le meilleur de toute la terre. La partie du septentrion qui est entre les montz Ethalates [1] et la mer Méditerranée, là où sont les meilleurs gens, est la plus fertille. Et du cousté de l'austre des montaignes Athalates, là où sont les gens noirs et crespes, la terre n'est pas si fertille. Car ilz n'ont point de bledz. Toutesfoys ilz ont tous les troys moys nouveaulté de fruictz et d'aultres racines. Et ont forces mynes d'or. Les gens ne sont pas si vaillans comme ceulx du cousté du septentrion. Entre ceulx du septentrion et ceulx de l'austre midy y a de grandz désertz de sablons, là où il y a grande nécessité d'eaue, et y a forces bestes venimeuses comme collevres (*ou* colleures) et luizards qui sont fort grandz et dangereux. Retournant à la coste de la mer, je dictz que, auprès du Nil, est la ville d'Alexandrie qui est la première ville de Affricque, qui est de la province appellée Sirénay [2]. Icy viennent toutes les marchandises des Indes, Estiope, Arabie et Félix. Et d'icy se mènent en Europe par la mer Méditerranée, et de Alexandrie jusques au port de Luque y a quatre vingtz et dix lieues. Et du port de Luque au port de Bonnaudoye y a soixante lieues, et la route gist l'est et ouest, et prent ung quart de norouest et suest. Et en ledict port de Luque a trente et cinq degrez de la haulteur du polle articque. Et Bonnaudoye [3] est à trente et six degrez. Et en ceste coste est la province de Sirénay

---

1. Atlas.
2. Cyrénaïque.
3. Il y avait un siège épiscopal d'Afrique nommé *Bonustensis* où se trouvait *Cyprianus Bonustensis*.

qui tient, au cousté d'oriant, la rivière du Nil, et en occidant La Faroncye[1] et les Gétulles qui sont provinces qui dure jusques aux Cites et à Pantapolin. Et à l'austre midy sont les montaignes Ethalates de ces dictes provinces et le temple de Hane (*ou* Hame)[2] qui est en elles. Et du cousté du septentrion est la mer Méditerranée. Ceste province de Sirénay est une bonne terre, bien scituée, et joignent à elle d'aultres bonnes terres, et en ladicte coste de la mer y a de bons portz. Ces provinces ont esté longtemps de la subgection des Romains, et, au temps passé, se soulloit appeller la province de Pantapolin[3]. Et y a en elle cinq ou six grosses villes lesquelles sont[4] ceulx ycy. La première est Tholoméde et l'aultre Appollonye, l'aultre Varse, l'aultre Bérénisse et l'aultre Tanchire (*ou* Tauchire). Et y a en toutes ces villes grand abundance de vivres et sont riches, et les gens sont tous Mahomiques et ont forces bestial. En toute ceste coste, et le long du Nil, y a de belles villes et de beaulx estangs délectables, forces herbaiges et de beaulx jardins, et de toutes sortes de fruitcz. La ville de Cathabon[5] est édiffiée en une vallée

F° 112 r°.

1. La Martinière cite une ville *Faramia*, située en Egypte, proche de la première embouchure du Nil, d'après l'*Histoire gén. des Huns*, t. II, 2ᵉ partie ; il y avait une ville de *Phara*, qui fut brûlée par Scipion (Strabon, 1. 17, p. 822).
2. Sans doute Hame ; le peuple de Jupiter Hamon.
3. Pantapolin semble être la limite occidentale de la Tripolitaine. Les cinq grosses villes seraient Tholoméde (Ptolémaïs), Appollonie (Appollónias), Varse (Barcé), Bérénisse qui succéda à Hespéris, Tanchire (Teuchira ou Arsinoe). Ces villes, celles de la Cyrénaïque, étaient désignées sous le nom de Pentapole (les cinq villes) et étaient dans la dépendance de Cyrène, sous la domination des Grecs.
4. En tête du folio 112 recto, une carte avec les légendes : La couste de Thollomède au dedans de la mer Médyterranée ; Cerrètes.
5. *Catabathmus*, dans Ortellius. Le Grand Catabathme, aujourd'hui A Kabel-el-Kebirah, c'est-à-dire la grande montée, large vallée qui montait de la côte

fort délectable. Et icy est le temple de Jovis. En ce temple, au temps passé, y avoit forces presbtres lesquelz estoyent grandz philosophes et rendoyent responce des choses futures, et estoyent grandz astrologiens ; et furent ceulx qui inventèrent l'astrologie pour la révolution du soleil en tout l'an, et les moys pour la révolution de la lune. Et de ceulx icy l'apprindrent les Grecz. Ce temple, en ce temps là, estoit fort estimé. Toutesfoys l'on dict qu'il tumba au temps de César Auguste quant la Sibille disoit les choses advenir. Aultrefoys ont fleury les Romains en ceste province de Sirénée, en maintes sciences, et d'elle sont sortiz de grandz philosophes. Et d'elle fut Aristippus, et sa fille Areste et son filz Aristippus, et Calimacus et Erastotènes et Terdore, Terdore estoit une femme, et plusieurs aultres qui ne sont pas icy nommez. En ceste province sont les femmes fort belles, plus que en d'aultres parties. Auprès de Cathabon sont les gens appelez Marmades [1]. Et auprès de ceulx icy, plus à l'austre, sont les Gétulles et les Garamantes [2]. Ceulx icy sont idolastres, et en leurs terres y a de la cassidoine en quantité. Les Gétulles qui sont en ces provinces, tiennent, à l'austre mydy des montaignes Athalates, les gens appellez Garmates qui sont à l'austre des montaignes. Entre les Gétulles et les Caramantes y a de grandz désertz de montaignes de sable, là où il y a de diverses générations de serpens et aultres bestes comme chameaux, elléfans, tigres, lyons et onces,

---

Méditerranéenne à l'intérieur du continent, et qui séparait la Lybie maritime, la Cyrénaïque et la Marmarique de l'Egypte.

1. Evidemment les peuples qui habitaient la Marmarique, province d'Afrique, aujourd'hui province turque de Barkah.

2. Carmates.

et bestes vesnimeuses comme escorpions. Et par la plus grand partie d'Affricque, y a forces de ces bestes. Et y a aussi de grosses colleuvres et de grandz luizardz, pour raison de ces grandz désertz qui y sont. Et auprès de ceulx icy sont les gens Masanones [1] et les gens Troglodites lesquelz sont si légiers qu'ilz prenent un lièpvre à la course, et ne mangent que chair de colleuvres et luizardz, et habitent parmy les sablons. Et courent tant qu'il n'y a bestes au monde qu'ilz n'attrappent, et ne croyent en riens non plus que bestes, sinon au manger, et ne parlent point et ne font que sibler, et avec ce sibler se entendent. Et usent d'arcs et fleiches et vont tous nudz, et sont les plus prouchains des Estiopiens et des Négrettes et Satires, et sont quasi tous une nation qui ne croyent en riens sinon en la viande qu'ilz mangent. Et ces Négrettes et Satyres habitent en cavernes pour raison de la grand challeur qui est en icelle terre. Les Négrettes vont aux rivières qui descendent des montaignes Athelates, esquelles rivières se trouvent forces cocodrilles et aultres gendres de poissons qui sont à nous incongneuz.

Il y a deux Estiopes, Estiope oriental et Estiope occidental. Et ceste icy est occidental qu'est auprès de ces gens avent dictz. Et toutes deux sont depuys la ligne esquynociale à l'austre midy. Et de la ligne esquynociale jusques au Nil et destroict de Gibaltar est toute Affricque et Libye. En l'Estiope occidental se trouvent des escarboucles qui est une piarre la plus riche du monde, et se trouve au front d'une beste. Et aussi y a une aultre beste qui s'appelle lince, laquelle a la veue fort ague et

---

1. Gens Masanones ou Masamones, ce sont évidemment les Nasamons, peuple de la Lybie.

veoid fort clair. De son urine s'engendre une piarre rouge comme feu, laquelle est appelée lyncurie, qui semble fort à l'escarboucle et est fort prisée. Aussi y a une aultre beste qui est appellée hyenne qui a deux natures, en sorte que en une année elle est masle et en l'aultre elle est femelle. Et a ceste condition que quant elle veult parler comme ung homme ou comme ung chien ou comme une aultre beste, elle le faict. Et quant l'homme approche, pensant que soit ung aultre ou le chien ou quelque aultre beste, pensant que c'est sa nature, elle est si fine et si légie qu'elle les prent et les tue et les mange, pour ce qu'elle vouldroit qu'il n'y eust aultre ulle nation que la sienne. Et sont plusieurs bestes de ceste sorte et non une seulle. Et a encores une aultre vertu, que si son umbre touche à quelcunes des choses susdictes, elle les faict de telle sorte qu'elles ne se peuvent plus remuer ny se peuvent deffendre. Et si a les yeulx si ardens qui semblent de plusieurs coulleurs. Et au dedans de ces yeux, y a, en lieu d'une prunelle, une piarre laquelle est appellée Hyenne, laquelle a telle vertu que si quelcun la mect dessoubz sa langue, il dira toutes les choses passées et advenir. Et de ceste icy usent les nigromans et magiciens, et la désirent mout, et en font grand garde quant ilz la peuvent avoir. Et en ces Estiopes, en l'une et l'aultre, toutes les terres sont assises sur mynes d'or. Les gens sont de petite complexion et ne sont point vertueux ny belliqueux, et adorent plus la lune que aultre chose, et sont idolastres et bons à croire quelque chose que l'on leur monstre. En toutes ces terres, le bled n'y sçauroit grener à cause de la grand homite du soleil qui donne sur la terre, et y mangent fruictz d'arbres et racines, et en ont quatre foys l'année. Et en aulcunes parties au long la mer, ont de bons rys qui est une chose bonne. Ilz n'ont point de vins, mais ilz en font de juz d'arbres comme de palmes et d'aultres arbres. Le vin de palme est fort bon, substancieux et nourrissable, et est tant nourrissable que si l'homme ne se saignoit, à même il mourroit. Et ont forces diverses bestes. Les gens vont nudz. Et dyent que entre eulx y a homme qui n'a point de teste et hommes qui ont visaige de chiens, comme j'ay dict, posé que ce soyt une chose fort à croire. Touteffoys j'en ay veu l'expérience. Et les ungs adorent le soleil et les aultres la lune, et les aultres la viende qu'ilz mangent, et les aultres leur roy. Tournant au cap de Bounandrie jusques au cap de Tholomède [1] y a quarente lieues. La route gist nordest et surouest. Le cap de Tholomède est à trente quatre degrez et demy de la haulteur du polle articque. Davant le port de Tholomède y a ung islet, et davant le cap y a une maulvaise basse. Du cousté de l'ouest de Tholomède à Bénic y a vingt et cinq lieues. Et est Bénic devers le su de Tholomède par les trente et trois degrez de la haulteur du polle articque. Et icy descend la rivière appellée Lacton qui vient des montaignes Athelates. Et jusques à ceste rivière vient la montaigne province (sic) de Cirénay. Et en ceste coste de Tholomède est Pantapolin et Espéris [2]. Et de Bénic jusques au cap d'Alcathe y a soixante et cinq lieues, et gist la route l'est suest et ouest norouest, et est à trente quatre degrez et demy de la haulteur du polle articque. Entre ces deux caps sont les bans et baptures appellez les

F° 113 v°.

1. Sans doute Ptolémaïs.
2. Espéris. Voir plus haut.

Grandz Sirettes[1] qui est ung assemblement de bans de sablons, lesquelz sont bien quarente lieues en la mer et aultres quarente lieues au long la coste, et se nomment les Grandz Sirrettes et sont fort dangereux, parce que, en beaucoup de lieux, l'eaue ne les couvre point, et en d'aultres les couvrent. Et au dedans de ceste coste sont les gens appellez Masamones, et est une terre plaine de montz et de sablons. Et est terre seiche et stérille, là où il n'y a guéres d'eaue. Et icy est le temple et la fontaine d'Amon, lequel édiffia Bacus, capitaine grec, filz de Juppiter. Lequel, en allant parmy ces désertz avec une armée de gens, ne trouvoit point de quoy il deust abbreuver ses gens, se mist en oraison, et pria son père Juppiter qu'il luy pleust luy donner secours à sa nécessité. Et ce faict, comme l'on dict, luy apparust ung mouton lequel le conduict jusques à une fontaine claire et bonne en laquelle Bacus et ses gens beurent, et se rassassièrent d'eaue. Et voyant Bacus que son père Juppiter luy avoit faict si grand bien, feit édiffier ung temple auquel fut sacriffié Juppiter en la figure d'un mouton. Et par quoy Amon est à dire mouton, le fit[2] apeller le temple de Amon qui est à dire le temple de mouton. Et fut icelluy temple le plus renommé de toute l'Affricque. Et à cestuy alloyent les gens offrir leurs dons et promesses, et demandeoient à Dieu Juppiter les choses à advenir. Et parce que les presbtres du temple debvoyent donner la responce des choses que Juppiter disoyt, les escripvoyent sur une table de trois piedz, laquelle, pour ce faire, estoit ordonnée, et faisoyent

F° 114 r°.

---

1. La Grande Syrte.
2. En tête du folio 114, une carte avec la légende : La terre du temple de Asmon.

à croire que Juppiter estoit celluy qui respondoit en ung lieu qu'ilz appelloyent La Trompe qui estoit dedans ledict temple de Hamon. Et dict on que ceste fontaine avoit telle vertu que de jour elle estoit froide et claire, et de nuict claire et chaulde, bien tempérée. Et passé toutes ces provinces sont les gens tous noirs lesquelz ont des cheveux crespes comme laine de moutons noir, et la plus grand part habitent en fousses, à raison de la grand challeur. En toutes ces terres ne pleut que en juing, juillet et aoust, et les seucheresses en novembre, décembre et janvier. Les gens usent, pour leurs deffences, d'arcs, fleiches et javellines, et mangent racines d'arcalice[1] au lieu de boire, et en toutes ces terres y a de plusieurs sortes de bestes saulvaiges sinon qu'il n'y a point de hours, car l'hours se veult (*ou* veoit) en terre de neiges. Ces gens Mafamones (*sic*) ont beaucoup de femmes et sont fort belles, et en toute l'Affricque les femmes sont fort belles principallement au long la mer Méditerranée, et les villains vont plustost à ung jeune garson que à une femme. Et lesdictes femmes sont tousjours enfermées et le visaige couvert, tant sont jaleux, et leur baillent des serviteurs à celles qui sont grandz dames, qui sont chastrez, et sont tous idolastres. Et ont de beaulx genetz qui sont chevaulx légiers, et ont force bestial de toute sorte, le meilleur de toute la terre, et de grandz champs d'herbaiges.

Tournant à la coste de la mer, je dictz que du cap de la Cathe, jusques à Tripple[2] de Barbarye, y a cinquante lieues, et gist la rouste l'est et ouest, et prent ung quart de norouest et suest. Et est Tripole à

1. Racines de réglisse.
2. Tripoli de Barbarie.

trente et cinq degrez de la haulteur du polle articque. Tripole a deux isles davant luy, et en ceste coste y a de bons portz et de bonnes rivières. Tripole est bon port et est une bonne ville et riche, et est la terre circunvoisine d'elle bonne terre et bien fertile. De Tripole à Yelnes (*ou* Yelves) [1] y a trente lieues et la route gist l'est et ouest. Et en ceste coste sont les Yelmes (*ou* Yelnes *ou* Yelves) qui sont petites isles et rochiers. Et de ces Yelves (Yelnes *ou* Yelmes) jusques au cap de Lespiche [2] qui est sur le goulphe de la terre qui est proprement appellée Affricque, y a trente lieues, et la couste gist l'est suest et ouest norouest. Ledict cap de la terre d'Affricque est à trente et sept degrez de la haulteur du polle articque. Et de luy jusques à l'isle de Candye y a cinquante lieues. Et entre Tripole et le cap d'Affricque sont les Petites Serrettes [3] qui est ung aultre assemblement de sablons et baptures, et se dyent petites pour ce qu'elles sont plus près de la terre que les aultres. Toutesfoys sont dangereuses pour navires. Et au meilleu desdictes baptures y a deux isles ausquelles navires ne peuvent aller à cause des baptures. Et Yelves (Yelnes *ou* Yelmes) est au meilleu d'elles, et est environnée, la plus grande partie, desdictes baptures. Et au meilleu des Serrettes descend la rivière Mynfus [4] qui descend des montaignes Claires

---

1. Yelves. Les Yelmens ou Yelves. Il y avait une ville d'Yellez, sur la côte de Barbarie, au royaume de Fez. (V. La Martinière).
2. Correspondrait-il à la ville de Lépide, près de Tripoli (V. La Martinière)?
3. Les petites Syrtes.
4. Nyses (V. La Martinière). Aristote, Meteor, t. I, dit que ce fleuve avait sa source dans les montagnes de l'Ethiopie. Quelques traductions latines donnent Onyses pour Nyses, mais Ortellius (*Thesaurus*) prétend que c'est une faute de lecture.

LA COSMOGRAPHIE

qui sont droict au dedans de la terre du cap de Guet [1]. Et entre les Yelves (Yelnes *ou* Yelmes) et les Serrettes y a une aultre rivière qui s'appelle Thaon [2] qui vient de trois lacs et descend auprès des Serrettes. Et auprès de ladicte rivière y a deux isles, l'une desquelles est appelle Lampéose et l'aultre Pantale [3] qui sont bonnes isles, bien peuplées et sont petites isles, et sont à vingt lieues de la grand terre, et sont séparées l'une de l'autre bien trente lieues. Et du cap d'Epiche au cap de Nubie y a seize lieues, et la coste gist nord et su et prent un quart de norouest et suest. Et est par les trente sept degrez et demy de la haulteur du polle articque. Et entre ces deux caps se faict ung goulfe. Et icy est la terre de quoy proprement est appellée Affricque. Et à ce cap de Nubye y a trois portz. L'un est au mesme cap, les aultres deux sont du cousté de l'ouest. Et du cap de Nubye à Thunes y a dix huyt lieues, et est Thunes trente et neuf degrez de la haulteur du polle articque. Nubye et Thunes [4] sont nord et su. Thunes est royaulme sur soy. Et icy estoit la descente des Romains quand Scipion l'Affrican et Methalaus conquestèrent Cartaige. Et pour le présent si faict la plus grand trafficque de marchandise qui se face en Affricque. Et le travers de Thunes, au dedans de la terre, est Cartaige la grand, celle qui est tant renommée, là où furent les

---

1. Cap de Gabès.
2. Thaon, rivière. Il y avait le Lethon, rivière, dans la Cyrénaïque d'après Pline, L. 5, C. 5. Ptolémée, L. 4, C. 4, écrit Lathon. Cette rivière était voisine de Bérémie. Athénée la nomme Lethon. Le père Hardouin croit que c'est *Le Thœus fluvius* que Strabon place chez les Lybiens occidentaux. Appien, *de Bellis punic.*, p. 26, parle de la ville de Thon, dans l'Afrique propre, où se retira Annibal.
3. Lampoce est l'île Lampedusa à 130 kil. est de la Tunisie, et qui appartient à l'Italie, ainsi que Pantale, aujourd'hui île de Pantellaria, jadis Cosyra à 90 kil. S. O. de la côte de Sicile et à 70 kil. O. de la côte d'Afrique.
4. Tunis.

batailles et prouesses de Scipion l'Affrican. Et ceste Cartaige la grande la peupla et édiffia la royne Dido. Et dict on aussi qu'elle édiffia Cartaige la petite qui est en Europe, qui est en Espaigne, et s'appelle Cartagéne et est au royaulme de Mourse [1]. Et ceste terre de la Grand Cartaige est la meilleur de toute l'Affricque. Les gens d'icelle sont vaillans gens et belliqueux plus que tous ceulx d'Affricque. Du temps que Scipion les conquesta, tenoit la seigneurie de Cartaige, en sa subgection, sept cens villes ausquelles se pouvoit trouver trois cens mil hommes de guerre, combien que, avec tout cela, ledict Scipion les print et destruict. Et demoura en cedict temps quasi toute déserte, et à présent elle est encores plus peuplée qu'elle n'estoit au temps passé. Et auprés de Cartaige, du cousté d'occident, sont les champs de Nubye. Et quant Cartaige commença à se repeupler après sa destruction, ce fust par ung cappitaine Numydye, lequel premièrement peupla les champs de Nubye, et de son nom furent ainsi appellez ; et en fut seigneur. Et après fut seigneur Jugurte le vaillant, lequel fut roy de Cartaige et de Nubye par force. Et en ces champs de Nubye sont de force herbaige et de force bestial et de beaux chevaulx légiers et s'appellent genetz. Et ceulx des champs de Nubye sont tous Alarves [2], gens qui habitent par les champs comme pasteurs, et ont leur roy avec eulx et tout leur bestial, et tousjourz les armes sur le doz et la lance au poing, et ne font aultres maisons que de leurs tantes. Et s'appellent Allarves, pour cequ'ilz courent d'un pays à l'aultre manger les herbaiges et le

---

[1]. Murcie, province d'Espagne.
[2]. Alarves, qui sont tous Maffomiques. Ce sont les Arabes tous Mahométans (V. Alarbes, dans La Martinière).

LA COSMOGRAPHIE 311

pays, et ont continuellement guerres à ceulx des villes, et sont leurs chevaulx fort légiers et de grand paine. Et travaillent en sorte, que ung d'iceulx chevaulx peult courir depuys le matin jusques au soir sans boire et manger, et ne sont point ferrez. Les gens sont bien dispostz et légiers. En ceste terre de Nubye, y a forces marbres de diverses coulleurs, lequel est fort prisé. Et en ceste terre viennent marchans de toutes les parties, et est la terre de grand traffic. Entre ceulx icy et le peuple des Allarves y a grand différend. Toutesfoys, ilz sont tous Maffomiques. Et ceulx des villes n'oseroyent combattre avec les Allarves, car ilz les craignent fort. Tournant à la coste de la mer, je dictz que le cap de Thunes et le cap de Thabarque [1] y a vingt cinq lieues, et la route gist l'est et ouest et prent un quart de nordest et surouest. Et ledict cap de Thabarque est par les trente huyt degrez et trois quartz de la haulteur du polle articque. Et sur le cap de Thabarque, au davant de luy, est l'isle appellée Gallithe [2], laquelle est petite, et tient deux isletz l'un à cousté de l'est, et l'aultre à cousté de l'ouest. Et auprès du cap, y a ung maulvais rochier dangereux, duquel ceulx qui pillottent navires se doibvent garder. Thabarque est bon port. Et icy descend une bonne rivière [3]. La ville est bonne, et tient au nord d'elle la grand isle de Sardenne [4], de quoy au davant avons parlé. Et y a, de l'un à l'aultre, vingt et cinq

F° 115 v°.

1. Tabarca, ville qui se trouve devant l'île de Tabarca ou Tabarka, côté N. E. de l'Algérie près de La Calle. Une rivière y descend.
2. Ile de Galite au sud de la Sardaigne, près des côtes d'Afrique, et au N. O. du cap Blanc.
3. Rivière El Kebir.
4. Sardaigne.

lieues. Et du cap de Nubye à l'isle de Cécille [1] y a trente et cinq lieues. Et de Thabarque à Bonne y a douze lieues. La route est l'est nordest et ouest surouest. Bone est bon port et y a bonne rivière, et icy descend la rivière appellée Bragade [2] qui est grande rivière, et descend de l'aultre cousté des montaignes Claires dans les désertz de l'austre midy des montaignes Claires. Au dedans de ceste coste de Bone, est la province de Gétullye. Ces Gétulles dyent qui viennent de la génération des Gotz, lesquelz Gotz conquestèrent ceste terre, et d'eulx demoura ceste génération pour raison de quoy dient les Grecs [3] que ilz sont leurs parens. Ces Gétulles possédèrent toute la terre jusques à la Libye, et l'ont possédée jusques à présent. Aux désertz de ceste terre, de l'aultre cousté des montaignes Athelates, habitent les gens appellez Gaulonnes. Et, plus avant vers l'austre midy, habitent les gens appellez Garamites [4] (*ou* Garamentes). Et toutes ces terres sont de Nubye. Et toutes sont bonnes terres, fertiles et abundantes de vivres, et sont de grand traffic. Le fer et acier y est fort chier, parcequ'il n'y en a point ne en toute l'Affricque, si on ne luy porte. Pour raison de cela, ilz n'ont guères d'armes et vallent grand argent, et est dommaige de leur en porter parcequ'ils sont infidelles et Mahomiques. Tournant à la coste de la mer, je dictz que Bone est une bonne ville

---

1. Sicile.
2. Seybouce.
3. En tête du folio 116 recto, une carte avec les légendes : Terre de Tunes, le royaulme de Termesin, l'isle de Sardaigne, la sortye de Jubalester.
4. Garamites, Garamantes, peuple indigène de l'Afrique septentrionale cité par Hérodote, et qui habitait le pays actuel de Fezzan. Son nom viendrait de Garama, aujourd'hui Djerma-el-Kedima, ville très ancienne du Fezzan qui fut détruite par les Arabes.

là où il se faict grand traffic à cause du bon port qui est (en) elle. Et quant les Romains conquestèrent ceste terre, ilz envoyèrent en ce port désambercher leur gens et cappitaines qui venoyent ladicte conquesté (*sic*), et icy envoyèrent leurs vitailles. De Bone à Giser [1] y a vingt et huyt lieues, et la route gist l'est et ouest. Et davant Giser y a ung cap qui entre cinq ou six lieues en la mer. Bone est par les trente cinq degrez, et le cap de Giser par les trente cinq degrez et un sixain de degré de la haulteur du polle articque. Le cap de Giser tient du cousté de l'est ung bon port. Et devers l'ouest du cap est la ville de Giser qui a ung bon port. Et au dedans de ceste coste, en la terre, est la province de Missye [2] qui est fertille de toutes choses, principallement de force bestial. En laquelle, à cause des herbaiges, y a forces Allarves qui sont gens qui n'ont nulle habitation, sinon courent les champs et sont gens de guerre et mènent avec eulx femmes et enffans, et tout leur bien et les armes sur le doz. De Giser à Bugye [3] y a vingt lieues, et la route gist l'est et ouest. Bugye est à trente et cinq degrez de la haulteur du polle articque, et est bonne ville, et est royaulme sur soy. Et au dedans de ceste coste, en la terre, la terre est bonne terre fertille, et est toute plaine de gens Allarves. Et de Bugye à Argel [4], y a trente lieues, et la route est l'est nordest et ouest surouest. Argel est par les trente et quatre degrez et deux tiers

F° 116 v°.

1. Giser, sans doute Djidjelli qui s'est appelé Igilgilis. Ptolémée, L. 4, C. 3, cite la ville de Gisira, dans l'Afrique propre.
2. *Missuensis* est indiqué comme un siège épiscopal d'Afrique dans la *Notice d'Afrique*. *Hirundinus Missuensis* (V. Harduin. *Collect. conc.*, vol. 2, p. 1082).
3. Bougie.
4. Alger.

de la haulteur du polle articque. Et d'Argel à Orran y a quarente et cinq lieues, et la route gist l'est nordest et ouest surouest. Orran est par les trente six degrez et deux tiers de la haulteur du polle articque. Orran est une bonne ville et grande, et est du royaulme de Tremecyn [1], et du cousté de l'ouest d'elle est la ville de Mussacabie [2], qu'est une forte petite ville. Orran est une bonne ville de grand traffic et tyent pour le roy d'Espaigne, et y a ung bon port. Et jusques icy vient la province de Numédye. Et, comme j'ay dict, au davant de Orran, est la ville de Mussacabie, qui est comme ung chasteau bien fort, assis sur une haulte poincte, et y a bon port et bonne rivière. Et de Massacabie au goulfe de One [3], y a douze lieues, et la coste est fort dangereuse de rochiers et basses. Et y a deux islets. One est bon port, et est à trente cinq degrez et demy de la haulteur du polle articque. Et davant One, y a ung cap qui entre en la mer trois lieues. Et, passé ce cap, du cousté de l'ouest, est la rivière de Milloun [4], et davant ladicte rivière y a trois islets du cousté devers l'ouest. Et, passé les isletz, est la ville de Mellite [5].

1. Tremecen, Télémicen, Telensin, ville d'Afrique dans la Barbarie, à 12 lieues de la Méditerranée, capitale du royaume. Timisi, d'après Ptolémée. Incontestablement Tlemcen.

2. Mussacabie. Musse, dans Ptolémée. Marzechibir, dans Munster. Aujourd'hui Mers-el-Kébir.

3. One. Tégonisi, dans Munster. Ville d'Afrique au royaume de Trémécen. Les Africains la nomment Deyrat Uneyn. Le cap de cette montagne s'appellait, au XVIIIe siècle, cap d'One.

4. Il y a un cap Milonia, aux confins de l'Algérie et du Maroc.

5. Mellite. Mellila (Munster et Joze Fernandès). Meldita, ville de l'Afrique propre (Ptolomée, L. 4, C. 3,) ville de la province proconsulaire ; on a dit aussi Melzita, Mellina (Maroc) ?

LA COSMOGRAPHIE

Et auprés de Mellite est le cap de False [1], qui est par les trente six degrez de la haulteur du polle articque. Et a davant luy, ung islet. Et du cap de Folce (*sic*), au port de Buzenne [2], y a quinze lieues. Et de Buzenne à Belles, six lieues. Et de Belles à La Gomère y a quinze lieues. Et de La Gomère à Secte [3], qui est au commencement de la sortye du destroist de Gibaltar, y a huyt lieues. Et entre les deulx est la rivière de Tutuan [4]. Et est le cap de Folce et Sète, l'est et ouest, et y a de l'un à l'aultre, cinquante lieues, et sont par les trente et six degrez de la haulteur du polle articque. Et, au dedans de ceste coste de Sète et dudict cap, est la province de Tégétanye [5], et le commancement d'elle est Sète. Sète est pour le roy de Portugal. Ceste ville de Siette estoit la principalle ville de Tégétanye et estoit grand ville. Et depuys que le roy de Portugal l'a print, il la feit maindrer des deux partz. Et d'elle à Gibaltar n'y a que quatre lieues. Et la possède par force et aussi la ville d'Alcasse [6] et la ville de Tangé qui sont au dedans du destroict. Et entre Alcasse et Siète est la montaigne Chimère [7] qui est fort haulte, et icy se nourrissent les singes. Et en ladicte montaigne, y a forces fruictz de quoy ilz se nourrissent, et y en a tant que la Commarque

F° 117 r°.

---

1. Cap de False ou Folce. C. des 3 Forcas (Joze Fernandès, *loc. cit.*); cap des Trois Fourches ou des Tres Forcas (Maroc)..

2. Buzenne. Serait-ce Djebel Ouork ?

3. Secte. Septa, dans Munster. Ceuta.

4. Tetouan.

5. Tégétanye, province dont la principale ville est Siette (Ceuta).

6. Alcasse, ville du Maroc. Alcudia (Munster), Alcuzemar (Joze Fernandès, *loc. cit.*).

7. Mont Chimère. Il y a une montagne célèbre de ce nom dans la Lycie. Alfonse aurait-il fait une confusion ?

d'alentour en est toute mangée. Et ne se trouve point qu'il y en ayt en d'aultres parties que là. Et y en a qui sont aussi grandz que hommes. Et nul homme ne seroit monter là où ilz sont. Et toute ceste terre s'appelle Barbarie. Ceste terre tient à l'austre midy les montaignes Claires qui commencent dessus le cap de Guet et vont jusques à la rivière du Nil. Lesdictes montaignes sont fort haultes et bien peuplées de gens. Et y a encores de la nation des gens du Roy Rodrigue d'Espaigne qui en ce temps possédoyent toute ceste terre, lequel la perdist pour son péché, et aussi perdit toute l'Espaigne. Et à l'austre midy desdictes montaignes sont les montaignes Athelates lesquelles commancent ès fins de la Mauritanye qui est à la fin de Tégétanye, et vont jusques à Cartaige, et d'icy tournent jusques en Egipte avec les montaignes Claires. Les Ithalates [1] sont fort haultes, et les gens d'alentour d'elles sont noirs. Elles et celles qui sont sur le cap de Guet, se vont assembler aux désertz d'Egipte, là où est la ville de Sienne. Et les montaignes Athelates ont print leur nom du roy Athelant qui fut roy de toute l'Affricque, et de sa fille Athelante laquelle fut royne d'Affricque, laquelle succéda au royaulme de son père. On dict que ceste Athelante fut inventeresse de l'astrologye en ces montaignes Athelates, et d'elle apprindrent tous les aultres. Lesdictes montaignes sont si haultes qu'elles semblent toucher au ciel. Et apprint ledict art par le mouvement des planetes, lesquelles on dict qu'elle veoid tourner et virer sur le hault de la montaigne. Et pour ceste raison les gens de ce temps disoyent qu'elle soubstenoit

---

1. Atlas.

le ciel sur ces épaulles, et le croyoyent, et l'adoroyent comme Dieu. Et Hercules après soubstint le sçavoir de ladicte Athelates. Et disoyent que Hercules avoit aussi soubstenu le ciel au lieu de ceste Athelate royne, et que pour cela il méritoit estre mis avec les dieux et tenir pour l'un d'iceulx. Ces montaignes Itelantes, au dedans de la terre de Tinguitanie [1], est le jardin des Espérides où estoit le pommier lequel portoit pommes d'or. Lequel pommier estoit gardé par ung serpent, et icy vint Hercules et print ledict serpent avec une main, et cueullit ladicte pomme de l'aultre.

F° 117 v°.

Aux désertz de ces montaignes est le grand lac Nillet, duquel a prins nom la rivière du Nil. Et en ces montz, le droict de ceste Tinguitanye, il y a des serpens qui sont si grandes, qu'elles ont sept ou huyt brasses de long, et sont aussi grosses que ung tonneau; et sont si grosses et si pesantes que l'ordure et la mousse croist dessus elles. Et nul ne s'en doibt esmerveiller, car j'ay veu peau desdictes serpens envelopper une pipe vuyde et demourer trois quartiers d'aulne oultre le circuict, et monstrer avoir plus de six brasses de long. Et à cecy n'y a point de faulte. Et y a plusieurs aultres bestes venimeuses, et d'aultres sortes. Et y a des griffons fort grandz, si grandz qu'ilz peuvent emporter ung beuf avec les ungles en vollant; et si y a des dragons qui vollent en l'air en manière de serpens, et n'y a pas grand monde, car ces bestes les mangent et tuent. Et quant il pleut en ce pays, la pluye est fort chaulde. Et à ceste raison, n'y fet point de froig. Et à ceste cause, sont les serpens et les dragons fort

1. Tinguitanie. Ce nom rappelle La Mauritanie Tingitane et la ville de Tingis.

grandes. Et y a en ceste terre lyons et elléfans. Et quant les lyons trouvent les petitz elléfans, les mordent, et mangent si peuvent, et si la mère vient et les trouve sanglans, elle les tue, et du grand annuict qu'elle a, elle s'en va et les laisse mortz. Et après viennent les lyons et aultres bestes qui les viennent manger. Et, en ce pays, fet si grande challeur que la chair morte ne se seroit garder que deux heures sans estre puante. Et icy y a des arbres si grosses que de leur grosseur on pourroit faire ung navire de cinquante tonneaulx, et s'appellent les arbres Mangues.

Tournant à ladicte coste de la mer, qui est en la mer Occéane à l'entrée du destroict de Gibaltar, prouchain de Traffelagar, dudict cap jusques à Aghille [1] qui est une ville qui tient pour le Roy de Portugal, y a cinq lieues, et entre les deux est la rivière appellée Taguedart et la rivière d'Arsille, en la mer Occéane. Le cap de Traffalgar et le cap d'Espartel [2] sont en la mer Occéane, et, entre les deux, est le destroict de Gibaltar. Traffalgar est par les trente et six degrez de la haulteur du polle articque, et Espartel par les trente cinq et demy. Et de Arsille à Azamor [3], y a cinquante cinq lieues, et la coste gist nord est et surouest, et prent ung quart de nord et su. Et, entre les deux, est la ville et rivière de Larache [4], et la ville et

1. Aghille, ville près de Trafalgar. Le nom est un peu effacé, mais la lecture n'en est pas douteuse. Voir plus loin les noms d'Arsille et de Carsille. Si c'est une ville du Maroc, en face de Trafalgar, ce pourrait être Arzilla, indiquée dans Joze Fernandès, et qui est au sud-ouest de Tanger.
2. Cap Spartel, en arabe Schbertal : ancien cap *Ampelusia* en face de Trafalgar. Cap de Espartel (Joze Fernandès).
3. Azamor (Munster et Joze Fernandès). Azemmour (Maroc), au S. O. de Salé.
4. Laraxe (Joze Fernandès). El Araïch, ville du Maroc, au S. O. d'Arzila.

LA COSMOGRAPHIE 319

rivière de Sallet [1]. Ceste rivière de Sallet passe par la ville de Fez. Et, entre la rivière de Sallet et la ville Azamor, est la rivière de Mamore [2], qu'est une bonne rivière. Azamor (sic) descend une aultre rivière et est Azamor par les trente trois degrez et demy de la haulteur du polle articque. Et en la mer d'Azamor, à l'ouest, six vingtz lieues, est l'isle de Porte Sancte [3], qui est une petite ville peuplée de gens Portugaloys, et est couverte d'arbres qui portent le sang de dragon. Et, douze lieues d'elle, droictement au surouest, est l'isle de Madère, qui est une grand.isle, là où croist le seucre et de bons vins de Marvoisye, qui (est) aussi peuplée de Portugaloys, et y a en elle de bonnes villes, et sont nord est et surouest avec la rivière du Teige de Lisbonne. Ladicte isle de Madère est par les trente deux degrez et demy de la haulteur du polle articque, et Porte Sancte par trente trois et demy. Et en l'est de l'isle de Madère, environ cinq ou six lieues, y a trois ou quatre petites isles qui sont désertes, et n'y a en elles que des chièvres et moutons. Et du cousté d'oryant de Porte Sancte, auprès de ladicte isle, y a deux isletz qui sont pleins de cougniz [4] noirs, blans et gris. Et du cousté du septentrion, et du cousté de l'ouest, il y a quatre ou cinq isletz comme roches. Tournant à Azamor, je dictz que, au dedans de la terre de Azamor, est la province de

---

1. Sallet, ville et rivière qui passe à Fez. Salé (Joze Fernandès). Salé, ville du Maroc. La rivière qui passe à Fez se nomme O. Sebou, le Sebour des Phéniciens. Elle se jette dans l'Océan un peu au nord de Salé.

2. Un lieu nommé Mamora figure au nord ′ Salé dans la carte de Joze Fernandès. La Mamore est une ville d'Afrique au royaume du Maroc, dans la province de Fez propre, près de la rivière de Subre, à quatre lieues de Salé, du côté de l'orient.

3. Porto-Santo, île de l'Archipel de Madère.

4. Des conils, c'est-à-dire des lapins.

Maurétanye, laquelle aultresſoys a esté fort renommée par tous les cosmographes. En leur adviz, ilz la tenoyent pour la fin du monde. Et, en orient de cestuy cy, est la province de Atingétanye [1]. Et en occident d'elle, est la mer Attalantique. Ces provinces sont très fertiles de pain, vin et de toutes autres choses, nonobstant que les gens de la terre ne boyvent pas ledict vin, car leur loy le deffend. Et en ceste terre y a set de vigne aussi gros que le corps d'un homme, et à grand penne le peult embrasser ung homme, et meullent les raisins d'iceulx pour les manger, et n'en font point de vin. Et les raisins sont de la longueur d'une demye aulne. Et y a forces palmes portans dattes qui est ung fruict fort bon à manger ; et y a de belles rivières et de beaux estangs esquelz se nourrissent cocodrilles et plusieurs aultres gendres de poissons. Ceste province de Marotanye achève aux montaignes Claires, et y a en elle de l'herbe prépote qui est une herbe contre poisons. De laquelle herbe Alexandre guérist Tholomée quant il fut blessé de la fleiche empoisonnée. En ceste province de Marotanye, y a de beaulx chevaulx légiers, des plus beaulx de toute la Barbarye, lesquelz nous appelons genetz. Et sont fort bons et légiers et de grand penne. Et en ceste terre y a forces chameaux et buffles, et y a grande quantité de bestial et des plus beaulx moutons que l'on sçauroit veoir, car ilz ont cinq quartiers, et est le quartier de la queuhe meilleur que les aultres. Tous les gens d'Affrique sont Mahométistes et prenent des femmes tant qu'ilz veullent ; du moins leur loy permect qu'ilz en ayent sept, et les seigneurs quatorze, et les princes et roys vingt huyt. Et leur

---

1. Tégétanie.

baillent des énuces, pour les servir, lesquelz sont chastrez. Et aux montaignes de cestes terres y a forces bestes saulvaiges aultant que en la Tégétanye. Et icy vint Hercules. Et quant les Romains conquestèrent ceste terre, vindrent jusques icy. Et d'icy s'en retournèrent pensant que ce fut la fin du monde, et l'appellèrent Moritanye, parce que les hommes et femmes d'icelle sont plus [1] noirs que blancs. Et en ceste terre, y a de toutes les sortes et manières de fruicts, lesquelz croissent et viennent sans estre plantez par homme. Et y a des arbres esquelz croist la laine, de laquelle ilz font grand quantité de draps.

F° 119 r°.

Tournant à la coste de la mer, je dictz que d'Azamour au cap de Quentin [2] y a trente lieues, et la route gist nordest et surrouest, et prent ung quart de l'est et ouest. Le cap de Quentin est par les trente deux degrez et demy de la haulteur du polle articque. Toutes ces terres sont belles terres plates, où il n'y a guères de montaignes. Et à l'ouest d'Azamor est le chasteau de Masagon [3] qui est au roy de Portugal. Passé le port de Quentin est la ville de Saphin [4]. Et, cent lieues en la mer du cap de Quentin, est l'isle de Madère, de quoy nous avons parlé. Et sont l'est et ouest l'un avec l'aultre. Et, plus avant, est l'isle de Magador [5], laquelle a

1. En tête du folio 119 recto, une carte avec les légendes : La couste de la Barbarye en la mer Occéane, cap de Guel.
2. Cap Cantin. Atlas minor, promontoire de la côte O. du Maroc, par 11° 32' long. O., et 32° 33' lat. N. — Aussi appelé cap Nagdor (*Voy. avent.*).
3. Mazagan.
4. Saphin, Safin (Joze Fernandès). Safi ou Saffi, ville et port du Maroc, au sud du cap Cantin. Anciennement *Rusupis*.
5. I. Mogodor (Joze Fernandès). Mogador ou Souc̈ira, ville maritime du Maroc sur l'Atlantique.

ung islet au meilleu. Et, à la sortie, du costé de l'ouest, y a une basse dangereuse, laquelle va jusques au cap Ausan¹, et est nord et su avec la basse, et prent un quart de nordest et surouest. Et y a vingt et cinq lieues en la traverse. Le cap Ausan est par les trente et ung degrez de la haulteur du polle articque. Et dernier le cap, est le goulfe de Ausan du cousté devers le su, et, plus avant, est le cap de Guel², et entre les deux est le goulfe. Du cap de Ausan au cap de Guel y a vingt et cinq lieues, et la rouste gist nord et su, et prent ung quart de nordest et surouest. Et est ceste coste montaigneuse. Et, en ceste coste, en la mer, y a grand pescherye de merluz et de tous poissons. Le cap de Guel est par les trente degrez de la haulteur du polle articque. A l'ouest de cedit cap, en la mer soixante et dix lieues, y a une petite isle toute environnée de rochiers qui s'appelle La Saulvaige³, et est par les trente degrez. Et au dedans du cap de Guel est le goulfe appelé Messé⁴. Et icy y a une riviére. Et, plus avant de la riviére, est le cap de None⁵. Et la routte gist nord et su, et prent ung cart de nordest et surouest. Et du cap de Guel au cap de None y a vingt et huyt lieues. Et est le cap de None à vingt huyt degrez et ung quart de la haulteur

---

1. Joze Fernandès indique, au nord de Mogador, le cap O Sul, et, au sud, le cap de Tafelana. Le cap Sim ou Au Sim est aussitôt Mogador, au sud.
2. Cap Ghel (Grégoire). Cap Guer (Joze Fernandès). Cap Ghir au Maroc.
3. La Grande Salvage, île. Banc de rochiers placé au nord de Ténérife et appelé Salvageur, par Joze Fernandès.
4. Il y a une ville de Messa, au Maroc, dans la province de Sus. Le fleuve Sus passe entre les villes qui la composent, et se rend à la mer auprès de Guer Tesen (La Martinière).
5. C. de Naò (Joze Fernandès). Cap Noun, promontoire de la côte occidentale d'Afrique, et au sud de l'Atlas, dans le Sahara marocain ; au sud de la province de Sous-el-Ayssa (V. Schefer, *Parmentier*, p. 9).

du polle articque. Et auprès du cap de None y a des basses qui environnent tout le cap, et entrent en la mer bien environ demye lieue. Et du cap de None au cap de Baujador [1], y a cinquante lieues. Et la route gist nordest et surouest, et prent ung quart de l'est et ouest. Le cap de Baujador est par les vingt sept degrez de la haulteur du polle articque. Et passé le cap de Guel toute la terre est basse, sans nulle montaigne, et sur le cap sont haultes montaignes. Icy est le commencement des montaignes Claires et Athelates. Le cap de Baujador a une pointe de rochiers dangereuse qui entre en la mer plus d'un quart de lieue. Et à cedict cap s'achéve la province de Mauritanye. Les gens de ceste province sont bonnes gens, posé qu'ilz soyent Mahomites. Et est fertille et croist en elle force ambre gris, or et cuyvre. Et y a en elles forces cires et mousches à miel. Et, depuys le Nil jusques icy, sont tous Maures qui sont blancs comme nous, lesquelz suyvent la secte de Mahomet.

Le cap de Baujador tient à l'ouest et à l'ouest norouest l'isle de Lancelot [2] et Forte Avanture [3] qui sont deux isles des Canaries lesquelles se nomment les Isles Fortunées. Forte Avanture a vingt cinq lieues de longitude et six de latitude et gist nordouest et surouest. Et plus au nord d'elle est l'isle de Lancelot qui a douze lieues de longitude et six lieues de latitude. Et au nord d'elle a veu (?) trois ou quatre isletz, et sont terres stériles et sans prouffict. Toutesfoys elle sont peuplées de

---

1. Cap Bojador, plus bas cap Bugador. Atlas major, promontoire de la côte occidentale d'Afrique (Sahara) par 26° 6' 57" lat. N. Alfonse dit 27°.

2. Lancarote, (Joze Fernandès). Lanzarote, île des Canaries.

3. Forteventura (Joze Fernandès). Fuerteventura, île des Canaries, à 28° environ et non 37° à 38°

gens et y a en elles forces chièvres et moutons et n'y croist nulle aultre chose. Ladicte isle de Lancelot est par les trente huyt degrez et trente huyt degrez et demy de la haulteur du polle articque et les portz sont du cousté de l'est suest. L'isle de Fort Avanture est depuys trente sept degrez jusques à trente et huyt degrez de la haulteur du polle articque, et a le port du cousté de l'ouest. Et d'elle au cap de Bugador y a dix huyt lieues. Ladicte isle est sans prouffict et plenne de chièvres et de moutons, et n'y croist aultre chose. Et du cousté de l'ouest d'elle sont les isles de la Grand Canarie et l'isle de Ténérif [1] et l'isle de la Gomère et l'isle de la Palme qui est la plus vers le nord, et l'isle de Fer qu'est la plus occidentalle, et, par dessus elle, passe la ligne dyamétralle laquelle va de polle à polle. Et plus au norouest est l'isle de la Palme, et sont l'une de l'aultre norouest et suest, qui est une bonne isle fertile de toutes choses. La grand Canarie tient douze lieues de longitude et aultant de latitude et est quasi ronde. Et au meilleu d'elle y a une montaigne fort haulte, et est bien peuplée. Et se cueullent en elle seucres et vins, et n'y a guères de bled. Ténérif a de longitude dix huyt lieues et de latitude huyt lieues, et y a de l'une à l'aultre six lieues. La grand Canarie est par les vingt sept degrez de la haulteur et Ténérif par les vingt sept et demy, et est bonne isle, fertille. Et se cueullent en elle forces bledz et vins, brefz (*ou* boefz), seucre, cire. Et au meilleu d'elle y a une montaigne ronde qu'est une des plus haultes du monde. Et est faicte en fasson d'une pyne [2]. Et est si très haulte qu'elle paroist par dessus les nuées en la région de l'air.

1. Tanariffe (*Voy. avent.*).
2. Pomme de pin.

Et est si très haulte qu'elle semble toucher au ciel, et en temps d'esté brusle toutes les nuées. Et est la meilleure de toutes les isles et est bien peuplée de gens. La Gomère est une bonne petite isle, et se cueullent en elle de bons seucres et vins et cires. Et au dessus d'elle est toute plate comme une roche. L'isle de Fer est de peu prouffict et n'a point d'eaue, sinon d'ung arbre à nous incougneu. Et cedict arbre rend la nuict par les feulles aultant d'eaue qu'ilz peuvent boire le jour, et davantaige. Et est fort bonne eaue. Et se vuyde le bassin au soir; au matin ilz le treuvent plein, et par ceste cause y en a assez pour eulx et leur bestial. Ladicte isle de Fer est par les trente six degrez et demy de la haulteur du polle articque. Et du Fer à la Palme y a douze lieues et sont nord nordest et su surouest. L'isle de Palme est une bonne isle là où il y a force bestial, et se cueullent en elle seucres, bledz, vins, cires. Et est aussi bonne isle, en sa quantité, que l'isle de Ténérif, et est establye norouest et suest. Et sont toutes cesdictes isles subgectes au roy d'Espaigne. Et est ladicte isle de Palme vingt huyt degrez de la haulteur du polle articque. Et ces isles des Canaries sont celles que nous appellons les isles Fortunées. Et estoyent pleines de gens saulvaiges quant elles furent treuvées, lesquelz sont et estoyent fort agilles de leurs corps. Au nord d'elles est l'isle de Madère. L'isle de Madère est l'est et ouest avec le cap de Quentin [1], et a vingt cinq lieues de longitude et dix de latitude. Et est bonne isle abundante de fruictz, et se cueullent en elle de bons vins et seucres. Et, comme j'ay dict, y a de bonnes villes et y a en elles force boys de cèdre, le

F° 120 v°.

---

1. V. ci-dessus.

meilleur du monde. Et, comme j'ay dict, est à quarente deux degrez et demy de la haulteur du polle articque. Et au norouest d'elle, cent cinquante lieues et deux cens lieues, sont les isles des Assores¹ qui sont bonnes isles, et sont toutes au roy de Portugal. Et sont depuys trente sept degrez jusques à trente neuf et demy.

Tournant à la coste de la mer, je dictz que du cap de Bojador à l'ance de Runes² y a vingt huyt lieues, et la route gist nordest et surouest, et prent ung quart de nord et su. Ladicte ance de Runes est par les vingt et cinq degrez de la haulteur du polle articque. De l'ance de Runes jusques à l'ance des Chevaulx³ y a vingt et cinq lieues. Et la coste est toute basse, sableuse. Et la route gist nordest et surouest, et prent ung quart de nord et su. Et l'ance des Chevaulx par les vingt quatre degrez de la haulteur du polle artique. A à demy degré, à l'austre midy de ce goulfe, passe le troppique estival, et passe par dessus les montaignes Athelates, et par dessus ⁴ le lac Nillet⁵, et s'en vont les montaignes en Egipte, comme dict est, et cecy est la latitude d'Affrique. Et de l'ance des Chevaulx va la coste au cap de Hante ⁶, et la route est nordest et surouest, et y a entre l'un et l'aultre dix sept lieues. Et est le cap de Hante à vingt et trois degrez de la haulteur du polle articque.

F° 121 r°.

1. Açores. Exoires, dans les *Voy. avent.*
2. A. dos Ruivos (Joze Fernandès).
3. B. dos Cavallos (Joze Fernandès).
4. En tête du folio 121 recto, une carte avec les légendes : Les Canaryes, Isles de Madère.
5. Le tropique du Cancer passe par-dessus le lac Nillet d'où Alfonse fait sortir le Nil ; c'est le lac Tchad qui est vraisemblablement visé.
6. Cap de Hante ou Hante. Serait-ce la *Terra alta* de Joze Fernandès, placée à une petite distance du cap Bojador ? Le même cartographe place une autre *Terra alta* à toucher le cap ou plutôt l'île d'Arguin, vers le 21° P. A.

Et toute ceste coste est terre basse, sableuse, et y a en elle grand pescherye de toutes sortes de poissons. Et icy viennent les navires d'Andélosie et de Portugal à la pescherie. Et du cap de Hante à la rivière d'Or y a huyt lieues, et la rivière est nord et su, et par la rivière d'Or [1] passe le troppicque estival appellé Cancer. Le cap de la Rune et du cap de Hante est fort basse terre. Ladicte rivière vient des montaignes Athelates et passe par la ville de Marroc [2]. Ladicte rivière d'Or est par les vingt trois degrez et demy de la haulteur du polle artique. La rivière d'Or et le cap de Vergire[3] (?) sont nord nord est et su surouest, et y a en la route vingt lieues, et ledict cap de Vergée (?) est par les vingt deux degrez et ung quart de la haulteur du polle artique. Et, du cousté du nordest, y a deux isletz, et à l'ouest desdictz isletz y a maulvaise roche dangereuse. Et du cap de Vergne (*ou* Vergue) au cap Blanc [4] y a trente lieues et la route gist nord et su, et prent un quart de nord est et surouest. Et est le cap Blanc par les vingt degrez de la haulteur du polle articque. Et en toute ceste coste et à la rivière d'Or et au cap Blanc y a grand pescheryes, là où il vient forces navires à elles. Et en ceste coste, au dedans de la terre, les gens du pays sont tannez et plus noirs que blans. La terre est stérile, de sablons, et toute terre basse, sans nulle montaigne. Et est terre pauvre et sont les gens, bonnes gens.

1. Rio de Ouro, au tropique du Cancer.
2. Marroc. Maroques (*Voy. avant.*). Maroc, capitale du royaume de ce nom, est sur le O Sous et non sur le Rio de Ouro. A l'embouchure de cette rivière est la Villa Cisneros.
3. Verzire, Vergire, Vergne, Vergue ou Vergée. Cap Barbas ou de Barbas, devant l'île Pedro Daguille (Joze Fernandès).
4. Cap Blanc à la limite du Sahara et du Soudan.

328   LA COSMOGRAPHIE

F° 121 v°.   Et passé le cap Blanc est le goulphe de Arguin et les bancs d'Arguin [1], lesquelz durent bien quarente lieues de long et de large. Et qui veult aller à Arguyn, il faut entrer par le cap et par les baptures et aller au long une coste blanche. Auprès de la terre va tout du long une bande de isletz lesquelz vous lairrez entre vous et la terre. Et du cousté devers la mer vous demeureront les baptures. Lesquelles baptures durent depuys le cap Blanc jusques au cap de Targe [2], et sont instituées norouest et suest et prenent ung quart de l'est et ouest; et sont depuys dix neuf degrez et demy jusques à dix sept et demy de la haulteur du polle artique. Et ont quarente lieues de longitude et vingt de latitude, et sont vingt lieues au dedans de la mer. Et du cap de Targe où s'achèvent les basses d'Arguyn, jusques à la rivière de Sanaga [3], y a cinquante lieues, et la coste gist nord et su. Et, de Sanaga au cap de Vert, y a vingt et cinq lieues, et la coste gist nordest et surouest, et prent ung quart de l'est et ouest. Sanaga est une bonne rivière, grande, et sont les gens d'icelle terre, belles gens et grandz et sont tous noirs. Cecy est la province de Jalloffe [4]. Ladicte rivière est par les quinze degrez et demy de la haulteur du polle artique. Et icy s'achève la terre basse et commence la terre haulte du cap Vert. Entre cette rivière et

1. Ile et baie d'Arguin, au sud du cap Blanc (Soudan).
2. Ce cap correspond à peu près au cap Mirik (Joze Fernandès, Vidal-Lablache), où paraissent en effet s'achever les basses de la baie d'Arguin.
3. Sénégal.
4. La terre de Jallofe finit, au sud, à la rivière de Gambie. Le Djolof (Grégoire, C. 28). Les Jalofes ou Oualofs, peuple d'Afrique dans la Nigritie; depuis l'embouchure du Sénégal, allant au sud, jusqu'à environ six ou sept lieues du Cap Vert. Les Portugais, en 1487, y bâtirent un fort. (La Martinière, *Voy. de Lemaire* et *Hist. Gén. des Voyages*, t. I). — Cela rappellerait Le Djallon, le Fouta-Djallon.

le cap Vert est la rivière de Bésiguil¹. Ledict cap Vert est par les quatorze degrez et demy de la haulteur du polle artique. Et est le plus beau cap de toute la terre. Les gens de ceste terre ont entre eulx force bestial comme beufz, vaiches, chièvres, moutons et toutes aultres bestes saulvaiges comme elleffans, cerfz, biches, dains, buffles et aultres. Le travers du cap Vert, cent lieues en la mer, sont l'isles de Sainct Jacques², l'isle de Feu et les isles Braves. Et du costé du nord de ceulx icy est l'isle de May et Bonne Viste. Et, entre elles et l'isle de Sainct Jacques, y a ung maulvais rochier, et plus au nord est l'isle de Sel et l'isle de Sainct Nicolas et l'isle de Saincte Luce et l'isle de Sainct Vincent et l'isle de Sainct Anthoine, laquelle est peuplée de gens, et sont toutes haultes montaignes. Isles que n'ont que des chièvres, sinon Sainct Anthoine Sainct Jacques et l'isle de Feu (*ou* de Fer) qui sont peuplées de gens, et y a en elles forces bestial, et y croist des seucres et coutons, et sont isles dangereuses de fiebvres. Et y a une d'elle qui s'appelle l'isle de May, qui a ceste vertu que si ung ladre va demourer en icelle, il guérist, et n'y a en elle aultres gens que ceus qui se vont guérir de ceste maladie. Et est ladicte isle de May toute environnée de rochiers. Et y en a une aultre qui est, pour le plus grand part, de sel. Et ne pleut en elles, sinon trois moys de l'an. Ceulx icy se peuvent bien appeler les Isles Fortunées. Auprès d'elles, l'on y sçauroit trouver le fond, sinon à Bonne Viste. Ceste Bonne

F° 122 F°.

---

1. Joze Fernandès indique, dans cette position, une rivière nommée R. Dolce.

2. Les îles du Cap Vert. Saint-Jacques (Santiago), l'île de Feu (Fuego), les îles Braves (Brava), l'île de May (Mago), Bonneviste (Baovista), l'île de Sel (Sal), l'île Saint-Nicolas, Sainte-Luce, Sainct-Elouze (*Voy. avent.*), l'île de Saint-Vincent (San Vincente), l'île de Saint-Anthoine (San Antonio).

Viste, du costé devers le nord, a de maulvais rochiers, loings de la terre, dangereux pour navires ; et sont toutes de la haulteur du polle depuys dix neuf degrez jusques à treize degrez et demy de la haulteur du polle artique. Et, comme j'ay dict, y (a) en elles force bestial, et d'icy viennent les belles peaulx de marroquins. L'isle de Sainct Jacques est la plus grande et la meilleure et la plus maladeuse, et est bien peuplée de gens noirs et mullatres et d'aulcuns blancs qui sont Portugaloys. Et, en toute l'année, se trouvent en elle des fruictz tant elle est fertille, et a, toute l'année, l'herbe verte. Aussi elle a forces beufz, vaiches et de tous aultres bestiaulx ; et est toute plaine de montaignes rondes, et est par les quatorze degrez et demy de la haulteur du polle artique.

Tournant à la terre ferme, je dictz que de l'isle de Sainct Jacques au cap Vert, y a quatre vingtz quinze lieues, et dudict cap Vert à la rivière de Gambye [1] y a vingt et cinq lieues, et la route gist norouest et suest. Ladicte rivière de Gambye est par les treze degrez et demy de la haulteur du polle artique. Et est une grand rivière, et icy s'achève la terre des Jalloffes et commence la terre des Barbesins [2] (*ou* Berbesins) et Mandigues [3]. Et de la rivière de Gambye au cap Rouge [4] y a trente et cinq lieues et la route

1. Guambea, Guanbea (*Voy. avent.*).

2. Il y a au nord du cap Boxo, dans Joze Fernandès, un lieu qui porte le nom de Barcenim, près de Joalla (Joal, *Carte* de Vidal-Lablache.)

3. Les Mandingues, peuple d'Afrique dans la Nigritie à 180 milles de la côte occidentale sur la rivière de Gambie au sud de Bambouc. Les Espagnols appellent ces pays Mandimença. (La Martinière), Mani-Juga. La principale ville est Songo (Cf. Delacroix, *Hist. d'Afrique* ; Labat, *Afrique occidentale*, etc.)

4. Cap Roxo, qui, d'après Joze Fernandès, occupe la position donnée à Carabane ; *Guinée portugaise*, par Vidal-Lablache.

LA COSMOGRAPHIE 331

gist nord et sud, et prent ung cart de nordest et surouest, F° 122 v°.
et la coste est basse dangereuse, tellement que navire
ne se oseroit approucher d'elle de cinq ou six lieues. Le
cap Rouge est à douze degrez de la haulteur du polle
artique, et du cap Rouge à la Rivière Grande y a vingt
cinq lieues et la route gist l'est et ouest et prent ung
quart de norouest et suest. La Rivière Grande [1] est à
unze degrez et trois quartz de la haulteur du polle artique et est la plus grand rivière de toute l'Affricque,
et est navigable bien deux cens cinquante lieues que
les navires y peuvent aller. Et, à la fin du navigable,
est la ville de Jaga, qui est ung grand peuple et de beaucoup de gens. Entre la ville de Jaga et le chasteau de
la Myne [2], il y a une montaigne là où se cueulle du plus
fin or du monde, et la plus grand part de cest or se
porte au chasteau de la Myne, et en beaucoup d'aultres
lieux. Ceste rivière descend du lac Nillet et des eaues
des montaignes Athelates, et à l'est de l'austre midy des
montaignes Athelates. Les gens d'au long ceste rivière, du cousté du septentrion d'elle, sont grandz
hommes et sont tannez et sont appelés Foulles [3]. Et du
cousté de l'austre sont tous noirs. Et au long de la mer
icy du cousté du septentrion jusques au cap de Targe,
sont tous noirs. Et sont beaucoup de nations au dedans
de la terre. Et ceulx de l'austre midy de la rivière

---

1. Rio Grande de Guinalla (Joze Fernandès); Rio Grande, *Guinée portugaise* (Vidal-Lablache) ; navigable jusqu'à la ville de Jaga. Gagho ou Gago ? Cette rivière descendrait du lac Nillet. Alfonse la confondrait avec le
Niger ?

2. Saint-Georges de la Mine. La partie sud de la Guinée française porte, dans
Joze Fernandès, le nom de Costa de Mina.

3. Voir La Martinière au mot Foules.

sont belles gens, tous noirs, et s'appellent Barbesins, et Mandigues et plusieurs aultres noms. Et sçaichez que en toute la Guynée les gens maritimes sont fort noirs, et au dedans de la terre sont tannez. Et ceulx du long ceste rivière, tant d'un cousté que d'aultre, usent de lances, d'arcs, braquemars et aultres bastons de guerre pour leur deffense. Et ont continuellement guerre avec les Barbarrens (*ou* Barbariens).

Tournant à la rivière, je dictz que, de l'entrée de la rivière jusques au cap Rouge, ne sont que bans et rochiers et bans de sable qui durent plus de quarente lieues de l'entrée de la rivière en la mer. Et au long la coste, plus de vingt lieues, y a plusieurs isles et isletz et rochiers, et l'eaues (*sic*) y courent si fort qu'il fault avoir aux navires de bonnes amarres. Et lesdictz bans durent au long la coste depuys douze degrez jusques à dix degrez et demy de la haulteur du polle articque, et sont fort dangereux pour navires. Et de la Grand Rivière à la montaigne Lyonne [1] y a soixante et cinq lieues. La route est nord norouest et su suest, et y a aulcuns dangiers au long la coste. La montaigne Lyonne faict ung cap avec ladicte montaigne, qui entre cinq ou six lieues en la mer. Entre la montaigne et la Rivière Grande [2], y a beaucoup d'aultres petites rivières, là où il y a plusieurs nations de gens et sont tous nègres; et ausdictes rivières se cueulle de l'or fin, et forces dentz d'ivière. Les gens sont bonnes gens et sont tous noirs. La montaigne Lyonne est par les huyt degrez de la haulteur du polle artique. Le travers de ladicte montaigne, six lieues en la mer, y a une roche dange-

1. Sierra Leone.
2. Rio Grande.

LA COSMOGRAPHIE

reuse, laquelle commence auprés de ladicte montaigne et va jusques auprés de la Terre Rouge [1]. Et entre ces basses et la montaigne Lyonne peuvent passer navires auprés de ladicte montaigne jusques auprés de la Terre Rouge. Et icy descend une bonne rivière. Et en ceste coste, et plus avant, sont les gens appelés Sappes [2], lesquelz ont des dentz poinctues comme aguilles. Et en toute ceste terre y a de l'or fin, principallement en la montaigne Lyonne, et en elle se faict du melleur et plus doulx fer de tout le monde. Et en ceste montaigne y a de diverses manières de monstres. En ceste montaigne y a des gens qui ne parlent point et sont faictz de la fasson des aultres, et s'en fuyent quant ilz les veoyent. Et y a des serpens grosses [3] comme le matz d'un navire de cent tonneaux. Et en ceste montaigne continuellement jour et nuict tonne, et ne sçait l'on qui le cause. Au pied de la montaigne, là où est la rivière et le villaige Laou [4], et habitent des Portugaillais à cause de l'or qui y est. Et de la montaigne Lyonne jusques au cap Saincte Anne [5] y a dix lieues. Et icy descend une grande rivière, laquelle est appellée la rivière de Palme. Et en la mer de la rivière de Palme [6] sont les bans de Saincte Anne, lesquelz entrent bien vingt lieues en la mer. Et au meilleu d'eulx y a trois ou quatre isles qui sont appellées les isles Boaves (*ou* Boanes) et sont

F° 123 v°.

1. Monrovia.
2. Royaume des Sappes qui est une nation de nègres (*Voy. avent.*).
3. On dit encore en Saintonge, pays d'Alfonse : une serpent.
4. Au pied de la Sierra-Leone. Il y a dans la Guinée française, près du Grand-Bassam, la rivière Lahou (Vidal-Lablache).
5. F. de Santa-Anna à toucher au nord le R. de Palmas (Joze Fernandès), et au nord du R. doi Monnoi, le Rio Manna de Vidal-Lablache.
6. Le cap de Palmes où arrive la rivière Cavally et où se trouvent les îlots Boaves (Vidal-Lablache).

toutes environnées de rochiers. Et lesdicts bancs de Saincte Anne sont par les six degrez et trois quartz de la haulteur du polle artique, et sont peuplées de gens nommez Sappes, et sont maulvaises gens. Et du cap Saincte Anne au cap de Palme y a cent quinze lieues. Et la route gist l'est suest et ouest norouest. Le cap de Palme est par les quatre degrez de la haulteur du polle artique. Et entre les deux est le cap du Mont [1] qui est commencement des gens appelez Conballes (*ou* Couballes), et est à six degrez de la haulteur du polle articque. Et en ceste coste est la rivière des Rameaux et la rivière de Sainct Paul [2] et la rivière du Jon [3] qui est le commancement des gens appelez Malaguettes [4], et la rivière des Paniers [5] qui est appelée la rivière de Sexte, et plusieurs aultres petites rivières là où navires ne peuvent entrer à cause des sables. Et en ceste coste les gens vivent de riz et racines que l'on appelle guannes [6] et beuvent vin de palme. Et ycy croist la malaguette qui est appelée graine de Paradis qui est une manière d'espicerye. Et y en a tant qu'il se peult charger navire d'icelle. Depuys la rivière de Gambye jusques au cap de Palme, sont tous

1. Cap de Mont (*Voy. avent.*). C. do Monte (Joze Fernandès), tout proche, au nord, de la rivière Saint-Paul.
2. Rivière de Polles (*Voy. avent.*). R. de Santo Paulo, pays de Malaqueta (Joze Fernandès), rivière de Saint-Paul qui se jette à Monrovio, république de Liberia (Vidal-Lablache).
3. Rivière de Jonc (*Voy. avent.*). R. de Junco (Joze Fernandès), correspond à la position de Gd. Bassoa.
4. Malaguette est dans Alfonse la graine de Paradis (V. La Martinière). Dans Joze Fernandès, toute la côte de la République de Liberia porte le nom de Malaguetta. La Manyguette (*Voyages aventureux*).
5. Appelée aussi rivière de Sexte. Le Rio dos Cestos (Joze Fernandès et Vidal-Lablache).
6. Iguañes.

les gens idolastres et sont bonnes gens et ne font point
de mal si on ne leur en faict. Du cap de Palme au cap
des Trois Poinctes [1] y a cent douze lieues. La route gist
l'est et ouest et prent un petit de nordest et surouest. Le cap des Trois Poinctes est par les quatre de- F° 124 r°.
grez et demy de la haulteur du polle articque, et la
rivière des Paniers et le chasteau de la Myne [2] sont par
les cinq degrez de la haulteur du polle articque. Et, depuys le cap Vert et jusques au cap des Trois Poinctes
et jusques soubz la ligne, est appellée la coste de la Guynée. Et est tout appellé Affrique. Et de la ligne à l'austre midy est la terre d'Estiope. Et en ceste terre se cap-
tivent les ungs les autres, en sorte que le père vend le
filz, et le filz le père, et le frère son frère ; et les changent pour manilles de cuyvre et de plomb et de draps
de coulleurs. Et prenent aultant de femmes qu'ilz veullent et les achètent. Et en ceste coste ne cueullent point
de bledz, et mangent du rix et des racines, et beuvent
vin de palme, lequel est tres bon quant il est fraiz. Et
du cap des Trois Poinctes jusques au chasteau de la
Myne y a vingt lieues, et la coste gist nordest et surouest et prent ung quart de l'est et ouest. Et est le chasteau de la Myne par les cinq degrez de la haulteur du
polle artique. Et en ce chasteau de la Myne apportent
les nègres l'or de dedans de la terre pour changer en
draps de coulleurs, manilles de cuyvre et coquilles rouges et aultres choses qui ne sont pas de grand valleur.
Et ce chasteau est situé sur ung rochier au long la terre,

1. Cap des Trois Pointes (*Voy. avent.*).
2. St Georges della Mina (Fanti). S. Jorge da Mina (Joze Fernandès). St Georges de la Mine, château et bourgade de la Guinée sur la Côte-d'Or. Les Français disent la Mine ; les Hollandais, Elmina ; les Portugais, Castello El Mina (V. La Martinière).

et tient pour le Roy de Portugal. Et au nord de luy est la ville Jaga de laquelle cy davant avons parlé. Et entre ce chasteau et la ville de Jaga est la montaigne, où se cueulle l'or. Et du chasteau à la riviére de la Volte [1] y a soixante lieues, et de la riviére La Volte à la riviére Dougée (*ou* Druger) y a soixante et cinq lieues. Et la route gist l'est nordest et ouest surouest. Et est la riviére de la Volte à six degrez et demy de la haulteur du polle artique, et la riviére Dougée est à huyt degrez de la haulteur du polle artique. La riviére de La Volte est nord et su avec Thunes [2] de Barbarye qui est en la mer Méditerranée. Et de la riviére Dougée [3] au cap Fremoze y a quatre vingtz cinq lieues, et la coste gist l'est suest et ouest norouest. Cap Fromoze [4] est à sept degrez de la haulteur du polle artique. Et en coste est la riviére de Begnic [5] et la riviére Forchue et la riviére Réal [6] qui sont grandes riviéres, et aussi la riviére de Camaron [6] et plusieurs aultres. Et descendent du lac Nillet et des montaignes de Lune. Et en ceste coste croist le poyvre gris et la maniguette. Et si font forces draps de couton. Et à l'austre midy de ceste coste est l'isle de Sainct Omer. Et y a du cap Fremoze [7] à ladicte isle de Sainct Omer [8] soixante et quinze lieues. Et a, ladicte

1. R. La Volta (Joze Fernandès). Volta Blanche (Soudan). V. Vidal-Lablache. R. de Voulte (*Voy. avent.*).
2. Tunis.
3. R. Dougée ou Druger. Le Niger.
4. Cap Fremoze ou Formoze. C. Fermozo (Joze Fernandès). Doit correspondre à Akassa.
5. Terre des Benyns ; la riviére de Benyns qui est fourchue ; Benyns, ville (*Voy. avent.*).
6. Rio Real, rio dos Camaroes (Joze Fernandès).
7. Cap Fermozo (Joze Fernandès).
8. I. Saint-Thome?

isle, de longitude vingt lieues, et quinze de lactitude. Et est bonne isle fertille des vivres de la terre et croist en elle forces seucres, et est à nous aultres fort maladeuse à cause qu'elle est dessoubz la ligne esquynociale. Et le port d'elle est du costé du suest. Et passé ledict cap Fremoze, y a ung goulfe qui a une isle, laquelle isle est appellée l'isle de Frenandupau [1]. Et icy descendent deux ou trois grandes rivières. Bénic et la rivière Forchue sont à sept degrez de la haulteur du polle artique. La Rivière Royal est à six degrez de la haulteur du polle artique, et cap Fremoze par les cinq degrez de la haulteur du polle artique. Du cap Fremoze à la Rivière Royal y a vingt et cinq lieues, et de la Rivière Royal au cap de Frenandupau y a trente lieues. Le cap de Frenandupau a, du cousté de l'ouest, la rivière de Tous les Sainctz, et du costé de l'est, l'ance de Jau. Ce cap (sic) de Frenandupau est une grande isle toute peuplée de gens qui sont canybales. Et en ceste isle de Frenandupau y a de grandz basteaux qui sont tous d'une pièce, lesquelz portent bien environ soixante hommes, et avec iceulx viennent assaillir les navires, et usent pour leurs deffenses d'arcs et fleiches. Et le cap d'Ileau [2] et cette isle sont au nord.et su avec les Grandz Sarrettes qui sont en la mer Méditerranée. Et au dedans de ceste coste, loing en la terre, sont les gens appellez Négrettes [3], desquelz au dessus avons parlé, lesquelz sont commerçans et voisins des gens appellez Marmarides [4] et des gens appellez Troglodictes.

1. I. Fernandopô. Fernanduport (*Voy. avent.*).
2. V. cap de l'Isleau, plus loin.
3. Dans la Nigritie, aux deux côtés du Niger.
4. V. *Marmarida* et Marmarique, dans La Martinière.

Et tournant à la coste [1], je dis que les riviéres sont grandes riviéres, et au long d'elles se cueulle du poyvre gris et de la maniguette. Et sont les gens de la terre appellez Ambous [2]. Et sont les gens qui ont les plus grandz natures que gens du monde, et sont puissantes et maulvaises gens. Et est l'isle de Frenandupau et le cap de Isleau à quatre degrez et demy de la haulteur du polle artique. Et est ladicte isle de Frenandupau toute environnée de baptures dangereuses pour navires. Et les eaues en toute ceste (sic) courent fort roides, et courent quinze jours d'un cousté et quinze de l'aultre. Davant le cap de Isleau y a une petite isle du cousté devers le su, laquelle est à six lieues de la terre. Et de ce cap à la riviére de Gamon [3], qui est auprés du cap de Loppe Gonsalve [4], y a quatre vingtz et dix lieues, et gist la route nord et su, et prent un quart de norouest et suest. Ladicte riviére de Gamon est à ung degré de la haulteur du polle antarctique devers le su de la ligne. Et à l'ouest du cap de Lisleau, bien soixante lieues en la mer, est l'isle de Sainct Omer et l'isle du Prince [5]. Et plus en la mer est l'isle d'Annebo [6] et sont toutes peuplées pour le roy de Portugal. Tournant au cap de Loppe Consalve, je dictz que le cap de Loppe Consalve est par les deux degrez de la haulteur du polle antartique, au su de la ligne. Ledict cap boute cinq lieues en

---

1. En tête du folio 125 recto, une carte avec les légendes : Le cap de Vert, Grande rivière, la Sierra Leone. Bancs de Sainte-Anne, la Terre de Conballes.
2. Les Embours (*Voy. avent.*). Les Amboellas ?
3. R. Gabam (Joze Fernandès). R. Mouni dans le Gabon ?
4. C. de Lepogansalves (*Voy. avent.*). C. de Lopo Gonçalve (Joze Fernandès). C. Lope. Congo français.
5. I. du Prince (*Voy. avent.*).
6. Annobon.

LA COSMOGRAPHIE 339

la mer. Et dessus la ligne s'achève Affrique et commence la terre d'Estiope occidental. Et ledict cap de Loppe Consalve et la rivière de Camaran¹ sont en l'Estiope occidental. Et audict cap de Loppe Consalve achève la nation des Ambons et commencent les gens Magnicongres lesquelz ont continuellement guerre avec les Ambos. Ces Ambos les mangent quant ilz les prenent, qui sont canibales. Les Manicongres², par la plus grand part, sont Xprestiens. Ces Ambos ont de plusieurs sortes de bestes saulvaiges. La terre est fort chaulde. Du cap de Loppe Consalve y a cent dix lieues jusques à Manicongre, et la route gist norouest et suest. La rivière de Manicongue est une grand rivière, la plus grand de toute l'Estiope et a bien dix lieues de largeur, et va ceste largeur plus de cinquante lieues au dedans. Et au dedans de ladicte rivière y a une grande bande d'isles lesquelles vont par le meilleu de ladicte rivière, et sont toutes peuplées de gens. Ladicte rivière est navigable plus de cent cinquante lieues en la terre. Et le commencement d'elle descend des montaignes de Lune qui sont les plus haultes du monde, et sont par les deux degrez de la haulteur du polle antartique. Et descendent en elles plusieurs aultres rivières. Ladicte rivière de Manicongue², à son entrée en la mer, est par les sept degrez de la haulteur du polle antartique. Et sont toutes ces terres au roy de Manicongue qui est bon Xprestien. Et confinent au dedans de la terre en oriant avec le presbtre Jehan de la Judye (*ou* Indye)³. Ces Manicongues sont Xprestiens depuys trente ou quarente

F° 125 v°.

---

1. R. dos Camaroes (Joze Fernandès).
2. Manycougre (*Voy. avent.*). C'est le Congo.
3. V. sur le Prêtre Jean, l'Africain et l'Asiatique, la note savante et docu-

ans en ça, et usent pour leur monnoye de vignotz qui viennent de la Judye (*ou* Indye). Et avec ceulx cy marchandent comme nous faisons de l'or et de l'argent, et ont gens de religion comme moines et presbtres de leur mesme nation lesquelz ont esté endoctrinez en Portugal. Et y a des Portugaloys avec eulx. Et aussi leur roy a demouré long temps avec le roy Manuel de Portugal, et l'a tenu à l'escolle. Et quant il retourna en son pays, ledict Roy de Portugal luy bailla quinze ou vingt religieux pour l'endoctriner et luy donner à entendre les articles de la foy. Et ont continuellement guerre avec les ennemys et ceulx qui ne veullent [1] croyre en la foy crestienne. Pour faire laquelle guerre ont de grandz basteaulx, tous d'un arbre, qui portent bien cent hommes et leurs vitailles et armes. Et vont

F° 126 r°.

mentée de M. Cordier contenue dans *Les Voyages en Asie au XIVe siècle du bienheureux frère Odoric de Pordenoue*, p. 435. — D'après le savant auteur « on pourra consulter sur la légende du Prêtre Jean les ouvrages suivants : *Der Presbyter Johannes in Sage und Geschichte, Ein Beitrag zur Voelker — und kirchen historie und zur Heldendichtung des Mittelalters*, von Dr Gustav Oppert. Berlin 1870, in-8°, 2e éd. — *La légende du Prêtre Jean* par Brunet. Bordeaux, 1877, in-8°. — L'article de M. H. Yule dans l'*Encyclopedia Britannica* et surtout : *Der Priester Johannes*... von Friedrich Zarncke, dans les *Abhand. d. philolog. Hist. Cl. d. Königl. Sächsischen Gesellschaft der Wissenschaften*. Leipzig, 1876 et 1879, gr. in-8° — L'excellente dissertation de d'Avezac dans l'introduction de son *Plan Carpin*, *Recueil de la Société de Géographie*, IV, 1839, pp. 547-564. »

V. également : Morris Jones et Rhys, *Anecdota Oxoniensia. The elucidarium and other tracts in Welsh from Llyvyr agkyr Llanddewivrevi*, d'après le tome II des *Selections from the Hengwrt mss. preserved in the Peniarth library*, pp. 324-327 ; dans la traduction les pp. 665-670 et les notes pp. 755-756. — D'Arbois de Jubainville, *Revue celtique*, t. XVI, 16 avril 1895, p. 247. — Bibl. nat. fds fs ancien fds. n° 6115. Traduction provençale. — Et pour la bibliographie, P. Meyer, *Notices et extraits des manuscrits*, t. XXXIV, 1re partie, pp. 228 et suivantes.

1. En tête du folio 126 recto une carte avec les légendes : Rivière de Septe (*ou* Sexte), la couste de La Myne, couste de Bégnic.

deux cens et trois cens basteaulx ensemble. Et ainsi a conquesté beaucoup de terres tellement qu'il confine desjà avec le presbtre Jehan de la Judie (*ou* Indie). Ceulx de Manicongue dient que la rivière de Manicongue vient des montaignes de Lune, comme j'ay dict, d'un grand lac qui est au pied d'elles, qui a plus de trente lieues de long et de large. Et la plus grande partie des eaues desdictes montaignes, du cousté de l'austre midy, s'agoustent audict lac. Et, du cousté du septentrion desdictes montaignes, descend la rivière du Nil. Et de cedict lac descend une aultre rivière qui va descendre de l'aultre cousté en la mer Occéane en l'Estiope australle auprés de Mellide [1]. Et ceste rivière entre premièrement en ung aultre lac qui a bien vingt et cinq lieues de rondeur. Et de ce lac descendent deux ou trois rivières qui vont toutes tumber en la mer Occéane en l'Estiope austral. Et en ceste terre de Manicongue y a forces cuyvres et létons et acier et fer. Tournant à la coste de la mer, je dictz que de Manicongue au cap Joyeulx y a quarente lieues, et la route gist nord et su. Le cap Joyeulx est par les neuf degrez et ung quart de la haulteur du polle antartique. Et est la coste dangereuse au long la terre en d'aulcuns lieux. Et du cap Joyeulx à la montaigne Nègre [2] y a cent douze lieues et la route gist nord et su, et prent ung quart de nordest et surouest. Ledict cap est par les quatorze degrez et demy de la haulteur du polle antartique. Et en la mer de cedict cap, à l'ouest, prenant un demy quart du surouest, est l'isle de Saincte Heléne, environ quatre cens cinquante

---

1. Melli, royaume d'Afrique dans la Nigritie (V. La Martinière).
2. Au cap Negro dans la Cafraria au sud de Benguela (Joze Fernandès).

lieues en la mer. Et est une petite isle de quatre ou cinq lieues de rondeur et est peuplée de Portugaloys, et est le meilleur loppin de terre de toute la pomme du monde, et est si bonne que on y ceulle deux foys l'année du bled, et pour ung boisseau que l'on y séme, on en recueulle cent ou six vingtz. Et y a en elle force bestial et y multiplie fort ; et y a en elle citrons et oranges des plus belles que l'on sçauroit veoir. Et quelque chose que l'on y plante et séme, vient souldain. Les gens n'y sont jamais malades, et s'ilz y viennent mallades, y guérissent en elle. Et icy est le recueul des navires portugalloys, et icy se rafraichent quant ilz viennent de Callicou. Et en ceste isle n'y faict poinct de ventz en nulle saison du monde, et n'est point trop chaulde ny trop froide. Et est la mieulx tempérée du monde. Et y a en elle torterelles, pigeons, et de toutes aultres sortes d'oyseaulx. Et y a de grosses hareignes comme le poing d'ung homme en quantité, et n'y a point d'aultres bestes venimeuses et ne les tuent point, car ilz dient qu'elles ostent le mauvais air de la terre. Ladicte isle est par les seze degrez de la haulteur du polle antartique, et est norouest et suest avec le cap de Bonne Espérance, et prent ung quart de l'est et ouest, et y a six cens lieues de l'un à l'aultre. Tournant à la montaigne Nègre, je dictz que, en ceste coste, est la terre d'Angolle [1] qui est riche d'or, de coton et de cuyvre. Les gens d'elle sont bonnes gens et sont bien ayse que l'on traffique avec eulx, et baillent l'or pour petit de chose, pour chose de mercerye, cousteaux et aultres petites hardes. Les gens sont noirs, bien faictz et ne sont point crespes et sont idolatres,

1. Angola.

et d'eux[1] en avant, sont tous gens saulvaiges et pasteurs. F° 127 r°
Et au dedans de la terre, bien loing, y a gens qui n'ont
point de testes et est la teste dedans la poictrine, et
toute la reste forme d'homme. Et plus en oriant y en a
d'aultres qui n'ont que ung oeul au front. Et au septentrion des montaignes de Lune, y en a d'aultres qui ont
les piedz comme une chièvre et aultres qui ont visaige
de chien et le reste forme d'homme. Et de la terre d'Angolle vers le cap de Bonne Espérance, vers l'austre
midy, les gens, par la plus grand part, ne parlent point
et ne font que sibler et ont forces beufz et vaiches. De
la montaigne Nègre au cap de la Victoire y a deux cens
trente lieues, et la route gist nord et su et prent ung
quart de norouest et suest, et sont toutes terres haultes
montaigneuses. La coste est saine, sans nul danger
pour navires. Le cap de la Victoire est par les vingt et
cinq degrez de la haulteur du polle antartique. Du cap
de la Victoire au cap de Bonne Espérance y a cent cinquante lieues et la route est nord norouest et su suest.
Le cap de Bonne Espérance est par les trente quatre
degrez et deux tiers de la haulteur du polle antartique.
Le cap de Bonne Espérance tient au su et au surouest,
environ cinq ou six cens lieues, la terre Australle[2] qui
tient à La Jave[3] aussi en oriant comme en occident.
Et entre la terre Australle et le cap de Bonne Espérance,
quasi au meilleu de la mer, sont les isles de Frenantristan[4]. Et sont dix ou douze isles et sont isles dé-

---

1. En tête du folio 127 recto, une carte avec les légendes ; Couste d'Embon, rivière Réal, cap de Loppe Consalve, la rivière de Manicongres.
2. Australie.
3. Java.
4. I. de Fernantriste (*Voy. avent.*). Tristau d'Acunha.

sertes sans prouffict, et sont despuys quarente et deux degrez jusques à quarente et quatre degrez de la haulteur du polle antartique. Le cap de Bonne Espérance et le cap des Aguilles [1] sont l'est et ouest et prenent ung quart de norouest et suest. Le cap des Aguilles est à trente cinq degrez de la haulteur du polle antartique, et a davant luy trois ou quatre petitz isletz qui s'appellent Aguillons. Ceste terre est terre haulte, montaigneuse, stérille et aspre, et y a forces beufz et vaiches. Les gens d'elles sont puissantes gens et sont fort légiers et agiles, fortz de bras et sont plus noirs que blancs et ne sont point de la génération des noirs, et vivent de bestial et ne parlent point et ne font que sibler de la bouche. Et leur habitation est par dessoubz les roches et aux champs avec leur bestial en cybanes, et n'ont point de lieux certains. Et ne sçait l'on en quoy ilz croyent, à cause qu'il n'y a point de traffique, et n'y habite guéres de navires, et baillent un beuf et une vaiche pour deux ou trois cloux de fer. Du cap des Aguilles à la terre appelée Médianes Vuibres (ou Umbres) y a cent dix lieues, et la route gist l'est nordest et ouest surouest. Et entre les deux est la rivière de Saldaigne, là où fut tué ung vi-roy de Portugal qui s'appelloit Sardaigne. Et en ceste rivière les gens de la terre sont maulvais et fort vaillans que, de soixante pas, tueront ung homme armé, avec un billot de boys ou avec une piarre. Et en ceste coste plus avant est la rivière de Sainct Blaise et la rivière de Bonnepas, là où sont les bonnes gens ; là où les Portugalloys viennent en venant de Callicou prandre refraichissement

---

1. Le cap des Aiguilles, au sud de l'Afrique. Devant un banc de sable qui s'étend du C. Falso jusqu'au cap Patron, en passant devant le cap des Aiguilles (La Martinière).

LA COSMOGRAPHIE 345

d'eaue et de chair de beufz et vaiches, car il y en a assés. Et les Médianes Vuibres (*ou* Umbres) sont par les vingt neuf degrez et demy de la haulteur du polle antartique. Et des Médianes Vuibres (*ou* Umbres) [1] au cap de Perrie y a cent dix lieues et la route gist l'est nordest et ouest surouest. Et, comme j'ay dict, en ceste coste sont les riviéres de Bonne Pas et Sainct Blaise. Et ledict cap de Perrye est par les vingt cinq degrez de la haulteur du polle antartique. Et tout cecy est Estiope Australle qu'est terre là où il n'y a guères de proufficit, là où il y a beaucop de gens monstres de diverses maniéres, et n'y a ny villes ny chasteaulx. Les gens sont tous pasteurs qui vont avec leur bestial et ne vivent d'aultre chose, et croyent aux vaiches et au soleil. Et du cap de Perrye au cap de Courrant [2] y a quatre vingtz lieues, et la route gist nordest et surouest. Et est ledict cap de Courrant par les vingt trois degrez et demy de la haulteur du polle antartique. Et par icy passe le troppique émoal qu'est appellé Capricorne. Et icy, à cedict cap, courent les eaues en grand manière. Et en l'est de ce cap, environ cent trente lieues, est l'isle de Sainct Laurens appellée Madacasca [3]. Cette isle de Sainct Laurens est instituée nordest et surouest, et a deux cens cinquante lieues de longitude et quatre vingtz et cent lieues de latitude. Et le hault d'elle est par

F° 128 r°.

---

1. En tête du folio 128 recto, une carte avec les légendes : La terre d'Angolles, terre d'Estioppe occidental, coste du cap de Bonne-Espérance.

2. Cap Corrientes (État de l'Est Africain); appelé aussi cap des Courans et cap des Courantes, cabo das Corrientas, etc., situé entre la rivière d'Inhambane et celle du Saint-Esprit. (V. Pierre d'Avity, *Descript. gén. de l'Afrique*, 1643, La Martinière, etc.).

3. M. Alfred Grandidier, dans son *Histoire physique, naturelle et politique de Madagascar*, vol. I, *Histoire de la Géographie*, Atlas, 2ᵉ partie, 32ᵉ fasc., pl. 7ᵇ, reproduit la carte du manuscrit d'Alfonse, mais en l'accompagnant de cette mention : Alph. Secalart, dit le Saintongeois.

les vingt et quatre degrez de la haulteur du polle antartique, et, le bas d'elle, par les quatorze degrez et demy de la haulteur du polle antartique. Et, entre elle et le cap de Courrant, y a ung maulvais rochier d'une isle perdue qui est quasi au meilleu de la mer, d'entre la terre et l'isle, et dure bien dix ou douze lieues de rondeur, et est dessoubz le troppique de Cappricorne et s'apelent les bancs de la Juifve[1] à raison d'un navire qui estoit à ladicte Juifve et qui se perdit en eulx. Et au septentrion d'eulx est l'isle du Saint Esperit et aultres cinq isles qui sont auprès d'elle. Celle du Saint Esperit est à vingt et cinq lieues du cap de Saincte Marie[2] de ladicte isle de Sainct Laurens. Et, du cousté devers le l'est nord est, y a cinq ou six isles et sont toutes peuplées de gens blans, et sont, la plus près, de cinquante jusques à cent lieues de ladicte isle de Sainct Laurens. Et, au nord est d'elle, y a trois isles qui sont l'est et ouest l'une de l'autre, et la plus près de Sainct Laurens est à cent lieues, et l'aultre à cent trente lieues, et l'aultre à cent quarente lieues, et sont de six degrez et demy jusques à sept degrez de la haulteur du polle antartique. Et, en l'est suest de ladicte isle, y a deux isles perdues faictes en rochiers qui sont dangereuses, et sont bien loing de ladicte isle. Ceste isle de Sainct Laurens du costé du norouest d'elle est toute plaine de rochiers et de petites isles qui entrent bien en la mer trente lieues ; et, devers le suest d'elle, y a trois ou quatre petites isles peuplées de gens.

1. Il y a les Bassas de La India à l'ouest de Madagascar, sous le 22º environ du pôle antarctique.
2. Cap de Dona-Marie (*Voy. avent.*). Il y a aussi l'île de Sainte-Marie, à deux petites lieues de Madagascar, appelée par les indigènes Noso Hibranni, c'est-à-dire l'île d'Abraham. (V. d'Avity, La Martinière, etc.)

Et en l'est nordest d'elle y a forces bans et baptures. Et ainsi que ladicte isle de Madacasca par toutes les parties d'elle, est toute environnée d'isles, bans et rochiers auprès d'elle et loing d'elle, ainsi comme monstre cette figure.

Tournant au cap des Courrans, je dictz que dudict cap à Mynesafalle [1] qui est le commencement de l'Estiope oriental, y a quatre vingtz lieues et la route gist nord et su. Safalle est par les dix neuf degrez et demy de la haulteur du polle antartique. Et en ce chasteau de Mynesaffalle y a de l'or. Et icy feit faire le Roy de Portugal ung chasteau pour traffiquer avec ceulx de la terre. La terre est fort chaulde et sont les gens noirs, comme [2] ceulx de Sainct Lorens, touteffoys ilz sont meilleurs gens que ceux de Sainct Laurens. Car ceulx de Sainct Laurens sont maulvaises gens et ne veullent traffiquer avec personne que eulx mesmes. Et le roy de Portugal y a eu aultrefoys une festurye [3] et luy ont tué trois cens gens. Ceste terre de Saffalle s'appelle la Myne neufve et baillent beaucoup d'or pour petite chose. Mais pour raison d'un cappitaine portugalloys qui leur feit quelque fascherye, les gens de la terre meirent le chasteau par terre et tuèrent tous ceux qui estoyent au dedans, et ne voullurent plus traffiquer avec eulx ne aulcu-

F° 129 r°.

---

1. La Mine Saffalle (*Voy. avent.*); appelée aussi La Myne Neuve, par Alfonse. Sofala qu'Alfonse place à 19° 1/2 est à 20° 1/2 du pôle antarctique; appelée aussi Céfala, Sofale, etc. Quelques auteurs ont voulu y voir l'Ophir de Salomon en rapprochant un nom tel que Sophira de Sofala. (V. d'Avity, La Martinière, etc.).

2. En tête du folio 129 recto, une carte avec les légendes : La terre de Massembie (ou Massembic), la terre de Saphalle, la terre de Mélide, l'isle Sainct-Laurens. Cette carte a été publiée par M. Grandidier dans l'ouvrage cité plus haut.

3. C'est-à-dire une Factorerie, dite autrefois Factrie ou Fatrie.

nement les veoir. Aultant ils ont faict ceulx de l'isle de Sainct Laurens. La terre est bonne, et se cueulle, en ladicte isle de Sainct Laurens, forces gymjambre blanc et de bons seucres, et y a de la piarrerie et de l'or en pouldre. Et de Myne Saffalle à Massambic¹ y a soixante et cinq lieues et la route est nordest et surouest, et prent ung quart de nord et su, et est coste dangereuse toute pleine d'isles et de roches et de baptures. Massambic est ung bon port et est par les seize degrez de la haulteur du polle antartique, en la haulteur de l'isle de Saincte Hélène. Le roy de Portugal a icy ung chasteau, à cause du bon port pour le retraict de ses navires, pour raison que, en ceste coste, les ventz durent six moys d'un cousté et six moys de l'aultre. Et quant les navires ne peuvent passer, ilz se recueullent icy et attendent jusques à l'aultre année. Les mutations des ventz sont en ceste manière, que, depuys le moys de mars jusques au mois de septembre qui est leur yvert, les ventz ventent tousjours ouest surouest, et depuys le moys de septembre jusques au moys de mars qui est leur esté, les ventz sont tousjours devers le l'est nordest de la bize. Et s'ilz ne peuvent passer, allant ou venant, ilz se recueullent icy. Et leur est baillé leur provision par le facteur du Roy de Portugal. Le port et chasteau est fort malladeux à cause qu'il y faict grand challeur et que la terre est basse, pleine d'isles. Icy a forces elléfans, les plus grandz de tout le monde, et forces aultres bestes saulvaiges. Je y ay veu dent d'elléfant pesant deux cens cinquante livres et trois cens livres. Et d'icy les portent les Portugalloys à la coste de la Indye² pour changer avec

1. Mosambique, Masambie (*Voy. avant.*). Mozambique.
2. La Indye. — La Jurie (*Voy. avant.*).

le poyvre et aultres marchandises. Et de Massambic au cap de Sainct Anthoine y a cinquante lieues. Et la route gist nord ouest et surouest. Et le cap de Sainct Anthoine est par les quatorze degrez de la haulteur du polle antartique. Ce cap tient devers le nordest la rivière de Sainct Michau, et devers le surouest la rivière de Sainct Anthoine. De ce cap jusques au port et rivière de Cymbe y a quatre vintz lieues et, entre les deux, est la ville de Mellide[1] qui[2] est bonne ville et tient pour le roy de Portugal. Et ladicte ville de Mellide est près de Monbasse[3]. Ladicte rivière de Cymbe est par les unze degrez de la haulteur du polle antartique. Et de la rivière de Cymbe à Monbasse y a soixante et cinq lieues, et la coste gist nord et su. Monbasse est par les sept degrez de la haulteur du polle antartique. En ceste coste y a beaucop d'isles. Davant Monbasse y a une isle ronde laquelle est environnée de l'eau du port et est toute pleine de bans de sables et de baptures à l'entour d'elle. La ville de Monbasse est bonne ville et tient pour le Roy de Portugal. Et au dedans de ceste coste, en la terre, est la nation des gens Traguladites[4] australz, et entre eulx y a du cloux de giroufle et du ginjambre qui croist en elle. Et du cousté devers l'ouest de ceste ville de Mombasse, au dededans de la terre, est la montaigne Olympe[4] qui est

F° 130 r°.

1. Malinda. — Melinde (La Martinière).
2. En tête du folio 130 recto, une carte avec les légendes : Le cap de Galdafourt, l'entrée de la mer Rouge, Adés, cap Félix, terre de Chaoul.
3. Malinda et Monbaz sont vers les 3° ou 4°, et non 7°. — Monbaza (La Martinière).
4. Troglodytes.
5. Le mont Olympe correspond comme position au Mont Kilimandjabo ; à l'occident s'élèvent les montagnes de la Lune d'où descend le Nil.

fort haulte. Et plus en occident de luy, en la terre, sont les montaignes de Lune qui sont les plus haultes du monde. Et les appellent montaignes de Lune pourcequ'il semble qu'elles touchent au ciel de la lune. Et d'elles descend la rivière du Nil. Et en toute ceste terre d'Estiope australle et orientalle y a forces mynes d'or et beaucoup de bestes saulvaiges qui ne sont point à nous congneues. Et y a forces elléfans. Tournant à la coste, je dictz que de Mombasse à Horranne y a cent lieues, et entre les deux est la ville de Mellide par où passe la ligne équinocial qui départ l'Etioppe austral. Et en toute ceste Estiope austral y a beaucoup d'or. La plus grand part des gens tiennent la loy de Mahomet et sont bonnes gens. Et de Monbasse à Horrane la route est de nordest et surouest et prent ung quart de de nord et su. Et de Horranne au cap de Garde fol[1] qui est l'entrée de la mer Rouge et de la mer de Mecque, y a six vingtz cinq lieues, et la route gist nordest et surouest et prent un quart de l'est et ouest. Et est ledict cap de Garde fol par les huyt degrez et demy de la haulteur du polle artique au nord de la ligne. Et au cap de Gardefol, en la mer de luy, y a une isle grande laquelle s'appelle Secutar[2], et y a une aultre petite isle auprès d'elle. Et est ladicte isle à sept degrez et demy de la haulteur du polle artique. Et entre Horrane et le cap de Gardefol est le port de Modoge[3] et le port de Ségalle[4]. Davant Modoge, en la mer, y a une maul-

[F° 130 v°.]

---

1. Cap Guardafui.
2. Secostra (*Voy. avent.*), Socotora, Sicuthera, Soquotora, Zocotère, Zacotara (d'Avity). Socotora ou Socotera (La Martinière). — (Pline L. 6. C. 29).
3. Sans doute Magdichou.
4. Serait-ce *Segasmala* ?

vaise roche dangereuse pour navires. Et en la coste sont tous gens Estiopiens. Car cecy s'appelle Estioppe oriental. Et du cap de Gardefol au cap de Arabye Félix qui est le destroict de la mer Rouge et mer de Mecque, y a trente et cinq lieues et la route gist norouest et suest et prent ung quart de nord et su. Et entre le cap de Gardefol et le cap Félix, en la coste devers le nordest, est la grand ville d'Ade[1] qu'est la première ville d'Arabye Félix. Le cap Félix et le destroict de la mer Rouge sont par les dix degrez et demy de la haulteur du polle artique. Et la ville d'Ade est par les dix degrez. La ville d'Ade est une belle ville bien attorée de tours, et y a en elle grand navigation de navires qui sont de ladicte ville, tous grands navires de plus de mil tonneaux et sont tablées de tablage de cane. Toutesfoiz la liéson est de boys de la nature de la terre, et les tables n'ont point de cloux et sont cousues de fillet de caire qui est une matière de palme, et sont si bien batumez d'ung batume si espais, qu'elles ne font pas une goute d'eau. Et lesdictes tables sont cousues de chevilles de boys à la liaison. Et ne naviguent que à leur esté. Et ainsi est en la ville de Juda et en toultes les aultres villes. Car en ceste terre d'Arabye Félix y a des canes aussi grosses que baricques. Ce cap Félix est l'antrée de la mer Rouge. Et à ceste entrée, a son commancement quarente lieues de latitude jusques au cap d'Arabye Félix. Et d'icy jusques à l'aultre cousté de Tabarque[2], là où est le plus destroict de la mer Rouge y a trente lieues de largeur. Et de ceste entrée jusques à Tabarque y a cent (licues). Ce destroict de la mer Rouge a une isle au

1. Adde (*Voy. avent.*). Aden.
2. Tabarca, île près de La Calle.

meilleu, et d'elle à la terre ferme n'y a que une lieue. Et n'y a point d'eaue en elle, et l'entrée est par les dix degrez et demy de la haulteur du polle artique. Et Tabarque est par les unze degrez. Et la terre du plus destroict est la terre d'Ire laquelle est fort riche d'or et est grand province. Toutes ces terres, depuys Horrane, se trouve en elle force d'or, et sont terres ausquelles c'est plus trouvé d'or que en nulle partie d'Azie, d'Europe et d'Affrique. Et dient les gens de la terre qu'il ne sert à riens, et qu'il est sans prouffict. Et baillent pour ung poysant de cuyvre, deux ou trois d'or, et cinq ou six poisans d'or pour ung poysant d'argent. Et ces gens icy sont Troguladites, et aultres Estrofuges et Créophagues et Curthes. Les Curthes et tous ceulx icy sont tous Estiopiens, et vivent de poisson de mer qu'ilz prenent et le font rostir au soleil, et font de pain de poisson pour manger quant le temps n'est propice pour pescher. Et quant ilz ne peuvent pescher, ilz mangent du pain de poisson et mangent aussi des coquilles qu'ilz prenent le long de la coste de la mer. Et en la terre d'iceulx y a beaulcoup (d') estoruca et benjuhin qui est une matière de gosme d'arbres qui sent fort bon, et sont choses aromatiques. Et au dedans de la terre sont, par la plus grant part, pasteurs et ont force bestial et en vivent. Et ne labourent jamais de terre et habitent en cavernes. Et ceulx d'au long la mer qui vivent de poisson, quant ilz meurent, ilz se gectent en la mer, et dient que pour aultant qui vivent de poisson, qu'il fault que le poisson les mange. Et à Diran commence la mer Rouge et va jusques à la terre des Idumées qui est auprès de Judée et d'Arabye. Et par elle se sépare Estiope d'Azie. Et depuys le destroict et entrée est le port de Sabba, et ce port de Sabba est le port là où il se faict la plus grand traffique qui se fait en Estiope. Et icy viennent les marchans d'Arabye Félix. Et plus avant de cestuy cy est le port de Elléfante (*ou* Elléfanton) Venatio ¹, et plus avant est le port de Tholomède ¹ qui est auprès des désertz. Passé les désertz, en la terre d'Egipte, est le port Acothe ¹ auprès le lac Mérudis ¹, là où la descharge des marchandises qui viennent d'Estiope, d'Arabye et de la Indie. Et le long de ceste coste d'Estiope, d'est (*sic*), la mer Rouge est bonne de naviguer sans danger, et du cousté d'Arabye Félix ne se peult naviger à cause des bans, baptures et rochiers et sommes qui sont fort dangereux. En ceste Estiope, y a plusieurs sortes de gens de diverses manières. Et sont tous noirs. Et la plus grand part sont pasteurs. Et la plus grand part des Estiopiens sont petites gens et faibles, et vivent courte vie et multiplient fort. Et la plus grand part des femmes portent trois, quatre et cinq enffans d'une ventrée. Et y en a aulcune d'iceulx qui ont lances et darcs, et d'aultres qui usent d'arcs et fleiches pour leur deffense. Et en toute l'Estiope ne croist point de bled, sinon du cousté du septentrion. Mais cueullent, en d'aulcuns lieux du Nil, avoyne et du ris, et font beuvraiges de rassines et de palme. Et y en a d'entre eulx qui beuvent le lait meslé avec du sang. Et ceulx icy font forces fromaiges. Et, en ce pays, sont les Piguemineurs ² qui sont si petitz qu'il en fault sept pour eulx deffendre d'une grue. Et sont de la terre du prebstre Jehan de la Indie. Et multiplient aultant que les aultres. Et sont bons laboureurs. Et en la terre de

1. V. plus haut.
2. Pygmées.

ceulx icy y a du bled. Et en ceste Estiope, y a plusieurs bestes dangereuses, et y a une espèce de bestes qui semblent à fourmiz, qui sont maulvais comme lyons, lesquelz ilz appellent fourmiz. Et s'appellent aussi aldifodines (*ou* aldifodunes). Et je croy que ce soit une race de fourmiz et sont grandz comme regnars. Mais ilz sont maulvais comme lyons. Ces fourmis arrifodunes tuent les hommes, et les craignent fort. Et de craincte qu'ilz ont d'eulx, n'osent aller sercher l'or aux montaignes. Et icy y a une beste que l'on appelle rénocéron qui est de la coulleur d'un elléfant, et est en fasson d'une mulle, et a le visage comme ung porc. Et samble sa peau qu'il soit bardé comme ung cheval d'armes, et n'est point plus grand que ung beuf ou que une grand mulle. Et a la teste, fort longue, et a les oeulx, plus bas qu'il a teste auprès d'une corne qu'il a sur le museau qui est dangereuse, revirée en l'air comme ung crochet, et a les oreilles quasi comme une mulle, et est plus fort que les elléfans, et les bat. Et y a des chameaulx qui sont bandez de bandes de diverses coulleurs [1]. Et y en a d'aultres qui semblent dains et ont la face comme ung lyon, et beaucoup d'aultres bestes à nous incongneues. Les gens Traguladites par la plus grand part sont tous pasteurs, et en toutes les Estiopes les femmes sont communes. Et si l'on prent une jeune fille oultre son gré et volunté et que l'on ayt son puccellaige, ilz payent d'amende seulement une ouaille ou une chièvre. Les gens vont nudz, et en d'aulcuns lieux la terre est fertille, et y a en elles choses aromatiques, cloux et gymjambre qui croyent en elle. Tournant à la mer Rouge et au

1. Les zèbres.

LA COSMOGRAPHIE 355

destroict d'elle, je dis que le destroict de la mer Rouge n'a que six lieues de largeur et a une isle au meilleu, laquelle des deux coustez n'est que à une lieue de la terre ferme. Et en beaucoup de lieux de l'eau, y a des arbres de lauriers et arbres de sinamome qui sont choses d'appoticairerye et d'aultres arbres. Et quand l'eaue croist, les couvrent quasi tous. Et du cousté de Aillan [1], le long de la terre, y a plusieurs isles. Aillan est en la terre des Catabanes (*ou* Catabames) [1]. En ceste coste y a trois isles suyvans l'une l'aultre. Et par icelle est le chenal d'Estiope et d'Arabye, et du cousté d'Arabye est Aillan auprès du destroict. Et plus au septentrion de Aillan est le royaulme de Saba [2] et la terre des Catabons qui est fort riche d'or et d'auromatiques. Et en ceste terre vivent les gens en maintes offices. Les ungs sont depputez pour labourer la terre pour les bledz et pour les vins, et les aultres pour cueullir les auromates des arbres, comme encent et aultres choses. Et les aultres pour bescher et cueullir la casse és lacs où elle croist. Et les aultres pour apprandre la philosophie, astrologye et nigromancie, desquelz artz ilz usent fort. Et les aultres sont establiz pour constituer la terre et la garder. Et tous ces gens sont soubz la subgection du Soudan de Adde qui est en ceste province, qui est près

---

1. V. plus haut.
2. En ce qui concerne les Indes Orientales, nous ne nous attarderons pas à des annotations qui ne seraient que la reproduction des savants travaux de nos devanciers. Il suffira donc, pour l'identification et l'histoire de tous les noms de lieux des Indes Orientales, de renvoyer aux ouvrages suivants, publiés dans le *Recueil des voyages et documents*. — Le *Voyage de la Saincte cyté de Hiérusalem*, les *Navigations de Jean Parmentier*, le *Voyage et itinéraire d'Outre-Mer*, le *Voyage de Monsieur d'Aramon*, le *Viateur en la plus grande partie de l'Orient*, le *Voyage de la Terre-Sainte*, le *Voyage d'Outre-Mer*, par Ch. Schefer ; — le *Voyage en Asie de Frère Odoric de Pordenone*, par Henri Cordier ; — le *Voyage du Levant de Fresne-Canaye*, par H. Hauser.

de la région de Cafar auprès de la mer Océane, quasi au meilleu d'entre la mer Persique et de la mer Rouge au dedans. Et les aultres sont gouverneurs de la République. Ces terres sont, par la plus grand part, pleines de palmes et arbres aromatiques. Et est la terre la mieulx affortunée et la plus riche du monde, ainsi que au dessus ay dict. Et du destroict de la mer Rouge jusques à Sama y a soixante et dix lieues. Et la route gist l'est et ouest, et est Sama par les douze degrez de la haulteur du polle artique. Et, de Sama jusques au cap Adden, y a cent et quatre vingtz lieues, et la route gist nordest et surouest et prent ung quart de l'est et ouest. Et est Adam (*sic*) à dix huict degrez de la haulteur du polle articque. Avant que vous approuchiez du cap, y a une isle qui a beaucoup d'isletz devers la mer d'elle. Et entre elle et la terre y a ung maulvais rochier dangereux pour navires. Le travers de ceste coste, au dedans de la terre, se tient le Souldan d'Adde quy est de la secte de Mahomet. Et aussi tous les gens de la terre sont Mahomites et ceux d'Estiope sont par la plus grand part idolastres. Et du cap de Adam au cap de Caffar[1] y a quatre vingtz et cinq lieues. Et la coste gist nordest et surouest. Et est le cap de Caffar à vingt et ung degrez et demy de la haulteur du polle artique. Et du cap de Caffar jusques à l'entrée de la mer de Perse y a cent lieues et la coste gist nord est et surouest. Et l'entrée de la mer de Perse est par les vingt six degrez de la haulteur du polle artique. Et davant ceste coste y a forces petitz isletz et icy sont les provinces de Mes, de Apes et plusieurs aultres. Et l'antrée de la mer Persique a vingt cinq lieues de longitude

---

1. Cap Ras-el-Had.

et dix de latitude. Toutesfoys, à son commencement, elle n'en a que quatre ou cinq lieues de largeur, et au meilleu d'elle y a deux isles, et en l'une d'elles y a une manière d'arbres, que, si vous en couppez, il sent fort bon et est de bonne odeur et confortable. Et du cousté devers Arabye Félix sont les gens appellez Corones et Macides. Et de l'entrée, la coste tourne l'est et ouest, et prent ung quart de nordest et surouest. Et davant ceste coste y a quatre bonnes isles. En ceste terre sont les provinces de Massenne et Régane et des Egées, et est terre bien peuplée, là où il (y a) forces marchans, lesquelz traictent avec les auromates d'Arabye Félix. Et au bout est la ville de Gora[1], et d'icy tourne la coste au nord au dedans de la mer de Perse. Et au dedans de l'entrée de la mer de Perse, y a une isle qui est toute de sel, là où il y a une bonne ville qui s'appelle Hérémoux[2], et icy a, le roy de Portugal, un chasteau qui tient la ville en subgection, et en ladicte isle n'y a poinct d'eaue, et la vont quérir à la grand terre. Et le Roy de Portugal a icy ce chasteau à cause de la trafficque de la piarreye, comme rubiz, dyamanz et aultres piarreryes qui sont en icelle terre. Ladicte isle est fort chaude, la plus chaulde de toutes les Indes. Toutesfoys elle est terre saine. Et de la ville de Gora la coste de la mer Perse gist nord et su jusques à la rivière Eufrates qui est en Arabye déserte, et jusques à la montaigne Babilon. Et a, ceste coste, cent dix lieues de latitude, qui est la latitude de la mer Persique. Et a de longitude, ladicte mer Persique, cent quatre vingtz lieues. Et entre la montaigne Babilon et la rivière Eufrates est la terre de Caldée qui

F° 133 v°.

1. Ou Géra.
2. Dermouze, Ermouze (*Voy. avent.*). Ormuz.

va jusques à la Grand Babilonne qui fut destruicte. Ces Caldées sont ceulx que nous appellons Egiptiens, lesquelz sont tous magiciens. Et en ceste terre sont tous philosophes et astrologiens. De l'aultre cousté, devers l'oriant, est la terre de Perse, et entre elle et Euffrates est la terre de Sussye¹. La rivière Euffrates descend des montaignes d'Arméne, d'un grand lac qui est au pied de la montaigne, là où demoura l'arche de Noé après le déluge, et va ceste rivière en occident jusques à Capadoce, là où il y a force cristal. Et de là tourne ladicte rivière à l'austre midy et attraverse entre les montaignes Thaures, et passe entre la province Camagène et de Mésopotame. Et icy y a ung beau pont avec ung fort chasteau. Et par icy passa Alexandre avec son ost. Et en allant en bas vers la Perse, faict plusieurs virounées² et tours, et entre en la province de Cirye. Et ainsi qu'elle s'approuche d'Arabye déserte, elle tourne en oriant vers la ville de Ballachie qui est la ville la plus ancienne de Babilone et est pour le présent appellée Baldac³. Et ladicte ville de Baldac est ⁴ assise sur la rivière du Tigre, et ycy se assemble la rivière du Tigre avec la rivière Euffrates, auprès de la vielle Babilone, et passe par Babilone et entre Caldée et Sussye, et va descendre en la mer de Perse. Et entre en la mer par deux goulles comme si elles se départoyent l'une de l'aultre. Et à leur descente en la mer, font une belle isle appellée Thérédon. La rivière Tigre, laquelle s'assemble avec Euffrates, descend des montaignes d'Ar-

---

1. Susiane.
2. Virounées, mot saintongeais, synonyme de tours.
3. Bagdad.
4. En tête du folio 134 recto, une carte avec la légende : « La mer de Perse ».

LA COSMOGRAPHIE 359

ménie (*ou* Armène), d'un grand lac, et passe au long la montaigne Thauro, et court par la terre de Mésopotamye, là où elle entre en ung lac. Et à la sortye du lac, une ou deux lieues plus bas, elle se meet par dessoubz la terre, et va, par dessoubz elle, sept ou huyt lieues, et à sa sortie sort fort rude et furieuse. Et, avant qu'elle approuche de Babilonne, se assemble avec Euffrates. Et en sortant des montaignes Thaures, en occident, est la terre de Mésopotamye, et du cousté d'oriant, la Cirie, qui sont terres fertilles, et icy adménent paistre tout leur bestial en l'yvert. Et en toutes ces terres et en la Babilone croist le natan [1] de quoy se faict le gouldron, et ne se peult estaindre avec de l'eaue, mais s'estainct avec du vinaigre. Et en ceste terre se nourrist la piarre appellée gangetyn qui est celle de quoy fouyent [2] les serpens. Ceste Mésoppothame tient les montaignes du cousté de Arabye déserte là où sont gens Estenettes. Et en ceste terre de ces gens Estenettes, lesdicts gens qui habitent en elle, ne sont que larrons, et est grand province de longitute et non (*sic*) guerres de latitude, et dure depuys les montaignes Thaures jusques auprés de Babilone. Et y a de bonnes villes riches, et est entre le Tigre et la rivière Euffrates, et, en oriant d'elle, est la Cirye. Cirye est entre la rivière du Tigre et la rivière de Méde. Méde est en oriant du Tigre et en occident à la Babilone, et a, l'austre midy, la Susye, et au septentrion a le mont Turan et les Arményes. Et par ceste Cirye passa Alexandre, quant il voullut passer aux Médes et aux Cites. Et icy luy deffendirent le passaige

F° 134 v°.

---

1. Le naphte auquel Alfonse paraît faire allusion, est une substance minérale, et non une plante.
2. Fouyent, c'est-à-dire fuient. Mot saintongeais.

et le feirent reculler. Et icy est Gorgiane qui est dicte et appellée Porte de fer, et ne fut jamais Alexandre vaincu que icy. Et est Marganye entre la montaigne Thuran et la montaigne Cascose et Arménye, et icy est le lac d'huille et la rivière en laquelle on ne trouve point de poisson sinon durant le caresme. Et entre Gorgiane et Cirye est la montaigne Thauro. Et en ceste Cirye est la province de Sellaucye[1], laquelle, au temps passé, a esté fort renommée. Et en ceste Cirye est aussi le royaulme de Massa, là où se font forces draps d'or et de soyes, lesquelz nous appelons massalins. Et est terre de grand trafficque de toutes les parties. Ceste Cirye tient au cousté d'austre midy la province de Sussye et la province de Babillonne. Babilone fut premièrement appellée Nyve[2] et estoit grand peuple. Et depuys qu'elle a esté rédiffiée, a esté appellée Babilonne, qui est à dire lieu confuz, pour raison du changement des langues. Voyant, la royne nommée Sémyramis, la situation de Nyvo[3], de laquelle Nyvo, son mary, avoit esté roy, n'en aulcun compte (*sic*) et édiffia une aultre ville de terre cuicte laquelle elle nomma Babillonne, et la feit faire fort grande. Despuys a multiplié Babilone en grand puissance, et se perdit Nyvo et seigneuria Babilone et toutes ces provinces de Cirye. Et icy est la province de Arvelle qui est auprés la rivière du Tigre, là où Alexandre vainquit, la seconde foys, le roy Dare, et luy print Babilone. Et, à ceste foys, perdit Dare sa puissance et son empire, et depuis a esté possédé par plusieurs roys et princes, et fut le dernier

1. Séleucie.
2. L'enceinte intérieure de la ville était nommée Nivitti-Bel, c'est-à-dire demeure de Bel.
3. Ce mot, comme dans les leçons suivantes, se lirait plutôt Myno.

Nabugodenosor, lequel destruict Hyérusalem, et emmena prisonniers tous ceulx qu'il print, en Babilone. De laquelle transmigration faict l'église mémoire, parceque Nabugodenosor feit cecy. Fut par aprés Babilone destruicte et ruynée, et fut faicte habitation de ces parentz. Et ceste Babilonne destruicte, s'en fonda une aultre plus haut, au lieu là où estoit l'aultre édiffiée, laquelle estoit appellée Ballachie, et nous autres l'appellons Baldac [1]. Et en ceste icy réside le Calif, lequel est appellé Baldac. Et, en ce temps, ce calif vint contre le duc Godeffroy de Billon, quant il tenoit Antioche assiégée, et le calif est entre les Maures comme le pape est entre nous aultres, et est fort puissant et riche. Et après, ce calif fut perdu à cause que les Tartariens luy prindrent sa terre, et luy prindrent une tour toute plaine d'or, et le feirent mourir en icelle parcequ'il n'avoit pas voullu s'ayder d'icelle, de craincte de icelle despendre. Et le prindrent et l'enfermèrent en icelle tour avec son trésor, et luy dirent qu'il mangeast son trésor et qu'il s'en amplist le ventre, et ainsi mourut ledict calif. A raison de quoy, en ce temps-là, demoura sa terre en la subgétion des Tartariens. Baldac à présent est ville, en laquelle il y a plus grande traffique que en ville d'Azie ny de Indie. Et par ceste rivière qui passe à Baldac viennent les navires qui viennent de Perse et de la Indie et de beaucoup d'aultres parties. Et en ceste ville se faict maintes draps d'or, de soyes et de laines. Et est ville riche et bien fertille. Ceste Babillonne, dicte Baldac, tient, en orient, la province de Susye qui dure jusques à la mer de Perse, et de Euffrates jusques à Perse. En

F° 135 v°.

1. Bagdad.

ceste Susye fut la royne Ester qui fut femme du roy
Assuérus, laquelle délivra le peuple des Juifz de la sen-
tence que Anaman feit donner contre eulx. Cesté Ester
estoit entre les Juifz quand ilz fuirent d'Egipte. Et le
roy Assuérus fut seigneur de soixante et sept provinces
de l'Azie et la Judée. Et parceque Susie estoit la plus
noble et la plus fertille, habitoit en elle. Et icy est la
sépulture du Roy Cire, roy de Babilone, lequel feit ré-
diffier le temple de Hyérusalem, ainsi que le testiffie le
prophète Hédra. Et icy est aussi la sépulture de Cercés,
roy de Babilone. En ceste Susie estoit la maison de tous
les roys et seigneurs de Perse et Médie, et habitoyent,
lesdicts roys et seigneurs, en ceste Susye, en l'yvert, et
en esté en Ircanye. Et en esté la challeur y est si grande
que, sur le midy, l'on ne seroit (sic) sortir des maisons.
Et la cause de cecy est que du cousté du septentrion y
a de fort haultes montaignes lesquelles ne consentent
pas que le vent du septentrion vienne jusques à eulx.
Pour raison de quoy elle est fort chaulde, et aussi continuellement y ventent les ventz de l'austre midy, qu'est
la cause qu'elle est malladeuse et humide, par quoy
ilz s'en vont en esté en Ircanye, à cause du bon air et
doux. Et ceste terre, depuys Balde jusques à la mer
Persique, est toute belle terre platte, gentille, et là où
il y a forces bonnes villes et riches de beaucoup de traf-
fiques. Et pour le présent est appellée, ceste province de
Susye, le royaulme de Massade [1] (*ou* Masseul), là où est
la ville de Massade (*ou* Masseul), en laquelle se font
forces draps d'or et de soyes. En laquelle a longtemps
régné ung calliffe, ennemy des Xprestiens, lequel ne

1. Mossoul ?

faisoit aultre chose que les martiriser pour leur faire laisser la loi de JhésuChrist et estre Sarrasins. Et ceulx qui ne voulloient délaisser la foy de Jésu Crist, les faisoit mourir martirs. Et leur dist puisque ilz croyent en l'évangille, qu'ilz fassent ce qui estoit en icelle, où il est dict : « que quelcun avoit foy aultant qu'un grain de moustarde, qu'il feroit transmuer les montaignes d'un lieu à l'aultre ; » et que feissent requeste à Dieu ; et que s'ilz faisoyent cecy, il leur saulveroit la vie, et si ne le faisoyent, il les feroit mourir ou croyre en sa loy. Ce voyant, les Xprestiens qu'il tenoit prisonniers, prièrent à ung pauvre cordonnier d'entre eulx, lequel estoit borgne et estoit de bonne vie, et le prièrent qu'il priast Dieu pour eulx, que ce fust son bon plaisir exaulcer leurs prières et oraisons, et faire que ceste montaigne se remuast au lieu où avoit assigné le califfe. Ce que feit ledict cordonnier. Et son oraison faicte, en cest instant, se changea ladicte montaigne par la permission de Dieu. Quoy voyant, ce califfe se tourna Xprestien. Et de ceste Susye, en allant de Baldac le long de la rivière Euffrates vers la mer de Perse, est la ville appellée Totis où vont et viennent les navires, premier que de venir à Baldac. Et est celle laquelle aultrefoys a esté dicte Sutassenne et est grand ville bonne et riche. Et icy se font forces draps de soye de toutes sortes et draps d'or. Et icy arrivent forces piarreryes, espiceryes et aultres marchandises, lesquelles viennent des Indes, d'Arabye Félix et d'Estiope, et d'aultres plusieurs lieux. Et est ville fort délectable de beaulx jardins. Davant Perse y a une montaigne et désertz plains de maulvaises gens, lesquelz vivent de larcins. La rivière Euffrates passe entre Caldée et Susye et va descendre en la

F° 136 r°.

mer de Perse. Et quant elle est auprés de la mer, elle se départ en deux, et faict une bonne isle laquelle s'appelle Thérédon. Et est une bonne isle en laquelle y a d'une espèce d'arbres petitz, lesquels sentent à l'odeur de musque, et en portent. Et la racine desdictz arbres baille et rend ung juz de grand odeur. Et en ceste mer de Perse, y a beaucoup d'isles, entre lesquelles y en a une où croiscent les marguarites fines et beaucop d'aultres piarres précieuses. Et d'icy viennent la plus grand part des piarres précieuses, et d'icy les mènent par la mer de Perse à Hermoux [1] qui est à l'entrée de ladicte mer de Perse, en ceste isle de sel là où le roy de Portugal a ung chasteau et sa facterie. Et, de la descente en la mer de la riviére Euffrates, la coste de la mer de Perse gist l'est et ouest et prent ung quart de nordest et surouest, jusques auprés de la terre de Carmène [2]. Ladicte mer de Perse a cent quatre vingtz lieues de longitude. Et passé Susye est la terre de Perse. Perse tient du cousté d'oriant la terre de Carmène, et du cousté d'occident, la terre de Susye. Et du cousté de l'austre midy est la mer de Perse, et devers le septentrion de Perse est la terre de Médye. Perse est la meilleur terre de toute l'Azie. Au temps passé les gens de ladicte terre de Perse ne sçavoyent combattre, et estoyent subjectz aux Mèdes, et après furent subjectz aux Partes. Et après ce temps icy, furent les Mèdes et Partes subjectz aux Persans, et la plus grande partie de toute l'Azie. Et en ceste Perse s'en alla Membroh après la confusion de Babilone et fut seigneur d'elle. Et ceste terre de Perse, au long la mer Persicque, est montaigneuse et aspre et stérille,

1. Ormuz. V. plus haut.
2. Kerman.

plaine de maulvaises gens. Et en la terre plate de Perse, là où est la grand ville de Perse, la terre est fort bonne et fertille et abundante de toutes choses. Et en ceste terre là où est Perse, et en toute la Perse, y a de beaulx chevaulx, et y a des asnes si grandz et si légiers qu'ilz vallent bien chevaulx. Car ce sont les meilleurs de tout le monde. Et d'icy les mènent les marchans, les chevaulx et asnes, à la Judée (*ou* Indie), parceque là n'y en a guères, ou s'il y en a, ilz ne sont pas si bons. Les gens de la Perse sont fort luxurieux et ont fort belles femmes. Et ung chacun en prent tant qu'il veult et nourrissent leurs enffans en ceste manière. Après que sont de quatre ans, les tiennent aux escolles à apprandre les livres des histoires. Et quant ilz ont dix ou douze ans, les baillent à chevaliers à leur montrer la chevallerye et faict de guerre. Et après qui sont dextres, les baillent au service du roy, et celluy qui en a la charge, ne les laisse jamais estre ocyeux, mays continuellement les font vacquer et exercer au faict de la guerre et de la chasse, les ungs avec les aultres, et jouer d'armes, comme à courir la lance, tirer d'arcs et flèches, et les font souvent aller à la chasse; et s'ilz prenent quelque chasse, ne la mangent pas, ains la portent à la maison pour des aultres. Et après qu'ilz viennent de la chasse, ne leur baillent que du pain dur et ne leur laissent jamais boire du vin, que de l'eaue, et ainsi les nourrissent jusques à l'aage de vingt ans. Et après suyvent la guerre jusques à l'aage de cinquante ans. Et par ce moyen, sont vaillans gens. Les roys de ceste terre de Perse ne tiennent pas leur trésor en monnoye, mais le tiennent en lingotz, et ne les mectent point en monnoye, sinon ainsi qu'ilz en ont affaire. Ceste pro-

F° 137 r°.

vince de Perse est grande et riche, et y a force or qu'il provient de la mesme terre. Et, en la mer, y a ung bon port où viennent les marchandises de l'Indye. Et en toute la province de Perse se font forces draps d'or et de soye. Les gens sont bien dispotz et ont belles femmes et sont gens de guerre. Leur langaige est fort beau et est entendu en beaucoup de lieux. Et de Perse, en oriant, est la Carményc qui est une grand terre et est toute la langue de Perse. En oriant de Carméne est la rivière Idus[1], et Carméne a, du cousté d'occident, la Perse. Carméne tient à l'austre midy, la mer Occéane, et une partie d'elle, la mer Persique, et du septentrion, la province des Ariens. Et du cousté de Perse entre Carményc et Perse, y a de grandz désertz, là où sont les gens Yppafogues (*ou* Yppofogues) et les gens Susées et les Sabées et les gens Patrates et les Cites, lesquelz sont gens terribles et maulvais, lesquelz usent de larcins, et sont tous en la subgection du Souldan de Perse. Et passé ceulx icy la terre est fort belle et bonne. Et icy est une ville qui s'appelle Baldac là où Alexandre se maria avec la fille du roy Dare. Et en ceste belle têrre est la ville appellée Sabba, de là où sortirent les trois roys magiciens lesquelz furent adorer Jésuchrist en Béthelléan. Et en icy est leur sépulture. Du cousté devers la mer de ladicte ville où sont sépultez les troys roys, sont tous palmiers de palmes qui sont arbres de grand prouffit. Du cousté du septentrion, auprès de la terre des Arrianes, est la province des gens appellez Arriens, lesquelz sont maulvaises gens et vivent de latronye et d'aultres meschantes manières, en manière qu'ilz ne lais-

1. Le Sind.

sent passer personne par la terre qui ne destroussent et desrobent et tuent. Et, après ceulx icy, sont les Arrianes qui sont vaillans gens et ont une très bonne terre. Et après ceulx icy, devers le septentrion, sont les gens Batrans [1] qui sont entre les Arrians et les montaignes Caspies ; par laquelle terre passa Alexandre le grand avec grand travail pour conquester les Batriens et Soudiens. Et à ceste foys il subjuga lesdictz et encores les Gettes et Ates qui sont en les montaignes Ymées, où est la grand montaigne Cascose et la montaigne Scitisse, lesquelles proccèddent des montaignes Ruffées et Perborées, lesquelles sont en Europe, en Boesme et en Allemaigne. Et toutes se vont assembler avec les montaignes Thauro et aultres qui viennent de la terre de Pamphillie. Et après s'assemblent avec les Cascoses et avec celles de Paroponyse, et s'en vont tout droict à la Judée (*ou* Indie) avec les montaignes Méron (*ou* Merry), et passent par la rivière Caspius. Ladicte rivière passe entre elles par une vallée là où est la pierre Dorain [2], laquelle ne peut gaigner Hercules ny Persius. Et dient que ledict Persius fut vaincu en la montaigne Cascose par laquelle Alexandre passa. Tournant à Perse, la Carménye est à son commancement, et, auprès de Perse, est aspre et déserte, et à la fin de Perse, est bonne terre platte et bien fertile de toutes choses et principallement de bons vins. Toute la terre de Carménye est semble à la terre de Perse, sauf qu'elle n'a point de chevaulx, et au lieu d'iceulx a de bons asnes qui sont aussy légiers que chevaulx. Et en ceste Carménie y a une montaigne de sel, laquelle baille sel pour nourrir toute la terre,

F° 138 r°.

1. De la Bactriane.
2. C'est-à-dire d'erain, d'airain.

et y a d'aultres montaignes qui ont mynes d'argent et fer, et y a une montaigne et en une rivière qui descend d'elle, où l'on cueulle en abundance d'or aussi en la montaigne que en la rivière. En ceste terres y a vignes qui portent raisins de demye aulne de long. Les gens de la terre sont vaillans gens et ne prènent jamais femmes jusques ad ce qu'ilz ayent apporté une teste ou deux de leur ennemy en présent à leur roy. Et quand le Roy la prent en présent, faict oster la langue de ladicte teste et la faict manger à celluy qui l'a apportée, avec du pain. Et après qu'il l'a mangée, il luy donne congé de soy marier. Et leur est grand honneur d'apporter une teste ou plusieurs de leurs ennemys à leur roy. Et celluy qui plus en apporte, est le plus grand chevalier. Ceste province tient, à l'austre midy, la mer Occéane, et en occident, la mer Persique. Entre la mer Persiane et la mer Occéane, au dedans de l'entrée de la mer de Perse, est l'isle appellée Hermus[1], de laquelle isle se peult veoir Arabyc Félix. En laquelle isle est la ville appellée Hermuse qui est une grand ville et riche, et le chasteau du Roy de Portugal. Et, comme j'ay dict, il a icy son facteur pour acheter l'or et la piarrerye. Et ladicte isle, comme j'ay dict, est d'une matière de piarre de sel, et est la terre si chaulde que en toute la terre n'y en a poinct de plus chaulde. La ville est riche et noble, et icy viennent beaucoup de marchandises et de piarrerye. Et de Hermuse gist la coste de Carményé, jusques au cap de Gédyosie, l'est et ouest au long la mer Occéane. Et est ladicte isle de Hermuse par les vingt sept degrez de la haulteur du polle arctique; et

---

[1]. Ormuz. V. plus haut.

le cap de Gédyosie par les vingt sept degrez de la mesme haulteur du polle arctique. Auprès de ce cap, du cousté de l'ouest, se faict ung grand goulfe, et icy descend une bonne rivière. Toutesfoyz elle est, à son entrée, somme et pleine de basses et de baptures dangereuses pour navires, et le goulfe aussy plain de bateures. Et, passé le cap, tourne la coste nordest et surouest, trente et cinq lieues, et icy descend une rivière appellée Arabe qui est bonne rivière et grande, et descend des montaignes appellées Rugoses et passe par la province de Drangiane et par la province de Gédyosie. Ces provinces sont différantes, pour ce que la province de Drangiane est terre seiche et stérille, et sont contrainctz de garder les vivres d'une année à l'aultre. En beaucoup d'années ilz ne cueullent guères de vivres en elle. La terre de Gédyosie est une terre fertile et délectable. En ceste terre de Gédyosie reposa Alexandre en retournant de la Indie. Et quant il passa les désertz qu'il luy mourut beaucop de gens, et avoit passé par Carményé, là où on luy feit grand recueil et de grandz présens. Et de la rivière Arabe à la rivière Idous y a quatre vingtz lieues, et la route gist noroest et suest en la mer Occéane. Et est l'entrée de la rivière Idous par les vingtz trois degrez de la haulteur du polle artique. Et entre les deux rivières descend la rivière appellée Aborricon, et icy est la province 'Aborricon. Et après ceste cy est la province Norrite. Et de ceste Norrite jusques à Gédersye sont tous desertz secz, esquelz il n'y a point d'eaue. Et icy fut là où Alexandre perdit beaucop de ces gens, lesquelz se perdirent de soif, et se veid en plus grande nécessité que oncques il s'estoit veu et pensoit que ce fust par sa faulte. Depuys la pro-

F° 138 v°.

vince des Norrites est la province des Aborricons qui sont bonnes gens. Et après de ceste icy est la province des gens Sanys [1]. Les gens de ceste province de Samy sont gens de guerre et belliqueux et usent de fleiches empoisonnées. Ceulx icy mirent Alexandre en grand nécessité, tellement qu'il ne sçavoit que faire, et aultant qu'ilz blessoyent de ces gens, ilz mouroyent sans leur pouvoir donner remède. Et voyant Alexandre que ceste guerre estoit aultre que celle qu'il avoit à coustume, ne sçavoit quel remède y donner. Et parce qu'ilz luy avoyent blessé Tholomée d'une fleiche empoisonnée, de quoy il estoit bien dolant, et pensant en le mal de Tholomée et qu'il ne pourroit eschapper, il s'endormist, et songea qu'il veid ung dragon lequel avoit en sa bouche l'herbe prépote qui est contre la poison, et qu'il en mectoit du juz sur la playe de Tholomée, et qu'il guérissoit. Et sur cela s'esveilla et feit chercher l'herbe, et la trouvèrent, et feit mectre le juz de ladicte herbe en la playe de Tholomée, et tout incontinant fut guéry. Et voyant qu'il avoit trouvé le remède contre la poison, combattit fort contre eulx, de sorte qu'il les mist tous en sa subgession. Et en ceste terre y a ung arbre qui a la feulle comme liarre, tousjours verte, et a le fruict d'une belle monstrance ; et quant ceulx de Alexandre en mangeoyent, après mouroyent ; et s'ils se mectoyent à l'umbre, ilz devenoit (sic) aveugles, et leur enfloyent les yeulx aussi gros qu'ilz sortoyent hors de la teste. Et ne vous esmerveillez pas de cecy, car je l'ay veu aux Indes occidentalles en la ville de Darien et une aultre ville qui est appellée Cara-

1. *Ou* Samys.

macou. Et au port de Cartagène, en cesdicts lieux, y a force de ces arbres, et est le fruict comme pommes de paradis, et en a esté faict manger, en ma présence, à ung chien, lequel mourut, et fust ouvert, et luy trouva l'on la pomme et le corps tous convertiz en vers. Et en toutes ces terres, là où il y a de ce gendre de pommes, usent les Indiens d'arcs et fleiches empoisonnées, et ont l'herbe prépote contre ceste poison. Et en ceste province passe la rivière Idous, laquelle rivière entre en la mer par deulx entrées, et faict une isle au meilleu laquelle s'appelle Pantalle [1], et cy est faicte en triangle, en fasson de trois boutz. Et a de tour, ladicte isle, soixante et dix lieues. Et au meilleu d'elle, y a une belle ville, laquelle est dicte Pantalle, qui est fort riche, et y a, alentour de ladicte ville, de beaulx lacs et estangs esquelz se trouvent perles et piarres précieuses. Ceste rivière descent de la montaigne Combre et de la montaigne Paraponise et des montaignes Emodes d'où descend la rivière du Gange, et est une des quatre plus grande rivière du monde. Et en beaucoup de lieux a deux ou troys lieues de largeur et est fort proffunde, et est navigable, de manière que les navires montent par elle bien deux cens lieues. Et, auprés de l'entrée de ladicte rivière Idoux, est la province de Musicanyes qui est une bonne terre et bien fertille, en laquelle se cueulle force d'or non obstant que les gens de la terre n'en tiennent compte. Les gens de ceste province vivent beaucoup, et vivent continuellement cent trente ans et cent quarente, et n'apprennent riens qu'il soit, ne d'artz libéraulx, ne d'artz mécaniques sinon

1. Haïderabad ?

l'art de médicine, et sont grandz médecins, et tout leur soucy et plaisir est d'aller à la chasse et à choses délectables. Et tient Musicanye, en occident, les gens Perticanes, lesquelz vivent de la mesme manière d'eulx en toutes choses. Et après la Musicanye, en oriant, sont les gens Sabaries, et icy y a une ville laquelle feit édiffier Alexandre le Grand qu'est appellée Alexandrye, et sont les gens de ceste province fort vaillans gens. Et au septentrion de ceulx icy sont les gens Sédraces. Et en ceste province entra Alexandre en une ville par dessus les murailles, premier que tous, et icy fut fort blessé et à son entrée tua trois hommes. Et estant ainsi blessé et environné des Sadrasses, et ayant trois hommes mortz à ses piedz, et en ne pouvant plus, le vindrent secourir ses gens par dessus la muraille, et aultres persèrent les murs. Ces Sadraces sont gens fortz et de grand cueur. Et entre eulx et leurs circunvoisins y a continuellement guerre. Toutesfoys voyant que Alexandre alloit contre eulx, se feirent amys et se rallièrent ensemble contre ledict Alexandre, et se portèrent aussi vaillamment que si jamais ilz n'eussent de guerre ensemble, et comme si jamais ils n'avoyent esté ennemys.

Pour [1] la terre des Sadrasses, dessent la rivière Indus et la rivière Aracothe qui descend des montaignes de Combre et Paraponise, et passe par la terre des Drangianes. Arracosye entre en ung grand lac et de là va à la terre des Sadraces et s'asemble avec la rivière Indus. Entre la rivière Arracothe et la rivière Indus est la province des Sabiens, et en occident là où s'assemble la rivière Caspius avec la rivière Idus, entre l'une et l'aultre, sont

---

1. En tête du folio 140 recto, une carte avec les légendes ; L'entrée de la mer de Perse, Ormus, Tétheline (?), rivière Ydus.

les gens Pétradorins, lesquelz Hercules ne peut conquester. Et ceste province est grande et forte et est haulte terre, et n'a que une entrée à cause des rivières. Ceulx cy demandèrent à Alexandre s'il avoit helles pour voller, et luy dirent qu'il ne pouvoit entrer en la ville s'il ne voulloit. Toutesfoys posé qu'il n'eust point d'helles, la print par force. Et plus avant auprès de la montaigne Paraponise est la ville Magace, par laquelle passa Alexandre, quant il fut à la rivière Caspius et qu'il passa à la Indie. Et en oriant de ceste rivière Caspes est la rivière appellé Assan. Et entre les deux rivières en oriant est la province des gens Baudobyns et celle des Gandaryes (*ou* Gandaryns). Et après la rivière Cansane (Canfane) est la rivière Idus. Entre la rivière Cansane (*ou* Canfane) et la rivière Idus est la province de Cassenye et celle de Musecanye, Ascanye et plusieurs aultres. Et en ceste icy d'Alcanye est la ville de Magoce. Ladicte ville est auprès de là où descend la rivière Affan, et de la rivière Caspie, lesquelles deux rivières se vont assembler avec la rivière Idus. Ceste ville de Magoce est une ville qui a esté fort renommée et est la principalle de toutes ces provinces. Et auprès de la rivière Ydus est la ville Péricollate, là où Alexandre passa la rivière Idus par ung pont qu'il feit faire. Et après la rivière Idus, plus en oriant, est la rivière appellée Idaspis. Et entre ces deux rivières est la ville de Taxilie qui est une ville de grande justice, et est la principalle ville de toute ceste province. On dict que ceste terre de Taxilie est aussi grande que toute Egipte, et au septentrion d'elle est la terre Abisares. Aux montaignes de ces Abisares, y a dragons et serpens de cent et cent quarante piedz de longueur. Et toute ceste terre de Taxilie est bien fertille de tous vivres et de bestial, et y a forces elléphans et forces boys de cypretz et de cèdres.. Et après la rivière Idaspis, plus en oriant, est la rivière Azasaris, et entre ces deux rivières est la ville de Pére[1] et la ville de Cathe qui est la principalle de la terre. Et en ceste province dyent qu'il y a cinq mil villes, lesquelles, au temps d'Alexandre, les subjuga ledict Alexandre, et en édiffia une auprès de la rivière Idaspis qui s'appelle Nycée, en mémoire de ce qu'il avoit vaincu et conquesté Apore d'où estoit icelle ville ; et une aultre ville qui s'appelloit Buséfalle là où mourut son cheval qui s'appelloit du mesme nom Buséfal, qui estoit ung bon cheval en bataille. Et toutes ces terres sont riches. Après la rivière Assacynye, laquelle se assemble avec la rivière Idaspis, en oriant est la rivière Ypany. Et ceste rivière est la dernière en oriant de toutes icelles qui s'assemblent avec la rivière Idus et la plus grande de toutes les aultres, et, ainsi que toutes ensemble font la rivière Idus si grande qu'elle a deux ou trois lieues de largeur. Et ceste dernière rivière qui est plus en oriant, descend des montaignes Emodes de là où descent la rivière du Gange. Entre ces deux rivières Asasynys et Yponys est la province de Jarotidan et celle des Sobores, et y est la ville Cathée qui est de gens Sophistes. Et en ces provinces et en la ville, sont riches d'or et d'argent et de pierres[2] précieuses. Les gens de ladicte terre sont vaillans gens et gens de guerre. De ceste rivière Ispanyse retourna Alexandre le Grand et jusques seigneuria toutes

---

1. *Ou* Pore.
2. En tête du folio 141 recto, une carte avec les légendes : La coste Cambaye, la terre de Gougera, Goue, mer de Goue.

ces terres au dessus nommées de la Indye et de l'Azie jusques à la mer Méditerranée et jusques à la fin de la mer Olypont et de la rivière Tanays. Et la cause pour quoy il se retourna, ce fut pour raison de l'importunité de ces gens qu'ilz s'en voulloyent retourner et ne voulloyent pas passer plus avant, et à cause des gens mariez qui estoyent déjà vieulx de le suyvre. Car il y avoit dix ans qu'ilz estoyent sortiz de Macédoine. Et, d'une aultre part, il y estoit bien advis qu'il avoit conquesté tout le monde et que, au delà de la rivière Idus, n'y avoit plus de gens qui sceussent combattre. Et aussi ceulx de la rivière Ypony luy dirent qu'il n'y avoit que dix ou douze journées de chemyn jusques à la rivière du Gange et que là il y avoit grand quantité de roys, et qu'il y en avoit ung qui avoit plus de trente mil chevaulx et trois mil elléphans, et deux cens mil pyonniers, et qu'il seroit bien difficille de le pouvoir subjuguer, et qu'il avoit en sa compagnie ung grand philosophe et enchanteur qu'il luy disoyt toutes les choses venues et à venir. Et luy demandèrent pourquoy il voulloit tant de terres subjuguer. Car posé qu'il possédast tout le monde, il ne luy prouffiteroit de riens, car il ne le pourroit garder ne gouverner, et ne luy vouldroyent pas obéyr. Et oyant cecy, délibéra de s'en retourner pour faire plaisir à ces gens, et pour s'en venir conquester Affrique, Espaigne, Gaulle et la Germanye, qui sont en Europpe, laquelle chose il ne feit pas. Et toutesfoys il se retourna d'icy et envoya de ces cappitaynes davant en Cirye pour faire navires prestz pour passer en Europe, d'un grand couraige et bon voulloir comme ung homme digne de mémoire et de grand honneur. Et aultant de roys qu'il prenoit, leur layssoit leurs royaulmes, et d'ennemys les faisoit amys, moyennant quelque tribut, lequel il leur plaisoit bailler, et quelque cougnoissance d'obéissance comme à son supérieur. Tournant à la coste de la mer et à la rivière Idus, là où sommes demourez, je dictz que après la rivière Idus et la riviète Ypanys [1], lesquelles sont en la seconde Indie, est la province de Gougarride [2], là où sont les gens appellés Sophistes, qui est entre la rivière Yponyn et la rivière du Gange. Ceste terre est riche d'or et de piarres précieuses, et d'espiceryes et de plusieurs aultres choses. Et ces terres, devers oriant, soulloyent estre au grand prebstre Jehan de la Indye [3] et auparavant sont toutes à la subgection du grand Tartre de Tartarye. En ceste terre d'oriant du Tartre, y a des chiens qui sont plus puissans que lyons et tuent lesdicts lyons tant grandz soyent, et sont si fortz que quand ilz tiennent une proye, jamais ilz ne la laissent aller. Et les gens de la terre eslisent pour leur roy celluy qui est le plus grand et le plus beau. En ceste terre, les femmes se maryent avec l'homme qui leur plaist et si le mary meurt premier qu'elle, il fault qu'il soit bruslé et qu'elle se brusle avec luy toute vive. Et cecy fust ordonné pour luy à cause de la luxure des femmes qui, pour l'amour de leurs amoreux, faisoyent morir leurs maritz. Et à celle fin qu'elles ayent soucy de prandre et garder leurs maritz, les brullent toutes vives. Ces gens Souphistes vindrent à Alexandre et luy firent présent de ces beaulx chiens, lesquelz chiens tuoyent les lyons, et luy apportèrent ung grand présent de piarres précieuses. Et d'icy s'en

---

1. *Ou* Ypanyn.
2. Goudjerat.
3. De cette indication il résulte bien que dans tous les passages où il est question du prêtre Jean, il serait bon de lire *Indie* et non *Judie*.

retourna à la rivière Paspis, là où il feist faire beaucoup
de navires et gallères de cèdres et de cypretz. En lesquelles gallères, il passa à la rivière Idus, et de la rivière
Idus, en bas, jusques à l'isle Pantalyne, et d'icy s'en retourna à la mer de Carménye par la rivière Idus, et à
la terre de Perse et à la Grand Babilone, là où il fut empoisonné de ces gens et en mourut. Et feit Tholomée
porter son corps à Alexandrye là où il est inhumé. Et
quand il partit de l'isle Pantalin, envoya à la mer Pacifique certains cappitaines en dix navires et entrèrent
par la rivière du Gange, ainsi que d'eulx est escript. Et
ceulx icy veirent ce qu'il y avoit. Et pour ce j'ay voullu
dire cecy, pour ce que n'ay point trouvé en nulles histoires du temps passé que en parle, plus certain, que ledict Alexandre le Grand et Tholomée, je dictz que
Alexandre ne passa pas plus oultre que la rivière Pavyn. Et d'icy s'en vint à l'isle Pantaline qui faict l'entrée de la rivière Idus. Et par ladicte rivière s'en alla en
la terre de Carménye et de là à la terre de Perse, et
ceulx qui furent au Gange et à Palymporte, furent ceulx
icy : le roy des Sodianes et le prince Héradère, prince
des Batranes et plusieurs aultres comme au dessus a
esté dict. Et tout ce que au dessus en a esté dict, est
certain. Car j'en ay veu la plus grand partie des expériences. Et oultre cela, des histoires des Indes est la plus
certaine, celle d'Alexandre et de Tholomée, selon qu'il
apparoist au présent par tous ceulx de notre Europe qui
y ont navigué. E aussi n'y a point de toutes ces Indes
plus ancienne escripture que ceste cy. Et ne se trouve
point hommes qui ayent cheminé par toutes les provinces des Indes que ledict Alexandre et Tholomée. La
raison est veu que nous avons navigué par toutes les

costes des mers Oxéane, Paciffique et par plusieurs aultres, est raison de le soubstenir, puisque nous le trouvons véritable. Et du Gange en oriant, jusques à la dernière Inde qui est appellée Cattay, là où soulloyent estre les terres du presbtre Jehan, et la terre des Gotz et Magotz, et de ceulx icy n'y a aulcune escripture antique, sinon celle du roy Sodiane, et de ce que nous avons veu au présent, par le rapport d'un chacun qui a esté et couru jusques à Malluque, à la Chine et à la Jave et au Cattay ; et plus avant n'ay point esté.

Puisque nous avons dict et parlé d'Estiope et de la première Inde, est raison que nous parlions des aultres deux Indes. Les Indes se partent en trois. La première est du destroict de la mer Rouge et de Perse jusques à la rivière Idus. Et la seconde est de la rivière Idus jusques à la rivière du Gange. Et la troisième est de la rivière du Gange jusques au Cattay. De la première avons dict, et la seconde commancerons de la rivière Idus. Je dictz que de la rivière Idus jusques au cap Cumery [1] y a deux cent cinquante lieues, et la coste gist nord nordest et su surouest. Et en ceste coste y a de bons portz. De la rivière Idus jusques au port et rivière de Goé [2] y a quatre vingtz lieues. Et est entre les deux le port de Chaoul [3] et celluy de Dabour [4] et le port de Combadan [5] qui sont bons portz. Et est la terre bonne, et bonnes gens.

Chaoul [6] est par les dix neuf degrez de la haulteur

1. Cap Comorin.
2. Goé, à la hauteur de Goa.
3. Chaul (Mercator et Hondius, *Atlas*, 1623).
4. Dabul (Mercator et Hondius).
5. Carapam (Mercator et Hondius).
6. En tête du folio 143 recto, une carte avec les légendes : La coste de

du polle arctique. Et Dabour par les dix huyct degrez de la haulteur du polle arctique, et Goé [1] par les seize degrez de la haulteur du polle arctique. Et en ceste coste, cens lieues au dedans de la terre, sont les grandz villes de Barangalle et Brajail. Barangalle est ville de neuf cens mil voisyns, et Brajail n'est guères moins. Et aussi est celle de Comparurye et celle de Dely [2] qui sont toutes grandes. Et, en ceste terre, bruslent les mortz quand ilz meurent, au lieu d'iceulx enterrer. Et, s'il est marié, il faut que la femme soit bruslée avec luy toute vive. Et cecy est pour raison qu'elles souloyent tuer leurs maritz pour l'amour des amys, et affin qu'elles en ayent meilleur soucy. En ces terres y a forces gynjambre et sandart, laquabre, indico [3], et mirabolanes, aspico [4] et toutes choses d'aphothicairye. Du port de Goé jusques à la montaigne de Lyn y a cinquante lieues et la route gist nord et su. La montaigne de Lyn est par les douze degrez de la haulteur du polle artique. La ville de Goé est au roy de Portugal et est assise en une isle auprés de la grand terre. Et, en ceste terre, croist force bled et est terre fertille de toutes les choses. Toutesfoys elle est fort chaulde, subgecte à luxure. Et de la montaigne de Lyn jusques à la ville de Cailicou y a quarente cinq lieues, et la coste gist nord et su, et prent un quart de norouest et suest. La ville de Callicou [5] est par les dix degrez de la haulteur du polle artique. Et

F° 143 v°.

Callicud, isles de Callicud, Cochin, la terre de Bengalle, Elam, les îles Maldives.

1. Goa.
2. Delli.
3. *Ou* indier.
4. Aspico *ou* aspier.
5. Calicut.

auprés la montaigne de Lyn est la ville de Cananore et Batécala. En toute ceste coste, à la mer et au long la coste, y a beaucoup d'isles grandes et petites. Et davant la montaigne de Lyn, du cousté d'occident, y a trois isles. Et y a de ladicte montaigne à la première trente lieues. Et la derrière est la plus grande et s'appelle Sécutara qu'est une bonne isle, et y a en elle force ambre gris. Ces isles de cousté du septentrion ont des maulvaises roches dangereuses pour navires, et au cousté de l'austre midy ont les isles de Candare et de Caboly [1]. Et entre ces isles et les aultres premiéres dictes, y a aultres deux isles, l'une desquelles est peuplée d'hommes et l'aultre de femmes. Et en trois moys de l'an les hommes vont habiter avec les femmes, et s'ilz y sont davantaige, ilz meurent. Et les trois moys sont icy novembre, décembre et janvier qu'est leur esté. Et aprés chascun retourne en son isle. Et si la femme demeure grosse et enfante une fille, demeure avec elle. Et si elle enffante ung filz, elle le nourrist trois ou quatre ans, puys aprés l'envoye à l'isle des hommes. En toutes ces isles y a force d'ambre pour raison qu'il y grand pescherye de balaines. Et peschent les femmes de ces isles aussi bien que les hommes. Et en peschent grand quantité et le font seicher, puys le portent vendre en d'aultres parties. Tournant à la coste, je dictz que des montaignes de Lyn, comme j'ay dict, à Callicou, y a quarente et cinq lieues, et est ledict Callicou par les dix degrez de la haulteur du polle artique. Et de Callicou à la rivière de Cochyn, là où se charge toute l'espisserye qui vient en Portugal, y a trente lieues, et la route est

---

1. Cubali, dans Mercator et Hondius.

nord norouest et su suest, et est Cochyn par les huyt
degrez et demy de la haulteur du polle articque. Cail- F° 144 r°.
licou et Cochyn sont bons portz, de grand traffique de
toutes espisseryes, appoticaireryes et piarreries, là où
il se cueulle grand quantité de poyvre et gymjambre, la-
cart, myrabolane, et aultres. Les gens sont petites gens
et sont tannez et habilles gens et sont idolastres.
Et aulcuns vont nudz de la saincture en hault, et
d'aultres bien vestuz de bonne soye, et adorent le
beuf et la vaiche. Leur mangé est lait et rys, chair
de moutons, et ne mangent point de beuf, et les enterrent quant ilz meurent, comme une personne. Et
beuvent vins de palmes et vins qui leur sont portez de
Portugal, la pipe desquelz vault cinquante escuz de par
de là, et ne les estiment non plus que nous faisons dix
frans, à cause qu'ilz sont riches. Et entre eulx courent
monnoye d'or qu'ilz appellent perdaulx qui vallent trente
solz. Et à cause de la grand espisserye et piarrerye qu'il
y a, y habitent forces marchans Xprestiens, et de toutes
les aultres parties en Cochyn, en Callicou et en toute
la terre d'alentour. En ce pays prent la femme tant de
maritz qu'elle veult, et aussi en la terre des Grageratz
(*ou* Gougeratz), qui est entre elle et Cambaye, là où croissent les corralynes (*ou* corrnalynes). Ledict Cambaye est
auprès de l'isle de Diu là ou le roy de Portugal a de présent ung chasteau qui est par les vingt trois degrez et demy de la haulteur du polle artique. En ceste ville de Diu
souloyent tenir les rivières forces gallères par le commandement du Turc, et, à ceste heure, à cause du chasteau de
Portugal, se tiennent en Cambaye, nonobstant que la mer
est toute basse de bans et de baptures. Et entre Diu et
Cambaye y a une rivière là où elles se tiennent. Tour-

nant à Cochyn, et comme j'ay dict, la femme prent, en Cochyn et en Callicou, tant d'hommes qu'elle veult et s'accorde avec ung chascun, combien ilz luy doibvent bailler, ainsi comme ilz s'accordent, l'un plus, l'aultre moins, et n'oseroit avoir affaire à d'aultres que à ceulx que elle a prins et choisy, après qu'ilz sont d'accord, ne eulx à d'aultres femmes. Et quant l'ung de iceulx veult habiter avec elle, il laisse ung signe à la porte pour donner à cougnoistre qu'il est dedans. Et durant qu'il sera dedans, les aultres n'y viendront point. Et s'il advient qu'elle engroisse, elle baille l'enffant à qui il luy plaist. Et leurs habillemens qu'elles portent, sont de coutons et de soyes, et se couvrent depuys la saincture jusques aux thallons. En ceste coste, au dedans de la terre, est la province de Tangur et Collugur (*ou* Colluguo ou Colluquo). Et tous les gens de ceste terre adorent le beuf et la vaiche. Et au dedans de ceulx icy est le royaulme d'Anassyngor qui est le plus grand royaulme de toutes les Indes. Et sont gentilz comme au temps passé. Et est si grand seigneur qu'il mect sept ou huyt cens mille hommes en batailles et trente mille elléfans. Tournant à la rivière de Cochyn, je dictz que en la rivière de Cochyn y a coquodrilles. Ce coquodrille est ung poisson lequel a forme d'homme humain, et de jour se tient en l'eaue, et la nuict aulcunesfoys descend en terre et allument feu avec quelque manière de boys qu'il y en a en icelluy pays, et, selon que l'on peult entendre, rotissent leur poisson qu'ilz mangent et qu'ilz apportent de la mer. Et cecy a esté veu par beaucoup de gens. Et de cecy nul ne se doibt esmerveiller. Car tout ainsi que Dieu a créé beaucoup de choses en la terre, aultant en a créé en la mer, et

LA COSMOGRAPHIE 383

davantaige. Et de Cochyn au cap Cumery y a vingt lieues et la route gist nor norouest et su suest. Et est le (cap) de Cumeryn par les sept degrez et demy de la haulteur du polle artique. Toutes ces terres depuys la rivière Idus jusques au cap Cumery sont toutes bonnes terres et riches. Et y a en icelles de bons portz, et les meilleurs d'iceulx est Callicou et Cochyn. A Cochyn y a ung chasteau lequel tient pour le Roy de Portugal, et icy se chargent toutes les espisseries qui viennent en Portugal. En ceste terre, y a une vienne de terre qui est comme une myne, laquelle l'on appelle salmandrye, laquelle l'on pille fort jusques ad ce qu'elle vienne en escume. Et de ceste escume se fille ung fillet fort doulge, et le tessent comme nous faisons icy la thoille. Après qu'il est tessé, le mectent au feu parmy la cendre, et ainsy se faict beure (*ou* burc) et se faict blanc, et se faict aussi blanc que neige. Et est appellée ladicte thoille fine-basse qui est plus fin que thoilles d'Olande, et en vault, une aulne, plus que quatre d'Olande. Et du cap Camaryn tourne la coste au nordest jusques au cap de l'isle de Célan, et jusques à la rivière de Bengalle descend cinquante lieues. Célan est bonne isle et est instituée nordest et surouest, et a quarente lieues de longitude et vingt cinq de latitude, je dictz quarente lieues de nordoest et surest, et vingt cinq lieues de norouest et suest. Et en ladicte isle croist la canelle, et les arbres en quoy elle croist, sont de fasson de couldres. Et est le cap de ladicte isle, devers le surouest, à six degrez de la haulteur du polle artique. Et ledict cap est l'est et ouest avec le cap de la Troppebonne aultrement appellé Magabar, et, entre l'un et l'aultre, y a six cens lieues. Et le cap du nordest de ladicte est par les huyt

F° 145 r°.

degrez et demy de la haulteur du polle artique. Et les d'auprés (sic) de ladicte isle de Célan sont qui sont (sic) du cousté du norouest par les neuf degrez de la haulteur du polle artique. Célan est bonne isle et riche, et est royaulme sur soy, en laquelle se cueullent forces poyvres, piarres précieuses, canelles. Et, entre la terre et elle, se cueullent forces perles orientalles. Et entre la terre et elle n'y a que cinq ou six lieues de largeur de chenal, et, en ce chenal, y a forces pures perles. Et du commencement du cap Camary gist la coste nordest et surouest jusques au golfe de sainct Blaise. Et au surouest de cette isle environ quarente lieues en la mer, sont les isles de Maldives qui sont au nombre quatre milles isles, lesquelles sont establyes norouest et suest, et sont toutes peuplées de gens appellez Mallayes. Et en elles se faict force soye ; car elles sont toutes plaines d'amoriers portant soye. Et tous les ans se chargent plusieurs navires de soye de toutes les parties. Et les dictes isles prenent bien de mer, norouest et suest, six vingtz lieues de longitude et vingt de latitude, sans ce que l'une se départe de l'aultre, et sont toutes terres basses par la plus grand part. Et, en l'est suest de ladicte isle de Célan, en la mer, y a deux isles, lesquelles s'appellent les isles d'Or [1], et la ligne esquynocialle passe par dessus elle. Et, de la baye de sainct Blaise jusques à l'ance du Bengalle, la coste gist nord nordest et su surouest. Et y a entre les deux ung cap qui boute bien dix lieues en la mer. Bengalle est par les quinze degrez de la haulteur du polle artique, et toute l'ance est plaine de bans et de baptures. L'on ne peult entrer

1. I. de Ouro (Mercator et Hondius).

LA COSMOGRAPHIE

à Bengalle sinon par chenaulx. Les bans boutent bien vingt ou trente lieues en la mer. Bengalle est une terre basse en la mer. Et icy descend une grand rivière, et en ladicte terre y a forces arbres de couton et amoriers de soye. Et se font, en ladicte terre, forces thoiles de couton et de soye, en si grand quantité, que l'on y charge forces navires desdictes thoilles, et sont appellées thoilles de Bengalle et y en a de grosses et de menues, et aultres qui sont tessues avec de la soye. Et de Bengalle tourne la coste jusques à Modobar et jusques à Mallaque. Et la coste gist norouest et suest et prent ung quart de nord et su, et est coste dangereuse de rochiers et isles qui vont au long la coste, et aultres qui sont bien avant en la mer. Modabar est par les quatre degrez de la haulteur du polle artique, et Mallaque par les deux degrez. Mallaque [1] et Modobar tiennent en occident les isles de Samastres [2] et La Trappobainne [3] qui est une grand isle. Entre Mallaque et la Troppebonne est toute la mer basse de bans et baptures qui commencent de l'isle de Salmastre jusques au delà de Mallaque. Lesdictz bans ont trois chenaulx par lesquelz peult passer navires. Et chacun chenal a trois et quatre brasses et quatre brasses et demye de proffund. Et durent lesdictz chenaulx vingt et cinq lieues, et sont lesdictz chenaulx nord et su, et prenent ung quart de nordest et surouest. Et quant vous serez le travers de Mallaque, regardez contre Mallaque, et verrez un mont rond, et quant il

F° 146 r°.

1. Malacca.
2. Sumatra. Samatra (*Voy. avent.*). — Ici la carte reproduite à la page 386.
3. La Trop-Bonne (*Voy. avent.*). Alfonse applique à tort, comme beaucoup de ses contemporains, le nom de Tapprobane à l'île de Sumatra ou quelque autre du même archipel, quand, en fait, ce nom se réfère à l'île de Ceylan.

1. Couste de Bengalle en venant de Mellacque. — 2. La Trappobanne. — 3. Isles de Samastre.

vous paroistra en oriant de Mallaque, sondez, et vous trouverez sept brasses de proffund. La terre est si chaulde et ceste mer est si malladeuse que jamais navire d'Europe ne passa par icy qu'il ne luy mourust gens ou qu'il n'en tumbast de malades. Et quant vous serez en sept brasses, vous serez hors des dangiers. Et y a, entre la terre de Mallaque et la Troppebonne, vingt cinq et trente lieues de largeur de mer. Et du cousté d'occident de la Tropebonne, au long de la terre, et assez large en la mer, y a beaucoup d'isles qui sont toutes peuplées de gens, et s'appellent les isles de Salmastre, et se trouve en elle de l'or en pouldre et le baillent pour petite chose. Et l'isle de Trappobanne est une grand isle et a, de longitude nord norouest et su suest, deux cent trente lieues, et de latitude quatre vingt dix lieues et cent lieues. Et est isle riche, abundante des vivres de la terre, fors de vins, mais y a une manière d'arbres de quoy l'on faict du vin ; lequel ilz boyvent, et leur baillent telle couleur qu'il leur plaist. En ceste isle se cueulle du poyvre et lacaron et synamone et aultres choses d'appoticairerye. Et se trouve en elle de l'or et des piarreries précieuses. Les gens d'elle sont grandz et bien dispotz. Et par dessus elle passe la ligne esquynociale. Et ont les gens longues oreilles et portent en elles bagues d'or en lesquelles y a piarres précieuses. Et aulcuns d'iceulx ont les oreilles si grandes que c'est chose de merveille, et leur descendent quasi jusques sur les épaulles ; et sont vestuz de draps de laine et de couton et de sarges, et sont couvertz d'habitz qu'ilz ne vont que jusques aux genoux. En ceste isle de Troppebonne les hommes prenent tant de femmes qu'en veullent, et sont idolastres. En ceste isle y a une province de gens ap-

F° 146 v°.

pellez Antropafogues (*ou* Antropafoques), et ceulx icy mangent chair humaine et ont continuellement guerre avec leurs voisins. Et cecy est du cousté devers La Jave [1], et mangent leurs ennemys qui prenent, et boyvent leurs sang. Et en toute ceste isle font leurs maisons fort basses, à cause que la terre est chaulde. Et le cap devers le norouest est par les six degrez de la haulteur du polle artique, et le cousté du suest est par les neuf degrez de la haulteur du polle antartique. Du cousté du nord norouest y a troys isles l'une suyvant l'aultre. L'une s'appelle Pyndel (*ou* Péryndel), qui est à six degrez et demy de la haulteur du polle artique. Et l'aultre est dicte Gamynipolle [2] qui est par les huyt degrez de la haulteur du polle artique. Et l'aultre est appellée Nyguybal (*ou* Nyquibal) [3] qui est à neuf degrez de la haulteur du polle artique. Nyguybal (*ou* Nyquybal) et l'isle de Cellam de la Canelle sont l'est et ouest. Et y a de l'un à l'aultre six cens lieues. La poincte de la Troppebonne est à neuf degrez de la haulteur du polle antartique de l'aultre cousté devers le su de l'esquinocial. Et, du cousté d'occident de ceste isle de la Troppebonne, y a forces isles appellées les isles de Samastres [4]. Entre la Troppebonne et la Jave, la mer est toute plaine d'isles et de rochiers. Et y a de l'un à l'aultre trente et quarente lieues de largeur de mer. Mais il est dangereux et ne se peult naviger. Ceste Jave [5] est une terre qui va jusques dessoubz

---

1. Jave (*Voy. avent.*). Java.
2. Gemispolla (Mercator et Hondius).
3. I. de Nieubar. V. I. Nicobar (Cordier, *Voyages en Asie... d'Odoric de Pordenone...*, p. 203).
4. Ce sont les îles de Sumatra, c'est-à-dire les Philippines en général.
5. Alfonse croit que l'île de Java est un continent relié à l'Australie et à l'Amérique vers le détroit de Magellan.

LA COSMOGRAPHIE 389

le polle antartique, et en occident tient à la terre Australle, et du cousté d'oriant à la terre du destroict de Magaillant. Aulcuns dient que ce sont isles. Et quant est de ce que j'en ay veu, c'est terre ferme. Et quant tout est dict, tout le monde est en isles, comme la terre et l'eaue n'est que ung corps. La mer environne tout pour raison de forces bras de mer qu'il y a en la pomme de la terre. Celle que l'on appelle Jave Mynore est une isle. Mais la Grand Jave est terre ferme. Au dedans de la coste de Mallaque et de Madabar, y croist force canelle et aspic (*ou* aspie) et poyvre et aultres espisseryes. Mallaque est faicte comme une isle, et semble la terre de Naples que la mer la tournoye des deux coustés, sinon qu'elle n'est pas si haulte. Mallaque est terre basse. Le long la coste de Mallaque se peschent perles fines. Les coquilles où elles se nourrissent sont de fasson de palordes [1] et sont beaucoup plus grandes et sont aussi luisantes par dedans comme la mesme perle. Et se peschent en apvril et en may. Et est le poisson d'elles fort bon à manger. Ceste terre est celle que l'on appelle Moabart [2]. Au septentrion de ceulx icy de Mallaque sont les gens appellez Bramanes, là où fut martirisé sainct Thomas, et est sa sépulture en une ville en laquelle y a Xprestiens, Maffomicques et Gentilz. Sa sépulture est en une belle église [3] de laquelle ont charge les Xprestiens, et tous font honneur à sainct Thomas, car ilz

F° 147 v°.

1. Les palordes, les palourdes, nom charentais des *Unio*.
2. La côte de Coromandel, en arabe Ma bar (V. sur l'identification de cette terre le commentaire donné par M. Cordier, dans *Odoric de Pordenone*, p. 117 et suivantes.)
3. Hondius place la sépulture de saint Thomas à Maliapor à l'occident du golfe de Bengale. Elle était bien en effet à Méliapour ou Mailapoura (ville des paons), appelée San-Thomé par les Portugais qui la reconstruisirent en 1504. Marco-Polo

dient qu'il estoit sainct homme. Ses Bramanes sont bonnes gens, et sont si véritables, que pour chose du monde ne vouldroyent mentir et ne prenent chose d'aultruy tant ils sont de bonne conscience. Et ne prennent que une femme et la femme ung mary, et vivent de bonne vie, et croyent plus en sainct Thomas que en aultre chose. Et ceulx qui sont idolastres adorent le beuf [1], et les autres tiennent la loy de Mahomet. Toutesfoys ilz portent tous révérence à sainct Thomas. Icy y a des beufz fort grandz lesquelz ont le crain comme ung cheval. Ceste province de Moabart tient au septentrion d'elle les gens appellés Massolynes [2], là où croiscent les dyamans en une haulte montaigne en laquelle y a de grandz serpens que l'on dict que Dieu a créés pour la garde desditz dyamans. Et pour craincte

indique, comme Alfonse, la vénération que les Sarrasins eux-mêmes ont pour saint Thomas. (V. M. Cordier, *loc. cit.*, p. 125 et suivantes). San-Thomé est aujourd'hui un faubourg de Madras.

1. Ce culte du bœuf est indiqué par Marco Polo qui, à cette occasion, raconte que les gens du pays prenent du poil de ces bœufs sauvages comme fétiche « parce qu'il créont qe por cel poil de buef soient miaus sauvés et hostés de tut engonbrement et ce funt tui celz qe en l'ost vont. » (Marco Polo, éd. *Soc. Géographie*, pp. 208-211, cité par M. Cordier, *loc. cit.*, pp. 137-138).

2. Les Massolynes, au nord de Mâ bar, sont vraisemblablement les habitants du Masoulipatam ou Masulipatam. C'est là, dit Alfonse, que croissent les diamants en une haute montagne. Cf. Heyd, *Comm. du Levant*, II, pp. 149-150, cité par M. Cordier, *loc. cit.*, p. 125, qui indique un marché aux diamants à Montfili (Motoupalle), au sud-ouest de Masulipatam. D'après Savary des Bruslons (*Dict. de commerce*), les mines de diamants qui existaient dans la région, étaient celles de Raolconda dans la province de Carnatica, à 5 journées de Golconde, et à 8 ou 9 de Nisapour ; et celles de Gani, en langue du pays, ou Coulour, en langue perse, à 7 journées au levant de Golconde. La première aurait été découverte au commencement et la seconde à la fin du XVIe siècle. C'est dans cette dernière qu'aurait été rencontré le fameux diamant du Grand Mogol. La rivière où les diamants se recueillaient se nomme Gouel et passé au lieu nommé Soumelpour.

d'icelles serpens n'osent aller chercher lesdictz dyamans. Toutesfoiz ilz trouvent manière de les aller sercher aux

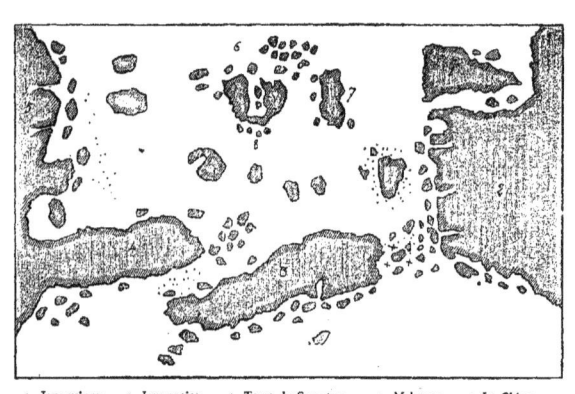

1. Java minor. — 2. Java major. — 3. Terre de Samatrez. — 4. Melacque. — 5. La Chine. — 6. Molucque. — 7. Ceslam de la Muscade. — 8. Isles du Clou.

rivières qui de la montaigne descendent. En ceste terre, il pleut fort au moys de juing, juillet et aoust, et l'eauë qui tumbe de la montaigne, comme elle vient roide, admène aulcuns desdictz dyamans au pied de la montaigne, et icy les cueullent. Et y a esté trouvé dyamans aussi gros que le poulce. Et aultres s'adventurent d'aller en ladicte montaigne, mais guères n'en reviennent. Toutes ces terres aultreffoys ont esté au grand presbtre Jehan, et à ceste heure sont au grand can de Tartarye. Entre Mallaque et la Troppebonne s'achève la mer Océane et commance la mer Paciffique. Ceste mer Paciffique a plus de dix mille isles tant grandes que petites et forces bans et rochiers dangereux. Et en guères de lieux, se navige de nuigt sinon de jour, et sont toutes lesdictes isles peuplées de gens, et en elles se trouve de l'or et de l'argent et de l'espisserye, et a tant d'isles [1] qu'elle n'a point de force non plus que une rivière, et pour cela est appellée mer Paciffique. Et est la mer si belles que, en d'aulcunes isles, les navires s'amarrent au long la roche, et est si proffunde que l'on ne peult trouver le sonde (sic). Et est, par la plus grand part, mer dormante, tant que les navires s'approuchent aux isles comme en ung quaye. Et en beaucoup de lieux n'y a point de marée.

Passé Mallaque tourne la coste au nord norouest cent cinquante lieues jusques à Lagadore [2]. Et icy faict la terre une grand entrée comme une manche qui a bien vingt lieues de large, et la terre de Mallaque est entre deux mers comme la terre d'Ytalie. Et est terre basse et fort chaulde. De la mer Océane à traverser la

---

1. Ici la carte reproduite à la page 391.
2. Ligor, principauté sur le golfe de Siam, à l'est de la presqu'île de Malacca? « Et ici fait la terre une grande entrée comme une manche qui a bien 20 lieues de large ». Cela correspond bien à la position de Ligor placé à l'extrémité sud-ouest du golfe de Siam.

LA COSMOGRAPHIE

terre de Mallaque jusques à Mallacon [1] qu'est au font de l'ance du cousté d'oriant de Mallaque, y a quatre vingtz lieues. Et toute la terre, jusques à Mallacon, est faicte comme une isle et est terre basse. Et icy descend la rivière Ténéféryn [2], et passe entre les deux terres, et faict sembler, la terre de Mallaque, isle. Et aussi elle est terre basse et malladeuse et infirme. Et croist en elle force poyvre.

Au long Mélacque passe ung des bras de la rivière Thénasséryn. Ceste rivière de Thénasséryn descend en la mer par trois parties dont l'une va à Mallaque, l'aultre à Mallacon et l'aultre va à Anagabore, et faict la terre de Mallaque et Mallacon comme isles. En toutes ces terres se cueullent canelle et poyvre. De Anagabore (ou Anagabore) au cap de Fallicandore y a trente lieues. Et la coste gist norouest et suest. Le cap de Fallicandore est par les douze degrez de la haulteur du

F° 148 v°.

---

1. Malaccon, au fond de l'anse serait Mekong. Seulement il y a certainement plus de 80 lieues de Ligor à Mekong.

2. *Ou* Ténéséryn. Il n'y a pas, à notre connaissance, de rivière de ce nom, mais une ville et une province de Thenasseryn dans la Basse-Birmanie, partie nord de la presqu'île de Malacca. Cette rivière a trois bras dont l'un irait à Malacca, l'autre à Malacon et le troisième à un lieu nommé Anagabore, ne semble pas exister. Mais il y a deux fleuves dont les sources semblent se confondre pour Alfonse, et qui environnent presque complètement d'eau la presqu'île de Malacca. Ce sont le Mé-Ping augmenté du Mé-Nam à l'est ; un de ses bras se jette dans le golfe de Siam à Mé-Kong (Malacon ?) ; le Saïouen ou Lookiang se jette dans le golfe de Martaban, dans le Tennasserim ; le troisième fleuve serait peut-être le Sittang. Quant à Anagabore ou Anagebore, sa position correspondrait à Rangoon. Il est vraisemblable qu'Alfonse aura cru que les îles Nicobar qui lui auraient inspiré le nom d'Anagabore (à Nagabore), se trouvaient plus près de l'embouchure de l'Irawady. Le cap Fallicandore serait le cap Négrais, le port de Same, Bassein, et la rivière du même nom, l'Irawady. La route de Bassein au Gange est bien celle qu'Alfonse donne, pour la route de Same, audit fleuve. Le nom de Same rappellerait-il celui de la province de Siam ?

polle artique. Passé Fallicandore est le port et rivière de Same, et y a de Same à l'entrée de la rivière du Gange cent soixante lieues. Et entre les deux est le goulfe de la Chine. La Chine est par les vingt deux degrez et demy de la haulteur du polle artique. Et de Same gist la route à la rivière du Gange nordest et surouest et prent ung quart de l'est et ouest, et est route dangereuse de bans et de rochiers et de forces isles qu'il y a au long la coste et en la mer. L'ance de la Chine tourne au norouest quarente ou cinquante lieues. Et est quasi dessoubz le troppique du Cancer. La rivière du Gange est par les vingt degrez de la haulteur du polle artique. Et en ceste terre et en la Chine y a forces mynes d'argent tant qui s'en servent au lieu de fer. Et davant la rivière est le port de Vangalle [1] et celluy de Cantallon. Vangalle est bon port et une bonne rivière. Et au dedans de ceste coste, en occident, est la province de Arses [2] et des gens appellés Mosolosais (ou Mosolosins) [3] là où sont les montaignes Boutas [4] et de Bérangallye [5], esquelles se trouvent les dyamans, comme avant avons dict. Toutes ces terres sont bonnes et fertilles, et croist en elles force brésil fin, et en la mer au long la coste forces perles. Et des coquilles d'elles se font les prosellaines. La mer est dangereuse et ne se navige que de jour, et sont les gens blans comme nous, et portent robbes fourrées de peaulx de martres, et sont les gens semblables à Flamans

1. Vangalle. Serait-ce la ville indiquée par Hondius sous le nom de Bicanapor qui correspond à peu près comme situation à Dacca ?

2. Orissa (Hindoustan).

3. Mosolosais. Est-ce que cette expression rappellerait les habitants du Mossoul sur la rive droite du Tigre à 320 kil. N.-N.-E. de Bagdad ?

4. Boutas, les monts Boothan.

5. Bengale.

et Allemans, et sont grandz hommes, et sont idolastres, et painctent leurs idolles noirs, et sont gens qui entretiennent justice, et painctent la figure du dyable blanche. La rivière du Gange est la meilleure et la plus grande de toutes les Indes et de toute la pomme du monde et descend des montaignes Emodes [1] et Imées, et va à l'austre midy jusques à la ville qui est appellée la ville du Gange. Et passé la ville du Gange retourne en oriant jusques à l'isle de Palymprote [2] que ladicte rivière de Gange faict. Ceste isle est fort grande et est si grande que c'est ung royaulme. Et au dessoubz d'elle s'assemble ladicte rivière du Gange, et en elle a une ville qui s'appelle Palymprote [3], dequoy ladicte isle prent le nom. Et icy se tient le roy de ladicte isle, et est si puissant qu'il peult faire deux cens mil hommes de pied et vingt mille de cheval et trois mil elléfans. Car les roys des Indes ont pour coustume de n'aller point à la guerre s'ilz ne mènent des elléfans. Sur quoy ilz font ung angyn, en manière de chasteau, de tables de cèdres et de cypretz, là où ilz mectent cinquante ou cent archiers dedans pour combattre. Entre cette rivière du Gange et la rivière Pavyn, est la terre fort bonne et fertille, et en ceste terre sont les gens Sophistes [4] qui sont grandz médicins et devineurs. Et en la terre de ceulx icy y a une montaigne de sel, laquelle fournist beaucoup de provinces, et aultres montaignes là où il y a de l'or. En oriant de

---

1. C'est une traduction du nom d'*Emodus*, qui désigne l'Himalaya dans l'antiquité.

2. Cette île correspond comme position à Allanabad.

3. Palibrota ou Palimbothra, capitale du royaume de Sandrakotos, chez les Prasiens (Bengale). Il y a des ruines près de Patna.

4. *Ou* Sophasles. Sophis ou Sofis, secte musulmane, fondée au VIII° siècle de notre ère et très répandue dans la Perse et dans l'Inde.

Palymprote est la terre des Dardres qui est une nation de grandz hommes. Et bien avant, en la terre de ces Dardres [1], y a une montaigne qui a plus de cent lieues de tour en laquelle y a or en grande abundance. Et icy sont les fourmis appellées arisodunes (*ou* arifodunes), lesquelz font fousses dessoubz la terre en lesquelles ilz habitent. Et la terre qu'ilz tirent dehors est plus de la quatre partie d'or fin, et empeschent lesdictes fourmiz que les hommes ne aillent bescher en icelle terre. Et pour y aller, les hommes y vont en ceste manière : ilz portent bestes chargées de loppins de chair, et ce pendant qu'ilz chargent, ilz gectent lesdicts loppins ausdictes fourmiz, et pendant qu'ilz mangent, iceulx chargent leursdictes bestes deladicte terre qui est le tiers d'or fin. Vous debvez sçavoir que ces fromiz est une génération de lyons, lesquelz semblent fourmiz et sont fortz comme lyons et s'appellent orrisodunes (*ou* orrifodunes). Et en y a ausdictes montaignes, en grande quantité, tant que les gens n'y osent aller, sinon comme dict est. De ces fourmis aurisodunes (*ou* aurifodunes) y en a en Estiope austral, et auprès de la ligne esquinociale. Et de l'isle de Palymprote à la mer Pacifficque y a deux cens cinquante lieues. Et au long ceste rivière du Gange, depuys l'assemblement des deux rivières qui

---

1. Il y a une ville de Darjechua près des sommets de l'Himalaya. V. aussi Dardistan, pays montagneux au N. O. de l'Himalaya et au S. du Pamir, habité par les indigènes Dardis, d'origine aryenne. (Cf. Bouillet, *Dictionnaire*, au mot Kafiristan). Dans les *Voyages aventureux*, on lit : « En la terre du grand Temurbech, se lève une montaigne pleine de fromis (expression saintongeaise pour tourmis) qu'on nomme Alibifors, qui sont grands comme lions. En cette montaigne, l'on prend beaucoup d'or, et pour en avoir, l'on mène un cheval chargé de chairs qu'on jette aux Alibifors, et cependant l'on charge de la terre de laquelle l'on tire l'or. »

font ladicte isle, au long d'elle, jusques où elle descend en la mer Paciffique, y a beaucoup de bonnes isles fort bonnes, riche et de grand traffique. Et icy est la ville de Marasye [1] qui est grande et riche, en laquelle y a forces arbres de aloest et grand abundance d'or fin et force argent, tant qu'ilz en couvrent les maisons, et s'en servent comme de fer, et se trouvent forces perles et piarres précieuses, et sont toutes leurs serrures de portes, clefz et choses, pour mesnaiges et couvertures, d'argent, et en font plus grand estime que de l'or. Cecy est la terre qui est appellée en la saincte escripture Enyllac (*ou* Evyllac) [2]. Et au long ceste rivière y a forces jardins et vergiers délectables. Et y a si grosses canes que d'une d'icelle se faict ung basteau pour aller à la pescherye, et d'elle se faict tables pour navires plutost que d'aultre boys. Et la raison pourquoy, pour ce que jamais les vers ne les enstastament (*sic*), et se ne fendent pas si tost au soleil que une aultre table. La rivière du Gange est la plus grande de tout l'universel monde, car elle est navigable plus de cinq cens lieues, et en d'aulcuns lieux est si large que ceulx qui sont au meilleu d'elle ne veoyent la terre de nulle part. Et en la rivière du Gange y a beaucoup de genres de poissons, et y a coquodrilles qui ont formes d'hommes humains. Et aux montaignes au long la rivière y a forces mynes d'argent, et y en a aussi d'or. Ladicte

---

1. Serait-ce Mirzapoor ?
2. Evila. « 1. Samuel 15 : *ubi scribit Saul Amalechitas percussisse, ab Evila donec venias ad Sur quæ est e regione Egypti. Iosephus legit a Pelusio Egypti usque ad Rubrum mare. Apud Britannum Tudelensem qui Havila legit, pro Ethiopia interiore intelligo* (Ortellius). Le même auteur cite un passage de la Genèse, 10 et 25, où le nom Ενειλατ se trouverait.

On ne paraît pas d'accord sur l'identification de Sur, que quelques-uns identifient avec Tor sur le golfe Arabique.

rivière dessent, et ladicte rivière ne faict que une entrée en la mer et est fort proffunde à son entrée et large. Et comme j'ay dict, en ladicte rivière y a en de beaucop de sortes de poissons et d'estranges manières à nous incougneuz. Et du Gange est la tierce Inde, et en elle s'achève la seconde Inde, et est appellée Inde Oultre Gange qui est la meilleure et la plus riche. Toutes ces terres Oultre Gange sont appellées Gatigaires qui est dicte Cattay [1] qui est tout en la seigneurie du grand Can de Tartarie. Et au temps passé estoit en la subgétion du prebstre Jehan, et est appellée la terre Mangy [2]. Et au long la coste de la mer y a forces isles et sont terres fort haultes et montaigneuses. Et y a entre montaigne et montaigne de belles vallées délectables, esquelles y a forces lycornes ainsi que dyent ceulx de la terre. Et du Gange au port de Zétoune y a quatre vingtz lieues, et la coste gist nordest et surouest. Le port de Zétoune [3] est par les vingt trois degrez et demy de la haulteur du polle artique. Et par icy passe le troppique estival appellé Cancer. Et icy y a une bonne ville grande et riche et de grand traffique. Et en ceste coste y a de bons portz. Et icy est la plus grand traffique de toute le terre de Magy et du Cattay là où plus de navires arrivent. Et icy sont forces draps d'or et de soye, perles et piarres précieuses. Le travers de ceste coste de Magy, deux cens cinquante lieues en la mer droictement, à l'austre midy, sont les isles de Malluque

---

1. Chine.

2. Marco Polo divise la Chine en deux parties, Cabai et Mangi. Mangi, Manzi, le pays de Man-Tsen, Chine méridionale. (V. M. Cordier, *Odoric de Pordenone*, loc. cit., p. 248).

3. Zaitoûn, un des ports de la Chine, Tsiouen tcheou fou, dans le Fo-Kien (M. Cordier, loc. cit., p. 268).

LA COSMOGRAPHIE

et les isles du Cloux de Giroufle, et Célam de la Muscade, et plus de cinq mille aultres isles qui sont les plus riches de la pomme du monde. Et aussi est la terre de Jave la Grande et la Petite qui est terres fertiles de tous les vivres de la terre et d'or et d'argent. Les gens de la Jave sont les plus vaillans gens de toute la terre d'Oriant et de belle stature, trappes. Et se est la terre de Jave de quinze à seize degrez de la haulteur du polle antartique. Lesdicts gens, comme j'ay dict, sont trapes, et ont le visaige long et grandes oreilles, et sont blans sur le tanné. Et ont la langue persienne et adorent le soleil. Jave la Myneur est isle, et la Grand Jave est terre ferme. Et a alentour d'elle forces isles. Ceste Jave tient en occident au destroict de Magaillar [1], et en oriant à la terre Australle [2] selon la rondeur du monde. Et selon que j'entens, va jusques dessoubz le polle antartique, posé que entre l'une et l'aultre y ait beaucop de bras de mer qui sont à nous incougneuz que l'on ne sçait si départent lesdictes terres en isles, et n'est pas descouvert au présent plus avant que la Jave pour raison des grandz froigtz qui sont dessoubz le polle antartique. Toutesfoys j'ay esté en ung lieu là où le jour m'a duré trois moys compté pour la révolution du soleil, et n'ay pas voullu attendre davantaige de craincte que la nuict ne me surprint. Et quant tout est dict, toute la terre est faicte en isles à cause des bras de mer qui entrent en elle. En

F° 150 v°.

---

1. Détroit de Magellan.
2. Ce n'est qu'en 1531 que l'Australie aurait été visitée pour la première fois par un provençal. Alfonse écrivait donc avant cette époque. Il semblerait, d'autre part, qu'Alfonse aurait tenté au-delà de Java un voyage d'exploration auquel il renonça à cause des grands froids. Mais puisqu'Alfonse dit que l'on n'a rien découvert plus avant que Java, l'on en est réduit à se demander si son voyage vers un pôle ne serait pas applicable au pôle arctique.

oriant de Jave la Myneur [1], y a deux isles grandes [2] que l'une d'elles est toute environnée de bans et baptures plus de vingt et trente lieues en la mer, et est ceste cy fort riche d'or. Et plus en oriant de ceulx icy, environ quatre vingtz ou cent lieues sont les isles de Jacatte [3] et Dorfy [4], et la terre de Tersye, et l'isle des Hommes Blans. Et en ceste coste se trouvent forces vignaulx desquelz l'on use en aultre part pour monnoye. Et en ceste terre y a force d'or et d'argent et elléfans, et y a singes comme en la Barbarye, et est ladicte terre est (*sic*) par les vingt et ung degrez de la haulteur du polle antartique, et les isles par les huyt degrez et dix degrez. Et je me doubte que soit terre ferme et qu'elle va se joindre à la terre Australle. Et selon que Dorfy est escript d'où Salomon feit apporter l'or pour faire le temple, je pense que ce soit une de ceulx icy parceque en elle y a grand quantité d'or et de toutes les choses qui furent apportées à Salomon. Et d'icy au Pérou, en Oriant, y peult avoir neuf cens ou mil lieues pour le plus. Et icy est la mer fort basse et dangereuse, et n'y sçauroit l'on naviger que par chenaulx. Malluque [5] et les isles du Cloux [6] sont droictement dessoubz la ligne esquinociale, et Célum de la Muscade [7] est par les cinq degrez de la haulteur du

---

1. Jave La Mineure. Hondius dit que quelques-uns donnent ce nom à l'île Cambaba, à l'est de Java. Ce serait Sumatra, d'après M. Cordier (*loc. cit.*, pp. 156 et 163).
2. Bornéo et Célèbes.
3. Jacatia ou Djakatra, au royaume de Java, où fut construit Batavia.
4. I. Dorfy. I. Dorophie (*Voy. avent.*).
5. Maluque (*Voy. avent.*). Molluques.
6. Iles du Clou et îles du Clou de Giroffle (*Voy. avent.*). Ce serait Sandaï, d'après Conti. (V. M. Cordier, *loc. cit.*, p. 146).
7. Iles de La Muscade. Ce serait l'île de Banda, d'après Linschoten et Conti (V. M. Cordier, *loc. cit.*, pp. 146 et 170).

polle antartique au su de la ligne. Et est une isle qui a cinquante lieues de longitude et huyt de latitude, et est belle terre platte et bien peuplée de gens. Malluque est une isle torte et les deux boutz d'elle se viennent redoubler quasi l'un à l'aultre. Et entre les deux boutz y a une grand mer là où il y a sept ou huyt isles. Et les isles du Cloux sont du cousté de l'ouest de ladicte isle de Malluque auprès d'elle, et sont petites isles d'environ cinq ou six lieues de rondeur. Et en l'est suest de Malluque, quarente ou cinquante lieues, y a une bande d'isles qui sont plus de cinq mil isles tant petites que grandes, et sont toutes ensemble rondes, et sont peuplées de gens. Et n'y a isle en ceste mer Pacifficque qu'il ne soit peuplée. Tournant à la Cattigaire qui est appellée Cattay [1], je dictz que en elle se nourrissent les licornes, car j'en ay veu l'expérience. La terre du Cattay est depuys les vingt degrez jusques à vingt sept degrez de la haulteur du polle artique, et y a en elle forces isles. Entre la terre de Corée et le Cattay y a ung grand goulfe de mer que nous appelons la Grand mer, vers le septentrion, qui vient jusques à la terre qui est appellée à Ganagore [2] qui est à vingt degrez de la haulteur du polle artique. Et est ceste dicte terre, l'est et ouest, avec la Jamaïque et isle Hespagnolle qui est en la mer Océane, et y a de l'un à l'aultre six ou sept cens lieues. Et d'icy en avant n'y a plus de notice de terre pour ce que l'on n'y a point navigé plus avant, parceque ce sont tous lacz et haultes montaignes, en la terre de Cattay, là où l'on veult dire qu'est le Paradis terrestre. Et icy

1. La Chine.
2. *Ou* Aganagore. Plus bas Canade et Cartar dans les *Voyages aventureux*, terre formant l'extrémité de l'Asie.

est la fontaine dont sortent les quatres rivières en croix, et se tournent après à mettre par dessoubz la terre, et vont par les veines de ladicte terre. Et l'une va à la montaigne Emode et est ceste cy dicte Gange, et l'aultre en Estiope ès montaignes de Lune, et ceste cy est dicte Le Nil ; et les aultres deux ès montaignes d'Arméne dont l'une est dicte Tigre et l'aultre Euffrates. Et toutes ces terres s'appellent le Cattay, et pense que soit la fin de la terre d'Oriant. Toutesfoiz je dictz que la terre de la Neufve Espaigne et du Pérou se viennent rendre à elle. Toutesfoys il n'a pas esté navigué si avant pour sçavoir s'il y a mer entre deux ou si elle tient l'une à l'aultre. Et quant est de ce qu'il me semble, je dictz que la terre de Canade [1] est le bout de l'Azie, et qu'il n'y a point de mer entre deux, si ce n'est quelque petit bras de mer. En toutes ces terres du Cattay sont les édiffices des maisons comme celles d'Europe, et sont

---

1. *Ou* Canada. Cette terre, d'après Alfonse, est le bout de l'Asie, et il n'y a point de mer entre deux, si ce n'est quelque petit bras de mer.

Alfonse avait donc entendu parler du détroit de Behring (*ou* Béring). Mais il y a, dans ses observations, quelque chose de plus à retenir, à savoir le souvenir d'une liaison possible entre le Cap oriental (Sibérie) et le Cap du Prince de Galles (Alaska). Le fait est intéressant à noter. Il ressort notamment d'une communication faite par M. Dalsème à la Société d'Ethnographie (séance du 30 juin 1902), que les Tlingites et les Chillicates qui peuplent l'Alaska, à en juger par les photographies dues à M. et Mme Loïcq de Lobel, se distinguent nettement des Esquimaux et des autres Indiens d'Amérique. S'ils ont, comme ces derniers, le teint cuivré, ils montrent aussi un visage large et plat, des pommettes saillantes, des yeux bridés, des extrémités petites, et présentent ainsi les caractères très nets de la race mongolique. On se demanderait par suite si la formation du détroit de Behring ne daterait pas d'une époque relativement récente, postérieure au début de l'évolution humaine. Le problème à résoudre serait donc d'établir si les ancêtres de cette population seraient venus des côtes de l'Asie aux côtes de l'Alaska, au moyen de pirogues, ou en voyageant sur les glaces qui recouvrent parfois le chenal, ou s'ils ont pu y venir par terre à une époque où les deux continents auraient été réunis.

vestuz de fourrures de martres sublines et aultres fourrures, et en usent comme nous. Et est terre riche d'argent et piarres précieuses et perles. Et aussi si trouve de l'or et est la terre fertile et abundante de toutes choses. Les gens sont bonnes gens et raisonnables et vivent de meilleur ordre que nous aultres; et ne usent point de monnoye d'or ny d'argent, ains de monnoye de liège, et, aultres provinces, de monnoye de coral, lequel est fort prisé entre eulx. Et en usent fort les femmes pour leurs joyaulx. Et vivent en ceste manière, en cest office, de quoy les uns sont philosophes et ceulx icy sont les plus honnorez. Et fault que lesditctz philosophes dient tous les ans au peuple comment doibvent venir les fruictz et quelles choses doibvent advenir audict peuple. Et si quelque fault trois foys ensuyvant, il est privé de l'office de philosophe. Et celluy qui ne fault point, luy portent grand honneur et luy donnent forces dons. Le second office est des laboureurs qui entendent à l'agriculture, et ceulx icy entendent à labourer, semer et cueullir les fruictz et ne peuvent avoir office de la République, ny ne vont point à la guerre, mais ¹ plus tost sont plus asseurez de leurs personnes quant il y a guerre que aultrement, car ceulx qui portent les armes, n'oseroyent leur avoir prins la valleur d'un festu. Le troisiesme office sont les pasteurs, lesquelz entendent au bestial et à chasser les bestes saulvaiges, et tuent forces bestes saulvaiges et elléfans. Le quatriesme office sont les officiers de faire maisons, mareschaulx, charpentiers et maistres de faire navires et de toutes offices mécaniques. Et le cinquiesme office sont les

F° 152 r°.

1. En tête du folio 152, une carte avec les légendes : La rivière du Gange, la terre du Cattay, cap du Cattay.

gens d'armes, ceulx qui vont à la guerre. Et quant ilz n'ont point de guerre, s'exercent les ungs avec les aultres au faict de la guerre. Le sixiesme office sont les présidens, lesquelz exercent justice et ont soucy sur les malfaicteurs. Le septiesme office sont les conseillers du Roy et les présidens. Et nul ne peult avoir iceulx offices s'ilz ne sont philosophes. Ceulx cy exercent la Magesté et ont charge des laboreurs et de leurs différendz, et de leur partir la terre, et des armes et navires, les aultres de faire gouverner le bestial et chasseurs pour faire tuer les bestes saulvaiges, et les aultres de la guerre, et les aultres des rentes et vectigalles. Et ne consentiront point pour chose du monde de laisser leurs offices et en prandre ung aultre. Parquoy ilz sont mieulx gouvernez que noz aultres. Plaise au seigneur Dieu que nous fussions ainsi gouvernez, que les ungs ne fussent point plus foullez que les aultres, en la terre d'Europe, comme ilz sont là. Et, comme j'ay dict, les gens sont belles gens, grandz hommes, bien en ordre. Et cougnoissent Dieu le pére. Toutefoys ilz adorent le soleil et leur est advis que c'est luy mesme. Et le jour qu'ilz ne le veoyent, sont fort tristes ; et pour chose du monde ne prandront rien de l'aultruy.

F° 152 v°. Puisque nous avons parlé des parties septentrionnalles et orientalles et méridionalles, despuys la ligne diamestralle en Oriant, est raison que nous parlions de la partie méridionnalle, australle, occidentalle et septentrionalle. Laquelle partie australle et septentrionalle partirons en troys. L'une sera de la rivière de Mareignan [1]

---

1. Rivière de Mareignan. — Le Maranon, fleuve des Amazones. On le trouve fréquemment écrit Maragnon rappelant ainsi la prononciation adoptée au XVIe, XVIIe et XVIIIe siècles.

vers le polle antartique, et l'aultre sera de la mesme rivière de Mareignan jusques au Figuier [1] et au Cattay, en suyvant la partie occidentalle du cousté du méridien ; et l'aultre sera du cap de Ratz [2], en suyvant toute la coste du septentrion depuys la ligne dyamétralle en Occident, en commenceant de l'isle de Fer, qui est la plus occidentalle isle des Isles Affortunées, appellées Canaryes.

Et est raison que nous parlions premièrement de la partie australle vers le midy en commenceant de l'isle de Fer jusques à la rivière de Mareignan, et de ladicte rivière de Mareignan contre le polle antartique. Je dictz que de l'isle de Fer jusques à la rivière de Mareignan y a sept cens vingt cinq lieues. La route gist nordest et surouest et prant ung petit de l'est et ouest. L'isle de Fer est en la haulteur de vingt six degrez et troys quartz du polle artique, et la rivière de Mareignan est par les sept degrez et demy de la haulteur du polle antartique, au su de la ligne. Et après que nous aurons parlé de ceste partie, parlerons des aultres deux, en suyvant toutes les haulteurs et droictes routes, par le mesme ordre que avons faict en la partie orientalle.

---

1. Le Figuier, point ou Alfonse place la limite des Indes occidentales du nord et de celles du sud. — Le Figuier, aussi appelé cap Figuier, correspond à un cap qui figure sur les cartes sous le vocable C. de Higueras (Blaeu, *Théâtre du monde*, etc.), P. de Higuera (Cornille Wytfliet et Anthoine Magin. *Hist. universelle des Indes*, 1611), près de Thomas au sud du Rio Grande Montagna (l'ancien Rio Grande), dans le Guatemala.

2. Cap de Ratz. Cap Race (*Terre-Neuve*).

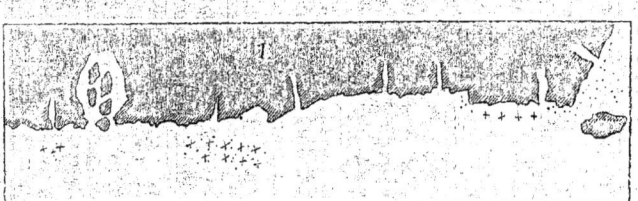

1. La couste de Marcignan jusques au cap de Sainct Roch.

Ladicte rivière de Mareignan est grande rivière, en sorte qu'elle a plus de quinze lieues de largeur en son entrée. Et, à l'entrée, a quatre ou cinq isles, et au dedans d'elle. Et ceste rivière descend d'un grand lac [1] qu'est au dedans de la terre du Brésil, à plus de trois cens lieues de la mer, qui a quarente ou cinquante lieues de longitude et de latitude. Et de luy descend une aultre rivière laquelle rivière s'en va à l'austre midy, et va descendre en la mer Océane par les trente et cinq degrez de la haulteur du polle antartique, et s'appelle la rivière de Prate [2] qu'est appellée la Rivière d'Argen. Et toutes deux font de tout le Brésil une isle. Et au dedans de ceste rivière de Marcignan, quarente lieues en la terre, au long ladicte rivière, y a une montaigne en laquelle y a forces arbres d'enscens [3]. Les arbres sont assez haultz et vient l'encent en iceulx ainsi que faict la gosme en aultres arbres. En ceste rivière ont esté prins quatre

1. La rivière de Mareignan descend d'un grand lac qui est au dedans de la terre du Brésil. — Dans l'idée d'Alfonse, ce serait probablement du lac Titicaca qu'il voudrait faire descendre Le Maranon. C'est en effet non loin de ce lac, sur le versant occidental des Andes, que la rivière Beni, affluent de l'Amazone, prend sa source.

2. La rivière de Prate ou rivière d'Argent. Le Rio de La Plata a aussi conservé ce nom de rivière d'Argent. Il avait été découvert, d'après Wytfliet et Magin, en 1502, par Jean Solis Lebrissien, grand-amiral du roi catholique, qui l'appela Paranaguazu, c'est-à-dire fleuve grand comme la mer, « et lui donna le nom de Plata ou bien Argirée, comme dit Apolonius, pour ce qu'il trouva que ce fleuve menoit avec ses claires ondes un gravois d'argent fort resplendissant », puis il nomma la province Solis. Il revint quatre ans après jusqu'au cap Sainte-Marie, où il fut tué. En 1525, cette rivière aurait été visitée par Sébastien Cabot.

3. « Arbres d'enscens ». Nous ne savons quel est l'arbre auquel Alfonse fait allusion. L'encens, dans le commerce, n'était fourni que par les pays de l'Orient. (V. Savary des Bruslons, *Dictionnaire du commerce*. — D'Orbigny, *Dictionnaire d'histoire naturelle*, etc.).

saulvaiges de la terre en une almadye ¹ qu'est ung petit basteau, et leur furent ostées deux piarres d'aymerauldes ² lesquelles estoyent aussi grosses que ung oeuf de poulle, et on leur demanda où ilz avoyent trouvé lesdictes piarres, et ilz repondirent que, en allant la rivière en hault environ quinze lieues, y avoit une grande roche toute de la mesme piarre, et que là ilz les avoyent prinses. Et aussi leur furent prins deux pains de mil de la terre qui estoyent prestriz de baulme. Auprès de la rivière, du cousté d'oriant y a de maulvais rochiers. Et par le costé d'occident, l'entrée est proffunde et bonne. La rivière de Mareignan et la baye de Jehan de Lisbonne ³ sont l'est nordest et ouest surouest. Et y a en la route cinquante et cinq lieues. Et est la baye de Jehan de Lychebonne par les six degrez de la haulteur du polle antartique. Et entre les deux y a aultres deux bayes et aulcunes rivières davant la baye de Jehan de Lisbonne. Quinze ou vingt lieues en la mer, y a ung maulvais rochier, lequel a bien quinze lieues de longitude l'est et

---

1. Almadye, petit bateau dont se servaient les indigènes de l'Amérique méridionale, des Amazones. L'Almadia ou Almaadya était une embarcation monoxyle en usage aussi bien sur les côtes d'Afrique que sur celles de l'Amérique. La description en est donnée dans les voyages de Columb. (V. Jal., *Glossaire nautique*).

2. Emeraudes. La belle émeraude dite du Pérou vient de la vallée de Tunco dans les environs de Santa-Fé de Bogota, république de Colombie. (D'Orbigny, *loc. cit.*).

3. Baie Jehan de Lisbonne à 55 lieues du Maranon. B. de San Juan (Wytfliet et Magin). Elle n'est pas indiquée dans Blaeu. Elle correspondrait peut-être au Rio Para, à moins qu'elle ne fût placée un peu plus au sud, vers la baie de Turry-Assu. Mais il y a erreur dans l'indication de la hauteur du pôle. Le 6° tombe en effet un peu plus bas, à moins que l'on ne remonte le Rio Para. Châtelain, lui aussi, place Parayba vers le 7° au lieu du 6° alors que cette rivière commence entre le 6° et le 7°. (V. *Atlas historique*, etc. par M. C***, avec dissertations... par M. Gueudeville. — Amsterdam, L'Honoré et Châtelain, 1719, in-folio, tome VI).

ouest. La baye de Jehan de Lisbonne et le cap de l'Alouette sont nordest et surouest, et y a de l'un à l'aultre cinquante et cinq lieues. Le cap de l'Alouette est par les deux degrez de la haulteur du polle antartique. Le cap de l'Alouette et la baye des Rochiers [1] sont l'est et ouest et prenent ung quart de norouest et suest, et y a en la route trente lieues. La baye des Rochiers est par les deux degrez et demy de la haulteur du polle antartique. La baye des Rochiers et les rochiers de Sainct Roch [2] sont l'est suest et ouest norouest, et y a de l'un à l'aultre cent trente lieues. Les rochiers de Sainct Roch boutent quinze lieues en la mer du cap dudict Saint Roch. Le cap de Sainct Roch est par les cinq degrez de la haulteur du polle antartique et le plus loing, en la mer, des rochiers est par les quatre degrez de la haulteur du polle antartique. Au nord est du cap de Sainct Roch, environ trente lieues en la mer, y a une grand isle toute environnée de rochiers [3] qui est depuys les trois degrez jusques à quatre de la haulteur du polle antartique. A cent cinquante lieues ou cent soixante, au nord du cap de Sainct Roch, en la mer, y a une petite isle qui s'appelle Saint Pierre, et est par les deux degrez de la haulteur du polle artique, et y a en elle forces oiseaulx de mer. Depuis la riviére de Mareignan jusques à la riviére de Prate, appellée Argen, les gens sont canyballes et mangent leurs ennemys, et sont tous nudz. Et sont les terres haultes en bonne manière, toutes sableuses. Et y a en toutes

1. Baie des Rochiers. — Iles et rochers nommés Rocas, mais à 4° du pôle antarctique.

2. Cap Saint-Roch, à 5°. C. S. Rocque, province de Rio-Grande do Norte (Brésil), à 5° 15'.

3. Grande ile au nord du cap Saint-Roch, Ile Fernando de Noronha, sous les 3° à 4° du pôle antarctique.

elles, force couton. Les gens sont blans tannez, grandz hommes et villains, et ont de belles femmes et vont tous nudz sans nulle couverture tant hommes que femmes, et usent pour leurs deffences d'arcs et fleiches. Le cap de sainct Roch et le cap d'Arapica [1] sont nord norouest et su suest et y a de l'un à l'autre dix sept lieues. Le cap d'Arapica est par les six degrez de la haulteur du polle antartique. Et icy descend une bonne rivière. La coste est dangereuse de rochiers qui entrent assez loing en la mer. Et en cette coste y a force brésil. Le cap d'Arapica et le cap de Sainct Augustin [2] sont nord et su et prenent ung quart de norouest et suest, et y a de l'un à l'aultre cinquante lieues. Le cap de Sainct Augustin est par les huyt degrez et demy de la haulteur du polle antartique. Et entre les deux caps y a deux grandes rivières, esquelles se charge force brésil. Et entre les deux est le port de Frenamboug [3]. Et icy a le roy de Portugal ung chasteau. Le cap de Frenambourg est par les sept degrez de la haulteur du polle antartique. Et du cap d'Arapica jusques à Frenambourg la coste est dangereuse de rochiers. Du cap de Sainct Augustin à la rivière de Sainct Françoys [4] y a quarente

---

1. Cap Arapica à 17 lieues du cap San-Roque, appelé plus loin Carapica, correspond à peu près comme position à Natal. On trouve dans Givry, (*Résumé des opér. hydrog.*, 1818-1820) : Ermitage près la pointe Meracahipe à 8o° 30' 38", et le village de Maracay par 8° 29' 26".

2. Cap Saint-Augustin par les 8o° 1/2 du p. ant. à 50 lieues du cap Arapica. — Cap S.-Agostino, par 8° 20' 40" (Givry). — Indiqué par Châtelain au nord de Recife, correspond vraisemblablement à P° Calvo.

3. Frenambourg. Pernambouc ou Pernambuco, aussi nommé Recife, capitale de l'Etat de Pernambouc (Brézil).

4. Rivière de Saint-Françoys, par les 10° du p. ant. L'abbaye de Saint-François (*Voy. avent.*). Rio San-Francisco.

lieues, et la route gist nordest et surouest et prent ung quart de nord et su. La rivière de Sainct Françoys est par les dix degrez de la haulteur du polle antartique. Et à présent est appellée par nous aultres Farnamory. Et passé l'isle, le cap de Sainct Augustin, quatre lieues, y a une petite isle et ung port qu'est dict l'Islet [1], et est par les huyt degrez et trois quartz de la haulteur du polle antartique. Et entre l'Islet et la rivière Sainct Françoys y a deux grosses rivières. En ceste coste, au dedans de la terre, y a de haultes montaignes rondes, et de la rivière de Sainct Françoys à la baye de Tous les Sainctz [2] y a soixante et dix lieues, et la route gist nordest et surouest et prent ung quart de nord et su. Et est par les treze degrez de la haulteur du polle antartique. Et entre les deux y a une rivière grande [3] qui est passe à son entrée, et va fort loing en la terre, et tourne ladicte rivière au dedans de l'entrée au norouest plus de vingt et cinq lieues. En ceste rivière, en la terre d'elle, y a forces autruces et perroquetz et furetaulx noirs les plus beaulx de toute la terre du Brésil. Et au dedans de la rivière, dient les saulvaiges qu'il y a de l'or en une montaigne, mais ilz n'en font point

F° 154 v°.

1. L'Islet. Serait-ce la petite île qui se trouve près de la pointe Calvo ? Serait-ce au contraire Ilheos, ville située à l'embouchure du Rio Cachoeira. Ilheos est indiqué comme une des premières colonies par Wytfliet et Magin. — La ville de S. Jorge dos Ilheos est par les 14° 47' 23", et Os Ilheos, le plus gros rocher, à la même hauteur (Givry, *Résumé des positions hydrographiques faites de 1818 à 1820 sur les côtes du Brésil*).

2. Baye de Tous les Saintz. — L'abbaye de Tous les Saintz (*Voy. avent.*) Bahia de Todos os Santos, par les 13° à 14° du pôle antarctique.

3. Rio Itapicuru. Alfonse appelle cette rivière Para, correspondant sans doute au Rio Paraguassu. Mais cette dernière ne se trouve pas entre le Rio San Francisco et la Bahia de Todos os Santos ; elle se jette au contraire dans la baie.

de cas. Et ladicte rivière s'appelle la rivière de Pare (*ou* Para). Et entre elle et la Rivière de Paranay Manoy [1] est la Roche de Guillaume Laye [2] qui est ung port entre des roches, là où se charge du brésil et bon. Et est ledict port par les unze degrez et demy de la haulteur du polle antartique, et la rivière de Para est par les unze degrez de la haulteur du polle antartique. En toute ceste coste au long la mer ne sont tous que rochiers. A la terre d'iceulx chargent les navires, et la coste, à terre desdictz rochiers, est toute sableuse depuys Arapica [3] jusques à la Rivière de Para. De ces Brésiliens y a en a trois nations. Les ungs sont Topinabaulx et les aultres Anassoux et les autres sont Tabajares [4]. Et ceulx cy sont au dedans de la terre et ont continuellement guerre avec les aultres, et s'ilz se prenent, mangent les ungs les aultres. Et celluy qui est prisonnier, celluy qui le tuent, est obligé de luy donner six moys d'espace pour le graisser (*sic*) avant qui le tue, et luy bailler tout ce qu'il demande et sa propre fille pour coucher avec luy. Et si elle engroisse, et elle ayt enffant masle, il sera mangé après qu'il sera grandi et gras. Car ilz dient qu'il tient du père. Et si elle est fille, ilz la feront nourrir, car ilz dient qu'elle tient de la mère et ne doibt

   1. Rivière de Paranaymanoy. Le Rio Paranapanema ? Ce ne peut être celle-ci, cette dernière étant un affluent du Rio de la Plata. Il y a sans doute chez Alfonse une confusion qui lui a fait croire que le Rio Paranapanema se confondait avec le Rio Mucury ou tout autre.
   2. Roche de Guillaume Laye. Serait-ce la Recife Itacolomy par les 5° environ du pôle antarctique ? La hauteur d'ailleurs est inexacte, et là il ne paraît pas y avoir de port.
   3. V. Arapica, ci-dessus.
   4. Topinabaulx, Anassoux, Tabajares. Dans Wytfliet et Magin on y indique les Toupinamboutii et les Tabaiares ; les Toupinambous auraient été rencontrés par Americ Vespuce dans son voyage de découverte de 1501.

pas estre mangée. Et ainsi font à la femme comme à l'homme quant ilz la tiennent prisonnière. Et cecy se faict en toute la terre du Brésil et prennent aultant de femmes qui veullent, et sont fort léalles. Car depuys qu'elles sont à ung homme, pour mourir elles ne s'abandonneroyent à ung aultre. Et sont bonnes gens à nous aultres Xprestiens et est bien heureux celluy qui en peult avoir ung pour nourrir.

Et à la rivière de Para commence la rivière des Anassoux qui sont bonnes gens. Entre la rivière de Para et la rivière de Tous les Sainctz est le Port Réal qui est bon port et bonne rivière. En toute ceste coste du Brésil y croist une manière de meil, lequel est fort bon et vient en manière de materatz, et faict fort bonne farine. Aussi y a en icelle coste une manière de racine qui est fort bonne, et y a une manière d'aultres fruictz qui semblent à artichaulx, ung peu plus grandz, et s'appellent amanatz, et sentent si bon quant ilz sont murs, que la maison en sent toute, et sont bons et ont saveur de seucre et de conserve. Aussi y a en icelle terre forces poulles blanches comme celles de nostre pays, et aultres plusieurs vollatrices (*ou* vollatines) comme faisans, perdrix, et une aultre manière d'oyseaulx noirs qui ont le bec rouge et sont fort bons à manger. Et si y a forces chasses aultant et plus que où pays de France, tant de bestes saulvaiges que privées. Et ceste manière de gens croyent qu'il y a Dieu aux cieulx, et l'appellent Toutpan. Et ne sçavent compter que par les lunes et se resjoissent fort avec la lune. Et quant la lune est plaine, ne font aultre chose que danser toute la nuict et eulx resjoyr, et sont communs au boire et au manger, et prenent chacun quatre ou cinq femmes. Et leur sont

F° 155 r°.

lesdictes femmes fort léalles. Et quant elles sont à marier, peuvent faire de leur corps ce qu'il leur plairra. Et, après qu'elles sont mariées, elles n'ont point affaire à d'aultre que à leurs maritz et sont chastes envers eulx. Et nous appellent, nous aultres Françoys, Caraybles. Tournant à parler de la mer, je dictz que la baye de Tous les Sainctz a, au dedans, une petite isle qui est entre deux bonnes rivières. La terre n'est pas fort haulte. Les gens sont tous nudz tant hommes que femmes, de toute la coste du Brésil. Et comme j'ay dict, mangent leurs ennemys. De la baye de Tous les Sainctz jusques au port nommé le Port Sur [1] y a quatre vingtz lieues et la route gist nord et su, et prent ung quart de nordest et surouest. Port Sur est à dix sept degrez de la haulteur du polle antartique. Et icy ont commancé les Portugalloys à peuplier (*sic*) la terre et à y semer du bled, lequel y vient fort bien, et faire seniorie (*on lit* senire). Et est port sur ung bon port et une bonne rivière. Et de Port Sur jusques au Port neuf de Beauport [2] y a cent dix lieues, et gist la route nord nordest et su surouest. Et est la coste toute dangereuse de bans et de rochiers qui entrent bien trente ou quarente lieues en la mer. Et en la mer des Rochiers, à deux cens cinquante lieues, y a six isles [3]. La première est à douze lieues de terre, et les aultres sont l'une suyvant l'aultre, en manière que de la plus loing en la mer, droict en oriant, y a bien deux cens cinquante lieues de la terre des Rochiers, et sont l'une des aultres quasi l'est et ouest. Et celle qui est la plus avant en la mer se

F° 155 v°.

---

1. Port Assuré, dans Wytfliet et Anthoine Magin. Porto Seguro.
2. Port neuf de Beauport. Porto Allegre?
3. Les îles de la Trinité.

LA COSMOGRAPHIE

nomme l'isle des Martirs, et l'aultre s'appelle Nostre Dame de la My Aoust, et l'aultre après se nomme la Trinité, et l'aultre, plus à la terre, se nomme l'Ascension. Et entre les Rochiers et la terre, y a ung chenal pour passer navires au long la terre, en laissant les Rochiers en la mer, du cousté de babort qui est la main gaulche. Et auprès du cap des Rochiers est la baye de Sainct Thomas [1]. Les Rochiers et les isles sont par les dix sept degrez et par les dix huyct et par les dix neuf jusques à vingt et deux degrez de la haulteur du polle antartique. Et au dedans des Rochiers est la rivière du Brésil [2] et la rivière de Sainct George [3] et plusieurs aultres rivières. Et, passé la rivière de Sainct George, tourne la coste au dedans des Rochiers au suest, douze lieues, jusques au cap des Basses. Et d'icy tourne la coste nordest et surouest, et prent ung quart de nord et su jusques au cap Froig [4]. Et entre les deulx est le port de Saincte Luce [5] et le cap de Sainct Jehan. Ledict cap de Sainct Jehan est par les dix neuf degrez et demy de la haulteur du polle antartique. Et le cap de Sainct Thomas [6] est par les vingt et un degrez et demy de la haulteur du polle antartique. Le cap [7] Froit est par vingt et troys degrez

F° 156 r°.

1. Baie Saint Thomas. Peut-être située au cap S. Thome.
2. La rivière du Brésil. Elle correspondrait, d'après Wytfliet et Magin, au Rio Mucuhy, qui ne serait pas alors le Para d'Alfonse. Il faudrait, dans ce cas, identifier le Para avec le Rio Paragassu.
3. Cap de Saint George. Dans Wytfliet et Magin, le Rio S. Georgio occupe la position d'une rivière placée par les 18° du p. ant., et qui descend dans l'Atlantique à Barra et San Matheos.
4. Cap Froig. Cap Frio. Il figure sous ce nom dans Wytfliet et Magin, placé par les 23° du p. ant. Au cap Frio passerait le tropique hyémal. Il y a là une légère erreur, d'un demi degré environ.
5. Correspondrait-il à la ville de Santa Crux par les 20° du p. ant.?
6. Cap Saint Thomas. C. S. Thome. Alfonse le place par 21° et demi, quand il est réellement à 23° et demi.
7. Ici la carte qui est reproduite à la page 416.

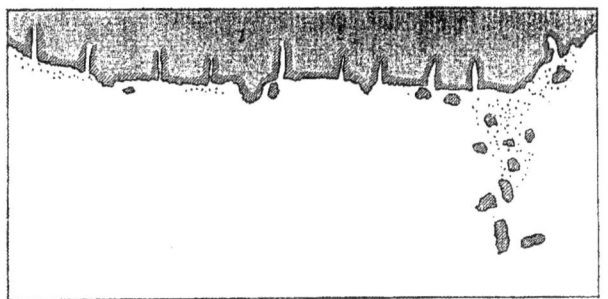

3. Terres du nordest et surouest du Brésil jusques passé les pierres basses.

de la haulteur du polle antartique, et entre luy et le cap de Sainct Jehan, sont les basses et rochiers des Sardes [1], lesquelles entrent bien dix lieues en la mer, et sont par les vingt et ung degrez et par les vingt ung et demy de la haulteur du polle antartique. Et entre elles et le cap de Sainct Jehan y a deux petites isles. Entre les basses et le cap Froig est le cap de La Récy [2] et, à la mer de luy, y a trois isles faictes en manière d'un trépier. Et du cousté du nordest d'elles, y a trois maulvaises roches dangereuses. Entre le cap Froig et le cap de la Ressif y a sept isles, deux grandes et cinq petites. Et entre les deux grandz isles se faict une baye qui va plus de quinze ou vingt lieues en la terre, qui faict paroistre que le cap Froig est une isle. Et passé les premiers rochiers est la baye appellée Belle [3], laquelle est à vingt deux degrez et demy de la haulteur du polle antartique. Et ceste baye faict, au dedans d'elle, une aultre baye qui a environ une lieue de large et environ quatre lieues au dedans de la terre. Et en ceste coste y a force brésil et bon. Au bout de la baye au dedans, est la Rivière Doulce [4], là où il se charge force brésil pour mener en Portugal. Et est ung bon port, et les gens de la terre sont bonnes gens. Et parmy eulx y a des Portugalloys qui sont vivans en la terre. Et de ceste rivière jusques au

1. Basses et rochiers des Sardes. Il y a dans Wytfliet et Magin toute une série de récifs indiqués sous le nom de Baxos de Abreoio. Ce sont évidemment les mêmes. Wytfliet et Magin les mettent non par 21°-21° 1/2, mais par 18°-20°.

2. Le cap de Larecy correspondrait sans doute au C. de Buzios devant lequel on aperçoit en effet une ou plusieurs îles.

Au sud de ce cap est une baie profonde où se voient également des îles.

3. Baie Belle ? Serait-ce la baie de Rio de Janeiro. Ce n'est pas vraisemblable, car ce golfe de Rio de Janeiro est indiqué dans la feuille suivante.

4. La Rivière Doulce. S'il s'agit du Rio Dolce, Alfonse se trompe, car cette rivière est par 19° du pôle antarctique.

cap Froig, y a seize lieues. Et à ce cap Froig passe le troppique yémal appellé Capricorne. Et, davant le cap, y a une isle, et davant le Beau Cap une aultre isle. Et, entre les deux, y a une aultre petite isle et ung maulvais rochier alentour d'elle. Et passé le cap Froig tourne la coste à l'ouest norouest environ vingt et cinq lieues, et de icy gist la coste au norouest vingt lieues. Et entre ledict cap et la terre, se fait ung grand goulfe lequel va au dedans de la terre vingt et cinq lieues. Et, à l'entrée dudict goulfe [1] en la mer, y a cinq ou six isles, et au dedans du goulphe ne sont que isles et rochiers, et le goulfe se court nord et su à son entrée, et au dedans du goulphe est large plus de quinze lieues. Et de ce goulphe jusques à la baye de Mangues (*ou* Maugues) [2] y a vingt lieues. Mangues a deux isles au bout d'elle. Ce goulphe a en son entrée bien vingt lieues de large. Et de ceste baye à la rivière Sainct François [3] y a cent lieues, et la coste gist l'est nordest et ouest surouest. Et entre les deux y a la rivière de Sainct Vincent [4] et la rivière de la Cananée [5] et

F° 156 v°.

---

1. Sans doute la baie de Rio de Janeiro avec les îles Tynca à l'entrée.
2. Baie de Maugues. C'est la baie de Mangaratiba qui, à son entrée, a deux îles : I. Grande et Restinga de Marambaïa.
3. Rivière de Sainct François. Devant la rivière une grande île. Serait-ce l'I. Grande ?
Le Rio San-Francesco (Châtelain, *loc. cit.*), au nord de l'île Sainte-Catherine, par les 27° environ. 1. San Francisco est dans la même position. Une grande île à l'ouest ; ce pourrait être l'île Sainte-Catherine, qui n'a en fait que 9 lieues de long.
4. R. de Saint Vincent. La rivière de Saint-Vincent est indiquée par Wytfliet et Magin, juste sous le tropique du Cancer, ayant devant elle une île appelée Saint Vincent dont la position correspond parfaitement avec l'I. Grande. La pointe San Vincente dans Châtelain (*loc. cit.*) est sous les 25° environ, là où Levasseur, dans son *Atlas*, place R. Iguape.
5. R. de Cananée. Cananea à l'embouchure du R. Ibiangi (Châtelain, *Atlas historique*. Ed°ⁿ Gueudeville).

LA COSMOGRAPHIE 419

le cap de Sainct Sébastien [1] qui entrent quatre lieues en la mer. Et est ledict cap de Sainct Sébastien par les vingt et quatre degrez de la haulteur du polle antartique, et à la mer de luy y a une grand isle, et du cousté devers l'est de luy y a trois petites isles. Et à l'est du cap de Sainct Sébastien est le port de Sainct Grégoire. Et devers l'ouest du cap est la rivière de Sainct Vincent laquelle a plusieurs isles en la mer. Et à son entrée et davant la rivière de Sainct Françoys, au cousté de l'ouest, y a une grande isle qui a bien vingt et cinq lieues de longitude et dix de latitude, et peuvent aller navires tout à l'entour d'elle, et au dedans d'elle descendent deux ou trois rivières. Et auprès de la terre y a une roche blanche et du cousté devers la terre est la rivière de Repère et la rivière de Bayade [2]. Et du port de Sainct Françoys jusques au port et rivière de la Volte [3] y a cinquante lieues et la route gist nord et su et prent ung quart de nordest et surouest. Et ceste coste le long de la terre est toute plaine de petites isles. La rivière de la Volte est par les vingt sept degrez et demy de la haulteur du polle antartique. De la rivière de la Volte jusques au cap de Saincte Marie [4] y a cent

F° 157 r°.

1. C. Saint Sébastien. Sans doute la pointe de l'île de San Sebastiao par 25° 3/4 du pôle antarctique. Châtelain place l'île Saint Sébastien par les 24°; « à la mer de lui, dit Alfonse, y a une grande île », ce qui est exact.

2. Rivière de Repère. Rivière Tubarao et rivière de Bayade, qui se jette à Itajahy (Levasseur) au nord de Sainte-Catherine. Ce sont les deux rivières les plus rapprochées.

3. Rivière de la Volte. Est-ce le Rio Grande appelé par Châtelain rivière du Saint-Esprit et dans laquelle il confond la Lag. des Patos ?

Barral, dans ses *Renseign. sur la côte mérid. du Brésil...* 1832, appelle le Rio Grande, Rio Grande de San-Pedro.

4. Cap Sainte-Marie. Cap Santa Maria. 34° 1/3 d'après Alfonse; 34° 1/2 réellement ; C. Santa Maria (Wytfliet et Magin).

Un islet devant le cap. C'est l'île de Lobos (Châtelain, *loc. cit.*), ou île Lobos (Levasseur).

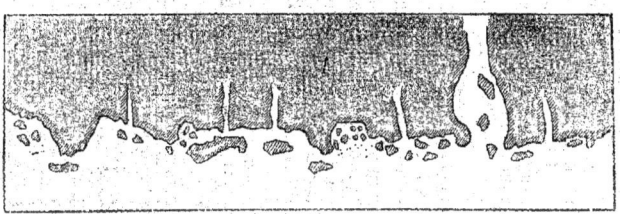

1. Terre de l'est nordest et ouest surouest jusques à la rivière d'Argent.

trente et cinq lieues et la route gist nord nordest et su surouest. Et est la coste toute plaine de rochiers. Et en ceste coste n'y a que trois rivières. Le cap de Saincte Marie est par les trente et quatre degrez de la haulteur du polle antartique. Du cap de Saincte Marie à la rivière d'Argen y a dix lieues. Ladicte rivière d'Argen [1] a bien vingt lieues de latitude en son entrée. Et va ceste largeur au dedans bien soixante lieues. Le meilleu de l'entrée de la rivière de Prate dicte Argen est par les trente et cinq degrez de la haulteur du polle antartique, comme le cap de Bonne Espérance et celluy des Aguilles. Ceste rivière d'Argen tient à la rivière de Mareignan, et peult passer navire de l'un à l'aultre entre la terre du Brésil et la terre du Pérou. En ceste rivière d'Argen et aux montaignes y a forces mynes d'argent. Les gens sont maulvaises gens et sont tous canyballes lesquelz mangent chair humaine. La rivière au dedans de son entrée a quatre isles, comme j'ay dict. Ceste rivière d'Argen et la rivière de Mareignan font de tout le Brésil une isle. Et par elles ont passé deux navires de mon temps ; l'un qu'estoit navire d'Espaigne entra par la rivière de Marcignan et l'aultre qu'estoit du Portugal entra par la rivière d'Argen et tous deux entrèrent en ce grand lac que j'ay dict. Toutesfoys en ladicte rivière y a forces vers qui mangent les navires et fauldroit

---

1. Rivière d'Argen ou de Prate ; Ry de Plata (*Voy. Avent.*) Rio de la Plata, par les 35°. Alfonse croit, comme on l'a cru longtemps, que le Rio de la Plata et les Amazones avaient une communication intérieure ; il a été prouvé à l'époque moderne qu'il y avait bien, entre les sources de ces fleuves ou de leurs affluents, des marécages, mais la navigation intérieure de l'un à l'autre, dont il parle comme d'un fait certain, était réellement impossible.

Des iles qui sont à l'entrée, les principales sont : l'île de Lobos et l'île Florès.

plomber les navires pour y passer. En ce lac et aux rivières d'Argen et de Mareignan y a de plusieurs sortes de poyssons et de grandz lisars et y a des poissons fort dangereux lesquelz mangent les hommes, s'ilz les peuvent attrapper[1]. Et du cap de Saincte Marie et de la rivière d'Argen, jusques au cap de Sainct Augustin et de Sainct Roch, y a force brésil et couton, et forces oyseaulx comme perroquetz, furtetz, autruces et toutes aultres manières d'oyseaulx. La coste de la rivière d'Argen est terre basse. Le cap de Saincte Marie a davant luy ung islet. Et de la rivière d'Argent à la baye Sainct Mathias[2] y a cent cinquante lieues. Et cecy n'est pas terre du Brésil. Car le Brésil s'achève icy à la rivière d'Argen, et en avant n'y a plus de Brésil. Et gist la route nord nordest et su surouest. La baye de Sainct Mathias est par les quarente degrez et ung tier de la haulteur du polle antartique au su de la ligne. La baye est une baye ronde laquelle entre en la terre bien douze ou quinze lieues, et à l'entrée d'icelle y a forces rochiers d'un cousté et d'aultre. Et de la baye de Sainct Mathias au cap des Loups marins y a soixante lieues. La route gist nord et su, et prent ung quart de norouest et suest. Et est le cap des Loups marins[3] par les quarente et huyt degrez de la haulteur du polle antartique. Et au cap des Loups marins y a une isle et à la mer de ladicte isle y a deux maulvais rochiers. Passé le cap des Loups ma-

1. Les grands « lizars » et les poissons qui mangent les hommes, seraient les caïmans.
2. Baye de Saint Mathias, Golfe de San Mathias, par les 43° environ. Alfonse la place à 40° 1/3.
3. Cap des Loups marins, P⁴ de Lobos par les 43° ; Alfonse placerait ce cap à 60 lieues seulement du cap Mathias et par les 48°, ce qui ne serait pas possible.

LA COSMOGRAPHIE 423

rins, tourne la coste nordest et surouest jusques à la baye de Travail [1], et y a en la route trente lieues, et est la baye de Travail par les quarente et neuf degrez de la haulteur du polle antartique. Et y a entre les deux, deux isles. La baye de Travail faict ung cap du cousté devers le su [2] qui entre cinq ou six lieues en la mer. Et à la mer de luy y a trois isles. Et de ce cap à la baye Sainct Jullien [3] y a trente lieues, et la route gist nord et su. La baye de Sainct Jullien est par les cinquante degrez de la haulteur du polle antartique. Du cap de Sainct Jullien jusques au destroict de Magaillan y a cinquante lieues et la coste gist nordest et surouest et sont toutes haultes montaignes couvertes de neiges, et sont rondes, et entre montaigne et montaigne y a de belles vallées toutes vertes. Le cap de la Victoire [4] qui faict l'entrée du destroict de Magaillan est par les cinquante et deux degrez et demy de la haulteur du polle antartique. Et le cap de la terre Australle [5] qui faict la mesme entrée dudict destroict, est par les cinquante et trois degrez de la haulteur du

F° 158 r°.

---

1. Baie du Travail, à 30 lieues du cap des Loups marins et 49° du p. ant. C'est sans doute la baie placée au sud du cap de Dos Bahias et de la P^to Melo, où se trouve notamment l'île Tova? à 45° du p. ant. Ce serait peut-être le G. de San Jorge.

2. Le cap au sud serait le cap de Tres Puntas et le cap Blanco.

3. Baie Saint Julien, sans doute la baie où est placé le Porto San Julian, par les 49° du p. ant. ; 50°, dit Alfonse.

4. Le cap de la Victoire est aujourd'hui nommé C. de Las Virgines. Wytfliet et Magin placent le cap de la Victoire à la sortie nord ouest du détroit de Magellan. Le nom de cap des Onze mille Vierges aurait été donné par Magellan lui-même. (Wytfliet et Magin). Le nom du cap de la Victoire viendrait-il du nom La Victoire, navire de Magellan (id., p. 65)?

5. Alfonse exprime encore ici l'idée que la terre Australle est reliée à la terre de Magellan. C'est celle de beaucoup de géographes des XVI° et XVII° siècles (V. Wytfliet et Magin).

polle antartique. Et entre le cap de Sainct Jullien et le cap de la Victoire, est la rivière des Lisars et la rivière de Sainct Jacques, et sont toutes ces terres haultes tant d'un cousté que d'aultre. Le destroict de Magaillan gist l'est nordest et ouest surouest, et a de longitude quatre vingtz lieues et de latitude cinq ou six lieues et jusques à douze lieues. Et au dedans du cap de la Victoire qui est l'entrée du destroict, environ vingt et cinq lieues, y a deux isles lesquelles sont nord et su, l'une de l'aultre, et sont terres haultes environnées de rochiers. Et icy est le plus large du destroict. Et au dedans des isles, en la terre australle, y a un grand goulphe duquel sort une grand riviére. Et au meilleu dudict goulphe y a une isle, et plus avant, tirant vers la mer Paciffique, y a deux isles qui sont distantes de ceste baye environ sept ou huyt lieues et sont du cousté devers le su auprès de la terre australle. Et en allant plus avant, y en a deux, l'une tirant vers le nord et l'aultre tirant vers le su. Et en ce destroict de Magaillan, l'eaue y court si fort que à grand penne les navires peuvent tenir sur leurs amarres. Mais elle ne va pas tousjours d'un cousté. Car aulcunefoys l'eaue court dedans, et aulcune foys dehors. Et ne sçaiche point lieu, en la mer Occéanne ny en toutes les autres mers, là où l'eaue coure tant que à cedict destroict de Magaillan. Et fault avoir de bonnes amarres. La terre, comme j'ay dict, est haulte. Les gens sont grandz comme géans, et y a esté veu homme plus grand deux foys que le plus grand de toute l'Europe, et a esté trouvé en terre son pas, et estoit plus grand que deux piedz des nostres et eust bien chaulsé soulliers de vingt et quatre poinctz et large à l'esquipollent. Passé le destroict de Magaillan [1], tourne la coste au norouest et à l'ouest norouest environ deux cens lieues. Et auprès ledict destroict y a cinq ou six isles par le dehors en la mer Paciffique. Le destroit de Magaillan et le cap de la Tourmente [2] sont l'est suest et ouest norouest et y a en la route deux cens vingt lieues. Le cap de la Tourmente est à quarente six degrez et demy de la haulteur du polle antartique. Le cap de la Tourmente et le cap Formose, qu'est à dire Beau, qui est en la terre australle du cousté d'occident en la mer Paciffique, sont l'est et ouest, et prenent ung quart de norouest et suest, et y a de l'un à l'aultre six cens lieues. Le cap de la Tourmente et l'isle de Fernande de Magaillan sont norouest et suest, et y a en la route quatre cens lieues. L'isle de Fernande de Magaillan est par les vingt et sept degrez de la haulteur du polle antartique au su de la ligne esquynocialle. Le Beau Cap est par les trente neuf degrez et demy de la haulteur du polle antartique. Le meilleu de l'isle de Fernande de Magaillan et le Beau Cap sont nordest surouest et prenent ung quart de nord et su, et y a en la route cinq cens lieues. Et tout cecy est en la mer Paciffique. L'isle de Frenande de Magaillan et le cap de l'Anguille [3] du Pérou sont nord norouest et su suest et y a en la route trois cent cinquante lieues. Le cap de l'Anguille du Pérou est par les sept degrez de la haulteur du polle

---

1. Alfonse n'a pas dû aller plus loin, car il ne décrit plus la suite de la côte en détail.

2. C. de la Tourmente, 46° 1/2 ; correspond à peu près au cap Tresmontes. Il porte ce nom de Tres Montes dans Wytfliet et Magin qui indiquent en plus dans la Terre de Feu une P. de Misericordia.

3. Cap de l'Anguille du Pérou, 7°. — Sans doute le cap Aguja par les 6° 1/2 environ.

antartique. En retournant au destroict de Magaillan, je dictz que au dedans dudict destroict, en la mer Paciffique, la terre Australle, au dedans de la mer Paciffique, retourne au surouest bien deux cens lieues et est la

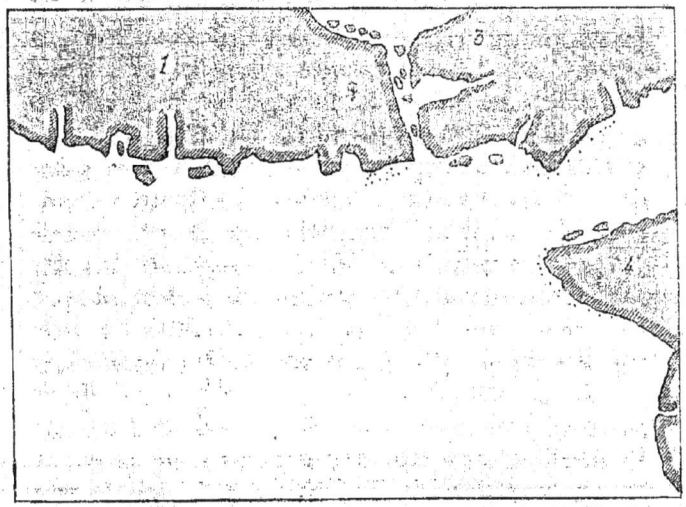

1. Couste devers Magaillant. — 2. Le destroict de Magaillant. — 3. Terre Ostralle. — 4. Terre Ostralle.

coste fort dangereuse, et la terre est plaine de haultes montaignes toutes couvertez de neiges et sont terres fort froides, et est par les soixante et ung et par les soixante et deux degrez de la haulteur du polle antartique. Et ne sçait on qu'il y a en elle, ny où elle va se rendre, parcequ'elle n'est pas hentée à cause des grandes froidures et grandz nuictz. Et aussi y a de grosses tormentes. Toutesfoys j'estime qu'elle va se rendre à la

LA COSMOGRAPHIE

terre qui s'en va rendre à la Jave par le cousté d'occident. En ceste mer les eaues y courent en grand manière, et est ladicte mer huyt moys de l'an toute glacée. Hors du destroict de Magaillan, en la mer Occéane, du commancement dudict destroict de Magaillan, tourne la terre Australle nord norouest et su suest jusques à la haulteur de soixante douze degrez du polle antartique. Et de là retourne en l'est suest, et ne sçait l'on où elle se va rendre, parcequ'elle n'est pas descouverte. Et sont toutes terres haultes pleines de neiges. Et la coste est toute pleine d'isles au long la terre et en la mer. Et l'eaue y court fort, et ont leur grand jour et nuict de trois et quatre moys, qui est trois et quatre moys de jour sans nuict et aultant de nuict sans jour. Et les gens qui habitent au destroict de Magaillan n'ont que trois heures de jour en leur yvert, et trois heures de nuict en leur esté. J'estime que ceste coste de la mer Occéane qu'est dicte coste Australle se va rendre en Oriant, à la Jave, du cousté d'occident de ladicte Jave. Toutesfoys jusques à présent n'est point découvert parceque l'on n'y ose aller à cause des froidures et tormentes du polle antar (*sic*), et ne sçait l'on que les gens de la terre Australle croyent.

Et puis que nous avons parlé des parties australes midy vers le polle antarticque et du destroict de Magaillen, et au dedans de la mer Ostralle, est raison parler des parties occidentalles en tournant à la rivière de Mareignan. Je dictz que de ladicte rivière de Mareignan jusques à la Mer (*sic*) Doulce[1] qui est une grande

---

1. Alfonse donne le nom de rivière de Marcignan au Rio Para, embouchure du sud de l'Amazone au sud de l'île de Marajo, et le nom de Rivière Douce à la grande bouche de l'Amazone ; le courant dont il parle est celui qui donne

rivière, n'y a que vingt et cinq lieues. Ceste Rivière Doulce a soixante lieues de large à son entrée, et vient tant d'eaue de ladicte Rivière Doulce et court si très fort qu'elle entre plus vingt lieues en la mer, tellement que, en lesdictes vingt lieues, ne se trouve point sallée pour l'eaue de ladicte mer. Ceste largeur de ladicte rivière va bien vingt et cinq lieues en la terre, et cecy faict deux rivières. L'une va vers le suest et l'aultre va au surouest. Et celle qui va au suest est fort proffunde et a bien demy lieue de largeur, en sorte que une carraque y peult bien aller sans sonder. Et l'eaue court si fort qu'il faut que ung navire ayt bonnes amarres et bon ancre. Et la terre de ceste rivière est une terre basse et platte, belle terre. Car j'ay esté bien cinquante lieues ou plus, à mont ladicte rivière, sans que je aye peu avoir veu aulcunes montaignes. Les gens de ce pays ont le visaige persé ainsi que ont ceulx du Brésil, ensemble les ballesbres de la bouche en quatre ou cinq parties, et metent, en iceulx pertuys, des piarres d'aymerauldes vertes enchassées en or, et plusieurs aultres piarres, et pendent aussi d'icelles piarres à leurs aureilles. Nous leur demandismes s'il y avoit point d'or en la terre, ilz nous feirent signe que allent hault à mont la rivière, il y avoit une montaigne en laquelle y avoit force d'or et que une partie d'icelle estoit d'or, et qu'ilz l'apportoyent de là, et que, quant ilz en avoyent affaire, ilz y en alloyent quérir. Et disoyent qu'ilz n'en faisoient pas grand compte, et qu'ilz ne l'estimoyent pas grandement

---

naissance au Gulfstream, mais il y a des erreurs dans les distances et le calcul des degrés, car une fois il met 25 lieues entre les deux, une autre fois 140. Il place la mer Douce à 7° du pôle antarctique, quand au contraire il met la Rivière Douce dans sa vraie position à 1° 1/2.

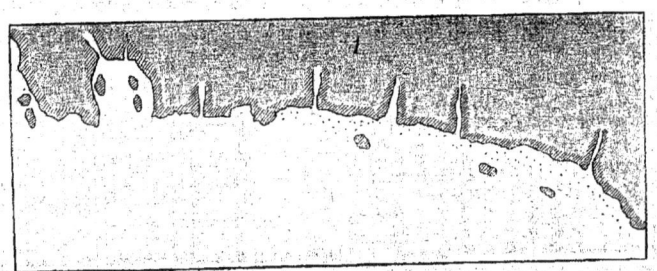

1. Couste despuis Mareignan jusques au goulphe de Pares de Comballes.

synon pour enchasser leursdictes piarres ; et que entre eulx n'est point coustume de vendre ny d'acheter, mais qu'ilz vivent communément, et que leur mangé est pain de racines et mil et une manière de naveaulx qu'ilz appellent batanes, lesquelles sont bonnes. Et font vin de palme pour leur boire, qui a le fruict gros comme ung oeuf, duquel fruict ilz font ledict vin et luy baillent telle coulleur comme leur plaist. Et est ledict fruict de coulleur jaulne, et dure longtemps quant il est bien faict et de saison. Aussi est ledict fruict fort bon à manger quant il est mur. Et ceste manière de gens font leurs maisons avec planchers et couchent et dorment sur icelles planchiers, et est le dessoubz du planché tout ouvert, et couchent en lictz de cotons penduz avec des cordes comme font ceulx du Brésil, et usent desdictz lictz en toute la coste et terre occidentalle. Toutesfoys, aux Indes occidentalles, leurs maisons n'ont point de plancher. Et sont leursdictes maisons couvertes de feulles de palme et d'aultres feulles d'arbres. Et ladicte rivière dicte Mer Doulce, à son entrée, est par les sept degrez de la haulteur du polle antartique. Et de cestedicte rivière jusques à la Rivière Doulce, y a cent quarente lieues, et la coste gist l'est suest et ouest norouest. Ladicte Rivière Doulce est par ung degré et demy de la haulteur du polle antartique. Toute ceste coste depuys la rivière de Marcignan jusques à la rivière Doulce est toute terre basse sans nulles montaignes, et est coste dangereuse, en sorte que les navires ne se doibvent point approucher d'elle à moins de cinq ou six lieues de la terre. De la Rivière Doulce au goulphe de Pares, y a cent vingt et cinq lieues. Et la route gist norouest et suest et prent ung quart de nord et su. En toute ceste coste y (a) beaucop de petites riviéres et y en a aulcunes bonnes pour entrer navires. Et en la Mer Doulce l'eaue y maindre et croist ainsi qu'elle faict en la coste de Bretaigne. Pares est par les six degrez de la haulteur du polle artique au nord de la ligne. Au goulphe de Pares [1], la mer n'y croist comme point. Et de là en avant, tirant en Occident, n'y a comme point de marée. Et depuys l'entrée du goulphe, jusques au cap de l'ouest, y a trente et cinq lieues. Et d'icy tourne la coste au nordest trente et cinq lieues jusques au cap le plus devers l'ouest. De l'entrée de Pares et de là en avant tourne la coste à l'ouest. Et davant le goulphe de Pares, quasi en la moictié du goulphe, y a une grand isle, laquelle a bien trente lieues de terre, et est faicte en fasson d'une tortue, et est dicte, ladicte isle, La Trinité [2]. Et y a en elle maintes petites montaignes rondes. Et, du cousté de l'ouest, y a une roche blanche en fasson d'un dyamant, et, auprès de ceste roche, est l'entrée de Pares. Et y a de largeur, de l'entrée de la grand terre à l'isle, huyt lieues, et de l'aultre cousté n'y a point passé trois lieues. Toutesfoys, cestuy icy est le plus proffund. Et le plus hault de l'isle, vers le nord, est à huyt degrez de la haulteur du polle artique. Et est, ladicte isle, peuplée de gens saulvaiges, et y a en icelle isle de l'or. Et en ladicte isle croist des jons aussi gros que la jambe d'un homme, et d'aultres plus petitz. Les gens de la terre usent pour leur déffense de darcs et flèches. Lesdictes flèches sont de la longueur d'une brasse et sont faictes

---

1. Paramaribo.
2. La Trinité. Ile de la Trinidad (Wytfliet et Magin).

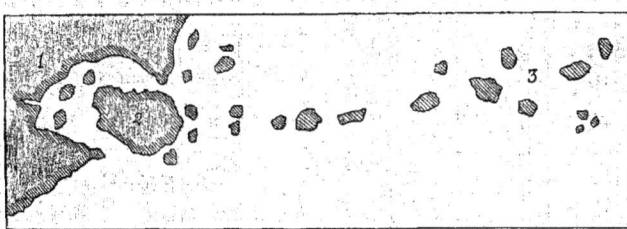

1. Goulphe de Pares. — 2. La Trinité. — 3. Isles de Comballes.

LA COSMOGRAPHIE 433

desditz jons, et boutent au bout, au lieu d'ung fer, F° 161 r°.
ung os de poisson ou d'ung boys qu'ilz ont, qui
est fort dur, et sont les os aussi durs que acier.
Et y a, en icelle isle, forces perroquetz de toutes coulleurs, les meilleurs du monde, et sont fort bons pour
apprandre à parler, et sont plus grandz et gros que
ceulx du Brésil. Et en ce goulphe de Pares [1], y a des
perles fines, les meilleures de tout l'Occident. L'isle de
la Trinité [2], au bort d'elle, a une bande d'isles, lesquelles vont jusques à l'isle Sainct Jehan [3] et jusques à L'Espaignolle [4], et sont norouest et suest. La première qui
est la plus prouchaine d'elle, est dicte l'isle de May [5], et
est petite; et croist, en icelle, une manière de fruict, lequel ressemble à milg, et y a arbres d'encent. Et ceste
manière de fruict a saveur de beurre. Et est, ladicte isle
de May, à dix degrez et demy de la haulteur du polle
artique. Et l'aultre amprès est dicte la Canane (*ou* la Canave) [6], et l'aultre Saincte Luce [7]. Et ceste dicte isle de
la Canane (*ou* la Canave) est à unze degrez de la haulteur du polle artique. Saincte Luce et l'isle de l'Ascension [8] sont à unze degrez et demy de la haulteur du
polle artique. L'isle nommée La Barbade [9] est à douze
degrez de ladicte haulteur. L'isle Martignan [10] est à
douze degrez et demy de la haulteur du polle artique.

1. Paramaribo.
2. La Trinitad.
3. Porto-Rico, avec deux villes : Port-Riche et Saint-Germain.
4. Saint-Domingue ou Haïti.
5. I. de May. I. de Maye (*Voy. avent.*).
6. I. Cannouan près de l'I. Grenada, ou La Gonave à l'ouest de Haïti.
7. Santa-Lucia.
8. L'Ascension.
9. Barbadoes.
10. La Martinique.

La Dominique ¹ et la Marie Gallante sont à treze degrez et demy de la haulteur du polle artique. La Gadelouppe et La Désirée ² sont à quinze degrez de ladicte haulteur. Montsarrat et Lantique sont à seze degrez de ladicte haulteur. Barbade est à dix sept degrez de la haulteur du polle artique. Et ceste Barbade est toute environnée de rochiers. L'isle Ronde ³ est à quinze degrez et demy de la haulteur du polle artique. Sainct Xpristofle ⁴ est à dix sept degrez et demy de la haulteur du polle articque. Sainct Martin est par les dix huyt degrez et demy de la haulteur du polle artique. Somboaire (*ou* Sombraire) ⁵ et l'Angille ⁶ sont à dix neuf degrez et demy de la haulteur du polle artique. L'Angille est une isle basse faicte en fasson d'une anguille, toute couverte d'arbres, et entre Languille et Sainct Martin n'y a que trois lieues de l'une à l'aultre, et n'y a point, au plus proffund, plus de dix brasses. La Négée ⁷ est à vingt degrez de la haulteur du polle artique. La Négée s'appelle ainsi parceque elle est terre basse comme la mer, toute environnée de baptures et de dangiers. Les Virges ⁸ qui sont plusieurs isles, sont à dix-neuf degrez et à vingt degrez de ladicte haulteur du polle artique. Saincte Croix est dix huyt degrez et demy de ladicte haulteur. Sainct Jehan est à dix neuf à vingt et à

---

1. Dominica.
2. La Desirada.
3. I. Rotunda.
4. Saint-Chistophe ou Barbuda.
5. Sombrero (Wytfliet et Magin).
6. Anguella.
7. I. Anegede. — Négée avait sans doute, pour Alfonse, le même sens que le mot sainsongeais *Nigée*, qui veut dire *Noyée*.
8. Les Vierges. La Vierge (*Voy. avent.*).

vingt degrez et demy de la haulteur du polle artique. Et sont, toutes ces terres, haultes montaignes, synon deux que sont L'Anguille et la Négée, qui sont terres basses. Et depuys la Trinité jusques à l'isle Sainct Jehan, y a deux cens quarente lieues. Et entre la Trinité et Sainct Jehan sont toutes lesdictes isles cy dessus nommez. Et les gens qui habitent en elles, sont tous gens caniballes ; celles qui ont des gens, car elles n'en ont pas toutes. Depuis Mareignan jusques à la Trinité sont tous gens caniballes, lesquelz mangent chair humaine. Et vont par la mer, d'une isle en l'aultre, pour soy desrober les ungs les aultres. Et sont si cruelz, que quant ilz treuvent aulcuns de leurs ennemys, tant d'une part que d'aultre, les mangent. Et quant ilz prenent des femmes, les tiennent en captivité et en font leurs chambrières. Et sont tous, ces canibales, grandz archiers. Et, en la plus grand part de toutes ces isles cy dessus nommées, y a de l'or. L'isle de Sainct Jehan est une bonne isle grande, et y a en elle deux bons portz principaulx. L'un est du cousté du nord qui s'appelle Port Riche, et est peuplé d'Espaignolz. Et l'aultre est au cousté devers le norouest, lequel est appellé Sainct Germain. En ceste isle se trouve de bon fin or. Ceste isle a de longitude, l'est et ouest, quarente lieues, et de latitude vingt lieues, et est terre haulte ; et, du cousté devers l'ouest, est terre basse, en bonne manière. Et, de l'isle de Sainct Jehan à l'Isle Espaignolle, y a seze lieues, et y a, entre les deux, deux isles, et une d'elles est appellée La Moue (*ou* la Mone [1]) et l'aultre s'appelle Egry (*ou* Egoy). Et au norouest du commencement de l'Isle Espaignolle sont les

1. I. Mona. La Monna (*Voy. avent.*).

436 LA COSMOGRAPHIE

rochiers appellez Envreul (*ou* Euvreul), et durent lesdictz rochiers bien environ vingt cinq lieues de longitude et vingt de latitude, et sont fort dangereux. Et au nord et au norouest, y a plusieurs isles peuplées de gens,

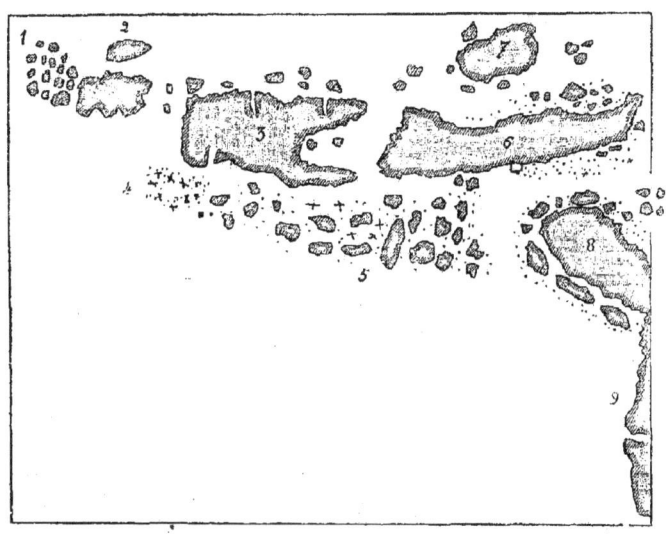

1. Les Vierges. — 2. Sainte-Croix. — 3. Saint Dominiquaint. — 4. Enpureul. — 5. Isles des gens qui ne mangent que poysson. — 6. La Coubbe. — 7. La Jamayque. — 8. La Flouridde. — 9. Couste qui vient de la Franciscane.

qui prenent de mer deux cens cinquante lieues, et sont norouest et suest. Le cap de Guye[1] est par les vingt degrez de la haulteur du polle artique. Et depuys ce cap de Guye jusques au cap de Thiburon[2], qui est la fin de

1. C. Engano. C. de l'Engano (Wytfliet et Magin).
2. Tiburon (Wytfliet et Magin).

LA COSMOGRAPHIE 437

l'Isle Espaignolle, du cousté de l'ouest, y a cens et soixante et dix lieues, et est instituée l'est et ouest. Et de cedit cap de Guye jusques à la Soanne (*ou* Saanne) [1] qui est l'entrée du port de Guye, y a quinze lieues, et sont nordest et surouest l'un avec l'aultre. La Saone est à dix neuf degrez et demy de la haulteur du polle artique, avec l'isle de Saincte Catherine [2]. Et de l'entrée du port de Guye à la rivière de Sainct Domyngue [3], y a trente et cinq lieues, et la route gist à l'ouest. Et de la rivière de Sainct Domyngue à la Couhe [4] y a vingt lieues et la route gist l'est et ouest, et de la Couhe à la Béate y a aultres vingt lieues. Et est la Béate de la Couhe, au surouest, à dix neuf degrez de la haulteur du polle artique. Et de la Béate à Guynir (*ou* Guyvir *ou* Guymo) [5] y a vingt et cinq lieues, et de Guynir à la Cabane y a quarente lieues. Et est Guynir et La Cabane à vingt degrez de la haulteur du polle artique. Et de La Cabane sort ung cap de la terre bien huyt lieues en la mer. Et au delà du cap tourne la coste à l'ouest norouest jusques au cap de Thiburon, et y a d'un cap à l'aultre vingt et cinq lieues. Et davant la Cabane y a une isle en laquelle y a de grandz lisars et aultres bestes venimeuses. Et entre elles et la terre est le chenal par où vont les navires, et y a aulcuns dangiers de baptures et bans qui vont par le meilleu dudict chenal. Et y a deux chenaulx,

1. I. Saona (Wytfliet et Magin). La Saone (*Voy. avent.*). I. Soano.
2. S. Catharina (Wytfliet et Magin). Petite île exactement à l'ouest de Soano.
3. Sº Domingo.
4. Alfonse a rayé ici : *Cohe Cabane*. Serait-ce Les Cayes ? Ce nom de caye est d'ailleurs commun dans toute l'île, au sud comme au nord, et rappelle en effet des cabanes.
5. Yaquimo (Wytfliet et Magin), qui correspond comme position à Jacmel.

l'un qui va auprès de l'isle, et l'aultre auprès de la grand terre. Et du cap de Thiburon tourne la coste à l'est jusques à Sarraga ¹. Le cap de Thiburon est par les vingt degrez et demy de la haulteur du polle artique, et du cap de Thiburon à Sarraga y a soixante et dix lieues, là où est l'isle de Ganabon. L'isle de l'Espaignolle n'a point de largeur plus de vingt ou vingt et cinq lieues, et de Sarraga tourne la coste de L'Espaignolle, au nordest et au quart du nord, jusques au cap de Sainct Nicolas. Et de Sarraga jusques au cap de Sainct Nicolas ² y a cinquante et cinq lieues. Et passé le cap de Sainct Nicolas tourne la coste à l'est jusques au Port Réal ³ qui est ung villaige peuplé d'Espaignolz. Et ce Port Réal est le meilleur port de toute l'Isle Espaignolle synon qu'il est loing du traffic des navires, et pour ce n'y vont guères de navires. Et de Port Réal à Port d'Argent y a trente et cinq lieues. Et de Port d'Argent ⁴ au cap de Serpent, y a quarente lieues, et la coste gist à l'est suest et ouest norouest ; et du cap de Serpent jusques au cap de Guye y a vingt et huyt lieues, et du cap de Guye jusques au cap de Thiburon y a cent soixante et dix lieues. Et cecy est la longitude de ceste isle, et la plus grand latitude qu'elle ayt, est depuis La Béate jusques au Port Réal qui est de quatre vingtz et dix lieues de latitude, et la partie devers le su est de dix neuf degrez à vingt degrez de la haulteur du polle artique. Et

---

1. Sarraga. Xaragua (Wytfliet et Magin), dans la position de Port-au-Prince.
2. La Poincte Saint Nicolas, dans Wytfliet et Magin, est la plus occidentale devant Cuba.
3. Port Reale est placé dans la position du cap d'après Wytfliet et Magin.
4. Appelé aussi Port de Pilate (*Voy. avant.*).

la partie devers le nord est vingt trois degrez de la ladicte haulteur. Ceste isle est peuplée de Xprestiens, et se cueulle en icelle grand quantité d'or, en sorte qu'il en soulloit venir, tous les ans, en Espaigne, le nombre et quantité de quatre cens mille castillans d'or qui vallent cinquante solz la pièce. Et si est terre fertile de chair et d'herbaiges, et y a tant de beufz et vaiches que ceulx à qui ilz appartiennent, les donnent en rendant le cuyr, et se cueulle en elle force seucres[1]. Et veellent les vaiches en ung an et demy deux foys, et les chièvres, deux foys en l'an. L'herbe y est toute l'année verte et le bled y croist en herbe fort grand, mais il ne graine point et n'apporte point de fruict, et mangent pain de racines et de bataves (*ou* batanes), lesquelles resemblent à naveaux. Et y a une manière de fruictz lesquels resemblent à la pyne, excepté que le fruict est ung peu plus grand que la pyne, et l'appellent amanas (*ou* ainanas), et est fort bon à manger. Et l'arbre qu'il porte ledict fruict, semble au lys, et quand il est mur, il est jaulne, et a saveur de seucre et mier, et a si grand odeur que quant il est en une maison, elle sent bon de l'odeur d'icelluy fruict. Et y a de plusieurs aultres fruictz et de diverses manières. Les gens de la terre soulloyent estre petites gens et avoyent la teste large. Sainct Domyngue est la principalle ville de toutes ces isles cy dessus' nommées, et est du cousté devers le su. Et y a en ladicte ville bien sept ou huyt cens maisons, et y a de fort beaulx édiffices. Et Port Réal et Port d'Argent sont devers le nord. Et y a du cousté devers le nord plu-

---

1. « Et se cueulle en elle force seucre. » D'après Wytfliet et Magin (p. 82) : « quelques tems après (la découverte par C. Colomb), l'on y a porté des ro- » seaux portans succre, et s'y a-t-on fait des meules propres et baty des bou- » tiques, tellement qu'ils en trafiquent maintenant et s'en font riches. »

F° 163 v°. sieurs isles toutes environnées de bans et rochiers, et y a en ceste isle, en aulcuns lieux, montaignes de sel. Et du cap de Sainct Nicolas, qui est le plus vers le norouest, à l'isle de Coube [1], n'y a que quatorze lieues, et est à l'ouest de l'Isle Espaignolle, et a de longitude deux cens dix lieues, et a de latitude, en d'aulcuns endroictz, cinquante lieues, et en d'aultres trente lieues, et en d'aultres vingt, et en d'aultres dix et douze lieues. Et est depuys vingt et ung degrez jusques à vingt et quatre de la haulteur du polle artique. Et est bonne isle fertile des vivres de la terre, et y a force bestial, principallement de porceaulx, et au meilleu d'elle est fort haulte terre. Et, devers le bout de l'ouest, est terre basse comme la mer, et est toute environnée de isles et de rochiers du cousté devers le midy. Et, du cousté devers le norouest, y a forces basses et rochiers qui entrent cinq ou six lieues en la mer, qui s'appellent les Orgues, et y a trois ou quatre portz et villaiges peuplez d'Espaignolz. Le cap de Saincte Croix [2] et le cap de Sainct Nicolas [3] sont par les vingt deux degrez et demy de la haulteur du polle artique. Et le cap le plus du nord qui est le cap de Matance, (*ou* Matauce), appellé Saincte Croix, est par les vingt et cinq degrez de la haulteur du polle artique. Et, de luy à la Fleuride [4] y a vingt et cinq lieues, et sont nord et su l'un de l'autre, et le chenal de Baasme [5] nord

1. Coube. Cuba.
2. Cap de Cruz par 19° 3/4 du polle antarctique au sud de l'île ?
3. C'est le cap qui s'avance au nord est de Matanzos, ville de la côte septentrionale de l'île, non loin de la Havane. Il porte le nom de P. Matauzas dans Wytfliet et Magin.
4. La Floride.
5. Le chenal de Baame, c'est le nom donné par Alfonse au canal de La

norouest et su surouest. Ladicte Fleuride est par les vingt sept degrez de la haulteur du polle artique. Ceste isle de Coube tient du cousté devers le l'est nordest les isles des Ycayos lesquelles sont toutes environneés de rochiers, et sont plus de deux cens isles. Et sont peuplées de gens canyballes lesquelz ne mangent aultre chose que poisson et pain de racines. Et si on leur donne de la chair, ils meurent. Et, du cousté de l'austre mydy de la Coube, est l'isle de Jamaïque [1], laquelle est l'est et ouest avec le cap de Thiburon. Et y a du cap de Thiburon jusques à la Jamaïque vingt lieues. Et [2] est entre les deux, au meillieu, l'isle appellée Navague [3] (*ou* Navaque), qui est une isle de pierres plates sans aulcun prouffict. La Jamaïque est l'est et ouest, et a de longitude cinquante lieues et de latitude vingt et cinq lieues, et est une isle fertille des vivres de la terre, et y a force bestial et forces arbres portans couton. Et y a, alentour d'elle, forces petites isles et rochiers, et est peuplée d'Espaignolz et Indiens, et ne se trouve point d'or en elle. Et vers le su surouest d'elle, environ quinze ou vingt lieues, y a une isle perdue qui s'appelle la Librè (*ou* Bibre) [4], et est toute faicte en rochiers dangereux, et a bien vingt ou trente lieues de rondeur, et est fort dangereuse pour navires. Et encores au présent en apparoist trois ou quatre petitz loppins où il y a

F° 164' r°.

Floride courant entre l'archipel de Bahama et le continent. Quant aux îles de cet archipel, Alfonse leur donne le nom de Ycayos, c'est-à-dire Lucayes, nom sous lequel l'archipel de Bahama est également connu.

1. La Jamaïque, à laquelle, au commencement du XVIIe siècle, on donnait aussi le nom d'île Saint-Jacques.
2. Ici figure la carte qui est reproduite à la page 442.
3. L'île de Navaza dans Wytfliet et Magin.
4. La Libre ou Bibre correspond à un ensemble de rochers nommés Le Pedro Bank.

1. La côuste de l'ouest ayant au cap d... Ci dessus. — 2. La Marguerite. — 3. Cap de Couarte.

forces oyseaulx. Et plus avant au su surouest, y a une aultre isle aussi perdue qui s'appelle la Sérane [1] (*ou* Serrane *ou* Séroane), et sont toutes deux fort dangereuses pour navires. La Serrane (*ou* Serrane *ou* Séroane) est depuis treze degrez et demy jusques à quatorze degrez de la haulteur du polle artique. Et La Bibre (*ou* Libre) est de quinze degrez et demy jusques à dix sept de ladicte haulteur. Et à l'ouest de la Jamaïque y a trois isles qui s'appellent les Caymanes [2], là où il y a des lizars aussi gros que gros beufz, lesquelz sont fort dangereux.

Et puisque nous avons parlé des isles des Antilles, est raison que nous parlions de la coste de la terre ferme.

Et commenceant au cap qui est à l'ouest [3] du goulphe de Pares [4] et de la Trinité, et y a du cap du goulphe de Pares jusques au cap de Perles [5], soixante et quinze lieues, et la route gist l'est et ouest, et prent ung quart de norouest et suest. Et est le goulphe des Perles à neuf degrez et demy de la haulteur du polle artique. Et est entre les deux la baye de Tous les Sainctz [6].

---

1. La Sérane, c'est Seranilla Bank.
2. Les Caymanes. Archipel Great Cayman.
3. Le cap, à l'ouest du golfe de Pares et de la Trinité, est sans doute le cap de Pena (V. Kerhallet, *Manuel de la navigation dans la mer des Antilles et le golfe du Mexique*, 1853, in-8.)
4. Golfe et presqu'île de Paria (Vénézuela), entre l'île de la Trinité et le continent. V. Pointe Paria (*Neptune* de 1807).
5. Cap et Golfe de Perles. Ce sont le golfe qui est au sud de l'île La Margarita, aussi dénommée « La Perle », et les caps qui dominent le golfe.
6. Tous les Saintz, baie ou cap. Le cap correspond à la pointe où est Santiago (*Neptune* de 1786), à côté du golfe de Santa Fé (*Neptune* 1807). La baie serait l'anse d'Unare, près d'un village appelé San Juan d'Unare (Kerhallet, *loc. cit.*). Le cap qui entre trois lieues dans la mer, serait le cap des Tres Puntas (*id.*).

Et au cousté de l'ouest, y a ung cap qui entre bien trois lieues en la mer. Et au cousté du nord de ce cap, bien huyt lieues en la mer, sont les Frères Rochiers [1] qui est ung assemblement de petites isles qui semblent à roches. Et à l'ouest desdicts rochiers est l'isle appellée la Margarite [2]. Et la route gist l'est et ouest, et a, ladicte isle de la Margarite, vingt lieues de longitude et douze de latitude, et tout alentour d'elle se peschent forces perles fines. Aussi faict on en la terre d'elle. Et entre la terre et l'isle de la Margarite y a deux ou trois petites isles [3], esquelles se peschent grand quantité de perles, et y a en elles des Espaignolz. Et icy y a une entrée de mer, passé le cap des Perles, entre deux terres, laquelle entre plus de quinze lieues à l'est. Et icy se peschent forces perles. Depuys le cap des Perles [4] jusques au cap du port de Flèche appellé Turague [5] (*ou* Turaque), y a quatre vingtz lieues, et la route gist l'est et ouest. Et est Turague (*ou* Turaque) par les neuf degrez et demy de la haulteur du polle artique. Et entre les deux est le cap de Isleau [6]. Et avant que de venir au cap de Isleau, trouverez le port nommé Porseul et le port de Canefistre, et le dernier est le port de Flèche qui a beaucoup de petites isles davant luy. Et se peschent, en toute ceste coste, forces perles, et aussi en ceste terre y a de la casse fistre. Et le port de la Canefistre et le

1. Les Frères rochiers. Les Frayles (*Neptune* de 1807).
2. La Margarite. Margarita dans les îles Sous le Vent.
3. Au sud de Santyago, il y a les îles de Cuaga ou Cubaga, Araya, Coche, (*Neptune* 1807). Kerhallet (*loc. cit.*) indique aussi des îlots nommés Testigos.
4. Cap de Perles. Voir plus haut.
5. Cap du port de Flèche appelé Turague. Tucacas ou Tucaras (*Neptune* de 1786 et 1807). Tucacas ou Golfe Triste (Kerhallet, *loc. cit.*).
6. Cap de Ileau. La pointe de l'Ilot termine la baie de Hérin (Kerhallet, *loc. cit.*) V. aussi P^{te} Ycacos (*Neptune* de 1807).

LA COSMOGRAPHIE

port de Fléche sont à huyt degrez de la haulteur du polle artique. Toutes ces terres sont fertilles des vivres de la terre et sont belles terres. Et icy en ceste terre se trouve de l'or et perles en abundance, et y a de bons perroquetz. Les gens de la terre usent pour leur deffense d'arcs et fléches, et sont leursdictes fléches longues d'une brasse, et ycy y a force de ces gros jons de quoy ilz font bastons, lances et picques. Et de Turace [1] jusques au cap de Sainct Romain [2] y a quarente et cinq lieues, et la route gist norouest et su-est et prent ung quart de nord et su. Et est ledict cap de Sainct Romain par les unze degrez de la haulteur du polle artique. Et le cap de Sainct Romain entre en la mer bien vingt lieues, et la terre du cap n'a point plus de largeur que trois et quatre lieues. Et du cousté de l'est y a ung port qui est appellé Courace [3]. Et au cousté de l'ouest y a ung aultre port qui s'appelle le port de Pict [4], (ou Piot) et sont bons portz. Et y a desdictz portz jusques au cap de Sainct Romain vingt lieues. Et sont lesdictz portz à dix degrez de la haulteur du polle artique. Et entre le cap de Sainct Romain et le cap de Coubague [5] (ou Coubaque), y a trois isles en manière de triangle.

F° 165 r°.

1. Turace. C'est peut-être Tucace. Tucacas. V. plus haut.
2. C. Saint-Romain. C. Roman (*Neptune* de 1786). C. Saint-Roman (Vénézuela) (*Neptune* de 1807).
3. Courace, port à l'est de la presqu'île de Paraguana. Cariaco (Wytfliet et Magin). Incontestablement Coro.
4. Port de Pict. Sans doute aujourd'hui Vela (*ou* Veia), dans le golfe de Vénézuela.
5. Cap de Coubague. Chichivacoa (*Neptune* de 1807). Coquibacca, à l'est du golfe de Vénézuela. Les trois îles en triangle seraient les îles Monges (*Neptune* de 1807) ; à moins qu'Alfonse ne les confonde avec l'île d'Aruba ou Oruba.

L'autre golfe dont il parle serait la Bª Calabozo, l'anse Calabozo (*Neptune* de 1807).

Et entre ces deux caps se faict ung grand goulphe qui va bien trente ou quarente lieues au dedans de la terre, en figure d'un cadrent. Et enprès du cap de Coubague (*ou* Coubaque), y a ung aultre goulphe lequel entre bien trois ou quatre lieues en la terre. Et au bout dudict goulphe, auprès de la terre, y a une grand roche qui tient à la terre, et ladicte roche est plate ; et dessus elle, y a ung villaige d'Indiens, lequel est appellé Vincible [1], et est à dix degrez de la haulteur du polle artique. Et entre ce goulphe et Vincible et le cap de Cubague (*ou* Cubaque), y a ung aultre grand goulphe entre deux terres. Et au dedans de la terre, en ce mesme goulphe, est la ville nommée Coubague (*ou* Coubaque). Et icy ont esté trouvées balances à peser l'or, et piarres pour icelluy toucher. La ville est grande, et dient les Indiens qu'ilz apportent l'or de vingt ou vingt et cinq lieues au dedans de la terre. Et ont cougnoissance de la bonté de l'or, et vault entre eulx, parceque, en toute la coste des Indes, n'a point esté trouvé de ballances ny piarres de touche sinon en ceste ville de Coubague (*ou* Coubaque). Les gens sont de bonne sorte, bien dispotz et sont belles gens, et ont les plus belles femmes de toutes les Indes. Ces Indiens usent pour leur deffense de lances de vingt et cinq palmes de long. Et du cap de Coubague (*ou* Coubaque) jusques au cap de la Velle [2], y a quarente lieues, et la route gist l'est suest et ouest norouest. Et est ce cap de la Velle par les douze degrez de la haulteur du polle artique. Et au bout dudict cap y a

---

1. Vincible. Serait-ce Maracaybo (Vénézuela) ? Le golfe serait le lac ou Laguna de Maracaybo qu'il aurait pris pour un golfe.

2. Cap de la Velle. Cap de la Vela (Voile), sur la côte de Guojira (Colombie) (V. Kerhallet, *loc. cit.*).

ung islet, entre lequel et la terre navire peult passer, et y a huyt brasses de proffund. Et au dedans du cap, du cousté devers le surouest, y a ung bon port ¹ auquel se peschent forces perles. Et sur la poincte du cap, la terre n'est pas fort haulte, et y sont deux ou trois petites montaignes rondes. Et depuys le cap de Coubague (*ou* Coubaque) jusques au cap de la Velle, la coste de la mer est toute basse, et, sur le cap, est plus haulte, et, au dedans de la terre, sont toutes haultes montaignes ². Passé le cap, la coste gist nord et su, et prent ung quart de nordest et surouest, et le long de la coste est toute terre basse. Et du cap de la Velle au cap de Turague (*ou* Turaque), y a trente lieues, et est Turague (*ou* Turaque) ³ par les dix degrez de la haulteur du polle artique, et est très bon port. Et de Turague (*ou* Turaque) à Saincte Marthe y a vingt et cinq lieues, et la route est l'est et ouest. Saincte Marthe ⁴ est par les dix degrez de la haulteur du polle artique. Saincte Marthe est bon port, et y a davant ledict port une petite isle. Turague (*ou* Turaque) et Saincte Marthe est terre seiche et n'y pleut guères, tellement qu'il la fault arroser, quant ilz veullent semer ou planter quelque chose. Et, en ceste terre, y a une haulte montaigne toute pelée, laquelle n'a point d'arbres. Les sables qui sont le long de la

1. Cuid de la Hacha (*Neptune* de 1807). Ce serait le port de Riohacha, (*Neptune* de 1786); ou faut-il identifier ce port avec Turaque qu'Alfonse place à 30 lieues du Cap de La Velle ?
2. Ces montagnes seraient les contreforts de la Sierra Nevada de Santa Marta.
3. V. Riohacha ci-dessus ; ou faut-il l'identifier avec la seconde pointe de Tucacas sur le golfe de Vénézuela, vis-à-vis du cap de la Vela (V. *Neptune* de 1807).
4. C. Sᵃ Marta (Colombie). (V. *Neptune* de 1807 et Kerhallet, *loc. cit.*).

coste et au long les rivières sont de coulleur de l'or, de sorte que ledict sable semble estre d'or. Et y a, en la terre, forces cerfz, biches et porceaulx saixlez (*peut-être* sanglez, *mais on lit mieux* saixlez). Et se trouve de l'or, mais il est bas or, et du cuyvre doré.

F° 166 r°. Et [1] dorent ledict cuyvre d'une manière de racine d'herbe, laquelle croist en ladicte terre, et le dorent du ju de ladicte herbe. Et en le lavant dudict ju, devient ledict cuyvre de coulleur d'or. Les gens de la terre sont maulvais et dangereux, et usent, pour leurs deffenses de flèches, et graissent le bout desdictes flèches de poisons et d'une herbe qui est si venimeuse, que si le bout touchoit au sang de l'homme, il ne sçauroit eschapper qu'il ne meure. Et toute la force que ladicte herbe a, la prent d'une manière de pommes, et semble la feulle desdictes pommes à feulle de poirier. Et est si venimeuse que si ung homme avoit mangé d'une, son corps se trouveroit tout en vers, en une instance, et mourroit. Et cecy, je l'ay expérimenté à ung chien auquel j'en baillé à manger avec du pain, et advint que en moins de quatre heures ledict chien mourut. Et, icelluy mort, fust ouvert et fut trouvé tout plain de vers ; et est chose certaine. Et est si venimeuse que si ung homme dort à l'umbre dudict pommier, les yeulx luy sortiront hors de la teste. Je veidz l'un de mes mariniers, pour avoir seullement touché des doigtz à la pomme et touché desdicts doigts à la langue, lui enfla ladicte langue aussi grosse que le bras. Et avant que vous veniez à Saincte-Marthe, vous trouverez le Port Arrive (*ou* Arrune) qui est au pied de la montaigne Négée [2]

1. Ici est placée la carte qui est reproduite à la page 449.
2. Sierra Nevada de Santa Marta, aussi appelée Sierra Neigeuse.

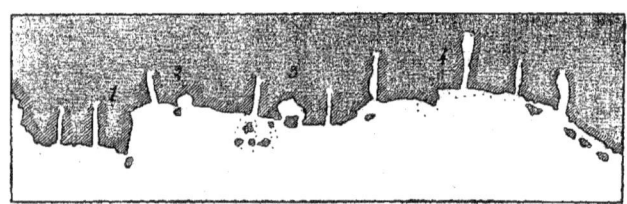

1. Cap de La Velle. — 2. Ste Martre. — 3. Cartagènes. — 4. La Grande rivière.

qui est bon port, et la terre est bonne. Et trouverez en elle de beaucoup de sortes de fruictz, bons à manger. Et entre eulx y a une manière de fruictz que quand il est mur, il est jaulne par deshors, et dedans ressemble à saveur de beurre fraiz. Et est si bon et si odoriférant que celluy qu'il le mange, se trouve tout le jour fort joyeulx. La montaigne Négée commance à Saincte-Marthe ; et, sur le port Darro [1], est le plus hault d'elle. Et sur ledict hault, est toute blanche comme neige, et de là va à l'est jusques au travers de Vincible [2]. Et de là s'en va au dedans de la terre, mais on ne sçait où. Et va bien loing ainsi que dient les Indiens. Ces montaignes sur le haut d'elles, sont plattes, et sont lesdictes montaignes toutes peuplées de Indiens, et sur le hault de la montaigne y a plusieurs estans d'eaue doulce. A Saincte-Marthe se fait forces couton, duquel se font forces draps painctz de toutes coulleurs, et ont forces choses de plaisir, faictes de plumes de perroquetz et de toutes coulleurs. Et sont si bien faictes qu'il n'y a que seigneur qu'il ne s'en contente bien et les portent par spéciaulté. Et de Saincte Marthe en avant tourne la coste nord et su jusques à vingt lieues. Et en ceste coste sont les gens de Guarie (*ou* Quarie) qui sont maulvaises gens. Et plus avant y a ung grand villaige qui s'appelle aussi Guarye [3] (*ou* Quarye). Et icy entre en la mer une grand rivière laquelle vient de la montaigne Neigée, et est si grande, ladicte rivière, qu'elle va plus de dix lieues

---

1. Darro au pied de la montagne Sainte-Marthe qui va jusques au travers de Vincible (Maracaybo).

2. D'après sa position, Vincible serait bien Maracaybo.

3. Guarye, village. Pic de Gaira (*Neptune* de 1807). Village de Gaira (Kerhallet, *loc. cit.*). Le grand fleuve serait le Rio Grande de la Madelaine (*Neptune* de 1786.)

LA COSMOGRAPHIE

en la mer sans soy tourner (*sic*) sallée. Et d'icy gist la coste l'est et ouest jusques au port des Ambes [1] qui est bon port. Et est par les unze degrez et demy de la haulteur du polle artique. Et de Saincte Marthe à Zambe y a vingt et cinq lieues. Et toute la coste est terre basse sans aulcune montaigne, et sont tous canenyas de canes qui sont fort délectables. Et est terre bien peuplée. Les hommes portent les cheveux courtz et sont couronnez comme moynes. Les femmes sont couvertes de la saincture jusques aux thalons, et sont bonnes gens et ne font poinct de mal à nulluy, si premier on ne leur en faict. Au cousté de l'ouest de Zambe [2] sont les isles de Sable [3], qui sont quatre isles, et entrent dix lieues en la mer, et sont toutes environnées de bans et de baptures de sable. Toutesfoys, entre elles et la terre, auprès du cap de Loye et du Chat [4] peuvent passer navires ; et de Zambe au cap de Caure [5] qui est à deux lieues de Cartagène y a vingt lieues. Et ces vingt lieues sont maulvaises à naviger à cause des baptures des isles de sable. Et davant le cap de la Caure y a une piarre platte, laquelle la mer lave quelque peu, et s'appelle, ladicte piarre, la Caure. Et aussitost que vous la voyez, vous êtes hors de danger. Et au dessus de ladicte piarre, y a ung villaige de Indiens qui s'appelle

F° 167 r°.

---

1. Port des Ambes ou de Zambe, au nord de Cartagène. Pointe de Samba, dans cette situation (*Neptune* de 1786) ; Galera de Zamba (*Neptune* de 1807). Baie de la Galera de Zamba et pointe de ce nom (Kerhallet, *loc. cit.*).

2. Zambe. Voir ci-dessus.

3. Ile de Sable ; Ile Arenas (*Neptune* de 1786) ; Ile de Sable (Kerhallet, *loc. cit.*).

4. Cap de l'Oye et du Chat. Voir la colline de la Fourrure du chat, la pointe de Canoas et la pointe de Piedras (Kerhallet, *loc. cit.*).

5. Il y a en effet deux ou trois caps entre Sabanilla et Cartagène. Serait-ce la pointe de Canoas (Kerhallet, *loc. cit.*). A deux lieues de Cartagène, il y a bien aussi le cap Caribane (*Neptune* de 1786).

Caure. Et à deux lieues de ladicte Caure, du cousté de l'ouest, est le port de Carthagène [1]. Et, au meilleu dudict port de Carthagène, y a une isle qui ne sort point plus dehors que la terre, et faict ladicte isle deux entrées, la meilleure desquelles est celle du cousté de l'est. Ladicte isle appellée Coudègue [2] (*ou* Coudèque), et a deux lieues de longitude et demye lieue de latitude, et est bien peuplée de gens Indiens qui sont pescheurs. Les gens de ce pays sont bien dispotz, tant hommes que femmes, et sont gens qui vont nudz et sont maulvais et dangereux, et usent de dars et de fleiches, et est le bout de leurs dictz dars et fleiches empoisonné. Et abattent les femmes aussi bien que les hommes. Et en ceste terre y a de l'herbe prépote qui est bonne contre poisons. Et dict on que c'est l'herbe de laquelle fut guéry Tholomée par Alexandre le Grand quant il fut blessé d'une fleiche empoisonnée. Et d'icy en avant, contre l'occident, les Indiens mangent pain de grain de maïs moullu, et font d'icelluy bon pain qui est de grand substance. Et de la mesme farine cuicte en une chauldière avec de l'eaue, en font du vin pour boire. Et est beuvraige de grand substance et de bonne saveur. Et est fort nutritif, en manière que quant les Indiens en boyvent ung plain

---

1. Cartagena, Cartagène (Colombie).
2. Dans le port de Cartagène, il y a la petite île de Manga, et dans la baie, entre Cartagène et la pointe de Copo, l'île de Tierra de Bomba (*Neptune* sans date, XVIIIᵉ siècle). Ce serait plutôt l'île de Manga (Kerhallet, *loc. cit.*).

Cette île de Coudègue fut appelée aussi Carex.

« In ipso urbis additu insulam adspectat similem insulæ Escoubreræ in Car-
» tagena Castellanorum quæ causa fuit quod urbem Cartagenam quoque
» vocaverint insulam vero de Codege hodie de Carex A. de Herrera.
Novus orbis sive descriptio Indiæ occidentalis. Amsterdam, 1677, fol. 21 v⁰).

Ile de Carex (Dassie, *Descrip. gén. des côtes de l'Amérique*. Rouen, Bonnaventure Lebrun, 1677, in-12).

verre, un matin à jun, ilz peuvent aller et travailler tout le jour sans boire ne manger aultre chose. Et vivent les Espaignolz qui sont en ladicte terre, dudict pain et vin. Le ju de la racine de ceste herbe prépote est fort bon pour la veue de la personne, et aultant est vertueuse pour ladicte veue, comme elle est pour le poison. Et de ceste herbe prépote, dient qu'il y en a en la Carményé et aux montaignes Athelates et en la terre de Gétullye. En ceste terre de Carthagène y a force or et cuyvre, mais ledict or est bas or et non de grand pois. Et dient que, vingt lieues au dedans de la terre, y a force or, et y en va quérir qu'il veult. Mais c'est bas or. Et de Carthagène aux isles de Caramyr (*ou* Caramyo [1]), qui sont devers le cousté de l'ouest, y a huyt lieues. Lesdictes isles et le port de Carthagène sont par les dix degrez et demy de la haulteur du polle artique, et sont toutes lesdictes isles environnées de bans et rochiers, et ne peult passer navires entre elles et la terre. Et des isles de Caramyo (*ou* Caramyr) aux isles de Barrou y a dix lieues, et, entre lesdictes isles de Barrou et la terre, peuvent passer navires, s'ilz ne sont trop grandz. Et une grand baye, et son entrée est du cousté de l'est. Et passé les isles de Barrou [2] est la baye de Senu [3] qui est est bonne entrée et seure. Et de Carthagène au Senu, y a vingt et cinq lieues. Et, comme j'ay dict, Carthagène est par les dix degrez et demy de la haulteur du polle artique, et le Senue par les neuf et demy de ladicte

---

1. Sans doute l'île San Bernardo, au nord des îles Barrou.
2. Ile de Baru, dans la baie de Barbacoas (Colombie), Ile de Baru (Kerhallet, *loc. cit.*).
3. Correspond au golfe de Morosquillo (V. *Neptune* de 1823). La rivière se nomme encore Rio Sinu.

haulteur. Et la coste gist nordest et surouest. En la terre de Senue se faict force sel. Les gens vont nudz et usent pour leur deffense d'arcs, fleiches et lances. Et sont vaillans gens. Et quant ¹ il meur quelque ung des princippaulx de ceste nation, on luy oste les trippes du ventre, et le lavent de certaines choses aromatiques, puys les graissent d'une manière de graisse qui sent fort bon. Puis le garnissent si bien de couton de toutes coulleurs, en manière que vous diriez que ledict couton croist ainsi sur luy. Et, cecy faict, le couchent en une magne (*ou* maque) qui est une couverte de couton, et l'enveloppent dedans. Puys le mectent à la cheminée, à la fumée, de paour qu'il se puantisse. Et cecy font pour certaine chose qu'il ont entre eulx, ou coustume qu'ilz ont de ce faire. Et fut prins un villaige nommé Catarape, ouquel en furent trouvez vingt ainsi accoustrez à la cheminée. En ceste terre de Cénu, y a grand quantité d'or fin que tiennent les Indiens, et aussi se trouve en ladicte terre force argent. Et en la myne où se trouve l'or, y a de l'argent meslé parmy, et est ledict or fin. Les Indiens dient qu'ilz l'apportent d'une haulte montaigne d'au dedans de la terre d'où descend la rivière de Cénu ¹ et est ladicte montaigne à vingt lieues de la mer, et vient de trois lieux. L'un desquelz s'appelle Manery (*ou* Manecy), l'aultre Cubre, et l'aultre Cuda. Et la terre où se cueulle ledict or, est toute de coulleur d'or, et en amassent aussi bien au long des rivières. Et ont rez qu'est fort menu, et le tendent dedans les saulx de l'eaue, et ledict or tumbe dessus et ainsi le cueullent. Et aussi en amassent parmy les sablon des rivières. Et y en a

1. Ici se trouve la carte qui est reproduite à la page 455.
1. Rio Sinu.

1. La couste du Sinus tenant au Nombre de Dieux.

F° 168 v°. aussi en la terre de Cênu qui est à dix lieues de la mer sur la rivière, et en icelle les fondent et mectent en lingotz. Ceste terre de Cênu est fertile de vivres d'icelle, à l'usance du pays. Le vin qui boyvent, est d'une racine qu'ilz appellent maye, ainsi qu'ilz font à Carthagène, et mangent pain de racines, comme ès isles de Coube, Jamaïque et à l'Espaignolle, que l'on appelle pain de cassade, et de luy font eschauldés et gros pain ; et est bon durant qu'il est frais ou servi avec le boullon de la chair. La racine est d'une aultre qualité que celle desdictes isles à cause du climat. Toutesfoys tout est une racine. D'aultant que celles des isles sont mauvaises quant elles sont vertes. Car si ung homme en mange, estans vertes, il en meurt. Et celles icy de la terre de Cênu sont bonnes tant vertes que meures, et les mangent toutes creues sans qu'elles leur facent aulcun mal. Les gens de la terre de Cênu sont bonnes gens et véritables en tous leurs affaires. Et de ceste rivière de Cênu à la baye d'Uraba [1], y a vingt et cinq lieues, et la coste gist nordest et surouest. Et est la baye d'Uraba par les huyt degrez de la haulteur du polle artique. Et est la terre d'Uraba montaigneuse et piarreuse. Les gens sont maulvaises gens et sont canyballes qui mangent chair humaine et usent d'ars et fleiches empoisonnez. A cinq lieues de la rivière de Cênu, du cousté de l'ouest, y a une (isle) appellée l'Isle Forte [2], qui n'est que à une lieue de là terre. Et icy se faict force sel. Auprès de la baye d'Uraba y a une aultre nommée La Tortue [3]. Ladicte baye d'Uraba

1. Aujourd'hui le golfe d'Uraba ou de Darien (*Neptune* de 1807 et 1823).
2. Ile Fuerte, au nord de la pointe Broquetes (*Neptune* de 1807 ; Kerhallet, *loc. cit.*).
3. Ile Tortuguilla (*Neptune* de 1807) ; Ile de la Tortuguilla (Kerhallet, *loc. cit.*).

entre quatorze lieues dedans la terre, et a de largeur sept lieues. Et au dedans auprès du cap, n'a que quatre lieues de largeur. Et à l'entrée du cousté de l'est, y a ung maulvais rochier dangereux qui entre plus de deux lieues en la mer, et est dangereux et va quasi jusques au meilleu de la baye. Au meilleu de la baye, du cousté de l'ouest, cinq lieues au dedans, est le [1] vilaige appelé Darien [2], lequel est peuplé d'Espaignolz, et icy se trouve de fin or en une rivière qui descend d'une haulte montaigne. Et en ceste montaigne y a forces tigres et lyons et diverses bestes saulvaiges ; et entre aultres y a une manière de chatz, lesquelz ressemblent à cinges, sinon qu'ilz ont la queue longue et sont fort gros. Aussi y a forces porceaulx sangliers ; et y a une aultre manière de bestes aussi grandes comme vaiches et aussi charnues, et sont de coulleur grise et sandrée, et ont les piedz comme une vaiche et la teste comme une mulle, et ont les aureilles aussi grandes que asnes. Et les appellent vaiches sans corne parcequ'elles n'ont point de cornes, et ont la chair beaucoup meilleure que la chair des beufz et vaiches de France. Et les ay veues. Et y a des léopars et des tigres. Toutesfoys je n'en y ay point veu. Ladicte rivière passe par le meilleu du Dare, et, en la rivière du Dare, davant la ville, et tout au long ladicte rivière, y a des lizars aussi grandz que beufz, et se tiennent communément en l'eaue, et aulcunes foys descendent sur les sablons. Et si quelques personnes ou bestes approuchent de l'eaue, ilz les prenent et les mangent en l'eaue. Et sont garniz d'escailles depuys la teste jusques à la queue, laquelle es-

F° 169 r°.

1. Ici figure la carte qui est reproduite à la page 458.
2. Sur l'isthme et le golfe de Darien.

1. Goulphe de Urabba. — 2. Nombre de Dieux. — 3. Une partye de La Neufve Espaigne. — 4. La mer Pacifficque.

caille est plus dure que acier. Et est impossible de les
tuer, si on ne les tue par dessoubz le ventre. Ilz ont trois
piedz de gueulle quant ilz l'euvrent, et de chacun
cousté de la gueulle ont doubles dentz. Et sont les plus
fortes bestes que je aye point veues. Ilz ont la chair aussi
blanche comme pappier, et est bonne à menger, et la- F° 169 v°.
dicte chair a senteur de musque et en mangent les gens
du pays et aultres qui y vont, tant que des tigres que
des lyons, et sont les tigres plus grandz que les lyons
et sont beaucoup plus fortz. Mais si est ce qui sont
beaucoup plus pesans et sont fort paoreux et n'ont pas
telle cueur comme ont les lyons. Ilz n'osent assaillir
ung homme embastonné. Lesdictz lizars au moys de
janvier, de febvrier et de décembre font leurs petitz en
ceste manière, qui est qu'ilz sortent de l'eaue et s'en viennent ès sables là où le soleil se tient la plus part du
temps, et avec leurs pates font leurs nidz dedans ledict
sable, et en icelluy ponnent oeufz; puys après les
couvrent dudict sable, et vient que de la challeur dudict
soleil s'engendrent lesdictz lizars. Et après qu'ilz sont
hors de l'œuf, sortent des sables et s'en vont à l'eaue.
Les oeufz d'iceulx lizars sont aussi gros que oeufz d'au-
truce. Toutesfoys ilz n'ont point de coque et n'ont
seullement que la peau. Et quant ilz sont fraiz, ilz sont
bons à manger. Et la lizarde en pond aulcunesfoys
soixante ou quatre vingtz, et sont de mesme fasson que
les oeufz de poulles, sinon qu'ilz sont plus gros et n'ont
point de coque. Et y a une aultre manière de bestes
qu'ilz appellent yaganes, lesquelles sont aussi grandes
que lesdictz lizars et ont la teste ronde, et sont couvertes
depuys la teste jusques à la queue d'espictz poignans,
et sont horribles à veoir, et sont de coulleur grise. Et

ceulx icy se tiennent par les buissons et ne font aulcun mal et sont bons à manger. La chair de cesdictes bestes est fort prisée en ladicte terre par les gens d'icelle. Les oeufz desdictes bestes sont meilleurs que ceulx des aultres bestes, tant de poulles que aultres. En ceste terre y a forces pans et de diverses manières et coulleurs, et sont bons à manger. Et y aussi forces perroquetz vertz, et y en a de grandz de diversses couleurs. Et en ceste coste y a force pescherie de fort bon poisson, et y a grand quantité d'arbres de palmes et ont le fruict gros comme œufz et jaulne comme ung coing et de grand substance. Et en ceste terre y a une manière de petites bestes comme ung couchon d'un moys, qui ont les piedz comme une mulle, et la teste comme ung cheval, et sont tous couvertz d'une coquille depuys les aureilles jusques à la queue et semblent que ce soyent chevaulx bardez. Et en ceste terre y a grand quantité de cougnitz et perdriz. Et le pain et le vin est faict de mays, ainsi que dessus est dict. Les gens sont bien dispotz et sont idolastres et pires, car ilz croyent qu'il n'y a aultre chose en l'homme que de vivre et mourir. Et quant le corps est mort, il leur (est) advis que tout est mort, et n'ont point l'intelligence de ceste ame immortelle, mais croyent que icelle meurt avec le corps. Ce sont gens de grand honneur, et portent grand honneur à leur roy et à leur seigneur, et nomment leur roy ou seigneur Tiba, et à ung aultre maindre que luy, l'appellent Guyvis. Et davant Darien entrent d'aultres grandez rivières. Toutesfoys elles sont sommes, en manière qu'il n'y peult entrer navires, sinon des basteaulx. En la baye de Uraba [1]

[1]. Baie ou bouche de Uraba dans le golfe de Darien (*Neptune* de 1823). V. plus haut.

LA COSMOGRAPHIE 461

descent la rivière par sept entrées qui sont toutes sommes, en manière qu'il n'y peult entrer navires, sinon petites barques, et au dedans est fort proffund. Et enviviron quarente lieues en la terre se assemble une aultre rivière qui vient de cousté de l'est de la montaigne, d'où vient la rivière de Cénu. Et la première rivière qui se assemble, vient de Dabayne [1]. Et en cesdictes rivières y a mynes d'or et d'argent. Et y a esté trouvé pièce d'or fin qui pesoit sept et huyt livres. En la terre le long ceste rivière y a forces marescaiges. Et l'habitation des gens de ceste rivière est ès arbres, à cause desdicts marescaiges, et sont tous pescheurs. La baye de Uraba a, de l'aultre cousté de l'austre midy, en la mer Paciffye, la baye de Sainct Michel [2], et y a de l'ung à l'aultre vingt et cinq lieues. Et au goulphe d'Uraba, la mer n'y croist point. Et en la baye de Sainct Michel, la marée haulse aultant qu'elle faict à La Rochelle. Et entre les deux bayes de Sainct Michel et d'Uraba, la terre n'a point plus de largeur de l'un à l'aultre que deux ou trois lieues. Nous avons parlé du goulphe d'Uraba qui est en la mer Océane, et après parlerons du goulphe de Sainct Michel qui est en la mer Paciffique. D'Uraba jusques au port de Carrette [3] y a quinze lieues, et gist la route norouest et suest. Le cap de Carrette est à neuf degrez de la

F° 170 v°.

---

1. Serait-ce San Bernardo de Viente (*Neptune* de 1823), sur la rive gauche du Rio Sinu, ou San Nicolao de Cispata et Santa Cruz de Lorica, sur la rive droite de la même rivière (Kerhallet, *loc. cit.*) ?
2. G. S. Miquel (Colombie), sur le golfe de Panama ou Darrien du Sud (*Neptune* de 1823).
3. Le P. Carreto sur le golfe de Darien à 15 lieues au nord d'Uraba. V. Pic de Careto (*Neptune* de 1823); de Carreto (*Neptune* de 1826); les pic, pointe et basses de Carreto, avec un port (Kerhallet, *loc. cit.*).

haulteur du polle artique, et de Carrette à Port Perdu [1] y a huyt lieues. Et là gist la route de Port Perdu norouest et suest. Et est Port Perdu à neuf degrez et demy de la haulteur du polle artique. Et de Port Perdu gist la coste l'est suest et ouest norouest jusques au Nombre de Dieu. Et est le Nombre de Dieu [2] par les dix degrez et demy de la haulteur du polle artique. Et entre les deux, est le port de Connil et le port Conrrose [3] et la baye de Sainct-Blaise. Et y a de Port Perdu à la baye de Connil sept lieues, et de Connil à Conrrose, y a six lieues, et de Corrose à la baye de Sainct Blaise [4], y a cinq lieues. Et de la baye de Sainct Blaise à Nombre de Dieu, y a six lieues. Et en tout ce pays, les hommes sont appellez hometz (ou houretz) et les femmes ires, et dient que c'est à dire : nation d'Ire. Les hommes vont tous nudz et mectent leurs parties pudibundes en de ces gros lumatz de mer qu'ilz lient avec une saincture. Les ungs font une aultre manière de lumat qui est d'or, ouquel aussi ilz mettent leursdictes parties pudibundes, et les femmes sont couvertes, depuys la saincture en bas, de draps de couton, et portent forces joyaulx et chaines d'or, qui est or de dix ou douze touches. Et de ceste terre à la mer du Su [5] qui est dicte mer Paciffique, où se commence la mer du Pérou, n'y a que

1. Serait-ce la baie et le marais de Putrigandi, qui servent à se diriger sur les canaux des environs (*Neptune* de 1823, Kerhallet, *loc. cit.*) ?
2. Nombre de Dieu, au sud de la rivière Chagre (Wytfliet et Magin). Nombre de Dieu, port (Kerhallet, *loc. cit.*). Il y a la montague de Nombre de Dios, au pied de laquelle se trouve Porto Bello (*Neptune* de 1807, de 1823), et le port S. Felipe de Porto Buello.
3. Est-ce l'anse de La Coquera (*Neptune* de 1823) ?.
4. Golfe et isthme de S. Blas, côte orientale de la Colombie (Kerhallet, *loc. cit.*).
5. Les cartographes lui donnent en effet le nom de mer de Su ou du Sur (V. Wytfliet et Magin).

saize lieues, et est terre qui est toute neigée (*ou* négée) d'eaue et de marescaiges. Et en tous ces marescaiges se trouve de l'or. Et là y a esté trouvé grain d'or qui pesoit sept ducatz. Et de Nombre de Dieu à Véragua [1] y a trente et cinq lieues. Véraga est à dix degrez de la haulteur du polle artique, et la route gist l'est et ouest. Auprés du Nombre de Dieu, y a ung bon port, lequel a, à son entrée, une petite isle, et, au meilleu, une aultre. Et toute ceste coste est fort dangereuse d'isles et rochiers. Et est la terre montaigneuse, sans aulcun prouffict. Et de Véraga tourne la coste au nord jusques au cap de Graces à Dieu [2], et de Véraga à Graces à Dieu y a soixante et dix lieues, et la coste gist nord et su. Au nord et quart de nordest de Nombre de Dieu, y a une isle toute environnée de rochiers, et y a, de ladicte isle à la terre, soixante lieues. Et au norouest et quart de nord, y a une aultre isle qui est à aultres soixante lieues de la terre, et sont nordest et surouest. Et y a de l'une à l'aultre huyt lieues. Et y en a une qui s'appelle l'isle de Saincte Katherine [3] qui est toute environnée de rochiers. Et l'aultre est appellée l'isle de Sanandre (*ou* Sanaudre). Et au nord et quart de nordest du Nombre de Dieu, bien quatre vingtz et cinq lieues en la mer, est la Serrane [4] qui est une isle

---

1. Véragua. C'est une province dans Wytfliet et Magin. Dans l'intérieur des terres se trouve Santiago de Veragua, à l'ouest du golfe de Panama.

2. Nombre de Dios dans Wytfliet et Magin. C. Gracios a Dios (*Neptune* de 1807).

3. Ile Sainte-Catherine. Ile San Catherina, au nord de Panama (Wytfliet et Magin); Ile S. Andrea (*id.*). C'est Old Providence, île, séparée du continent par Andrew's Ile; Ile Sta Catalina et Providencia (*Neptune* de 1807). Ile Sanandre, c'est l'île S. Andrea (Wytfliet et Magin); Saint-Andres (Herrera, *loc. cit.*); Ile S. Andres (*Neptune* de 1807). La position indiquée par Alfonse n'est pas toutefois très exacte.

4. Ile Serronilla (*Neptune* de 1807). Aujourd'hui Seranilla Bank.

perdue. Le cap de Graces à Dieu est à quatorze degrez de la haulteur du polle artique. Et au cap de Véraga est l'isle nommée Frénye et l'isle dicte Arrobore (*ou* Corrobore [1]). Et après y a plusieurs isles qui sont environnées de rochiers et basses. Et du cap de Graces à Dieu tourne la coste à l'ouest jusques au cap de Canègres où il y a une isle. Et y a en la route trente lieues. Et du cap de Canègres tourne la coste au nord soixante et quinze lieues jusques au cap de Lagar [2]. Et toutes ces soixante et quinze lieues sont tous bans et baptures qui entrent bien en la mer soixante dix lieues. Et en beaucoup de lieux n'y a que deux et troys et quatre brasses de profont, et est fort dangereux. L'eaue y court fort. Et de ce cap jusques au cap de l'isle de la Coube [3] y a six vingtz lieues et la route est nordest et surouest, à seize degrez de la haulteur du polle artique. Et du cap de Lagar au cap de Fondure [4] y a trente et cinq lieues, et la route gist l'est et ouest. Et est, le cap de Lagar et la Fondure, à seize degrez de la haulteur du polle artique. Et en ceste terre de la Fondure y a forces mynes d'or et d'argent nouvellement descouvertes. Passé le cap de Fondure se faict ung grand goulphe qui entre bien quinze lieues en la terre, et a de large à son entrée bien dix huyt lieues, et du bout de ce goulphe à la baye de Sainct Thomas [5] y a soixante et dix lieues, et va la coste nordest et surouest. En toutes ces terres le bled y croist

---

1. Ile de Colomb ou Cristobal (Kerhallet, *loc. cit.*)?
2. Le cap Falso et le cap Camaron (*Neptune* de 1807)?
3. Cuba.
4. Cap Delgado, province de Honduras, golfe de Honduras (*Neptune* de 1807); Cap Honduras, Pta Castilla (*Neptune* de 1844).
5. S. Thomas de Castilla, sur la baie de Honduras, au nord de la Pointe Manabique (*Neptune* de 1807, Kerhallet, *loc. cit.*).

deux foys l'année. Avant que vous soyez à la baye, trouverez ung cap de terre qui entre bien vingt lieues en la mer au norouest, et au delà du cap commance la terre de Sainct Thomas. Et passé le cap, tourne la coste, de la baye de Sainct Thomas au surouest, quarente cinq lieues. Et a ce goulphe quinze lieues de latitude. Et au dedans de ce destroict, au font du goulphe, est la ville nommée Thamysletan [1], laquelle est située sur l'eaue ainsi qu'est Venyse. Et de présent la tiennent et possèdent les Espaignolz. Et le travers de ceste coste, au cousté devers le norouest, en la terre de l'Ucatan [2], se faict une ance grande toute ronde qui est toute plaine de petites isles. Et est ladicte ance par les seize degrez de la haulteur du polle artique. Et de ceste ance au port du Figuyer y a trente lieues, et la route gist nordest et surouest, et est coste toute dangereuse de basses et rochiers. Et en la mer, entre l'Ucatan et [3] la terre ferme, y a plusieurs isles grandes et petites. Le goulphe de Sainct-Thomas est à quinze degrez de la haulteur du polle artique. Et la ville de Tamisletan est par les quinze degrez et demy de ladicte haulteur. Et fault entrer par le cousté devers l'est, pour ce que devers l'ouest sont tous bans et rochiers. Entre la terre ferme et l'Ucatan, la mer a de largeur quarante et cinquante lieues, d'une terre à l'aultre, et est la terre haulte

F° 172 r°.

---

1. Mexico, appelé aussi Texextitlan, et Themistitan (V. Wytfliet et Magin, Herrera, Davity, etc.). Nous lisons dans Wytfliet et Magin, *loc. cit.*: « Mais pour
» passer soubz le manteau de beaucoup d'autres choses merveilleuses, la situa-
» tion et circuit et grandeur de la ville de Themistan est fort admirable, la-
» quelle estant navigable de tous costés, comme la ville de Venise, est assise
» en un vallon de la province de Mexique, dont vient que depuis elle a tou-
» jours reçu le nom... » (p. 87).

2. Ecrit plusieurs fois *Lucatan*.

3. Ici est placée la carte qui est reproduite à la page 466.

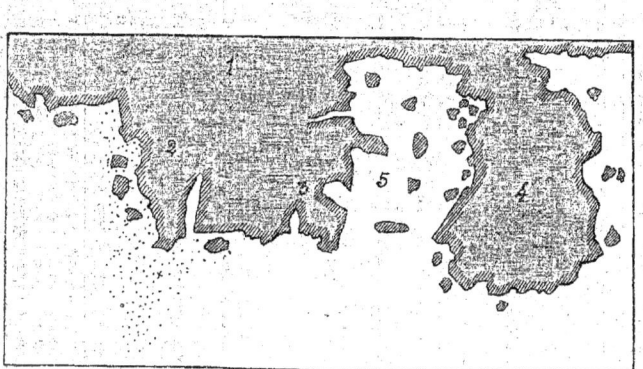

1. La Neufve Espaigne. — 2. Cap de Grace à Dieux. — 3. Cap de Fondures. — 4. La terre de L'Ucatan. — 5. Goulphe de St Anthoine

et montaigneuse. Le cap du Figuyer est à vingt degrez et demy de la haulteur du polle artique. Et est ledict cap du Figuier en la terre de l'Ucatan. Et le Figuyer est l'est nordest et ouest surouest avec le cap de Sainct Anthoine de Coube. Et y a de l'un à l'aultre cinquante lieues. Et est ledict cap de Sainct Anthoyne par les vingt trois degrez et demy de la haulteur du polle artique. Et en ceste terre ja nommée, y a de toutes sortes d'oyseaulx, comme il y a en France. Et se cueulle en elle de l'or et de l'argent, et se (*ou* s'i) cueulle plus d'argent que d'or.

Et parceque nous avons parlé depuys Mareignan jusques au Figuyer, retournerons à parler du goulphe de Uraba et du goulphe de Sainct Michel, et de la mer Paciffique en suyvant la coste du Pérou jusques à l'ultime qui pour le présent est découvert.

A présent retournerons à parler du goulphe de Sainct Michel de la coste qui est devers le su. Le goulphe de Sainct Michel qui est en la mer Paciffique, est nordest et surouest avec la baie du goulphe d'Uraba qui est en la mer Océane. Et, comme j'ay dict, y a de l'un à l'aultre vingt et cinq lieues. Le goulphe de Sainct Michel a vingt cinq lieues de longitude et dix de latitude. Et du du cousté devers le surouest dudict goulphe est l'isle de Perles [1], et dudict goulphe à ladicte isle, y a dix lieues. Et est ceste dicte isle fort fertille de toutes choses, principallement des vivres de la terre. Et y a en icelle force volatives (*ou* volatines) et grand quantité de cougniz, et y en a en si grande abundance qu'ilz viennent boire et manger jusques aux maisons et y faire leurs petitz. Et

F° 172 v°.

---

1. Archipel de Las Perlas dans le golfe de Panama (*Neptune* de 1807).

tout à l'entour d'elle, y a grand pescherye de grosses perles fort fines, en manière qu'il y a esté trouvé perle aussi grosse que une petite poyre. Le goulphe de Sainct Michel est par les six degrez de la haulteur du polle artique. De l'entrée du goulphe de Sainct Michel tourne la couste à l'ouest, sept lieues, jusques au Casique, et du Casique jusques au Camas¹ gist la coste norouest et suest et prent ung quart de l'est et ouest bien vingt et huyt lieues et jusques à la rivière de Thubanama. Ceste rivière de Thubanama a, en son entrée, une isle, laquelle faict faire deux entrées. La rivière est bonne rivière et la terre est bien peuplée de gens et est fertile des vivres de la terre, et se cueulle en elle beaucop d'or. En ceste coste croist et maindre la mer en grand quantité ainsi qu'elle faict en la coste de Bretaigne. Et en la coste de la mer Océane n'y croist ne n'y maindre. En ceste coste y a force pescherie de toutes sortes de poissons. De la rivière de Tubanama au port de Panama y a vingt lieues. La coste gist l'est et ouest. Et entre les deux est la rivière de Campanère (*ou* Campanera) et la terre de Pacora qui est bonne terre, en laquelle y a forces or. Les gens sont bonnes gens. Du cap Panama y a une isle en la mer, auprès de la terre. Entre Panama et le Nombre de Dieu y a seze lieues, desquelles y en a huyt qui ne sont que marescaiges tous abreuvez d'eaue. Et y a en ces terres marescaigeuses grand quantité de grandz lizars aussi gros comme beufz, et ne font point de mal et sont bons à manger, car ilz sont tousjours à l'eaue doulce comme poisson. Et y a forces tigres et aultres bestes saulvaiges. Et Panama est à la mer Paciffique, et

F° 173 r°.

1. Pointe de Chame, à l'ouest de l'Archipel de Las Perlas, et au sud de Panama (*Neptune* de 1807).

le Nombre de Dieu est en la mer Océane. Et, aux deux entrées de ces marescaiges, y a une taverne en chascun bout, là où se tiennent les chevaulx et mulletz pour passer les allans et venans. Et esdictz marescaiges ne vient l'eau que jusques au genoux. Et en ce port de Panama arrive tout l'or et l'argent de la mer Paciffique et du Pérou, et d'icy le passent au Nombre de Dieu pour le porter en Espaigne. Et à Panama se tient le grand gouverneur du Pérou. Et de Panama jusques au cap de Chiric (*ou* Chiru) [1] y a vingt lieues. Panama est par les huyt degrez de la haulteur du polle artique. Et de Panama à Chiru gist la route l'est et ouest et prent ung quart de nordest et surouest, Et est entre les deux Péreguette (*ou* Pérequette) et Thabore. Et du Chiru au cousté de l'ouest se faict ung grand goulphe, et en ce goulphe y a une fallaise blanche, et au meilleu de la fallaise est la ville du Cacyque Paris qui est entre eulx comme ung cardinal, et est le plus puissant et le plus riche de toute la coste. Et y a, entre les deux, deux villes, l'une nommée Nathan [2] et l'autre Ora et sont bien peuplées. Et toute ceste coste depuys le goulphe de Sainct Michel jusques au Cacique Paris est de six à sept degrez et à huyt degrez de la haulteur du polle artique. Et est toute terre basse et bonne terre fertile de vivres. Et aussi y a grand quantité de bestes de chasse en tout ce pays. Passé le Cacique Paris, y a une poincte de terre qui entre en la mer, bien vingt lieues. Et passé ladicte poincte, tourne la coste norouest et suest jusques le travers du cap de Graces à Dieu, laquelle terre est fertile

F° 173 v°.

1. L'île de Chiru dans le *Neptune* de 1844.
2. Appelé Natan dans Wytfliet et Magin ; aujourd'hui Nata, dans la baie de Parita, au S.-O. de Panama.

d'or et d'argent et de mynes d'or et d'argent et fort peuplée. Les murailles des villes sont faictes de boys, pour la craincte qu'ilz ont des tigres et lyons, de paour qu'ilz entrent de nuict aux maisons. Et du goulphe d'Arabe [1], qui est en la mer Occéane, et du goulphe de Sainct Michel qui est en la mer Paciffique, jusques icy et jusques à Graces Dieu, y a deux cens lieues. La terre n'a point de largeur, d'une mer à l'aultre, que trente ou quarente lieues, sinon le travers de Graces à Dieu et de la Neufve Espaigne, là où elle a cinquante lieues, et, en d'aulcuns lieux, soixante lieues. Et ladicte terre est bien fertille de bledz, et y croist deux foys l'année, quant est de la Neufve Espaigne; et sont bonnes gens. Et y a, en icelle terre, mynes d'or et d'argent, et y a plus d'argent que d'or. Et ces gens usent, pour leurs deffences, de lances en fasson de dars. Et en toute ceste mer, dessusdicte mer Paciffique, y a beaucoup d'isles esquelles se trouve de l'or et forces perles. Et aussi y a des gens d'icelle terre lesquelz sçavent lire et escripre en leur langue aussi bien que nous faisons en la nostre. Et d'icy en avant, plus à l'ouest, la terre est appellée la Nouvelle Espaigne. Et, d'icy en avant, commence ladicte terre à eslargir, et a, au plus large d'icelle, cent soixante lieues. En ceste Nouvelle Espaigne croist le bled deux fois l'année. Et d'icy jusques au goulphe de Sainct Luc [2] tourne la coste l'est et ouest bien cent lieues. Et y a forces isles et de grandes bayes qui boutent de longues poinctes en la mer, et est toute la terre hachée en bayes. Le goulphe de Sainct

1. Sans doute pour golfe d'Uruba.
2. Sans doute la baie de David ou le G. Dulce sur les confins de la Colombie et de l'Etat de Costa Rica.

LA COSMOGRAPHIE

Luc gist l'est suest et ouest norouest. Et a vingt et cinq lieues de longitude et huyt de latitude. Et y a, par le dedans, sept ou huyt isles. Et au nord norouest de luy, bien vingt et cinq lieues en la terre, y a ung lac de mer ouquel y a sept isles, et est, ledict lac, d'eaue sallée. Et a de longitude bien trente et cinq lieues et de latitude quinze. Et n'a ulle sortie en la mer. Passé

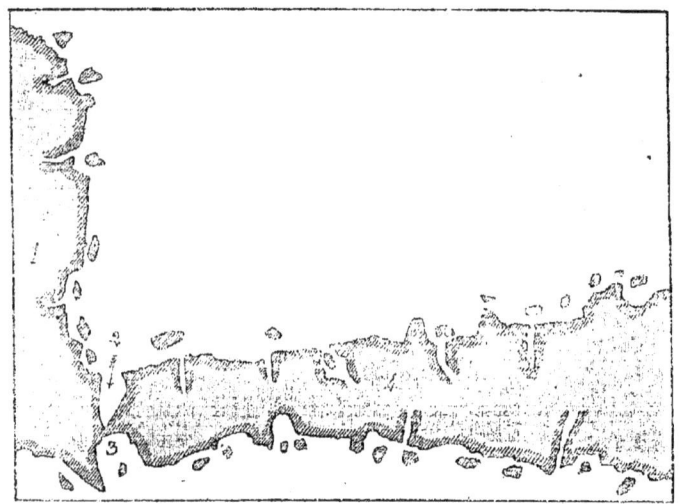

1. La terre du Pérou. — 2. Goulphe de Sainct Michel. — 3. Goulphe de Urabba. — 4. La couste de La Neufve Espaigne au dedans de la mer Pacifique et au dehors.

la baye de Sainct Luc tourne la coste l'est suest et ouest norouest jusques au cap de Cathulle [1], et y a de l'un à l'aultre deux cens cinquante lieues. De la baye de Sainct Michel jusques au cap de Cathulle,

---

1. Serait-ce le cap Corrientes qui serait bien à peu près dans cette position, non toutefois à 20°, mais à 27° du pôle antarctique?

qui est le cap dernièrement descouvert, y a cinq cens cinquante lieues. Le cap de Cathulle est à douze degrez et demy de la haulteur du polle artique. Et la baye de Saint Luc est à sept degrez de la haulteur du polle artique. Et le goulphe de Sainct Michel est à six degrez de la haulteur du polle artique. Et peult avoir du capt de Cathulle au Cattay cinq cens lieues, et la route est l'est suest et ouest norouest. Et ledict cap de Cattay est par les vingt et sept degrez de la haulteur du polle artique et n'est point descouvert si, entre les deux, est mer ou terre. Et me doubte plustost que ce soit terre que mer. Et du cap de Cathulle jusques à Malluque y peult avoir environ huyt cens lieues, et Malluque est dessoubz la ligne esquinocialle. Malluque et le cap de Cathulle sont l'est nordest et ouest surouest, et prenent ung petit du quart de l'est et ouest. Le cap du Cattay est l'est et ouest avec la Flouride qui est en la mer Océane en la coste de la Fleuride. Célum de la Muscade est au su de la ligne environ quarente lieues.

Puisque nous avons parlé de la mer Pacciffique du cousté du septentrion, est raison de retourner au goulphe de Sainct Michel et ensuyvir la coste du Pérou qui a l'austre midy en la mer Paciffique. Je dictz que le goulphe de Sainct Michel et l'isle de la Gargonne[1] sont nord et nordest et su surouest. Et y a, en la route, quatre vingtz lieues. Le goulphe de Sainct Michel et l'isle de Palme sont nord et su, et y a, en la route, cinquante lieues. L'isle de Palme est par les trois degrez de la haulteur du polle artique. L'isle de Palme et la Gargonne sont l'est nordest et ouest surouest, et y a, en la route,

1. I. Gorgone (Pérou).

trente lieues. La Gargonne est par deux degrez et ung
quart de la haulteur du polle artique. La Gargonne et le
cap de Sainct Françoys ₁ sont nordest et surouest et y
a trente et cinq lieues de l'un à l'aultre. Le cap de Sainct
Françoys est par ung tiers de degré de la haulteur du
polle artique. Le cap de Sainct Françoys et le cap de
Sainct Jacques [2] sont nordest et surouest, et y a, en la
route, soixante et quinze lieues. Le cap de Sainct Jacques est par les deux degrez et deux tiers de la haulteur
du polle antartique au su de la ligne en la mer Paciffique.
Passé le cap, tourne la coste l'est suest et ouest norouest jusques à la rivière des Ardres ₃. Et y a dudict cap à
la rivière trente lieues. Et est ladicte rivière des Ardres en la haulteur de trois degrez et ung tiers
du polle antartique. Et davant ladicte rivière de Sar-
dres y a deux isles. Ladicte rivière des Ardres et le
cap Blanc [4] sont nordest et surouest. Et y a de l'un à
l'aultre trente lieues. Le cap Blanc est par les cinq degrez
moins dix mynutes de la haulteur du polle antartique. Le cap Blanc et le cap de l'Anguille [5] sont nord
nordest et su surouest. Le cap de l'Anguille est par
les six degrez et deux tiers de la haulteur du polle
antarticque. Le cap de l'Anguille et Malucque sont l'est
et ouest et prenent ung quart de norouest et suest, et y

1. C. Sao Francisco, dans la province Esmeraldas (Pérou).
2. San Yago, dans Wytfliet et Magin, occupe la position où se trouve Guya-
quil, au nord de l'I. Puna.
3. Incontestablement la rivière qui a l'île Puna à son embouchure, et au sud
de laquelle passe le canal de Isambeli, rivière qui arrose Bahaboyo et Guya-
quil.
4. C. Blanco, par 4°, devant les monts Amotape. Le cap Blanco est indiqué
dans la même position par Wytfliet et Magin.
5. C. de la Guija, dans Wytfliet et Magin, correspond à la P. Aguja par 6°
environ.

a en la route neuf cens lieues. Le goulphe de Sainct Michel et Malluque sont l'est et ouest, et prenent quasi ung quart de norouest et suest, et y a en la route unze cens lieues. Du cap de l'Anguille qui est en la mer Paciffique, tourne la coste norouest et suest jusques au commancement du destroict de Magaillan qui est en la mer Australle. Du cap de L'Anguille au destroict de Magaillan le pays n'est point descouvert au présent, sinon qu'il y a passé trois ou quatre navires de quoy estoit cappitaine et pillotte ung nommé Frenande de Magaillan, Portugalloys, d'où vient que ledict destroict est appellé Magaillan de son nom, à cause que ledict Frenande de Magaillan l'a descouvert. En ceste coste du Pérou, laquelle gist l'est nordest et ouest surouest avec le goulphe de Sainct Michel, y a de bonnes villes, là où s'est trouvé la plus grand part de l'or qui a esté apporté à Civille. Et avant que les Espaignolz y fussent, ilz ne se servoyent en toutes choses de services de mesnaige que d'or ; jusques aux chauldières et potz, pour tenir l'eaue, tout estoit or, et leurs idolles toutes d'or. Et aussi faisoient des ymaiges à leur semblance qui estoyent d'or. Et n'y avoit celluy prince d'entre eulx qu'il n'eust un grand soleil d'or en sa maison. Car ilz croyoyent en icelluy soleil. Et l'aultre service de labouraige, et aultres choses, estoit tout d'argent. Et ont les Espaignolz tout prins et prenent tous les jours. En toutes ces terres cy dessus nommées se servent de moutons comme nous faisons icy des chevaulx et des asnes. Car ilz n'ont point de chevaulx ny d'asnes, si ne leur viennent de l'Isle Espaignolle de Sainct Domyngue. Et lesdictz moutons sont sy grandz et si fortz qui pourroyent bien porter ung homme dix lieues pour ung jour. Et les gens de ceste terre du Pérou sont petites gens, faibles, et sont bonnes gens. Mais les Espaignolz les traictent mal et en font leurs esclaves. Et blancs comme nous (*sic*) et sçavent lire et escripre en leur loy comme nous faisons en la nostre. En ceste mer Paciffique y a grand quantité d'isles, principallement en tirant vers Malluque, et sont toutes riches. Et y en a en si grand nombre qu'il est impossible de les pouvoir toutes descouvrir, si ce n'est par longue espace de temps. Et si est ce que toutes ces isles sont peuplées de gens. Car toutes celles qui sont descouvertes ont esté trouvées toutes peuplées. Et en ceste mer sont toutes les isles riches dont est faict mention en la saincte escripture, et plusieurs aultres qui sont à nous incougneues. Et la plus grand partie de ces manières de gens, comme la Nouvelle Espaigne et le Pérou, adorent le soleil et les ydolles.

F° 175 v°.

Puisque nous avons parlé de la partie méridionalle et de la partie occidentalle, ensemble et de la mer Paciffique, depuys l'isle de Fer, par laquelle nous faisons la ligne dyamétralle, c'est raison que nous parlions de la partie septentrionnalle qui est la Terre Neufve et de la mer de la Nouvelle France, dicte Canada, ensemble de la Franciscane et de la Fleuride jusques à l'ultime du Figuier. De la partie de septentrion, en commanceant de l'isle de Fer, ladicte isle de Fer est par les vingt six degrez et demy de la haulteur du polle artique, et est norouest et suest avec le cap de Ratz [1], et y a en la route six

---

[1]. Cap Race, Terre Neuve. Cap de Raze par 46° 40' lat. et 55° 23' 30" long. (V. *Instructions nautiques*, 1784) ; V. Harrisse, *Jean et Sébastien Cabot*, dans la *Collection des Voyages*, etc. et *Découverte et évolution cartographique de Terre-Neuve*. Paris, H. Welter, London, Henry Stevens, son et stiles, 1900, in-4°, où l'auteur donne toutes les formes du nom.

476 LA COSMOGRAPHIE

cens lieues. Et entre les deux sont les isles de Madère et les isles des Essores, et aultres isles qui sont à la mer du cap de Ratz, desquelles parlerons par cy après. Cap de Ratz est à quarente et sept degrez de la haulteur du polle artique, et est le cap de Ratz terre haulte, en bonne manière. La coste est dange-

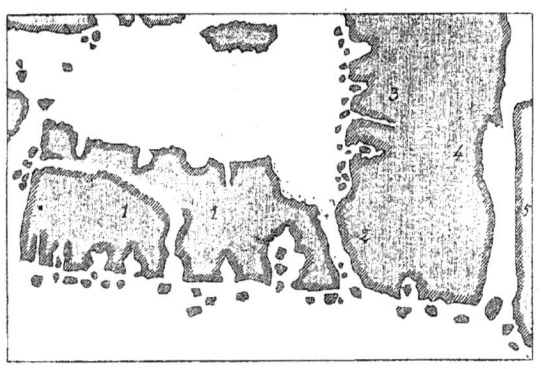

1. La Terre Neuve. — 2. La Grand Baye. — 3. La couste tirant à Canada. — 4. La baye d'où viennent les glaces. — 5. La terre du Laboureur.

LA COSMOGRAPHIE

reuse. Et premièrement commancerons à parler dudict cap de Ratz en ensuyvant la coste du septentrion jusques à la Nouvelle France et jusques à la Rivière de Canada. Et cecy faict, retournerons au Cap de Ratz, en ensuyvant la coste de la Franciscane et de la Fleuride jusques à l'ultime du Figuier du cousté du septentrion. Cap de Ratz et cap d'Espoir [1] sont nordest et surouest, et y a en la route dix sept lieues. Et entre les deux est la baye dicte Roqueuse [2] (*ou* Rogneuse) et la baye de l'Islet [3] et plusieurs aultres bayes et les isles d'Espoir [4]. Et à la mer de la baye de Roqueuse (*ou* Rogneuse), environ une lieue et demye en la mer, y a ung mauvais rochier qui semble à ung basteau. Cap d'Espoir est par les quarente et sept degrez et deux tiers de la haulteur du polle artique. Cap d'Espoir et l'isle de Bacaillau [5] sont nord et su, et prenent ung quart de nordest et surouest, et y a en la route quinze lieues. Et y a, entre les deux, la baye de Sainct Jehan [6] et aultres plusieurs bayes, entre

---

1. Cap d'Espoir. C. de Esperan, (Wytfliet et Magin). C. d'Espera. (S. Cabot, 1544. Harrisse) aujourd'hui cap Spear. C. de la Spera (conf. Weimar, 1526. Harrisse p. 174). Cap da Espera (Harrisse, *Terre Neuve*, passim).

2. Baie Roqueuse, c'est cette baie dans laquelle se trouvent les Roches Renowes. Dans Châtelain (*loc. cit.*) figure le port Regnouse. Faut-il dans notre texte lire Rogneuse ? V. Baie Rogneuse, Rognose etc. (Harrisse, *Terre Neuve*).

3. Baie de l'Ilet. Baie dans laquelle se trouve la Grande Ile, et qui se nomme Monable baie. V. B. de Ilheo (Harrisse, *Terre Neuve*).

4. Iles d'Espoir. Les Ilhas d'Espera figurent dans Mercator. (V. Harrisse, *Terre Neuve*).

5. Ile de Bacaillau. Y. de Bacallos, aujourd'hui Ile Bocalieu. Y. dos Bocalhas Carte de Weymar, 1526. I. de Bacalao (Châtelain, *loc. cit.*, etc. V. Harrisse, *Cabot* et *Terre Neuve*).

6. Baie de St Jehan ; cette baie correspond à la baie de la ville de Saint-Jean, au nord du cap Spear. Parmi les autres baies qu'indique Alfonse, celle qu'il dit traverser l'île, est la baie de la Conception.

Le Port Saint Jean est dans Châtelain au sud de la baie de la Conception. V. Harrisse, *Terre Neuve*).

lesquelles y en a une laquelle attraverse toute la Terre Neufve jusques à la coste de l'est et ouest et faict du cap de Ratz une isle. Ceste coste est terre haulte sans aulcun prouffict, excepté la pescherye. L'isle de Bacaillau est par les quarente et huyt degrez de la haulteur du polle artique, et n'est sinon une roche sans aulcunes herbes ny terres prouffictables et est platte par le dessus. Et à la terre de l'isle de Bacaillau, auprés d'elle, y a une aultre petite isle. Et entre ceste petite isle et la terre y a bon passaige. Bacaillau et l'Isle des Apouas [1] sont nord et su, et prennent ung quart de nordest et surouest. Et y a en la route trente et cinq lieues. Et entre les deux, en la grand terre, y a plusieurs bayes grandes et isles et rochiers et tous dangereux, qui entrent bien loing en la

F° 176 v°.

1. L'île des Apouas correspond à peu près aux îles Sainte Barbe ou Horse Islands. La rapprocher des « y dos faves (Ylleos de las aves ?) » Elle est indiquée dans la carte anonyme de Weimar, 1527 (Harrisse, *Cabot*, p. 174). Dans Châtelain (*loc. cit.*) elle est nommée île d'Aves. L'île d'Aves est l'île des Oiseaux de Lescarbot, au sud de Belle-Ile de la Grande Baye. V. Harrisse, *Terre Neuve*. Ce nom est celui des oiseaux qui y vivaient. A propos de l'île des Oiseaux qui est à l'entrée du golfe de Saint-Laurent, nous lisons dans la relation de Jacques Cartier : « desquels y a si grand nombre que c'est chose incroyable à qui ne le void, parceque combien que cet ile en soit si pleine qu'il semble qu'ils y soient expressément apportez et comme semez : néantmoins il y a cent fois plus à l'entour d'icelle et en l'air que dedans, desquels les uns sont grands comme pies, noirs et blancs, ayant le bec de corbeau ; ilz sont toujours en mer et ne peuvent voler haut d'autant que leurs ailes sont fort petites, point plus grandes que la moitié de la main, avec lesquelles toutefois ils volent de telle vitesse à fleur d'eau que les autres oyseaux en l'air. Ils sont excessivement gras et estoient appelez par ceux du païs Apponath. » (Lescarbot, *Histoire de La Nouvelle France*, édition de 1609, p. 253). Il faut évidemment lire Appouath, à moins qu'il faille lire Apponas dans Alfonse, ce que je ne crois pas.

« L'île des Apouas est l'île Funk au N. 3° E. du cap de Bonavista et au N. 27° E. environ à dix lieues du cap Fréel, par les 49° 53' de latitude ; elle est petite et basse. Il y a deux petites îles ou plutôt deux petits rochers, à une petite distance de la partie nord nord ouest. On voit communément dans cette île des oiseaux de diverses espèces (*Instructions nautiques*... routier de Terre-Neuve, 1784, in-4°.)

LA COSMOGRAPHIE

mer, plus que les isles, principallement le travers des isles de Feu [1] et du cap de Bonne Veue [2]. Le cap de Bonne Veue est terre basse et est entre deux grandz fleuves. L'isle des Apouas est une petite roche platte, et à la terre d'elle y a deux autres petites isles de roche platte auprès d'elles. Et y a d'elles à la terre quinze lieues. L'isle des Apouas est par les cinquante degrez et demy de la haulteur du polle artique. L'isle des Apouas et les Belles Isles [3] sont norouest et suest et prennent ung quart de nord et su, et y a de l'une à l'aultre trente et deux lieues. Et entre les deux, en la terre, y a plusieurs bayes et la coste est dangereuse. Les Belles Isles sont par les cinquante ung degrez et deux tiers de la haulteur du polle artique. Les Belles Isles et le Carpon [4] sont nord norouest et su suest. Et y a de l'un à l'aultre douze lieues. Et entre les deux est la baye de la Cramaillére [5] et le Cap Rouge [6] et aultres bayes. Le Carpon est

1. Iles de Feu. D'après Alfonse elles seraient à la hauteur du cap de Bonne Veue. Ce serait alors toutes les îles qui sont dans le Freschwater Bay. Wytfliet et Magin placent l'île de Feu, Fico de Foco, au nord du cap de Bonavista au sud de l'île Saint Julian des oiseaux, appelée aussi île de Fougue (*Instructions...*) Harrisse, *Cabot* et *Terre Neuve*, I. de Fogo ou do Fogo, etc.

2. Cap de Bonne Veue. Cap de Bonavista (V. Harrisse, *Terre Neuve*).

3. Les Belles-Iles. Ce sont Belle-Ile et l'île de Groix (Wytfliet et Magin); Belle Isle, *alias* Sainte Catherine (V. Harrisse, *Terre Neuve*).

4. Le Carpon. Sans doute l'île de Cuirpon près de laquelle se trouvent les îles Blanches. Le Carpon est une île, dit en effet Alfonse. Lescarbot (*loc. cit.*) place Carpunt, le port de Carpunt, dit-il, dans le texte, p. 236, près du golfe des Châteaux, beaucoup trop au nord selon nous et d'après la position que lui donne Alfonse. « Le 27ᵉ de May nous arrivasmes à la bouche du golfe des Châteaux, mais pour la contrarieté du temps et à cause de la grande quantité de glaces, il nous fallut entrer en un port qui estoit aux environs de cette embouchure nommé Carpunt, (Cartier, Lescarbot, p. 254). V. Harrisse, *Terre Neuve*.

5. Baie de la Crémaillère, encore ainsi nommée, entre le cap aux Oies et le cap Saint-Antoine. (V. Harrisse, *Terre Neuve*, Vº La Cramaillère).

6. Cap Rouge. Le cap Rouge, d'après le Père Charlevoix (*Histoire et descrip-*

480   LA COSMOGRAPHIE

par les cinquante deux degrez et ung sixain de la haulteur du polle artique. Et davant le Carpon du cousté de l'est y a deux petitz isletz platz. Le Carpon est une isle et a deux entrées, et du cousté du norouest du Carpon y a deux ou trois petites isles et une roche platte. Et quant vous sortirez du costé devers le norouest, il fault que vous la laissez du cousté d'estribort, qu'est la main dextre. Le Carpon et l'isle de la Grand Baye[1] sont nord nordest et su surouest. Et y a de l'ung à l'aultre sept lieues. Et entre les deux la mer est saine, sans nul dangé, sinon de glaces. Belle Isle est au meilleu de la Grand Baye et est par les cinquante deux degrez et et demy de la haulteur du polle artique. Et au bout du cousté devers le nord norouest, à une demye lieue de ladicte isle, y a un maulvais rochier. De Belle Isle de la Grand Baye aux fesnes de la mer glacée d'où sortent les glaces qui viennent à la Terre Neufve, et y a de l'un à l'aultre soixante et dix lieues, et la coste gist nordest et surouest, et est coste dangereuse de rochiers, et y courent fort les eaux. Ceste mer glacée est doulce la pluspart. Et est entre ceste terre et la terre du Laboureur[2], et va jusques soubz le polle artique. Tournant à la Grand Baye, je dictz que Belle Isle de la Grand Baye et les isles de Blanc Sablon[3] sont l'est nordest et ouest surouest. Et y a en la route trente lieues. Et entre les deux,

---

tion de la Nouvelle-France, 1744) est devant les îles de Groix et Belle-Ile. Le havre du cap Rouge ou Carouge est à l'ouest de l'île de Groais ou Grouais. (V. Harrisse, *Terre Neuve*).

1. Ile de la Grande Baye, nommée plus bas Belle-Ile, et qui se trouve par le travers du détroit de Belle-Ile qui sépare Terre-Neuve du Labrador. (V. Harrisse, *Terre Neuve*).

2. Terre du Laboureur. Le Labrador.

3. I. du Blanc-Sablon. Wytfliet et Magin placent l'île du Blanc-Sablon entre

du costé du nord, est la baye du Chasteau [1] et la baye des Bytes [2]. Du cousté du nord, devers la Grand Baye, la coste est saine sans nul danger. Et celle devers le su de la Terre Neufve est dangereuse. Et, pour ce, il fault ranger à la coste du nord et bien avant en la Grand Baye. Du cousté de la Terre Neufve, à ung tiers ou presque au meilleu de la Grand Baye, y a un maulvais rochier dangereux. Le cousté devers la Terre Neufve est terre basse et piarreuse, sans prouffict. Et la terre du nord est haulte en bonne manière. Les isles de Blanc Sablon sont par les cinquante et ung degrez et deux tiers de la haulteur du polle artique. Les isles de Blanc Sablon et le meilleu de l'isle de l'Ascension [3] sont l'est nordest et ouest surouest, et y a en la route quatre vingtz lieues. Les isles de Blanc Sablon et les isles de la Damoiselle [4] sont l'est et ouest, et prenent ung quart de nordest et surouest. Et y a des isles de Blanc Sablon ès isles de la Damoiselle trente et six lieues. Les isles de la Damoiselle sont à cinquante degrez et troys quartz de la haulteur du polle artique.

Belle-Isle et les îles des Damoiselles. V. aussi Harrisse, *Terre Neuve*. Cette île est encore ainsi nommée sur les cartes marines et placée par les 51° 1/2 de lat. et 59° 1/2 de long. au sud de la baie Bradore.

1. Baie du Château, au Labrador, encore ainsi nommée. V. Harrisse, *Terre Neuve*. B. des Châteaux.

2. Baie des Bytes. V. Harrisse, *Terre Neuve*. Baie des Buttes et Bytes Cartier donne aussi : « Havre des buttes. On appelait aussi « bytes » une certaine pièce de bois plantée sur le pont d'un navire (Harrisse, *loc. cit.*, p. 225, note 1).

3. I. de l'Ascension. C'est Anticosti, à l'embouchure du Saint-Laurent. Lescarbot (*loc.cit.*) l'appelle l'île de l'Assomption. V. aussi Harrisse, *Terre-Neuve*.

4. I. de la Damoiselle, sans doute l'île Large ou l'île Sandy, dans la baie de Carkewetchepe (Carte de la côte orientale de l'Amérique Septentrionale du détroit de Belle-Ile à Boston... publiée par ordre de l'Empereur... en 1853).

F° 177 v°.

Et y a ung bon port, et fault entrer au long d'ung hault cap qui est en l'isle, devers le nordest, et à la longueur d'une picque et demye, pour raison d'un rochier qui vous demourera du cousté de babort, et irez bouter l'ancre en vingt brasses le travers d'une petite ance. Et de l'entrée dudict cap jusques là où vous mectrez ladicte ancre, n'y a point passé la longueur de deux cables. Et si voullez sortir par le cousté de l'ouest, approucherez de l'isle du cousté de thiébort, et donnerez ruing à l'isle de babort à la sortie. Et quant vous serez dehors environ la longueur d'un cable, il vous fault approcher au long des isles de babort, pour raison d'une basse couverte qui vous demourera du cousté de thiébort. Et irez ainsi au su surouest jusques ad ce que vous voyés ung brisant d'une roche qui est environ demye lieue en la mer desdictes isles, et la fault laisser du cousté qui est la main gaulche. Et des isles de la Damoiselle jusques à la Terre Neufve n'y a point passé plus hault que de trente et six lieues de largeur de mer, parceque la Terre Neufve, au dedans de ceste mer, se court nord nordest et su surouest. Entre les isles de la Damoiselle et les isles de Blanc Sablon y a maintes aultres isles et de bons portz. Et en ceste coste se trouvent faulcons, et oyseaulx de proye et poulles qui se tiennent ès boys, qui ressemblent à faisans. Les isles de la Damoiselle et le cap de Thiennot [1] sont nordest et surouest, et prenent un quart de l'est et ouest. Et y a des isles de la Damoiselle au

1. « Cap de Tiénot, par les 50° et en droict de ce cap et le plus large de ceste mer. Le cap de Tiennot est le meilleur de l'isle de l'Ascension sont l'est nord est et ouest sur ouest, et y a en la traversée 24 lieues. »

D'après Cartier qui venait de l'ouest, la côte s'abaissait jusqu'au cap de Tiennot, qu'il appella ainsi du nom d'un chef du pays, et après la terre comcap de Thiennot vingt lieues. Et entre les deux y a sept ou huyt isles, et y a aulcuns dangiers de rochiers qui sont plus en la mer que lesdictes isles. Le cap de Thiennot est à cinquante degrez de la haulteur du polle artique et, en droict ce cap, est le plus large de ceste mer. Et peult avoir d'icy, au bout de la Terre Neufve qui faict l'entrée du Cap à Breton, y a soixante et dix lieues. Le cap de Thiennot a en la mer cinq ou six[1] lieues y a une isle perdue dangereuse. Et est la plus grand part de ladicte isle descouverte, et est dangereuse pour navires, et fault passer par le dehors d'elle. Le cap de Thiennot et le meilleu de l'isle de l'Ascension sont l'est nordest et ouest surouest. Et y a en la traversée vingt et quatre lieues. Le meilleu de l'isle de l'Ascension est à quarente neuf degrez et demy de la haulteur du polle artique. Ladicte isle est assise norouest et suest et le bout du norouest est à cinquante degrez de la haulteur du polle artique, et est l'est et ouest avec le cap de Thiennot, et prent ung quart de norouest et suest, et y a en la route trente et quatre lieues. Le cap de Thiennot et la poincte de l'isle de l'Ascension, du cousté devers le suest, sont nordest et surouest, et prenent ung quart de nord et su. Et y a en la route

F° 178 r°.

mençait à se tourner de l'ouest à l'est, ce qui est exact d'après les cartes marines.

Cette position correspond à peu près au cap Natashquau qui est bien à la partie la plus large du golfe qui sépare le Labrador de l'île de Terre-Neuve et se trouve parfaitement à l'est nord est et ouest surouest du milieu d'Anticosti.

Mais d'après Cabot, Wytfliet et Magin, Lescarbot et autres, il faudrait placer le cap Tiennot au cap Whittle ; Lescarbot en fait en effet le cap le plus avancé qui suit, au sud ouest, le fleuve de Jacques Cartier (Baie de Shecatica et baie du Petit Pêne), tandis qu'il donne au lieu occupé par le cap Natashquau, ou à un cap voisin, le nom de cap de Rabast.

1. Ici est placée la carte qui est reproduite à la page 484.

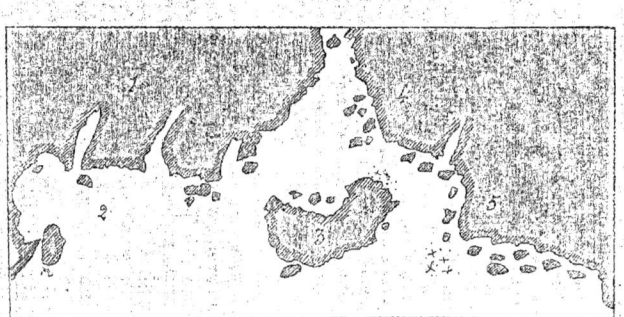

1. Terre Douguedor. 2. — Mer de Canada. — 3. Lasenryou. — 4. La terre des sept isles. — 5. Cap de Tienot.

trente et quatre lieues. Le bout du suest de l'isle de l'Ascension est à quarente et huyt degrez et ung quart de la haulteur du polle artique. Et a, ladicte isle, environ trente lieues de longitude et dix ou douze lieues de latitude. Et du bout du norouest de l'isle à la terre ferme, du cousté du nord, n'y a point passé sept lieues de largeur de mer. La terre du nord est haulte, et y a plusieurs isles au long la coste. Et est l'isle de l'Ascension une isle platte toute couverte d'arbres jusques au bort de la mer, assise sur roches blanches et albastres. Et y a de toutes sortes d'arbres comme celles de France. Et y a, en la terre, forces bestes saulvaiges comme hours, porcs espiz, cerf, biches et dains, et oyseaulx de toutes sortes, et forces poulles saulvaiges, lesquelles se tiennent és boys. Et y a, au long de la coste, plusieurs petites rivières bonnes à faire mouldre moulins et est fort bonne eaue. Et si est la terre bien belle et platte de manière que je n'ay point veu, en toute l'isle, montaigne si haulte que l'on n'y peult bien mener une charrette. Le cap de l'isle de l'Ascension, du cousté du norouest et le cap des Monts Notre Dame [1], sont nordest et surouest, et y a de l'un à l'aultre vingt lieues, et est ledict cap à quarente et neuf degrez de la haulteur du polle artique, et est ledict cap haulte montaigne. Le bout de l'Ascension, devers le norouest et le cap de Ou-

F° 178 v°

---

1. Cap des Monts Notre-Dame. Les monts Notre-Dame occupaient le pays de la Gaspasie ou Gaspésie. Ils figurent sur toutes les cartes (V. notamment Châtelain, aussi, Harrisse, *Terre-Neuve*, p. 173, note 2 : « Peut-être faut-il ajouter (aux noms nouveaux des cartographes) les Monts Notre-Dame, qu'Alfonse place sur la rive droite du Saint-Laurent, mais « on the main land towards the South » en Gaspésie. Le cap des Monts Notre-Dame serait peut-être pour Alfonse le cap Sainte-Anne, ou peut-être plutôt le cap Rosier qu'Alfonse dit, plus loin, nord et sud avec les Sept Iles vraisemblablement, auprès des Iles Mingan.

guedo ¹, sont nord nordest et su surouest, et y a de l'un à l'aultre trente et cinq lieues. Et est ledict cap à quarente huyt degrez de la haulteur du polle artique. Le cap de Ouguedo et le bout de l'isle de l'Ascension sont l'est et ouest, et y a de l'un à l'aultre quinze lieues. Et y a, au bout du cap de Ouguedo, ung islet lequel est de roche blanche. Et, du cousté devers le norouest, est toute fallaise blanche. Et du cousté devers le surouest contre la baye de Ouguedo, la terre est toute couverte d'arbres jusques au bort de l'eaue. La baye de Ouguedo gist nord norouest et su suest, et est une bonne baye. Et pour entrer en icelle, se fault ranger du cousté de la terre du nord, à cause d'une poincte basse qui est devers le surouest. Et quant vous serez au dedans d'elle, venez quérir la bande du su et laissez la Poincte Doulgiée ², du cousté de babort, environ la longueur de deux cables, et bouterez l'ancre, en l'ance, quinze brasses devers le surouest. Au dedans de cette baye, y a deux rivières, l'une qui va au nord et l'aultre qui va à l'ouest surouest, et entre les deux y a une haulte montaigne. La baye a, à son entrée, trois lieues de largeur jusques auprès de la Poincte Basse ³, et a bien cinq ou six lieues de longi-

F° 179 r°.

1. Pointe de Ouguedo. Au sud du Saint-Laurent, Wytfliet et Magin placent le cap Bella *alias* del Gado entre Belle-Ile et les îles des Demoiselles. Serait-ce le même ? ou serait-ce Humedo placé par les mêmes au sud d'Anticosti ? Le cap Ouguedo, au sud, correspond bien à cette dernière position (V. Cabot, *loc. cit.*). Houguedo est placé par Lescarbot (*loc. cit.*) à la hauteur du cap des Rosiers, entre un cap, au nord, qu'il appelle cap à L'évèque et le cap des Rosiers auquel il donne le nom de cap Montmorency. D'après lui, Houguedo est une presqu'île et non un cap. (V. Harrisse, *Terre Neuve*. V° Delgado, C.)

2. Pointe Doulgié, au sud du Saint Laurent, 49° 1/4. V. Rivière Douce, carte Denys (Harrisse, *Cabot*, p. 251, et *Terre Neuve*).

3. Pointe-Basse. Serait-ce la pointe Basse de la mappemonde de Descelliers qui la place sur la côte septentrionale du Canada (Harrisse, *Cabot*, p. 230). Cela ne peut être ; elle se trouve sur la pointe méridionale. V. Harrisse,

tude. La baye des Molues ¹ est à quarente et huyt degrez de la haulteur du polle artique et la coste gist nord et su, et prent ung quart de nordest et surouest jusques à la baye de Challeur ². La baye de Challeur est à quarente sept degrez et à quarente sept et demy de la haulteur du polle artique. Et a de longitude trente ou trente et cinq lieues, et de latitude huyt ou neuf lieues. Et entre les deux y a trois isles, une grande et deux petites. Et, depuys la baye de Challeur jusques à passer les Montz Notre Dame, sont toutes terres haultes bien bonnes, et sont toutes couvertes d'arbres de diverses sortes jusques au bort de la mer. En ceste coste et à l'isle de l'Ascension y a grand pescherie de moluc et de plusieurs aultres poissons, beaucoup plus que à la Terre Neufve, et si est ledict poisson bien meilleur que celluy de ladicte Terre Neufve. Le cap de Ouguedo et les Sept Isles ³, qui sont du cousté du nord, sont nord norouest et sud suest. Et y a dudict cap ausdictes isles trente et cinq lieues. Les Sept isles et le bout de l'isle de l'Ascension, du cousté du norouest, sont l'est suest et ouest norouest, et y a de l'une à l'aultre vingt et trois lieues. Le bout de l'isle de l'Ascension et l'isle de Raguelay ⁴ sont l'est

Terre Neuve, C. des Baixas (*Riccardiana*). C. de los Boxos (*Cabot*). C. do Baxos (Freire).

1. Baie des Moullues. Baie de Gaspe à l'extrémité de la Gaspasie (Châtelain), *loc. cit.*, qui y place une sécherie. Aujourd'hui Baie de Gaspé.
2. Baie de Chaleur. Baie des Chaleurs au sud de la baie Gaspé.
3. Les Sept Iles, à 50° 1/2. Ce sont les Sept Iles dans la baie qui porte ce nom.
4. Ile de Raguelay. Ile de Raguelles (*Voy. avent.*)., à 48° 1/2, correspondrait à l'île Bic.

Alfonse la place en effet à 14 lieues du Saguenay. Il y a tout proche une pointe avancée. Une île qui a une position similaire, est appelée île S. Barnabé, par Châtelain et Gueudeville, *loc. cit.* Vytfliet et Magin font de Roquelaü une ville au nord du cap de Martre, vis à vis l'embouchure du Saguenay.

et ouest, et prenent ung quart de nordest et surouest.
Les Sept Isles et le cap des Montz Notre Dame sont
nord et su. Et y a de l'un à l'aultre vingt et cinq lieues.
Les Sept Isles sont à cinquante degrez et demy de la
haulteur du polle artique. Les Sept Isles et la Poincte
Dougée sont nordest et surouest et y a de l'un à l'aultre
quinze lieues. Et y a, entre les deux, deux petites isles.
La Poincte Dougée et les Monts Notre Dame qui sont
en la terre du su, sont l'un avec l'aultre nord et su, et
y a de l'ung à l'aultre dix lieues. Et cecy est la largeur
de ceste mer. La Poincte Dougée et la rivière de Cane
sont l'est et ouest, et y a de l'un à l'aultre douze lieues.
Et toutes ces terres depuys l'Ascension sont terres sans
prouffict, fort froides et piarreuses. Et aux vallées d'i-
celles terres y a arbres de toutes sortes, comme en
France, et aulcuns portent fruictz comme noix, noi-
settes, grouselles, frazes et framboises, comme en
France. La Poincte Dougée est à quarente neuf degrez
et ung quart de la haulteur du polle artique. Et la rivière
de Cane est à quarente et neuf degrez de ladicte haulteur
du polle artique. La rivière de Cane et l'isle de Raguelay sont nordest et surouest, et y a de l'un à l'aultre
douze lieues. L'isle de Raguelay est à quarente huyt
degrez et demy de la haulteur du polle artique. En ceste
rivière de Cane y a forces prarois (*ou* praiois *ou encore*
poaios *ou* poarois). Et icy la mer n'a point passé huyt lieues
de latitude. L'isle de Raguelay est une isle fort basse, et est
ladicte isle auprés de la terre du su, prés d'un cap hault
lequel se nomme le cap de Marbre. Et est ledict cap
tout ague par dessus. Entre Raguelay et le cap de Mar-

LA COSMOGRAPHIE

bre [1] peuvent passer navires, et n'y a point d'isles à la terre du su plus hault d'une lieue. Et y a de ladicte isle à la terre du nord environ quatre lieues. L'isle de Raguelay et l'entrée du Saguenay sont l'est et ouest, et prenent ung quart de nordest et surouest, et y a de l'un à l'aultre quatorze lieues. L'isle de Raguelay et l'isle de la Guerre [2] sont l'est nordest et ouest surouest. Et y a en la route douze lieues. Et entre les deux y a deux petites isles au long la terre du nord, plus prouchaines de Raguelay que du Saguenay. L'entrée de Saguenay est entre haultes montaignes. La poincte de Saguenay est une roche blanche, et est l'entrée dudict Saguenay à quarente et huyt et un tiers de degré de la haulteur [3] du polle articque, et ladicte entrée n'a point plus de largeur que ung quart de lieue. Et est ladicte entrée dangereuse devers le surouest. Et au dedans de l'entrée, environ deux ou trois lieues, commence à eslargir, et semble que ce soit ung bras de mer, pour raison de quoy j'estime que ceste mer va à la mer Paciffique ou bien à la mer du Cattay. Et faict ung grand courant lequel faict un terrible ratz. Et icy le fleuve, de la terre du nord et de la terre du su, n'a point plus hault de quatre lieues de largeur. Et est fort dangereux entre l'un et l'aultre, parcequ'il y a des bans et rochiers. L'isle de Raguelay et l'isle des Lièvres [4] sont nordest et surouest et

F° 180 r°.

---

1. Indiqué par Wytfliet et Magin au sud-ouest de l'île de Raguelay. Serait-ce le cap placé entre Ha-Ha-Baye et Old-Bic ?

2. Ile de La Guerre. Sans doute une île longue qui figure, sans nom, à l'embouchure du Saguenay dans les cartes marines.

3. Ici est placée la carte qui est reproduite à la page 490.

4. Iledes Lièvres vis à vis des Roches, au S. S.-O. du Saguenay. Wytfliet et Magin parlent de cette île comme ayant été découverte et ainsi nommée par Cartier. L'île aux Lièvres est aussi indiquée par Châtelain et Gueudeville. — V. aussi Harrisse, *Terre-Neuve*.

490 LA COSMOGRAPHIE

prenent ung quart de l'est et ouest. Et y a de l'un à l'aultre dix huyt lieues. L'entrée du Saguenay et l'isle des Lièvres sont nord nordest et su surouest, et y a de l'un à l'aultre cinq lieues. L'entrée du Saguenay et l'isle de La Guerre sont nord norouest et su suest. Et y

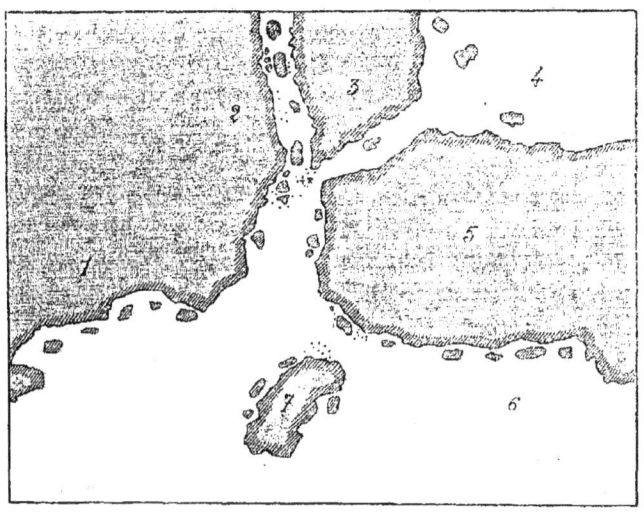

1. La terre de La Franciscane. — 2. Rivière de Canada. — 3. Le Saguenay. — 4. La mer du Saguenay. — 5. Ceste terre est départye de cette sorte à cause que le pappier ne peult contenir tout ensemble, et parce que on l'a bouté en loppins; mais à qui bien l'entant, cougnoistra qu'elle est toute faicte ainsy. — 6. Partye de la mer de Canada. — 7. Lasentyon.

F° 180 v° a de l'un à l'aultre trois lieues. L'isle des Lièpvres est à quarente et huict degrez et ung sixiesme de la haulteur du polle artique. Et depuys les Montz Nostre Dame jusques à Canada et à Ochelaga [1], toute

1. Ochelaga. Wytfliet et Magin donnent le nom d'Hochelaga au fleuve

la terre du su est toute belle terre platte et belle campaigne, toute couverte d'arbres jusques au bort de la mer. Et est la terre, du cousté du nord plus haulte que celle du su, et en d'aulcuns lieux y a de haultes montaignes, et, dessoubz, la terre est toute glacée environ une brasse. Et depuys l'isle des Liepvres jusques à l'isle d'Orléans [1], le fleuve n'a point passé de largeur quatre ou cinq lieues. Entre l'isle des Liépvres et la haulte terre du nord, n'y a point plus d'une lieue et demye de largeur de mer. Et est proffund environ bien cent brasses ou plus au meilleu de ladicte mer. En l'est de l'isle des Liépvres, et en l'est suest y a deux ou trois petites isles et rochiers. Et depuys lesdictes isles jusques à l'isle d'Orléans ne sont que rochiers et bans de sable, avec forces isles; mesmement du cousté devers le su jusques aux deux tiers du fleuve, ce ne sont que rochiers. Et, du cousté devers le nord, la mer est belle et bien proffunde. L'isle des Lièvres et l'isle des Couldres [2] sont

---

Saint-Laurent et placent une ville d'Hochelaga au sud-ouest de l'île d'Angoulème et après le premier saut du fleuve (en amont). Les Iles d'Augoulesme, sous la forme « Golesme, Golosme », qui sont indiquées par Cabot, sont placées entre la hauteur de Québec et celle de Montréal. Dans une autre carte, Wytfliet et Magin placent un pays d'Hochelaga et une ville du même nom au confluent de deux rivières qui séparent les pays de Chilaga et de Mocosa (p. 92), ce qui, d'après la carte de Châtelain (*loc. cit.*), se trouve entre la grande rivière des Outaoas, actuellement rivière d'Ottawa, et la rivière du Lièvre, à l'ouest de Montréal, par conséquent au nord d'Ottawa. Lescarbot dit que le vrai nom de la rivière est Canada, du nom du pays et des Canadaquois qui l'habitaient, puis Saint-Laurent, et non Ochelaga, qui n'était que celui d'une ville.

Hochelaga est le nom du lieu où fut construit Montréal (Cartier et Lescarbot).

1. Ile d'Orléans, en amont de Québec. — Ile d'Orléans *alias* de Baccho (Wytfliet et Magin). — Cartier l'avait en effet dénommée Bacchus. V. Harrisse, *Terre-Neuve*.

2. Ile des Couldres, vis-à-vis le cap Saint-Ignace. Voir fol. 181. Indiquée sous ce nom dans les cartes de Gueudeville et Châtelain, Cartier, etc.— Voir aussi Harrisse, *Terre-Neuve*.

l'est nordest et ouest surouest, et y a de l'un à l'aultre douze lieues. Et pour éviter les dangiers, fault toujours ranger la haulte terre du nord, parceque de l'aultre cousté ne sont que rochiers et bans, et fault passer du cousté du nord et de l'isle des Couldres, et n'y a point plus d'un quart de lieue de largeur, et fault aller par le meilleu. Et le plus sûr est la passer de haulte mer ou de basse mer du tout, parceque la mer y court fort et y a de grandz dangiers de rochiers, pour raison de quoy il vous fault avoir ancres qui soyent bonnes et bons cables. L'isle des Couldres est une petite isle d'une lieue ou environ de latitude, et demye lieue de largeur. Et est ladicte isle toute couverte d'arbres. Et est le chenal assés large devers le su. Mais ce ne sont que bans de sables dangereux, en sorte que les navires n'y peuvent passer. L'isle des Couldres est à quarente sept degrez et trois quartz de la haulteur du polle artique. L'isle des Couldres et l'isle d'Orléans sont nordest et surouest. Et y a de l'un à l'aultre, dix lieues. Et fault tousjours venir au long de la haulte terre du nord, environ ung quart de lieue, parceque le meilleu du fleuve ne sont que bans et rochiers, comme dict est. Et quant vous serez le travers d'un hault cap lequel est rond, vous traverserez du cousté du su au su surouest et au quart de su, et irez par cinq, six et sept brasses. Et icy se commence l'eau doulce de France prime, et se achève l'eaue sallée. Et quant vous serez le travers de la poincte de l'isle d'Orléans, où commence à estre l'eaue doulce et achève l'eaue sallée, vous irez par le meilleu de la rivière, et laisserez l'isle du cousté de thiébort qui est la main droicte. Et icy la rivière n'a point passé ung quart de lieue de latitude. Néantmoins elle a vingt ou trente brasses de proffund. Et devers le cousté du su, y a une bande d'isles toutes couvertes d'arbres, jusques au bort de la mer, et se achèvent lesdictes isles le travers de la poincte de l'isle d'Orléans. Et la poincte de l'isle d'Orléans, du cousté du nordest, est à quarente sept degrez et ung tiers de la haulteur du polle artique. Et l'isle d'Orléans est une belle isle toute couverte d'arbres jusques au bort de ladicte Riviére Doulce. Et a ladicte isle de longitude environ cinq ou six lieues, et de latitude une lieue et demye. Et du cousté du nord, y a une aultre riviére laquelle n'est pas si proffunde que celle qui est du cousté du su, de laquelle dessus a esté faict mention. Toutesfoys elle n'a point si peu de font qu'il n'y passe bien navire, et se va assembler, ladicte riviére, aulx deux boutz de l'isle d'Orléans. Et du bout de l'isle d'Orléans jusques au lieu dict Canada y a une lieue, et dudict Canada jusques au fort que a faict faire le seigneur de Robertval[1] y a trois lieues. Ladicte riviére est bien belle, large et proffunde, comme dict est. Toutes ces terres sont belles terres, et y a de toutes sortes d'arbres, comme il y a en France, et sont terres froides fort subgectes à neiges et à mal de jambes, à cause que la terre, par dessoubz environ deux ou trois piedz, est toute glacée. Et la terre qui est par le dessus n'est que le fumier des feilles des arbres, et y a, en d'aulcuns lieux, terre ferme et franche. Les gens sont belles gens tant hommes que femmes et ont la parole rude et grosse, et vivent ès boys parcequ'ilz n'ont lieu certain. Car ilz ne font que courir d'une terre à l'aultre. Les femmes quant elles sont jeunes, sont communes à tous jusques à certain temps et

F° 181 v°.

---

1. V. Harrisse, *Cabot*, p. 247, et *Terre-Neuve*.

en font escolles. Et puys quant elles viennent à soy marier, sont chastes, qui est qu'elles n'ont point de cougnoissance d'aultres que de leurs maritz, et sont bonnes gens bien doulx, de manière qu'ilz ne font mal à personne, si on ne leur en faict. Et, dudict fort à Ochélaga, y a quatre vingtz lieues. Ledict fort de Canada est par les quarente sept degrez et ung sixain de la haulteur du polle artique. Et Ochélaga est à quarente six degrez et demy de ladicte haulteur. Ochélaga est terre beaucoup meilleure que celle de Canada et sont les habitans d'icelle plus raisonnables. Toutesfoys on ne sçait que c'est qu'ilz croyent ny quel Dieu ilz adorent, tant les ung que les aultres. En icelle terre se cueulle force milg duquelz ilz se nourrissent avec le poisson qu'ilz prenent en la rivière et en la mer. Car ce sont grandz pescheurs de toutes sortes de poisson, comme anguilles, loups marins, saulmons, alouses, marsoins, grandz quasy comme ballaines, et d'aultres plus petitz. Et y a, au sable au long la rivière, des coquilles faittes comme perles et comme pallordes qui se manjent à La Rochelle, qui sont bonnes et sont fort grandes. Et en ces terres n'y a aultre chose que cristal et setrin, comme j'ay veu. Et quant vous serez au bout de l'isle, vous verrez une grosse rivière qui tumbe d'une roche en bas quinze ou vingt brasses, et faict ung grand bruict [1].

Et est Canada et le cap de Ratz, de la Jart qui est en Poictou, l'est et ouest, et sont en une mesme haulteur. Et toutes ces terres de Canada, par raison, doibvent estre appellées La Nouvelle France, parce qu'elles sont en une mesme haulteur. Et si elle estoit aussi bien peu-

1. Chute du Niagara.

LA COSMOGRAPHIE

plée que France, mon advis est qu'elle serait aussi attempérée. Mais la terre est tant couverte d'arbres, et y est la Rivière Doulce, laquelle est plus naturellement froide que la mer, et est ladicte rivière tant large et proffunde, de manière, en d'aulcuns lieux d'elle, a bien demye lieue de large ou plus, qui cause que la terre est si froide, combien que le soleil à son midy est aussi hault qu'il est à midy à La Rochelle. Et fait son midy quant le soleil est au surouest et quart de su. Et icy l'estoille du nord, par le compas, demeure au nord est et quart de nord. Et quant à La Rochelle est midy, à Canada n'est que six heures de jour.

Et d'icy à la mer Occéane, à la coste dicte de la Franciscane, n'y a point passé cinquante lieues. Et à l'entrée de Norombègue [1] y peult avoir cent cinquante

---

[1]. Et non Norovérègue, par la raison que, la seconde fois, Alfonse l'écrit avec l'abréviation suivante : Norobegue, c'est-à-dire Norombegue.

Nous ne nous attarderons pas à disserter sûr l'existence et la position de la terre de Norembègue. Nous renverrons le lecteur à l'étude si documentée et si critique de M. Harrisse, *Terre-Neuve*, p. 149 et suivantes.

D'après lui, Alfonse, en citant la rivière de Norembègue, « veut parler de la » rivière Penobscot, qu'il n'a pas relevée lui-même au cours d'un voyage, mais » seulement copiée sur une des cartes espagnoles dressée après le retour d'Es- » tevao Gomez, en 1525 ». « En somme, ajoute-t-il, on croyait à Dieppe, peu » avant 1539, que la région située entre l'île du Cap-Breton et la Floride, était » appelée par les naturels du pays Norembegue et Anorembegue, et qu'il s'y » trouvait une très grande ville également de ce nom. Ce n'était évidemment » qu'une légende rapportée ou conçue par quelque pêcheur de morues. Il se » peut aussi que cette fable date d'une dizaine d'années avant et qu'elle ait été » racontée par des gens de l'équipage de Verrazano quand ils revinrent à » Dieppe. »

En outre des sources indiquées par le savant américaniste, nous citerons Châtelain (édition Gueudeville), qui met dans la division de l'Amérique une province d'Acadie comprenant P. Royale (*sic*), Touquechet et Port Rossignol, qui sont dans la presqu'île d'Halifax (Nouvelle Ecosse) ; puis un autre pays de Norumbegue, qu'il ne fait pas figurer sur sa carte, mais où il place comme villes : Pentagoët, Chambly, Saint-Sauveur. Or Pentagoët est placé par lui sur la rivière de Pentagoët, au nord de la baie de Fundy, qu'il nomme Baie Françoise.

lieues. Et de Norombègue à la Fleuride y a environ trois cens lieues, et de la Fleuride à Ochélaga y a quatre vingtz lieues, et de Ochélaga à l'isle des Raisins, y a trente lieues. Et pense que Norombègue vient entrer jusques à la rivière de France prime [1] et à la mer du Saguenay. Et depuys le fort de Canada jusques hors la grand baye il n'y a que deux cens trente lieues, et la route est comme l'est nordest et ouest surouest, qui sont cinq degrez et ung tiers de degré à quarente six lieues et demye par degré par droicte haulteur. Les terres en tirant vers Ochélaga sont beaucop meilleures et plus chauldes que celles de Canada. Et tient ceste terre de Ochélaga au Figuyer et au Pérou, en laquelle abunde or et argent. Veu aussi que ceulx de la terre dient que en la ville nommée Cébola, qui est par les trente et cinq degrez de la haulteur du polle artique, les maisons sont toutes couvertes d'or et d'argent, et sont serviz en vaisseaulx d'or et d'argent. Ces terres tiennent à La Tartarie, et pense que ce soit le bout de l'Azie selon la rondeur du monde. Et pour ce il seroit bon avoir ung navire petit, de soixante et dix tonneaulx, pour descouvrir la coste de la Fleuride. Car j'ay esté en une baye jusques à quarente et deux degrez entre Norombègue et la Fleuride, mais n'ay pas veu du tout le fond, et ne sçay s'il passe plus avant [2]. Et y a en toutes ces terres grand quantité d'arbres et de plusieurs sortes, comme chaignes, fraignes, cèdres, cyprez, hommeaulx, arables, fayens, arbres de vye qui portent médicine, ilz ont la gosme blanche comme neige, pyns privés desquelz on faict les matz de navires, trambles, boulez (*ou*

---

1. Le Saint-Laurent.
2. Sans doute la baie de Fundy.

boulz) lesquelz ressemblent à cerisiers. Et y a des
cèdres fort gros ; aussi y a forces noix et nusilles, et y
a esté trouvé prunes rouges, de manière de ces prunes
que nous appellons coubrejau. Aussi y a forces poix
de la nature de la terre et forces grouselles et fraizes.
Aussi y a forces bestes saulvaiges comme cerfz, biches,
porcs espitz, outardes, grues, oyes saulvaiges, chocas
(*ou* chouds *ou* hotades), tourtres, corbins, grolles aillés
et plusieurs aultres oyseaulx et bestes, et y a de petitz   F° 183 r°.
serppens comme yl y a en France et de la mesme sorte.
Et dient les saulvaiges qu'il y a des lycornes. Et toute
chose que l'on y sème, n'est que deux ou trois jours à
venir sur terre. Le bled y croist si bien que j'ay compté
en une espy de bled six vingtz grains, mesme grain que
celluy de France, lequel avoit faict semer Jacques Quartier. Et la terre est si bonne que si vous le semez en
mars, il sera mûr à la my aoust. Les eaues y sont beaucoup meilleures qu'elles ne sont en France, et mon
advis est tel que si la terre estoit labourée et plaine de
gens, qu'elle seroit aussi chaulde que La Rochelle. Et
qui cause qu'il y neige si souvent, c'est que quant il
pleut, la pluye se convertist en neige, et n'y pleut sinon de vent vers oriant. Et devers occident n'y pleut
point. Et devers le vent de septentrion y a abundance de
neiges, et y neige si fort en novembre, décembre, janvier et febvrier que la neige monte bien environ la haulteur de six piedz. Il y a d'aussi belles foretz comme est
au monde possible de veoir. En ceste mer de Canada,
y a ung poisson en fasson de ballaine, quasi aussi grand,
et est blanc comme neige, et a la gueulle comme ung
cheval. Et y a aultres poissons lesquelz aussi semblent
à elléfans, et ont corne comme lesdictz elléfans et des-

cendent en terre. Et y a de petitz marsouyns qui ne sont point plus grandz que tonynes. Et y en a d'aultres aussi grandz que petites ballaines, lesquelz sont appellez chevaulx, et se gectent en l'air à plus de dix brasses de hault. Et y a d'aultres poissons que nous appellons esturjons.

Puisque nous avons parlé de la coste de la Terre Neufve jusques au septentrion et jusques à la terre du Laboureur et de la mer de la Nouvelle France appellée Canada, c'est raison de parler du cap de Ratz, en suyvant la coste de la Franciscane jusques à la Fleuride et l'ance du Figuier, devers les eptentrion. Le cap de Ratz, comme j'ay dict, est à quarente et sept degrez moins dix mynutes de la haulteur du polle artique. Ledict cap et le port Sainct Xpristofle[1] sont l'est et ouest, et prenent ung quart de norouest et suest. Et y a de l'un à l'aultre neuf lieues. Le cap de Chinchéte[2] est auprés de la pescherie Sainct Xpristofle. Le cap de Saincte-Marie et les isles de Sainct Pierre sont l'est suest et ouest nordouest. Et y a, en la traverse, quarente et six lieues. Et quant vous partirez du cap de Ratz, sept ou huyt lieues en la mer, irez, à ouest norouest, quérir les isles de Sainct-Pierre, pour raison que alentour du cap, et au long la coste, y a des rochiers qui boutent loing en la mer et sont dangereux. Et du cap de Ratz jusques aux isles de Sainct-Pierre y a quarente lieues. Et si vous voullez aller par le destroict des Bretons, passerez bort à bort du Coulombier, de quelque cousté que vous vouldrez. Ce Colombier est ung islet, et est dict Colombier parcequ'il

---

1. C. Pine?
2. C. Freel.

LA COSMOGRAPHIE 499

y a forces oyseaulx [1]. Passerez entre les isles de Sainct-Pierre et la terre des Dunes (*ou* Derdunes), et de là ferez la route au nord norouest jusques environ vingt et cinq lieues, que vous trouverez une terre rouge, et irez à l'ouest norouest, le long de la coste, aultres vingt cinq lieues. Et icy trouverez une isle nommée l'isle Sainct Jehan [2] qui est au meilleu du destroict, et plus près de la terre des Bretons que de la Terre Neufve. Cette entrée des Bretons a douze lieues de latitude. Et est en la haulteur de quarente sept degrez et demy de la haulteur du polle artique, et a quarente sept moins ung quart la coste des Bretons. De ceste isle de Sainct Jehan à l'isle de l'Ascension, qui est la mer de Canada, y a quarente lieues, et la route est norouest et suest, et prent ung quart de l'est et ouest. Ladicte isle de Sainct Jehan et l'isle de Bryon et l'isle des Oyseaulx [3] sont l'est et ouest, et y a, en la traverse, quarente lieues. La-

F' 184 r'.

1. Serait-ce l'île des Pingouins ou les îles Plates ?
2. M. Harrisse identifie l'île Saint-Jean découverte par Cabot avec l'île du Prince Edward qui est bien dans la position indiquée (Harrisse, *Cabot*, notamment p. 86, et *Terre-Neuve*).
3. *Ile des Oiseaux et Ile Brion.*
« Du cap de Raye aux îles aux Oiseaux, la route est O. 5° N. et la distance de 16 à 17 lieues ; et du cap nord aux mêmes îles, la route est N. 8° O., et la distance de 14 à 15 lieues. Les îles aux Oiseaux sont petites et à deux encablures l'une de l'autre ; l'espace qui les sépare n'est qu'une chaîne de roches, et il n'y a pas de passe ; la plus grande, qui est celle du Nord, a un quart de lieue de tour ; *elle est fort escarpée*, passablement haute et peut se voir de 7 à 8 lieues d'un temps clair. Il y a une bonne passe et pas moins de 11 à 12 brasses d'eau entre les îles aux Oiseaux et l'île de Brion qui est à 5 lieues dans l'ouest et peut être vue de 5 à 6 lieues. » (*Instructions nautiques relatives aux cartes et plans du Pilote de Terre-Neuve*, 1784, p. 79). Du cap Nord à Bird-Islands (les Isles aux Oiseaux) N. 9° O., 17 à 18 lieues : de l'île de Saint-Paul aux mêmes N. 24° O., 15 lieues 1/2 ; de celle-ci à la partie N. de l'île de Brion O. 8°, 30° S., 5 ou 6 lieues. *Le Pilote américain*, traduit par Magré, 1826, p. 31 : « Les îles aux Oiseaux, petites et ramassées, sont d'une hauteur médiocre ; leur sommet est de couleur blanche ; celle du N. est la plus

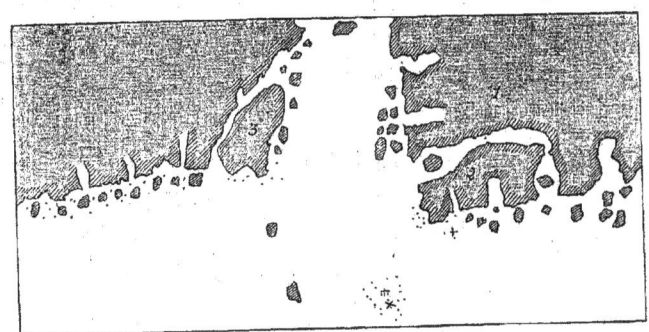

1. Isles de Saint-Pierre. — 2. Cap de Ras. 3. Cap à Breton. — Nota : sur le continent, placé à l'est du cap Breton, il y a une légende presque complètement effacée et illisible.

dicte isle de Bryon et ladicte isle des Oyseaulx sont par les quarente sept degrez de la haulteur du polle artique. L'isle de Sable [1], qui est au dedans de la mer du Canada, et la baye des Liepvres sont est nordest et ouest

grande et projette vers l'E. une petite chaine de roches ; le passage qui les sépare offre une basse de même nature. Celui qui se présente entre la plus petite de ces iles et celle de Brion, est large d'environ 5 lieues) ».

Les Iles de Bird et l'Ile de Brion sont exactement dans cette position sur la carte.

On les voit figurer, sans nom cependant, dans cette même position sur la carte marine de 1853 (n° 1437); entre les deux îles indiquées et l'île à laquelle les autres cartes donnent le nom de Brion, on indique des fonds de 12, 16 et 22 brasses correspondant aux profondeurs indiquées par les *Instructions nautiques*.

Si nous nous reportons à la description de Jacques Cartier (Lescarbot, *loc. cit.*, p. 263), nous constatons que cela correspond absolument à la position donnée aux îles Margaux (noms d'oiseaux blancs et plus grands qu'oysons) et à l'île de Brion. Cartier part du cap Saint-Jean (cap Anguille), navigue vers ouest et nord-ouest, puis après avoir fait sept lieues et demie dans cette direction, il est rejeté vers le suest par un vent de noroest, environ 15 lieues; il trouve trois îles dont deux étaient droites comme un mur (fort escarpées disent les *Instructions nautiques* citées plus haut). Il leur donne le nom d'Iles Margaux. A cinq lieues de ces îles vers l'ouest, il trouve une île de deux lieues de long et de large à laquelle il donne le nom de Brion. Et Cartier ajoute : « Je croy par ce que j'ay pu comprendre, qu'il y ait quelque passage entre la Terre Neuve et la terre de Brion. S'il en était ainsi ce seroit pour raccourcir le temps et chemin pourveu que l'on peust trouver quelque perfection en ce voyage ». Où Cartier ne se comprend plus, c'est quand il dit que « à quatre lieues de cette isle est la terre ferme vers ouest sur ouest. » Mais le copiste a-t-il bien lu, et ne faut-il pas rétablir quarante lieues au lieu de quatre ? Et cette terre serait-elle l'île du Prince Edouard ? ou comme le dit Levot (Art. Cartier, *Biographie Didot*), serait-ce la plus grande des îles de La Madeleine ?

Il me semble bien difficile de ne pas identifier les îles Margaux avec les îles des Oiseaux des cartes nautiques, et de ne pas retrouver l'île de Brion, là où tous les cartographes placent l'île de ce nom.

Voir également Harrisse (*Cabot*, p. 231) qui estime que l'île de Brion est dans le position des îles de La Madeleine ; Châtelain (*loc. cit.*), qui donne ce nom à l'une des îles de La Madeleine ; Blount (*Dépôt de la marine*, 1834), qui place cette île dans l'archipel de La Madeleine, non plus au sud comme dans Châtelain, mais à la partie extrême du nord-ouest, au nord de l'île de Coffin.

1. Seraient-ce les îles des Arènes de la Mappemonde de Pierre Descelliers ?

surouest, et y a, en la route, quarente lieues. Ladicte isle de Sable est à quarente six degrez et demy de la haulteur du polle artique. Et la baye des Liepvres, qui est une baye ronde, est à quarente cinq degrez et trois quartz de ladicte haulteur. Et d'icy tourne la coste du septentrion nord nordest et su surouest environ quarente lieues jusques à la baye de Ouguedo qui est à quarente lieues de l'isle de l'Ascension. Retournant au cap de Ratz, qui est en la mer Occéane, en la Terre Neufve, je dictz que le cap de Ratz et le cap des Bretons, le plus dehors de la mer Occéane, qui est une isle appellée aussi Sainct Jehan, sont l'est nordest et ouest surouest, et y a, en la route, quatre vingtz lieues. Ledict Cap à Breton de la mer Occéane est par les quarente cinq degrez de la haulteur du polle artique. Au suest du cap de Ratz y a deux isles perdues qui sont appellées les isles de Sainct Jehan d'Estévan (*ou* Esténan), et sont perdues à cause qu'elles estoyent de sable. Et y a quarente lieues d'elles au cap de Ratz, et sont par les quarente cinq degrez de la haulteur du polle artique, et sont fort dangereuses. A soixante et quinze lieues en la mer, au su du cap de Ratz, y a une aultre isle appelée Saincte Croix, et est par les quarente et ung degrez de la haulteur du polle artique. Au su surouest du cap de Ratz, à quatre vingtz lieues en la mer, y a aussi une isle nommée Bardan, et est toute de sable, et est par les quarente deux degrez de la haulteur du polle artique. Au suest du cap Breton, trente lieues en la mer Occéane, y a une aultre isle qui est aussi toute de sable, et est norouest et suest avec l'aultre isle de Bardan, et y a de l'un à l'aultre trente lieues, et est par les quarente et quatre degrez de la hauteur du polle artique.

Et au su dudict cap de Ratz, cent cinq lieues en la mer, y a une aultre isle qui s'appelle le Héron, et est par les trente huyt degrez et demy de la haulteur du polle artique. Et au su et quart de suest du Cap à Breton, environ trois cens lieues, y a une aultre isle grande appellée les Sept Citez, qui est une grande isle. Et y a plusieurs gens qui l'ont veue, comme aussi ay faict. Et ce certiffie. Mais je ne sçay qu'il y a dedans, car je n'ay descendu en terre, et est par les vingt huyt degrez et demy de la haulteur du polle artique.

Tournant à l'isle de Sainct Jehan qui est dite Cap à Breton, le plus dehors en la mer Occéane, qui est par les trente et cinq degrez de la haulteur du polle artique, je dictz que le cap de Sainct-Jehan, dict Cap à Breton, et le cap de la Franciscane, sont nordest et surouest, et prenent ung quart de l'est et ouest. Et y a en la route cent quarente lieues. Et icy faict un cap appellé le cap de Norombègue. Cedict cap est par les quarente et ung degrez de la haulteur du polle artique. Ladicte coste est toute sableuse, terre basse, sans nulle montaigne, et au long ceste coste y a plusieurs isles de sable et coste fort dangereuse de bans et rochiers. Les gens de ceste coste et de Cap à Breton sont maulvaises gens, puissans, grandz fleschiers, et sont gens qui vivent de poisson et de chair, et ont aulcun milg, et parlent quasi le mesme langaige de ceulx de Canada, et sont grand peuple. Et ceulx de Cap à Breton vont donner la guerre à ceulx de la Terre Neufve quant ilz peschent, et pour nulle chose ne saulveroyent la vie à ung homme, quant ilz le prenent, si n'est jeune enffant ou jeune fille. Et sont si cruelz que si tuent ung homme portant barbe, ilz luy couppent les membres et les portent à leurs femmes et enffans, affin d'estre vengez en cela. Et y a entre eulx force pelleterye de toutes bestes. Au delà du cap de Norombègue [1] descend la rivière dudict Norombègue environ vingt et cinq lieues du cap. Ladicte rivière est large de plus de quarente lieues de latitude en son entrée, et va, ceste largeur au dedans, bien trente ou quarente lieues. Et est toute plaine d'isles qui entrent bien dix ou douze lieues en la mer, et est fort dangereuse de rochiers et baptures. Ladicte rivière est par les quarente et deux degrez de la haulteur du polle artique. Au dedans de ceste rivière, quinze lieues, y a une ville qui s'appelle Norombègue et y a en elle de bonnes gens et y a forces pelleteries de toutes bestes. Les gens de la ville sont vestuz de pelleterye portans manteaulx de martres. Je me doubte que ladicte rivière va entrer en la rivière de Ochélaga, car elle est sallée plus de quarente lieues au dedans, selon ledict des gens de la ville. Les gens parlent beaucoup de motz qui approuchent du latin et adorent le soleil, et sont belles gens et grandz hommes. La terre de Norombègue est haulte en bonne manière. Au su de ladicte rivière, cent cinquante lieues, y a une isle qui s'appelle La Vermonde (*ou* Vermoude), qui est par les trente et trois degrez de la haulteur du polle artique. Et du cousté devers l'ouest de ladicte isle y a forces rochiers qui entrent en la mer, bien quinze lieues, et du cousté devers le nort y a une ance en laquelle y a une petite isle laquelle est fort subjecte à tempeste, et n'y peult l'on habiter. De la rivière de Norombègue tourne la coste à l'ouest surouest, bien deux

F° 185 v°.

1. V. plus haut.

cens lieues, jusques à une ance grande qui entre dedans la terre environ vingt lieues, et a bien vingt neuf lieues de latitude. Et au dedans de ceste ance, y a quatre isles joignantes l'une à l'aultre. L'entrée de l'ance est par les trente et huyt degrez de la haulteur du polle artique, et lesdictes isles sont par les trente neuf degrez et demy, et n'est (*sic*) pas veu le font de ceste ance et ne sçay s'il passe oultre. L'eaue y court fort. Aussi faict à la rivière de Norombègue. Et en toute ceste coste, la coste est toute peuplée de gens, et n'ay pas communicqué avec eulx et ne sçay quelle loy ilz tiennent, ne s'ilz sont bons ou maulvais. Et de ceste dicte ance tourne la coste à l'ouest norouest environ quarante six lieues. Et icy faict une grande rivière d'eau doulce, et y a, en son entrée, une isle de sable. Ladicte isle est par les quarente neuf degrez de la haulteur du polle artique. En toute ceste coste, depuys le Cap à Breton, y a plusieurs rivières, selon l'eaue de la mer qui est toute trouble d'eaue doulce. Et y courent de grandz coups de ventz de nord, et est la mer fort haulte, et y a forces bouynes (*ou* bruynes). Les terres sont, par la plus grand part, terres basses, et ne sont point montaignes. De ceste rivière tourne la coste nordest et surouest, et prent ung quart de l'est et ouest, soixante lieues. Et icy faict (ung cap) qui boute bien cinquante six lieues en la mer. Le cap est par les trente et six degrez de la haulteur du polle artique et est hault et y a une fallaise blanche. Et d'icy tourne la coste à l'ouest norouest quarante et six lieues jusques à une grande rivière qui a bien vingt lieues de latitude, et a forces baptures à son entrée. Ladicte rivière est par les trente et sept degrez de la haulteur du polle artique. Je ne sçay si la rivière va loing dedans. La terre est fort basse. Les gens sont grandz et maulvais et ne veulent[1] consentir que l'on dessende en ladicte terre, et sont vestuz de thoille blanche qui semble estre couton, et usent d'arcs et fleiches. La terre est fort belle et y a de beaulx arbres, et semble y avoir chastaniers et cèdres. D'icy tourne la coste, au surouest et quart de l'ouest, environ trente lieues. Et icy faict un cap, et derrier icelluy, y a ung grand goulphe [2]. Je ne sçay combien il entre par la terre, et y a à son entrée plusieurs baptures. Ledict cap est par les trente et six degrez de la haulteur du polle artique. D'icy fus bien ung jour et demy, le cap à l'ouest, sans veoir terre jusques à la haulteur de trente et cinq degrez avec la déchette du compas, et estime faire environ trente cinq lieues jusques à la coste. Et de là tourne la coste contre la Fleuride, nord nordest et su surouest. Et peult avoir, d'icy à la Fleuride, cent ou six vingtz lieues, toute coste droicte, comme j'ay dict, tournant nord nordest et su surouest. En ceste coste, au long d'elle, sont toutes isles et isletz et n'y a point de rivière que je puisse apparcepvoir. Le cap de la Fleuride [3] est par les vingt sept degrez de la haulteur du polle artique, et est large de plus de vingt et cinq lieues, et davant luy y a plusieurs isles de sable, et y a une bapture qui entre en la mer deux ou trois lieues de la terre ferme, et n'est non plus large à ung bout que à l'aultre, et dure plus de vingt lieues au long de la coste du nord nordest et su surouest. Et entre la terre et la bapture semble avoir belle mer.

---

1. Ici est placée la carte qui est reproduite à la page 507.
2. Albermale à 36°.
3. Cap Sablé.

1. Terre de la Franciscane. — 2. Cap de La Franciscane. — 3. Rivière de Norenbegue. — 4. Baye des Isles.

F° 186 v°. Mais je ne peus jamais trouver entrée, pour entrer au dedans. Au bout de ses baptures, y a ung cap là où il y a ung bon port. Ny je n'y veidz point de gens. Ledict cap[1] est par les vingt huyt degrez et demy de la haulteur du polle artique et est au nord nordest de la Fleuride et est belle terre. Les gens vivent loing de là, car je n'y ay point veu de train de gens, de bestes ny de femmes. Toute ceste coste du nord nordest et su surouest, jusques à la Fleuride, ne se fault point approcher de la terre à moins de trois lieues, à cause des baptures et dangiers qu'il y a en elle au pied des rochiers. Devers le chenal de Baasme y a bien trente brasses, et, entre la terre et eulx, et n'y a que six ou sept brasses. De cedict cap aux baptures des isles du chenal de Baasme, n'y a que environ neuf ou dix lieues, et fault aller par le meilleu par les quarente brasses. Et, en l'est suest du cap de la Fleuride, y a plusieurs isles tant grandes que petites qui sont en nombre plus de trois cens, et prenent de mer, norouest et suest, plus de deux cens cinquante lieues. Et la plus grand part des gens est peuplée de gens qui ne mangent que du poisson. Car si on leur donne de la chair à manger, ilz meurent. Et entre elles et l'Isle Espaignolle et l'isle de Coube y a ung chenal par lequel y peult passer navires. Et se commence à ung port appellé Matauses[2]. Ledict port de Matauses est dessoubz le troppique du Cancer. Et la plus grand part de ladicte isle, entre cesdictes isles et la Fleuride et le chenal de Baasme, y a de largeur dix ou douze lieues, et n'y a point moins de proffund, en le chenal, de quarente brasses. Ledict chenal se court nord nordest et est sur-

1. Cap S. Blas. — C'est le nom qu'il porte dans Châtelain (*loc.cit.*).
2. Matanzas dans l'île de Cuba. Peut-être faut-il lire dans le texte *Matanses* et non *Matauses*.

ouest, et peult entrer ung navire partout. L'eaue court fort et court tousjours contre le vent de quelque part qu'il soit. Passé le cap de la Fleuride, tourne la coste au nord norouest bien quarante lieues jusques à une grand rivière [1] qui est toute plaine de baptures. Lesdictes baptures entrent bien quarante lieues en la mer. Ladicte rivière est par les vingt et neuf degrez de la haulteur du polle artique au surouest de la Fleuride. Du cousté de l'ouest sont les isles des Tortues [2], qui sont par les vingt et six degrez de la haulteur du polle artique, et sont environ vingt et cinq lieues du cap du cousté de l'ouest de la Fleuride. Et entre le cap et les isles des Tortues, plus près du cap que des isles, y a ung maulvais rochier rond qui dure sept ou huyt lieues de rondeur. Tournant à l'isle de Coube, la coste depuys le port des Matauses, jusques à la Havane, gist l'est et ouest. Et y a entre l'un et l'aultre dix huyt lieues. La Havane est dessoubz le troppique du Cancer qui est à vingt et troys degrez et demy de haulteur du polle artique. La coste est belle, de bonne haulteur, et n'est ny trop haulte ny trop basse. La coste est saine et n'y a point de danger jusques à La Havane. Et au dessus de la Havane, au dedans de la terre, y a deux montz rondz et sont faictz en monstrance de tetins d'une jeune femme. Plus à l'ouest de la Havane y a une montaigne qui n'est pas trop haulte et est environ sept ou huyt lieues de la Havane, et est platte dessus en fasson d'une ta-

F° 187 r°.

F° 187 v°.

1. Le Mississipi. Ici est placée la carte qui est reproduite à la page 510.
2. I. des Tortues. — *Testitudines insulæ* (Wytfliet et Magin) ; les mêmes auteurs donnent aux récifs le nom de Roques.—Les Tortues sèches (Châtelain, *loc. cit.*), actuellement Tortugas Reys. — Il y a de nombreux récifs entre les îles de la Tortue et la pointe de la Floride.

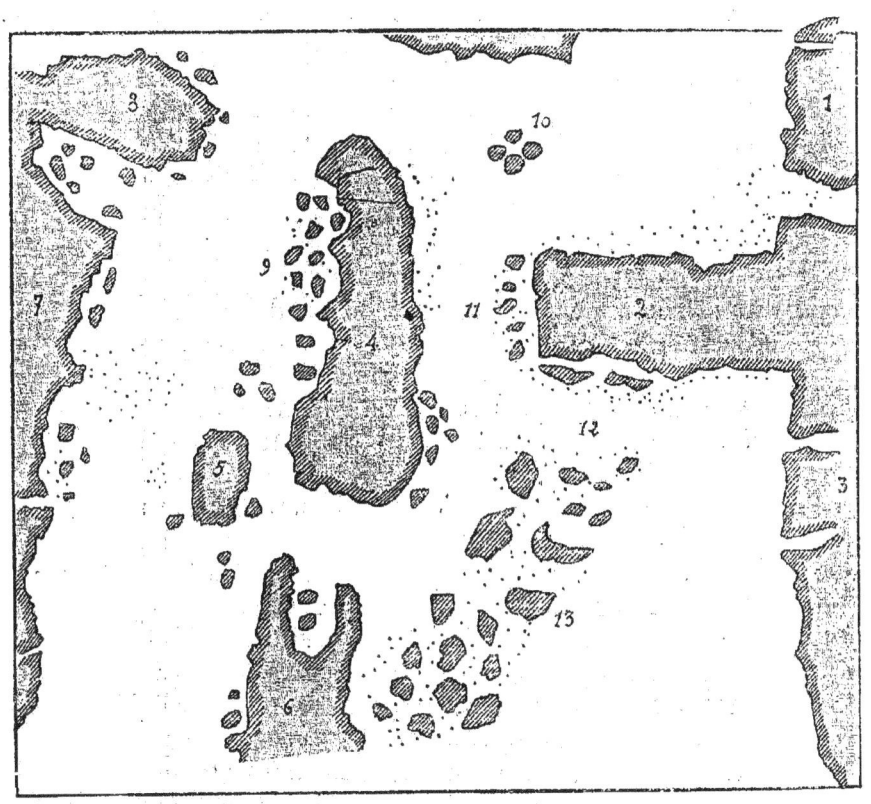

1. Commencement de l'ance du Figuier. — 2. La Fleuridde en sa propre fasson. — 3. Une partie de La Franciscane. — 4. La Coubbe ainsi comme elle est faicte. — 5. La Jamaicque ; *au-dessus*, Cyomond. — 6. Une partie de Sainct... — 7. Une partye de la Neufve Espaigne. — 8. Cap (ou terre) de Yucatan. — 9. Isles des Pyniers? — 10. Iles Tortues. — 11. Les Orgues. — 12. Le chenal de Bahama. — 13. Isles où sont les gens qui ne mangent que poissons et bassines.

ble et ainsi s'appelle Maise (*ou* Moïse) [1] qui est à dire table. Et de là en avant est la coste fort dangereuse de rochiers et y court l'eau si vivement que ung navire sans voilles fera plus de vingt lieues par jour. Et pour ce tous les navires qui viennent de la Neufve Espaigne, du Pérou ou de l'Ucatan, viennent tous quérir les Tortues, pour ce que en elle y a bonne rade. De la Table jusques aux haultes montaignes, y a quinze lieues, et la coste gist l'est et ouest et prent un quart de nordest et surouest. Ledict cap est bas, plat, et entre deux ou trois lieues en la mer. Et est en la haulteur de vingt trois degrez et demy de la haulteur du polle artique. Et icy a de fort haultes montaignes, et sont faictes en fasson d'orgues, et ainsi sont appellées, et les fallaises d'elles semblent estre d'or. Et de ce cap, jusques au cap de Sainct Anthoine, y a bien quatre vingtz lieues et la coste gist l'est nordest et ouest surouest, et ne se fault approucher de la coste moins de sept ou huyt lieues à cause des dangiers et rochiers des Orgues qui durent plus de soixante lieues et entrent en la mer bien six ou sept lieues. Ledict cap de Sainct Anthoine est terre basse, toute plaine d'arbres de gayacon et aultres. Ledict cap est par les vingt et ung degrez et ung quart de la haulteur du polle artique, et est l'est nordest et ouest surouest avec le cap du Figuyer. Et y a en la route cinquante lieues. Ledict cap du Figuyer est par les dix neuf degrez et demy de la haulteur du polle artique. Tournant à la coste du Figuyer et à La Fleuride, je dictz que

---

1. *Maise*, pour *met*, terme courant en Saintonge pour désigner le pétrin avec sa couverture, ou le plancher d'un pressoir. — Voir aussi du Cange, V. *maite* et *met*, plancher du pressoir. — Le terme de Moïse désigne surtout un berceau d'enfant.

F° 188 r°. de La Fleuride à Mathausse n'y a que vingt et cinq lieues; du cap de Sainct-Anthoine à l'isle de Pégnes [1] y a quinze lieues, et la terre est toute basse, jusques icy. De l'isle de Pégnes qui est du cousté du su, ne sont que

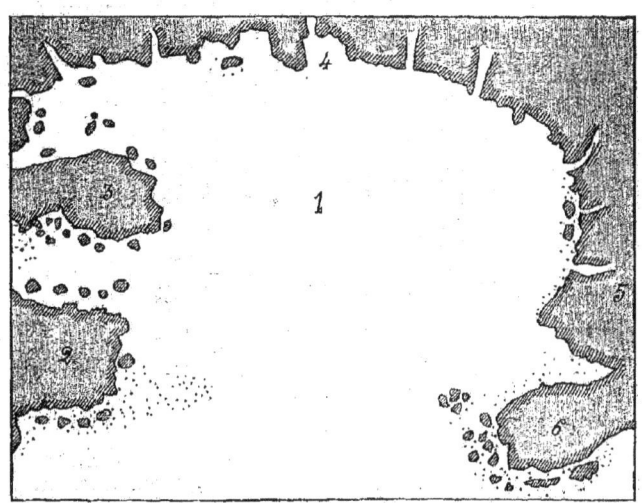

1. L'anse du Figuyer et sont toutes les terres comme voyez, tout ainsy départies pour l'Amairique, à le droict d'elles parlent d'elles mesmes, et fault que soit ainsy, aultrement ne se entendroict pas. Et fault qu'elles soyent nommés et matipsez plus d'une foys, à fin de donner à coungnoistre celles qui viennent et qui tiennent l'ung à l'aultre, parce qu'on ne les peubt pas les faire toutes en ung feullet. — 2. Le cap de Fondures. — 3. Ici(?) Le Figuyer. — 4. Goulphe. — 5. Terre de Seboulla. — 6. La Fleuridde.

isles qui entrent en la mer dix ou douze lieues, et durent au long la coste, l'est et ouest, bien trente lieues, et sont fort dangereures de bans, rochiers et baptures. Et sont par les vingt, vingt et ung et vingt et ung degrez et

1. I. des Pinas (Wytfliet et Magin).

demy de la haulteur du polle artique, entre le cap de Courrance [1] et l'isle de Jamaïque, et y a trois isles, l'une auprès l'aultre, ausquelles y a de grandz lizardz aussi gros que beufz, par fasson qu'il n'y a homme qui puisse habiter. Et sont lesdictes isles appellées Caymanes [2]. L'isle de Jamaïque est une belle isle, haulte, et a de longitude, l'est et ouest, cinquante lieues, et de latitude vingt cinq ou trente lieues, et y a force couton, et n'y a point d'or. L'isle de Coube a deux cens cinquante lieues de longitude, l'est et ouest, et prent ung quart de norouest et suest. Ceste icy a de l'or en abundance, mais est bas or comme de Fleurins et de Philippus, et y a en elle force bestial entre la main des saulvaiges et des Espaignolz, et n'est pas fort peuplée de gens. Car il n'y a que trois villaiges espaignolz, desquelz l'ung est nommé Sainct-Jacques de Coube [3] et est devers le bout du suest, et les aultres deux sont Matase et la Havane qui sont devers la partie du nord. Et au nord de ladicte Coube, et au nordest et en l'est nordest, sont les isles que au dessus j'ay nommées, qui sont bien en nombre trois cens isles, et durent jusques au bout de l'Isle Espaignolle, du cousté de l'est, et sont au nord de ladicte Isle Espaignolle, et au norouest et au nordest; et plusieurs d'elles sont à la veue desdictes isles. Le cap de la Fleuride et la baye du Sainct Esperit [4] sont l'est suest et ouest norouest, et y a en la traverse de l'un à l'aultre cent cinquante lieues. Et en ceste coste, au de-

F° 188 v°.

---

1. C. de Corrientes (Wytfliet et Magin). — Actuellement C. Corrientes.
2. Groupe d'îles nommées Great Cayman. — Little Cayman et Cayman Brac.
3. S. Jacobus (Wytfliet et Magin). Santiago de Cuba.
4. La baie du Saint-Esprit. Le Mississipi portait alors le nom espagnol de R. del Spirito Santo. Il figure sur le globe d'Oronce Finé (1531), avec l'appellation

dans de la terre par les trente et cinq degrez est la ville de Sébolla [1]. Les maisons de laquelle isle de Sébolla on dict estre couvertes d'or et d'argent. Les gens de la Fleuride, et au dedans de la terre, sont grandz hommes, vaillans et maulvais, et usent d'arcs, fleiches, arbalestes et lances ou javelines de trois brasses de long et de trois et demye. Et ainsi sont ceulx de la terre de Sébolla, et sont vestuz en fasson de Tartariène. Ceste ance du Figuyer depuys la rivière qui a tant de baptures, qui entre dix lieues en la mer, qui est nord norouest, et su suest de ladicte rivière, qui est par les vingt et neuf degrez, la coste se court vers le goulphe du Sainct Esperit, l'est et ouest, et prent ung quart de nordest et surouest. Et de là, jusques à la baye du Sainct Esperit, y peult avoir cent lieues, cent et deux ou cent et cinq. Et est coste de terre assés haulte, là où il y a beaucoup de riviéres. Et y a en icelles abundance d'or et d'argent, et le peult l'on avoir pour peu de chose, et le baillent pour merceryes et biscuict, que sont choses à eulx rares. De la baye de Sainct Esperit tourne la coste au nordest et surouest, et prent ung quart de l'est et ouest, cinquante lieues, jusques à une isle qu'est par les vingt et six degrez et demy de la haulteur du polle artique. Et en ceste coste y a force argent et aulcun or, et non tant d'or que d'argent. Et sont les gens d'icelle bonnes gens, et d'icy tourne la coste nord nordest et su surouest

---

de R. de Spir. Voir aussi Weimar (1538). Châtelain donne le nom de baie du Saint-Esprit à la baie actuelle de Tampe, côte ouest de la Floride. C'est également la position que Wytfliet et Magin donnent à la Baie de San Spirito, et le Mississipi est appelé, par ces géographes, Rio de San Spirito.

1. Wytfliet et Magin font figurer aux environs des 35° indiqués comme position de Sébolla, Casaqui, Xuaquile, Chalaqua et Catilachégue.

jusques à la rivière appellée la rivière de Tamistan [1] et y a de l'un à l'aultre soixante lieues. Icy commence à avoir villes et les gens sont comme Indiens, comme sont ceulx de la Neufve Espaigne. Ladicte rivière est par les dix neuf degrez et demy de la haulteur du polle artique. En toute ceste coste y a de l'or abundamment. D'icy tourne la coste en l'est nordest jusques à la terre de l'Ucatan, et y a quarente lieues de l'un à l'aultre. Ladicte terre de l'Ucatan est par les quinze degrez et demy de la haulteur du polle artique. D'icy tourne la terre de l'Ucatan nordest et surouest jusques au cap du Figuyer qui est à dix neuf degrez et demy de la haulteur du polle artique. La terre de l'Ucatan est comme une isle, et au nord norouest d'elle, environ vingt lieues, y a quatre ou cinq petites isles toutes environnées de rochiers dangereux. Lesdictes isles et rochiers sont par les dix huyt degrez de la haulteur du polle artique.

Fin de la Cosmographe avec l'espère et régime du soleil et du nord, en notre langue françoyse, en laquelle amplement est traicté comment et par quel moyen les mariniers se peuvent et doibvent gouverner et conduire en l'art marine. Et icy est comprise la cosmographe par droicte haulteur, par laquelle les pillottes sçauront et pourront descouvrir les terres et pays couvers, lesquelz, par Vostre Magesté, sire, leur seront commandez descouvrir, selon le dire de plusieurs auteurs autentiques, comme les deux Tholomées, l'Istoire Batriane, Aristote, Pline, Strabo, Josepf et Salomon, la Bible, la

---

[1]. Serait-ce la rivière qui se jette, sous le tropique, dans les salines nommées, par Châtelain, salines de *Tamaetlan* ?

Généralle Istoire, et plusieurs aultres, et nostre expérience veue en notre temps, laquelle est maistresse de toutes les choses, faicte et composée par nous Jehan Allefonsce et Raulin Sécalart, cappitaines et pillotte de navires, demourant en la ville de La Rochelle, en la rue Sainct Jehan du Perrot, davant l'église dudict Sainct Jehan. Le vingt quatriesme jour du moys de novembre, l'an mil cinq cens quarante cinq (1545), achevay de par moy Raulin Sécalart, cosemographe de Honnefleur, désirant faire servisce à Vostre Maigestay réaille, qui sera fin de ce présent livre [1].

1545.

[1]. A la fin du volume figurent trois cartes en mauvais état, qui devaient être complétées par d'autres fragments disparus. Les trois cartes qui nous restent, sont : 1° La carte de l'embouchure de la Gironde reproduite à la page 563 du tome VIe, 2e partie, des *Ports maritimes de la France*. — Paris, Imprimerie Nationale, 1887, in-8°; — 2° la carte de l'embouchure de la Loire au folio 191 verso; — 3° une carte de l'embouchure de la Tamise en deux fragments incomplets, figurant aux folios 189 verso et 190 du manuscrit. Nous reproduisons ces trois dernières dans les pages suivantes.

LA COSMOGRAPHIE

Carte de l'embouchure de la Tamise.

518   LA COSMOGRAPHIE

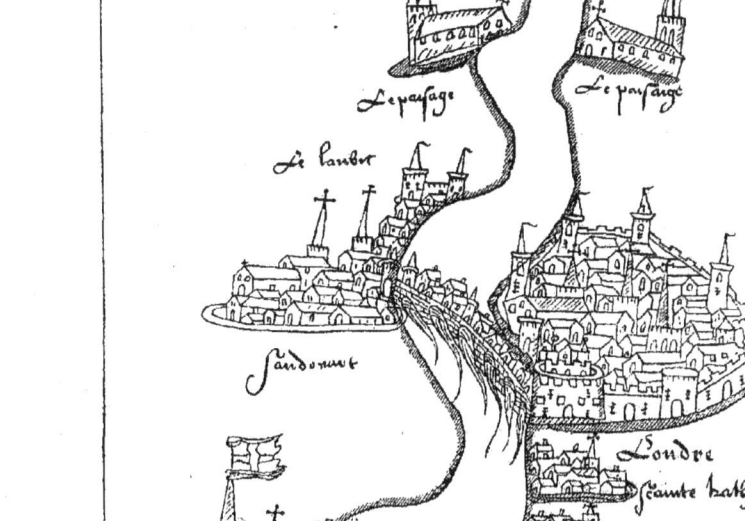

Carte de la Tamise à Londres et aux environs.

LA COSMOGRAPHIE 519

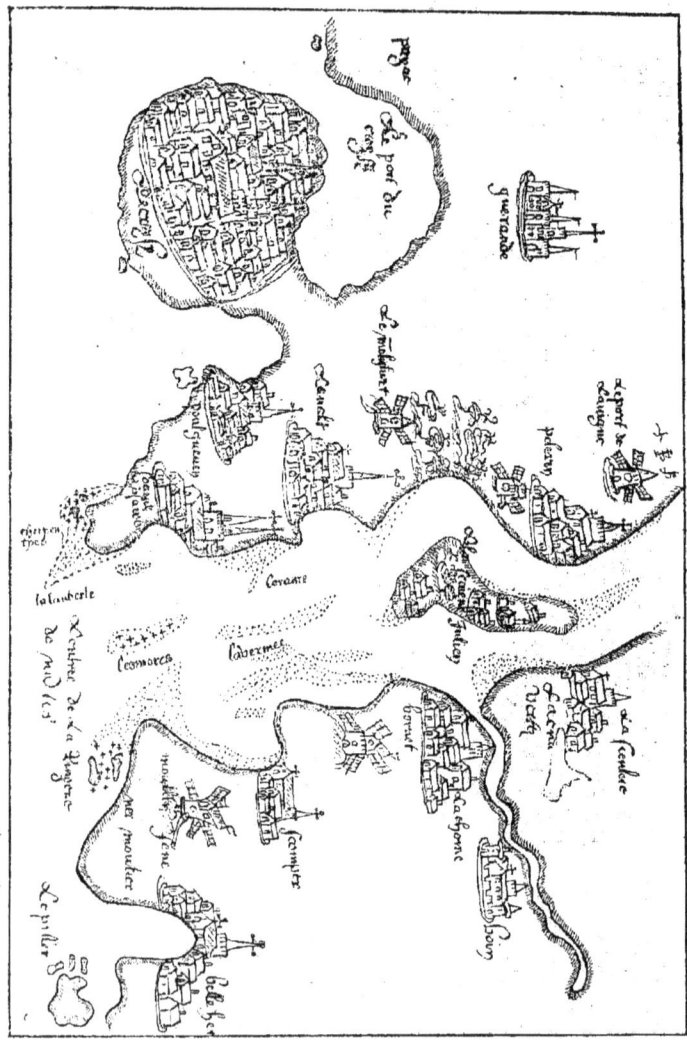

Carte de l'embouchure de la Loire.

1. Bordage de navire provenant de la maison de la rue Saint-Jean du Perrot, à La Rochelle. (Voir pages 1 et 14.)
2. Reproduction en noir de l'en-tête en couleur du folio 39 verso (réduction de moitié).
3. Reproduction semblable du folio 89 recto.
4. Reproduction semblable du folio 85 verso.

LA COSMOGRAPHIE 521

1. Reproduction en noir de l'en-tête en couleur du folio 14 recto, contenant notamment les initiales J. A. du nom d'Alfonse (Réduction de moitié).
2. Reproduction semblable du folio 44 recto.
3. Reproduction semblable du folio 82 recto.

TABLE DES MATIÈRES

Introduction	1
Le véritable nom et la patrie d'Alfonse	6
Les voyages d'Alfonse	8
Jean Alfonse, inventeur de la Jeannette	9
Les œuvres d'Alfonse	19
Documents	45
La Cosmographie, texte et notes	59

TABLE DES NOMS PROPRES

A

Abacuc (Mer), page 174.
Abbas, rivière, 272.
ABDELRAHMAN II, roi de Cordoue, 135.
ABDÉRAM OU ABDELRAHMAN II, roi de Cordoue, 135.
ABEL, 266.
Abervrach ou Aber Vrach, 159.
Abisares, terre, 373.
Aborricon (Rivière), 369 ; — province, 369.
Aborricons, (Province des), 370.
ABRAHAM, 262, 268-271, 274.
Abraham (Ile d'), 346. — V. Noso Hibranni.
Abreoio (Baxos de), 417.
Abyssinie, 287.
Acadie, 495.
Acaye, 214. — V. Achaye.
Achato, 289.
Achaye, 213 ; — (Cap d'), 215.
Ache, rivière, 187.
ACHILLES, 255.
Açores, 134, 326. — V. Les Essores.
Acothe, port, 286, 294, 353.

Acre, 256.
ADAM, 262-266, 275, 276, 295, 296.
Adam, Aden, 356.
Adam (Cap de), 356.
Adde, ville, 351, 355, 356.
Adden (Cap), 356.
Ade ou Aden, ville, 351.
Adés, 349.
Adore, rivière, 172.
Adour, rivière, 147.
ADRIANE (Rome de), 210.
Adriane (Mer), 192, 200, 201, 209-212, 214, 216, 224, 232. — V. Adryanne.
Adrianique (Mer), 214.
Adriatique (Mer), 200.
ADRIEN (Saint), martyr, 91.
Adryanne (Mer), 212, 216. — V. Adriane.
Adula, montagne, 166.
Adule, Adules, Adulle, ou Adulles, montagnes, 166, 167, 198, 200, 201, 210, 222.
Ægeli, 281.
Aelana, 271, 285.

TABLE DES NOMS PROPRES

Affan, rivière, 373.
Affortunées (Iles), 405. — V. Iles Fortunées.
Africains, 314.
Afrique ou Affricque, 9, 10, 21, 34, 127, 128, 193, 194, 201, 203, 205, 215, 231, 244, 252, 285, 289, 290, 292, 298, 300, 302, 303, 306-314, 316, 319, 320, 322, 323, 328, 330, 331, 335, 339, 341, 344, 345, 352, 375, 408.
Afrique propre, 309, 313, 314.
Agalle, rivière, 257.
AGAMENON, roi, 213.
Aganagore ou Ganagore, 401.
AGAPIT (Saint), 96.
AGAR, servante d'Abraham. 270.
Agarènes ou Agarenos, 270.
AGATHE (Sainte), 90, 91.
AGENOR, roi, 213, 222.
Aghille, ville, 318.
AGNÈS (Sainte), 89.
Aguilles (Cap des), 344, 421. — V. Aiguilles.
Aguillons, îlots, 344.
Aguja (Pointe), 473.
Aguja (Cap), 425.
Aigue Morte, 146.
Aigues Morte, 199.
Aiguilles (Cap des), 344. — V. Aguilles.
Aila, 285.
Aillan, 289, 355.
AIMÉ (Jules), 139.
Akabah, 271.
A Kabel-el-Kebirah, 301.
Akassa, 336.
Akhmin, 286.
Akik, baie, 287.

A Kosseir, 286.
Aland, 176.
Alarbes, Alarves ou Allarves, nation, 310.
Alaska, 402.
Albanes, 241.
Albanye, Albanyes, province, 211, 231, 235-237, 238, 242.
Albanoys, 236, 237.
Albarégale, province, 223.
Albée (Port), 280.
Albermale, 506.
Albijehan, ville, 173.
Albin, rivière, 168-171.
Alcanye ou Ascanye, province, 373.
Alcasse, ville, 315.
Alcathe (Cap d'), 305.
Alcudia, ville, 315.
Alcuzemar, ville, 315.
Alemaigne, 154. — V. Allemaigne.
ALEXANDRE DE MACÉDOINE, 227.
ALEXANDRE LE GRAND, 217-220, 229, 230, 235, 237, 247, 248, 251, 258, 260, 289, 293, 294, 320, 358-360, 366, 367, 369, 370, 372-374, 376, 377, 452.
Alexandrette, 256.
Alexandrie, Alexandrye, 128, 201, 218, 258, 286, 289, 290, 292, 294, 296, 300, 372, 377.
Alexandrine, ville, 258.
ALFONCE (Jean), prêtre, 8.
ALFONSE (Manuel), notaire, 8.
ALFONSE (Saint), 39.
ALFONSE (Valentine), 11, 46.
Algarve, 132.
Algarves (Royaume d'), 132.
Alger, 313.
Algérie, 311.

TABLE DES NOMS PROPRES 527

Alissandrye, 296. — V. Alexandrie.
Allanabad, 395.
ALLARD (Jean), 14, 15, 55.
Allarves ou Alarves, nation, 252, 310, 311, 313.
Allegre (Porto), 414.
Allemagne, Allemaigne, 14, 154, 161, 166, 168, 171, 172, 200, 223, 224, 230, 248, 367.
Allemaignes (Haultes), 222.
Allemaignes (Montaignes d'), 230.
Allemans, 395.
ALLIAT, notaire, 7.
Allicant, ville, 195.
Allipond ou Allipont (Mer), 219, 229.
Almaignes, 171. — V. Allemagne.
Almazones, 233, 234. — V. Amazones.
Almecain (Cap), 211.
Almeira, 194.
Almérye, ville, 194.
Almesse (Cap de), 211.
Alpeaïdo, rocher, 133.
Alpes (Montagnes), 166, 198, 200, 201, 209-211, 216, 222, 223.
Alpes d'Alemaigne, 154.
ALPHONCE (Jehan), 122.
ALPHONCES (J.), 98.
Altercia, 62.
Altolage, port, 256.
Amade, lac, 228.
Amazones ou Almazones, nation, 233, 234, 238, 408.
Amazones ou L'Amazone (Fleuve des), 404-407, 421, 427.
Ambelakia, 216.
Ambes ou de Zambe (Port des), 451. — V. Samba.

Ambianenses (Prædicatores), 26.
Amboellas, nation, 338.
Ambos ou Ambons, nation, 338, 339.
AMBROISE (Saint), 92.
AMÉRIC VESPUCE, 412.
Amérique, Amairique, 9, 11, 21, 34, 35, 388, 402, 408, 453, 495, 519.
Amérique du nord ou septentrionale, 11, 13.
Amiens, 26, 27.
AMON (Fontaine et temple d'), 306.
Amonites, 270.
Amotapes, montaignes, 473.
Ampelusia, cap, 318.
Amsterdam, 408.
Anagabore ou Anagebore, 393.
ANAMAN, 362.
Anassoux, nation, 412.
Anassyngor (Royaume d'), 382.
Ancastre ou Aucastre, province, 225.
Anconne (La Marque d'), 209.
Ancône (La Marche d'), 209.
Andelousye, Andalousie, Andélosie, Andelosye, Andelouzie, comté, 76, 128, 129, 131, 132, 327.
Andrew's (Ile), 463.
ANDRIEU (Saint), 99, 100.
Anegade (Ile), 434.
Anere, rivière, 136.
Angevins, 240.
Angiomellanter, province, 177.
Angleterre, 9, 10, 21, 40, 160, 163, 164, 183, 185-191, 257.
Anglia, 189.
Angloys, 160.
Angola, 342.
Angolesme, 150.—V. Angoulême.

Augolle ou Angolles (Terre d'), 342, 343, 345.
Angoulême, 5, 6, 150.
Angouleme ou Angoulesme (Isles d'), 491.
Anguella, île, 434.
Anguille ou Saint-Jehan (Cap), 501.
ANJOU (Duc d'), 12.
ANNE (Sainte), 89, 95.
Annebo (Ile d'), 338.
ANNIBAL, 309.
Annobon, île, 338.
Anorembègue, 495. — V. Norombègue.
Anoum, 289.
Antélibanes, montagnes, 275.
Antélybane, montagne, 262.
ANTÉNOR, roi, 210, 252.
Anthênes pour Athènes, 214.
ANTHENODORUS ou Anthinidorus, 257.
Anthonne, rivière, 186.
Anticosti, 481, 483, 486.
ANTIGONE, roi, 252.
Antilles, 11.
Antiocha Margiana, 245.
ANTIOCHE, roi, 245, 246, 258, 278.
Antioche, ville, 246, 256, 258, 259, 260, 361.
Antioche, rocher, villa, 152.
Antiochède, 256.
ANTIPATER, 228, 257.
Antitaurus, montagne, 250.
Antitore ou Antitores (Montagne), 250, 252.
ANTOINE, 255.
Anton, rivière, 186.
ANTONIN, 30, 292, 296.
Antropafogues ou Antropafoques, 388.

Anvers, 129, 164, 165, 222.
Apes, province, 356.
Apolonius, 407.
Apore, 374.
Apouas (Iles de), 478, 479.
Appien, 309.
Appollonias, 301.
Appollonye, ville, 301.
Apponath, pays, 478. — V. Apouas.
Aquarius, Acquarius, 70, 89, 122.
Ara (Autel), 229.
Arabe (Golfe d'), 470. — V. Uraba.
Arabe (Rivière), 369.
Arabes, 298, 310, 312.
Arabie, Arabye, 28, 205, 217, 231, 261, 274, 276, 279-284, 286, 288, 290, 294, 300, 352, 353, 355.
Arabye la déserte, 261, 263, 269, 276, 281, 357, 358, 359.
Arabye Félix, 67, 68, 276, 278, 280, 282, 283, 286, 294, 295, 300, 351, 353, 357, 363, 368.
Arabie heureuse, 282.
Arabye Pétrée ou Prestée, 269, 276, 281, 282, 285.
Arabiens, Arabyens, 279, 280.
Arabique (Golfe), 397.
Aracothe, rivière, 372.
Aral (Mer d'), 235.
ARAMON (Monsieur d'), 355.
Aranda de Douro, 137.
Arande, 137.
Arapica (Cap d'), 410, 412.
Ararat (Mont), 241.
Aras, Arraxe, Araxes, rivière d'Arménie, 237, 241, 248.
Araya (Ile), 444.
Arazon, rivière, 237.
ARBOIS DE JUBAINVILLE (D'), 340.

Archades, 213.
Archadye, province, 212.
ARCHILLAN, 257.
Archipel, Arcipel, Archippel, 9, 10, 214, 216.
Archipel de Las Perlas, 467, 468.
Arcuire, port, 287, 289.
Ardénie (Cap d'), 254.
Ardres (Rivière des), 473.
Arenas (Ile), 451.
Arènes (Ile des), 501.
ARESTE, fille d'Aristippus, 302.
Arga, rivière, 245.
Argel, 313, 314.
Argen ou Argent (Rivière d'), 407, 420, 421, 422.
Argen ou Prate (Rivière d'), 409.
Argent (Port d'), 438, 439.
Argentine, 167.
Argentoratum, 167.
Argès, 193.
Argirée (Rivière), 407.
Arguin, île et baie, 326, 328.
Aria ou Herat, 244, 245.
Aria, Arie, Haraïva, province, 245.
Ariane ou Arianes, province, 244, 245, 250.
Ariens (Province des), 366.
Aries, Aryes, 69, 70, 74, 75, 91, 122.
ARISTIPPUS, 302.
ARISTOTE, 217-220, 308.
ARISTOTÈLES, ARISTOTE, 219.
Arlance, rivière, 137.
Arlause, rivière, 137.
Arlauzon, rivière, 137.
Arménie, Arménye, 205, 231, 237, 242-244, 248, 249, 251, 360.
Arménie, Arménye la grande, ville, 249, 251.

Arménie La Mynor, ou la petite, 215, 217, 254, 258.
Arméniens, 243.
Arménye (Cap d'), 253.
Arménye ou Armène (Montagnes d'), 235, 236, 249, 250, 267, 358, 359, 402.
Arményes, 359.
Arnemne, 164.
Arnheim, 164.
ARNOULT (Saint), 195.
Arosa (Ile de), 139.
Arosa (Rio de), 139.
Arracinoses (Champs), 242.
Arracosye, rivière, 372.
Arracothe, rivière, 372.
Arraes, Arras ou Arraxes, rivière, 241.
Arragon, province, 128, 137, 193, 195, 196.
Arragon ou Racon (Rivière), 237, 245.
Arraxes ou Arras, rivière, 242.
Arrianes (Terre des), 366.
Arrians ou Arriens, Arrianes, nation, 246, 247, 252, 366, 367, 396.
Arrienne, province, 247.
ARRIGNON (Pierre), 47.
Arrive ou Arrune (Port), 448.
Arrnasye ou Cornasye, province, 211.
Arrobore ou Corrobore, île, 464.
Arroles (Cap d'), 207.
Arrune ou Arrive (Port), 448.
Arses (Province de), 394.
Arsille (Rivière d'), 318.
Arsinoe, ville, 301.
Arsiplec (Mer de l'), 255.
Artanyes, montagnes, 172.

Aruba (Île d'), 445.
Arvelle, province, 360.
Aryens, 396. — V. Arrians.
Aryménye la Petite, 258.
Arzila, ville, 318.
Asasynys, rivière, 374.
Ascanye, province, 373.
Asel, 176.
Asia minor, 234.
Asie, Asye, Azie ou Azye, 9, 10, 21, 127, 128, 175, 204, 215, 217, 218, 228, 229, 231, 234, 242, 244, 247, 249, 253-255, 260, 289, 299, 340, 352, 355, 362, 364, 375, 388, 401, 402, 496.
ASMON (Temple de), 306.
Asna, 292.
Aspace (Rivière), 291.
Assacynie, rivière, 374.
Assan, rivière, 373.
Assores, îles, 326. — V. Les Essores.
Assouan, 290.
ASSUÉRUS, 362.
Assuré (Port), 414.
Astaboras, aussi l'Atbara, 291.
Astabore, rivière, 291.
Astape, 291.
Asturies, royaume, 142, 144.
Athelages (Monts), 292. — V. Athelates.
ATHELANT, roi, 316.
ATHÉLANTE, fils du roi Athelant, ou Athelates, 316.
ATHELATE ou ATHELATES, reine, 317.
Athelates, nation, 303.
Athelates ou Athaletes, montagnes, 290, 292, 300, 302, 305, 312,
316, 323, 326, 327, 331, 453. — V. Atlas.
Athènes, 212, 213, 259.
ATHÉNÉE, 309.
Atintégétanye, 320. — V. Tégétanie.
Atlantique, 34, 321, 415.
Atlas (montagnes), 298, 300, 316, 322. — V. Ithalates, Athelates, Itelantes.
Atlas major, 323.
Atlas minor, 321.
Attalantique (Mer), 320.
Attalates, montagnes, 205. — V. Athelates, Atlas, etc.
Attes, nation, 367.
AUBERY (Saint), 90.
AUBIN (Saint), 91.
AUBRY, 41.
Aucastre ou Ancastre, province, 225.
Audierne, 156.
Augustamnique, 297.
AUGUSTE CÉSAR, 229, 280, 286.
AUGUSTIN (Saint), pape, 93.
AUGUSTINS de Paris, 25.
Aulonne, 153.
Aulonne (Rivière d'), 153.
Aunis, 4, 8, 151, 152, 263.
Ausan (cap), 322.
Ausse, rivière, 245.
Australie, 9, 10, 11, 343, 388, 399.
Australle (Mer), 474.
Australle (Terre), 343, 389, 399, 400, 423, 426, 427. — V. Ostralle.
Austre, province, 223.
AUSTREBERTE (Sainte), 90.
Austrie, province, 224.

TABLE DES NOMS PROPRES

Autriche, 223.
Auvède (Saint-Saulveur d'), 143.
Auvergne, province, 154.
AUXILLHON DE SENNETERRE, 12.
Auzio (Porto d'), 205.
Avackt (Terre d'), 84.
Ave (Rio), 137, 138.
AVERZAC (D'), 3, 340.
Aves (Iles d'), 478.
Avignon, 146, 198.
Avilés (Rio de), 143.
Avilés, ville, 143.
AVITY (Pierre d'), 345, 346, 347, 350.
Axinus, mer Noire, 221.
Axoum, 288.

Ayamonte, 129. — V. Aymont.
Aygue Morte ou Aigues Morte, 198.
Ayllan, port, 279.
AYMARD (Vincent), 20, 25.
Aymont ou Ayamonte, 129, 131, 132.
Ays, île, 151.
Azamor, Azamour, ville, 318, 319, 321.
Azasaris, rivière, 374.
Azemmour (Maroc), 318.
AZER (Tribe de), 262.
Azie. — V. Asie.
Azov (Mer d'), 175.
Azurara, 137.

B

Baame ou Baasme (Chenal de), 440, 508.
Bab-el-Mandel, 284.
Babemberg, 167.
Babillomé, 276.
Babillon, à présent dit Caire, 293.
Babillone, Babilona ou Babilone, 218, 267, 268, 281, 282, 286, 292, 358-360, 362, 364.
Babillonne la Grande, 290, 293, 358, 377.
Babillonne (Province de), 360.
Babilon (Montagne), 357.
Babilone la vieille, 358.
Bacaillau ou Bacalao (Ile de), 477, 478.
Baccho ou Bacchus, alias d'Orléans (Iles de), 491.
Bactriane, 245, 367.
Bacus, 306.

Badajo, Badajos, Badajoz, 132.
Bagdad, Baldac, ou Balde, 358, 361, 394.
Bahaboyo, 473.
Bahama (Archipel de), 441 ; — (Chenal de), 510.
Bahia de Todos os Santos, 411.
Bahias (Cap de Dos), 423.
Baie Belle, 417.
Baie Françoise ou de Fundy, 495.
Baie Rogneuse, 477.
Baille d'Olif, 137.
Baixac (Cap de), 487.
Baldac, 358, 361, 363, 366. — V. Bagdad.
Balde, ville, 362. — V. Bagdad.
Ballachie, ville, 228, 358, 361.
Balle, 167.
Baltique (Mer), 9, 10. 172.
BALUZE, 42.

Bambouc, 330
Banda (Iles de), 400.
Bandelkand, ville, 247.
Bandillanter (Province), 177.
Baovista (Ile), 329.
Barangalle, ville, 379.
Barbacoas (Baie de) (Colombie), 453.
Barbade ou Barbadoes (Ile), 433, 434.
Barban, 165.
Barbare, port, 284.
Barbarie ou Barbarye, 307, 308, 314, 316, 320, 321, 336, 400.
Barbarie Ethiopique, 284.
Barbariens ou Barbarrens, 332.
Barbas ou de Barbas (Cap), 327.
BARBE (Sainte), 100.
Barbesins ou Berbesins (terre des), 330, 332.
Barbuda, île, 434.
Barcé, ville, 301.
Barcellos, 138.
Barcenim, 330.
Barcia, 4.
Bardan (Ile), 502.
Bardenne, province, 250.
Barice, port, 222.
Barkah, province, 302.
Barne, port, 284, 288.
Barquero, 142.
Barra, 415.
BARBAL, 419.
Barrameda (San Lucar de), 129.
BARRONIS, 226.
Barrou (Iles de), 453.
Barrow, rivière, 141.
Barselles, rivière, 138.
Barselonne ou Barselone, 196, 197.
Baru (Ile de), 453.

Barzum, 137, 138.
Bas, îles, 159.
Basques (Pays des), 148.
Bassas de La India (Les), 346.
Basse (Pointe), 486.
Basse Birmanie, 393.
Basse Bourgongne, 225.
Basse Bretaigne, 225.
Basse Egypte, 296.
Basse-froide, rocher, 156.
Basse Normandie, 225.
Bassein, (Port) 393.
Basselenne ou Bassilenne, province, 250.
Basses (Cap des), 415.
Basses de Sabinal, rochers, 130.
Bassilenne ou Basselenne, province, 250.
Batavia, 400.
Batécala, ville, 380.
Batriane (L'Istoire), 514.
Batrianes, Batrans, Batrians, Batrons ou Batranes, nation, 231, 245, 247, 248, 367, 377.
Batz, île, 159.
Baudobyns, nation, 372.
Baufforanes ou Bauforanes, 232, 233.
Bauffore (Pointe de), 228.
Bauffores, 228.
Baujador (Cap de), 323.
Bausforanes ou Baufforanes, 232.
Bavière, 223.
Baxos (Cap do), 487.
Baxos de Abreoio, 417.
Bay in Newfoundland (Grand), 36.
Bayade (Rivière de), 419.
Bayador, 132.
Bayona, 138.
Bayonne, 52, 137, 138, 147, 148.

TABLE DES NOMS PROPRES

Bayonne (Ile de), 139.
Beachy-Head, cap, 185.
Béarn, 148.
Beau Cap, 418.
Beau Cap ou cap de La Formose, 425.
Beaufort (Port neuf de), 414.
BEAUTEMPS-BEAUPRÉ, 130-133.
Bédin, province, 170.
Bégnic (Côte de), 340.
Bégnic (Rivière de), 336.
Behring ou Béring, 402.
Beira, province, 135.
Bel (Demeure de), 360.
Bella ou del Gardo (Cap), 486.
Belle Baye, 417.
Bellefort, 210.
Belleheure, 206, 207.
Belle-Ile, Belle-Isle, 152, 154, 155, 478-481, 486.
Belle-Isle, (Détroit de), 12, 19, 36.
Belles, ville, 315.
Bello (Porto), 462.
Bélure, port, 256.
Benaudet, port, 156.
Bengale, 394, 395 ; — (Ance du), 384 ; — (Golfe de), 389 ; — (Côte de), 386 ; — (Rivière de), 383 ; — (Terre de), 379, 385.
Benguela. 341.
Beni (Rivière), 407.
Bénic, 305, 337.
Bennin, 21.
BENJAMIN (Tribe de), 262.
BENOIST (Saint), 91, 95.
Benyns (Terre des), 336.
Benyns, ville, 336.
Bérangallye (Montagnes de), 394.
Berberah, 284.
Berbers, 298.

Berbesins ou Barbesins (Terre des), 330.
Bérénice, ville, 309.
Bérénisse, ville, 301.
Béring ou Bérhing, 402.
Berlin, 170, 340.
Berlinga (Iles), 135.
Bermeo, 145.
BERNABÉ (Saint), 94.
BERNARD (Saint), 93.
Bernardo de Viente (San), 461.
BERNIER (Yvon), bourgeois, 51, 55.
BERNYER (Jean), 11, 45, 46.
Beroua, 291.
BERTHELEMY (Saint), 96.
BERTIN, (Saint), confesseur, 97.
BERTRAUDON DE LA BROQUIÈRE, 232.
Besiguil (Rivière de), 329.
Betance ou Betauce, 140.
Bétanie (terre de), 274.
Bétauce ou Betance, 140.
Betauzos, 140.
Bétel, montagne, 262.
Béthéléen, Bethéléan, 262, 366.
Bic (Ile de), 487.
Bicanapor, 394.
BIGGAR (H. P.), 5, 43.
Bilbao, Billebau, 143, 144.
Billebau (Rivière de), 143.
BILLON (Duc Godefroy de), 167, 361.
Bird Islands, 499. — V. L'île aux Oiseaux.
Birmanie (Basse), 393.
Biscaie, Biscaye, 76, 130, 137, 144, 145.
Biscedo, 142.
Bisquayns, 148.
Bisséde, port, 142.
BISSELIN (Olivier), 30, 32.

Bitynie, province, 253.
BLAEU, 405.
BLAISE (Saint). 90, 252.
Blanc (Cap), 311. 327, 328, 473. — V. Cap Blanco.
Blanc-Sablon, 158 ; — (Iles de), 481, 482.
BLANCHEMAIN (Prosper), 6, 18, 41.
Blanches (Iles), 479.
Blanchet, cap, 185, 186.
Blanco (Cap), 423, 473. — V. Cap Blanc.
BLANDYMÈRE ou BLANDINYÈRE (Durant), 48, 49.
Blavet, 155.
Blays, 146, 150.
BLOUNT, 501.
Boacques ou Bracques, banc, 185.
Boanes ou Boaves (Iles), 333.
Boasme, 171. — V. Boesme.
Boaves, îlots, 333.
Bocinye, province, 225.
BOEM, 167, 168, 173, 174.
Boême, Boesme, 167, 169, 170, 171, 173, 230, 367.
Boesmes (Montagnes de), 223.
Boesse (Montagnes de), 223.
Boesse, province, 211, 213, 214.
Boessie, province, 293.
Bogota (Santa-Fé de), 408.
Bohémiens, 167.
Boimiens, 167.
Boin, 519.
Boiscemum, 167.
Bojador (Cap), 323, 326.
Bolt Head, 187.
Bolt Tail, 187.
Bomba (Ile de Tierra de), 452.
BONADVENTURE (Saint), 94.
BONAMY (G.), 29.

Bonavista ou Bonne Veue (Cap de), 478, 479.
Bonnaudoye, port, 300.
Bone ou Bonne, ville, 312, 313.
Bonne-Espérance (Cap de), 3, 9, 11, 34, 342-345, 421.
Bonne Veue. — V. Bonavista.
Bonne Viste, île, 329.
Bonnepas (rivière de), 344, 345.
BONTEMPS (Jehan), bourgeois, 48.
Bonustensis (episcopus), 300.
Boothan (Monts), 394.
Bordeaux, Bourdeaulx, 12, 33, 47-49, 146-150, 152, 340.
Boris, rivière, 228, 235.
Boristène ou Boristhène, rivière, 222, 232, 235.
Bornéo, 400.
Bornholm, île du Danemark, 176.
Bosoges, montagnes, 161.
Bouargues ou Bouarques, rivière, 135.
BOUCHER (Jacques), 32.
BOUCHETZ frères, 29.
Bouesme, 173. — V. Boesme.
Bougie, 313.
BOUILLÉ, 141.
BOUILLIET, 247, 276, 298, 396.
Boulguan (Ile), 207.
BOULLET (Jean) 13, 54.
Boulongne en Italie, 163, 202.
Bounandrie (Cap de) 305.
Bounuse (Le bant de), 519.
BOUQUIER (Gilles), 13, 52.
Bourges, 89.
Bourgoigne, Bourgougne, Bourgongne, duché, 154, 167, 198.
Bourgongne (Basse), 225.
Bourgongne (Haute), 161.
Bourguignons, 164.

Bourselles, 165.
Boutas (Montagnes), 394.
BOUTET (Jehan), bourgeois. 54.
Boxo (Cap), 330.
Boyme, 169.
Boymée, 167.
Boysme, 170.
Bozme (Etoiles), 117.
Braban, Brabant, 164, 165.
Bracques, banc, 185.
Bradore (Baie). 481.
Bragade, rivière, 312.
Brajail, ville, 379.
Bramanes, nation, 389, 390.
Brassienne, province, 244.
Brauerac, 159.
Brava (Ile), 329.
Braves (Iles), 329.
BRAYER (Jamet), 4.
Bréac, îles, 159.
BRÉAL (Paul et Charles), 38.
Bréhat, île, 159.
Brésil, 34, 82, 407, 409, 410, 411, 413, 414, 416, 419, 421, 422, 428, 430, 433, — (Ile de ou du), 192, — (rivière du), 415.
Brésiliens, 412.
Brest, 157, 191.
Bretaigne, 146, 154, 156, 157, 160, 191, 431, 468.
Bretaigne (Basse), 155, 156, 160, 225.
Bretaigne (Grande), 189.
Bretaigne (Haute), 159.

Breton ou à Breton (Cap), 483, 500, 502, 504.
Bretons, 225.
Bretons (Cap des) 35 ; — (Détroit des), 498, 499; — (Terre des), 43.
BRICE (Saint), 99.
Brion ou Bryon (Iles de), 499, 501.
Britanniques (Iles), 185.
BRITANNUS TUDELENSIS, 397.
Broquetes (Pointe), 456.
BROU (Estienne de), clerc, 48.
Brouage, Brouaige, 43, 44, 151.
Bruges, 164.
BRUNET, 25, 27, 32, 42, 340.
BRUSLONS (Savary des), 390, 407.
BRUTUS, 189.
Bruxelles, 165.
Bryon (Ile de). — V. Brion.
Buarcos, ville, 135.
Bude, ville, 224.
Bugador (Cap), 323, 324.
Bugye, 313.
Bulgarie, 221.
Burges, 164, 165.
Burgos, 137.
Burgues, 137.
BUSCHET (Durand), 11, 45, 46.
Busefal, cheval d'Alexandre, 374.
Busefalle, ville, 374.
Buttes ou Bytes (Baie des), 481.
Buzenne, port, 315.
Buzios (cap de), 417.
Byard, pays, 148.
Bytes (Baie de). — V. Buttes.

C

Cabal, 398.
Cabo Durazzo, 214.
Caboly (Ile de), 380.
CABOT (Les), 483, 486, 487, 491, 493, 499 ; — (Jean), 4, 12, 15, 17, 42, 475, 477 ; — (Sébastien), 12, 14, 15, 17, 42, 407, 475, 477.
Cabraye, ile, 204.
Cachepia ou Cachepin, 235.
Cachepye (Mer), 174.
Cachoeira (Rio), 411.
Cachopo du Nord ou du Sud, 133.
Cachoppes, rochers, 133.
Cacique, Cacyque Paris (Ville du), 469. — V. Le Cacique.
Cacons, nation, 230.
CADINE OU CADYNE (Pable ou Paple,) 213.
Cadix, 21, 130.
Caen, 160.
Cafar, région, 356.
Caffar (Cap de), 356.
Cafraria, 341.
Cailicou, Callicou, 379.
CAILLAUD (Fréd.), 291.
Caillée (Mer), 181.
Caillicou, 68 ; — port, 381.
CAIN, 266.
Caire, 293.
Caire (Le Grand), 296.
Calabozo (Ance ou baie), 445.
Calabre, 205.
Calais, 163.
Calcédoine, 253.
Calde, 184.

Caldée (Terre de), 268, 357, 358, 363.
Caldées, nation, 282, 358.
Calicou, 67, 133.
Calicut, 379. — V. Callicou.
Calif de Baldac, 361.
CALIMACUS, 302.
Calis, 130, 131, 163.
Calis, Calais, 183.
CALISTE (Saint), 98.
Calix, 130. — V. Calis.
Callabre, 202, 209.
Callés, 164.
Callicou, Cailicou, Callicud (Côte et îles de), 286, 342, 344, 379-383. — V. Calicou et Calicut.
Caloces, 279.
Calsesore, rivière, 186.
Calvo (Pointe), 410, 411.
CAM, 267, 268, 274.
Camaran (Rivière de), 339.
Camarocs (Rio des), 336, 339.
Camaron (Cap), 464.
Camaron (Rivière de), 336.
Camary, Camaryn, Cumeryn ou Cumery (Cap de), 383, 384.
Cambaba (Ile), 400.
Cambaye, 286, 381.
Cambaye (Côte), 374.
Caminha, 138.
Camor, 136.
Campanère ou Campanera (Rivière de), 468.
Campanye, Campanie ou Campainie, 161, 201, 210.
Camper Corantin, ville, 156.

TABLE DES NOMS PROPRES

Campo (Medina del), 137.
Camyne, 138.
Can, géant, 293.
Can de Tartarie (Grand), 392, 398.
Canaam, fils de Cam, 268, 269, 274.
Canada ou Canade, 3, 12, 13, 21, 36, 401, 402, 475, 476, 486, 491, 493, 495, 496, 498, 499, 503, V. La Nouvelle France ; — (Fort du), 492, 494, 496 ; — (Mer du), 483, 490, 501 ; — (River of), 20, 36 ; — (Rivière de), 476.
Canadaquois, 491.
Cananare, ville, 380.
Cananea, 418.
Canarie (Grand), 324.
Canaries ou Canaryes (Iles des), 115, 127, 323, 325, 326, 405. — V. Iles Affortunées et Fortunées.
Cancer (Tropique du), 69, 70, 72, 74, 75, 84, 85, 94, 113, 122, 326, 327, 394, 398, 418, 508, 509.
Candare (Ile de), 380.
Cande (Désert de), 273.
Candye, île, 215, 216, 254, 308.
Cane (Rivière de), 488.
Canefistre ou La Canefistre (Port de), 444.
Canègres (Cap de), 464.
Cange (Du), 511.
Cannouan (Ile), 433.
Canoas (Pointe de), 451.
Canopite, 289.
Cans, ville et rivière, 160, 161.
Cansane ou Canfane, rivière, 373.
Cantabres, 129.
Cantabrye, 129.

Cantallon (Port de), 394.
Cant Horbery, 517.
Cantin (Cap), 321.
Cantin (Saint), 98.
Cantyen (Saint), 93.
Cap à Breton ou Cap Breton, 483, 495, 500-504.
Cap Blanc, 473.
Cap du Prince de Galles, 402.
Cap Nord, 499.
Cap Oriental (Sibérie), 402.
Cap Rouge, 12, 479 ; — ou Carouge, 480.
Cap Sablé, 506.
Cap Spear, 477.
Cap Vert (Iles du), 329.
Capadoce ou Cappadoce, 249-252, 254, 258, 259, 358.
Capadosie (Terre de), 251.
Capaidoce ou Egaudoce, 250.
Cap Blanco, 473. — V. Cap Blanc.
Capdever (Iles de), 82.
Capraja, 204.
Capricorne (Tropique du), 67.
Capricornius, 70, 72, 74, 75, 84, 85, 100, 113, 122, 346, 418.
Carabane, 330.
Caramacou, ville, 370.
Caramantes, nation, 298.
Caramyo Caramyou ou Caramyr (Iles de), 453.
Carana ou Carna, ville, 282.
Carapam (Port de), 378.
Carapica, cap, 410.
Caratre (port de), 222.
Caraybles, 414.
Carboyera, cap, 134.
Careto ou Carreto (Pic de), 461.
Carex (Ile), 452. — V. Codege.
Cariaco, port, 445.

Caribane (Cap), 451.
Carie, 231.
Carkewetchepe (Baie de), 481.
Carmagène, province, 358.
Carmates, nation, 298, 302.
Carmelle, montagne, 262.
Carmène, terre, 364, 366.
Carménye, 231, 366-369, 377. 453 ; — (Mer de), 377.
Carmes déchaussés de Bordeaux, 33.
Carna ou Carana, ville, 282.
Carnat, port, 282.
Carnates, nation, 282.
Carnatica (Province de), 390.
Carouge. — V. Cap Rouge.
Carpathes, Carpate, Carpates (Montagnes), 172, 224, 225.
Carpont, 19, 36.
Carpunt (Ile et port), 479. — V. Carpont.
Carreto ou Careto (Pic de), 461.
Carrette, 461, 462.
Carrette (Port de), 461.
Carroses ou Corroses, nation, 240.
Car'sallie ou Carsallye, port, 234, 249.
Carse ou Cars, 234.
Carseæ Asiæ Minoris gens, 234.
Carsille, ville, 318.
Cartagena Castellanorum, 452.
Cartagéne, ville et port, 194, 195, 310, 371, 451.
Cartagena (Colombie), 452
Cartagénes, Cartagéne, Carthagéne (Colombie), 449, 452, 453, 456.
Cartaige, 309, 316.
Cartaige La Grand, 309, 310.
Cartaige la petite ou la mineure, Cartagéne, 195, 310.

Cartar, 401.
Cartier (Jacques), 3, 4, 9, 12, 20, 478, 479, 481, 483, 489, 491, 501.
Carvoeiro, Carvoeiros, cap, 134.
Casaqui, 514.
Caschepie (Mer), 17.
Cascose (Fontaine), ou fontaine de Jouvence, 239, 240.
Cascose, Cascoses (Montagnes), 232, 235, 237, 238, 248, 360, 367.
Cascose, port, 235.
Casioses (Montagnes), 230.
Caspes, rivière, 373.
Caspians, peuple, 237.
Caspie (Mer), 231, 235, 236, 245, 249.
Caspie ou Caspies (Ports), 242, 245.
Caspie, rivière, 273,
Caspienne (mer), 172, 174, 235, 241, 244, 245.
Caspies ou Caspie (Montagnes), 235, 242, 251, 367.
Caspins ou Caspius (Mer), 249.
Caspius, mer, 245, 249, 367, 372, 373.
Cassenye, province, 373.
Castaigne (Eusèbe), 25.
Castellamare, 206. — V. Castelmare.
Castello El mina, 335.
Castelmare, pointe, 206. — V. Castellamare.
Castilla (Pointa), en Amérique, 464.
Castilla (San Thomas de), en Amérique, 464.
Castille, 129, 136, 452.
Castillon, 150.
Castremarin, Castromarin, 132.
Catabanenses, Catabanes ou Catabames, nations, 284, 355.

Catabathme (Le Grand), temple de Jupiter, 293, 301.
Catabathmos, 293.
Catabathmus, 301.
Catabons, nation, 355.
Catabryc, province, 129, 196.
Catarates (Terre des), 292.
Catay, 128. — V. Cattay.
Catefourde, rivière, 140.
Caterlagh ou Catherlagh, comté, 141.
Cathabon, ville, 301, 302.
Cathabon ou Cathamon, temple, 293.
Cathalogne, 196.
Cathamon, ville, 293.
Catharie, rivière, 145.
Cathay. — V. Cattay.
Cathe, ville, 374.
Cathée, ville, 374.
Catherlagh, comté, 141.
Cathulle (Cap de), 471, 472.
Catilachègue, 514.
Cattaloigne, 197.
Cattay, Catay ou Cathay, 9, 10, 21, 67, 82, 83, 128, 193, 278, 378, 398, 401-403, 405, 472, 489; — (Cap du), 403. — V. La Cattigaire et Chine.
Caucase, 234.
Caucasum, 242.
Caucasus, 239.
Caudebec, 13.
Caure ou La Caure (Cap de), 451.
Caure ou La Caure, village, 452.
Caux (Pays de), 160.
Cavado (Rio), 138.
Cavallos (B. dos), baie, 326.
Cavally (Rivière), 333.
Cayman Brac, Caymanes (Iles), 513.

Cébola, 496.
Cécille, île, 203, 207, 208, 209, 312.
CÉCILLE (Sainte), 199.
Cecun-na-Grioth, 141.
Cedeira, Cédère, 142.
Céfala, 347.
Célam de La Canelle (Ile de), 388.
Célam, Célan ou Célum de La Muscade (Ile de), 84, 388, 391, 399, 400, 472.
Célan (Ile de), 383, 384.
Célang ou Célum (Ile de), 84.
Célaucie, rivière, 259.
Célèbes, 400.
Celemedyen (Roche), 130.
Célérie, province, 258.
Célicye, province, 268.
Cella (Riva de), 143.
Cellandye ou Cellaudye, 176.
Célum, 84. — V. Célang et Célan.
Célum de La Muscade (Iles). — V. Célam.
Cénu (Rivière de), 454, 456, 461. — V. Senu.
Cerbère, 197.
CERCÈS, roi de Babilone, 362.
Cerrètes, 301.
Cersès, roi des Persiens, 218.
Cérye, 261,
CÉSAR AUGUSTE, 170, 302.
Césargue, île, 139, 140.
Cestos (Rio dos), 334.
Cête, Ceuta, ville, 193, 315.
Cévennes, (montagnes, 154, 197.
Ceylan (Ile de), 21, 385.
Cezargue, 139.
CHABOT (Amiral de), 35.
Chaffalonnye, île, 214.
Chagre (Rivière), 462.

Chalaqua, 514.
Chaleurs ou Challeurs (Baie des), 487.
CHALLAMEL, 153.
Chalon, 198.
Chambly en Amérique, 425.
Chame (Pointe des), 468.
Chamissal, rocher, 140.
Champagne, 161, 208.
CHAMPLAIN, 3, 4.
Chanza, rivière, 132.
Chaoul (Terre de), 349 ; — (port de), 378.
Charante, fleuve, 150.
Charente (Département de La), 6, 7.
Charente-Inférieure, 7, 8.
CHARLES-QUINT, 15.
CHARLEVOIX (Père), 479.
Chasteau Lombart ou Chastel Lombart, 256.
Chasteaux ou du Château (Baie des), 481.
Chastelaillon, 151.
Chastel Lombart ou Chasteau Lombart, 256.
Chastel Réal, 263.
Chat (Cap du), 451.
Châteaux (Golfe des), 479.
CHATELAIN, 408, 410, 418, 419, 477, 478, 485, 487, 489, 491, 501, 508, 514.
CHAUCHAN ou CHAUCHAU (Marticot de), 13, 49-51.
Chaul (Cap de), 378.
CHAULDON (Gilles), marinier d'Alfonse, 12, 48.
Chauveau, pointe, 152.
CHAVES (Alonso de), 181.
Cheatersong (Cuntac), 141.
Chédeboys, 12.

Ché de Caux, Chef-de-Caulx, 146, 163.
Chepte, 184.
Cher en Angleterre, 164.
Cherénèse, province, 217.
Chérisonde, ville, 252.
Cherpentptes, 519.
Chersonèse, 217.
Chersonesum, 230.
CHEVALIER, 26.
Chevaulx (ance des), 326.
Chichivacoa, 445.
Chilaga (pays de), 491.
Chili, 21.
Chillicates, nation, 402.
Chimère (Montagne), 315.
Chinchète (Cap de), 498.
Chine, 11, 128, 378, 391, 394, 398, 401. — V. Cattay.
Chio (Ile de), 215, 255.
Chippre (Ile de), Chipper, 257, 258.
Chiric ou Chiru (Cap de), 469.
Chirie (Ile de), 469.
CHRISTOPHE COLOMB, 439.
Cicules, 208.
Cicye, province, 223.
Ciera, 133, 134.
Cigonone, ville, 137.
Cillicie, 257.
Cirasène, province, 241.
CIRE, roi de Babilone, 362.
Cirénay, province, 305.
Cirie ou Cirye, province, 231, 258, 260, 261, 358, 359, 360, 375.
Cirot, rivière, 235, 237, 245 ;-province, 260, 261, 358, 375. — V. Cirie.
Cisarguas (I.), 139.
Cisneros (Villa), 327.

TABLE DES NOMS PROPRES

Cispata (San Nicolao de), 461.
Cites, nation, 229, 231, 235, 236, 238, 301, 359, 366.
CIVER (Saint), confesseur, 97.
Civile, Civille, 129, 131, 194, 474.
— V. Séville.
Civille la Neufve, 210.
Civite, Civitta-Vecchia, 204, 205.
Civite Vielle, 204.
Claires (Montagnes), 308, 312, 316, 320, 323.
CLAUDE (Saint), 94.
Clave, port, 285, 286.
Clavijo, 136.
CLÉMENT (Saint), 99.
CLER (Saint), martyr, 99.
CLERBAULT (Jehan), sous-maire de La Rochelle, 48, 49.
Clinton, 517.
Clou ou Cloux (Iles du). 391, 401.
Cloux de Giroufle (Iles du), 84, 399, 400.
Coche (Ile), 444.
Cochin, 379.
Cochyn, port, 381, 382, 383.
Cochyn (Rivière de), 380, 382.
Codebec, en Normandie, 52.
Codege *bodie* de Carex (Ile de), 452.
Coefier, 27.
COFINO, 139.
Coffin (Ile de), 501.
Cognac, Coignac, 6, 7. 25, 150.
Coïmbre, 135.
Colchide, 222, 234.
Colchos, 33.
Colleque (Terre de), 229.
Collibre ou Collière, 197.
Collin, 134.
Collioure, 146, 197.

Collugur, Colluguo ou Colluquo (Province de), 382.
Collybre, 146.
Cologne, 167.
COLOMB (Christophe), 408, 439.
Colomb ou Cristobal (Ile de), 464.
Colombie (République de), 408, 446, 447, 453, 461, 462, 470.
Colque, Colques, province, 213, 222, 231, 234, 236, 249, 251.
Columbretas (Iles), 195.
Comagène, province, 258-260.
Combadan (Port de), 378.
Comballes (Golfe de Pares de), 429;
— (Iles de), 432.
Combre, montagne, 371, 372.
Comisène, province, 244.
Commissanie, province, 244.
Comorin (Cap), 378.
Comparurye, ville, 379.
Conballes ou Couballes, nation, 334.
Conballes (Terre de), 338.
Concarneau, 156.
Conde, ville, 137, 138.
Congo, 339.
Congo français, 338.
Connan (François de), 27.
Connil (Port de), 462.
Conquerneau, château, 156.
Conrrose (Port), 462.
Consogre, Consougre, Consengre, montagne, 131, 133.
Constancie, province, 223.
CONSTANTIN, empereur, 205, 221.
Constantinoble, 216, 217, 219, 221, 234, 235.
CONTI, 400.
Contiporte, province, 244.
COPE WHITEHOUSE, 286.

Copo (Pointe de), 452.
Coquibacca (Cap de), 445.
Corasse, rivière, 232, 234.
Coraxicum, 234.
Corcasenne, province, 250.
Corde, 129.
Corde en Espagne, 217.
CORDIER, 340, 355, 388-390, 398, 400.
Cordouan (Tour de), 149.
Cordoue, 121, 131, 135.
Corée, 401.
Corinthe (Cap de), 215 ; — (Province de), 215.
Corinthes, 258.
Cornasye ou Arrnasye, province, 211.
Corno (San Jan del), 131.
Cornouaille (Cap de), 188 ; — (Côte de), 157 ; — (Pays de), 157.
Cornouelle, 184.
Cornwall (Cap), 188.
Coro, port, 445.
Corocondama peninsula, 232.
Coromandel (Côte de), 389.
Corones, nation, 357.
Corrasse (Montagne), 234.
Corrientas (Cabo das), 345.
Corrientes (Cap), 345, 471, 513.
Corrobore ou Arrobore, île, 464.
Corrocondane (Lac), 232.
Corroses ou Carroses, nation, 240.
Corse, 193, 203.
Corvo, île, 134.
Cosaques, 230.
COSME (Saint), 97.
Costa da Mina, 331.
Costa-Rica, 470.
Cosyra, île, 309.

Côte d'Or, en Afrique, 335.
Cotiguéres, montagne, 142.
Cottances, 160.
Coubague ou Coubaque (Cap de), 445, 446, 447. — V. Cubagne.
Couballes ou Conballes, nation, 334.
Coubate ou Coubatte (Cap de), 442.
Coube (Ile de), 440, 441, 456, 467, 508-510, 513 ; — (Saint Jacques de), 513. — V. Cuba.
Coudègue ou Coudèque (Ile de), 452.
Couldres (Ile des), 491, 492.
COULLUMBIN (Saint), 94.
Coulone, 167.
Coulour ou Gani, 390.
Coulouri (Iles), 215.
Courace, port, 445.
Courans ou des Courantes (Cap des), 345.
Coureilles, 13 ; — (Sieur de), 51, 55.
Courrance (Cap de), 513.
Courrant (Cap de), 345, 346.
Courraus (Cap des), 347.
COURSYER (Pierre), 51.
COURTET (Bonaventure), 11, 45, 46.
Coutances, 160.
Couymbres, Coymbres, 135, 136.
Cozes (Charente-Inférieure), 8.
Crastemarin, 132.
Créophagues, nation, 352.
CRESPIGNYEN (Saint), 98.
CRESPIN (Saint), 98.
Crestée ou Orestée, ville, 276.
Crèthe, 234.
Criel, canton d'Eu, 147.
CRIGNON (Pierre), 34, 35.

TABLE DES NOMS PROPRES

Cristobal ou Colomb (Ile de), 464.
Croisy (Port du), 519.
CROIX (Sainte), 97.
Cruz (Cap de), 440.
Cruz de Lorica (Santa), 461.
Cuaga ou Cubaga (Iles de), 444.
Cuba, 440, 464, 508, 513 ; — V. Coube.
Cubaga ou Cuaga (Iles de), 444.
Cubague ou Cubaque (Cap de), 446, 447. — V. Coubague.
Cubali, 380.
Cubaque ou Cubague, (Cap de), 446, 447. — V. Coubague.
Cubre, 454.
Cuda, 454.

Cuença (Sierra de), 131.
Cueva Caxa, pointe, 142.
Cuid de La Hacha, 447.
Cuirpon (Ile de), 479.
Cuméry, Camaryn ou Cuméryn (Cap), 378, 383.
Curthes, nation, 352.
Cyampagne (Terre), 278.
Cyampaugne, terre, 83, 84.
Cymbe (Rivière de), 349.
Cyomond, 31.
CYPRIANUS BONUSTENSIS, 300.
Cyrénaïque, 293, 300-302, 309.
Cyrène, ville, 301.
Cyrot, rivière, 236.
Cyrus, fleuve, 235.

D

Dabayne, 461.
Dabour (Port de), 378, 379.
Dabul (Port de), 378.
Dacca, 394.
Dacces, 225.
Dacye, 225.
DAFFIS (Paul), éditeur, 6.
Dagoe, 176.
DAGORECTE ou de GORRECTE (Martin), 13, 49, 50-52, 55.
Daguille (Ile Pedro), 327.
Dalmacie, 225.
Dalmasse, province, 211.
Dalorne (Cap), 203.
DALSÈME, 402.
Damaces, province, 260.
Damacines (Champs), 264.
Damassenne ou Dammassènes (Champ), 262, 276.
DAMIEN (Saint), 97.

Damyette, Damiette, 289, 292.
DAN (Tribe de), 262.
Danemarck, Dannemarc, Danemarc, 21, 76, 172, 173, 175, 176, 178, 179.
DANIEL (Tribe de), 262.
Dannemarc (Détroit de), 169.
Dansic, Danzic, Danzie, Dantzig, 169-171, 175, 176, 178.
Danubre, 222, 223.
Dardanie, province, 225, 254.
Dardis, nation, 396.
Dardres (Terre des), 396.
DARE, roi, 247, 258, 294, 360, 366.
Dare (Province et rivière du), 457.
Darien, ville, 370.
Darien, village, golfe, 457, 460.
Darien ou d'Uraba (Golfe de), 456.
Darien ou Darrien du Sud ou de Panama (Golfe de), 461.

Darjechna, ville, 396.
Darro (Port), 450.
Dartenne, Darthmouth, 186, 187.
Dassie, 452.
Daue, rivière, 137.
Dauere, rivière, 136.
Daulphiné, 146, 154, 198.
Daurosse, 139.
Dause, cap, 205, 206.
Davera, rivière, 136.
David (Baie de), 470.
David, roi, 279.
Davilliers, rivière, 143.
Davis (Détroit de), 10.
Davity, 465.
Dazie, province, 172, 175, 177, 189, 234.
Deir, 284.
Delacroix, 330.
Delgado (Cap), 464, 486.
Delisle (Léopold), 2, 41.
Delli, 379.
Delthe, 292, 293.
Délye, ville, 379.
Demoiselles (Iles des), 486. — V. Les Damoiselles.
Denemmarc, 173, 175. — V. Dannemarc.
Déneuble, rivière, 225.
Denia, ville, 195.
Denis (Saint), 98.
Dénubre, Dénube, rivière, 200, 222, 224-228.
Denye, ville, 195.
Denys, 486.
Denys (Saint), 161.
Derdunes (?), terre, 498. — V. Dunes.
Dermouze, ville, 357.
Descelliers, 486, 501.

Desir (Saint), martyr, 93.
Desnye, ville, 195.
Despechie, cap, 132.
Detenebault (Mathurin), échevin, 50.
Deyrat Uneyn, ville, 314.
Dido, reine, 310.
Didot, 18, 230.
Dieppa, 19, 34.
Dieppe, Diépe, 34, 35, 163, 495.
Diogènes, 257.
Diran, 352.
Diré, 284.
Direa, 284.
Ditario, rivière, 145.
Diu, 286.
Diu (Ile de), 381.
Djakatra ou Jacatia, 400.
Djebel Barkal, 291.
Djebel Ouork, 315.
Djerma-el-Kedima, 312.
Djidjelli, 313.
Dneipr, 222.
Dolce (Rio), 329, 417.
Dominica, île, 434.
Dominique (Saint), 96.
Dona Marie (cap de), 346.
Dondare, rivière, 145.
Dorain (Pierre) ou d'Airain, 367.
Dordogne, 146, 150.
Dore, rivière, 129.
Dorfy ou Dorophie (Iles), 400.
Dortiguères, cap, 141, 142.
Dos Bahias (cap de), 423.
Douarnenez, 157.
Double, 183, 185.
Double, cap, 189.
Double de Angleterre, 164.
Douce ou Doulce (Rivière), 183, 427, 428, 430.

Dougée (Pointe), 488.
Dougée ou Druger (Rivière), 336.
Douguedor (Terre), 483. — V. Ou-
   guedo.
Doulce (Mer), 427, 428, 430, 431.
Doulce (Rivière), 417.
Doulgié (Pointe), 486.
Dourdogne, 150. — V. Dordogne.
Doure, 517 ; — (Port de), 517.
Douro, 129.
Douro, rivière, 137.
Douro (Aranda de), 137.
Doutare, rivière, 145.
Douvres, 183.
Drangiane, province, 244, 369.
Drangianes, nation, 372.
Drangie, province, 244.
DREUX DU RADIER, 18.
Druger ou Dougée (Rivière), 336.

DUBAL (Pierre), 48, 49.
Dubois, 14.
Dulce (Golfe), 470.
Dunes (Terre des), 489. — V. Der-
   dunes ?
DUPRÉ, 167.
DUPUY, 28.
DUPUY (Guillaume), 56.
Duracque, 214.
Duranse, ville, 211.
Durasse, port, 207.
Durazzo urbg, cabo, 214.
Duvarna, 287, 288.
DYNEMATIN (Jehan), garde de l'au-
   mônerie de La Rochelle, 50.
DYONISE, 253.
DYONISIUS GRATES, 257.
Dyran, province, 284.
Dyran, terre, 288.

E

East Burow Head, rivière, 186.
Ebre, 128, 129, 196.
Ebron (Vallée d'), 262.
Echoine (Mer), 221, 235.
Ecosse, 163.
Eddystone, 187.
EDOUARD (Saint), roi, 90, 98, 99.
Effèse ou Efèse, 256, 258.
Egaudoce ou Capaidoce, 250.
Egées, nation, 281, 357.
Egipte, Egypte, 21, 205, 217, 218,
   226, 231, 261, 268, 271, 272,
   276, 280, 283, 285-290, 292-
   296, 299, 301, 302, 316, 326,
   353, 362, 373, 397.
Egiptiens, 294, 358.
Egoy ou Egry, île, 435.

El Araïch, ville du Maroc, 318.
El-Arich, 261.
El Kébir (Rivière), 311.
Elam, 379.
Elaniticus sinus, 285.
Elath, 276, 285.
Elbe, 168, 171.
Elbe (Ile d'), 205.
Elbing, ville et rivière, 173.
ELIZABETH (Sainte), 299.
Elephantin ou *Elephantium Vena-
   tio*, 297.
Elléfante ou *Ellefanton Venatio*, port,
   353.
Eléphantine, île, ville, 292.
Elephantis, île, 292.
Eléphantus, Ellephantus, 287, 289.

Elmes, 132.
Elmina, 355.
Elouarque Naia, 141.
ELOY (Saint), 40, 94, 100.
Elthe (Ile d'), 292.
Eluos, 132,
Elvas (Portugal), 132.
Embon (côte d'), 343.
Embours, nation, 338.
Eminé (cap), 222.
Emode, Emodes, *Emodus*, montagnes, (Himalaya), 244, 245, 259, 371, 374, 395, 402.
Emodi montes, Himalaya, 245.
EMOND (Saint), 99.
Empureul, 436.
ENCISO (Dom Martin Fernandez de), 9.
Engano (cap), 436.
Engromelanter, Engiomelanter ou Eugiomelanter, terre, 181.
Enliproye, province, 181.
Enodes (montagnes), 259.
Entessenne, province, 250.
Entre deux Mars, Entre deux Mers, 150.
Envers, 165.
Envreul ou Euvreul (Rochers d'), 436.
Enyllac ou Evyllac, 397.
EODORE (Saint), 99.
Eperbotes (champs), 242.
Epiche (cap d'), 309.
EPIDAMMUS, 214.
Epithéras, 287.
Epyre, province, 216.
ERASTOTÈNES, 302.
Ermitage, 410.
Ermoutier, île, 154. — V. Nermoutier.

Ermouze, ville, 357.
ESAU, 270, 271.
Escalonne, 262.
Escaut occidental, 164.
Esclavonye, Esclavounye, province, 200, 211, 214, 224.
Escoan, 26.
Escosse, 182, 183.
Escosse, île, 189-192.
Escoubrera (île), en Castille, 452.
Esméraldas (Pérou), province, 473.
Esngleterre, 184. — V. Angleterre.
Espagne, Espaigne, 9, 10, 15, 21, 128-133, 136, 137, 139, 144-147, 158, 193, 194, 196, 197, 203, 204, 217, 226, 268, 293, 310, 314, 316, 325, 375, 421, 439, 469.
Espaigne (Roi d'), 82, 84.
Espaignolle (Ile), 401, 435, 437, 440, 474, 508, 513. — Voir Ile Espaignolle.
Espaignols, Espagnols, 3, 7, 14, 21, 43, 194, 217, 330, 435, 440, 441, 444, 453, 457, 474, 475, 513.
Espartel (Cap de), 318.
Esper, province, 298.
Espera (Cap de), 477.
Espera (Ilhas d'), 477.
Espéradé (Cap d'), 477.
Espéran (Cap de), 477.
Espérides (Jardin des), 317.
Espéris, 305.
Espérye, province, 298.
Espichel, cap, 132, 133, 134,
Espire, province, 217.
Espoir (cap et ile d'), 477.
Esquimaux, nation, 402.
Essape, rivière, 254.

TABLE DES NOMS PROPRES

Est Aéricain, état, 345.
Estalamar ou Estalamare (Cap de), 254.
Estany ou Estanys, lac, 252, 253.
Estanye, province, 177.
Estatir, ville, 294.
Esténan. — V. Estévan.
Estenettes nation, 359.
ESTER, reine, 362.
Estévan ou Esténan (Ile de Sain Jehan d'), 503.
ESTEVAO GOMEZ, 495.
ESTIENNE (Saint), 89, 100.
ESTIENNE (Saint), pape, 96.
Estiope, Estoppes ou Estiopes, 286-292, 294-296, 299, 300, 303, 304, 335, 339, 350, 352-356, 363, 378, 402. — V. Estiopie et Etiope.
Estioppe Australle, ou ostral, 291, 341, 345, 350.
Estioppe occidentalle, 298, 303, 339, 345.
Estiope ou Estioppe oriental, 303, 347, 350, 351.
Estiopiens, 287, 297-299, 303, 351-353.
Estoriade, province, 236.
Estraffogues, nation, 291.
Estrofuges, nation, 352.
Esturie, 142.
Etèrea, 62.
Ethalates, montagnes, 300, 301. — V. Athalates.
Ethiopie, 21, 284, 287, 288, 298, 308, 397. — V. Estiope et Etiope.
ETIENNE, géographe, 284.

Etiope, Etioppe, 67, 68, 205, 278, 280-283.
Etioppiens, 280, 281.
Etna, 207.
Eu, 147.
Eufrates, Euffrates, rivière, 241, 250, 258, 259, 265, 276, 281, 282, 299, 357-359, 361, 363, 364, 402.
EUFRÉMIE (Sainte), 97.
Eugiomelanter, terre, 181, 182.
Euramyes (Montagnes), 256.
Europe, 9, 10, 59, 127, 128, 143, 144, 165, 166, 174, 175, 179, 189, 192, 193, 204, 207, 213, 217, 222, 223, 227-231, 234, 249, 268, 290, 296, 299, 300, 352, 367, 375, 377, 387, 402, 404.
EUSTACE (Saint), 99.
EUTROPE (Saint), 40, 92.
EUVERSE (Saint), confesseur, 97.
Euvreul ou d'Envreul (Rochers d'), 436.
EUXTROPE (Saint), 92.
EVE, 262, 263, 265, 266.
EVILA, 397.
EVOD (Saint), 98.
Evyllac ou Enyllac, 397.
Ex (Rivière d'), 186, 187.
EXERCÈS, roi, 247.
Exeter, 187.
Exio, ile, 255.
Exiou (Ile d'), 215.
Exoires, iles, 326.
Ezébon (Terre d'), 273, 275.

F

FABELLION (Duc), 144.
FABIEN (Saint), 89.
FABIENNE (Sainte), 91.
Falco (cap), 197.
Faldrac (cap), 186.
Fallemue, 187.
Fallicandore (cap de), 393, 394.
Falmouth, 188.
False ou Folce (cap de), 315.
Falso (cap), 344, 464.
Fame (Port de), 216.
Fanagorye, ville, 232.
Fanti, 335.
Farallones de San-Cyprien, 142.
Faramia, ville, 301.
Farilhoes, îles, 135.
Farnamory ou Saint-François (Rivière), 411.
Faro, 132.
Farre de Missine, 208.
Fasi, 234.
Fassis, rivière, 234, 235, 245, 249.
Faulxvie, rivière, 187.
FAVILA, duc, 144.
Fayal, île, 134.
FELICULLE (Sainte), 94.
Félix (Arabie). — V. Arabie.
Félix (cap), 349, 351.
FÉLIX (Saint), 95.
Fénésye ou Fénessye, province, 260, 261.
Fer (Ile de), 115, 116, 127, 324, 325, 405, 475.
Fer ou Feu (Ile de), 329.
Fermozo (cap), 336.

Fernande de Magaillan (Ile), 425.
FERNANDÈS (Joze). — V. JOZE.
Fernando de Noronha (Ile), 409.
Fernandopô ou Fernanduport (Ile), 337.
FERRANDE. — V. GARCIE.
Ferrare, duché, 202.
Ferroil ou Ferrol (Havre de), 139, 140.
Feu (Ile de), 329, 479.
Feu (Terre de), 425.
Feuntennot (Pointe de), 154, 156.
Fez (Royaume de), 308; — ville, 319.
Fezzan, pays, 312.
FIACRE (Saint), 96.
Fico de Foco, 479.
Figuier ou Figuyer (Port, cap ou ance du), 182, 405, 465, 467, 475, 476, 498, 510-514.
Filæ, 292.
Filistées (Terre des), 262.
FILLEAU (Henri), 6.
Fillées (Terre des), 292.
FINÉ (Oronce), 513.
Fineterre ou Finisterre (Cap de), en Espagne, 138-140.
Finistère en Bretagne, 154, 156.
Finistère, 134.
Finlande, 176, 177.
Flagot, fleuve, 150. — V. La Charente.
Flamans, 134, 164, 166, 394.
Flandre ou Flandres, 21, 116, 163-165.
Flèche, appelé Turague ou Turaque (Cap du port de), 444.

Flèche (Port de), 445.
Flessingue, 164.
Florence, 202.
Florès, île, 134.
Floride, 11. — V. La Fleuride et La Floride.
FLORINDE ou LA CAVA, princesse, 144.
Fogo ou do Fogo (Ile de), 474.
Foix, comté, 149.
Fo-Kien, 398.
Folce ou False (Cap de), 315.
Fondure, Fondures ou La Fondure (Cap de), 464, 466, 512.
Fontainebleau, 2, 41.
Fontarabie, Fontarabye, 145-148.
FONTENAY (Philiberte de), 6.
Fontenay-le-Comte, 4.
FONTENEAU, dit Alfonse de Saintonge (Jean), 6, 7, etc.
Fonterrabie, 146. — V. Fontarabie.
Forcas (Cap de Tres ou des Trois), 315.
Forchue (Rivière), 336, 337.
Forenses, Forensis, Forensu ou Forenser, îles, 177.
Formose ou Beau-Cap (Cap), 425.
Forol, 139.
Forte (Ile), 456.
Forte Avanture, île, 323, 324.
Forteventura, île, 323.
Fortunées (Iles), 323, 325, 329. — V. Afortunées et Iles Fortunées.
Fosqueton ou Fousqueton (La bée de), 517.
Fosse, comté, 149.
Fougue (Ile de), 479.
Foules, Foulles, nation, 331.
Fourches (Cap des Trois), 315. — V. Forcas.

Fowey, rivière, 187.
Foy (Sainte), 198.
France, 9, 10, 13, 19, 21-23, 35, 37, 41, 82, 116, 128, 129, 137, 145-148, 150, 153, 161-163, 168, 197-200, 202, 205, 222, 227, 240, 413, 457, 483, 488, 493, 495, 497.
France prime (Rivière de), au Canada, 496.
Francfort, 144.
FRANCIS DE LA ROCHE (John), 36.
Francisco (Ile San), 418.
FRANÇOIS Ier, 2, 6, 37, 41, 43, 161.
FRANÇOIS (Saint), 98.
Françoise (Baie), 495. — V. Baie.
Françoise-de-Grace, 76, 161-163.
François-Roy, Françoys-Roy, 12, 20, 36.
Franconye, 167.
Françoys, 201, 202, 225, 252.
Françoys appelés Caraybles, 414.
Frangelingues, 164.
FRANKLIN (A.), 41.
FRANZINI, 133, 134.
Freel (Cap), 478.
FRÉMIN (Saint), 97.
Fremoze ou Fromoze (Cap), 336, 337.
Frenambourg ou Fernambourg, port, 410.
Frenandupau, île, 337, 338.
Frenantristan (Iles de), 343.
Frénye (Ile), 464.
Freschwater Bay, 479.
FRESNE-CANAYE, 355.
Friedland à Paris (Avenue), 28.
Frigie, province, 168, 169, 254, 255.
Frio (Cap), 415.

Frischerr-Haff, lac, 173.
Friselam, 182.
Frisie, 256.
Frislande, 180.
Frize, 168.
Frizie, province, 168.
Frœ (Iles), 177.
Froig ou Froit (Cap), 415, 417, 418.

Fromoze ou Fremoze (Cap), 336.
Fucard, 26.
Fuego (Ile), 329.
Fuerte (île), 456.
Fuerteventura, île, 323.
Funck (Ile), 478.
Fundy (Baie) ou Baie Françoise, 495, 496.

G

Gabam (Rio), 338.
Gabès (cap de), 309.
Gabon, 338.
Gadalquivir, Galdaquevir, 129, 130, 194.
Gaditanum (Fretum), 130.
Gado ou Bella (Cap del), 486.
Gagho, Gago, 331.
Gaira (Pic et village de), 450.
Galathés, 256.
Galdafourt (Cap de), 349.
Galdaquevir, 194. —V. Gadalquivir.
Galera de Zamba, 451.
Galice, 129, 130, 136, 138, 141, 142.
Galite (Ile de), 311.
Gallacie, Gallacye ou Gallasie, province, 252, 253.
Galles (Cap du Prince de), 402.
Gallathes, Gallattes, nation, 258, 259.
Gallice, 68, 76, 136, 137.
Gallilée, 262.
Gallillée ou Gallillées (Mer de), 264, 275.
Gallipolain, Gallipoli, Gallipolin ou Gallipolle, 216, 217, 221.

Gallipolle, ville, 216. — V. Gallipolain.
Gallithe, île, 311.
Gallo (Rio), 133.
Gambie ou de Gambye, (Rivière,) 328, 330, 334.
Gamon (Rivière de), 338.
Gamynipolle (Ile), 388.
Gan ou Gant, 165.
Ganabon (Ile de), 438.
Ganagore ou Aganagore, 401.
Gandaryes ou Gandaryns, nation, 373.
GANEAU, 18.
Gange (Rivière du), 83, 84, 247, 248, 265, 286, 371, 374-378, 393, 394-398, 402, 403.
Gange (Ville du), 395.
Gani ou Coulour, 390.
Garama aujourd'hui Djerma-el-Kedima, 312.
Garamanie, 231.
Garamantes, Garamentes ou Garamites, nation, 302, 312.
GARAT (Jehan de), 56, 57.
GARCIE dit FERRANDE (Pierre), 32, 135, 142-146, 149, 153.

Gardefol (cap de), 350, 351.
Garigliano, 206.
Garmates, nation, 302.
Garoilan ou Garrilan, 206.
Garonne, 146, 149, 150.
Garrilan ou Garoilan, 206.
Garsons, rochers, 133.
Gasan, 262.
Gascogne, Gascougne, 146, 148, 150.
Gaspe ou Gaspé (Baie de), 487.
Gaspésie, Gaspasie. — V. La Gaspasie.
Gast (château du), 187.
Gata, Gatte ou Gathe (cap de), 194, 195.
Gatigaires, nation, 398.
Gaude (Déserts de), 263.
GAUDETE ou GAUDECTE le jeune (Pierre), clerc, 48, 51.
Gaulle, 154, 165, 168, 170, 177, 226, 375.
Gaulonnes, nation, 312.
GAUTHIER (Gilles), 51.
Gectes, 227. — V. Gètes.
Gedan, ville, 173.
Gédersye, 369.
Gédosye (Cap de), 368.
Gédyosie (Capet province de), 369.
Gèles ou Gelles, nation, 239.
Gemini ou *Gemyni*, 69, 70, 93, 122, 124.
Gemispolla, 388.
Genefvoys, 215.
GENEVIÈRE (Sainte), 98.
Gennes, 193, 199-203.
Gennes, seigneurie, 255.
GENTILZ, 389.
GEOFFROY, alias DE LA FRANGE (Jehan), 56.

GEORGES (Saint), 92.
Géorgie Caucasienne, 245.
Géra, Gora, ville, 357.
GERMAIN (Saint), 93, 95.
Germains, 223.
Germanie, Germanye, 128, 147, 168-173, 177, 198, 200, 222, 226, 227, 234, 298, 375.
Germanie la Grande, 168.
Germanie La Petite, 170.
GERMER (Saint), 97.
GERVAYS (Saint), 94.
Gètes ou Gites, 227, 228, 236, 367.
Gètules ou Gétulles, 298, 301, 302, 312.
Gétulie ou Getullye, province, 298, 312, 453.
Ghel (Cap), 322.
Ghir (Cap), 322.
Gibaltar ou Gibraltar (Détroit de), 128, 130, 192, 193, 205, 285, 303, 312, 315, 318.— V. Jubalester et Juballestard.
Gibaltar, ville, 193.
GILLE (Saint), 97.
GIPTE, 226.
GIRAMNE (Saint), 97.
GIRAULT (Méry), bourgeois, 56, 57.
Girgeh, 286.
Gironde, 146, 148, 150, 516.
Girouffle (Iles du Cloux de), 84, 399, 400.
Giser, 313.
Gisira, ville, 313.
Gites ou Gètes, 227.
GIVRY, 410.
Glanan, îles, 155, 156.
Glénans, îles, 155.
Goa, 378, 379.

Goce, 227.
Gocie ou Gocye, 68, 128.
GODARD (Saint), 94.
GODEFROY DE BILLON (Duc), 167, 259, 361.
Godetel, cap, 187.
Godiane, 129.
Godiane, rivière, 131, 133.
Goé (Port et rivière de), 378, 379.
Golconde. 390.
Golesme, Golosme (Iles de), 491. —V. Angoulesme.
Golfe Triste, 444.
GOMEZ (Estevao), 495.
Gomorre, Gomorres, 263, 268, 269.
Gononynée, banc, 185.
Goodwin (Sables de), 185.
Gora, ville, 357.
Gordar, 287, 288.
Gordien (Mont), 244.
Gordye, montagne, 250.
Gorgiane, 360.
GORGON (Saint), 97.
GORGONE, île, 204, 472.
GORRECTE ou DAGORECTE (Martin), 13, 51, 52, 55.
Gosie, Gosye ou Gozie, 169, 170, 175-178.
Gosye orientalle, 176.
Gotaland, 175, 176.
Gothicque ou Goticque (mer), 175, 229, 230.
Gothie, 170, 175.
Gotland, 175, 176.
Gotz, 178, 227, 312.
Gotz (Terre des), 378.
Goudjerat, 376.
Goue, — Gouc (Mer de), 374.
Gouel, rivière, 390.

Gougarride, province, 376.
Gougera (Terre de), 374.
Gougeratz ou Goudjerat, 248.
Gougeratz ou Grageratz (Terre des), 381.
Goulfanet (Ile de), 215.
GOURMONT (Jérôme), 42.
Gozie, Gozye, 173, 181, 189, 227.
Gozie orientale, 181.
Grace ou Graces à Dieu (Cap de), 463, 464, 466, 469, 470.
Gracios a Dios (Cap), 463.
Graciosa, île, 134.
Grageratz ou Gougeratz (Terre des), 381.
Gramfilz, 517.
Granadis, 194.
Grand-Bassam, 333.
Grand Bassoa, 334.
Grand-Bay in Newfoundland, 36.
Grand Caire, 286.
Grand Can de Tartarye, 392, 398.
Grand Canarie, 324.
Grand Jave, 389.
Grand mer, en Chine, 401.
Grand Mogol, 390.
Grand Rivière, 332. — V. Rivière Grande.
Grand Temurbech (Le), 396.
Grande (Ile), 418.
Grande Bretaigne, 189.
Grande Montagna (Rio), 405.
Grande (Rio). — V. Rio.
Grande Rivière (La), 449.
Grande Rivière, 338.
Grandes Indes, 284.
GRANDIDIER (Alfred), 345, 347.
Grant-Bay, 19.
Granville, 160.

TABLE DES NOMS PROPRES

Grave (Pointe de), 149.
Gravelin, 517.
Great Cayman (archipel), 443, 513.
Grèce, 9, 10, 200, 205, 209-213.
  217, 218, 221, 222, 225, 226,
  228, 232, 234, 246, 252, 255,
  258, 260, 293.
Grecs, Grecz, 218, 221, 247, 254,
  255, 301, 302, 312.
Grégeois, 33.
GRÉGOIRE, 322, 328.
GRÉGOIRE (Saint), 91, 97, 99.
Grenada (Ile), 433.
Grenade, Grenades, 76, 129, 131,
  193, 194.
Grenades (Royaume de), 137.
Greuville, 32.
GRISOGON (Saint), 99.
Groais ou Grouais (Ile de), 480. —
  V. Groix.
Groënland, 181.
Groix (Ile de), 479, 480.
Groye, 155.
Grouais. — V. Groais et Groix.
Guadalquivir, 129, 131, 194.
Guadelet, Guadalete, rivière, 130.
Guadiana, rivière, 129, 131, 132.
Guambea ou Guanbea, rivière, 330.
Guardafui (Cap de), 350.
Guarie, Guarye, Quarie ou Quarye (Gens de), 450.
Guatemala, 405.
Guayaquil, 473.
Guel (Cap de), 321-323.
Guer (Cap), 322.
Guer Tesen, 322.

Guérande, Guerrande, port, 155.
GUÉRIN (Allain), 49.
Guerrande, port, 155. — V. Guérande.
Guerreux, nation, 238.
Guet (Cap de), 309, 316.
Guetaria (San Antonio de), Guetarie, Guitarie ou Guitarre, 145.
GUEUDEVILLE, 408, 418, 487, 489,
  491, 495.
GUILLAUME, duc de Normandie,
  160, 189.
Guillaume Laye (Roche de), port,
  412.
GUILLAUME (Saint), évêque de Bourges, 89.
Guinalla (Rio Grande de), 331.
Guinée ou Guynée, 12, 34, 47, 67,
  332, 335.
Guinée française, 331, 333.
Guinée portugaise, 330, 331.
Guitarie, Guitarre ou Guetarie, rivière, 145. — V. Guetaria.
Gulfstream, 428.
Gull Rock, 187.
Gnojira (Colombie), 446.
Guoticque (Mer), 175.
GUYBERT (Jean), bourgeois, 55, 56.
Guye (Cap de), 436-438.
Guyenne, 4.
Guymo, Guyvir ou Guynir, 437.
Guynée. — V. Guinée.
Guynir, Guyvir ou Guymo, 437.
GUYRIS, nom du vice-roi dans les Indes Occidentalles, 460.
Guyvir, Guynir ou Guymo, 437.

H

Habilles, rivière, 143.
Ha-Ha-Baye, 489.
Haïti ou Saint-Domingue, 433.
HAKLUYT, 3, 12, 19, 20, 34, 36.
Halifax, province, 495.
Hamahées (Montagnes), 230.
Hamboille, port, 216.
Hambourg, 170.
Hame, Hamon ou Hane (Temple de) ou Temple de Jupiter Hame, etc. — V. Amon.
HAMON, fils de Loth, 269.
Hamond, rivière, 132.
HAMY (D^r), de l'Institut, 40.
Hane ou Hame (Temple de), 301. — V. Hame.
Hante ou Haute (Cap de), 326, 327.
HANUYN ou HELUUYN (Jean), 26.
Haraïva, Aria, province, 245.
Harar (Pays de), 284.
HARDOUIN (Père), 309, 313.
HARRISSE (Henry), 4, 12, 15, 17, 32, 34-36, 42, 43, 181, 475, 477-481, 485, 486, 489, 491, 492, 493, 495, 499, 501.
Haruif, 517.
HAULTIN (Hiérosme), 33.
HAUSER (H.), 355.
Havila, 397.
Havre du Soleil, 141.
Haymond, 129, 131.
Hébron (Vallée d'), 265, 276.
HECTOR, fils de Priam, 255.
HEDRA (Prophète), 362.
HÉLÈNE, 254.
HÉLÈNE (Sainte), 288.

Hélène, port, 287, 289, 297.
Heléni, ville, 287.
HELUUYN ou HANUYN (Jehan), 26.
Hemeton, 517.
Hemus mons, 230.
HENRI VIII d'Angleterre, 40.
HÉBADÈRE, prince des Batranes, 377.
Hérat, 245.
Herbé, île, 205.
HERBELOT, 283.
Hercule, Hercules, 130, 139-141, 209, 212, 217, 221, 232, 238, 293, 317, 321, 367, 373.
Hercules (Coulonne d'), 68.
Herculeum (Fretum), 130.
HERCULIN (Saint), 99.
Hérémoux, ville, 357.
Hères (Iles d'), 199.
Herfleu, 162.
Hérin (Baie de), 444.
Hermoux, 364.
Hermus, île, 368.
Hermuse, ville, 368.
HÉRODOTE, 312.
HERRERA (A. de), 413, 452, 465.
HERYAT (Martin), 53, 54.
Hespagne, 144. — V. Espagne.
Hespagnolle (Ile). — V. Espaignolle (Ile).
Hespagnols, 44. — V. Espagnols.
Hespérides, 298.
Hespéris, ville, 301.
HEYD, 390.
Hidre (serpent), 212.
Hiérusalem, 218, 355. — V. Jérusalem.

TABLE DES NOMS PROPRES

Higueras (C. de), 405.
HILAIRE (Saint), 40.
HILLAIRE (Saint), évêque, 89 ; — (Saint J.), pape, 97.
HILLARIN (Saint), martyr, 95.
Himalaya, 245, 395, 396.
Hindoustan, 394.
Hipanise, 220.
Hipsouy, 517.
Hircarnie ou Ircanye, 243.
Hirlande, 163.
HIRUNDINUS MISSUENSIS, 313.
Hispanie, 129.
Hochelaga, 36, 491.
Hollandais, 335.
Hollande, Holande, Ollande, 21, 76, 164-166, 383.
Hommes Blans (Ile des), 400.
HONDIUS, 378, 380, 384, 388, 389, 394, 400.
HONDURAS, province, golfe, cap, 464.

Honfleur, Honnefleu, Honnefleur, 8, 12, 16, 20, 25, 34, 37, 162, 516.
Horranne ou Horrane, ville, 350, 352.
Horse Islands, îles, 478.
Horton, 517.
HOSPITALIERS de Saint-Jean de Jérusalem à La Rochelle, 14.
HUGUES (Saint), 92.
Huice, 193.
Huiche (Ile d'), 18.5
Huisse, 517.
Humedo, 486.
Huns, 301.
HYÉRÉMYE, prophète, 258.
Hyères (Iles d'), 199.
Hyérusalem, 361, 362.
Hyperborées ou Iperborées (Monts), 230, 233.
Hyphasis, 220.
Hyrcanie, 245. — Voir Ircanye.

I

Iberia, Ibérie, Ibérye, 129, 231, 242, 245.
Ibiangi (Rio), 418.
Ibissa, 196.
Idaspis, rivière, 373, 374.
Ido, rivière, 245, 248.
Idous, Idoux (rivière), 369, 371. — V. Idus.
Idumées (terre des), 276, 279, 285, 352.
Idus, rivière, 366, 372-374, 376-378. — V. Idous.
Igilgilis, 313. — V. Djidjelli.
Iguape (Rio), 418.

ILDEFONSE (Saint), 39.
Ile Arenas, 451.
Ile Dieu, 153.
Ile Espaignolle ou Hespaignolle, 401, 433, 435, 437, 440.
Ile Espaignolle de Saint-Domvngue, 474, 508, 513.
Ile Forte, 456.
Ile Fuerte, 456.
Ile Grande, 418.
Ile Ronde, 434.
Ile Rotunda, 434.
Ile Tortuguilla ou de la Tortuguilla, 456.

Ileau (Cap d'), 337.
Iles Affortunées, 405. — V. Iles Fortunées.
Iles Blanches, 479.
Iles Fortunées, 323, 325, 329, 405. — V. Iles Affortunées.
Ile Hespagnolle, 401. — V. Ile Espaignolle.
Iles Plates, 499.
Ilheo (Baie de), 477.
Ilheos, ville, 411.
Illion, 254.
Imaüs (Mont), 244, 245.
Imées (Montagnes), 195.
Imodones, montagnes, 240.
Impérial, 61.
Incinye ou Jucinye, 225.
Inde, Indes, 218, 247, 286, 300, 357, 377, 378, 382, 395, 398, 405.
Inde Anglaise, 247.
Inde Oultre-Gange, 398.
Indes Occidentales, 7, 11, 73, 88, 405, 452.
Indes Orientales, 7, 9, 73, 88, 127, 133, 231, 355.
Indie, Indye, 128, 218, 231, 245, 247, 248, 282, 283, 286, 287, 290, 294-296, 339-341, 348, 353, 361, 364-367, 369, 373, 375, 376.
Indie oriental, 230, 238, 249.
Indiens, 441, 446, 450, 452.
Indiens d'Amérique, 402.
Indoustan, 248.
Indus, 220, 245, 372.
Inhambane, rivière, 345.

Innocens (Les), 100.
Innocens (Les Saints), 89.
Insua, île, 138.
Iperborées (Montagnes), 230, 233. — Voir Hyperborées.
Iram, désert, 244.
Irawady, fleuve, 393.
Ircanie, Ircanye ou Hircanie, 243, 245, 362.
Ire (Terre d'), 352.
Irelande (Ile d'), 191.
Irlande, 9, 10, 141, 179, 182, 187, 191.
Isac, fils d'Abraham, 270, 271.
Isambelli (Canal de), 473.
Isidore (Saint), 144.
Islan (Ile de), 178, 179, 180, 182.
Islan ou Islen (Port à), 276, 278, 285.
Islande, 68, 178, 179, 183.
Isle Dieu, 155.
Isleau (Cap de), 337, 338, 444.
Islen (Port de à), 278. — V. Islan.
Isles (Baie des), 506.
Ismael, fils d'Abraham, 270.
Ispanyse, rivière, 374.
Israël (Peuple d'), 272, 273, 274, 293.
Istries, Istrye, province, 211.
Itacolomye (Recife), 412.
Itajahy, 419.
Italye, Itallye, 128, 200-205, 208, 209, 221, 226, 309, 392. — V. Ytalie.
Itapicura (Rio), 411.
Itelantes, Ithalates (Montagnes), 316, 317. — V. Atlas.
Izaac, 262.

J

Jacatia ou Djakatra, 400.
Jacatte (Iles de), 400.
JACIN (Saint), 97.
Jacinies, montagnes, 228.
Jacmel, 437.
JACOB, 262, 271, 273.
Jacopolis, 44.
Jacquatte, île, 278.
JACQUES (Saint), 93, 95, 139.
Jaffe, port, 261.
JAFFET, 267, 268.
Jaga, ville, 331, 336.
JAL, 18, 233, 408.
Jalande, Jallande, îles, 164, 165.
Jallofe ou Jalloffe (Province de), 328.
Jalloffes (Terre des), 330.
Jamaïque, 401, 456, 513.
JAMET BRAYER, 4.
JANSART (Jesseline), 4.
Jard ou Jart, 47, 153.
Jare, rivière, 153.
Jarotidan, province, 374.
Jart. — V. Jard.
JASON, 33, 213, 217, 221, 222, 234, 242, 249.
Jasse, 256.
Java, 9-11, 21, 84, 343, 378, 388, 399, 400, 427. — V. La Jave.
Java (Royaume de), 400.
Java (Ance de), 337.
Java Major, 391.
Jave, 10, 11.
Jave (Grand) ou Jave La Grande, 389, 399.
Jave minor, mynor, la petite, la Myneur, 389, 391, 397, 400.

Jaxarte, 245.
JEAN BAPTISTE (Saint), 94, 275.
JEAN DE Verrazzano, 35.
JEAN (Prêtre) ou Jehan de La Indye ou Judie, 339-341, 353, 376, 378, 392, 398.
Jehan de Lisbonne ou Lychebonne (Baie de), 408, 409.
JEHAN (Saint), 94-96.
JEHAN (Saint), apôtre et évangéliste, 89, 100.
JEHAN PORTE-LATINE (Saint), 93.
Jérusalem, Jherusalem, 84, 167, 212, 218, 258, 262, 283. — V. Jherusalem et Hiérusalem.
Jhérico (Terre de), 274.
Joal, 330.
Joalla, 330.
Jocquatte (Ile de), 83, 84.
Joly de Fleury, 8.
Jon ou Jonc (Rivière du), 334.
JONAS, prophète, 257.
Jonc ou Jon (Rivière du), 334.
Jonis, montagne, 197.
Jonye, province, 211.
Jonzac, 8.
Jordain, rivière, 275.
JOSAPHA, roi, 278.
JOSEFF, 514.
JOSEPH, fils de Jacob, 271, 293.
JOSEPH (Saint), 91.
Josephus, 397.
JOSUÉ, 274, 275.
Jourdain (Rivière de), 264, 274, 276.
JOURDAN, 7.
Jouvence (Fontaine de), 239, 240.

Jovique (Mer), 214.
JOVIS, 293, 294, 302.
Joyeulx (Cap), 341.
JOZE FERNANDÈS, 314, 315, 318, 319, 321, 323, 326, 331, 333, 336, 338, 339, 341.
Jubalester, Juballestard, détroit, 193, 312. — V. Gibaltar.
JUCARD, 26.
Jucinye ou Incinye, 225.
JUDA (Tribe de), 262.
Juda, ville, 351.
JUDE (Saint), 98.
Judée, 217, 258, 261, 262, 276, 279, 280, 352, 362, 364, 367.
Judie ou Indye, 339, 340, 341, 376. — Plutôt Indie, Indye. — V. ces mots.

JUGURTE, 310.
Juifs, 258, 271, 362.
Juifve (Bancs de la), 346.
JULIEN, 144.
Juliomagus Andium, 30.
JULITE (Saint), 94.
JULLE CÉSAR, 205. — V. Auguste César.
JULLIEN (Saint), évêque, 89.
JULLIENNE (Sainte), 90.
JULLYEN (Saint), 89.
Junco (R. de), 334.
Jupiter, JUPPITER, 61, 293, 299, 306, 307.
JUPITER HAMON (Temple de), 301.
Jurie (La), 348.
JUST (Saint), confesseur, 97.
JUVIGNY (Rigoley de), 18.

K

Kafiristan, 396.
Kalaât-el-Akâbah, 285.
Kali-Akra, cap (Bulgarie), 222.
KATHERINE (Sainte), 99, 281.
Kattégat, 177.
KERHALLET, 443, 444, 446, 447, 450, 451, 453, 456, 461, 462.

Kerman (Terre de), 364.
Kermorvan, pointe, 158.
Khoraçan, 245.
Kilimandjabo (Mont), 349.
Kosseir, 286.
Kurischen-Haff, lac, 173.

L

Labane, montagne, 260, 261.
La Barbade, île, 433.
La Barbe de Jard ou *Jart*, navire, 12, 47.
La Barge, rocher, 153.
La Barque, constellation, 121.
La Barquera (San Vincente de), rivière, 143.

La Barquère (Saint-Vincent de), 143.
La Barquiera, rivière, 143.
LABAT, 330.
La Baye, 154.
La Béate, 437, 438.
La Berlingue, île, 135.
La Bibre ou Libre, île, 441, 443.

TABLE DES NOMS PROPRES

Laborador, Laboureur, terre, 179, 180, 181. — V. Labrador.
Laborant, 43. — V. Labrador.
LABORDE (De), 42.
Laborent, 43. —V. Labrador.
LA BOURALIÈRE (A. de), 29.
Laboureur (Terre du), 179, 476, 480. — V. Labrador.
Labrador, 3, 21, 43, 179-181, 480, 481, 483. — V. Laboureur, Laborent ou Laborant, etc.
LA BROQUIÈRE (Bertrandon de), 232.
La Cabane, 437.
La Cale Monjoy, 197.
La Calle, 311, 351.
La Canane ou La Canave, île, 433.
La Cananée, rivière, 418.
La Canave ou La Canane, île, 433.
La Canefistre ou Canefistre, port, 444.
La Canelle (Ile de Célam de), 388. — V. Célam.
La Cathe (Cap de), 307.
La Catherine de Vaste-Ville, navire, 51, 52.
La Cattigaire ou Cattay, 401. — V. Cattay.
La Caure (Cap de), ou Cap de Caure, 451.
La Caure ou Caure, village, 452.
LA CAVA (FLORINDE ou), princesse, 144.
Lacédémonye, 213.
La Chaîne (Tour de), à La Rochelle, 1.
La Chambre, port, 185.
La Charente, fleuve, 5.
LA CHESNAYE DES BOIS, 6.
La Chesne (Port de), à La Rochele, 53, 54.

La Chôme, 519.
La Collecte ou *La Collette de La Rochelle*, navire, 13, 14, 15, 40, 51, 53-55.
La Commarque, 315.
La Conception (Baie de), 477.
La Coquera (Ance de), 462.
La Corne (Saint-Jehan de), 131.
La Corogne, 139.
La Coubbe ou La Coube (Ile de), 436, 464. — V. Cuba.
La Coubre, 149.
La Couhe, 437.
La Coulongne, 139, 140, 141.
La Cramaillère (Baie de), 479.
La Crapaudière (Seigneurie de), 48.
LACROIX (De), bibliothécaire de Cognac, 7.
LA CROIX DU MAINE, 18.
Lacton, rivière, 305.
La Cypper, 254.
La Damoiselle (Ile de), 481, 482. — V. Ile des Demoiselles.
La Demanda (Sierra de), 136.
La Desirada, La Désirée, île, 434.
LADIME (Pierre de), 33.
Ladoga, lac, 175.
La Dominique, île, 434.
La Dyve, île, 152.
La Faroncye, province, 301.
LA FAVERIE (Pierre de), 56.
LA FAYE (Jehan de), écuyer, 8.
La Fleuride, La Fleurride, 440, 441, 472, 475, 476, 496, 498, 506, 507, 509-512, 514. — V. La Floride.
La Floride, La Florida, La Flouride, 4, 9, 15, 34, 436, 440, 441, 472, 495, 509, 514. — V. La Fleuride.

TABLE DES NOMS PROPRES

La Fondure ou Fondure (cap de), 464.
La Formentière, La Fourmentère, 193, 196.
La Fourrure du Chat (Colline de), 451.
La Francese ou Franciscane, 35, 436, 475, 476, 490, 495, 498, 510.
La Franciscane (Cap et terre de), 503, 506.
La Gadelouppe, île, 434.
Lagadore, 392.
Lagar (Cap de), 464.
LA GARDE (Baron de), 41.
La Garde, étoiles, 117, 119, 120, 121.
La Gargonne (Ile de), 472, 473.
La Gaspasie ou Gaspésie, 483, 487.
La Germanie. — V. Germanie.
La Gomère, 315 ; — île, 324, 325.
La Gonave, île, 433.
Lagos, 132.
La Gracieuse, île, 134.
La Grambide, province, 224.
La Grand Babilonne, 358.
La Grand Jave, 399.
La Grande Baye, 478, 480, 481.
La Grande Ile, 477.
La Grande Rivière, 449.
La Grande Salvage, île, 522.
La Grande Syrthe, 306.
LA GRANGE (Jean-Geoffroy de), 56.
La Guerre (Ile de), 489, 490.
La Guija (Cap de), 473.
Laguna de Maracaybo, 441.
La Hacha (Cuid de), 447.
La Hague, cap, 159.
La Havane, 440, 509, 513.
La Higuera, 131.

Lahou, rivière, 333.
La India (Les Bassas de), 346.
La Jalle, 278.
La Jamaicque, La Jamayque, La Jamaïque, 436, 441, 443, 510.
La Jart en Poitou, 494.
La Jasse, 257.
La Jave, 343, 84, 378, 388, 427.— V. Java et Jave.
La Jave, la grande et la petite (Iles de), 83.
La Juifve (Bancs de), 346.
LA Lanberte, 519.
LA LANDE (Simon de), 48, 49.
La Lanterne (Tour de), à la Rochelle, 1.
La Lerne, port, 252.
La Libre ou Bibre, île, 441, 443.
La Loire, 146, 153-156, 516, 519.
L'Alouette (Cap de), 409.
La Louise de La Rochelle, navire, 14, 15, 40.
La Madelaine (Rio Grande de), 450.
La Madeleine (Iles de), 501.
La Madeleine ou la Magdelaine de Saint-Jean de Luz, navire, 13, 49, 51, 55.
La Mamore, ville, 319.
La Manche, 158, 161, 185, 187, 191.
La Manyguette, pays, 334.
La Marche d'Ancône, 209.
La Margarite ou La Marguerite, île, 442, 444.
La Margarita ou La Perle, île, 443.
La Marie, navire, 14, 15, 40, 55.
La Marque d'Anccone, 209.
LA MARTINIÈRE, 141, 231, 232, 239, 281, 282, 287, 301, 308, 310, 322, 328, 330, 331, 334, 335, 337, 344-347, 349, 350.

TABLE DES NOMS PROPRES

La Martinique, 433.
LAMBERT (Michel ou Mycheau), bourgeois, 56, 57.
LAMBERT (Saint), confesseur, 97.
La Meuse, 167.
La Mine, 335.
La Mine Saffalle, 347.
La Mine (Saint-Georges de), 331.
La Mone ou La Moue, île, 435.
La Monna, île, 435.
La Montaigne noire, 167.
La Morée, 214-216.
LA MORINERIE (De), 8.
LA MOTHE (Jehan de), bourgeois, 52.
LA MOTTE (Jean de), bourgeois, 13, 55.
La Moue ou La Mone, île, 435.
Lampedusa, Lampose, île, 309.
La Muscade (Célam ou Célum de), 84, 391, 399, 400, 472. — V. Célam.
La Myne (Château de), 331, 335.
La Myne (Côte de), 340.
La Myne Neufve, 347.
La Nao (Cap de), 195.
Lanare ou Louare (Terre), 83.
Lancarote, île, 323.
Lancelot, île, 323, 324.
Landéda, 159.
La Négée, île, 434, 435.
Lanes, montagne, 240.
La Neuve Espaigne, 510, 511, 514.
Langefielde, 177.
L'Angille ou Languille, île, 434, 435.
LANGLOYS (René), clerc, 57.
Languedoc, Languedoch, 149, 197.
L'Anguille (Cap de), 473, 474.
L'Anguille du Pérou (Cap de), 425.

Languille ou L'Angille, île, 434, 435.
La Nouvelle France, 494.
La Nouvelle France, dite Canada, 498. — V. Canada, New-France.
Lansac, seigneurie, 6.
L'Antioche, rocher, 152.
Lantique, île, 434.
La Nyve, rivière, 147, 148.
Lanzarote, île, 323.
Laou, village, 333.
La Pallice, 152.
La Palme, île, 324, 325.
La Pensée, navire, 34.
La Perle ou La Margarita, île, 443.
Lapes, montagnes, 222.
La Plata (Rio de), 407, 412, 421.
Lappes (Montagnes), 210.
La Pusque, 243.
Larache, Laraxe, ville et rivière, 318.
La Récy ou Ressif (Cap de), 417.
Laredda, Lareda, Lareddo, Larède, ou Larédo, 144 ; — (Conche de), 144 ; — (Port de), 144.
La Ressif ou Récy (Cap de), 417.
Large (Ile), 481.
Largue, 256.
Largues, 132.
Larise, port, 258, 261.
Larissa-Kresmali, 285.
Larisse, 285.
La Rivière Doulce, 495.
LA ROCHE (John-Francis de), 36.
La Rochelle, 1, 6, 7, 9, 11-15, 31, 32, 38, 40, 45, 46, 48-57, 76, 116, 150-152, 158, 461, 494, 495, 497, 516 ; — (Aumônerie de), 50, 54.
L'Arrhabor, Arribes, L'Arga, rivière, 245.

Larrise, 289.
La Rune (Cap de), 327.
La Saanne, Soane ou Saone, 437.
Las Aiguillones, cap, 142.
La Saone, Saanne ou Soanne, 437.
La Saulvaige, île, 322.
La Save, rivière, 223.
Las Aves (Ylleos de), 478.
L'Ascension, Lasentyon (Iles de), 433, 481, 483, 485-488, 490, 499, 502.
La Sène, 146.
Lasentyon, île, 483, 490. — V. L'Ascension.
La Sérane, Serrane ou Séroane, île, 443, 463.
La Sibille, 302.
La Soane, Saanne ou Saone, 437.
La Somme, rivière, 163.
La Sonde (Iles de), 9.
La Sone, rivière, 198.
La Spera (Cap de), 477.
Las Perlas (Archipel de), 467.
Las Quebrantas, rocher, 140.
L'Assomption (Ile de), 481.
Las Virgines (Cap de), 423.
La Table, 511.
La Table Ronde, 187.
La Tamise (Cartes de), 519. — V. Tamise.
La Tartarie, 496.
L'Atbara, 291.
La Teste des Asnes, banc, 149.
Lathon, rivière, 309.
La Thuringe, 168. — V. Thuringe.
Latifaige, peuple, 228.
La Tortue (Ile de), 456, 509.
La Tour (de Fosqueten), 517.
La Tourmente (Cap de), 424.

La Trappobanne, La Trappobainne, île, 385, 386.
La Tréciére, île, 134.
La Trinitad ou La Trinité (Ile de), 414, 415, 431-433, 435, 443.
La Trompe dans le temple de Hamon, 307.
La Trop-Bonne, La Troppebonne, 383, 385, 387, 388.
La Troppebonne ou Magabar (Cap de), 383.
La Troye ou de Troye (Cap de), 140.
Laturyngham, 140.
Laurens (Saint), 96, 99.
La Vallière, 42.
Lavalt, 519.
Lavardin, rocher, 152.
La Vela ou La Velle (Cap de), 446, 447, 449.
Laverdin, rocher, 152.
La Vermée, 519.
La Vermonde ou Vermoude (Ile de), 504.
La Victoire (Cap de), 343, 423, 424.
La Victoire, navire, 423.
La Vieille Babilone, 358.
La Vieille-Marche, 168.
La Vierge, île, 434.
Lavigne (Port de), 519.
La Vinatière, La Vinotière (La Grande et La Petite), rochers, 158.
La Voile (Cap de), 446.
La Volta (Rio), 336.
La Volte, cap, 187 ; — (rivière de), 336, 419.
Lavra, 137.
Laxate, rivière, 235, 249.
Lazarte, rivière, 240.

TABLE DES NOMS PROPRES

Le Bal (Pierre), 49.
Le Bandarat, rocher, 175.
Le Bec du Raz, 156.
Le Bia, rivière de l'Inde, 218.
Lebrissien (Jean Solis), amiral, 407.
Lebrun (Bonnaventure), 452.
Le Caire, 292.
Le Camas, cap, 468.
Le Carpon, 479, 480.
Le Casique, 463. — V. Cacique.
Le Cattay. — V. Cattay.
Le Christofle ou le Xhristofle de La Rochelle, navire, 11, 45.
Le Colbart, banc, 185.
Le Colombier, îlot, 498.
Le Conquet, 158.
Lecourt, notaire, 6-8, 47-57.
Le Courtoys, 163.
Le Croisic et Le Croisil ou Le Croisy, 155, 519.
Le Crotoy, 163.
Ledefront, 193.
Le Djallon, 328.
Le Djolof, 328.
Le Don, 175, 232.
Le Dore, Le Douro, rivière, 136.
Le Figuier, Le Figuyer, 405, 496.
Le Fouilloux, arrondissement de Jonzac (Charente-Inférieure), 8.
Le Four, 158.
Le Fouta-Djallon, 328.
Le Foyal, île, 134.
Le Gange, 218-220. — V. Gange.
Lèges, nation, 239.
Légier (Saint), 98.
Le Grand Baya, 476.
Le Havre de Grâce, 161.
Le Héron, île, 503.
Leinster, province, 141.
Leipzig, 340.

Le Kour, fleuve, 235, 245.
Le Labrador, 3, 480. — V. Labrador.
Le Laubit, 518.
Le Lethon, rivière, 309.
Le Loup, rocher, 188.
Lemaire, 328.
Léman (Lac), 198.
Le Margus, rivière, 245.
Le Migne, rivière, 138.
Le Moine, rivière, 144.
Le Morhoult, 187.
Le Mouling turc, 519.
Le Moynne, 144.
L'Engano (Cap de), 436. — V. Engano.
Leo, 69, 70, 95, 122.
Léogalle, 280, 281.
Léon (côte de), 159.
Léon l'Africain, 285.
Léon, royaume, 136.
Léon (Saint), pape, 91.
Léonais (Tristan de), 187.
Le Paisage, 5, 18.
Le Pamir, 396.
Lépante, 214.
Le Pas de Grave, 149.
Le Passaige, port, 145.
Lepe (Baie de), 131.
Le Pedro Bank, rochers, 441.
Le Pic, île, 134.
Lépide, ville, 308.
Le Piller, 519.
Le Pillier, île, 154.
Le Pô, 200, 202.
Lepogansalves (Cap de), 338.
Le Poilliaille. — V. Paryot, 55.
Le Pont, 233.
Le Pont, rocher, 153.
Le Port, en Portugal, 129, 135, 137.

Le Port, ville, 136.
Lequeitio, rivière, 145.
Le Quetio, ville, 145.
Leranre, 519.
Le Ratz, 154, 156, 157.
Le Ratz Blanchart, 159, 160.
Le Raz Saint-Mahé, 157.
Le Raz Saint-Mathieu, 157.
Le Recoux, rocher, 153.
L'Erida, 264.
Le Rin, fleuve, 198.
Lerne (Lac), 212.
Le Rouge Terryet, 517.
LEROUX, éditeur, 4, 35.
Le Ry, rivière, 147.
Le Sac de Portugal, 135.
Le Sacre, navire, 34.
Le Saguenay. — V Saguenay.
Le Sind, 366.
Le Sittang, fleuve, 393.
Les Alfagues, Les Alphagues, cap, 196.
Les Andes, 407.
Les Antilles, 443. — V. Antilles.
Le Saonien ou Laokiang, fleuve, 393.
Les Arribes, 245.
Les Asnes, battures, 149.
Le Sayn, île, 156.
Les Ballaines, 152.
Les Barges d'Olonne (la Petite et la Grande), rochers, 153.
Les Bassas de la India, 346.
Les Belles Isles, 479. — V. Belle-Ile.
Les Blancs Sablons. ance, 158. — V. Blanc-Sablon.
Les Brelingues, îles, 135.
LESCARBOT, 4, 5, 8, 478, 479, 481, 483, 486, 491, 501.

Lescaus, 517.
Les Cayes, 437.
Les Caymanes, îles, 443.
Les Chartrons, à Bordeaux, 33.
Les Chiens Perrins, Les Chiens Poyrinnes, rocher, 153.
Les Corbeaux, île, 134.
Les Couillons, rochers, 153.
Les Deux Senos, 517.
Les Dunes, 517.
Les Esguillons, îles, 142.
Les Essores, 475.
Les Estures, 136.
Les Fleurs, île, 134.
Les Formys, île, 134.
Les Frayles, rochers, 444.
Les Frères Rochiers, 444.
Les Gardes, étoiles, 119.
Les Grandz Sarrettes, 337.
Les Grandz Sirettes, 306.
Les Jalofes ou Oualofs, 328.
Les Landes, 148.
Les Mores, 519.
Les Orgues, basses et rochers, 440, 510, 511.
L'Espaignolle (Ile de), 438, 456. — V. Espaignolle, Hespaignolle.
Les Petites Serrettes, Les Petites Syrtes, 308.
Les Philippines, 388.
Lespiche (Cap de), 308.
Les Portes Cilicie, 257.
Les Ratz, 156. — V. Le Ratz.
Les Ratz Blanchart, 159, 160. — V. Le Ratz Blanchart.
Les Ratz Fonteneaux, 157.
Les Ratz Sainct Mahé. 157. — V. Le Ratz Saint-Mahé.
Les Roches, au Canada, 489.
Les Sept Citez, île, 503.

TABLE DES NOMS PROPRES

Les Sept piers, 184.
Les Tortues sèches, îles, 509.
Lestringuant, 38.
Les Vierges, Les Virges, îles, 434, 436.
Le Taige, 136.
Le TAILLOIS dit SÈCALART (Raulin ou Raoullin), 38-40.
Le Tanays, 175.
Le Tirant, constellation, 121.
Letvonye, province, 174.
LEU (Saint), 97.
LEVASSEUR, 418.
L'Evêque (Cap à), 486.
LÉVI (Tribe de), 275.
Lévonye, province, 174, 176.
LEVOT, 501.
Lexes du nort, 184.
Lézard (Cap), 187.
L'Hèbre, 232.
L'HONORÉ, éditeur, 408.
L'Hyphase, 218.
Libanes (montagnes), 275.
Liberia (République de), 334.
Libra, 69, 74, 75, 97, 122.
Libye, 205, 217, 289, 293, 296, 298-300, 303, 312.
Libye maritime, 302.
LIÉNARD (Saint), 99.
Liepvres (Ile des), 489-491.
Liepvres (Baie des), 501, 502.
Lièvre (Rivière du), 491.
Lièvres (Ile des), 489-491.
LIFFARD (Saint), prêtre, 94.
Ligor, principauté, 392, 393.
Ligorne, 201.
L'Ilot (Pointe de), 444.
L'Islet (Baie de), 411, 417.
Lima (Rio), 138.
Limoges ou Lymoges, 12, 49-53.

LIN (Saint), pape, 99.
LINSCHOTEN, 400.
Lion ou Lyon, ville, 298.
Lipusque, province, 145.
Lisars (Rivière des), 424.
Lisbonne, 8, 116, 129, 133, 134, 319.
Lisbonne (Baie de Jehan de), 408, 409.
Liscitanie, province, 133.
L'Islet, port, 411.
Lissie, 256.
Lithuanie, 174.
Little Cayman, îles, 513.
LITTRÉ, 135, 153.
Lituonanye, province, 174.
Livonie, 174, 176.
Livourne, 201, 202.
Lizard (Cap de), 187, 188.
Lô (Saint), 92.
Lobos (Ile de), 419, 421 ; — (Pointa de), 422.
Lofoten, îles, 177.
LOICQ DE LOBEL (M. et Mme), 402.
Lombardie ou Lombardye, 200-202, 210, 226.
Londe, London, Londres, 3, 32, 181, 183, 184, 188, 286, 475, 518.
Londres (Le banc de), 517.
Loo Kiang ou Le Saouien, fleuve, 393.
Lope (Cap), 338.
Lopo ou Loppe Gonsalve ou Loppe Consalve (Cap de), 338, 339, 343.
Lorica (Santa Cruz de), 461.
Los Boxos (Cap de), 487.
Los Castelos, rocher, 141.
LOTH, 268, 269.

L'Ouady Raijan, 286.
Louare. — V. Lanare, 83.
Louargue, 143.
Longues, ville, 138.
Loups marins (Cap des), 422.
Louqsor, 286.
LOUSMYER (Robert), 13, 52.
Louys (Saint), roi, 96.
Loye ou L'oye, (Cap de), 451.
L'OYSELET (Georges), 30.
Luarca (Rio), 143.
Luc (Saint), 98.
L'Ucatan ou Lucatan (Terre de), 465-467, 511, 514. — V. Ucatan.
Lucayes (Iles), 441.
Luce, chevalier, seigneur du château du Gast, 187.
LUCE (Sainte), vierge, 100.
LUCIAN (Saint), prêtre, 89.
Lucquet, rivière, 145.
Luerque, 143.
Lugo, 138.
Luguet, rivière, 145.
Lune (montagnes de), 290, 292, 336, 339, 341, 343, 349, 350, 402.

LUNIS (Tristan de), 187.
Lupante, 214.
Lupente, cap, 253.
Luque, port, 300.
Lusitanie, 133.
Lybane, montagne, 262, 278.
Lybernie, province, 211.
Lybie, Lybye, 292, 293, 303.
Lybiens, 298.
Lybiens occidentaux, 309.
Lyborne, 150.
Lybye, 293. — V. Lybie.
Lychebonne (Baie de Jehan de), 408. — V. Lisbonne.
Lycie, 315.
Lyme, rivière, 138.
Lymoges, 49. — V. Limoges.
Lymonie, Lymonye, province, 174, 175.
Lyn, (montagne de), 379, 380.
Lyon, 49, 51-54, 137, 146, 198.
Lyon (côte de), 159.
Lyonne (montagne), 332, 333.
Lyorne, Lyvorne, 202.
Lysbonne, 116. — V. Lisbonne.

M

Ma bar, 389.
Macédoine, Macédonie, Macédone ou Macédonne, 200, 211, 212, 214-218, 221, 227, 230, 237, 260, 293, 375.
Macédoniens, Macédonies, nation, 218, 221, 248, 294.
Machessac, 143.
Machichac, cap, 143, 145.
Macides, nation, 357.
MACLOU (Saint), 40, 99.

Madabar (côte de), 389.
Madagascar, Madacasca, île, 34, 345, 346. — Voir Sainct Laurens.
Madère ou Madères (Iles de), 7, 13, 15, 115, 116, 319, 321, 325, 326, 475.
Madonia (Mont), 207.
Madras, 390.
Madrid, 4, 15, 133.
Mafamones, nation, 307.

TABLE DES NOMS PROPRES

Maffomiques, Maffomicques, 310, 311, 389.
Magabar, ou La Tropebonne (cap de), 383.
Magador, 321.
Magace, ville, 373.
Magaillan, Magaillant, Magaillar ou Magaillen (Détroit de), 389, 399, 423-427, 474. — V. Magellan.
MAGAILLAN ou MAGELLAN (Frenande de), 423, 474.
Magdichou, port, 350.
Magdolum, 297.
Magellan (Détroit de), 3, 9, 11, 21, 35, 388, 399.
Magellan, 423. — V. Magaillan.
Magichac, 143.
Magienne, province, 244, 245.
MAGIN, 405, 407, 408, 411, 412, 414, 415, 417-419, 423, 425, 431, 434, 436-439, 441, 445, 462, 463, 465, 469, 477, 483, 486, 487-491, 509, 512-514.
Magnicongres ou Manicongres, nation, 339.
Mago (Ile), 329.
Magoce, ville, 373.
Magonce, 167.
Magotz (Terre des), 378.
MAGRÉ, 499.
Maguelonne, 198.
Magy ou Mangy (côte de), 398.
MAHOMET, 270, 275, 323, 350, 356, 390.
Mahométans, 310.
Mahométistes, Mahomiques, 301, 310, 312, 320, 323, 356.
Maida ou Maide (Ile de), 192.
Mailapoura, 389. — V. Méliapour.
MAILLART, 42, 43. — V. MALLART.

Maillorque, île, 196.
Main (Ile de), 191.
Main-Berg, 167.
MAINGART (Guillaume), 4.
MAISONNIER (Roger), 17-19, 24, 27, 31.
Majorque, 196.
Màla (lac), près de Stockholm, 177.
Malacca, 385.
Malacca (presqu'île de), 392, 393.
Malaga, 193.
Malaguetta, pays, 334.
Malaguettes, nation, 334.
Malaqueta, pays, 334.
Maldives (Iles), 379, 384.
Malgues, 193, 194.
Maliapor, 389.
Malinda, ville, 349. — V. Mélinde.
Malines, 165.
Mallacon, 393.
Mallaque, 385, 387, 392, 393.
Mallaque (côte de), 389.
MALLARD (Thomas), 30.
MALLART, MAILLART ou MALLARD (Jean), 42, 43, 44.
Mallayes, nation, 384.
Mallepicque, rocher, 140.
Malluque, 278, 378, 398, 400, 472, 474, 475.
Malluque, île, 401.
Malorane, 193.
Malpica, rocher, 140.
Malte, 193, 209.
Malucque, Maluque, 84, 133, 400, 473. — V. Malluque et Molluques.
MALUTZ (Pierre de), 56.
Mamberge, 167.
Mambourg, province, 170.
MAMBROH, MEMBROH, MEMBROHE, 268, 270, 364.

Mamon, rivière, 172-174.
Mamora, ville, 319.
Mamore, rivière, 319.
Man (Ile de), 191.
Manabique (Pointe), 464.
Manacés ou Manassès (Tribut de) 262, 273, 274.
Manceaux, 240.
Manche de Saint-George, 191.
Mandigues (Terre des), 330, 332. — V. Mandingues.
Mandimença, pays, 330.
Mandingues, nation, 330. — V. Mandigues.
Manecy ou Manery, 454.
Manga (Ile de), 452.
Mangaratiba (Baie de), 418.
Mangi, 398.
Manguel, 131.
Mangues ou Maugues (Baie de), 418.
Mangy ou Magy, terre, 398.
Manicongre ou Manicongue, Manicongres ou Magnicongres, pays, rivière, nation, 339, 341, 343.
Mani-Juga, 330.
Man-Tsen, 398.
Mantue, 202.
Manuel, roi de Portugal, 340.
Manycougre, 339. — V. Manycongre.
Manzi, 398.
Mar (Saint), 94.
Maracay, village, 410.
Maracaybo (Vénézuela), 446, 450.
Maragnon. — V. Maranon.
Maraine, 151.
Marajo (Ile de), 427.
Marambaïa (Ile Restingade), 418.
Maranon, fleuve des Amazones, 404, 407.

Marans, 152.
Marasins ou Marusins, 298, 299.
Marasye (Ville de), 397.
Marbella (Espagne), 193.
Marbre (Cap de), 488.
Marc (Saint), 94, 98.
Marc, évangéliste (Saint), 92.
Marcel (Saint), 89.
Marcellin (Saint), 94.
Marché (E.), 29.
Marche de Styrie ou Steyer, 223.
Marchichaco, cap, 143.
Marcial (Saint), 95.
Marco-Polo, 389, 390, 398.
Mardon, 517.
Mareb, 288.
Mareignan, 429, 435, 467; — (côte de), 406; — (rivière de), 82, 83, 404, 405, 407-409, 421, 422, 427, 430.
Marennes, 151.
Marganye, province, 360.
Margarita, île, 444.
Margaux (Iles), 501.
Margiana, Margiane, province, 245-247.
Margry (Pierre), 2, 4, 16, 37.
Marguarite (Sainte), 95.
Margus, rivière, 246.
Marie (Saincte), 95.
Marie Egyptienne (Sainte), 92.
Marie Gallante, île, 434.
Mariette, 8.
Marin (Port), ville, 138.
Marin (Rivière), 129, 138.
Maritza, fleuve, 232.
Marmades, nation, 302.
Marmarates, 299.
Marmarida, pays, 337.

Marmarides, nation, 337.
Marmarique, pays, 302, 337.
MARNEF, 11, 30.
MARNEF (Jean de), 2, 6, 13, 15, 17, 20-23, 25-29, 41.
MARNIUS, 144.
Maroc, Marroc, 298, 314, 315, 318, 319, 321, 322, 327.
Maroques, 327.
MAROT d'Irelande, 187.
Marotanye, province, 320.
Marque antique, province, 168.
Marroc. — V. Maroc.
Mars, 61.
Marseille, 32, 199.
MARSELLE, 257.
Marsonnye, 172.
Martaban (Golfe de), 393.
MARTICOT DE CHAUCHAN, 13.
Martignan (Ile), 433.
Martin (Cap de), 195, 196.
MARTIN (Lazare), 13, 50, 51, 52, 55.
MARTIN (Saint), 95, 99.
MARTINE (Sainte), vierge, 89.
MARTINEAU (Maurice), 25.
Martirs (Ile des), 415.
Martre (Cap de), 487.
Maruelles, ville, 193.
Marusins ou Marasins, 298, 299.
Marvoysie (vin de), 319.
MARYE-MAGDALEINE (Sainte), 95.
Marzechibir, ville, 314.
Masagon, château, 321.
Masambie, 348.
Masamores ou Masanones, nation, 303, 306.
Mascon, 198.
Masoulipatam ou Masulipatam, 390.
Masques, province, 236.

Massa (royaume de), 360.
Massacabie ou Mussacabie, 314.
Massade ou Masseul, royaume, 362.
Massagètes, nation, 238, 245, 246, 248.
Massambic, 348, 349.
Massembie ou Massembic (Terre de), 347.
Massenne, province, 357.
Masseul ou Massade, royaume, 362.
Massolynes, nation, 390.
Massouah, 288.
Mastusia, 230.
Matance ou Matauce (Cap de), appelé Sainte-Croix, 440.
Matanzos, 440.
Matase, village, 513. — V. Matause.
Matauses ou Matanses (port de), 508, 509.
Matauzas (Pointe), 440.
Mathausse, 511.
MATHIEU (Saint), 90.
MATHIEU (Saint), apôtre, 97.
Maugues ou Mangues (Baie de), 418.
Maures, nation, 196, 203, 259, 270, 298, 323, 361.
Maurétanye, 320.
MAURICE (Saint), 97.
MAURILLE (Saint), 97.
Mauritanie Tingitane, 317.
Mauritanye ou Moritanye, province, 316, 321, 323.
Mauste, province, 250.
Maustes, montaignes, 249, 250.
MAXIMILIEN, 15.
MAXIMIN (Saint), 93.
May (Ile de), 329, 433.

Mayence, 167.
Mayes, montagnes, 240, 248.
Mazagan, 321.
Mazarine (Bibliothèque), 41.
Mazones (Montagnes), 230; — nation, 282. — V. Amazones.
Mazoranie, 282.
Mazusia, 230.
Mecklembourg, 170.
Mecque (Mer de), 350, 351.
Méde, 242, 243; — (Rivière de), 359.
MÉDÉE, 222, 234, 242, 249, 251.
Mèdes, nation, 243, 244 359, 364.
Médianes Vuibres ou Umbres, terre, 344, 345.
Médie, 242, 281, 362.
Médie (en Afrique), 205.
Medina del Campo, 137.
Méditerranée, Médyterannée, 128, 129, 146, 147, 192, 197, 202, 207, 215, 232, 258, 261, 285, 289, 299-301, 307, 314, 336, 337, 375.
Méditerrannéenne (Côte), 302.
Médoc, 149.
Médye, 218, 231, 364.
Médye basse, 243.
Médyterranée, 301. — V. Méditerranée.
Megono, 144.
Meïra (Sierra de), 129.
Me Kong, 393.
Mélacque, 67, 68, 81-83, 133, 391, 393.
Melade (Ile), 211.
Meldita, ville, 314.
MÉLEO ou MELER, 293.
Meliapour ou Mailapoura, ville des paons, 389.

Mélide (Terre de), 347.
MELIN DE SAINT-GELAYS, 2, 6, 17, 18, 20-23, 25, 37, 41.
Mélinde, ville, 349.
Mellacque, 386.
Melli, royaume, 341.
Mellide, 341; — ville, 349, 350.
Mellila, ville, 314.
Mellina, ville, 314.
Mellite, ville, 314, 315.
Melo (Pointe), 423.
Melzita, ville, 314.
Méman, rivière, 172.
MEMBROH. MEMBROHE. — V. Mambrohe.
Memel, rivière, 173.
MEMETEAU (Adrian), 29.
Mé-Nam, fleuve, 393.
MÉNANDER, roi des Arrians et Sodians, 247.
MENENDEZ, 15.
Menorque, Île, 196.
Méote ou Méotidis ou Méotudis (Lac), 228, 229, 231, 232, 235.
Méotides ou Méotidis (Mer), 127, 175, 230, 231, 232.
Méotidis (Lac), 229. — V. Méote.
Méotudis (Ile), 229.
Méotudis (Lac). — V. Méote.
Méotudis (Mer), 175. — V. Méotides.
Mé-Ping, fleuve, 393.
Mèque ou Mesque (Détroit de), 282, 284, 285, 286, 288, 291.
Meracahipe (Pointe), 410.
Mer Blanche, 289.
MERCATOR, 378, 380, 384, 388, 477.
MERCURE, 61, 62.
MERCYER (Michean), 55.
Mer Doulce, 427, 428, 430, 431.

Méré, ville et île, 205, 291, 292, 297, 298.
MÉRÉAU (Guillaume), bourgeois, 13, 52-55.
Merejo, port, 140.
Merge, rivière, 246.
MERLIN, 189.
Mer Noire. 200, 221, 232.
Meroë (Ile de), 291 ; — ville, 205, — V. Méré.
Méron ou Merry (Montagnes), 367.
Mer Rouge, 9, 21, 68, 289, 293, 294, 297.
Merry ou Méron (Montagnes), 367.
Mersa-Moubarak, 287.
Mers-el-Kébir, ville, 314.
Mérudis, lac, 353.
Mes, province, 356.
Mesembria (Roumélie orientale), 221.
MESLON (Saint), 98.
Mésopotame, Mésopotamye, Mésoppothame, province, 231, 353, 359.
Mesque (Détroit de), 286. — V. Mèque.
Messa, ville, 322.
Messé (Golfe), 322.
Messie la petite, 228.
Mestes (Montagnes), 235.
METHALAUS, 309.
Méthelyn, île, 355.
MÉTIVIER (L.), 33.
Meullière, 28.
Meurdon, province, 181, 182.
Mexico, 465.
Mexique, 443. 465; — (Golfe du), 11.
MEYER (P.), 340.
MICHEL (Saint), 97, 98.

Middelbourg, Middilbourg, 164.
Midine, 137.
Millan, 201, 202.
Milloun, rivière, 314.
Milonia (Cap), 314.
Mine Saffalle, 347.
Mingan (Iles), 485.
Minho (Rio), 138.
Minho ou Mino. 129.
Minius, fleuve, 129.
Minorane, 193.
Miria (costa da), 331.
Mirsa Mbarek, 287.
Mirzapoor, 397.
Misambourg, province, 170.
Misericordia (Pointe de), 425.
Misie inférieure, 232.
Misivri (Bulgarie), 221.
Misolle, Missale, rivière, 172, 173.
Misses, 225.
Missie, province, 254, 255.
Missine, 209 ; — (Farre de), 208.
Mississipi, 509, 513, 514.
Missuensis (episcopus), 313.
Missye, Mize, province, 222, 225, 313.
MITRIDATE, 255.
Missye la Basse, province, 225.
Mize, province, 222. — V. Missye.
MOAB, fils de Loth, 269.
Moabart, terre et province, 389, 390.
Moabites, 270.
Mocosa (pays de), 491.
Modabor ou Modobar, 385.
Modage, port, 350.
Modes, montagnes, 248.
MODESTE (Saint), 94.
Modobar ou Modabor, 385.
Mœris (Lac), 286.

Mogador ou Soueïra, 321, 322.
Mogodor, île, 321.
Mogol (Grand), 390.
Mogonce, 167.
Moguel, 131.
Moguer, 131.
Moingne (Château de), 200.
MOISIE (tribe de), 273.
Molène, île, 157.
Molina, ville, 133.
Molinas ou Molina (Parameras de), 133.
Mollucque, Molluque, 21, 391, 400.
Molues (baie des,) 487.
Mona (Ile), 435.
Monable, baie, 477.
Monaco, 200.
Monbasse, ville, 349, 359.
Monbaz, 349.
Monbaza, 349.
Moncibre, port, 221.
Mondaca, 145.
Mondego (Rio), 135.
Montfili (Motoupalle), 390.
Monges (Iles), 445.
Mongible, montagne, 207, 208.
Monnoi (Rio doi), 333.
Monrovia, terre, 333.
Monrovio, ville, 334.
Monstronye, province, 174.
Mont (Cap de ou du), 334.
Montagne Négée ou Montaignes Neigées, 194, 448, 449.
Montcallabret, île, 195.
Mont de Marsant, 148.
Monte (Cap do), 334.
Montemor, 135.
Monte-Mor-o-Velho, 135.
Monténégre, 204 ; — (Cap de), 203.

Monte Serredo, 144.
Montlieu (Charente-Inférieure), 6.
Montmorency (Cap), 486.
Montréal, 491.
MONTRELLE ou MONTULLÉ (Jean), 47.
Montsarrat, île, 434.
Monts Notre-Dame, 483, 487, 490 ; — (Cap des), 488.
MONTULLÉ ou MONTRELLE (Jean), pair, 47.
Moravie, 171.
Morbian, Morbyan, port, 155.
Morbihan, 155.
Morbye, 171.
Morée, 214, 239.
MORERI, 6.
Mores Grenadis, 194.
MORET ou MOURET (Martial), 49, 50, 52.
Moreuse, ville, 198.
Morges, 198.
Morieux, 159.
MORISSON (André), échevin, 12, 47, 48.
Moritanye, 321. — V. Mauritanye.
Morlaix, Morlés, 159.
Morosquillo (Baie de), 453.
MORRIS JONES, 340.
Morte (mer), 263, 276.
Morte de Soudommore (mer), 264.
Morte appelée Sodomorre (mer), 275.
Mosambique, 348.
Moscou, 175.
Moscovie, 172, 174.
Mosolosais ou Mosolosins, nation, 394.
Mossoul, 362, 394.
Motoupalle ou Montfili, 390.
Mougio, Mougye, port, 140.

TABLE DES NOMS PROPRES 573

Moulines, îles, 157 ; — rivière, 133.
Moulin Fêne, 519.
Moullues (Baie des), 487.
Mouni (Rio), 338.
Mourée, 212.
MOURET. — V. MORET.
Mourse, province, 195 ; — royaume, 310.
MOYSE, 263, 272, 273, 281, 293.
Mozambique, 348.
Mrab (Champs de), 269.
Mucuhy (Rio), 415.
Mucury (Rio), 412.
Mujia, 140.

MUNSTER, 314, 315, 318.
Murcie, province, 195, 310.
Muris (Lac), 286, 294, 296.
MURPHY (H. C.), 32.
Musecanye, Musicanye, Musicanyes, province, 371-373.
Mussacabie ou Massacabie, ville, 314.
Musse, ville, 314.
Mynesafalle ou Myne Saffalle (Château de), 347, 348.
Mynfus, rivière, 308.
Myno. — V. Nyve et Nyvo.
MYRANDE (Jean de), 53, 54.
Mytilène, 255.

N

Nabates (province des), 279.
Nabates, Nabathées, Nabathéens, Nabatiens, nation, 279-281.
NABUGODENOSOR, 361.
Nadamis, rivière, 232.
Nagdor (cap), 321.
Naia (Elouarque), 142.
Nanne (cap de), 222.
Nantes, 146, 153, 154. — (carte de l'entrée de la rivière de), 519.
Nao (cap de), 322.
Naples, Napples, 202, 203, 206, 209, 214, 216. — (Terre de), 389.
Nasamons, nation, 303.
Nata, Natan, ville d'Amérique, 469. — V. Nathan.
Natal, 410.
Natashquan (cap), 483.
Nathan, ville d'Amérique, 469. — V. Nata.

NAUDON (Guillaume), bourgeois, 54.
Nauplie, 239.
Navague ou Navaque (Ile), 441.
Navalles (Champs), 257, 258.
Navarre, 129, 148, 196.
Navaza (Ile de), 441.
Navia (Rio de), 142.
Navye, rivière, 142.
Néapolitains, 209.
Négée (Montagne), 131, 448, 449.
Négrais (cap), 393.
Nègre (cap), 204, — (montagne), 223, 341-343.
Négrepont, île, 215, 216.
Négrettes, nation, 303, 337.
Négro (cap), 341.
NEPTALIN (Tribe de), 262.
Nerbonne, port, 197, 198.
Nermoutier, 519.— V. Noirmoutier.
Neufve Espaigne, 402, 458, **466**, 470, 471. — V. Nouvelle Espagne.

Newfoundland, 19, — (Grand Bay in), 36.
New-France, 5, 43. — V. Canada et La Nouvelle-France.
New-York, 32.
Niagara (chute du), 494.
Nice, 200.
Nicée, ville, 252.
Nicobar (Iles), 388. 393.
Nicodmède (Saint), 97.
Nicolao de Cispata (San), 461.
Nicolas le jeune (Jean), bourgeois, 51.
Nicollas (Saint), 93, 100.
Nicomède (Saint), martyr, 94.
Nicomédie, province, 253.
Niémen, 172.
Nieubar (Ile de), 388.
Nigayse (Saint), 98.
Niger, 331, 336, 337.
Nigritie, 328, 330, 337, 341.
Nil (Rivière du), 128, 205, 258, 261, 265, 284, 286, 289-291, 292, 294-301, 303, 317, 323, 326, 341, 349, 350, 353, 402.
Nillet (Lac), 290, 292, 317, 326, 331, 335.
Ninive, terre, 257.
Niphates, montagnes, 244.
Nisapour, 390.
Nivitti-Bel, 360.
Noé, 266, 267, 274.
Noé ou Noel (Arche de), 241, 248, 358.
Noeux (François Rasse de), 28.
Noirmoutier, 154. — V. Ermoutier et Nermoutier.
Nomades, nation, 228, 234, 238, 248, 282, 297.
Nomandes ou Nomaudes, 228.

Nombre-de-Dieux, Nombre de Dios, 455, 458.
Nombre de Dios, montagne, 462, 463, 468, 469.
Nommaye (Sainte), vierge, 89.
None (Cap de), 322, 323.
Nord (Cap), 499.
Norembergue, Norenbègue ou Norumbeg (Terre et rivière de), 35, 43, 495, 506. — V. Norombègue.
Norfeo (Cap), 197.
Normandie, 9, 10, 14, 34, 35, 40, 52, 76, 96, 116, 147, 160, 162, 163, 189.
Normandie (Basse), 160, 225.
Normans, 160, 177.
Noroègue, Norvège, 177.
Norombègue, Norombèque, Anorembègue, Norumbèque, 495, 496.
Norombègue (Cap de), 503-505.
Norosye, cap, 177.
Norovègue, Norovesgue, Novergie, Norvège, province, 77, 170, 171, 173, 177-179, 181, 231. — V. Norvège.
Norovérègue, 495. — V. Norombègue.
Norrite ou des Norrites (Province), 369, 370.
Norte (Rio Grande do), 409.
Norumbeg, 35. — V. Norembergue, Norombègue.
Norumbègue, 495. — V. Norembergue.
Norvège, 170, 177, 181. — V. Norovègue et Novergie.
Noso Hibranni (c'est-à-dire d'Abraham), île, 346.

TABLE DES NOMS PROPRES

Notre-Dame, 96, 97, 100.
Notre-Dame (Monts), 483.
Notre-Dame de la My-Aoust (Ile de), 415.
Notre-Dame-des-Neiges, 96.
Nouel (Arche de), 250.
Nouemberque (Rivière), 43.
Noun (Cap), 322.
Nouveau-Monde, 35.
Nouvelle-Ecosse, 495.
Nouvelle Espaigne, 470, 475. —V. Neufve Espaigne.
Nouvelle-France, dite Canada, 4, 5, 9, 12, 475, 477, 478, 480.
Novergie, Novergye, province, 177. — V. Norvège.

Nubie, île, 292.
Nubye, 309-312; — (Cap de), 309, 312 ; — (Champs de), 310.
Numédie, province, 314.
Numides, nation, 298.
Numydie, capitaine, 310.
Nycée, ville, 374.
Nycollas le jeune (Jehan), bourgeois, 13, 55.
Nyguybal ou Nyquibal (Ile), 388.
Nyou, 30.
Nyquibal ou Nyguibal (Ile), 388.
Nyses, rivière, 308.
Nyve ou Nyvo, plus tard nommée Babilone, 360.

O

Occéane, ou Oxéane (mer), 68, 129, 132, 138, 146, 147, 150, 154, 161, 164, 177, 191, 193, 198, 245, 248, 276, 285, 288, 299, 318, 321, 341, 356, 366, 368, 369, 378, 392, 401, 407, 424, 427, 461, 467-470, 495, 502, 503.
Occident, 61, 62, 64, 73, 82-84, 114, 120, 433.
Océan, 34, 137, 319.
Océan Indien, 34.
Ochelaga, 490, 491, 494, 496.
Ochélaga (Rivière de), 504.
Oder, rivière, 170, 172.
Odiel (Rio), 131.
Odierne, 156.
Odore, rivière, 170, 172.
Odoric de Pordenone (Frère), 340, 355, 389, 398, 400.
Oiseaux, Oyseaulx (Ile des ou aux) 478, 499, 501.

Oiseaux (Ile San Julian des), 479.
Oister, province, 223.
Olande, 76, 164, 383. — V. Hollande.
Olande, île, 166.
Old-Bic, 489.
Old Providence, île, 463.
Oleron, Olleron (Ile d'), 48, 150-152.
Olipe, montagne, 254.
Olipont ou Olypont (mer), 128, 192, 200, 216, 222, 224, 229, 231, 232, 235, 246, 250, 253, 375.
Olonne, 153.
Olympe (Montagne), 255, 349.
Olype (Montagne), 211.
Olypont (Mer). — V. Olipont.
Oman (Mer d'), 248.
Omantalle (Ligne), 113.
Ombre (Rivière d'), 128, 196.

Ondarrua (Rio), 145.
One (golfe de), 314.
Onéga, lac, 175.
Ongrie, Ongrye, 221, 224.
Onyses, rivière, 308. — V. Nyses.
Onze Mille Vierges (Les), 98 ; — (Cap des), 423.
Ophir, Ophyr, 16, 347. — V. Orfye.
Ophiusas civitas, 232.
Ophyr. — V. Ophir.
O Porto, 135.
OPPERT (Gustave), 340.
Or (Iles d'), 384.
Or (Rivière d'), 327.
Ora, ville d'Amérique, 469.
Orates, rivière, 258.
Orballes, montagnes, 217.
ORBIGNY (D'), 297, 407, 408.
Orbye, Orbyon, montagnes, 136, 137.
Orcades, îles, 177.
Orcane (Mer), 174, 192, 231, 237, 238, 240-243, 245, 246, 249.
Orcanie, Orcanye, port, 243, 244, 249, 252.
Orestée ou Crestée, ville, 276.
Orfani, 216.
Orfye ou Ophir (Ile d'), 84, 258, 260, 276, 277, 278.
Orguefins, nation, 240.
Oriant, Orient, 9-11, 61-64, 73, 82-84, 120, 129, 262, 276, 278, 399, 400, 402, 404, 407, 427.
Orientaux, 3.
Orissa (Hindoustan), 394.
Orléans, 146, 154.
Orléans (Ile d'), 491, 492, 493.
Orléans (Ile d'), *alias* de Baccho ou Bacchus, 491.

Ormuz, ville, 357, 364, 368, 372.
Orobie ou Orrbie, province, 258.
ORONCE FINÉ, 513.
Orossye, 83.
Orran, 314.
Orrbie ou Orobie, province, 258.
Orssons, nation, 240.
Orsye, 34. — V. Orfye.
Orte, terre, 148.
Ortegal (Cap), 141.
ORTELIUS, 129, 205, 207, 209, 214, 216, 222, 232, 234, 247, 250, 298, 301, 308, 397.
Orthez, 148.
Ortiguères (Cap d'), 141.
Oruba (Ile d'), 445.
O Sebou, 319.
O Sous, rivière, 327.
O Sul ou Au Sun (Cap), 322.
Os Ilheos, rocher, 411.
Osest, rocher, 188.
Ostie, 204, 214.
Ostralle (Mer), 427.
Ostralle (Terre), 426.
Ostrogoths, 223.
Ottawa, 491.
Oualofs (Les Jalofes ou), 328.
Ouessant, île, 157, 188.
Ouguedo (Cap de), 483, 486, 487 ; — (Baie de), 502.
Ouissant, Ouixant, île, 157.
Oultre Gange (Inde), 398.
Ourals (Monts), 239.
Ouro (Ile de), 384 ; — (Rio de), 327.
Outaoas (Rivière), 491.
Ovar, 136.
Oviedo, 143.
Oweirs, rivière, 186.
Oxe, rivière, 235, 245, 247-249.

TABLE DES NOMS PROPRES

Oxéane (Mer), 294, 378. — V. Occéane (Mer).
Oxus, rivière, 235, 245.

Oyseaulx (Ile des), 499, 501. — V. Oiseaux.

P

P. Royal, 495. — Sans doute Port Royal (Amérique).
PABLE ou PAPLE CADINE, 213.
Paciffique, Pacifique, Paciffye, Ile, 377; — (Mer), 83, 258, 276, 278, 378, 392, 396, 397, 401, 424-426, 458, 491, 462, 467-470, 472-475, 489.
Pacord (Terre de), 468.
Pade, ville, 202.
Pade (Rivière), 201, 202.
Padoue, 202.
Padoue ou Padone, rivière, 200.
Padran, Padron, rivière, 139.
Pagalin (Cap de), 222.
Pagonye, terre, 253.
Palæ Tyrus, 261.
Palaistine, 262.
Palamos, port, 197.
Palantègre, port, 256.
Palencia, 137.
Palermes, 209.
Pales (Baie et rivière de), 131.
Palétyr, 261.
Palez, 131.
Palibrota ou Palimbrotha, 395.
PALLAYE, 144.
Palmas (Rio de), 333.
Palme ou Palmes (Cap de), 216, 333-335; — (Ile de), 472; — (Rivière de), 333, 334.
Palombrin (Chenal de), 203.
Palos, 131; — (Cap), 194.

Palymporte, Palymprote, îles, 377, 395, 396.
Pamphilie, Pamphillye, île, 256; — province, 258, 367.
Panama (Golfe de), 463, 467, 468; — (Port de), 469.
Panama ou de Darrien du Sud (Golfe de), 461.
Panassa, ville, 247.
Paneste, 257.
Paniers (Rivière des), 334, 335.
Pannak, ville de l'Inde Anglaise, 247.
Pannes, nation, 247.
Pannonie, Panonye ou Panonnye, 223, 225.
Panonye la Grande, province, 224.
Panonye la Petite, province, 224.
Panopolis, 286.
PANTAGRUEL, 4.
Pantale, Pantalle, île, ville, 309, 371.
Pantalin, Pantaline ou Pantalyne, île, 377; — Terre, 47.
Pantapolin, province, 301, 305.
Pantellaria (Ile de), 309.
PANURGE, 4.
PAPLE ou PABLE CADINE, 213.
Paponnes, 227.
Paponnie, 227.
Para (Rio) ou Rivière de Pare, 408, 411, 413, 415, 427.
Parade, montagne, 250.

Paradis terrestre, 220, 248, 265, 401.
Paraguand (Presqu'île de), 445.
Paraguassu (Rio), 411, 415, 431, 433.
Parameras de Molinas ou Molina, 133.
Paranepanema (Rio), Parana Manoy (Rivière de), 412.
Paraponise, montagne, 371, 372, 373.
Parate ou Parathe, montagne, 241, 248, 267.
Parayba, 408.
Pare ou Para (Rivière de), 412. — V. Para.
Parense (cap), 210, 211.
Parenzo dans l'Istrie, 211.
Pares (Golfe de), 430, 433, 443.
Pares de Comballes (Golfe de), 429.
Paria (Golfe et presqu'île de), 443; — (Pointe), 443.
Paris, 3, 4, 6, 18, 25, 28, 35, 41, 42, 134, 147, 153, 161, 162, 167, 181, 210, 291, 475.
PARIS, 254.
PARIS (ville du cacyque), 469.
Parita (Baie de), 469.
PARMENTIER, 34, 35, 322, —(Jean). 35, 355, —(Raoul), 35.
Parnase (montagne), 212.
Paropamise, Paroponyse (montagnes de), 244, 367.
Pars ou Parez (Cap de), 199.
PARS (Saint), 99.
Parsie, 244.
Partatres (montagnes), 244.
Partes, Parthes, 231, 244, 364,
Parthie, 244, 282.
Parthiène, 244.

PARYOT *alias* LA POILLAILLE (Guillaume), 55, 56.
Paspis, rivière, 377,
Patanye, province, 223.
Patna, 395.
Patrates, nation, 366.
PATRICE ou PATRIS (Saint), 91, 190.
PATRON (Cap), 344.
Pau (Rivière de), 210.
Paul (Cap de), 195.
PAUL (Saint), 89, 94, 204, 215, 258.
PAULIN SÉCALART, 37, 38; — V. RAULIN.
Pavyn (Rivière), 377, 395.
PAWLOWSKI, 146.
Pedro Darguille (Ile), 327.
Pégnes (Ile de), 512.
PELAGE Ier, roi des Asturies, 144.
Pelagiscus, 222.
Pélerin, 519.
PELISSIER (Guillaume), 26.
Pelliponèse, province, 217.
Péloigne, royaume, 172.
Pélonye la petite, province, 172.
Péloponèse, Polliponose, 215, 239.
Peluse, 284, 297, 397.
Pélusiasse, 289.
Péminées (Montagnes), 230.
Pena (Cap de), 443.
Penas ou Pênes (Cap de), 142, 143.
Penmarck, 156.
Penobscot, 495.
Pentagoët, 495.
Pentapole, ville, 301.
PEPIN, roi, 168.
Perborées ou Perborrées (Montagnes), 230, 238-240, 367.
PERDRIEL (Raoullet), 4.

Perdu (Port), 462.
Père ou Pore, ville, 374.
Péréquette ou Péréguette, 469.
Péricollate, ville, 373.
Périgueux, 146, 150.
Périneuses (Montagnes), 197, 198. — V. Pirinées.
PERLE (Guillaume), 14, 15.
Perles (Cap de ou des), 443, 444. — (Golfe des), 443.
Pernambuco ou Pernambouc, 410.
Péronne, 163.
Péronnye, province, 211.
Pérot (Rue du), à La Rochelle, 37.
Pérou, 400, 402, 408, 421, 425, 469-475, 496, 511 ; — (Mer du), 82, 462.
Perpignan, 197.
Perro (Basses del), rochers, 130.
Perrye (Cap de), 345.
Persans, 354.
Perse, 128, 218, 231, 244, 245, 268, 282, 358, 361, 362-367, 377, 395 ; — (Mer), 68, 281, 356, 357, 358, 361, 363, 364, 368, 372, 378 ; — (Ville), 364.
Persiane (Mer), 368.
Persicque ou Persique (Mer), 128, 276, 281, 356, 357, 362, 364, 366, 368.
Persie, province, 243, 244.
Persienne, province, 244.
Persiens, 213, 218.
PERSIUS, 367.
Perticanes, nations, 372.
Péryndel ou Pyndel (Ile), 388.
Perynées (Montagnes), 129. — V. Pirinées.
Pescher (Ile du), 132.
Pesmarc, 156.

Pesquera (Pointe de), 138.
Pessequeiro, île, 123.
Petit Pêne (Baie du), 483.
Petradorins, nation, 373.
Petrinia, ville, 223 ; — Rivière, 223.
Petronnisse (Montagne), 228.
PEYRON (Arnault), écuyer, 8.
Phara, ville, 301,
Pharao et Pharoo, 271, 272.
PHARAO, 293.
Phase, Phasis, 234.
PHELIPPES (Saint), 93.
Phénécye, Phénessye ou Phénésye, province, 261, 275, 277.
Phéniciens, 319.
Philæ, 292.
PHILEBERT (Saint), 96.
PHILIPPES, roi de Macédoine, 217, 218.
Phtolomade, 289.
PHTOLOMÉE, 290.
Piarre Dorain ou d'Airain, 367.
Pic Jouan, 197.
Picardie, 147, 163.
Picars, 163.
Picguemées, 297 ; — (Terre des), 291, 292.
Pico, île, 134.
PICOT (Emile), de l'Institut, 28, 32.
Pict ou Piot (Port de), 445.
Piedmont, 20.
Piedras (Pointe de), 451.
PIERRE (Saint), 90, 95, 204.
PIERRE-ÈS-LIENS (Saint), 96.
PIERRE LE MARTYR (Saint), 92.
Piguemineurs, nation, 353.
Pilapelanter, terre, 181, 182.
PILATE, 206.
Pilate (Port de), 438.

Pimes, rivière, 138.
Pinas (Ile de), 512.
Pine (Cap), 498.
PINEAU (Guillaume), bourgeois, 56.
Pingouins (Ile des), 499.
Piombino, 203.
Pirinées, montagnes, 129, 137, 146, 147, 149, 196, 197. — V. Périneuses et Pérynées..
Pisces, Pisses, 70, 90, 122.
Pise, 201, 202, 209.
Plantiniana (Officina), 129, 222.
Plata, 407; — (Ry de), 421.
Plates (Iles), 499.
PLATO, 212.
Plemue, 186, 187.
PLINE, PLINIUS, 232, 284, 287, 309, 350, 514.
Plogoff (Finistère), 154, 156.
Ploudal-Mézeau, 159.
Plymouth, 186, 187.
Poffogues, nation, 248.
Poictevins, 240.
Poincte Doulgiée ou Dougié, 485, 488.
Poinse, montagne, 245.
Pointa Castilla, en Amérique, 464.
Pointe Manabique, 464.
Pointe Praule, 187.
Poitiers, 6, 11, 18, 22, 26-29, 40.
Poitou, Poictou, 6, 18, 76, 153, 494.
Pole, rivière, 186.
POLICARPPE (Saint), 89.
Policastro, 206.
Police, 206.
Polin, port, 204.
Polistre, 221.

Polles (Rivière de), 334.
Polliponose, province, 215. — V. Péloponèse.
Pollone, ville, 286.
Pologne, 172.
Polone la Grande, 172.
Polonye, province, 174.
POLYBE, 234.
Poméranie, 172.
Pomère, province, 172.
POMPÉE, 236, 255, 260.
POMPONIUS MELA, 232, 287, 293.
Ponce, île, 206.
PONCET (Charles-Jacques), 287.
PONS (Jacques de), 43.
Pont Davys, baie, 157.
Pont-Euxin, 234.
Pont Orsson, 160.
Ponte (Terre de), 215.
Pontevedra, Pontevesdra ou Poutuedro, 138; — (Rio de), 138.
Ponthe, province, 252, 253, 256.
Ponticque (mer), 253.
Pontuedro, 138. — V. Pontevedra.
Ponza (Ile), 206.
Poole Harbourg, rivière, 186.
PORDENONE (Frère Odoric de), 340, 355, 388, 389, 398, 400.
Pore ou Père, ville, 374.
Porlan, rivière, 186.
Porsac, 159.
Porsal, port, 159.
Porsat, 159.
Porseul, port, 444.
Porsmouth, 186.
Port-Arrive, ou Arrune (Port), 448.
Port-Assuré, 414.
Port-aux-Princes, 438.
Port d'Argent, 438, 439.

Port-de-Pilate, 438.
Port-Neuf, commune de Sibiril (France), 159.
Port-Neuf de Beauport, 414.
Port-Perdu, 462.
Port-Réal ou Port-Réale, 413, 438, 439.
Port Regnouse, 477.
Port-Riche, Porto-Rico, ville et île, 11, 433, 435.
Port-Rieux, 159.
Port Rossignol, 425.
Port-Royal, 495.
Port Sur, 414.
PORTAU (Jean), 31, 32, 135.
Porte Sante, île, 319. — V. Porto Santo.
Porte de fer, 360.
Portes de fer, 251.
Porthemue, 186.
PORTIER, ou PORTYER (Etienne), bourgeois, 50, 52, 53.
Portinao (Villano de), 132.
Portland, rivière, 186.
Porto Allegre, 414.
Porto Bello, 462.
Porto d'Auzio, 205.
Porto-Rico. — V. Port- Riche.
Porto-Santo, île, 319.
Porto Seguro, 414.
Portugais, Portugalais, Portugaloys ou Portugalloys, 9, 43, 298, 319, 328, 330, 333, 335, 340, 342, 344, 348, 389, 414, 417, 474.
Portugal, 7, 10, 82, 83, 128, 129, 131, 135, 137, 138, 144, 193, 315, 318, 321, 326, 327, 336, 338, 340, 334, 347-349, 357, 364, 368, 379-381, 383, 410, 417, 421.

Portugalète, 144.
PORTYER (Etienne), bourgeois, 50, 52, 53.
POSSOT (Denis), 228.
Poti, ville, 234.
Pouldavid, village, 157.
Pouldergat, bourg, 157.
Poulguenen, 519.
POYLÈVE (Guillaume), 13, 55.
Pracgue, 173.
Prade, 171, 173.
Prædicatores Ambianiensii, 26.
Prague, 170, 171.
Prasiens, nation, 395.
Prate (Rivière de), 407.
Prate ou Argen (Rivière de), 409, 421.
Prêtre Jean. — V. Jean.
Prêtres (Rue des), à La Rochelle, 37.
PRIAM, roi, 254.
Prieure (Cap de), 141.
Prince (Ile du), 338.
Prince de Galles (Cap du), 402.
Prince Edward (Ile du), 499.
Prior (Cap), 141.
PROTHE (Saint), 97.
PROTHEST (Saint), 94.
Provence, 147, 197, 199.
Providencia (Ile), 463.
Prusse, 173.
Prusse orientale, 173.
Ptolémaïs, 287, 288, 301, 305.
Ptolémée épi Théréon, 287.
Ptholomade, 287.
Ptholoméde, port, 287.
PTHOLOMÉE, PTOLÉMÉE, 218, 230, 232, 242, 252, 282, 284, 292, 309, 313, 314.
Puna (Ile), 473.
Purse, province, 173.

Putrigandi (Marais de), 462.
Puymignon (Fief du), commune du Fouilloux (Charente-Inférieure), 8.
Pygmées, nation, 353.

Pyndel ou Péryndel (Ile), 388.
PYNEAU (Yves), 46.
Pyniers (Iles des), 510.
Pyrénées-Orientales, 197.
Pyrinées, 137, 146. — V. Pirinées.

Q

Quarie, Quarye. — V. Guarie.
QUARTIER (Jacques), 497. — V. Cartier.
QUATRE COURONNÉS (Les), 99.

Québec, 491.
Quentin (Cap de), 156, 321, 325.
Quimper-Corantin, 156.
QURIN (Saint), 91.

R

Ra (Rivière), 240.
Rabast (Cap de), 483.
RABAULT (Jean), prêtre, 48.
Rabelais, 4.
Rabonne, province, 223.
Race (Cap), 34, 405, 475.
Racon ou Arragon, rivière, 237, 238.
RADIER (Dreux du), 18.
Ragæ (cap), 244.
Ragienne, province, 244.
Raguelay (Ile de), 487-489.
Raguelles (Ile de), 487.
Raiges ou Rarges, montagnes, 244.
Raisins (Ile des), 496.
Rameaux (Rivière des), 334.
RAMIRE II, roi, 135.
RAMUSIO, 19, 34.
Rangoon, 393.
Raolconda, mines de diamant, 390.
RAOULLIN LE TAILLOIS dit Sécalart. 38-40. — V. Raulin.
Rarges ou Raiges, montagnes, 244.
Ras (Cap de), 500.

Ras Aziz ou Asis, cap, 287.
Ras-el-Had, cap, 356.
Ras Fonteneau, 154.
RASSE DE NOEUX (François), 28.
Ratelet, 518.
Ratisbonne, 223.
Ratz (Cap de), 134, 475-478, 494, 498, 502, 503.
RAULIN SÉCALART, 37-39, 60, 122, 516.
Ravaine, Ravanie ou Ravenne, 201, 202, 209, 210.
Raye (Cap de), 419.
Raz (Cap de), 134 ; — (Pointe du), 156.
Raze (Cap de), 475. — V. Ratz.
Ré (Ile de), 14, 15, 55, 56, 152, 153.
Réal (Port), 413, 438, 439.
Real (Rio, rivière), 336.
REAU (Regomme), 48.
RÉBECQUA, femme d'Isaac, 270.
RECEPUELZ, 15, 40.
RECEPUELZ de Ré, 55, 56.

Recife, 410.
Récife Itacolomy, 412.
Régane, province, 357.
Reggio, 207, 209.
REGNAULT (Saint), 93.
Regnouse (Port), 477.
REMANET (Lazare), 50 ; — (Pierre), 50, 51.
REMUS, 205.
RÉMY (Saint), 98.
RENISART, 32.
Renowes (Roches), 477.
REPARASSE (Johannet de), 52.
Repère (Rivière de), 419.
Resolles, 207.
Restinga de Marambaïa (Ile), 418.
Revaine, 202. — V. Ravaine.
Revel, 175, 176.
Rey, île, 152, 153. — V. Ré.
Rhegium Julium, 207.
Rhin, 147, 166. — V. Rin.
RHYS, 340.
Ribadeo, Ribadeou, 142.
Ribbe de Seille, rivière, 143.
RICHARD (Alfred), 28.
Riche (Port), 435.
Rigiole (Cap de), 209.
Rigoley de Juvigny, 18.
Rin, Rins, fleuve, 165, 166, 167, 168, 200, 222. — V. Rhin.
Rio Cachoeira, 411.
Rio de Camaroes, 336.
Rio Dolce, 417.
Rio dos Cestos, 334.
Rio de Janeiro, 417, 418.
Rio de La Plata, 407, 412, 421.
Rio de Ouro, 327.
Rio Grande, 331, 332, 405, 419.
Rio Grande de Guinalla, 331.

Rio Grande de La Madelaine, 450.
Rio Grande de San-Pedro, 419.
Rio Grande do Norte, 409.
Rio Grande Montagna, 405.
Riohacha, port, 447.
Rio Ibiangi, 418.
Rio Iguape, 418.
Rio Itapicuru, 411.
Rio La Volta, 336.
Rio Mucuhy, 415.
Rio Mucury, 412.
Rioni, rivière, 234.
Rio Para, 408, 427.
Rio Paraguassa ou Paragassu, 411, 415.
Rio Paranapanema, 412.
Rio Real, 336.
Rio San-Francisco, 410, 411, 418.
Rio San Georgio, 415.
Rio Sinu, 453, 454, 461.
Risée ou Rusée, lac, 228.
Rivadeo, 142.
Rivière d'Argen ou Argent, 407.
Rivière Doulce ou Douce, 417, 427, 428, 430, 486, 493.
Rivière Grande, 331, 332. — V. Grand Rivière.
Rivière Réal, 343.
Rivière Royal, 337.
ROBERTET, dame du Vigean (Louise), 29.
ROBERTVAL (seigneur de), 493.
ROBERVAL, 3, 9, 12, 20, 34, 36.
Rocas, îles et rochers, 409.
Roche de Guillaume Laye, port, 412.
Rochebonne, rocher, 152.
Roches Renowes, 477.
Rochester, 517.

Rochiers (Les), 415.
Rochiers (Baie des), 409 ; — (Cap des), 415. — (Mer et terre des), 414.
RODERIC, roi, 144.
Rodes, Roddes, 248, 254 ; — (Cap de), 255, 256 ; — île, 256 ; — (mer de), 231.
Rodiens, 209.
RODRIGUE, RODRIGO, roi, 130, 144.
RODRIGUE, roi d'Espagne, 316.
Rogneuse (Baie), 477.
Rogneuse ou Roqueuse (baie), 477.
ROMAIN (Saint), 94.
Romains, 205, 213, 221, 226, 247, 280, 286, 301, 302, 309, 313, 321.
Roman (Cap), 445.
ROMANET (Pierre), 52 ; — (Aymar), 52.
Rome, 199, 202, 204, 205, 210, 221, 252, 259, 286. — V. Romme.
ROMILLO, 135.
Rommaneau, banc, 185.
Romme, 170, 171. — V. Rome.
ROMULUS, 205.
Ronde (Ile), 434 ; —(Montagne), 193.
Ronde ou Roude, 193.
Rone, rivière, 198.
Roquelau, 487.
Roques, récifs, 509.
Roqueuse ou Rogneuse (baie), 477.
ROSANE, fille d'Exercès, 247, 248.
Rosas (Cap), 197.
Roses, port, 197.
Rosier (Cap), 485.
Rosiers (Cap des), 486.
Rosne (Rivière du), 146, 200.
ROSSEEUW SAINT-HILAIRE, 136, 137, 139, 144.
Rossignol (Port), 495.
Rossillon, conté, 197.
Rosye ou Rossye, 228.
ROTHSCHILD, 28.
Rotunda (Ile), 434.
ROTZ, 37.
Rouen, Rouan, 30, 32, 38, 147, 161, 162, 452.
Rouffée ou Rouffées (Montagnes), 172, 174. — V. Ruffées.
Rouge (Cap), 12, 330-332, 479.
Rouge ou Carouge (Cap), 480.
Rouge (Mer), 10, 21, 68, 258, 260, 272, 276, 277, 280-286, 288, 349-356, 378.
Rouge (Terre), 333, 397.
ROUGIER (Sire Jean), 49-53.
ROUGIER (Joseph), 12, 53, 54.
ROUMAIN (Saint), 98, 99.
Roumélie orientale, 221.
Rousie, Roussye, province, 172, 174, 228. — V. Russie.
Roxo (Cap), 330.
Roy de Seilles, rivière, 143.
Royale (P.), 495.
Rube, 193.
RUBEN (Tribe de), 274.
Rubrum mare, 397.
Ruffées, montagnes, 172, 174, 223, 229, 230, 240, 367. — V. Rouffée.
RUFFIN (Saint), 98.
Rugoses (Montagnes), 369.
Ruivos (A. dos), ance, 326.
Runes (Ance de), 326.
Rusée ou Risée, lac, 228.
Russie, 175, 176. — V. Rousie.

Rusupis, 321.
Ry de Plata, 421.

Rybdoé, 142.
Rye, 185.

S

Saba, 283-285, 297; — (Port de), 288, 289, 353; — (Reine de), 278, 282, 287; — (Royaume de), 282, 287, 355. — V. Sabba.
Sabanija (Lac), 253.
Sabanilla, 451.
Sabaries, nation, 372.
SABATHIER, 233.
Sabba (Port de), 353; — (Reine de), 278; — ville, 366. — V. Saba.
Sabées, nation, 366.
Sabeux, nations, 282, 283.
Sabiens, nation, 372.
Sabinal (Basses de), rochers, 130.
Sable (Iles de), 451, 501, 502.
Sablé (Cap), 506.
Sacque, nation, 230.
Sado, rivière, 132.
Sadocyne, 241.
Sadrasses ou Sadraces, nation, 372.
Saducées, nation, 282.
Safalle ou Saffale, 347.
Saffi ou Safi, 321.
Safin, 321.
Sagitarius, 69, 70, 99, 122.
Sagra (Sierra), 131.
Saguenai, Saguenay, 20, 36, 487, 489, 490, 496.
Sahara, 323, 327.
Sahara marocain, 322.
Saint-Ander, rivière, 144.
Saint-André, rivière, 144.
Saint-Andrés, île, en Amérique, 463.

Saint-Anne, 517.
Saint-Anthoine (Cap de), 349, 511; — (Golfe), 466; — Ile, 329.
Saint-Anthoine de Coube (Cap de), 467.
Saint-Augustin (Cap), 34, 410, 422.
Saint-Berthomé de La Rochelle (Aumônerie de), 48.
Saint-Blaise (Baie de), 462; — (Golfe de), 384; — (Rivière de), 344, 345.
Saint-Brieu, 155, 159.
Saint-Christophe, île, 434.
Saint-Cybron, île, 142.
Saint-Cyprien (Farallones de), 142.
Saint-Cyvron, 142.
Saint-Dominiquaint, île, 436.
Saint-Dominique (Rivière de), 437.
Saint-Domingue, Saint-Domyngue ou Haïti, 433, 439.
Saint-Domyngue (Ile Espagnolle de), 474.
Saint-Eloi, commune de La Rochelle, 40.
Saint-Elouze, île, 329.
Saint-Esperit ou du Saint-Esprit (Baie du), 513, 514; — (Ile du), 346.
Saint-Esprit (Rivière du), 345, 419.
Saint-François (Abbaye de), au Brésil, 410, 411.
Saint-François, rivière, 410, 411.
Saint-François ou Farnamory (Rivière), 411.

Saint-Françoys (Cap de), 473 ; — (Rivière), 410, 411, 418 ; — (Port de), 419.
SAINT-GELAYS (Melin de), 2, 6, 17, 18, 20-23, 25, 31, 37, 41;—(Octavien de), 6 ; — (Pierre de), 6.
Saint-George (Manche de), 191 ; — (Rivière de), 415.
Saint-Georges (Canal de), 9, 10 ;— (Ile), 134 ; — (Manche de), 191 ; — (Rivière de), 415.
Saint-Georges della Mina ou de La Mine, 331, 335.
Saint-Germain, ville d'Amérique, 433, 435.
Saint-Grégoire (Port de), 419.
Saint-Gothard, 166.
Saint-Hoigne, montagne, 144.
Saint-Ignace (Cap), 491.
Saint-Jacques, 136, 139, 140, 143; — (Cap de), 473 ; — île, 329, 330, 441. — V. La Jamaïque.
Saint-Jacques (Rivière de), 424.
Saint-Jacques de Coube, village, 513.
Saint-Jean ou Anguille (Cap), 501.
Saint-Jean ou Saint-Jehan (Ile), 499, 502. — V. Saint-Jehan.
Saint-Jean (Rue), à La Rochelle, 14, 37.
Saint-Jean, ville d'Amérique, 477.
Saint-Jean de Jérusalem (Hospitaliers), 14.
Saint-Jean de Luz, 13, 49-51, 55.
Saint-Jean du Pérot (Eglise), à La Rochelle, 1, 516.
Saint Jehan (Baie de), 477 ; — (Cap de), 415, 417; — (Ile), 433, 435, 503. — V. Saint-Jean.
Saint-Jehan de La Corne, 131.

Saint-Jehan d'Estévan ou d'Esténan (Iles de), 502.
Saint-Jehan du Lutz, 50. — V. Saint-Jean de Luz.
Saint-Jehan du Perrot (rue et église), 516. — V. Saint-Jean.
Saint-Julien (Ile), 519.
Saint-Jullien (Baie de), 423 ; — (Cap de), 423.
Saint-Lasare, 519.
Sainct-Laurens ou Madacasca (Ile de), 345-348.
Saint-Laurent, fleuve, 3, 481, 485, 486, 491 ; — (Golfe de), 12, 478 ; — (Ile de), 9, 10.
Saint-Lorens, île, 347. — V. Saint-Laurens.
Saint-Luc, 131 ; — (Golfe de), 470-472 ; — port, 130.
Saint-Lucas, 129.
Saint-Mahé, 158.
Saint-Mahel, 157.
Saint-Malo ou Saint-Mallo, 158-160.
Saint-Martin, île, 434.
SAINT-MARTIN (Jehan de), 149.
Saint-Mathias (Baie de), 422.
Saint-Mathieu, 158.
Saint-Même-les-Carrières (Charente), 7.
Saint-Michau (Rivière de), 349.
Saint-Michel, 160 ; — (Baie de), 461 ; — golfe, 159, 467-472, 474 ; — île, 134.
Saint-Millan, 136.
Saint-Thomas (Golfe), 465.
Saint-Nazaire, 154. — V. Sellesère.
Saint-Nicolas (Cap), 438, 440 ; — île, 187, 329 ; — (Pointe), 438.
Saint-Omer (Ile de), 81, 82, 336, 338.

TABLE DES NOMS PROPRES 587

Saint-Paul, cap, 194 ; — (Ile de), 499 ; — (Rivière), 334.
Saint-Pierre (Ile de), 409, 498-500.
Saint-Pierre de Maguelonne (Port), 198.
Saint-Raf..., 517.
Saint-Roch (Cap de), 406, 409, 410, 422 ; — (Rochers de), 409.
Saint-Romain (Cap de), 445.
Saint-Sanson, île, 187.
Saint-Saulveur d'Auvède, 143.
Saint-Sauveur, en Amérique, 495.
Saint-Sébastien, 145 ; — (Cap de), 419.
Saint-Serves, cap, 205, 206.
Saint-Sévère (Cap de), 204.
Saint-Thomas (Baie de), 415, 464 ; île, 336 ; — (Terre de), 465.
Saint-Tunal, 132.
Saint-Vallery, 163.
Saint-Vincent, 144 ; — (Cap), 15, 232 ; — (île), 329 ; — rivière, 143, 418, 419.
Saint-Vincent de La Barguère, rivière, 143.
Saint-Xpristofle (Cap, port, pêcherie), 498.
Saint-Xpristofle ou Saint-Christophe, île, 434.
Sainte-Anne (Bancs de), 333, 334, 338 ; — (cap de), 333, 334, 485.
Sainte-Aulaye, marquisat, 6.
Sainte-Barbe (Ile), 478.
Sainte-Catherine ou Sainte-Katherine, 419 ; — (Ile), 418, 437 ; — île en Amérique, 463.
Sainte-Croix (Cap de), 440. — V. Matauce et Matance.
Sainte-Croix, île, 434, 436, 502.
Sainte-Hélène (Ile), 341, 348.
Sainte-Katherine. — V. Sainte-Catherine.
Sainte-Luce (Ile) 329, 433 ; — (Port de), 415.
Sainte-Marie (Cap), 346, 407, 419, 421, 422, 498 ; — (île), 134 ; — (port), 130.
Sainte-Marie ou Noso Hibranni, île, 346.
Sainte-Marthe, 448-451 ; — (port), 147 ; — (rivière), 142.
SAINTE-MARTHE (Scévole de), 17, 23, 25, 29, 31.
Sainctes, Saintes, 7, 25, 33, 150.
Saintonge, Sainctonge, Xainctonge, Xainctonges, Xainctoigne, 4, 6, 8, 25, 36, 40, 151, 153, 167, 208, 263, 353, 511.
Saintonge, commune de Saint-Même (Charente), 7.
Sal (Ile de), 329.
Salamanque, 137.
Saldaigne, (Rivière de), 344.
Salé, ville, 318, 319.
Salicye, province, 257.
SALIGNAC (Jehan de), 12, 47, 48.
Sallerne (Cap de), 206.
Sallet (Rivière de), 319.
SALLUSTE, 298.
Salmaces, 230.
Salmacie, Salmacis, Salmassye, 229, 231, 240.
Salmastre (Ile de), 385, 387.
Salmates, 229.
Salmigondinois (pays de), 4.
SALOMON, 16, 84, 260, 276-279, 283, 347, 400, 514.
Salsoigne, province, 168.
Salvageur (Banc), 322.
Sama, 356.

SAMARITAINE (La), 262.
Samarre, 137.
Samartie, 222.
Şamarye, 262.
Samastre, Samastres ou Samatra (Iles de), 385, 386, 388. — V. Sumatra.
Samastre, port et cap, 252, 253.
Samatrez (Terre de), 391.
Samba ou des Ambes, (Pointe de), 451. — V. Ambes.
Same, 393, 394.
Samistye (cap de), 216.
Samore, 136.
Samosatie, Samosatre, province, 174.
SAMUEL, 397.
Samy (province de), 370.
San Adrian, cap, 139.
San Agustino (cap), 410.
San Antonio (Ile), 329.
San Antonio de Guetaria, 145.
San Barnabé (Ile), 487.
San Bernardo (Ile), 453.
San Bernardo de Viente, 461.
San BLAS (Golfe et isthme de), 467, 508.
San Catherina (Ile), en Amérique, 437, 463.
San Francisco (Ile), 418.
San Francisco ou San Francesco (Rio), 410, 411, 418.
San Georgio (Rio), 415.
San Jean del Corno, 131.
San Joao de Sines, 133.
San Jorge (Golfe de), 423.
San Jorge, île, 134.
San Jorge da Mina, 335.
San Jorge dos Ilheos, ville, 411.
San Juan (Baie de), 408.

San Juan d'Unare, village, 443.
San Julian (Porto), 423.
San Julian des Oiseaux (Ile), 479.
San Lucar de Barrameda, 129.
San Matheos, 415.
San Mathias (Golfe de), 422.
SAN MIGUEL (D. V. Tofino de), 139.
San Miguel, ile, 134.
San Miquel (Golfe), Colombie, 468.
San Nicolao de Cispata, 461.
San Pedro (Rio Grande de), 419.
San Rocque ou San-Roque (Cap), 409, 410.
San Salvador, église, 143.
San Severina (Calabre), 205.
San Thomas de Castilla, en Amérique, 464.
San Thomé, 389, 399. — V. Maliapour.
San Thome (Cap), 415.
San Vincente (Ile), 329.
San Vincente (Pointe), 418.
San Vincente de La Barquera, rivière, 143.
San Yago, 473.
Sanaga, rivière, 328.
Sanandre (Ile), 463. — V. Sante-Andrea.
Sanandre ou Sanaudre (Ile), 463.
Sanchet (Cap de), 134.
Sanctillanne, montagne, 196.
Sanctus Iacobus, insula, 513.
Sandaï, île, 400.
Sandouart, 518.
Sandouich, ile, 185.
Sandrakotos (Royaume de), 395.
Sandwich, 185.
Sandy (Ile), 481.
SANSON (Saint), 95.
Sante Andrea (Ile), en Amérique, 463.

Santa Anna (Cap de), 333.
Santa Catalina, île, 463, en Amérique. — V. Sainte Catherine.
Santa Crux, 415.
Santa Cruz de Lorica, 461.
Santa Fé (Golfe de), 443,
Santa Fé de Bogota, 408.
Santa Lucia, île, 433.
Santa Maria, 142 ; — (Cap), 419 ; — île, 134 ; — port, 130.
Santa Marta (Cap), Colombie, 447.
Santa Marta ou Sante Marta (Sierra Nevada de), 447, 448.
Santander, 144.
Santiago ou Santyago, 136, 443 ; — île, 329.
Santiago de Cuba, 513.
Santiago de Véragua, 463.
Santo Domingo, île, 437.
Santo Paulo (Rio de), 334.
Sanys ou Samys, nations, 370.
Sao Francisco (C.), 473.
Saona (Ile), 437.
Saphalle (Terre de), 347.
Saphin, 321 ; — ville, 321.
Sapiancia, 100.
Sappes (Royaume des), nation, 333, 334.
Saragates, nation, 249.
Sardaigne, Sardanie, Sardenne, Sardine, 193, 202, 311, 312.
SARDAIGNE, vice-roi de Portugal, 344.
Sardanie, 203 — V. Sardaigne.
Sardenne, île, 311. — V. Sardaigne.
Sardes (Basses et rochers des), 417.
SARDIÈRE (Guyon de), 30.
Sardine, 193. — V. Sardaigne.
Sarmasses, nation, 240.

Sarmasye, 174.
Sarmaticques, montagnes, 172.
Sarmatie, 172.
SARRA, femme d'Abraham, 270.
Sarraga, 438.
Sarragoce (Syracuse), 209.
Sarragosse, Syracuse, 203.
Sarrasins, Sarrazins, 144, 363, 390.
Satalie ou Satallie, port, 256.
SATEUR (Saint), 99.
Satires ou Satyres, 303.
Saturne, 61.
SAUL, roi, 279, 397.
Saulveterre, 147.
Sauromates, 238.
Saurromanes, nation, 233, 234.
SAVARY DES BRUSLONS, 390, 407.
Savonne, 200 ; — province, 202.
Savoye, 197, 199, 200.
Saxonne, 169.
Sayne, île, 157.
Scelly (Iles), 188.
Scentdouy, 517.
Scerdaigne, 203.
SCERVAYS (Saint), confesseur, 93.
Schbertal, cap, 318.
SCHEFER (Charles), 35, 228, 232, 285, 291, 322, 355.
SCHOTT (André), 144.
Scindices, nation, 232.
SCIPION L'AFFRICAN, 301, 309, 310.
Scitanie, 128.
Scitisse (Montagne), 367.
Scomper, 519.
Scorpio, Scorpius, Secorpius, 69, 70 98, 122.
Scythes, 232.
Scythie, 128.
Sébaim, 287.
SEBILLET (Anthoine), 25.

TABLE DES NOMS PROPRES

Seboue (O), 319.
Seboulla (Terre de), 512, 514.
Sebour, 319.
SÉCALART (Raulin), 15, 21, 35, 37-39, 60, 122, 345, 516.
Secorpius, 98. — V. *Scorpius*.
Secostra, Secutar, Secutara, île, 350, 380.
Secte ou Séte ou Siette, 315.
Secutar, Secutara, île, 350, 380. — V. Secostra.
Sédraces ou Sadraces, nation, 372.
Ségalle, port, 350.
Segasmala, port, 350.
Ségo, Seyo, ou Seyr, montagnes, 263.
Segonzac (Charente), 7.
Ségor (Montagne), 262.
Ségovie, 137.
Seguro (Porto), 414.
Seille (Ribbe de), Seilles (Roy de), rivière, 43.
Sein, île, 156.
Seine, 161, 162. — V. Sène, Senne.
Seïr, monts, 263.
Seïstan, 245.
Seivène, montagne, 197. — V. Cévennes.
Sel (Ile de), 329.
Selæ, ville, 297.
SELER ou SILER, 281.
Séleucie, 360.
Sella, ville, 297.
Sellamydine, rocher, 130.
Sellaucye, province, 360.
Sellesère ou Sellezère, ville, 154. — V. Saint-Nazaire.
Selsey (Pointe de), 186.
Semise, port, 252.
Semizus, port, 252.

SÉMYRAMIS, 360.
SEN, 267, 268, 275.
Sène, Senne, 147, 162. — V. Seine.
Sénégal, 328.
Senne, rivière, 161, 162. — V. Seine.
Senueres, montagnes, 154.
SENNETERRE (Auxillhon de), 12.
Sennue ou Senue (Baye de), 453. — V. Cenu.
SÉNOCRATES, 253.
Senu ou Senue (Terre de), 454.
SEPT DORMANS (Les), 95.
SEPT FRÈRES (Les), 95.
Sept-Iles, 483, 485, 487, 488.
Septa, ville, 315.
Septe ou Sexte (Rivière de), 340.
Séranilla Bank, 443, 463.
Serapium, 297.
Sères, nation, 247.
Serpent (cap de), 438.
Serrantes, montagnes, 144.
Serrettes, 308, 309. — V. Les Petites et les Grandes.
Serrouilla (Ile), 463.
Servye, province, 225.
Sésarée, 262.
Sesture, 142.
Sête, Secte ou Siette, 315.
Setubal, Sétube, rivière, 132.
SEURIN (Saint), évêque, 89.
Seven Stones, rocher, 188.
Séville, 9, 129. — V. Civille.
Sèvre Niortaise, rivière, 152.
Sexte ou Septe (Rivière de), 334, 340.
Seybouce, 312.
Seyo, Seyr, Ségo ou Ségor, montagne, 263.
Seyo ou Seyr, terre, 268, 269.
Shecatica (Baie de), 483.

TABLE DES NOMS PROPRES

Siam, 393 ; — (Golfe de), 392 ; — (Province de), 393.
Siberena, 205.
Sibérie, 402.
SIBILLE (La), 209.
Sibiril, 159.
Sicile, 309, 312.
Sicuthera, île, 350.
Sidon, 260.
Sienne, ville, 292-294, 296, 316.
Sienne ou Syène (Déserts de), 296.
Sierra de Cuença, 131.
Sierra de La Demanda, 136.
Sierra de Meïra, 129.
Sierra Leone, 332, 333, 338.
Sierra Nevada, 194.
Sierra Nevada de Sante Marta, 447, 448.
Sierra Sagra, 131.
Siervana, montagne, 144.
Siette, Sète ou Secte, 315.
SIFEBA (Saint), 89.
Sigure, montagne, 131.
Silées, nation, 297. — ville, 296, 297.
SILER ou SELER, 281.
Silve (Ile de), 228.
Silves, montagnes, 228.
SILVESTER (Saint), 100.
Silvye, 225.
Sim (Au) ou Sul (O), cap, 322.
Simancas, 135-137.
SIMÉON (Tribu de), 362.
Sinay (Mont), 272, 279, 281.
Sinchel, 184.
Sines (San Joao de), 133.
Sinu (Rio), 453, 454, 461. — V. Cinu.
Sinus (Côte du), 455.
Sinus Barbaricus, 284.

SIR (Saint), 94 ; — confesseur, 97.
Sirénay, province, 293, 300, 301.
Sirénée, province, 302.
Sirye, province, 205, 223, 281, 294.
Siscia, ville, 223.
Skagerak, 177.
Soales, 206.
Soano (Ile), 437.
Sobores (Province des), 374.
Socotera, Socotora, île, 350.
SODIANE, roi, 378.
Sodianes, Sodians, nation, 245, 247, 377.
Sodome, Sodomes, 263, 268, 269.
Sodomorre Morte (Mer), 269.
Sodomorre (Mer Morte appelée), 275.
Sofala, Sofale ou Céfala, 347.
Sofis ou Sophis, secte musulmane, 395. — V. Sophistes.
Soldomomye, 281.
Soleil (Havre du), 141.
Solerne, 206.
Solis, province, 407.
SOLIS LEBRISSIEN (Jean), amiral, 407.
Somboaire ou Sombraire, Sombrero, île, 434.
Somites, nation, 240.
Sommaye, rivière, 145.
SOMVA (Martin de), 52.
SOMYANS (Guillon de), 53.
Sonde (Ile de la), 10.
Songo, ville, 330.
Sophira, 347. — V. Ophir.
Sophis ou Sofis, secte musulmane, 395. — V. Sophistes.
Sophistes, 374, 376, 395.

Soquotora, île, 330.
Sosenne, province, 250.
Soudan, 327, 328, 336.
SOUDAN de Adde, 355, 356,
Soudiens, nation, 367,
Soudommore (Mer Morte de), 264.
Soueïra ou Mogador, 321.
Soulaine, montagne, 198.
SOULDAN de Perse, 366.
Soumelpour, 390.
Soumerue ou Soumerne, Manche, 191.
SOUMYAN (Pernotton de), 50, 51, 55.
Souphistes, 376. — V. Sophistes.
Sous (O), rivière, 327.
Sous-el-Ayssa, province, 322.
Sous le Vent (Iles), 444.
Spartel (Cap), 318.
Spear (Cap), 477.
Spichel, cap, 132.
Spirito Santo (Rio de), 513, 514.
STEVENS (Henri), 181, 475.
Steyer (Marche de Styrie ou), 223.
Stockholm, 377.
STRABON, STRABO, 167, 230, 232, 282, 287, 288, 301, 512.
Strapolin, port, 234.
Strasbourg, 167.
Strat Pointe, 187.

Styrie ou Steyer (Marche de), 223.
Su ou du bur (Mer du), 462.
Subre, rivière, 319.
Suède, 128, 170, 175, 176.
Suévye, province, 223.
Sujeta, 62.
Sul (Cap O), 322.
Sumatra (Iles), 9, 34, 35, 385, 388, 400.
Sumaya, 145.
SUPLISE (Saint), 89.
Sur, 397.
Sur ou Su (Mer du), 462.
Sur (Port), 414.
Surhaigne, 184.
Surlingue (Iles de), 188.
Sus, province et fleuve, 322.
Susées, nation, 366.
Susiane, 358.
Susye ou Sussye, province, 178, 231, 242, 358-364.
Sutassenne ou Sutussenne, province, 242 ; — ville, 363.
Syène, 290.
SYLEVER (Saint), 90.
SYMON (Saint), 98.
Syracuse, 203, 209.
SYRIE (Saint), 97..
Syrtes (Les). — V. Les Petites et les Grandes Syrtes.

T

Tabajares, Tabaiares, nation, 412.
Tabarca, Tabarque ou Tabarka, île, ville, 9, 10, 311, 351, 352.
Tafelana (Cap), 322.
Tage, Taige, Teige, 129, 133, 319.
Taguedart, rivière, 318.
Taige, rivière. — V. Tage.
Tamaetlan (Salines de), 514.

Tamer, rivière, 187.
Tamise, Tamize, 183, 184, 516, 519.
Tamisletan ou Thamysletan, 465.
Tamistan (Rivière de), 514.
Tampe (Baie de), 514.
Tana, fleuve, 232.
Tanaïs, Tanays, Taunays (Rivière),

127, 175, 228, 229, 231-235, 240, 375.
Tanariffe, 323.
Tanchire ou Tauchire, ville, 301.
Tanet, 184, 517.
Tangé, Tanger, ville, 315, 318.
Tangur (Province de), 382.
Tanize, Tamise, 184. — V. Tamise.
Taprobane, Tapprobane (Sumatra), 9, 10, 385.
Tarabossan, 232.
Tarante, 202, 203, 209.
TARDIEU (Ambroise), 137, 138.
TARES, père d'Abraham, 268.
Targe (Cap de), 328, 331.
Tarifa (Andalousie), 128.
Tarife, Tariffe, 128-130.
Tariffes, champs, 130.
Tarraconaise, 129.
Tarse, 256.
Tartarie, Tartarye, 173, 174, 231, 233, 238, 240, 241, 376.
TARTARIÈNE, 514.
Tartariens, 361.
Tartarye (Grand Can de), 392, 398.
Tartre, 174.
Tartre (Le grand), 238.
Tartre de Tartarye (Grand), 376.
Tartres, nation, 241.
Tassenye ou Tassemye, 241.
Tassolane, province, 242.
Tatye, montagnes, 172.
Taunays, rivière, 175.— V. Tanays.
Taure ou Taures, montagnes, 244, 250, 251.
TAURIN (Saint), 96.
Tauro (Montagne), 242.
Tauro, Taurus, montagne, 69, 70, 92, 244, 250, 251, 254.

Taussarrienne, province, 241.
Taville, 132.
Tavira, 132.
Taxilie, ville, 373.
Tchad (Lac), 326.
TÈCLE (Sainte), vierge, 97.
Tégétanie, Tégétanye, 141, 315, 316, 320, 321. — V. Atingétanye.
Tégonisi, 314.
Teige, rivière, 319. — V. Tage.
Télémicen, royaume, 314.
Telensin, ville, 314.
Temurbech (Le Grand), 396.
Ténéféryn ou Ténéséryn, rivière, 393.
Ténériffe, Ténérif, île, 322, 324, 325.
Ténéséryn ou Ténéféryn, 393.
Tennasserim, 393.
Terciera, île, 134.
Tercye (Terre de), 84.
TERDORE, 302.
Termesin, royaume, 312.
Termodante, rivière, 233.
Terra alta, 326.
Terre de Feu, 425.
Terre-Neuve, Terre-Neufve, 11, 21, 34-37, 43, 45, 46, 134, 179-181, 405, 475-478, 480-483, 487, 489, 491, 498, 499, 503.
Terre Rouge, 333.
Terre-Saincte, 264, 355.
Tersie, Tersye, terre, 258, 278.
Testigos, îlots, 444.
Testitudines insulæ, 509.
Tétheline, 372.
Tétouan, 315.
Tcuchira, ville, 301.
Texextitlan, 465. — V. Mexico

Teyo, rivière, 133.
Thabargue (Cap de), 311 ; — (port de), 312.
Thabes, ville, 293-296.
Thabore en Amérique, 469.
Thæus fluvius, 309.
Thamysletan ou Tamisletan, ville, 465. — V. Mexico.
Thanaée (Rivière de), 232.
Thaon, rivière, 309.
Tharante, 214,
Thaubasium, 297.
Thauro, Thauro, Thaures ou Thaurus (Montagne), 122, 231, 248, 358-360, 367.
Thébaïde, 292.
Thèbes, 213, 214. 292.
Themistitan, 465. — V. Mexico.
Thénassèryn, 393.
THÉNAUD, 291.
THÉODORE (Saint), 91.
Thérédon, île, 358, 364.
Thermodon, 233.
Thermeth, rivière du Pont, 233.
Theron, 287.
Thessélanye, Thésséllanye (Montagne), 255 ; — (province), 211, 212, 214, 216, 285.
THEVET (André), 3, 11, 28.
Thiburon, 436-438, 441.
Thiennot ou Tiénot (Cap de), 482.
THIMOTHÉE (Saint), 96.
Thiro, île, 261 ; — ville, 260.
THIRO, roi, 260.
THIRO de Phénessye, roi, 277, 278.
Thoacie ou Thracie, 260.
Tholedde, 133.
Tholomède (Cap de), 305.
Tholomède, Thollomède, port et ville, 301, 353.

THOLOMÉE, 320, 370, 377, 452, 514,
Tholon, 199,
Tholose, 146, 149.
Thomas, 405.
THOMAS (Saint), 95, 100, 389, 390.
THOMIRIS, reine des Amazones, 233.
Thon, ville, 309.
Thorignen, île, 140.
THOULET, 153.
Thoulon, Tholon ou Toullon, 199.
Thrace, Thracie, Thracis, Trazie, Tersye ou Thoacie, ville, port, 217, 226, 231, 257, 260, 276, 277.
Thraces (Montagnes), 217.
Thubanama (Rivière de), 468.
Thunes, 309 ; — (Cap de), 311.
Thunes de Barbarye, 336.
Thuran (Montagne), 360.
Thuringie, 168.
TIBA, nom de roi dans les Indes occidentales, 460.
Tiburon, 436.
Tiénot, Tiennot ou Thiennot, (Cap), 482, 483.
Tierra de Bomba (Ile de), 452.
Tigre, rivière, 250, 251, 265, 267, 358-360, 394, 402.
Tigré (Province de), 288.
Timisi, ville, 314.
Tingis, ville, 317.
Tinguitanie ou Tinguitanye (terre de), 317.
Tiraspolis, 232.
Titicaca (Lac), 407.
Tlemcen, 314.
Tlingites, nation, 402.
Todos os Santos (Bahia de), 411.
TOFINO, 142, 143, 145.
TOFINO de San-Miguel (D. V.), 139.

Tollède (Province de), 129.
Topinabaulx, nation, 412.
Topsham, 186.
Tor, 397.
Toras, ville, 292.
Torcs, 137.
Torinana (Cap), 140.
Tormès, rivière, 137.
Toronto (University of), 5.
Tortouse, port, 196.
Tortues (Iles des), 509-511.
Tortugas Reys, îles, 509.
Tortuguilla, île, 456.
Tossanie, province, 241.
Totis, ville, 363.
Touquechet, 495.
Toullon, 199. — V. Thoulon.
Toulouse, 48, 49.
Toupinamboutii, Toupinambous, nation, 412.
Touppessan, rivière, 186.
Touraine, 146.
Tourangeaux, 240.
Tournay, 165.
Tours, 154.
Tous les Saincts (Baie de), 411, 443 ; — (Rivière de), 337, 414.
Touserenne, province, 250.
TOUTPAN (Dieu), 413.
Tova, île, 423.
Trafalgar, Traffalgar, Traffelagar, 21, 31, 130, 318 ; — (Cap de), 318.
Traguladites, nation, 349, 354. — V. Troclodites.
Trajanopolis, 232.
Transilvanye, province, 225.
Trapezus, 232.
Trapolin, port, 232, 234.
Travail (Baie de), 423.
Trazie, province, 217. — V. Thrace.

Trébabu, 158.
Trébizonde, 232.
Trémecen, Trémecyn, royaume, 314.
Trépassez (Baie des), 156.
Tres Forcas ou des Trois Fourches (Cap des), 315.
Tres Puntas (Cap de), 423, 443.
Tresmontes (Cap), 425.
Triaguères, 131.
Tripole, Tripoli ou Tripple de Barbarye, ville, 307, 308.
Tripolin, île, 261.
Tripolitaine, 301.
TRISTAN DE LUNIS, TRISTAN DE LÉONAIS, 187.
Triste (Golfe), 444.
Troclodites, Troglodites, Traguladites, Trogodites, Trogludytes, Troglodytes, Troglodictes, Troguladites, nation, 222, 225, 239, 297, 298, 303, 337, 349, 352.
Troglodytica, 287.
Trois Fourches ou des Tres Forcas (Cap des), 315.
Trois Poinctes ou Trois Pointes (Cap des), 335.
Trojains, Troyans, 254, 255.
Tropebonne, 67.
Tropesonde, Troppisonde, port, 251, 252.
TROSS, éditeur, 2.
Troyans, 255. — V. Trojains.
Troye, 189, 210, 258, 293 ; — (Cap de), 197 ; — (Golfe de), 255.
Troye ou La Troye (Cap de), 204.
Troye la Grande, 254.
TRUFFIN (Saint), 94.
TRYACLE (Saint), 96.
Tsiouen tcheou fou, 398.

TUBAL, 268.
Tubarao (Rivière), 419.
Tucacas, Tucace, Tucards, Turace, Turague, Turagne (Cap), 444, 445, 447. — V. Flèche.
Tunco (Vallée de), 408.
Tunes ou Tunis (Terre de), 309, 312, 336.
Tunisie, 309.
Turace, 445. — V. Tucacas.
Turague ou Turaque (Cap), 444, 447. — V. Tucacas.
Turan (mont), 359.
Turaque ou Turague (Cap), 444, 447. — V. Tucacas.

Turcs, 196, 203, 209, 216, 221, 224, 225, 232, 255, 270, 381.
Turogye, 168.
Turquemans, nation, 252.
Turquie, Turcquie, Turquye, 201, 210, 216, 219, 222.
Turquye (Grande), 225.
Turry-Assu (Baie de), 408.
Tutuan, rivière, 315.
Tybère (mer), 275.
Tybère ou Tybre (rivière), 204.
TYBURCE (Saint), 92.
Tynca (Iles), 418.
Tyr la Vieille, 261.
Tyras civitas, 232.

U

Ucatan, 511. — V. L'Ucatan.
Uich, Uict (Ile d'), 184, 186. — V. Wight.
Unare (Ance d'), 443.
Uraba ou Urabba (Baie, golfe et terre de), 456, 458, 460, 461, 467, 470, 471.
URBAIN (Saint), pape, 93.
Urbiad (Pic d'), 136.
Urcin (Saint), 94, 100.

V

VALE (Saint), 94.
VALENTINE ALFONSE, 6, 7, 11, 46.
Vallachie la Grande, province, 225.
Valladolid, 137.
Vallence, 195.
VALLENTIN (Saint), 90.
VALLERY (Saint), 89.
VANDRILLE (Saint), 95.
VANDRILLE (Sainte), 95.
Vangalle, port et rivière, 394.
Vannes, 155.
Varcæ (Iles), 177.

Vares (Cap de), 142.
Varne, banc, 185.
Varse, ville, 301.
Vaste-Ville, 51, 52.
Veia ou Vela (Port de), 445.
Velona, Velone, 209, 214.
Velosme doré, 222.
Venatio, 289.
Venatio Elephantin ou *Elephantium*, 297.
Vénation, port, 287, 288.
Venézuela, 443, 445-447.

Véniciens, 257.
Venise, 202, 209, 210, 246.
Vennes, port, 155.
Vénus, étoile, 61, 62, 113.
Véraga ou Véragua, 463, 464.
Véragua (Santiago de), 463.
Vérard (Anthoine), 187.
Verdier (Du), 18.
Vergée, Vergire, Vergne ou Vergue, 327.
Verger (Sieur du), 50.
Vérone, Véronne, Véroune, Verrune, 174-176, 202.
Verrazzano (Jean de), 35, 495.
Verrune, 175. — V. Vérone.
Vert (Cap) ou cap de Vert, 328-330, 335, 338.
Vespuce (Améric), 412.
Vetessalye, 168.
Veuer (Lac), 177.
Vianna, Vienne en Portugal, 138.
Victor (Saint), 91, 95.
Victoria Nyanza, 290.
Victorin (Saint), 91.
Victrice (Saint), 96.
Vidal-Lablache, 134, 328, 334.
Viecte (François), bourgeois, 51.
Vieille Cité, rocher, 186.
Vienne, ville, 138. — V. Vianna.
Vienne, ville, en Autriche, 198, 224.
Viente (San Bernardo de), 461.
Vigean (Louise Robertet, dame du), 29.

Villa Cisneros, 327.
Villa Nueva, 132.
Villa viciosa (Rio), 143.
Villan, 209.
Villano de Portinao, 132.
Villefranche, 200.
Villeneufve, 132.
Villepoux (Marin), 32.
Villeviceuse, rivière, 143.
Vincent (Saint), 89.
Vincente (Pointe San), 418.
Vincible, village, 446, 450.
Vinet (Elie), 33.
Virge, montagne, 167.
Virgo, 69, 70, 96, 122.
Virmeru, rivière, 145.
Viseu, 144.
Visigoths, 144.
Vistule, 173.
Vital (Saint), 92.
Viuere, Viueres, Vivero, rivière, 142.
Vix (marais de), 8.
Volta Blanche, rivière, 336.
Vosges, 161, 167.
Vouga (Rio), 136.
Voulte (Rivière de), 336.
Vueil-Sainct-Martin (Hôtellerie du), à La Rochelle, 55.
Vulcano (Ile), 207.
Vumenot (Maugis), 20, 22, 25, 31, 33-35, 41.

W

Walcheren, île, 164.
Waterford, 141.
Wateville, 13.
WEIMAR, 477, 478, 514.
WELTER (H.), 181, 475.
Westphalie, Westualie, 168.
Whittle (Cap), 483.
Wight, Uich ou Uict, 184-187.

Wlissingen, 164.
Wolf Roch ou Le Loup, 188.
WYTFLIET, 405, 407, 408, 411, 412, 414, 415, 417-419, 423, 425, 431, 434, 436-439, 462, 463, 465, 469, 477, 483, 486, 487, 489, 490, 491, 509, 512-514.

X

Xainctonge, Xainctonges, Xainctoigne, 4, 25, 36, 151, 153. — V. Saintonge.
XAINTONGE (Jacques), 8.
Xaragua, 438.

XÉNOMANÈS, 4.
Xprestiens, 339, 362, 363, 381, 389, 413, 439.
XRIPSTOFLE (Saint), 95.
Xuaquile, 514.

Y

Yaquimo, 437.
Yaxarte, 235.
Ybéres ou Ybériens, 236.
Ybérie, Ybérye, province, 235-237.
Ybernie ou Irlande (Ile d'), 179, 191.
Ycacos (P^{ta}), 444.
Ycayos (Iles des), 441.
Ydus, rivière, 372.
Yellez, ville, 308.
Yelmens, Yelnes ou Yelves, nation, 308.
Yérés, rivière, 147.
Ymar, montagne, 257.
Ymées (montagnes), 367.
Ympanis, Ypany, Ypanys, Yponys,

Yponin ou Ypanyn, rivière, 218, 374-476.
YPOCRAS, 212.
YPOLITTE (Saint), 96.
Yponys, Yponin, Ypony. — V. Ympanis.
Yppofagues, Yppafogues ou Yppofogues, nation, 238, 240, 366.
Yrlande, 191. — V. Irlande.
Ytalie (Terre d'), 392. — V. Italie.
Yucatan, 11 ; — (Cap ou terre de), 510.
YULE (H.), 340.
Yves (Saint), 94.
Yvesse, île, 196.
YZAÇAR (Tribut de), 262.

Z

ZABULON (Tribut de), 262.
ZACOTORA, île, 350. — V. Socotora.
Zaitoun, 398.
Zamba (Galera de), 451.
Zambe ou des Ambes (Port de), 451.

Zamora, 136.
ZARNCKE (Friedrich), 340.
Zélande, 164.
Zerane (Terre), 83.
Zétoune, port, 398.
Zocotère, île, 350. — V. Socotora.

ERRATA

Page 84. *Au lieu de* Orsye, *lire* Orfye.
Pages 205 et autres. *Au lieu de* Ortellius, *lire* Ortelius.
Page 293. *Au lieu de* Pompeius Mela, *lire* Pomponius Mela.
Page 313. *Au lieu de* Harduin, *lire* Hardouin.
Pages 340 et autres. *Au lieu de* Pordenoue, *lire* Pordenone.

La Rochelle, Imprimerie Nouvelle Noël Texier.

RECUEIL
DE VOYAGES ET DE DOCUMENTS
POUR SERVIR
à l'histoire de la Géographie depuis le XIIIe jusqu'à la fin du XVIe siècle.

Publié sous la direction de

MM. Ch. SCHEFER, de l'Institut, et H. CORDIER

Tiré à 250 exemplaires dont 25 sur papier de Hollande, format grand in-octavo, avec planches, fac-similes, cartes.

La Société de Géographie a décerné le prix Jomard à l'Éditeur de cette collection.

I. Jean et Sébastien Cabot, par H. Harrisse.	25 fr.
II. Le Voyage de la Saincte Cyté de Hiérusalem, publié par Ch. Schefer	16 »
III. Les Corte Real, par H. Harrisse	40 »
III bis. Gaspard Corte Real, par H. Harrisse	4 »
IV. Les Navigations de Jean et Raoul Parmentier, par Ch. Schefer	16 »
V. Le Voyage et Itinéraire d'Outremer de Jean Thenault, par Ch. Schefer	25 »
VI-VII. Christophe Colomb, par H. Harrisse, 2 vol.	125 »
VIII. Le Voyage de Monsieur d'Aramon, par Ch. Schefer. . . .	20 »
IX. Les Voyages de Varthema, par Ch. Schefer	30 »
X. Voyages en Asie d'Odoric de Pordenone, par H. Cordier . .	60 »
XI. Le Voyage de la Terre-Sainte, de Denis Possot, par Ch. Schefer.	30 »
XII. Le Voyage d'Outremer de Bertrandon de la Broquière, par Ch. Schefer.	30 »
XIII-XIV-XV. Léon l'Africain, par Ch. Schefer, 3 vol.	75 »
XVI. Voyage dans le Levant de Du Fresne Canaye, par Hauser. .	25 »
XVII. Jérôme Maurand. Itinéraire d'Antibes à Constantinople, par L. Dorez	30 »
XVIII. La Lettre et la Carte de Toscanelli (1274), par H. Vignaud.	16 »
XIX. Manuscrit Ramirez. Histoire de l'Origine des Indiens, par D. Charnay	16 »
XX. La Cosmographie d'Alphonse de Saintonge, par G. Musset . .	

La Rochelle, Imprimerie Nouvelle Noël Texier et Fils.

www.ingramcontent.com/pod-product-compliance
Lightning Source LLC
Chambersburg PA
CBHW060301230426

43663CB00009B/1544